中国企业管理研究会年度报告（20

U0666958

中国企业管理研究会
中国社会科学院管理科学与创新发展研究中心 编

# 全面深化改革与企业管理创新

经济管理出版社
ECONOMY & MANAGEMENT PUBLISHING HOUSE

**图书在版编目（CIP）数据**

全面深化改革与企业管理创新/中国企业管理研究会，中国社会科学院管理科学与创新发展研究中心编.—北京：经济管理出版社，2015.8

ISBN 978-7-5096-3950-4

Ⅰ.①全… Ⅱ.①中… ②中… Ⅲ.①企业经济—经济体制改革—研究—中国 ②企业创新—创新管理—研究—中国 Ⅳ.①F279.21 ②F279.23

中国版本图书馆 CIP 数据核字（2015）第 203902 号

组稿编辑：张永美
责任编辑：张永美　胡　茜　杨雅琳　梁植睿　王格格
责任印制：司东翔
责任校对：超　凡

出版发行：经济管理出版社
　　　　　（北京市海淀区北蜂窝 8 号中雅大厦 A 座 11 层　100038）
网　　址：www.E-mp.com.cn
电　　话：（010）51915602
印　　刷：三河市延风印装有限公司
经　　销：新华书店
开　　本：880mm×1230mm/16
印　　张：30
字　　数：847 千字
版　　次：2015 年 9 月第 1 版　　2015 年 9 月第 1 次印刷
书　　号：ISBN 978-7-5096-3950-4
定　　价：198.00 元

# 《全面深化改革与企业管理创新》
# 编委会名单

# 目　录

## 第四篇　互联网经济与商业模式和营销管理创新

## 第五篇　环境变迁与企业战略管理

## 第六篇　组织与人力资源管理创新

# 总论 全面深化改革与企业管理创新：目标、战略与路径

刘建丽 谭玥宁[*]

2013 年 11 月，中共十八届三中全会首次明确提出了全面深化改革的总体目标，制定了全面深化改革的总体方案。中国经济体制改革和国有企业改革在经历了 30 多年的理论和实践探索后，进入了一个全面深化改革的新时期。与此同时，中共十八届三中全会还强调了混合所有制经济前所未有的重要地位，明确了混合所有制经济是基本经济制度的重要实现形式。在经济发展进入转型升级关键期后，继续深化国有企业改革，探索发展混合所有制经济的有效路径，最大限度地激发国有企业活力和创造力，是提升工业竞争力的重要途径。

在全球范围内，中国工业面临着发达国家"再工业化"和欠发达国家"低成本制造"的夹击，同时，还要面对"新工业革命"带来的挑战。"新工业革命"不仅会带来技术基础和生产方式的变化，更会带来组织模式和社会资源配置机制的变化。在大数据时代，价值网络正在发生着重构，新商业秩序正在形成。在这一背景下，企业将处于一个全新的"商业生态系统"之中，企业和企业、企业和用户、企业内部各层级以及企业和员工之间的关系都在发生着变化。本书以理论的视角、现实的眼光，在全面深化改革和新工业革命背景下，探讨国有企业发展和企业管理创新问题，以期激荡学术，启迪实践。

## 一、新时期全面深化国有企业改革

中共十八届三中全会后，中国进入全面深化改革的新时期。新时期全面深化国有经济改革的基本目标是，实现市场在资源配置中起决定性作用的条件下国有经济与成熟市场经济体制的全面融合。本报告第一篇主要围绕三个方面展开：一是深化国有经济改革；二是国有企业混合所有制改革；三是关于国有企业改革的具体措施。

### （一）深化国有经济改革

在国有经济改革不断深化的过程中，改革的目标和主要任务也在不断随之调整。中国社会科学院工业经济研究所课题组在《论新时期全面深化国有经济改革重大任务》一文中总结了新时期全面深化国有经济改革的四项重大任务，其中包括：中国面临着与时俱进地根据国家使命调整国有经济功能和布局、推进混合所有制改革以确立国有经济的主要实现形式、建立分类分层全覆盖的

---

* 刘建丽，女，中国社会科学院工业经济研究所；谭玥宁，中国社会科学院工业经济研究所。

新国有经济管理体制、推动国有企业完善现代企业制度以奠定国有经济高效运行微观治理机制。该文在提出四项重大任务之后，还进一步对每项任务进行了具体的分析。

具体的，在国有经济改革中，企业的投资方向对于央企以及地方国企都是不得不重视的问题。魏成龙、周士元、苌千里在《基于全面深化改革的主题投资逻辑分析》一文中从国有企业主题投资逻辑角度进行分析，文章指出，本次国有企业改革将在所有制方面有重大突破，国有资产管理思路将发生根本性转变，新一轮国企改革将从宏观所有制层面、中观行业层面、中观经营操作层面和微观企业内部层面四个层次推进。该文进一步研究发现，A 股市场中大部分行业的国企市值占比都超过 50%，无论是央企改革还是地方国企改革的试点，对整个 A 股市场的结构性影响都是非常大的，最后该文整理出了 21 个重点行业享受改革红利最大的 A 股上市公司。

## （二）国有企业混合所有制改革

中共十八届三中全会明确了大力发展混合所有制的方向，这意味着经过多年"自下而上"的探索，我们已经明确了混合所有制改革的方向，全国正处于"自上而下"地推进混合所有制改革阶段。黄速建在《论当前国有企业混合所有制改革》一文中指出，从中国改革开放的实践情况看，混合所有制经济对国有企业改革的深化、资源配置效率的提高、企业竞争力的增强起到了重要作用。文章分析了下一步国有企业混合所有制改革中面临的重点问题，进而提出了推进国有企业混合所有制改革的若干措施。接下来，杨帆、蒋习武特别针对金融类国有企业的混合所有制发展提出了自己的看法，他们在《关于金融国企发展混合所有制经济的几点思考》一文总结了混合所有制经济方面的理论探索和实践，分析了金融国企发展混合所有制经济的现实意义和主要障碍，最后给出了金融国企发展混合所有制经济的建议。

## （三）关于国有企业改革的具体措施

对于国有企业改革的具体措施，学者们从不同的切入点提出了自己的见解，并从理论和实践的角度分析了国有企业改革的具体措施。孙喜以理论分析的视角在《国企改革的替代性路径及其创新可能：以常开为例》一文中，首先运用文献述评的方式进行了反思工作，并以一个企业案例说明了主流理论在实际中的局限性与短期性。与此同时，案例支持了演化经济学界对创新型企业社会条件的有关讨论。在理论脉络中，能力建设的逻辑替代了产权关系的逻辑，成为企业发展与自主创新的解释变量。这一理论视角对我国国有企业改革的思路设计与逻辑范式具有重要的启示意义，并因此具有对主流改革思路的替代作用。李东升、王宁在《整体上市中央企业经营者监控失灵观察》一文中指出，整体上市是大型国有企业混合所有制改革的重要步骤，针对整体上市中央企业经营者监控中董事会、监事会、信息披露等机制存在的失灵问题，从剩余所取权与控制权的匹配性、经营者业绩评价的客观性、监控合谋导致的内部人控制问题长期性等角度，探究整体上市中央企业经营者监控失灵的成因。在此基础上，从建立外部董事为主的超脱型董事会、强化外派内设监事会的独立监控机制、科学设计经营者选聘监控、增强经营者薪酬监控的有效性、强化市场信息披露机制、实现对监控主体的有效监控等方面，提出整体上市中央企业经营者有效监控的协同治理思路。

在国有企业改革过程中，如何防止人才流失也是企业不得不面临的问题。随着人力资源市场的不断完善，企业之间的人才竞争日益激烈，人才流动成为"新常态"。刘迫、文艳在《国有企业科技人才稳定性的影响因素研究》一文中指出，科技人才是国有企业创新的主要来源，保持科技人才的稳定性是打造优秀科技团队和提升国有企业创新能力的关键。已有研究多从员工离职、流失角度研究国有企业人才问题，是一种被动应对；如何提升人才稳定性，主动防御人才流失，是国有企业人力资源管理面临的重要课题。该文通过文献回顾和实地调研，构建了国有企业科技人才稳定性的影响因素模型，通过因子分析确定命名为七个因子，分别是领导特质与管理、工作性质与发展、人才开发与管理、社会保障与环境、家庭因素、经济社会发展水平和宏观管理政策。

# 二、新一轮产业革命与企业管理升级

随着大数据时代的到来，信息技术究竟对企业管理的变革和企业绩效产生了怎样的影响？"大数据"在深刻改变人们生产和生活方式的同时，是否对企业的战略思维产生影响？在新时期企业创新与企业管理升级又发生了哪些变化？本报告第二篇主要对这些问题展开探讨。

## （一）信息技术对企业产生的影响

在新工业革命背景下，信息技术对企业的管理变革产生了深刻的影响。王钦在《新工业革命背景下的管理变革：影响、反思和展望》一文中指出，"新工业革命"不仅会带来技术基础、生产方式和生活方式的变化，更会带来管理变革和社会资源配置机制的变化。作者发现在"新工业革命"背景下，管理变革呈现出社会资源"再组合"的趋势性特征。按照社会资源"再组合"的变革逻辑，用户资源将会内化为企业的战略性资源；企业与用户、企业与企业之间、用户与用户之间更多呈现出社会化商务的特征；企业和员工之间的关系也更加富有弹性，工作内容也会有更加丰富的分类。

信息技术不单影响了企业的管理变革，而且对企业的组织资本和企业绩效同样产生了调节效应。王海芳、李翠梅在《信息技术对组织资本与企业绩效调节效应研究》一文中指出，当今针对组织资本的研究集中在以下几个领域：组织资本概念界定、评价、形成、构成要素及与企业绩效的关系，而从信息技术的角度来研究组织资本和企业绩效关系的文章很少。鉴于信息技术可以提高企业内部的信息流转速率、知识共享度，有必要研究信息技术对企业的组织资本的影响机制，即信息技术是否对组织资本与企业绩效有调节作用。该文首先对相关文献进行综述，之后对研究现状进行评述，进而确定自己的研究思路与方法，并提出相关假设。最后，通过实证分析得出：信息技术对组织资本和企业绩效的关系具有调节作用。

另外，信息技术对企业影响的触角还深入到了企业的战略思维方面。刘力钢、袁少锋在《"大数据"对企业战略思维的影响》一文中指出，"大数据"深刻改变了人们的生产和生活方式，特别是对消费者的决策、购买行为产生重要影响。为此，企业管理者、创业者需要对引领企业发展的战略思维进行升级拓展，以迎合新环境下经营管理的需要。该文分析了"大数据"对传统以资源、竞争、顾客为本的战略思维的影响，讨论了大数据时代应发展的大数据战略思维：定量、跨界、执行、怀疑思维。最后总结了大数据时代企业管理者、创业者应秉承的战略思维：兼具 2.0 版以资源、顾客和竞争为本的战略思维和大数据战略思维。

## （二）企业创新与企业管理升级

这一小节主要从企业孵化器的战略联盟、企业模仿创新与产业集群升级、企业网络化成长三个方面探讨了企业创新与企业管理升级的具体措施。

彭正银、巫雪薇在《新一代科技企业孵化器战略联盟形成及运营机制研究》一文中指出，在新时期，构建以孵化器为主导的孵化器—政府—创投三方协作的新一代科技企业孵化器战略联盟对于整合社会优质资源、培育创业企业、加快建设创新型国家至关重要。该文从孵化器、政府、创投机构三方的特质资源禀赋出发，分析三方形成战略联盟的必要性及合作动机，确定孵化器为联盟发起方和主导者，政府和创投为响应方，并针对孵化器的四大核心功能分别设计运作机制和战略联盟协作模式，以实现 1+1+1>3 的协同效应。崔瑜、张健、周江华、焦豪、申嫦娥在《龙头企业自主创新、跟随企业模仿创新与产业集群升级——基于玻璃机械制造集群的多案例研究》一文中指出，产业集群对于区域经济和国家竞争力的构建起着至关重要的作用。因此，如何实现产业集群的升级受到了理论界和实务界的关注。该文提出了产业集群升级的双轮驱动模式，即龙头企业自主创新和跟随企业模仿创新是产业集群升级的主要途径。在对来自玻璃机械制造集群的 18 家案例企业进行深入调研的基础上，研究发现龙头企业通过自主创新的方式引领了产业集群升级的方向，集群内的知识溢出是产业集群升级的途径和保障，以及跟随企业的模仿创新是产业集群升级的支撑机制，这三种机制支撑了产业集群的升级。该文的研究进一步深化了学术界对集群中龙头企业和跟随企业在产业集群升级中不同角色的认识。朱雅彦、徐碧琳、王熹在《企业网络化成长过程中资源的投入与使用机制研究》一文中指出，资源的配置与利用程度是经济学研究的传统问题，企业的存在正是由于其提供了优于市场的资源配置与利用机制，当企业的生存与成长进入了网络化时代后，探讨企业网络化成长过程中资源的投入与使用机制就十分必要了。该文认为网络中的资产专用性、网络位置和关系强度将影响企业资源的投入方式，强关系的共享优势和关系互动会影响企业资源的利用效率，而企业只有构建了相应的网络能力才能充分利用网络实现最优化的资源配置与利用。同时，该文还以网络化生产作为悖论解释情境探索了企业网络化成长中面临的资源匹配与冗余问题。

# 三、公司治理与企业持续成长

从公司治理的发展历程看，公司治理有三个基本目标：企业利润最大化目标、股东财富最大化目标、企业价值最大化目标。而实现这三个目标，就必然要考虑到公司的股权结构、企业的基本特征以及企业的利益相关者治理问题。本报告第三部分主要对以上内容展开探讨。

## （一）股权结构与公司治理

宋小保在《大股东监督还是大股东侵占——基于中国民营上市公司的实证分析》一文中指出，考虑到大股东在上市公司管理层任职状况的差异（是否担任董事长或总经理），利用我国民营上市公司 2003~2011 年的样本，基于两种委托代理理论，文章从一个新的角度实证分析了上市公司股权集中与公司绩效的关系。研究发现，如果大股东未在上市公司管理层任职，则大股东持股与公司绩效表现为倒 U 形的先升后降关系，此种情况下适合用股东—经理人代理理论（监督理论）对大股东行为进行解释。该结论意味着随着持股比例的变化，大股东对管理层可能表现为监督不足或者监督过度。如果大股东在上市公司管理层任职，则大股东持股与公司绩效表现为 U 形的先降后增关系，此种情况下适合用大—小股东代理理论（侵占支持理论）对大股东行为进行解释。该结论意味着随着持股比例的变化，大股东对企业可能表现为利益侵占或利益支持。

王关义、王梓薇在《上市公司股权结构与公司治理关系研究——基于 A 股出版传媒上市公司的实证分析》一文中，基于股权结构与公司治理关系的理论构建，以中国 A 股出版业上市公司为研究样本，对出版业上市公司股权结构与公司治理的关系进行了分析和实证检验。研究发现：第一，我国出版行业上市公司的股权结构与公司治理绩效呈显著相关关系，其他经济领域国企产权改革与治理的做法和经验对转企改制步伐较慢、上市较晚的出版传媒企业深化改革具有重要借鉴意义。第二，股权集中度与公司治理绩效呈显著负相关关系，说明目前我国出版上市公司股权集中度对企业治理绩效有反向影响，股权集中度高的企业已显示出了不利于企业治理绩效提高的迹象。第三，股权制衡度与公司治理绩效正相关较弱，未通过显著性检验，说明我国出版上市公司第二到第五大股东在防止因"一股独大"造成的损害中小股东利益的内部制约方面作用有限，以此推动企业治理绩效的作用尚待增强。我们的研究结果为当前进一步推进出版企业改革与提升公司治理绩效提供了明晰的政策借鉴。

### （二）企业规模与地域差异对公司治理的影响

企业的规模和所处地理区域不同，其所面临的治理问题和治理效率也会随之发生变化。

锁箭、李先军就专门探讨了中小企业在发展过程中治理结构方面存在的问题，作者在《中小企业持续成长过程中的治理结构创新探索》一文中指出，我国中小企业在改革开放以后的持续成长是中小企业不断创新的结果，这一发展模式在新时期出现困境。为进一步实现自身的持续成长，中小企业需要在创新模式上进行探索，从当前我国中小企业成长的实际情况来看，治理结构方面存在诸多问题。为此，中小企业可以在治理结构方面予以创新，从加强产权制度、优化决策机制以及改善激励约束机制方面予以创新，实现企业创新活动与持续成长目标相匹配，保证中小企业的持续成长。

2003 年，中央提出"东北振兴战略"以来，东北老工业基地至今已取得了巨大的成就。实现老工业基地振兴的关键和前提是加快体制创新和机制创新，其中一个方面就是东北地区企业治理机制的改善与提升。邵剑兵、朱芳芳在《东北地区上市公司治理效率的提升与改善——基于地区对比视角下的 2003~2013 年经验分析》一文中以东北三省、上海两个地区在沪深两市 2003~2013 年十年间均存在的 A 股上市公司为样本，通过分析和对比两地样本的公司治理多个维度，发现东北地区上市公司在独立董事、高管薪酬和股权多元化三个方面有显著变化，取得了较为明显的改革进展，但也存在着一些不容忽略的问题。该文的研究结论对全面实现东北振兴、有重点地完善东北上市公司的治理结构提供了经验支持与具体建议。

### （三）利益相关者治理与股份回购

在学界关注利益相关者是否应该参与治理的背景下，赵晶、王明、祝丽敏在《利益相关者怎样实现"共同治理"？——基于雷士照明的扎根研究》一文中讨论了利益相关者在实际的公司治理中发挥了怎样的作用。通过对雷士照明采用扎根研究，作者发现契约型利益相关者可以持续地参与公司治理。具体来说，游说式治理和运动式治理作为两种互补的基本类型，是非制度化利益相关者治理的基本模式。文章还深入到两种模式背后，提供了一般性的模型。

何瑛、李娇在《中国上市公司宣告和实施股份回购的影响因素研究》一文中以中国公开市场股份回购的上市公司为样本，借助公司治理机制、公司财务等相关理论，设计了股份回购行为关键影响因素的分析模型。鉴于股份回购的灵活性导致其在宣告和实施两个阶段存在时间差异，并可能受到不同因素的影响，故该文基于财务状况和公司治理两个视角，从公开宣告和实施两个阶段分别运用 Logistic 回归模型和 Tobit 回归模型实证检验了我国上市公司股份回购的关键影响因素。研究结果显示，公开市场股份回购在宣告和实施两个阶段受到多种因素的影响，其中，经营业绩、股利支付水平、现金持有水平以及股权集中度是影响上市公司宣告股份回购的关键因素，而上市公司实施回购行为则受到股价表现以及自身现金流水平的共同影响。

# 四、互联网经济与商业模式和营销管理创新

作为传统互联网的延伸和演进方向，移动互联网已经将触角深入到人类社会的方方面面，"正悄然改变着人们的职业生活、商业模式、休闲方式和企业组织的结构和形态"。如何才能最大限度地发挥移动互联网力量，产生最大的社会福祉？互联网经济又会对企业的发展产生哪些影响？本部分主要关注互联网经济背景下的新型商业模式、市场营销与品牌管理。

## （一）商业模式在互联网经济背景下的新发展

移动互联网技术的出现使得人类进入移动互联网时代。魏农建、陶伟在《移动互联网时代与商业创新——理论思考与基础设定》一文中借助文献和时代特征，从时间、空间两个角度来观察人类行为的不确定性、分工和价值的变化。进而，通过对移动互联网时代下的商业创新本质的诠释，构建一个以人为核心的商业创新分析框架。在框架基础上，对移动互联网时代商业创新的基础做了宏观上的概括和解答。

自 2013 年起，互联网普惠金融迅速发展并受到社会各界广泛关注。徐二明、谢广营在《互联网普惠金融发展趋向：制度性创业视角》一文中依据制度性创业理论，从新兴场域制度性创业的理论化、扩散化和制度化三个发展阶段以及最终目的是获取组织合法性的基本原理对其发展趋向进行分析，提出了其未来发展所需的四种思维模式（普惠与用户思维、免费与流量思维、傻瓜型与简约思维、迭代与跨界思维）和可能的四种组织业态（移动型组织、社区型组织、利基型组织和开放型组织）。

党兴华、蔡俊亚在《外部学习对商业模式新颖性的影响：动态能力的调节》一文中指出，网络化环境下商业模式创新成为竞争优势的重要来源。然而，以往研究尚未识别能够有效提高商业模式新颖性的学习方式，未能辨明动态能力在商业模式创新中的作用机制。该文分析了行业外学习和行业内学习对商业模式新颖性的不同影响，并分析了内部重构能力和联盟管理能力的调节作用。扩展以往商业模式创新研究的同时也为商业模式创新实践提供了有益指导。

## （二）市场营销与品牌管理

中国自主研制民用大型客机起步较晚，面对波音、空客在中国民用航空市场的垄断局面，如何提高企业绩效，在国内市场分得一杯羹，成为国内研究民用飞机研发与营销的重要议题。吴君艳、王建玲在"技术水平、合理性营销战略与企业绩效之间的关系研究"一文中构建了民用飞机的技术水平、合理性营销战略与企业绩效之间关系的概念模型，并以北京、上海等地的飞机制造单位、航空公司和机场的 220 名职工为样本，进行了问卷调查。基于结构方程模型的实证结果表明：技术水平与企业绩效显著正相关；合理性营销战略与企业绩效显著正相关；技术水平与合理性营销战略显著正相关。该结论进一步丰富了合理性营销战略研究，并为民用飞机制造商提高企业绩效做了理论指导。

我国品牌依托国内巨大的市场需求迅速壮大，在全球品牌体系中的地位不断凸显。谌飞龙在《中国品牌分布格局中的产业协调性分析——基于 Interbrand 和 Brand Z 品牌价值榜的比较》一文对 Interbrand 和 Brand Z 品牌榜单历年数据的研究表明，我国品牌格局已呈现出中国移动稳居"第一品牌"，金融业品牌稳处"第一组团"，中央企业品牌排名靠前、体量大等鲜明特征。然而，我们将榜单中品牌群体视为品牌金字塔系统的"塔尖品牌群"，采用"逼近理想解排序法"来评价我国

品牌系统多样性与主导性的协调度，研究发现，我国品牌系统的产业格局长期处于不协调的状态，以及这一品牌系统似乎并不支持"双主导"。

心理账户效应对人们的日常生活有着重要影响，但已有成果大多只是利用情景实验法探索心理账户对人们决策行为的作用，鲜有学者专门针对大学生心理账户特征进行研究。杨林波、周星在《中国大学生心理账户特征探索与量表开发——基于扎根理论视角》一文中利用扎根理论方法，以中国大学生作为研究对象，对其心理账户基本特征进行了探索。同时，根据扎根理论结果，开发出中国大学生心理账户特征量表，并利用 SPSS20.0 和 AMOS21.0 对两次采集的样本数据进行探索性因子分析和验证性因子分析。研究结果表明，基于扎根理论开发出的心理账户特征量表具有较好的内容效度、结构效度和可信度。

# 五、环境变迁与企业战略管理

企业战略决策正确与否决定着企业生存和发展，对战略决策质量影响因素的研究一直是战略过程研究领域永恒的主题。本部分的研究为中国企业战略管理实践提供了理论参考和启示。

## （一）企业战略决策与战略调整

现有文献较少关注社会资本的影响及其具体影响路径和机制。郭立新、陈传明在《企业家社会资本对企业战略决策质量的影响：以决策理性为中介——基于中国企业的实证研究》一文中提出了企业家社会资本、决策理性和决策质量间关系的理论模型，基于 258 家中国企业样本数据的研究结果表明，企业家社会资本的制度性维度和市场性维度以决策理性为中介对战略决策质量产生积极影响。该文在一定程度上丰富和补充了高阶理论和战略决策过程理论，提高了现有理论的解释力，可为中国企业家构建社会资本以提高战略决策质量的实践提供一定参考。

2013 年中国的经济形势发生了巨大的改变，市场的作用越来越突出，面对这个新环境，企业应该如何调整自身获得良好的发展，具有很大的研究意义。李松青、吴蔚玲在《机械仪表制造企业柔性影响实证研究》一文中基于企业柔性与企业绩效的影响研究，从机械设备仪表行业出发，以30 家上市企业为研究对象，利用 AHP 构建出企业柔性因子的网络层次模型，将企业柔性划分为研发柔性、市场柔性、资本结构柔性、运营柔性和资源柔性，利用突变级数法、回归分析预测法加以量化和测评，探讨柔性因子对企业绩效的贡献程度。实证结果表明：柔性因子按对企业绩效影响的权重比排名依次为：研发柔性、市场柔性、资源柔性、运营柔性以及资本结构柔性。该文在理论上丰富了柔性战略理论，在实证上为企业柔性战略的调整提供了依据。

企业战略学者借鉴的社会学制度理论主要来自组织社会学。依据制度理论，较之企业存在的利益目标，企业的合法性目标更为重要。张晗、周长辉在《企业成长的认知合法性战略研究：以伊利企业为例》一文中指出，随着战略的制度基础观得到学者的认可，合法性已经成为企业的成长战略选择必然要考虑的一个因素。但企业追求合法性的战略是实用性的还是道德性的，会对企业的战略结果产生重要影响。该文以伊利公司的成长过程作为典型案例进行深入分析，发现将合法性内化为企业自身的责任而非工具更能使企业获得可持续的成长。陈福添、林颖莹在《谁决定了中国企业对外直接投资模式选择？》一文研究了 CEO、董事长、TMT 的过度自信和国际化经验对于中国企业对外直接投资模式选择的直接影响和交互影响，以及这些影响作用在国有企业和民营企业之间的差异表现。研究表明，CEO、董事长、TMT 的过度自信和国际化经验都在不同程度上对中国企业对外直接投资模式选择产生了影响。研究还发现，相对于国有企业而言，民营企业管理者国际化经验对企业对外直接投资模式选择的影响程度大于国有企业管理者国际化经验。究其原因，可能是因为国有企业在进行海外投资时，受制度性因素的影响较大。林泉、叶迪在《使命陈述研究的现状、问题与未来研究建议》一文中通过对使命陈述相关文献的梳理，从使命陈述构念、研究主题以及研究设计三个方面对目前的研究现状进行了系统性概括，并基于文献中使命陈述研究主题提出了整合性框架。框架中给出了目前使命陈述研究中的几个重点：使命陈述的相关构念、内容质量标准、内容要素对比分析以及对于企业的重要作用。对于每个重点，该文都给出了理论框架并总结出了具有代表意义的研究结果。文章最后还就目前研究的不足及未来方向进行了探讨。

## （二）企业创新方式与政府补贴对技术创新的影响

选择合适的创新方式对于企业提高资源利用率、取得竞争优势、进行可持续发展具有重要作用。但经济社会技术的不断发展推动创新方式多样化，进而使得创新方式的选择问题成为制约企业发展的关键问题。张建宇、张雅娟、张英华在《企业创新方式的演进脉络及匹配性选择》一文中基于时间脉络、技术发展，结合经济发展现状，从知识扩散、企业发展及创新角色三个层面对创新方式的演进过程进行了系统归纳与梳理，研究发现：在企业家主体引导下，创新方式进行螺旋式上升演进，并形成累积关系。文章为企业在实践中从知识管理层面系统认识创新方式并从中选出自己的最优方式提供了指导意义。

已有研究主要关注政府补贴对于企业技术创新的直接影响，却忽视了政府补贴强度的变化以及企业异质性特征可能起到的作用。林汉川、林洲钰、邓兴华在《政府补贴对于企业技术创新的影响：促进还是抑制？》一文中基于国家知识产权局提供的 902959 家企业专利数据，考察了政府补贴对于企业技术创新活动的影响。研究发现，政府补贴与企业技术创新呈现出显著的倒 U 形曲线关系。政府补贴对中小企业、民营企业和装备制造业企业技术创新的影响更为明显。在法制环境水平较高的地区，政府补贴在促进企业技术创新方面发挥出了更大的作用。该文从补贴强度、企业特征和制度环境三个方面拓展了政府补贴与企业技术创新研究的理论框架，对于理解政府补贴在建设国家创新体系中的作用、制定创新政策等具有重要价值。

## （三）网络环境与企业创新

杨坤、胡斌在《分布式创新网络中节点间知识流动研究的理论框架》一文中，在回顾及梳理相关文献的基础上，首先进一步界定了分布式创新网络中节点间知识流动问题的研究对象、假设及范围，进而对分布式创新网络中节点间的多种关系机制展开讨论，并在相关理论支撑下分析了节点间知识分布与流动的特征及其转化机制，最后对未来相关研究进行了展望。

刘雪锋、徐芳宁、揭上锋在《网络嵌入性与知识获取及企业创新能力关系研究》一文中指出，网络为企业提供了有形和无形的资源利益，进而影响企业的创新能力。对于企业来说，如何在企业网络中通过网络嵌入性获取更多的知识、能力，提升企业创新能力，显得更为重要。该文在现有网络嵌入性、不同属性知识、创新能力等相关理论与文献的研究基础上，从网络嵌入性的四个维度——网络关系强度、网络关系稳定性、网络中心性和网络居间性，分析了网络嵌入性对企业创新能力产生影响的假设，全面研究了它们对企业创新能力的影响过程，为企业提高创新能力提供了有价值的参考。

# 六、组织与人力资源管理创新

人力资源是经济发展的重要而稀缺资源这一理念已经得到普遍的认同，人力资源管理的职能正在由传统的人事行政管理职能转变为战略性人力资源管理职能，成为企业发展战略的参谋部、执行部和支持部。

## （一）领导理论

领导，一直是管理学领域的热门研究课题。在我国，破坏性领导行为所产生的严重后果已经引起了人们对该种领导行为的关注。高日光在《破坏性领导的危害：情感承诺与离职意愿的作用》一文中以社会交换理论和权力依赖理论为基础，探讨了情感承诺和离职意愿在破坏性领导与下属组织公民行为和组织越轨行为关系中的中介及调节作用。实证研究发现：①下属对组织的情感承诺在破坏性领导与组织越轨行为和组织公民行为之间起中介作用，破坏性领导通过降低下属对组织的情感承诺，继而减少下属的组织公民行为和增加下属的组织越轨行为；②下属的离职意愿在破坏性领导与下属的组织公民行为和组织越轨行为之间起调节作用，当员工离职意愿高时，破坏性领导会显著增加其组织越轨行为；当员工离职意愿低时，破坏性领导会显著减少其组织公民行为。文章最后对研究结果的理论价值和实践作用进行了讨论，并指出了未来的研究方向。

上市公司高管腐败目前已经引起了社会各界的广泛关注，范合君、吕雨露在《薪酬管制与上市公司高管腐败研究》一文中以公司治理理论为基础，从薪酬管制的视角出发，利用多元统计分析方法，实证研究了薪酬管制对上市公司高管腐败的影响。研究结果表明，薪酬管制是高管腐败的重要诱因。另外，在薪酬管制下，高管兼职有利于抑制高管腐败行为的发生，同时担任执行董事也有利于抑制高管腐败行为的发生。这对于国有企业管理高管问题、提高国家资源利用率具有重要的现实意义。

## （二）组织理论与团队建设

在以全球一体化和知识经济为主要特征的新时代背景下，如何有效激发和提升团队创造力愈来愈受到实践界与理论界的重视。石冠峰、杨兴全、韩宏稳在《共享领导对团队创造力的影响：一个被调节中介模型的构建与检验》一文中以 25 家本土化企业 128 个团队共 510 名团队成员为研究对象，探索了共享领导对团队创造力的作用机制。研究结果表明，共享领导和边界跨越对团队创造力均有显著的正向影响，同时共享领导对边界跨越也具有显著的正向影响；边界跨越在共享领导与团队创造力关系间起着部分中介作用；心理安全不仅调节边界跨越与团队创造力间的关系，还调节了边界跨越对共享领导与团队创造力间关系的中介作用，即在高团队心理安全氛围下，团队创造力水平明显高于低心理安全氛围团队的创造力水平，但边界跨越对团队创造力的直接影响和共享领导对团队创造力的间接影响较弱；在团队心理安全氛围低时，边界跨越对团队创造力的直接影响和共享领导对团队创造力的间接影响较强，但此时团队创造力水平明显低于高心理安全氛围团队。

## （三）组织结构与人力资源管理

员工建言是员工对组织问题的关切、想法以及建设性意见的表达，能有效地促进组织创新。成瑾、刘丹、陈蕾在《员工建言在何种情况下更容易被上级接受？——上下级关系、员工绩效的调节作用》一文中指出，员工建言能有效促进组织创新，很多企业积极推进员工建言，但建言行为对员工自身产生的不确定后果极大地抑制了员工建言的积极性。该文主要检验建言行为与上级对建言采纳度之间的关系以及上下级关系、员工绩效对此种关系的调节作用。研究发现：员工建言行为与上级对建言的采纳度正相关，其中，上级对抑制性建言的采纳度要高于促进性建言；上下级关系对促进建言和上级采纳度之间的关系具有正向调节作用；员工的关系绩效（包括人际促进和工作奉献）对促进性建言和采纳度之间的关系具有正向调节作用。文章为员工主动的建言行为提供了理论支持和策略指导，同时也提醒管理者要关注不确定性回避、情感偏好以及晕轮效应可能带来的对建言的认知偏差。

绩效考核作为最重要的人力资源管理实践，是企业普遍采用的激励员工的重要手段之一。刘文彬、唐杰、林志扬在《新生代员工绩效反馈对反生产行为的影响机制——基于反馈效价视角的理论模型与案例研究》一文中选择新生代员工作为研究对象，基于反馈效价的视角，采用二维四分图法将反馈内容和反馈目的进行有机整合，构建了一个放任型、耗散型、协整型和激发型四种绩效反馈影响新生代员工 CWB 的机制模型，即分析了员工自我效能感和考核公平感在不同类型的绩效反馈影响新生代员工 CWB 过程中的中介效应并提出了相应的理论假设。通过纵向的实验型案例研究发现：放任型和激发型反馈分别会对新生代员工的自我效能感产生负向和正向影响，耗散型和协整型反馈分别会对新生代员工的考核公平感产生负向和正向影响，进而分别促进和抑制其CWB。该文还基于研究结论对中国企业的绩效反馈实践和相应的理论研究提出了具体建议。

全球化和 IT 技术革命使中国企业不仅面临着巨大的外部竞争压力，而且还要应对和处理各种复杂的内部人力资源管理问题。汪亚明、刘文彬、唐杰在《中国企业员工反生产行为的组织控制策略——基于社会认知视角的跨层次研究》一文中指出，由于过去对员工反生产行为（CWB）影响因素的研究往往将焦点放在包括人格特质在内的个体差异上，却忽视了影响个体认知过程的群体与组织特征，所以并没有为 CWB 的组织控制提供太多的理论指导。该文基于社会认知的视角，采用跨层次分析的方法，对中国企业的员工人格特质、组织伦理气氛、组织公正与 CWB 之间的关系进行了理论与实证研究，结果发现：中国企业员工的人格特质对其 CWB 有显著的影响，管理者可以利用资源保护理论来科学治理 CWB。与此同时，中国企业的组织伦理气氛和组织公正不仅能够直接影响 CWB，而且还能够对员工人格特质与其 CWB 之间的关系起到相应的调节作用，所以，管理者还可以通过培育组织伦理气氛和创造组织公正环境等策略来有效控制 CWB。

# 第一篇　新时期全面深化国有企业改革

# 论新时期全面深化国有经济改革重大任务*

## 中国社会科学院工业经济研究所课题组**

[摘要] 中共十八届三中全会后，中国进入全面深化改革的新时期。新时期全面深化国有经济改革的基本目标是，实现市场在资源配置中起决定性作用的条件下国有经济与成熟市场经济体制的全面融合。要实现这个改革目标，中国面临着与时俱进地根据国家使命调整国有经济功能和布局、推进混合所有制改革以确立国有经济的主要实现形式、建立分类分层全覆盖的新国有经济管理体制、推动国有企业完善现代企业制度以奠定国有经济高效运行微观治理机制四项重大任务。①新时期需要准确界定不同国有企业的功能，将国有企业分成公共政策性、特定功能性和一般商业性三种类型。这是国有经济改革的前提。在现有113家中央企业中，本文认为公共政策性企业有5家，特定功能性企业有32家，一般商业性企业有76家。针对三类国有企业的功能定位，各类国有企业战略性调整的方向和重点都不同。②推进混合所有制改革坚持"上下结合、试点先行、协同推进"的方法论原则，做到"蹄疾而步稳"；具体推进时要做到改革程序公正规范、改革方案依法依规、股权转让公开公允、内部分配公正透明；要协调推进产权改革、治理改革、政府功能完善及市场结构调整，保证非国有经济参与混合所有制改革的公平透明；国有企业推进混合所有制改革引入员工持股制度，应该坚持激励相容、增量分享和长期导向三个原则；推动垄断性行业向可竞争性市场结构转变，为国有企业推进混合所有制创造条件。③国有经济管理新体制是由"国有经济管理委员会—国有资本经营公司或者国有资本投资公司—一般经营性企业"三个层次构成，管理公共政策性、特定功能性和一般商业性三个类型国有企业，可覆盖所有国有经济的"三层三类全覆盖"管理体制。④在"三层三类"国有经济管理体制下，推动国有企业完善现代企业制度关键是建立差异化的分类治理机制，也就是按照不同功能定位的国有企业，分别建立不同的企业治理机制。

[关键词] 国有经济；全面深化改革；功能分类；战略性调整；混合所有制改革；国有经济管理体制；分类治理

---

* 国家社会科学基金重大项目"深入推进国有经济战略性调整研究"（批准号：12&ZD085）；中国社会科学院创新工程研究项目"国有企业混合所有制变革与路径研究"、"新时期国有企业制度创新研究"、"垄断行业深化改革研究"。

** 课题组负责人：黄群慧（1966–），男，河北石家庄人，中国社会科学院工业经济研究所所长，研究员，博士生导师；黄速建（1955–），男，浙江浦江人，中国社会科学院工业经济研究所副所长，研究员，博士生导师。课题组成员：余菁、杜莹芬、刘戒骄、王钦、李钢、贺俊、刘建丽、肖红军、王欣、张航燕。

本文是在9个课题分报告基础上由黄群慧汇总执笔完成，这9个分报告分别为：《新时期国有企业与国有资产管理体制改革的形势与思路》（黄群慧执笔），《国有资产管理体制改革总体设计》（黄速建、余菁执笔），《积极发展混合所有制研究》（王钦、肖红军、贺俊、张航燕执笔），《国有企业功能定位与分类治理》（李钢执笔），《组建国有资本投资公司与国有资本经营公司研究》（余菁执笔），《深化垄断行业改革研究》（刘戒骄执笔），《国有资本经营预算体制改革研究》（杜莹芬执笔），《完善国有企业现代公司法人治理研究》（刘建丽执笔），《国有企业员工持股制度研究》（王欣执笔）。

中共十八届三中全会通过了具有里程碑意义的《关于全面深化改革若干重大问题的决定》（以下简称《决定》），提出要紧紧围绕使市场在资源配置中起决定性作用和更好地发挥政府作用深化经济体制改革，对国有经济进一步深化改革提出了新要求，中国国有经济改革在经历30多年的理论和实践探索后，进入了一个全面深化改革的新时期。

# 一、实现市场在资源配置中起决定性作用条件下的国有经济与成熟市场经济体制的融合

## （一）国有经济改革的根本问题

在中国确立社会主义市场经济体制改革的目标后，作为公有制代表的国有经济如何与市场经济体制相融合，一直是国有经济改革需要破解的根本性问题。如何通过改革，解决国有经济与市场经济体制存在的管理体制、运行机制、定位布局、实现形式等方面矛盾，使得国有经济能够适应市场机制，在市场竞争中不断提高效率、发展壮大，从而发挥在国民经济中的主导作用，构成了中国国有企业和国有资产管理体制改革的主线。

沿着这个改革主线，中国国有经济改革先后经历了三个阶段[1]。第一个阶段是改革开放之初到中共十四届三中全会的"放权让利"阶段，该阶段大体上用了15年的时间，贯穿20世纪80年代和90年代初。当时，改革的重心落在国有企业层面。在这一阶段，改革的主要任务是引导国营单位走出计划经济体制的旧观念与行为的束缚，使它们能够逐步适应商品化的经营环境，完成自身的企业化改造，解决了一个个国有企业进入市场的问题。第二个阶段是20世纪90年代初至21世纪初的"制度创新"阶段，大体上有10年的时间。当时，改革的重心落在建立现代企业制度和推动国有经济结构调整上。在这一阶段，改革的主要任务是引导国有企业确立与市场经济要求相适应的资本和产权的观念，建立现代企业制度，通过国有经济布局与结构战略性调整，初步解决了整个国有经济部门如何适应市场竞争优胜劣汰的问题，改变了国有经济量大面广、经营质量良莠不齐和国家财政负担过重的局面。第三个阶段是中共十六大以后，以2003年国资委成立为标志的"国资发展"阶段，国有企业改革进入以国有资产管理体制改革推动国有企业改革的时期。这一阶段，改革的主要任务是由国资委负责监督管理国有企业实现国有资产保值增值目标，解决了以往国有经济管理部门林立、机构臃肿、监管效率低下的问题，使国有资产利用市场机制发展壮大成为可能。

30多年的国有经济改革进程表明，伴随着中国市场经济体制逐步建立，实现国有经济与市场经济体制的融合，在市场竞争中发挥国有经济主导作用，不断增强国有经济活力、控制力和影响力，一直是中国国有经济改革的根本问题。

## （二）新时期国有经济改革的基本目标

经过30多年上述三个阶段的改革，国有经济改革与发展取得了巨大成就。一是经济布局优化。国有资本逐步从一般生产加工行业退出，更多地集中于关系国民经济命脉的重要行业和关键领域，在国民经济中发挥着主导作用。二是政企关系优化。初步建立起相对有效的国有资产管理体制，改变了过去"五龙治水"、普遍"内部人控制"的现象，企业经营性国有资产得到了相对规范的管理。财政预算不再安排用于补充国有且有资本金性质的支出和经营性亏损，政府的公共管理职能和出资人职能初步分离。三是经营机制优化，从数量上看大部分国有企业已经进行了公

制股份制改革，初步建立起现代企业制度，公司治理结构逐步规范。四是经营绩效优化，国有企业发展质量和运行效率得到了提升，竞争力有了很大增强，国有经济已经摆脱困境，对经济社会发展的贡献进一步显现。

应该说，国有经济从总体上已经与市场经济体制逐步适应和融合。但是，中国国内外环境正发生巨大变化，从国际环境看，在经济全球化的大趋势下，中国开放水平进一步提高，国有经济面临国家使命提升与国际环境严峻的双重压力；从国内经济环境看，进入"十二五"以后，中国已经步入工业化后期[2]，中国经济发展方式亟待转变，国有经济所熟悉的要素驱动型的发展环境正在改变。这些新形势对中国经济发展提出了新要求。尤其是，中共十八届三中全会以后，中国要建立市场在资源配置中起决定性作用和更好发挥政府作用的市场经济体制，这是一种更加成熟的社会主义市场经济体制，现有国有经济与这种成熟的社会主义市场经济体制的要求还有很大差距，这主要表现在由于国有经济改革"不到位"而产生的不适应。一是国有经济战略性调整不到位，使得国有经济功能定位和布局不适应。国有经济的公共政策性功能和市场营利性功能还没有区分，许多国有企业在经营中还面临着"公益性使命"和"营利性使命"的冲突，处于赚钱和不赚钱两难的尴尬境界——不赚钱无法完成国有资产保值增值、壮大国有经济的目标，赚了钱又被指责损害了市场公平和效率。垄断行业的国有企业改革还不到位，还缺乏一条明确、可信又可行的改革路径。垄断行业的国有企业追求行政垄断地位的行为，影响到构建公平有效的市场经济格局。二是国有企业的公司制股份制改革不到位，使得国有经济的产权实现形式还存在不适应性。为数众多的国有大企业，其母公司及二级以上公司层面的股权多元化改革大多是停滞不前。三是国有资产管理体制改革不到位，无法适应新形势的要求。一方面，国有资本流动性仍然较差，还满足不了有进有退、合理流动和实现国有资本动态优化配置的要求；另一方面，国有企业还常常面临相关政府部门不当干涉的困扰。四是现代企业制度建设还不到位，国有企业的微观治理机制还不适应成熟市场经济的要求。国有企业治理结构还不规范，企业具有行政级别，国有企业经理人的市场选聘、监督约束机制改革还有待形成和完善，存在国有企业经营管理者"党政干部"和"企业家"双重角色的冲突，这既使得企业市场化经营权利无法得到充分保障，又影响到市场公平性。

这些改革"不到位"问题，从本质上说还是国有经济没有与成熟市场经济体制有机融合，在管理体制、运行机制、定位布局、实现形式等方面还存在矛盾。十八届三中全会决定要建立市场在资源配置中起决定性作用的健全的社会主义市场经济体制，这就对国有经济与市场经济体制融合提出了更高的要求，国有经济一方面要提高国有企业活力和适应市场公平竞争的能力，另一方面要提高服务国家战略目标、提供公共服务的能力。新时期全面深化国有经济改革，就是要解决国有经济与成熟市场经济体制的这些矛盾，基本目标是实现市场在资源配置中起决定性作用的条件下国有经济与成熟市场经济体制的全面融合。

### （三）新时期国有经济改革的重大任务

基于中国国有经济改革理论和实践探索，参考国外成熟市场经济国家的经验，中国国有经济与成熟市场经济体制的融合需要回答四方面重大问题：一是在社会主义市场经济体制中，国有经济应该有怎样的功能定位和布局？是否需要动态调整？二是与计划经济体制下单一国有制相比，市场经济体制下国有经济的主要实现形式是什么？尤其是国有企业主要以怎样的所有权结构形式存在？三是中国庞大的国有经济在市场经济体制条件下应该建立怎样的国有经济管理体制？四是作为国有经济的主要微观主体的企业，在市场经济条件下为了保证自己的竞争力，应该具有怎样的治理结构和运营机制？

中共十八届三中全会通过的《决定》，在总结中国国有经济改革的历史经验，分析中国面临的新形势、新任务情况下，回答了上述四方面问题。关于国有经济的功能定位和布局，在明确坚持公有制主体地位、发挥国有经济主导作用的前提下，提出要准确界定不同国有企业的功能，国有资本运营要服务于国家战略目标，重点提供公共服务、发展重要前瞻性战略性产业、保护生态环境、支持科技进步、保障国家安全；关于国有经济的主要实现形式，提出要积极发展混合所有制经济；关于国有经济管理体制，提出要完善国有资本管理体制，以管资本为主加强国有资产监管；关于国有经济微观制度基础，提出要推动国有企业完善现代企业制度，健全协调运作、有效制衡的公司法人治理结构。这实质上明确了新时期中国国有经济改革的重大任务。关于国有经济四项重大改革任务和具体措施的内容和关系如图 1 所示。

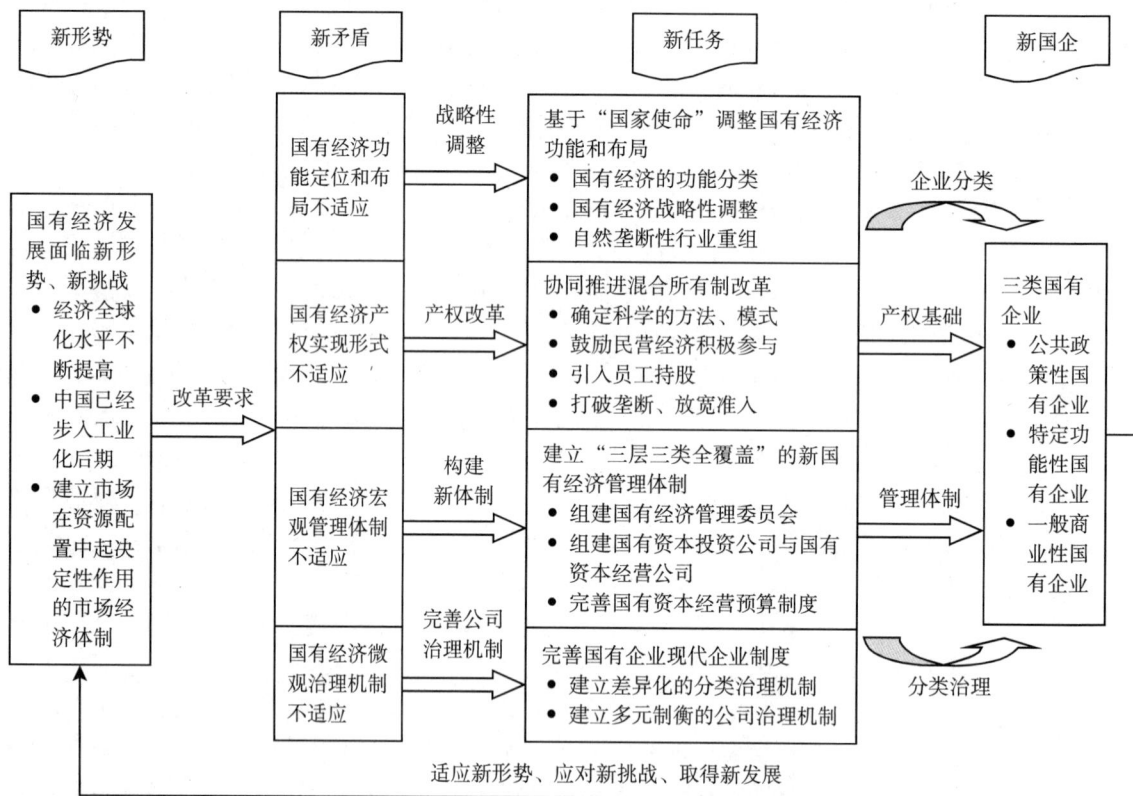

**图 1　新时期全面深化国有经济改革的重大任务**

资料来源：作者整理。

以中共十八届三中全会的精神为指导，本文认为，新时期国有经济面临新的形势和挑战，要实现国有经济与成熟市场经济体制全面融合面临着一些矛盾，这要求完成与时俱进地根据国家使命调整国有经济功能和布局、推进混合所有制改革以确立国有经济的主要实现形式、建立分类分层的新国有经济管理体制、推动国有企业完善现代企业制度以奠定国有经济高效运行微观基础这四项重大任务，通过这四项改革重大任务和具体的改革措施的推进，最终形成以"新型国有企业"为主的国有经济，[①] 这些"新国企"将适应新形势的发展要求，日益与市场在资源配置中发挥决定性作用的条件下的成熟社会主义市场经济体制相融合。

---

① 有关"新国企"的更为全面的研究可参阅本文后面的"参考文献"[3]。

# 二、与时俱进地根据"国家使命"调整国有经济功能定位和布局

## （一）基于使命的国有经济功能分类

使命就是企业存在的理由，是企业的价值取向和事业定位，使命不明确或者使命冲突会导致企业行为逻辑混乱。对于国有企业而言，实现国家赋予的使命——"国家使命"是国有企业生存和发展的理由。在社会主义市场经济体制下，国有经济的"国家使命"不仅着眼于如何运营管理好现有的存量国有资产的问题，还应放眼社会、放眼世界、放眼未来，从社会性、国际化和可持续性的视角入手，更好地配置国有资本，更好地发挥国有经济部门与非国有经济部门的互补功能，为整个国民经济向更健康、更有竞争力、更具可持续性的方向发展，为中华民族实现伟大复兴，为实现"中国梦"而贡献积极的力量。具体而言，多年改革发展留下的巨大的国有经济总体上承担着两大使命，或者说发挥着两大方面的功能：一是公共政策性，作为政府实现公共目标的工具或者资源；二是市场盈利性，保证国有资产的保值增值。由于渐进式改革，这两类功能的国有经济并没有在具体的国有企业中区分，造成国有企业面临着"使命冲突"，从而使得国有企业无法与市场经济体制彻底融合。新时期要深化国有经济改革，需要准确界定不同类型国有企业的功能，国有企业已经步入了一个"分类改革与分类监管"的新时期。本文认为，考虑到历史沿革和可行性，应该是根据企业使命和承担功能性质的不同，将国有企业分成公共政策性、特定功能性和一般商业性三种类型[1]。

公共政策性国有企业是带有公共性或公益性的、有特殊目的的国有企业。它们仅承担国家公益性或公共性政策目标而不承担商业功能。公共政策性国有企业应该是国有独资企业。具体监管方法是"一企一制"、"一企一法"，确保企业活动始终以社会公共利益为目标。这类国有企业数量非常少。目前，有的公共政策性国有企业也在开展商业性业务活动，一旦明确企业功能定位，其商业性活动就应该逐步分离出来。从长远看，公共政策性国有企业将是国有资本加强投资和监管的重点。

一般商业性国有企业就是人们常说的竞争性国有企业。它们属于高度市场化的国有企业，只承担商业功能和追求营利性经营目标。一般商业性国有企业采用公司制或股份制，其股权结构应该由市场竞争规律决定，遵循优胜劣汰原则。在规范运作的前提下，这类企业的股权多元化程度和股东的异质性程度不应该受到非市场性因素的困扰和扭曲。为数众多的中小型国有企业都属于这一类型。

特定功能性国有企业具有混合特征。它们有一部分商业功能，也有一部分非商业性或政策性功能，其非商业性功能的实现又要求以企业自身发展和经营活动盈利为基础和前提。特定功能性国有企业的股权结构是国有绝对控股或相对控股的多元化结构。有特殊的政策性功能要求的，可以制订具体政策来规范企业的股权结构；没有特殊政策规定的，应该由市场来发挥资源配置的决定性作用。从长远看，特定功能性国有企业将进一步分化，这类企业中的大多数将转变为一般商业性国有企业。

基于分类思路，本文认为，现在的113家中央企业中公共政策性企业有5家，分别是中储粮总公司、中储棉总公司、华孚集团、国家电网和南方电网；特定功能性企业32家，包括国防军工板块的十大军工企业和中国商飞公司，能源板块的三大石油公司、国家核电、中广核集团和六大

电力公司，及其他功能板块的中盐公司、中国国新、三大电信公司、三大航空公司以及中远集团、中国海运；一般商业性企业76家，包括一般工业制造企业、综合贸易服务企业、建筑工程企业、科研企业和资产规模在500亿元以下的其他中小企业。由于国有企业构成的复杂性，具体的分类方法可以是动态的，会随着环境和情况变化而调整。

## （二）功能转换与国有经济战略性调整

国有经济的功能定位并不是一成不变的，如果说，以前国有经济保值增值被放到更加重要的位置，那么在新时期，国有资本将加大对公益性的投入，在提供公共服务方面做出更大贡献。这种功能转换意味着新时期中国需要进行国有经济战略性重组。基于上述三类国有企业的功能定位，各类国有企业战略性调整的方向和重点都不同。

对于被界定为一般商业性企业的国有企业，其战略性调整目标是完全剥离行政垄断业务，通过市场化手段增强企业活力和提高企业效率，同时建立国有资本灵活退出机制，逐步退出部分国有资本，投向更符合公共服务和国家战略目标的企业。为实现上述改革目标，一方面，要推进公共资源配置市场化，加快政府管制改革，破除各种形式的行政垄断；另一方面，这类国有企业应勇于突破所有制观念的束缚，大力引入其他所有制经济成分，充分发挥其企业制度中内生的国有资本放大功能。在改革实践中，应该按照市场公平竞争要求，鼓励非公有制企业参与一般商业性国有企业的改革，鼓励发展形成非公有资本控股的混合所有制企业；鼓励一般商业性国有企业在改革成为混合所有制企业的同时，实行员工持股，形成资本所有者和劳动者利益共同体。在改革过程中，从这类企业中陆续退出的部分国有资本，将通过国有资本运营公司这一运作平台，转而投向那些更加符合国家战略目标的重要行业和关键领域。

对于被界定为公共政策性企业的国有企业，其战略性调整目标是退出营利性市场业务领域，专注公共政策目标的实现，在此前提下，国有资本要加大对这类企业的投入。首先，已从事的营利性市场业务，要逐步剥离；其次，要继续加大国有资本的投入力度，提高这类企业的公共服务能力和承担社会责任的能力；最后，要不断提高公司管理科学化水平，改善国有资本的使用效率。虽然公共政策性企业不以盈利为目标，但为了提高管理效率，在具体项目和环节上可探索引入竞争机制，允许非国有资本参股公共政策性企业负责的一些公共服务项目。公共政策性国有企业自身既不适合改组为国有资本投资公司或运营公司，也不适合推行员工持股制度来发展混合所有制。

对于被界定为特定功能性企业，战略性调整的总体方向是，主要依托国有资本投资运营公司这一运作平台，不断地主动退出那些竞争格局趋于成熟、战略重要性趋于下降的产业领域和环节，不断努力在提供公共服务、保障国家安全和符合国家战略要求的各种新兴产业领域发挥更大的功能作用。其中，那些功能定位与提供公共服务、保障国家安全紧密相关的国有企业，在推行混合所有制经济、实行企业员工持股方面，要慎之又慎；那些与保护生态环境、支持科技进步、开展国际化经营、战略性新兴产业领域相关的国有企业，可鼓励探索和发展混合所有制经济和员工持股制度。如果某些特定功能性国有企业的功能特征有日渐弱化的趋势，它们就应该及时转变为一般商业性国有企业，再遵照一般商业性国有企业的规律，来进行战略性调整和深化改革。

需要说明的是，随着国有经济管理体制改革的深入，现有的113家中央企业数量会进一步减少，尤其是按照中共十八届三中全会精神，组建国有资本投资公司和运营公司，这些平台公司组建过程本身就是国有经济战略性调整过程，甚至是未来几年内国有经济战略性调整的主要任务。

## （三）垄断性行业国有经济的战略性调整

电力、电信、民航、石油天然气、邮政、铁路、市政公共事业等垄断性行业国有企业是国有经济中非常特殊但问题突出的部分，大部分属于上述特定功能性企业。垄断性行业国有经济战略性调整应该通过产权重构带动业务重组和企业组织结构调整，实现产业组织效率和企业绩效的同步提升。产权重构旨在形成符合行业技术经济特征和经济发展阶段要求的产权结构和治理架构。业务重组旨在优化相关业务配置和遏制垄断，形成主业突出、网络开放、竞争有效的经营格局。企业组织结构调整旨在形成兼有规模经济和竞争效率的市场结构，使企业成为社会主义市场经济体制下更具活力的市场主体，成为中国国民经济和国有经济中更具战略性的组成部分。

产权重构是国有企业产权多元化的重要途径，也是垄断性行业国有企业建立现代治理制度的基础。垄断性行业国有企业产权重构主要有三种目标模式，即国有独资模式、国有绝对控股模式和国有相对控股模式，重点推动垄断性行业中央企业从国有独资公司向国有绝对控股公司和国有相对控股公司转变，发展混合所有制经济，实现产权多元化。随着社会主义市场经济体制的成熟定型和民营经济成长，降低上述领域对国有经济的依赖，逐步从国有绝对控股转向国有相对控股。

业务重组要区分自然垄断的网络环节和可竞争的非网络环节性质，根据行业特点整体规划、分步实施。一般认为，电力产业的输配电网，铁路行业的路轨网络，石油产业的输油管线，天然气行业的输气管线，电信行业的电信、电话和宽带网络，属于自然垄断的网络环节，而电力行业的发电、售电业务，铁路的运输业务，石油和天然气的勘探、销售业务，电信行业的移动电话、互联网、电视网络和增值业务等属于可竞争的非自然垄断环节[4]。积极研究将电信基础设施和长距离输油、输气管网从企业剥离出来，组建独立网络运营企业的方式。着眼于整个国民经济而不仅是某个行业或经济主体自身的视角，谋划和评估网络设施开放使用，通过网络设施平等开放推动可竞争性市场结构构建和公平竞争制度建设，使垄断性行业国有经济成为社会主义市场经济体制更具活力的组成部分，使改革和发展成果更好地惠及国民经济其他产业和广大人民群众。具体而言，石油行业主要是深化中石油和中石化内部重组，通过兼并重组、注入资本金等政策将中海油、中化集团整合成一家新的国家石油公司。电网行业主要是实现国家电网公司和南方电网公司的合并，在国家电网公司、区域电网公司与省电网公司之间建立规范的母子公司关系。输配分离后，国家电网公司和区域电网公司经营输电网，配电网划归省电网公司。民航业重点培育几家区域性航空运输企业，解决航空支线垄断程度过高的问题，把航油、航材、航信三家企业改造成由各航空运输企业参股的股权多元化的股份有限公司。

企业组织结构调整的重点是在产权结构和业务结构重组的基础上，对一些行业内国有企业的数量及其关系进行选择和优化。由于垄断性行业国有企业均为大型企业或特大型企业，国有企业数量对行业垄断竞争状况和产业绩效具有重要影响。从有效竞争和便于管理的角度看，国有企业在特定行业内的企业数量既不是越少越好，也不是越多越好，否则不是造成垄断就是造成国有企业过度竞争。企业组织结构调整应解决经营者数量少导致的竞争不足问题，适当增加经营者数量，形成兼有规模经济和竞争效率的市场结构。

# 三、协同推进混合所有制改革以确立国有经济的主要实现形式

## （一）推进混合所有制改革的方法论原则

为了既避免改革过程中的国有资产流失等问题，又能够达到混合所有制改革的目标，推进混合所有制改革必须坚持"上下结合、试点先行、协同推进"的改革路径和方法论原则，混合所有制改革一定要在上下结合、先行试点的基础上制定改革细则，然后才能全面协同推进，做到"蹄疾而步稳"。

中国的改革经验表明，成功的改革推进路径是先"自下而上"——允许基层积极探索，具体包括基层创新、发现问题、积累经验、总结分析等操作步骤，得到基层探索的整体改革意义，进而"自上而下"——进行顶层指导下的推进，具体包括明确方向、选择试点、制定规则、全面推进等程序，从而实现积极稳妥地全面改革。而且这个"自下而上"和"自上而下"的过程往往需要多次反复。这种"上下结合"的改革推进路径既激发了基层改革创新的积极性，保护了经济的活力，又实现了改革的有序性，避免了改革一哄而上的混乱，是我们改革取得巨大成就的方法论保证[5]。同样，今天我们推进混合所有制改革，也应该坚持这样的改革路径，或者说方法论原则。中共十八届三中全会明确了大力发展混合所有制的方向，这意味着经过多年"自下而上"的探索，我们已经明确了混合所有制改革的方向，全国正处于"自上而下"地推进混合所有制改革阶段。

当前混合所有制改革工作的重点应该是积极推进试点，在试点的基础上分析问题、总结经验，进而制定具体规则和程序，探索混合所有制改革实施细则，以保证进一步全面推进混合所有制改革在制度和法律的框架下规范运作。根据实际情况，积极开展分类试点，寻找突破口，总结经验，形成操作规范。在试点中前行，在具体实践中操作，不断发现新问题，寻找解决问题的办法，并进行知识的积累，最终形成操作的规范。在"开展试点"的基础上，加强经验交流，全国各地相互促进，探索发展混合所有制经济的新规范。近日，国务院国资委选择国家开发投资公司、中粮集团有限公司开展改组国有资本投资公司试点，中国医药集团总公司、中国建筑材料集团公司开展发展混合所有制经济试点，新兴际华集团有限公司、中国节能环保公司、中国医药集团总公司、中国建筑材料集团公司开展董事会行使高级管理人员选聘、业绩考核和薪酬管理职权试点，还将在国资委管理主要负责人的中央企业中选择2~3家开展派驻纪检组试点[6]。这种试点的方法是具有重要意义的，但很多改革在企业层面是有机联系的，应注意改革制度的协同性，不要人为割裂。相对于国务院国资委试点先行的做法，一些地方政府将混合所有制企业比例、混合所有制企业中民营企业参股比例、国有资本证券化比例等作为混合所有制改革的量化考核指标，放在国有企业改革指导意见中，这是不妥的，在改革试点没有开展之前，制定这种改革方案，容易使改革方案成为彰显政绩目标和决心的"改革大跃进规划"。这种政府主导的急于求成的心态会加大国有资产流失的风险。

通过推进混合所有制改革试点，要探索和制定三方面的细则：一是界定不同国有企业功能，将国有企业分为公共政策性、特定功能性和一般商业性，为不同类型国有企业建立不同的法律法规，进而设计不同的混合所有制改革实施细则；二是完善公司治理结构，总结国有董事会试点经验，明确混合所有制下国有企业董事会的运行规则，建立有效的高层管理人员选拔和激励约束机制，从机制上保证国有董事和非国有董事的行为规范化和长期化，保证国有和非国有资产共同保值增值；三是着力营造公平竞争市场环境，努力完善产权流动的市场机制和产权保护的法律体系，重新制定《非国有资本参与国有企业投资项目办法》、《国有资本运营公司和国有资本投资公司试点办法》之类的新制度完善和修订不适应混合所有制改革要求的法律法规、规范性文件。

发展混合所有制是一个系统性、整体性和协同性的改革，需要统筹好中央和地方、试点和规范、渐进和突破的关系。从中央和地方的关系看，在中央层面，主要解决垄断行业的国企混合所有制改革问题，地方层面则着重解决地方融投资平台、城市公共服务业等改革，一些影响大的问题也可由地方先行试验；从试点和规范的关系看，一方面要建立容错机制、允许试点创新，并以此为基础不断形成规范性的政策指导，另一方面也要通过规范，设定基本的试点创新"底线"；从渐进和突破的关系看，既要通过渐进开展积累相关经验，激发发展混合所有制经济的积极性和主动性，又要敢于面对难点攻坚突破，突破改制重组的瓶颈。在协同推进上，要处理好三个协同：一是行业协同，就是要把握发展混合所有制节奏，既要加快竞争性领域改革步伐，又要攻坚克难，突破垄断行业的改革，相互借鉴经验；二是制度协同，要协同推进公司治理、产权和资产交易、资本管理、人事和分配制度等各方面的制度建设；三是进度协同，要把握好试点先行、细则制定和全面推进的时间协调性。

## （二）发展混合所有制的模式选择

依据不同的标准，发展混合所有制的模式划分存在显著差异。从宏观推进层面来看，按照主导力量的不同，发展混合所有制可以分为政府主导型模式和市场主导型模式；按照推进路径的不同，发展混合所有制可以分为自上而下型模式、自下而上型模式和上下结合型模式；按照改革对象的不同，发展混合所有制可以分为存量改造型模式和增量发展型模式。从微观操作层面来看，按照混合途径的不同，发展混合所有制可以分为合资混合模式、合作混合模式和配股混合模式；按照资本属性的不同，发展混合所有制可以分为公有资本与私有资本混合模式、公有资本与外资混合模式、公私资本与外资共同混和模式；按照控股主体的不同，发展混合所有制可以分为公有资本控股型混合模式、私有资本控股型混合模式和外资控股型混合模式，或者分为公有资本控股型混合模式和公有资本参股型混合模式；按照混合程度的不同，发展混合所有制可以分为整体混合模式和部分混合模式。

由于发展混合所有制既要有宏观层面的顶层设计，又要有微观层面的操作方案，因此模式的划分应实现宏观与微观的结合。基于改革顶层设计的清晰性需要，在宏观推进层面可以以改革对象为划分依据，将发展混合所有制区分为存量改造型模式和增量发展型模式。存量改造型模式主要是鼓励非公有制经济参与国有企业和集体企业改革，实现国有企业和集体企业存量产权的多元化。存量改造型模式是当前发展混合所有制的重点，其微观实现方式主要包括公司制股份改革、开放性市场化双向联合重组、股权激励和员工持股。增量发展型模式主要是在新的投资中推动公有资本与非公有资本的共同参与，实现国有企业和集体企业增量产权的多元化。增量发展型模式也是发展混合所有制的重要形式，其微观实现方式主要包括在新设混合所有制企业或新投资项目中推动公有资本与非公有资本的共同参与。进一步地，无论是存量改造型模式还是增量发展型模式，均可采取公有资本绝对控股、公有资本相对控股和公有资本参股三种形式。

发展混合所有制的不同模式各有优劣，并没有普适性的模式，实践中需要综合考虑产业性质、市场发育程度、企业组织特征、企业发展基础等多个方面的内外部因素。从产业性质来看，相对成熟的产业中因公有资本的布局已经相对明确，因此发展混合所有制可以更多地选择存量改造型模式；而新兴产业中所有属性的资本布局仍然是不确定的，因此发展混合所有制可以更多地选择增量发展型模式。但无论是存量改造型模式还是增量发展型模式，对于涉及国民经济命脉的重要行业和关键领域，可以采取国有绝对控股的混合所有制形式；涉及支柱产业、高新技术产业等行业，可以采取国有相对控股的混合所有制形式；对于国有资本不需要控制可以由社会资本控股的领域，可以采取国有参股的混合所有制形式。从市场发育程度来看，当产权交易市场、资本市场较为发达时，发展混合所有制可以更多地采取存量改造型模式，反之则可以更多地采取增量发展型模式。从企业组织特征来看，当公有制企业规模较大时，发展混合所有制可以同时采用存量改造型模式和增量发展型模式，反之则可以更多地采取存量改造型模式。从企业发展基础来看，如果公有制企业盈利能力较强，可以同时采用存量改造型模式和增量发展型模式，而且，当公有制企业具有决定性的要素优势时，可以选择国有绝对或相对控股的混合所有制形式，否则将采取国有参股的混合所有制形式；如果公有制企业盈利能力较弱，可以更多地采用存量改造型模式，并主要采取国有参股的混合所有制形式。

### （三）推进国有企业混合所有制改革的具体要求

由于每家国有企业功能定位、历史沿革、行业特性、规模大小、生存状态都千差万别，在具体推进混合所有制改革中，"一企一策"是一个必然的选择。但这并不意味着国家没有统一的约束。国家统一的约束应该至少体现在改革程序公正规范、改革方案依法依规、股权转让公开公允、内部分配公正透明四个方面。一是改革程序要公正规范。整个改革先后程序必须有严格的规定，不要担心繁文缛节，公正规范是企业改革的第一要义，在规范和效率的选择上，规范始终应该摆在首位。二是改革方案要依法依规。企业改革方案要严格遵照各项法律、规范和流程制定，最终必须经过相应政府主管部门的批准，一些重大的企业改革方案建议由同级人大讨论批准。三是股权转让公开公允。在混合所有制改革过程中，涉及国有股权转让的，信息必须公开透明，转让价格要保证公允。信息公开透明，发挥社会的监督作用，往往是避免国有资产流失的最好办法。四是内部分配公正透明。在混合所有制改革中，会涉及员工持股和管理者持股。在这个过程中，要保证分配公正透明，这不仅是避免国资流失、利益输送等问题的出现，更是为了更好地发挥员工持股的激励作用。为了保证公正透明，一定要做到充分的民主，要注意充分发挥职代会的作用。通过多轮投票选举产生职代会代表，职工代表充分发挥沟通桥梁作用，在改革总体方案的形成、职工持股认购额度分配等关键环节，每一项改革决策的酝酿与形成都要交职代会表决通过。

发展混合所有制之所以受到很大的争议和阻力，很大程度上是由于发展混合所有制过程中可能出现国有资产流失等"混合失当"问题，这使得防止国有资产流失成为发展混合所有制的关键问题。发展混合所有制过程中的国有资产流失最可能发生的地方是优良企业、优良资产、优良业务线，并可能通过潜在利益、资产评估、同业竞争和关联交易等渠道发生。基于此，发展混合所有制过程中防止国有资产流失，应重点采取两个方面的关键举措：一是统一政策标准，分企审批，即制定统一的政策标准，使国有企业混合所有制改革的一些重要事项有政策标准作为依据，同时每个国有企业混合所有制改革的具体方案必须上报国资监管部门审批。二是统一产权管理，建立统一、开放、规范、高效的产权交易市场，严格执行产权交易进入市场制度，加强产权交易的监管以及混合所有制企业的国有资产监管，确保做到混合前公平评估、混合中阳光操作、混合后规范运营。

### （四）鼓励非公有制企业参与国有企业改革

鼓励非公企业参与国有企业改革，就是要从有利于企业竞争力和总体经济效率的基本要求出发，清除当前制约非公企业参与国企改革的障碍，创造继续深化改革的条件，形成继续深化改革的强大动力。

经过 30 多年的国有企业改革探索，中国的国有全资企业相当一部分已经演变为同时含有国有股和非国有股的混合所有制企业，并且已经涌现出一批以联想集团、TCL、万科股份等为代表的优秀混合所有制企业，形成了进一步推进混合所有制改革的示范效应。但是总体上看，目前进一步推进非公企业参与国企改革还存在许多障碍，既有政策性障碍，也有市场性障碍，具体表现为：一是对于民营资本进入意愿比较高的领域，包括能源、交通、医疗、教育、通信等，政府尚未给出放松进入的时间表，更未给出非禁即入的"负面清单"，民营资本通过参与混合所有制企业改革进入这些领域的难度大、成本高。二是民营企业面临"玻璃门"、"弹簧门"、"旋转门"等各种隐性壁垒，国有企业在项目审批、土地、税收和户口指标等方面具有"政策红利"。三是具有垄断势力、财务绩效良好的国有企业缺乏引入民营资本的内在动力，政府和企业内部管理层缺乏推进混合所有制改革的积极性。四是一些地方政府出于发展地方经济的考虑，在引入非公企业资本时，常常对于混合所有制企业的经营范围和区位布局制订"特别条款"，影响了混合所有制企业的商业化程度和独立性[7]，造成实际上的非公企业资本的股权与控制权不对称，也造成事后股东间公司权力斗争的隐患。五是人员身份转换和安置障碍是非公企业参与国有企业改革的后顾之忧。

针对以上发展混合所有制的现实障碍，鼓励非公有制企业参与国有企业改革、发展非公有制控股的混合所有制企业来进一步深化国有企业改革需要满足多方面的条件，从而形成既满足现实需求又符合理论规律的改革思路。一是要产权改革与治理改革的协同推进。产权改革是前提，但在产权多元化的基础上优化公司治理结构才是发挥混合所有制企业制度优势的关键[8]。在坚持统一的《公司法》和国有企业改革总体安排的制度框架下，促进各利益相关方根据各自的利益诉求进行平等对话和谈判、形成公司治理差别化和动态化的前提下，当前中国混合所有制企业的公司治理安排中尤其重视积极引入战略性投资者。研究和经验表明，当改制形成的混合所有制企业引入的非公企业投资者不属于具有长期性投资愿景和具备相关行业技术管理经验的战略性投资者时，股东之间的冲突和摩擦进而引起的公司权力斗争将导致高额的治理成本。因此，混合所有制改革不能流于形式，必须着眼于提升企业效率、降低治理成本，把引入真正能够提升公司长期价值和竞争力的战略性投资者作为推进混合所有制改革的要点。二是产权改革与市场结构调整的协同推进，弱化垄断性租金驱动的混合所有制企业改革。市场化的企业主体和有效竞争的市场结构是提升产业效率的两个重要条件[9]，缺一不可。无论是对于行政性管制导致的自然垄断还是市场竞争过程中国有企业形成的经济性垄断，在垄断企业自身投资主体和股权多元化的同时，要配合放松行业进入管制，通过鼓励形成新的市场竞争主体、形成有效竞争来全面促进经济效率的提升，避免在混合所有制改革后形成新的民营资本垄断或"合伙垄断"。与此同时，也通过形成竞争预期，避免非公企业参与国有企业改革的激励扭曲，有利于真正的战略性投资者进入。三是混合所有制和政府功能完善的协同推进，弱化行政性租金驱动的混合所有制企业改革。消除政府在资金、税收、融资、土地、项目审批等方面对国有企业和混合所有制企业（特别是国有资本控股的混合所有制企业）的各类显性和隐性补贴及优惠，避免行政权力对股权结构、董事会结构和高层管理人员选聘的干预。四是保证非公企业参与国有企业改革过程的透明性和竞争性，通过社会性治理保证交易的公正、公平，避免国有资产流失。由国资委牵头制定非公企业参与国有企业改革的信息披露制度，对于资产评估、股权定价、股权结构、管理层持股等重要交易信息按照标准化的文本格式及时对外公布，形成媒体、学术界和社会各界对非公企业参与国有企业改革的监督、约束机制。

### （五）推进混合所有制改革中引入员工持股制度

国有企业在推进混合所有制的过程中引入员工持股制度，一方面有利于国有企业混合所有制改革，完善公司治理；另一方面有利于建立员工长期激励机制，使员工与企业形成利益共同体。但是，员工持股制度能否有效发挥增加经济激励与改善社会治理的双重效应，关键取决于员工持股的具体方案设计。方案设计不当，不仅无法发挥激励作用，还有可能造成国有资产流失、寻租和利益输送等问题。国有企业推进混合所有制改革引入员工持股制度，应该坚持激励相容、增量分享和长期导向的三个原则[10]。

（1）激励相容原则。这要求员工持股方案在保证员工追求自身利益的过程中，也实现了公司整体价值的最大化。只有在股票价格、持有比例、持有期限、退出机制等方面设计得当，才有可能产生这种"激励相容"的效果，使员工的个人利益与企业长远发展的利益捆绑在一起。否则，会造成激励过度或激励扭曲的问题，从长远看造成国有资产流失。例如，在持股比例上，管理层持股过高，普通员工持股过低，造成了收入差距过分拉大，企业内部产生矛盾，影响企业长期发展。再如，持股期限和退出机制设计不当，员工在公司上市前持有大量股份，待公司上市后立刻大量抛售股票以获取股票溢价收入，从而无法激励长期化行为。又如，"人人都持股"的平均主义，或普通员工持股比例过低，会造成新"大锅饭"和"搭便车"的激励不足现象。

（2）增量分享原则。实行员工持股制度，不能够将现有的国有资产存量作为员工持股的来源，要着眼于"分享增量利益"。也就是说，设计员工持股制度不允许和员工分享原有的国有资产存量，而允许将企业增量效益尤其是那些明确是由于员工努力而新创造出来的企业超额收益用作员工分享。这样，可以有效避免国有资产流失，而且，这将更加有利于激励员工努力工作，提升企业的未来发展空间，进一步做大做强国有资产总量，实现国有资产和员工利益的"双赢"。

（3）长期导向原则。大力发展混合所有制的背景下实行员工持股制度，应该仔细考虑如何将长期导向原则植入职工持股制度之中。在制度设计中，不仅要对持股员工的工作年限提出要求，还要规定员工持股时间，尽可能延长员工持股时间。证监会最新颁布的《试点指导意见》提出了"要使员工获得本公司股票并长期持有"，但是，该文件在持股期限上所做的具体规定——"每期员工持股计划的持股期限不得低于12个月"，并没有贯彻落实长期持有的政策思想，未来政策应进一步朝着延长持股期限的方向变化。只有坚持长期导向的激励原则，才有可能充分发挥这一制度的激励效用，保证国有资产的保值增值。

### （六）打破垄断推进混合所有制改革

垄断性行业的国有企业改革应该立足于发展环境和功能定位，以放宽准入、多元投资、有效竞争、合理分配、独立监管为主攻方向，提高市场开放与竞争程度，推动垄断性行业向可竞争性市场结构转变，为国有企业推进混合所有制创造条件，实现竞争效率和规模经济的同步提升。

（1）解决垄断性行业国有企业经营活动和招投标系统内封闭运行，向社会开放不够的问题。推动电信、电力、油气、公用事业等领域招投标向社会开放，鼓励民营企业申请勘察设计、施工、监理、咨询、信息网络系统集成、网络建设、项目招标代理机构等企业资质。凡具有相应资质的民营企业，平等参与建设项目招标，不得设立其他附加条件。鼓励民间资本参与上述行业基础设施的投资、建设和运营维护。引导大型国有企业积极顺应专业化分工经营的趋势，将基础设施投资、建设和运营维护外包给第三方民营企业，加强基础设施的共建共享。

（2）加强和改善垄断业务监管，防止相关企业凭借网络设施排挤竞争者。根据行业特点对于在技术经济上要求保持物理和经营管理上的整体性垄断性业务，可以授权一家或少数几家国有企业垄断经营，非国有资本可以股权投资形式进入，但要防止相关企业凭借网络设施排挤竞争者，滥用市场优势地位。随着社会主义市场经济体制的成熟定型和民营经济成长，逐步降低上述领域对国有经济的依赖，实现从一股独大向股权分散的社会化企业的转变。对于资源类产品和服务的进出口，应放宽市场准入，允许更多的经营者经营，以便对国内垄断企业形成一定的竞争压力。

（3）构建可竞争性市场结构，更好地发挥竞争机制的作用。油气产业上游领域重点解决石油天然气探矿权和采矿权过度集中和"一家独大"的问题，引进一批具有资质和能力的企业从事页岩气、页岩油、煤层气、致密气等非常规油气资源开发。在下游领域，要重点加强符合条件企业的炼油业务，改变原油和成品油进口管制，增加从事原油和成品油进口业务的主体，取消非国营贸易进口的原油必须交给两大石油公司加工的"隐性政策"，放宽进口原油在国内自由贸易，允许非国有企业根据市场需求组织进口。电信应完善关于码号资源、市场竞争行为管理的相关规定，维护好消费者权益，对企业退出机制、个人隐私保护、服务质量保证等方面做出更为细致的规定。解决中国移动"一家独大"掌握绝对市场控制力，中国电信和中国联通难以对中国移动构成实质性竞争的问题。电力重点解决发电侧缺乏竞争和购电、售电过度垄断问题，赋予电厂卖电、用户买电的选择权和议价权。放宽发电企业向用户直接售电的限制，允许全部分布式发电自用或直接向终端用户售电，允许全部规模以上工业企业和其他行业大中型电力用户直接、自主选择供电单位，大幅度增加直接购电用户的数量，改变电网企业独家购买电力的格局。解决调度与交易、发电厂与用户接入电网审批等权力不透明、电费结算不公平和电网接入审批困难等问题。

# 四、构建分层分类全覆盖的新国有经济管理体制

## （一）构建"三层三类全覆盖"的国有经济管理新体制

目前，关于如何改革国有资产管理体制有两种观点：一种观点认为要肯定和坚持 2003 年以来国有资产管理体制改革的成果，而中共十八届三中全会提出的以"管资本"为主的管理体制应该是对现行"管人、管事、管资产"管理体制的完善，以淡马锡模式和汇金模式为代表的金融资本管理模式存在政企不分、政资不分的弊端，不能够将金融资本管理模式照搬到实业资本管理模式上，尤其是面对中国庞大的国有实体经济，这种照搬更不可行。另一种观点认为，现行国有资产管理体制在过去十年的运行中，暴露出加剧政企不分、政资不分、过度干预以及国有资产规模扩张快但运行效益水平不高这些新矛盾和新问题，深化改革需要转换国资委的角色，以"管资本"为主的管理形式来替代国资委现行"管人、管事、管资产"的管理形式，推动国有资产的资本化和证券化，学习汇金模式和淡马锡模式，建立以财务约束为主线的国有产权委托代理关系。

本文认为，中国应该构建一种分层分类的国有经济管理体制。从分层看：①在最高层次上，是政府的国有经济管理部门（这里没有将最高层次——全国人民代表大会考虑进去，而未来国有资本经营预算是应该向人民代表大会定期汇报的），可以命名为"国有经济管理委员会"（简称为"国经委"），区别于现有的"国有资产监督管理委员会"（简称为"国资委"），"国经委"负责整体国有经济（包括隶属于不同部门的国有企业、国有资产和国有资本）监管政策的制订和监督政策的执行，解决整个国有经济部门和不同类型的国有企业的功能定位问题，建立国有资产负债总表、编制和执行国有资本经营预算，负责中间层次的国有资本运营公司、国有资本投资公司的组建，对其章程、使命和预算进行管理，负责国有经济的统计、稽核、监控等。这意味着与现有的"国资委"相比，"国经委"管理职能要减少和虚化很多。②在中间层次上，组建和发展若干数量的国有资本投资公司和国有资本运营公司。作为世界最大规模的经济体之一，在中央政府层面，需要至少十多家或者是数十家的中间层次的这类平台公司。从现实出发，这类平台公司有三类：一是类似于汇金模式的国有资本运营公司。二是投资实业方向相对单一、主业突出的国有资本投资公司，如中石油。三是投资实业方向多元、主业不突出的国有资本投资公司，如中粮、国投等。正是这三类平台公司共同存在，实际上就折中了上述国有资产管理体制改革的两派观点。作为政府与市场之间的连通器，这些平台公司将在确保国家政策方针贯彻落实的前提下，尽最大可能地运用和调动各种市场手段，为下辖的国有企业提供与其企业使命、功能定位相称和相适宜的运营体制机制。③在第三层级上，指一般意义的经营性国有企业。从分类上看，本文已经讨论了上述三类基于使命的国有企业功能定位，由于类型不同，相应的管理方式也将有很大的差别。这里新体制的结果是，只有极少数量的、定位于履行公共政策功能的国有企业，会继续运行在政府部门直接管理的体制中。为数众多的国有企业，将运行在以"管资本"为主的日趋市场化的管理体制中。

总之，本文设想的国有经济管理体制是由"国有经济管理委员会—国有资本经营公司或者国有资本投资公司——一般经营性企业"三个层次构成，管理"公共政策性、特定功能性和一般商业性"

三个类型国有企业的"三层三类"体制。①

需要进一步说明的是，这种"三层三类"国有经济管理体制，也使得"全覆盖"的国有资产和国有企业的统一监管成为可能。因为"国经委"管理职能的"虚化"，使得能够将工业、金融、文化、铁路等各个领域的国有经济全部纳入"国资委"的管理范围中，只是要根据行业特征组建不同的国有资本运营公司和国有资本投资公司而已。建立"全覆盖"的统一监管体制，确立"国经委"的政策权威地位，由"国经委"出台统一的国有经济监管政策，有助于消除现行监管体制中的"盲区"，有利于打破"条块分割"的局面，促进全国国有资本的统一优化配置。现有的"条块分割"国有资产管理体制，容易导致部门利益和行业壁垒，导致国有资产政策缺乏整体性和系统性，不利于国有资产保值增值[12]。"国经委"要着重通过对不同国有部门的准确功能定位，对国有资本投资公司或者国有资本运营公司进行充分授权，避免随意参与和干预相对低层次的国有资本投资运营公司及下辖国有企业和国有资产的日常运营活动。当然，由于"全覆盖"改革力度很大，建议在厦门、大连等地方国资委试点的基础上，进一步扩大地方国资委层面试点，然后逐步提高到中央层面。也就是说，这里提出未来构建的是"三层三类全覆盖"国有经济管理体制。

过去十余年的改革实践表明，国有经济管理体制改革是一项综合性的体制机制改革，不仅涉及国有经济、国有资产和国有企业的功能定位问题，还涉及干部管理体制、劳动人事制度以及调整政府与企业之间、中央政府与地方政府之间的关系等更为深层次的社会经济运行的体制机制问题。要使得上述分层分类的新国有经济管理体制真正建立并发挥理想作用，还要注意以下几点：一是政府及国资监管部门要按照国家治理体系和治理能力现代化的要求，转变治理理念和转换职能，对国有企业进行减政放权，新时期的改革需要借鉴"负面清单"的思想，确保权力和责任相统一，管关键事项，落实问责机制。二是需要解决国有企业领导人的行政级别问题，推行国有企业高管人员的市场化选聘、考核与薪酬制度以及彻底实施企业的三项劳动人事制度改革。三是中央政府与地方政府需要更为清晰地界定各自的国资管理权限。在实践中，地方政府层面的国有资产管理体制和中央政府层面的国有资产管理体制有很大的不同。中央政府与国有资产运营主体的关系相对超脱，而地方政府与国有资产运营主体的关系更加紧密。这意味着，越在地方层面，改革国有资产管理体制，实现政企分开、政资分开和对国有企业进行充分授权的难度越大。②四是研究破解长期经营不善和严重亏损企业的改革难题。目前，国有企业和国有资产可持续增长与发展的基础尚不稳固，有一些长期经营不善和严重亏损的困难国有企业的改革任务仍然非常艰巨。要研究如何推动国有资本从低效企业、困难企业的退出和盘活，切实解决好这些困难企业的改革难题，需要国家在员工安置、企业依法破产等方面给予配套政策支持。

## （二）组建国有资本投资公司与国有资本运营公司

建立"三层三类全覆盖"国有经济新管理体制，当前的关键任务是要逐步试点组建国有资本运营公司和国有资本投资公司。国有资本投资公司和国有资本运营公司居于中间层次，承担了特

---

① 早在 1991 年，蒋一苇先生就提出要建立国有资产管理部门、投资公司、被投资企业的三层国有资产管理体制，并深入论述国有资产的价值化管理问题，也就是当前提出的从"管资产"到"管资本"转变的问题，具体可参阅本文后面的"参考文献"[11]。

② 关于国有经济管理的中央和地方的关系，在理论界早就有大量的讨论，有的学者提出中央和地方"分级所有"的建议，认为这样有利于推进股份制改革，形成多元股东相互制衡的规范公司治理机制[13]。现在并没有实施"分级所有"体制，实际上是中央和地方的分级代表行使所有权。本文提出的"三层三类全覆盖"的国有经济管理体制更多的是集中讨论中央层面，如果考虑到地方分级代表行使国有经济所有权，那么更为全面准确的表述应该是"分级分层分类全覆盖"的国有经济管理体制。

定的功能。它们是新时期完善国有资产管理体制、构建以管资本为主的新国资监管体制的主要抓手，是真正实现政企分开、政资分开和分类监管的枢纽、界面和平台，是落实国有资本投资运营服务于国家战略目标这一责任的市场主体。虽然中共十八届三中全会提出组建国有资本运营公司和国有资本投资公司，并将两者做了投资实业和不投资实业的区分，但在现实经济中，资本流动性很大，金融资本和实业资本是可以循环的，可能并没有非常明确的界线，与人们通常所说的国有控股公司的含义相接近。这实际上也就是说，需要在组建国有资本投资公司和运营公司的过程中，有更为包容、更为务实的态度，不要主观规划组建资本投资公司和资本运营公司的数量比例，要根据现有的集团公司的具体业务、资金状况、功能定位等情况，"一企一策"地推进资本投资公司或者运营公司的组建，实际上这是一个复杂的国有经济战略性调整过程，需要耐心地、有序地推进。

组建国有资本投资或者国有资本运营公司，原则上应在现有的大型或特大型国有企业集团的基础上组建或改组，尽可能不新设国有资本投资或者国有资本运营公司。这个组建过程正是集团公司股权多元化的过程。长期以来，中国集团公司层面的股权多元化进程停滞不前，而组建国有资本投资公司或者运营公司，会极大地加快中国集团公司层面的股权改革进程。预计用三年左右的时间，在中央政府层面和地方政府层面分别组建一定数量的国有资本投资公司和国有资本运营公司。国有资本投资公司和国有资本运营公司应有一定的资产规模优势。资产规模不突出的企业，可以联合其他国有企业改组设立国有资本投资运营公司。在中央政府层面，国有资本投资运营公司的数量可以为几十家，户均资产规模应在千亿级以上的水平。在地方政府层面，需要视当地国有资本规模而因地制宜。到2017年，各级政府80%的国有资本应实现向国有资本投资公司或者国有资本运营公司的集中。

推进集团公司改制为国有资本运营公司或国有资本经营公司，需要选择试点稳步推进。要成为国有资本投资运营公司的试点企业，应该具备一定的前提条件。首先，试点企业应该具备一定的资产规模优势。规模太小的企业或企业集团，其试点意义不突出，很难对其他企业产生示范和带动效应。其次，试点企业应该有相对较强的国有资产的资本化能力和保障国有资本投资公司或国有资本盈利水平的能力。最后，试点企业需要有配套的体制机制来确立自身的、相对规范的市场主体地位。只有这样的企业才能运用企业化和市场化的手段，通过有效开展国有资本的投资运营活动，在实现企业自身发展的同时，实现国家与区域社会经济发展的战略性目标。在实践中，实行试点的企业或企业集团可以各具其业务特点。首先，业务领域专业化特征突出的企业，可以选择成为国有资本投资公司的试点企业。例如，国资委近期选择了国家开发投资公司和中粮集团有限公司开展改组国有资本投资公司试点。这两家公司既有一定的资产规模优势，又有相对较强的资本投资运营能力，还有相对突出的专业化领域，因而是较理想的试点对象。其次，业务领域多元化特征突出的企业和一些已经形成较为显著的产融结合的业务结构的企业，可以选择成为国有资本运营公司的试点企业。在实践中，有的企业将发展金融控股公司作为自身的发展定位，这类公司相对宜于开展国有资本运营公司试点。最后，既有专业化的业务领域，又有多元化的业务架构的企业，可以成为国有资本运营公司的试点企业。成为国有资本投资公司或国有资本运营公司试点，要将国有资本更多地在国家战略目标所需要的提供公共服务、发展重要前瞻性战略性产业、保护生态环境、支持科技进步、保障国家安全和国际化经营这六个方面开展投资运营活动。

组建国有资本投资公司或国有资本运营公司，需要做好体制机制上的制度保障工作。具体而言：一方面，需要改革国有资本授权经营体制，理顺国资监管部门与国有资本投资公司或国有资本运营公司之间的关系；另一方面，需要改革国有资本投资公司或国有资本运营公司内部的集团化管控体制，理顺国有资本投资公司或国有资本运营公司与出资企业之间的关系。同时，国资监管部门还应该为国有资本投资公司或国有资本运营公司提供健康高效运作的政策环境。例如，国有资本投资运营公司在开展国有资本运营、促进存量资产的资本化和有序流动时，会需要有关部门提供各种政策手段的配合与支持。再如，国有资本投资运营公司在解决困难企业问题时，应对企业的历史遗留问题，帮助解决企业资产处置和人员安置、医疗和养老保险接续、依法破产等问题，这些都是政策性非常强的改革难题，单纯靠国有资本投资公司或者国有资本运营公司的主观努力是不够的。国资监管部门应该努力为这些活动创造规范且有利的政策环境。

### （三）完善国有资本经营预算制度

国有资本经营预算从 2007 年开始试点，经过 3 年试运行，基本建立了国有资本经营预算政策法规、组织保障和预算指标、报表体系，制定了基本的业务流程，实现了国有资本经营预算编制和收益收缴两方面的突破，结束了国有企业连续 13 年"不向政府分红"的历史[14]。但是在一些重大问题上，如国有资本经营预算目标、编制主体、利润收缴（范围、比例）、分配、使用和监督、国有资本经营预算与其他预算的关系等方面仍然有较多分歧。按照中共十八届三中全会公报《决定》精神，未来完善国有资本预算制度的方向有以下几个：一是构建完整的国有资本预算体系，建立覆盖全部国有企业、分级分类管理的国有资本经营预算和收益分享制度。逐步扩大试点，将金融、铁路、交通、教育、文化、科技、农业等部门所属中央企业纳入中央国有资本经营预算试行范围。推动地方国有资本经营预算试点工作，做好汇总编制全国国有资本经营预算准备工作。二是合理确定国有资本收益上缴的对象，同时要根据中国国情和国有企业的类型分别确定国有资本收益上缴的比例。三是合理界定国有资本经营预算支出功能与方向，要向社会保障、医疗卫生、教育就业等民生领域倾斜。四是逐步加大中央国有资本经营预算调入公共财政预算的规模，逐步提高国有资本收益上缴公共财政比例，至 2020 年提高到 30%，国有资本收益更多用于保障和改善民生。同时，提高中央国有资本经营预算资金调入公共财政预算的比例，至 2020 年提高到 50%。五是加强国有产权转让的监管，加快推进国有资本变现收益预算管理。强化国有产权交易的全过程控制和监督，增强产权交易的公开性和透明度，加强受让企业资信调查，维护国有资产的安全。尽快将国有资本变现收益纳入国有资本经营预算中[15]。

完善国有资本经营预算制度，需要加快国有资本经营预算制度化和法制化建设，保证国有资本经营预算支出具有约束力，保证国有资本经营预算编制和执行的顺利进行。一是强调人大作为国家权力机关在国有资本经营预算中的地位和作用。建议全国人大适时启动对现行《企业国有资产法》的修订，在法理上明确全国人大和国务院在国有资产所有权上的委托代理关系，保障全国人大依法对国资治理的履行监督职能。建议各级人民代表大会常务委员会下设的国有资本经营专门委员会，作为国有资本经营预算的审议与监督机构。二是明确国有资本收益支出范围，提高中央企业国有资本收益上缴公共财政比例，提高中央国有资本经营预算资金调入公共财政预算的比例，建议在《国有资本经营预算条例》中对利润上缴和留存比例做出规定。对国有企业的资本经营预算支出，应按照"统筹兼顾，留有余地"的原则，重点推动国有经济布局的战略性调整和国有经济产业结构的进一步优化，促进国有资本向关系国家安全和国民经济命脉的重要行业及关键领域集中，促进国有企业提高自主创新能力和开展节能减排工作。建议安排专门预算资金解决长期经营不善和亏损国有企业的退出和破产工作[16]。三是根据国有资本分类监管的总体设计，逐步探索科学合理的国有企业资本收益分配制度，应从公司未来发展战略的实际需要考虑，对利润上缴和留存比例做出弹性规定，保障国有企业持续健康发展。四是由于各类国有企业存在较大差异，应当在大原则一致的前提下，制定适合各类、各地区实际的国有资本收益收缴制度。本着既要确保国有资本收益的足额及时收缴，又考虑国有企业的实际运营情况和承受能力的原则，国有资本收益的收缴标准既可以是净利润，也可以是可供投资者分配的利润。同时，要充分重视国有公司未来发展战略的实际需要，对利润上缴和留存比例做出弹性规划，以保障国有企业持续健康的发展。五是采用跨年期调整预算年度，建议采用从每年的 8 月 1 日起至次年的 7 月 31 日止的跨年期编制预算。按照《公司法》的规定，企业在年中结束后的两个月内报出年中报表，可以为预算编制提供更多的参考数据，是国有资本经营预算得以高质高效编制的有力保障，同时还可以解决年度中间预算执行空档的问题。此外，在年度预算的基础上，还应当编制三年期的多年预算，以全面反映国有资本经营的发展趋势。六是建立与国有资本经营预算目标相一致的国有资本经营预算编制的确认计量基础：建立以修正的收付实现制为基础的国有资本经营预算编制指标体系；使用增量预算的编制方法反映国有资本在经营过程中的保值及增值状况。七是加快配套的制度建设，加快《公司法》、《预算法》的修订，出台《国有资本经营预算条例》，改革和完善《政府预算收支科目》。

# 五、推动国有企业完善现代企业制度以奠定国有经济高效运行的微观治理机制

## （一）建立差异化的分类治理机制

在"三层三类"国有经济管理体制下，国有企业的治理也必须采用差异化的分类治理体制。所谓差异化分类治理体制，指的是不同功能定位的国有企业，分别适用于不同的企业治理体制。它具体表现为六个方面的差异化制度安排：一是法律适用；二是考核办法；三是企业领导人员选任制度；四是高管薪酬制度；五是国有资本收益上缴制度；六是监督与信息公开制度[17]。

（1）关于法律适用。这需要完善现有的法律体系：一是将现有的《公司法》中国有独资公司特别规定部分独立出来，形成专门的《国有独资公司法》，这个法律主要适用于一般政策性国有企业和一些特定功能性国有企业的集团公司。如果有必要，还可以针对每家政策性国有企业进行单独立法。二是针对现有的处于自然垄断性行业的国有企业，可以单独制定专门的行业法规，以这些法规对相应行业的特定功能性国有企业进行保护和约束。三是对于一般商业性国有企业，不需要有任何特殊的法律，与非国有企业完全一样，完全适用修改后的《公司法》。

（2）关于分类考核。一般商业性国有企业的考核应趋同于一般企业的考核，重在考核国有资本的投资收益水平；公共政策性国有企业应显著区别于一般企业的考核，主要考核政策性目标的履行情况；特定功能性国有企业的考核应区隔商业性业务活动和政策性业务活动，再分别从营利性和政策使命角度予以考核。

（3）关于企业领导人员选任制度。现行的国有企业领导人管理制度下，所有国有企业领导人同时承担"企业家"角色和"党政干部"角色。这种既"当官"又"挣钱"或者可以"当官"也可以"挣钱"的双重角色，不仅在社会上造成极大不公平，而且也不利于规范的现代企业制度和公司治理结构的建立，进而影响国有企业向混合所有制方向改革。在分类监管的框架下，国有企业领导人的管理体制也需要从"集中统一"转为"分类分层"管理。一般商业性国有企业领导人员的角色应是职业经理人，除董事长、党委书记等个别主要领导人员外，其他应该全部实行市场化选聘，由董事会任命；公共政策性国有企业领导人员的角色应是党政干部，在选用方面，采用上级组织部门选拔任命的方式，他们有相应行政级别，选用、晋升和交流都可按照行政方法和渠道；特定功能性国有企业领导人员中，集团公司的少数领导人员和子公司的个别主要领导人员可以是党政干部角色，采用组织部门选拔任命方式，其他大部分企业领导人员要实施市场化选聘制度，由董事会选拔任命。在实践中，应尽可能明确企业领导人员的具体角色，再执行相应的选任

制度。推进国有企业领导人员管理体制从"集中统一"向"分层分类"转变，一方面，坚持了党管干部原则，缩小了党组织部门直接管理国有企业领导人员的幅度，提高了党管干部的科学化水平；另一方面，有利于推进大型国有企业治理结构的完善，促进董事会作用的有效发挥，有利于国有企业职业经理市场培育，进而有利于国有企业实现向混合所有制方向的改革。

（4）关于高管薪酬制度。一般商业性国有企业参照市场标准制订高管的薪酬待遇标准，而且可以实施股权激励制度；公共政策性国有企业的高管薪酬，应大体上向同级别的党政官员看齐，可以稍高于同级别官员，但不能采用市场化的激励机制，不能享受过高的年薪和股权激励，这类企业的激励主要以行政级别晋升为主；特定功能性国有企业的高管薪酬的制订依据应该与该企业高管角色性质保持一致——该企业高管的市场化选聘比例越高，高管薪酬与企业业绩的相关度越高；反之，高管薪酬中的市场化激励色彩越弱。

（5）关于国有资本收益上缴制度。一般商业性国有企业应该按照市场规范运作的方式、参照市场标准来确定国有资本收益上缴标准；公共政策性国有企业可不要求有资本收益，例如，中国储备粮总公司、中国储备棉总公司这类公司是可以免缴国有资本收益的；特定功能性国有企业可以基于其专营和垄断程度来确定其国有资本金收益上缴比例，垄断程度越高，国有资本收益上缴比例越高；反之，则国有资本收益上缴比例越低。

（6）关于监督和信息公开制度。一般商业性国有企业应以市场竞争的硬约束为最重要的监督制度，在市场约束机制真正生效后，其他各种行政化的监督制度可以逐步从量大面广的一般商业性国有企业中退出，这将大幅度减少政府对国有企业的不当干预，同时，也大大降低国有企业的高昂监督成本；公共政策性国有企业应该是强化行政监督的主要对象，应该与政府信息公开同步；特定功能性国有企业宜采用市场化监督和行政化监督相结合、自愿性信息公开与强制性信息公开相结合的制度，同时，应按照市场起资源配置决定性作用的要求，加快向以市场化监督为主的方向改革。

## （二）建立多元制衡的公司治理机制

无论是处于第二层次的国有资本投资公司或者国有资本经营公司，还是处于第三层次的一般性经营企业，建立多元制衡的公司治理机制，都是建立现代企业制度的关键。只是对于前者而言，多数企业是国有控股，多元制衡方是不同国有法人。

在积极推进国有企业混合所有制改革的背景下，国有企业已经具备了建立多元制衡的产权基础。混合所有制是当前国有企业存在的主要形态。在混合所有制企业中，不同性质的资本发挥了不同的作用。外资和社会资本具有灵活且独立的天性，是混合所有制中最具活力的因素；国有资本以其稳健和负有"国家使命"为特征，在企业运营中扮演了"定海神针"的角色；管理层和员工的股权激励将企业管理者的个人价值放到市场进行评判和裁定，具有激发经营管理团队和员工的经营活力和积极性的功能。

在董事会制度构建上，要让董事会真正成为资本意志表达和决策的平台，保障同股同权。国有股东、财务投资者、管理层和员工持股、外资股等不同成分的资本，以董事会为平台，严格遵行法律法规，按股权比例表决。要完善独立董事和外部董事制度，加大独立董事和外部董事数量，让独立董事和外部董事获得真正的独立和尊重。切实加强董事会薪酬委员会、审计委员会与提名委员会等专业委员会的作用，建立市场化的选人、用人机制和薪酬制度，强化全面风险管理，建立风险预警体系，加强对经理层的监督和指导。

对于国有企业公司治理而言，信息公开制度发挥着关键的制衡作用。无论是否是上市公司，国有企业都应该建立事前报告制度、事后报告制度和总体报告制度。依据国有企业是否涉及敏感行业，修订不同类型企业的信息披露内容、方式、对象和频次。对于多数涉及市场竞争的国有企业，尤其是非上市公司，要改善信息披露的质量和及时性。事前报告的内容应主要集中于经营目标和战略规划；事后报告的主要内容应包括财务报告、公司治理的报告以及社会责任报告等；总体报告主要由企业、审计或监管部门向人代会、社会公众通报有关情况。

对于未上市的混合所有制企业，要参照上市公司，建立与完善能够保障中小股东合法权益、话语权的公司治理制度。比如，关联交易中关联股东的决策回避、控股股东与上市公司实行"五独立"（人员、资产、财务、机构、业务分开）、控股股东不得占用和支配上市公司资产或干预上市公司对该资产的经营管理、不得干预公司的财务与会计活动、控股股东及其职能部门与上市公司及其职能部门之间没有上下级关系、控股股东要避免同业竞争、独立董事制度、专门委员会制度、绩效评价与激励约束制度、信息披露制度等，还有国务院《关于进一步加强资本市场中小投资者合法权益保护工作的意见》，都可以在非上市的混合所有制企业中根据实际情况参照运用。这种治理制度要保障的不仅是在国有控股的混合所有制企业中非国有中小股东的合法权益与话语权，也要保障在非国有资本控股的混合所有制企业中国有小股东的合法权益与话语权[18]。

**参考文献**

［1］黄群慧，余菁. 新时期新思路：国有企业分类改革与治理［J］. 中国工业经济，2013（11）：5-17.

［2］陈佳贵，黄群慧，吕铁，李晓华等. 中国工业化进程报告（1995-2010）［M］. 北京：社会科学文献出版社，2012.

［3］金碚，黄群慧. "新型国有企业"现象初步研究［J］. 中国工业经济，2005（5）：5-14.

［4］冯飞等. 深化垄断行业改革研究［M］//"改革的重点领域与推进机制研究"课题组. 改革攻坚（上）——改革的重点领域与推进机制研究［M］. 北京：中国发展出版社，2013.

［5］黄群慧. 混合所有制改革要"上下结合"［N］. 人民日报，2014-04-08.

［6］高江虹. 国资委密集会商改革整体方案："四项改革"试点启动［N］. 21世纪经济报道，2014-07-09.

［7］张文魁. 解放国企：民营化的逻辑与改革路径［M］. 北京：中信出版社，2013.

［8］谢贞发，陈玲. 所有权、竞争、公司治理与国有企业改制绩效——一个荟萃回归分析［J］. 珞珈管理评论，2012（12）：95-106.

［9］Hay，Donald，Liu Shaojia. The Efficiency of Firms：What Difference Does Competition Make［J］. The Economic Journal，1997（5）：597-617.

［10］黄群慧，余菁，王欣，邵婷婷. 新时期中国企业员工持股制度研究［J］. 中国工业经济，2014（7）：5-16.

［11］蒋一苇，唐丰义. 论国有资产的价值化管理［J］. 经济研究，1991（2）：3-8.

［12］赵昌文等. 国有资本管理制度改革研究［M］//"推进经济体制重点领域改革研究"课题组. 改革攻坚（下）——推进经济体制重点领域改革研究［M］. 北京：中国发展出版社，2013.

［13］陈佳贵. 产权明晰与建立现代企业制度［J］. 中共中央党校学报，2000（12）：103-106.

［14］周绍朋，郭凯论. 国有资本经营预算制度的建立与完善［N］. 光明日报，2010-05-18.

［15］陈林. 什么是国有资本经营预算制度［J］. 求是，2014（7）：61.

［16］陈艳利. 进一步深化国有资本经营预算制度的思考［J］. 国有资产管理，2012（6）.

［17］黄群慧，余菁. 界定不同国企的功能　推进分类治理与改革［N］. 经济参考报，2014-07-15.

［18］黄速建. 中国国有企业混合所有制改革研究［J］. 经济管理，2014（7）：1-10.

# 论当前国有企业混合所有制改革

黄速建[*]

[摘要]《中共中央关于全面深化改革若干重大问题的决定》将混合所有制经济提高到"公有制为主体、多种所有制经济共同发展"这一中国基本经济制度的重要实现形式。随着改革的逐步深入，混合所有制在中国已经有了长足的发展。截至 2012 年底，中央企业及其子企业引入非公资本形成混合所有制企业，已经占到总企业户数的 52%。今天强调发展混合所有制经济，强调混合所有制经济是基本经济制度的微观实现形式，除了提供制度合法性以外，还进一步明确了这种混合所有制的制度意义与高度，明确混合所有制是建立现代企业制度、现代国有企业制度的主要组织形式和实现形式，为公有制经济和非公有制经济的进一步发展提供新的空间。从中国改革开放的实践情况看，混合所有制经济对国有企业改革的深化、资源配置效率的提高、企业竞争力的增强起到了重要作用。本文分析了下一步国有企业混合所有制改革中面临的重点问题，进而提出了推进国有企业混合所有制改革的若干措施。

[关键词] 混合所有制；国有企业；改革；措施

《中共中央关于全面深化改革若干重大问题的决定》将混合所有制经济提高到"公有制为主体、多种所有制经济共同发展"这一中国基本经济制度的重要实现形式的高度。混合所有制经济包含了两层含义：第一层是指从整个国民经济的所有制结构来看，既有国有和集体所有等公有制成分，还有其他非公有制的经济成分，形成一种以公有制经济为主体，多种所有制经济共同发展的格局；第二层是指从企业的产权结构而言，除了有国家所有或集体所有的成分外，还有其他的非公有制成分，在企业的层面形成国有资本、集体资本和非公有资本交叉持股、相互融合的状况。我们是从第二层含义来讨论国有企业的混合所有制改革。[①] 混合所有制经济在中国发展的基本状况如何？为什么要发展混合所有制经济？国有企业混合所有制改革的基本路径是什么？国有企业在进行混合所有制改革时遇到的主要问题是什么？本文将就这些问题进行讨论。

# 一、混合所有制经济发展的基本状况

混合所有制经济在中国已经有了长足的发展。国家统计局按企业登记注册类型将企业分为内

---

* 黄速建，中国社会科学院工业经济研究所，副所长，研究员，博士生导师。

① 混合所有制企业具体地可以有国有股份与非公有股份共同组成的企业、集体股份与非公有股份共同组成的企业和国有股份与集体股份共同组成的企业。在前两种混合所有制企业中，在一定条件下，非公有股份可以是企业员工所持的股份，也可以是外资。这里讨论的是由国有股份与其他非公有股份共同组成的混合所有制企业。

资企业、港澳台商投资企业和外商投资企业三大类。内资企业又分为国有企业、集体企业、股份合作企业、联营企业、有限责任公司（包括国有独资公司和其他有限责任公司）、股份有限公司、私营企业和其他企业；港澳台商投资企业又分为合资经营企业（港或澳、台资）、合作经营企业（港或澳、台资）、港澳台独资经营企业、港澳台商投资股份有限公司和其他港澳台商投资企业等；外商投资企业分为中外合资经营企业、中外合作经营企业、外资企业、外商投资股份有限公司、其他外商投资企业等。在二级分类下面，有的还有细分。

在这些企业类别中，股份合作企业、国有与集体联营企业、其他联营企业、其他有限责任公司、股份有限公司、港澳台商投资股份有限公司、其他港澳台商投资企业、中外合资经营企业、中外合作经营企业、外商投资股份有限公司等多种企业类型，基本上都是多种所有制资本混合，也大量地存在着国有的资本。为统计方便，不妨将这些企业纳入混合所有制经济的统计范围。

### 表1　2012年中国混合所有制工业企业有关数据

单位：亿元

| 项目 | 企业单位数（个） | 资产总计 | 主营业务收入 | 利润总额 |
|---|---|---|---|---|
| 规模以上工业企业总计 | 343769 | 768421 | 929292 | 61910 |
| 股份合作企业 | 2397 | 3138 | 4074 | 302 |
| 国有与集体联营企业 | 101 | 203 | 171 | 12 |
| 其他联营企业 | 146 | 138 | 232 | 21 |
| 其他有限责任公司 | 65511 | 175674 | 191041 | 12284 |
| 股份有限公司 | 9012 | 98057 | 90112 | 7650 |
| 港、澳、台商投资股份有限公司 | 472 | 3952 | 3362 | 206 |
| 其他港、澳、台商投资企业 | 63 | 178 | 228 | 13 |
| 中外合资经营企业 | 11498 | 48726 | 63255 | 4737 |
| 中外合作经营企业 | 861 | 2743 | 2991 | 235 |
| 外商投资股份有限公司 | 505 | 5595 | 5080 | 425 |
| 小计 | 90566 | 338404 | 360546 | 25885 |

资料来源：根据国家统计局编写的《中国统计年鉴》（2013）整理。

从表1可以看到，2012年，混合所有制工业企业数量占规模以上工业企业单位数的26.3%，资产占44.0%，主营业务收入占38.8%，利润总额占41.8%。按注册登记类型分全社会固定资产投资中，扣除国有、集体、私营、个体、港澳台商和外商投资外，股份合作企业、联营企业、有限责任公司和股份有限公司的固定资产投资占33.9%；按注册登记类型分城镇就业人员中，扣除国有单位、城镇集体单位、私营单位、港澳台商投资单位、外商投资单位和个体外，股份合作单位、联营单位、有限责任公司和股份有限公司就业人数为5218万，占城镇就业人数的14.1%；[1] 2012年我国企业税收总额为11.074万亿元，其中混合所有制的公司制企业税收总额为5.1823万亿元，占47%。[2]

中央企业及其子企业引入非公资本形成混合所有制企业的数量已经占总企业户数的52%。2005~2012年，国有控股上市公司通过股票市场发行的可转债，引入民间投资累计达638项，数额累计15146亿元。截至2012年底，中央企业及其子企业控股的上市公司总共是378家，上市公司中非国有股权的比例已经超过53%。地方国有企业控股的上市公司681户，上市公司非国有股权

---

[1] 国家统计局编. 中国统计年鉴（2013）[M]. 中国统计出版社，2013.
[2] 陈永杰. 混合所有制经济约占我国经济总量的1/3 [J]. 中国民营企业，2014（2）.

的比例已经超过 60%。2010 年，"新 36 条"颁布以来，到 2012 年底，民间投资参与各类企业国有资产产权的交易数量的总数是 4473 宗，占交易总宗数的 81%，数量金额总共是 1749 亿元，占交易总额的 66%。[①] 2007 年至 2012 年第三季度，中央企业通过改制上市，共从境内外资本市场募集资金约 9157.5 亿元。[②]

截至 2014 年 2 月，中国境内上市公司有 2537 家，总股本达 34223.220 亿股，总市值达 236625.062 亿元，其中，流通股本达 30276.268 亿股，流通市值达 199927.294 亿元，投资者开户总数为 196953.360 万户。[③] 在境内上市公司中，有着大量的国有控股、参股或集体控股、参股的混合所有制股份有限公司。在境外上市公司企业中，也有不少是国有控股的特大型企业，通过在境外上市，这些企业也成为混合所有制的企业。在境内上市公司中，按总资产作为规模依据排名在前面的，几乎全部为国有控股的上市公司。

截至 2012 年底，股份制商业银行总股本中民间资本占比达到 45%，而城市商业银行总股本中民间资本占比则超过半数，农村中小金融机构股本中民间资本占比超过 90%。1999~2011 年，混合所有制经济对全国税收的贡献率是逐年提高的，1999 年占 11.68%，2005 年占 36.57%，2011 年占 48.52%。[④]

2012 年，限额以上批发业企业中，混合所有制批发企业有 20937 家，占全部 72944 家批发企业的 28.7%；年末从业人数占 37.0%；商品购进额占 43.7%；商品销售额占 42.8%；资产占 31.6%；所有者权益占 39.0%；主营业务收入占 42.6%；主营业务利润占 32.3%。限额以上零售业企业中，混合所有制零售企业数占 33.7%；年末从业人数占 18.4%；商品购进额占 51.5%；商品销售额占 52.7%；资产占 53.2%；所有者权益占 52.7%；主营业务收入占 51.8%；主营业务利润占 50.7%。连锁零售企业总店数占 52.0%；连锁零售企业门店总数占 60.6%；年末从业人数（2008 年的数据）占 71.2%；年末零售营业面积占 76.2%；商品销售额占 75.5%；商品购进额占 74.4%。[⑤]

2013 年，中国内地进入世界 500 强企业的数量达到了 85 家，其中除了几家国有独资公司外，多数为混合所有制的企业。

从以上列举的数据可以看到，混合所有制经济在中国早已是不争的现实，它已经对中国的经济社会发展发挥着不可替代的作用，在国民经济中有着重要的地位。今天强调发展混合所有制经济，强调混合所有制经济是基本经济制度的微观实现形式，除了提供制度合法性以外，还进一步明确了这种混合所有制的制度意义与高度，明确混合所有制是建立现代企业制度、现代国有企业制度的主要组织形式和实现形式，为公有制经济和非公有制经济的进一步发展提供新的空间。同时也能够进一步推动国有企业实行包括混合所有制在内的股份制改革，且这种多元投资主体的股份制改革不一定非要国有控股，也不一定只能进行增量改革，必要时国有资本存量也可以适当减持。

① 黄淑和. 黄淑和就深化国资国企改革答记者问［EB/OL］. 国资委网站，http://www.sasac.gov.cn/n1180/n1566/n259730/n264153/15631809.html，2013-12-19.
② 黄群慧. 新时期如何积极发展混合所有制经济［J］. 行政管理改革，2013（2）.
③ 万得资讯。
④ 张卓元. 混合所有制经济是基本经济制度的重要实现形式［N］. 经济日报，2013-11-22.
⑤ 万得资讯。我们这儿粗略地将股份合作企业、国有与集体联营企业、其他联营企业、其他有限责任公司、港澳台商投资的合资经营企业与合作经营企业、港澳台商投资股份有限公司、中外合资经营企业和合作经营企业、外商投资股份有限公司等列入混合所有制的统计范围。

# 二、发展混合所有制经济的正当性

既然混合所有制经济在中国是过去完成时和现在进行时，而不是将来时，为什么还要提出大力发展混合所有制经济？其主要理由可能至少有以下几点：

## （一）对中国混合所有制经济提供制度的合法性

混合所有制经济并不是现在才提出来的一条改革路径。人们早在 20 世纪 80 年代就开始讨论混合所有制经济或与混合所有制经济相关的一些问题。[①]"公有制经济不仅包括国有经济和集体经济，还包括混合所有制经济中的国有成分和集体成分"。[②]中共十五大报告就提出了"除极少数必须由国家独资经营的企业外，积极推行股份制，发展混合所有制经济。实行投资主体多元化，重要的企业由国家控股"。[③]中共十六大报告也提出"要适应经济市场化不断发展的趋势，进一步增强公有制经济的活力，大力发展国有资本、集体资本和非公有资本等参股的混合所有制经济，实现投资主体多元化，使股份制成为公有制的主要实现形式"。[④]

中共十八届三中全会通过的《中共中央关于全面深化改革若干重大问题的决定》进一步明确指出"国有资本、集体资本、非公有资本等交叉持股、相互融合的混合所有制经济，是基本经济制度的重要实现形式，有利于国有资本放大功能、保值增值、提高竞争力，有利于各种所有制资本取长补短、相互促进、共同发展。允许更多国有经济和其他所有制经济发展成为混合所有制经济。国有资本投资项目允许非国有资本参股。允许混合所有制经济实行企业员工持股，形成资本所有者和劳动者利益共同体"。[⑤]

经过 30 多年的企业改革，所有制结构发生了巨大变化，原来那种只有全民所有制和集体所有制的所有制结构早已经被打破，以公有制为主体、多种所有制经济共同发展的所有制结构也早已形成。在发展具有中国特色的社会主义市场经济过程中，人们也一直在探索国有和集体所有等公有制经济如何适应市场经济的环境，与市场经济相兼容，也一直在探索社会主义市场经济条件下公有制的有效微观组织形式和实现形式。

中共十四届三中全会通过的《中共中央关于建立社会主义市场经济体制若干问题的决定》提出"建立现代企业制度，是发展社会化大生产和市场经济的必然要求，是我国国有企业改革的方向"。[⑥]在国有企业中建立现代企业制度，主要是以股份制作为基本企业组织形式对其进行改造。

---

① 比如，在《公司论》一书中，作者就提出"应该选择多种经济成分混合的、多元主体共同投资的公司企业作为我国有计划商品经济条件下的主导企业组织形式"，"在公司的各投资主体中，可以有国家、有关的机构，也可以有个体劳动者，还可以有外资；可以有公司内部的职工，也可以有不在公司中工作的劳动者个人"。黄速建.公司论 [M].北京：中国人民大学出版社，1989.

② 江泽民："高举邓小平理论伟大旗帜，把建设有中国特色社会主义事业全面推向二十一世纪"（在中国共产党第十五次全国代表大会上的报告），中国政府门户网站，http://www.gov.cn/test/2008-07/11/content_1042080.htm，1997 年 9 月 12 日。

③ 江泽民：《全面建设小康社会，开创中国特色社会主义事业新局面》（在中国共产党第十六次全国代表大会上的报告），2002 年 11 月 8 日，中国政府门户网站，http://www.gov.cn/test/2008-08/01/content_1061490.htm。

④《中共中央关于完善社会主义市场经济体制若干问题的决定》，2003 年 10 月 14 日中国共产党第十六届中央委员会第三次全体会议通过。

⑤《中共中央关于全面深化改革若干重大问题的决定》，2013 年 11 月 12 日中国共产党第十八届中央委员会第三次全体会议通过。

⑥《中共中央关于完善社会主义市场经济体制若干问题的决定》，2003 年 10 月 14 日中国共产党第十六届中央委员会第三次全体会议通过。

在推进国有企业建立现代企业制度的过程中，多数国有企业在企业组织形式上进行了公司制、股份制的改革，尤其是大量的国有企业成了上市公司，也有不少国有企业在对外投资、设立新的企业时，吸收了非国有或非公有的股份，或入股了非公有的项目、企业。①混合所有制企业事实上已经大量存在了。实践表明，在以"公有制为主体，多种所有制经济共同发展"基本经济制度的社会主义市场经济条件下，在微观层面公有制企业的所有制结构不可能都是单一的，非公有制企业的所有制结构也不一定是单一的，大量的是混合所有的。这种混合所有制的企业是能够适应社会主义市场经济环境的公有制有效微观组织形式和实现形式。明确混合所有制经济的地位为改革中大量出现与存在的混合所有制企业提供了制度合法性。

### （二）更有效地发展公有制经济

"公有制的主体地位主要体现在：公有资产在社会总资产中占优势；国有经济控制国民经济命脉，对经济发展起主导作用。这是就全国而言，有的地方、有的产业可以有所差别。"②比起单一所有制的国有独资企业，通过在微观层面发展混合所有制，可以只用一定量的国有资本吸收、带动其他非国有的资本去扩大原有企业的生产经营、投资、技术创新，去实施建设项目，从而放大了国有资本的功能与力量。在公共建设的领域也是如此。举例来说，北京市国有首创集团和香港地铁公司共同投资建成的北京市地铁 4 号线，总投资 150 多亿元，引资 46 亿元。③公有制经济的主体地位、国有经济的主导或控制力、影响力会通过混合所有制经济中国有资本的功能与力量的放大而体现出来，却不一定是表现在与其他非公有制经济相比整体上比重的变化。

### （三）有利于改善公司治理

混合所有制企业一定是按《公司法》规范的多元投资主体的股份制企业，在这样的企业中，至少在形式上要严格按《公司法》要求，建立起规范的公司治理框架，其公司治理也要按《公司法》运转，从而有利于改善企业的公司治理。④此外，社会资本尤其是机构资本的加入，有利于改善"一股独大"带来的内部人员控制和监管失效等问题。多元产权主体的构成必然要改进董事会结构和决策流程，健全信息披露制度，这些都有利于改善国有企业公司治理。

### （四）有利于打破国有资本在一些行业中的垄断

混合所有制经济的发展也有利于打破一些自然垄断或行政垄断行业的国有资本垄断。我国除了存在着一些自然垄断行业外，还存在着一些行政性垄断或行政性寡头垄断的行业，这些行业的母公司几乎都是国有独资的。所谓垄断是企业经营业务的垄断，而不一定必须是国有资本的垄断。通过一定形式与合理定价增量吸收一定比例的非国有股份，或存量减持一部分国有股份，在这类企业中形成混合所有制的格局，可以改变国有资本垄断的状况，为国有资本控制力的增强、功能与力量的放大和公司治理的改善提供可行的路径。

### （五）进一步推动非公有制经济的发展

在社会主义市场经济环境中，公有制经济与非公有制经济各有长处。公有制经济中的国有经济在公用事业、基础设施、垄断性行业和包括战略性新兴产业在内的一部分竞争性领域相对地具

---

① 在这一过程中，也有一批国有企业通过拍卖、改制等多种方式转变为非国有企业。

② 江泽民："高举邓小平理论伟大旗帜，把建设有中国特色社会主义事业全面推向二十一世纪"（在中国共产党第十五次全国代表大会上的报告），1997 年 9 月 12 日。

③④ 张卓元. 为什么要发展混合所有制经济［N］. 湖北日报，2013 -12 -23.

有经营规模大、技术实力强、员工素质高、发展比较早等多方面优势，而非公有制经济则相对具有经营灵活、市场适应度高、竞争力强、投资者人格化程度高等多方面优势。公有制经济与非公有制经济在企业层面相互融合，可以实现优势互补。发展混合所有制经济也可以为非公有制经济的放大提供微观条件。在某些竞争性领域，公有制资本竞争优势不强，也完全没有必要绝对控股或相对控股，可以退出或只是参股，而由非公有制资本控股。这样也能够相应地放大非公有制资本，提高非公有制资本在一部分领域的控制力、功能与力量。发展混合所有制经济可以为非公有制经济发展拓宽投资渠道，为非公有制经济进入一些原来不能进入或难以进入的领域提供微观组织条件，为非公有制经济的发展提供新的空间，打破所谓的"玻璃门"和"弹簧门"。同时也能够体现非公有制在生产要素利用、投资领域、竞争条件等方面的公平性，从而为非公有制经济与公有制经济公平竞争、共同发展创造组织条件，为进入垄断、特许行业提供条件，有利于打破所谓的"玻璃门"、"弹簧门"；放大非公经济，为共同发展提供微观组织条件，实现要素利用、投资领域的公平，为非公发展提供新的空间，拓宽非公投资渠道。

从中国改革开放的实践情况看，混合所有制经济对国有企业改革的深化、资源配置效率的提高、企业竞争力的增强起到了重要作用。

## 三、国有企业混合所有制改革中需解决的重点问题

虽然混合所有制经济在中国已经有了长足的发展，但在国有企业进行混合所有制改革的过程中，依然会遇到一些需要我们解决的问题。

### （一）对国有企业进行切合实际的功能分类与分类监管

国有企业由于所处的行业不同，所承担的功能不同，由同一种制度去进行监管显然不恰当。对国有企业进行功能分类是国有企业改革的一个基础性条件，要在此基础上实行分类监管与分类治理。同样，对于哪些国有企业应该实行国有独资，哪些国有企业可以实行混合所有制，以及其中哪些国有企业国家可以一般性参股，哪些国有企业国家必须绝对控股，哪些国有企业国家可以只是作为第一大股东相对控股，也要建立在对国有企业进行科学合理分类的基础之上。

### （二）国有独资的国有企业的混合所有制改革

虽然已经有大量的国有企业实行了股份制改革，实行了混合所有制，但是我们还是存在着大量按照《全民所有制工业企业法》登记、规范的国有独资的国有企业。国有企业和国有独资公司虽然企业数占全部规模以上内资工业企业数的比重很小，但从它们资产、主营业务收入和利润总额的占比看，还是比较大的。

2012 年，按《全民所有制工业企业法》登记注册的国有独资的国有企业有 6770 个，按《公司法》登记注册的国有独资公司有 1444 个，分别占全部规模以上内资企业数的 0.02% 和 0.005%，但资产分别占 17.1% 和 8.2%；主营业务收入分别占 11.0% 和 4.7%；利润总额分别占 8.1% 和 3.4%。[①]

国有企业和国有独资公司是所有登记注册类型的规模以上工业企业中平均规模最大的企业。2012 年，全国规模以上工业企业按资产总额、主营业务收入和利润计算的平均规模分别为 2.08 亿

---

① 万得资讯。

元、2.59 亿元和 0.19 亿元。而国有企业按这三个指标计算的平均规模分别为 13.23 亿元、10.29 亿元和 0.53 亿元；国有联营企业的平均规模分别为 9.98 亿元、7.17 亿元和 0.27 亿元；国有独资公司的平均规模分别为 35.32 亿元、23.8 亿元和 1.57 亿元（如表 2 所示）。

**表 2　2012 年规模以上工业企业平均规模**

单位：亿元

| 项目 | 企业单位数（个） | 按资产总额计算 | 按主营业务收入计算 | 按利润总额计算 |
|---|---|---|---|---|
| 总计 | 343769 | 2.24 | 2.70 | 0.18 |
| 内资企业 | 286861 | 2.08 | 2.47 | 0.17 |
| 国有企业 | 6770 | 15.07 | 11.45 | 0.57 |
| 集体企业 | 4814 | 1.18 | 2.28 | 0.19 |
| 股份合作企业 | 2397 | 1.31 | 1.70 | 0.13 |
| 联营企业 | 481 | 2.15 | 2.35 | 0.14 |
| 国有联营企业 | 103 | 5.73 | 4.85 | 0.18 |
| 集体联营企业 | 131 | 0.80 | 1.74 | 0.13 |
| 国有与集体联营企业 | 101 | 2.01 | 1.69 | 0.12 |
| 其他联营企业 | 146 | 0.94 | 1.59 | 0.14 |
| 有限责任公司 | 66955 | 3.36 | 3.35 | 0.21 |
| 国有独资公司 | 1444 | 33.99 | 22.93 | 1.13 |
| 其他有限责任公司 | 65511 | 2.68 | 2.92 | 0.188 |
| 股份有限公司 | 9012 | 10.88 | 10.00 | 0.85 |
| 私营企业 | 189289 | 0.81 | 1.51 | 0.11 |
| 私营独资企业 | 34678 | 0.50 | 1.39 | 0.12 |
| 私营合伙企业 | 5576 | 0.49 | 1.23 | 0.11 |
| 私营有限责任公司 | 141884 | 0.84 | 1.49 | 0.10 |
| 私营股份有限公司 | 7151 | 1.78 | 2.62 | 0.20 |
| 其他企业 | 7143 | 1.24 | 1.93 | 0.15 |
| 港、澳、台商投资企业 | 25935 | 2.55 | 3.11 | 0.19 |
| 外商投资企业 | 30973 | 3.41 | 4.56 | 0.29 |

资料来源：据《中国统计年鉴》（2013）有关数据计算。国家统计局. 中国统计年鉴（2013）[M]. 北京：中国统计出版社，2012.

发展混合所有制经济、对公有企业进行混合所有制变革，其对象就是国有企业、国有独资的有限责任公司、一些新设立的国有资本控股或参股的企业，也包括一些集体所有的企业、集体资本新投资设立的企业、国有资本参股或控股其他所有制的企业、非公有资本参股公有企业等。

多年来，虽然通过对国有企业的股份制、公司制改造，尤其是通过国有企业的上市，混合所有制有较大的发展，但如何在现存的国有企业、国有独资公司推进混合所有制改革仍是一个待解的问题。由于有些国有独资公司有一些历史遗留问题尚未解决，比如：存在着不宜直接上市或不宜马上并入所控股上市公司的存续企业；认为承担着重要的政策使命，处于国计民生的关键行业或命脉行业，不宜直接实行股权多样化或让非国有资本入股；①或是其他一些具体原因。这个层面的企业虽然多已改组为国有独资的有限责任公司，但并未实行股权多样化，整体上市的工作推进不快。现存的国有独资的国有企业的股份制改革也比较缓慢。下一步推进国有企业混合所有制改革的主要对象就是这些国有独资的国有企业、国有独资公司和国有绝对控股的公司。

---

① 黄群慧. 新时期如何积极发展混合所有制经济 [J]. 行政管理改革，2013（2）.

### （三）防止国有资产流失，平等地保护公有与非公有的产权不受侵犯

有些人担心，国有企业混合所有制变革会不会造成国有资产的流失，理由是在上一轮国有企业的改制过程中，出现了不少国有资产流失的现象。所谓国有资产流失，是指在国有企业改制、重组过程中，由于不同原因以严重低估的价格出售企业国有资产所造成的国有资产的损失。"严重低估"大致可以分为两类情况：一是由于腐败的原因有意地严重低估企业的国有资产；二是由于信息不对称或有关部门为了减轻自己的负担与"后患"而严重低估企业国有资产。应该说，在前30多年的国有企业改革、改组过程中，确实存在着国有资产流失的情况，但是，国有资产流失不是前30多年国有企业改革的主流。主流是盘活了企业国有资产，调整了国有资产的结构与布局，壮大了国有经济，同时给非公有制经济的发展提供了空间，调整了所有制结构，在市场经济的环境中公有制经济与非公有制经济都得到了极大的发展。

在国有企业混合所有制改革过程中，如何防止国有资产的流失是一个需要高度重视的问题。这方面如果没有适当的措施与规则，那么，无论是国有企业本身还是有关的审批部门都会冒着被人质疑"国有资产流失"的风险，从而影响国有企业混合所有制改革的进程。在国有企业混合所有制改革过程中，国有企业股权严重偏离合理价格的"贱卖"或"贵卖"都不恰当，国有企业购买非公有企业股权的"贵买"与"贱买"也不恰当。在国有企业推进混合所有制过程中，既要保护国有产权的合法权益，使其不受侵犯，同样也要保护非国有产权的合法权益，使其不受侵犯。

### （四）推动国有企业的"去行政化"

在国有独资的国有企业和国有独资公司中，仍然有着不同的行政级别，企业的高层管理人员一方面享受到同级别党政官员或公务员的所谓政治待遇、荣誉声誉、与党政机关间往返通道畅通、有着升迁做官的预期机会等，另一方面又享受着远高于同级别党政官员和公务员的各种物质待遇，既"当官"又"挣钱"。[①] 企业内部各职能管理部门以及下属企业也相应地设立了比照公务员的级别，管理人员习惯、喜欢处长、局长之类的"官称"。这些有着行政级别的国有企业的高层管理人员既是"企业家"，又是"官员"，既不是真正的企业家或职业经理人，又不是真正的官员。要对多数国有企业和国有独资公司进行混合所有制改造，如何打破国有企业的行政级别，推动国有企业的去行政化，是需要解决的又一个重要问题。

### （五）在国有绝对或相对控股的混合所有制企业中如何建立规范的、透明的公司治理

建立规范、透明的公司治理是为了保障非公有资本投资者的合法权益，尤其是保障非公有资本投资者在混合所有制企业中的话语权。这个问题实际上是需要解决如何让非国有资本在企业"有利可图"的情况下愿意来。在国有资本绝对或相对控股的混合所有制企业中，非公有资本通常实力相对弱，单个的非公有资本是小股东。受多种因素的限制，与国有资本相比，非国有资本面临着在市场主体权益、机会、规则、生产要素等关键资源获得与使用、市场准入、贷款融资、财产安全保障等方面的不平等。如果缺乏法律、执法、诚信、公司治理等多方面的保障，非国有资本在混合所有制企业不是控股的话就话语权不足，就会担心合法权益得不到保障，担心这不是有利可图的"馅饼"，而是"陷阱"，通常就不会愿意参与国有企业的混合所有制改革。

非国有资本的投资者作为混合所有制企业的委托人，面临着严重的信息不对称问题，面临着

---

① 黄群慧. 新时期如何积极发展混合所有制经济［J］. 行政管理改革，2013（2）.

双重的"道德风险"与"逆向选择"问题。一方面，非国有的委托人要面临企业高层管理人员一般的"道德风险"和"逆向选择"问题；另一方面，他们还要面临着混合所有制企业国有大股东的"道德风险"和"逆向选择"问题。如果没有规范的公司治理，如果这种公司治理或对国有控股的混合所有制企业没有保障小股东的话语权合法权益的制度，那么大股东相对小股东的"道德风险"与"逆向选择"是有可能产生且难以防范的。由此，就难以动员或吸引非国有资本的投入。混合所有制企业中不可能全由非国有资本控制，非国有资本所担心的"被控制"实际上是担心只是出资本，没有话语权，一切由大股东说了算。①

### （六）所谓"玻璃门"、"弹簧门"、"旋转门"和"天花板"的问题

这个问题是要解决如何让非国有资本进得来，保证各种所有制投资者在生产要素使用、市场竞争等方面得到平等对待。在讨论非国有资本进入原来由国有资本垄断或行政垄断的行业、允许非国有资本参与国有企业的混合所有制改造时，人们用"玻璃门"、"弹簧门"、"旋转门"和"天花板"等一些十分形象的词汇来表达政策允许非国有资本"进入"，但实际上难以操作的现象。在认为"无利可图"，只有"骨头"没有"肉"的情况下，非国有资本不会愿意进入，或者有些行业非国有资本愿意进入，但还没有真正放开进入。

### （七）不同所有制投资者或企业在文化与管理方面的融合问题

这个问题是要解决非国有资本与国有资本如何能够真正"混"起来。国有企业与非国有企业有着不同的文化与管理风格、习惯和特点。比如，国有企业往往有行政级别，有的管理人员有"官气"，尤其是国有企业作为所谓"体制内"企业，有着制度优越感，在企业管理上有着一定程度的官僚作风，在公司治理方面许多问题要向上级请示，要听上级指示。非国有企业在管理上往往有家长作风，不够规范，随意性强，尤其不少非国有企业是家庭或家族企业，管理素质平均较低。这些都会在国有资本与非国有资本融合以后在企业的管理、文化方面形成或多或少的冲突。②

### （八）协调好存量改革和增量改革的问题

混合所有制的改革涉及对存量产权的改革和对增量资产的产权多元化，目前来看，增量的改革相对容易，而存量改革由于涉及固有利益格局相对更难。不同的企业可以有不同的混合所有制改革路径，有些企业则可能既涉及存量又涉及增量的改革，那么这类企业在改革过程中就需要协调两部分的关系，在同一子公司层面，既要做到不同产权主体的责、权、利对等，又要设计各方能接受的改革方案，有效化解改革成本，消除阻碍改革的不利因素，保障改革中利益相关方的权益。

---

① 《中国经济周刊》的记者问福耀集团董事长曹德旺："在当前推进混合所有制改革中，让您参股国有企业，比如中石化、中石油，您会愿意吗？"曹德旺回答道："我没钱，也不敢。它的本钱太大，我的太小。它说增资，比如动辄增资 100 亿，我能占多少股份呢？你抓一头鲸扔到锅里，叫我撒一把盐巴，我没有那么多钱买盐巴啊。"姚冬琴. 国企、民企老总对话"混合所有制改革"[J]. 中国经济周刊，2014-03-10. 这十分形象地反映了非国有投资者所担心的投资国有企业后没有话语权而在企业增资或其他重大决策方面"被控制"。
② 方烨. 企业家纵论发展混合所有制 [N]. 经济参考报，2014-03-25.

# 四、推进国有企业混合所有制改革的若干措施

针对上述国有企业发展混合所有制可能会遇到的一些问题，可以采取以下一些措施来推进国有企业的混合所有制改革。

## （一）在对国有企业进行合理分类的基础上，建立明确的进入机制

一般说来，绝大多数领域都可以发展混合所有制经济（对外资要有一定的规范性限制）。"混合"是指企业层面的产权混合；垄断或竞争是指市场结构，是指企业经营的内容。对于非公有资本有吸引力的是有利可图的领域与项目。

要明确限定国有资本独资的领域，相应地也限定必须由国有资本绝对控股、相对控股和一般性参股或可以完全退出的领域。这样也就相应地明确了非国有资本可以进入的范围与领域以及进入的程度。要在推进水、石油、天然气、电力、交通、电信等领域价格改革，放开竞争性环节价格的同时，积极推进这些竞争性环节的公平准入。在金融、石油、电力、铁路、电信、资源开发、公用事业等国有资本相对集中的领域内可以竞争的环节，可以向非国有资本开放，为非国有资本提供进一步发展的空间。在一些大型、特大型国有企业和国有独资公司难以马上直接进行混合所有制改革的情况下，可以通过业务拆分、环节拆分的方式，在一些具体的业务与环节上放开非国有资本的准入。即使是一些提供准公共产品的公用事业领域，也可以通过特许经营的方式，允许非国有资本进入。自然垄断的行业也不一定非要国有资本独家经营，这些领域的一些竞争性环节可以放开非国有资本的进入。即使是垄断性环节也只是指业务的垄断，不是资本的垄断，非国有资本（不包括对外国资本）照样可以通过适当的方式进入，比如，在公开市场上购买已上市垄断性公司的股票。要保证产业安全，对于外资的放宽准入，要区分不同的行业制定标准，包括能否允许进入、进入的比重等。

## （二）建立明确的退出机制

与建立明确的进入机制一样，建立明确的退出机制实质是要建立混合所有制企业产权流动的市场机制，使公有资本投资者与非公有资本投资者的产权都能够按投资收益的预期或投资者的经营战略安排进行流动，能够在规则之下自由地进入与退出，而不是进得来、出不去。只有建立制度化的能够切实保障投资人权益的退出机制，才能解决潜在投资者的后顾之忧。而这种机制的建立不仅需要资本市场和外部监管制度的改革相配合，还需要在混合所有制下公司治理结构中对各方权益分配及其实现进行微观制度安排。

## （三）明确规定国有企业混合所有制改革的程序与方式

无论是原有的国有企业或国有独资公司要进行混合所有制改造，还是这些企业下属的企业要进行混合所有制改造，或是国有企业、国有独资公司要参股、控股非国有企业，国有资产监管部门或其他相关部门应该制定明确程序，规定符合市场规则的可供选择的具体方式。从上海、广东、重庆等多个地方国有资产管理体制改革和国有企业改革的做法看，各地都对实行混合所有制的对象选择、国有与非国有资本的比例、混合所有制改革的程序与方式、各种所有制资本的权益保障

等多个方面做了规定。① 安徽对实行混合所有制改革规定了"六个一批"的路径与方式，即股份制改造培育一批、整体上市发展一批、资本运作深化一批、员工持股转换一批、开放项目引进一批、参股民企投入一批。②

### （四）公平、公开、公正，充分尊重市场规则

在国有企业混合所有制改革过程中，要对公有资本与非公有资本实施平等的保护，公有的资本与非公有的资本都可以平等地参与市场竞争，平等地利用生产要素等各种资源；改革的程序、方法、政策等都要公开；在执法或执行相关规范性文件规定的时候要公正对待所有的投资者，不能只是单方面保护国有或公有投资者。在公有股权或公有资产定价方面，要遵循公开、公允和市场化的原则，存量公有产权或资产的出让要通过公开市场操作，由市场决定产权或资产的价格。无论是非公有资本参股公有企业，还是公有资本参加非公有企业，都要遵循上述原则。在资产评估、资产估值或产权定价等方面，市场上有比较成熟的方法，并不是难题。

### （五）在混合所有制企业建立运转协调、制衡有效、保障平等的公司治理

对于未上市的混合所有制企业，要参照上市公司，建立与完善能够保障中小股东合法权益、话语权的公司治理制度。比如，关联交易中关联股东的决策回避、控股股东与上市公司实行"五独立"（人员、资产、财务、机构、业务分开）、控股股东不得占用和支配上市公司资产或干预上市公司对该资产的经营管理、不得干预公司的财务与会计活动、控股股东及其职能部门与上市公司及其职能部门之间没有上下级关系、控股股东要避免同业竞争、独立董事制度、专门委员会制度、绩效评价与激励约束制度、信息披露制度等，还有国务院《关于进一步加强资本市场中小投资者合法权益保护工作的意见》，都可以在非上市的混合所有制企业中根据实际情况参照运用。这种治理制度要保障的不仅是在国有控股的混合所有制企业的非国有中小股东的合法权益与话语权，也要保障在非国有资本控股的混合所有制企业中国有小股东的合法权益与话语权。

### （六）切实按照市场机制推进国有企业去行政化

国有企业的去行政化主要是指两个方面：一是要取消所有国有企业的行政级别，确立国有企业作为企业的身份。在国有企业、国有独资公司或大型、特大型国有控股的企业，非市场化聘任的主要高层管理人员可以有相应的行政级别，但对他们的考核、激励、约束、报酬等都要按公务员管理办法，并根据企业经营的特殊性做出特别安排。在国有企业高层管理人员的安排上，不要成为对一些官员的照顾性或"近水楼台"的"红利"。要完善并运用好职业经理人市场，尽可能增加市场化聘任管理人员的比例，减少非市场化聘任的管理人员。对于市场化聘任的企业管理人员与员工，要做到能进能出，职务要能上能下，收入能高能低。二是要改变国有企业经营管理中的行政化作风，要"在商言商"，不要"在商言官"。这也是政企分开的一项重要内容。

### （七）继续推进国有企业的配套改革

要对国有企业进行混合所有制改革需要实行相关的配套改革，尤其是劳动、人事、分配制度的改革。要在国有企业中实行市场化的用工机制与收入分配机制。要防止和制止国有企业在"减员增效、下岗分流"后或经营状况好转后的用工机制与收入分配机制向着市场经济体制方向回溯。大庆油田对职工大学毕业的子女分配制度和中石油"减员"几年后人员数量和成本就开始双升的

---

① 刘奇洪. 对实行混合所有制的顾虑 [EB/OL]. 人民网，http：//finance.people.com.cn/n/2014/0404/c383324-24829605.html.
② 何苗. 安徽国资改革启动：六种路径实现混合所有制 [N]. 21 世纪经济报道，2014-03-20.

例子，就典型地反映了坚持国有企业配套改革的重要性。①

**参考文献**

［1］黄速建. 公司论［M］. 北京：中国人民大学出版社，1989.

［2］江泽民. 高举邓小平理论伟大旗帜，把建设有中国特色社会主义事业全面推向二十一世纪（在中国共产党第十五次全国代表大会上的报告）［R］. 1997-09-12.

［3］江泽民. 全面建设小康社会，开创中国特色社会主义事业新局面（在中国共产党第十六次全国代表大会上的报告）［R］. 2002-11-08.

［4］中共中央关于完善社会主义市场经济体制若干问题的决定，2003-10-14.

［5］常修泽. 完善社会主义市场经济体制的新议题：发展混合所有制经济［N］. 21世纪经济报道，2003-10-22.

［6］黄群慧. 新时期如何积极发展混合所有制经济［J］. 行政管理改革，2013（2）.

［7］张卓元. 为什么要发展混合所有制经济［N］. 湖北日报，2013-12-23.

［8］黄淑和. 黄淑和就深化国资国企改革答记者问［EB/OL］. 国资委网站，http：//www.sasac.gov.cn/n1180/n1566/n259730/n264153/15631809.html，2013-12-19.

［9］陈永杰. 混合所有制经济约占我国经济总量的1/3［J］. 中国民营企业，2014（2）.

［10］张卓元. 混合所有制经济是基本经济制度的重要实现形式［N］. 经济日报，2013-11-22.

---

① 中石油大庆油田数千职工抗议改变子女包分配［EB/OL］. 观察网，http：//www.guancha.cn/local/2014_04_30_225679.shtml?ZXW.

# 基于全面深化改革的主题投资逻辑分析

魏成龙　周士元　苌千里[*]

[摘要] 中共十八届三中全会提出了全面深化改革的决定，而国有企业改革是核心改革之一。本次国有企业改革将在所有制方面有重大突破，国有资产管理思路将发生根本性转变，从而有效发挥市场在资源配置中的决定性作用，使参与各方利益都能得到改善，而绝不是零和游戏。"分层"和"分类"是把握新一轮国企改革逻辑的关键。从宏观层面到微观层面，新一轮国企改革将从宏观所有制层面、中观行业层面、中观经营操作层面和微观企业内部层面四个层次推进。在短期之内，每个层面都有不同的着力点。宏观所有制层面改革关键是"国有资本产权交易、国有企业整体上市"；中观行业层面改革关键是"划分类型、国退民进"；中观经营操作层面改革关键是"放宽内外准入、并购转型"；微观企业内部改革关键是"地方试点先行，形式百花齐放"。顺序上，内部激励机制改革将从单一企业、单一地域的试点"破题"，成功经验将推广至可比的同类型企业以及相同地域的企业，走一条"从边缘到中心"的路子；形式上，根据企业的分类定位和所处行业的竞争度，可采取分红权、增值权、虚拟股票、股份期权、限制性股票、业绩股票和MBO等方式；行业上，以往实施股权激励的国企主要集中在传统行业，未来除经营绩效较好的传统产业之外，新一轮国企改革将更多地激励新兴产业和人力资本密集型企业。国企改革是一个中长期逐步推进的过程，国企改革有两个关键环节：一是加快国企股权多元化改革，积极发展混合所有制经济；二是深化国有企业管理体制改革，健全完善现代企业制度。新一轮国企改革帷幕已拉开，混合所有制和国资管理方式将发生重大突破。国企分类治理、降低国资垄断、放宽内外准入、资产整合重组、优化激励机制等举措将成为国企改革的关键，也将催化相应的投资机遇。一是混合所有制推进，有望带动上市国企的资产价值的向上重估，而跨越准入门槛的上市民企也将明显受益，关注石化、水电、通信、房地产等行业；二是集团母公司层面的整体上市、纵向及横向的资产兼并整合也将带来投资机会，关注石化、汽车、军工、公用事业、商业零售等行业；三是引入战投、民资或建立市场化的管理和激励机制，都有利于提升上市国企的经营效率，释放市场化红利，并提升上市国企的业绩和估值水平。A股市场中大部分行业的国企市值占比都超过50%，无论是央企改革还是地方国企改革的试点，对整个A股市场的结构性影响都是非常大的，本文整理出了21个重点行业享受改革红利最大的A股上市公司，可重点关注"一带一路"、迪士尼板块和区域政策的推进（海西自贸区和京津冀等地）的影响，关注家电、非银、地产、医药、环保、汽车等低估蓝筹的机会。

[关键词] 主题投资逻辑；国有企业；全面深化改革

---

*魏成龙（1964-），男，河南省开封人，博士，教授，博士生导师，研究领域为金融投资管理；周士元（1984-），男，河南省开封人，博士，研究领域为资本运营；苌千里（1977-），河南省新乡人，博士，应用经济博士后，研究领域为区域金融创新。

# 一、本轮国企改革的历史性突破

中共十八届三中全会提出了全面深化改革的决定，而国有企业改革是核心改革之一。本次国有企业改革在多个方面均有重大突破，相对于过去几次国有企业改革，本次国有企业改革在思路上有根本性的突破，其改革的效果也将得到充分的体现。

（1）所有制改革上的重大突破。本次国有企业改革已经放弃了需要国有控股的要求，而是提出了混合所有制是基本经济制度的重要实现形式，这是所有制改革的重大突破。这表明国有经济和非国有经济在所有者权利上是平等的。混合所有制在一定程度上通过引入非公有资本，可以在多方面提高国有资本的使用效率，比如，国有资本和民营资本的经营优势互补，通过民营资本的进入优化国有企业的经营战略，减少国企管理层战略失误，通过引入民营资本改善公司治理，减少管理层对股东利益的损害等。

（2）国有资产管理思路的根本转变。本次改革提出国有企业管理体制从管企业向管资本转变，这是国有资产管理思路的根本性转变，真正让政府切实扮演出资人的角色。政府管国企，难免政企不分，难免对国企的经营脱离市场化的干预，对企业管理层不会按市场经理人的要求进行激励。通过这类改革可以解决政企不分的问题，同时对企业的管理以市场化的激励来实现。

（3）真正体现市场在资源配置中的决定性作用。国有企业改革是让当前大部分国有企业，特别是竞争性领域的国有企业成为真正意义上的市场竞争主体，摆脱国企由于政企不分造成的资源配置扭曲，实现资源的有效配置。在现实中，有些领域产能过剩可能正是地方政府为了保持 GDP 高速增长，或者作为政绩工程而要求国有企业加大投资的结果，这扭曲了市场资源配置效率。

（4）参与各方的利益将都能得到改善，绝不是零和游戏。国有企业改革的最终结果是提高全社会的资源配置效率，这绝不是国企和非国企之间的零和游戏，在这个过程中两者是共赢的。对于国有企业而言，通过改革可以提高国有资产的效率，盘活国有资产，对于民营经济而言，可以拓展民间资本投资领域。

（5）后续推进力度将明显加大。近期部分国有企业推出了改革方案，如中国石化，我们认为中国石化不会只是个案，还会有更多国企推出改革方案。目前，国资委由上而下推动的改革和企业自下而上的改革相结合，全国统一的改革模式可能难以形成，主要的推进方式可能是央企、地方国资委、地方国企根据自身特点推出相关的改革方案。随着部分地区和企业的改革方案推出，这将形成示范效益，后续改革的推进力度会加大。

（6）"分层"和"分类"是把握新一轮国企改革逻辑的关键。我们判断，从宏观到微观，新一轮国企改革将从四个层次同时推进，在短期之内，每个层面都有不同的着力点，如图 1 所示。

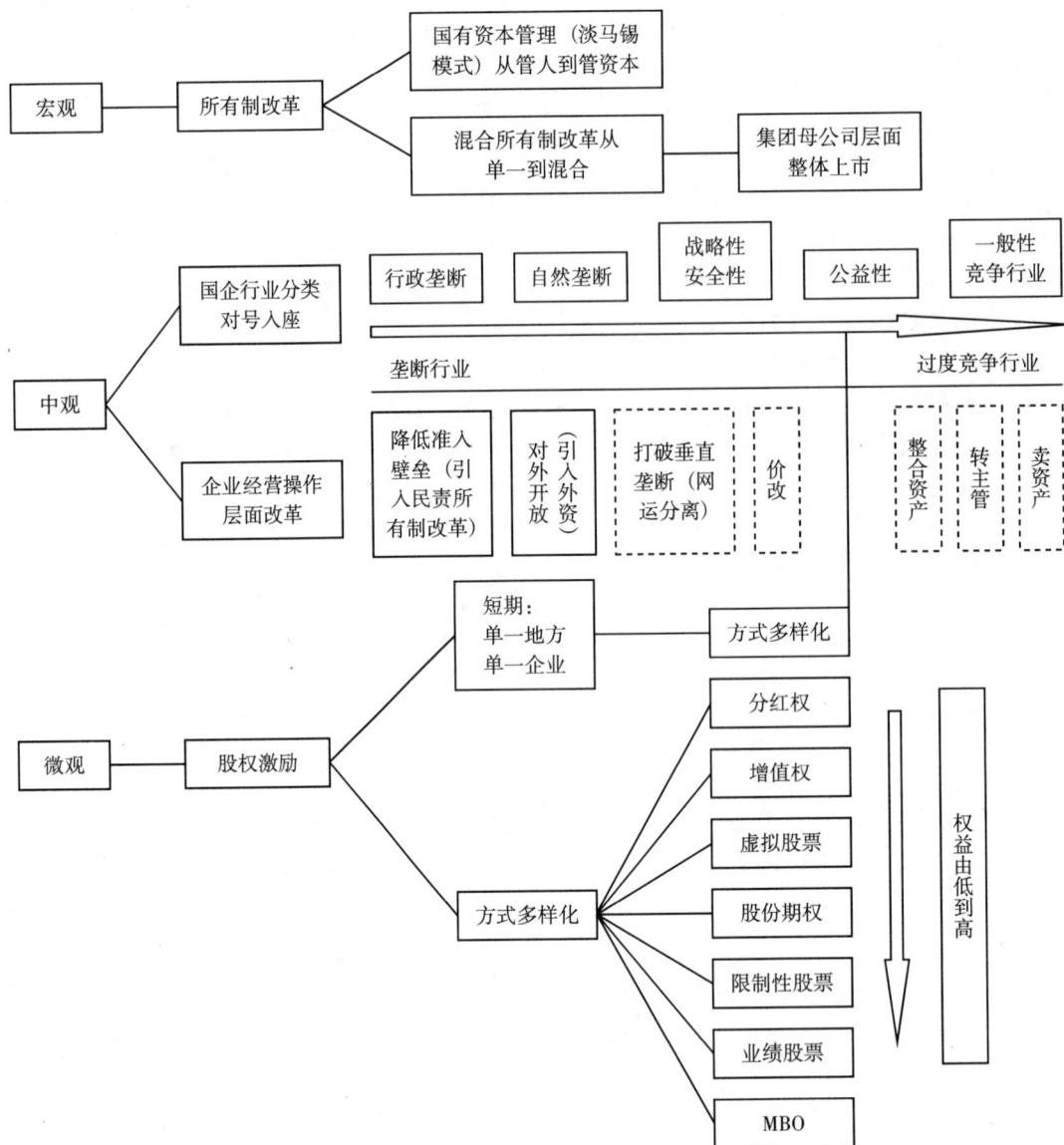

**图1　国企全面深化改革图**

# 二、国有企业全面深化改革的关键

## （一）所有制层面改革关键：国有资本产权交易、国有企业整体上市

在所有制和模式层面，国企改革有两大趋势：一是从"管人的企业"转变为"管资本的企业"；二是从"单一所有制"转变为"混合所有制"。从"管人"到"管资本"，建立和完善"国有资本运营公司"和"国有投资公司"。国企改革的一大趋势是国有资本管理从"管理人"向"资本运作管理"转变，通过建立国有资本运营公司或者母基金的形式，参股不同行业，获得财务上的收益或者资产升值带来的收益。有些国有企业可以通过资产出售、改组获得现金，建立资本运营公司和国有投资公司进行金融或实体经济领域的投资。从所有制形式来看，国有资本运营公司和

国有投资公司均为国有独资形式。我们判断，在短期内，这一领域的改革看点为"在央企、集团公司中选取若干试点进行国有资本运营公司和国有投资公司的改组"，如表1所示。

**表1　从企业资本运营模式角度分类推进国企改革**

| 模式 | 资本来源 | 适用企业特点 | 增值保值的途径 | 可比案例 | 细则落实的行政层面和率先推行行政地区 |
|---|---|---|---|---|---|
| 国有资本运营公司 | 国家或地方政府注资组建 | 具有较强投资能力的公司，财务投资为主 | 一、二级资本市场，以金融投资为主 | 淡马锡/中投公司 | 中央、上海、广东 |
| 国有投资公司 | 国有企业改组 | 以投资、融资和项目建设为主 | 投资实业领域 | 京投公司 | 北京、上海等 |
| 国有控股公司 | 现有大型国有企业集团 | 竞争性强、经营管理优秀的企业 | 资本市场和实业领域 | 中信集团、招商集团等部分大央企和地方国企 | |
| 国有资本退出/重组 | 现有国有企业 | 竞争性领域、经营能力弱、盈利较弱 | 资本市场和其他市场 | 南京中商 | 上海、广东、江苏、浙江 |

加快"国有控股公司"股份制改革，建立混合所有制企业。对于竞争性较强、经营管理优秀的大型国有企业集团，将通过兼并、重组、上市等形成混合所有制企业。目前，中央企业及其子企业引入非公资本形成混合所有制企业，已经占到总企业户数的52%。截至2012年底，中央企业及其子企业控股的上市公司总共是378家，上市公司中非国有股权的比例已经超过53%。当前阶段，国企股份制改革在子公司层面已经取得较大的进展。我们判断，下一阶段，这一领域的改革重心为"集团母公司层面的股份制改造（整体上市）"。

## （二）行业层面改革关键：分类改革、国退民进

在中观层面的改革有两个步骤：第一步是划分国企所属行业的类别，分类改革、国退民进；第二步是从具体的经营操作上，分类推进国企改革。简言之，就是解决"分类、定向"和"具体怎么做"两大问题。

（1）分类："对号入座"——划分国企所属行业的类型。上海出台《进一步深化上海国资改革促进企业发展的意见》中，将国有企业分为三类："竞争类国企"以经济效益最大化为主要目标，"功能类国企"以完成战略任务或重大专项任务为主要目标，"公共服务类国企"以确保城市稳定运行、实现社会效益为主要目标，并引入社会评价。珠海市《关于进一步推进国有企业改革创新的意见》中，将国有企业划分为"竞争性"、"公益性"和"特定功能性"三类。按照这个思路，我们将国企细分为五个类型，从垄断到竞争的排序为：行政垄断型、自然垄断型、战略国安型、公共服务型、一般竞争型。

（2）定向："两进三退"，政府调整国有资产行业布局的思路是"民进国退"。一方面，加大对"公益性企业"以及"与国家安全相关企业"的支持力度；另一方面，逐步放开"自然垄断型"和"行政垄断型"企业，并将"一般竞争型"国企的业务市场化，收缩过度竞争、产能过剩领域的"战线"。

我们判断，现阶段这一领域的改革重点为"加快界定行业类型、定位企业职能"。目前，国资委管辖100多家央企及上百家子公司，明确界定企业所属行业类型，厘清各个央企存在的必要性和肩负的任务，可以为未来从行业层面分类推进国企改革奠定基础。各个地方将陆续推出国企改革分类和细则，如表2所示。

表 2    从企业所属行业性质角度分类推进国企改革

| 企业类型 | 经营变化 | 激励方法 | 资本受益分红 | 适应领域 |
|---|---|---|---|---|
| 公益性企业 | 国家加大投入 | 加强成本核算 | 不以资本回报为主要考核 | 公共产品和服务 |
| 自然垄断 | 网运分离、放开竞争 | 建立现代企业制度,实行股权激励 | 严格分红,提高比例 | 铁路、电信、电网、能源 |
| 依赖行政权力的国企 | 破除行政垄断 | 政企分开,建立现代企业制度,实行股权激励 | 严格分红,提高比例 | 医疗、教育、文化、体育等 |
| 国家安全与战略 | 转向主业,从一般性竞争领域退出 | 建立现代企业制度,实行股权激励 | 合理分红 | 军工、航天等 |
| 竞争性 | 根据市场竞争,业务市场化 | 建立现代企业制度,实行股权激励 | 严格分红,提高比例 | 一般性竞争领域 |

## (三) 经营层面改革关键:放宽内外准入,并购转型

从经营操作层面看,国企改革最主要的任务是放松垄断管制,从而提升竞争程度和经营绩效。六大垄断领域盈利占全行业盈利的比重高达 32%,而其增加值仅占全行业的 23%,行业垄断带来了超额利润,但影响了企业的经营绩效。过去 10 多年的经济发展表明,以国有垄断为主的第三产业发展明显落后。我们以国有控股企业的投资占比来衡量垄断程度,以投资增长来衡量其发展速度发现,国有占比越高,投资增长越低。在过去 10 多年中,发展最快的 4 个行业(制造业、房地产业、采矿业及批发和零售业)中,除了采矿业以外,其他行业国有占比非常低。这说明垄断造成了供给不足和相关领域的发展滞后。

而且,制造业产能过剩的根源在于民间资本投资领域过窄,目前只能集中在制造业、房地产业和批发零售等少数几个行业,在过去 10 年间,民间资本从其他垄断管制领域,特别是服务业领域被挤出而涌入这几个行业。如果改革能够降低石油、铁路、电信、市政公用设施等垄断行业,以及医疗、社保、教育、文化传媒等公用事业民间投资准入门槛,垄断领域和公用事业领域的改革顺利推进,则不但能够为未来十年提供充足的增长动力,而且可以促进第三产业发展。这样,既可以缓解制造业过剩的局面,也可以缓解服务业供给不足的状况。

如上所述,垄断行业主要集中在公共品、资源品以及第三产业,因而破除垄断的着力点将主要落在水、电等公共服务行业,石油、天然气等资源型行业,以及交运、通信、文化、医疗、教育、金融等第三产业上。另外,除垄断领域之外,国企改革的对象也包括处于"垄断—竞争链"另一端的过度竞争、产能过剩的行业,包括钢铁、有色、煤炭等。

对于垄断行业,经营操作层面的改革措施包括四种:一是降低准入壁垒(民资进入,所有制改革的中观体现),二是扩大对外开放(外资进入),三是打破垂直垄断(网运分离),四是放松价格管制(资源品、公共品的价格改革),如表 3 所示。

表 3    经营操作层面放松垄断管制的措施

| 行业 ＼ 方式 | 降低准入壁垒 | 打破垂直垄断 | 放松价格管制 | 扩大对外开放 |
|---|---|---|---|---|
| 石油 | 非常规、常规油气开采;原油成品油储运、零售网络建设;炼化环节 | "管网分离",成立独立管道公司,先管网设施,后运营 | | 原油成品油进口权 |
| 天然气 | 允许投资燃气基础设施建设 | "管网分离",放开上游开采、下游销售 | 放开政府价格管制 | 天然气进出口权 |
| 电力 | 仅允许民资投资发电领域 | "主辅分离、输配分开、竞价上网" | 大用户直购试点 | 对外投资战略 |

续表

| 行业＼方式 | 降低准入壁垒 | 打破垂直垄断 | 放松价格管制 | 扩大对外开放 |
|---|---|---|---|---|
| 水 | 以特许经营、投资补贴、政府购买服务等方式吸引民资投资、建设和运营城镇排水与污水处理设施 | | 阶梯水价全国推广 | |
| 电信 | 移动转售领域试点虚拟运营 | "网业分离"，拆分重组 | 竞争领域资费市场定价；基础电信、网络接入领域政府定价 | 自贸区允许外资经营部分增值业务 |
| 铁路 | 向社会资本开放城际铁路、市城（郊）铁路、资源开发性铁路和支线铁路的所有权、经营权 | "网运分开" | 铁路由政府定价改为政府指导定价，取消货运政府定价 | |
| 公路 | 赋予民营企业在内的投资商高速公路特许经营权 | | 渐进推进，陕西客运由政府定价改为政府指导定价 | |
| 航空 | 取消禁止创建独立航空公司的禁令 | | 取消国内机票价格下限 | |
| 文化 | 放宽准入，允许以控股形式参与国有传媒企业改制 | 允许制作和出版、制作和播出分开 | | 自贸区允许设立外商独资演出经营机构、娱乐场所 |
| 医疗 | 放宽准入、参与公立医院改制 | 扩大"医药分开"试点，医院药房托管 | | 自贸区允许外商独资医疗机构及转移保险机构 |
| 教育 | 放宽准入范围、参与改制 | | 教育收费管制 | 自贸区设立中外合作教育、技能培训机构 |
| 商贸 | 放宽准入领域，允许民资进入典当、租赁等新业态 | | | 自贸区试点人民币投融资 |
| 金融 | 扩大准入、并购 | | 上海自贸区大额可转让存单发行试点 | 允许设立外资银行、中资银行离岸业务 |

对于过度竞争、产能过剩的行业，经营操作层面的改革措施包括三种：兼并重组整合产能、转变主营业务和出售资产切割业务。

我们判断，尽管通过"管网分开"、"网运分离"打破垂直一体化是破除垄断改革的大趋势，但目前引入民资、直接参与垂直垄断企业核心业务运营的阻力大，短期难破题。而公共产品价改的大方向已经明确，正处于推广和深化阶段。短期内，这一领域颇具"爆发力"的改革看点为，垄断行业放宽内外准入、竞争行业并购转型增效。即降低垄断产业链条某个环节或者领域的准入壁垒，让民资进入（例如中石化的案例）；落实扩大对外开放的相关政策，让外资进入（例如自贸区相关行业政策）；以及通过兼并、转换主营、出售资产消化过剩产能。

### （四）内部激励改革关键：地方试点先行，形式百花齐放

"金手铐"提升企业经营效率。"金手铐"寓意企业内部的激励工具，包括利用股票期权、奖金红利等预期收入手段形成对员工的激励。"金手铐"一般都有时间限定，期间辞职离开则预期收益无法兑现，此举意在留住企业人才，激发人才的主观能动性，与公司其他利益相关者共同分享成长的果实。如果缺失"金手铐"这种长效激励机制，可能会造成一个企业管理人员的短视行为。在国企改革过程中，建立企业内部长效激励机制的空间很大。

顺序上，地方试点先行。从推进顺序上看，我们判断，企业内部激励机制的创新和改革将从单一企业、单一地域的试点"破题"，成功的经验将推广至可比的同类型企业以及相同地域的企业，走一条"从边缘到中心"的路子。预计年内地方层面推进的速度将会更快，而央企层面会相对审慎。

形式上，百花齐放。从方式上看，根据企业分类定位及所处行业竞争程度的不同，激励形式

应该是百花齐放。例如，从分享权益由低到高排序，可采纳的激励方式包括分红权、增值权、虚拟股票、股份期权、限制性股票、业绩股票和MBO等。对于激励方案细则的探索（激励方式的选取、激励的范围确定、退出机制设计等）将会是双向推进，即"自上而下"的指导和"新政"，以及"自下而上"的企业试点经验。

行业上，激励创新型企业。以往实施股权激励的国有企业主要分布在传统型行业，例如机械、房地产、化工等。除了上述经营绩效较好的传统产业之外，新一轮国企改革将更多地激励新兴产业和人力资本密集型企业，例如文化传媒、航天军工、设计科研院所转制企业。

# 三、全面深化改革红利释放下的新投资主题

新一轮国企改革帷幕徐开，混合所有制和国资管理方式将发生重大突破。国企分类治理、降低国资垄断、放宽内外准入、资产整合重组、优化激励机制等举措将成为国企改革的关键词，也将催化相应的投资机遇。一是推进混合所有制有望带动上市国企的资产价值的向上重估，而跨越准入门槛的上市民企也将明显受益，可关注石化、水电、通信、房地产等行业。二是集团母公司层面的整体上市、纵向及横向的资产兼并整合也将带来投资机会，可关注石化、汽车、军工、公用事业、商业零售等行业。三是引入战略投资者、民资或建立市场化的管理和激励机制，都有利于提升上市国企的经营效率，释放市场化红利，并提升上市国企财务业绩和估值水平。

## （一）竞争类国企的效率提升和转型加速

以资本收益为导向的市场化管理体制将提升竞争类上市国企的经营效率，建议关注两条受益主线：一是对于竞争性行业的优质上市国企（所处行业仍具备一定增长空间，且公司自身具备行业竞争力）而言，股权激励、引入战略投资者、加强市值考核、减小经营层面的行政干预等改革路径，将优化公司上市公司的市场化激励，释放市场化红利，提升估值水平。如汽车、餐饮旅游、商贸零售、医药、传媒、地产等行业中的上市国企。二是对于主营业务和行业景气向下的上市国企而言，在资本的收益性和流动性驱动下，公司淘汰落后产能、加速业务转型、优化资产配置的动力增强。预计未来在微观层面将会不断涌现出转型突破、价值重估的拐点型公司。我们认为，进取的管理层及较为充裕的现金流是拐点型公司的两个必要条件，关注公路、港口等行业。

## （二）网运分离打开自然垄断类国企的市场化机遇

对于以网络为存在基础的自然垄断行业（如铁路、电信、能源、电网等），预计改革将实行网运分离、放开竞争性业务，在能够实现竞争的领域实行市场开放和市场定价。具体地，铁路板块运网分离、市场开放，行业效率低下情况有望扭转。2013年7月24日召开的国务院常务会议强调，要按照统筹规划、多元投资、市场运作、政策配套的基本思路，推进铁路投融资体制改革。通过改革将全面开放铁路建设市场。会议还提出了要向地方和社会资本开放城际铁路、市域（郊）铁路、资源开发性铁路等的所有权和经营权。政策导向上，铁路板块的国企改革主要体现在运网分离上，这将极大地提升铁路体系管理层管理效率，改善行业经营效益，具有国企效率释放潜力大的企业或将受益。

电信运营行业"国退民进"将分三步走，短期内移动转售业务与驻地网接入业务将是重点。我们认为，电信运营行业将进入"国退民进"的运作年，而这一进程将会分为三步走：第一步，在市场竞争失衡领域（移动市场和宽带接入）引民资进入，提升竞争效率；第二步，引导国有电

信运营商将部分网络资源或设备的建设、运维外包给民营企业；第三步，民营资本与国有电信公司在资本层面将会双向进入。其中，移动业务转售和驻地开放将会是短期电信"国退民进"政策试水的重点，对于民营企业来说，预计将会先进入电信市场营销与接入层网络的建设与维护。这类业务资金门槛低，并未涉及核心网络，将利于广泛推动，为后续市场权限的进一步敞开打下良好基础。

石油石化行业投资体制改革，投资项目审批放开，将利好相关产业链上有实力的民企。深化投资体制改革具体要求确立企业投资主体地位。除关系国家安全和生态安全、涉及全国重大生产力布局、战略性资源开放和重大公共利益等项目外，企业投资项目一律由企业依法依规自主决策，政府不再审批。假如部分项目审批放开，将利好潜在进入该领域的实力民企。上游领域，石油天然气属于"战略性资源"，因此可能局部、小步放开增量投资。天然气主干管网剥离难度较大，未来较为可行的方式是管道对第三方市场主题开放，或者天然气管网投资放开。因此，有产业链延伸需求的民营石化、化工企业和油服企业将受益，此前受制予管输瓶颈的煤层气、煤制气企业也将有利好。

## （三）垄断放开，民资有望明显受益

对于以垄断放开为主要改革特征的行业，其中能够获得牌照或者可以跨过准入门槛的非国有上市公司可能会明显受益。国务院常务会议研究部署有效落实引导民间投资激发活力健康发展的措施。会议提出了"定目标、定事项、定责任、定事件、定结果"的要求，并要求尽快在金融、石油、电力、铁路、电信、资源开发、公用事业等领域推出一批项目，形成示范效应。上述表述均显示，在开放民间投资方面的政策意志较以往显著增强。除此之外，集团母公司层面的整体上市、母公司向上市国企注入优质资产、龙头国企在行业内部或行业之间进行横向的资产兼并整合等资本运作也会带来投资机会，可关注石化、汽车、军工、公用事业、商业零售等行业。

A股市场中大部分行业的国企市值占比都超过50%，无论是央企改革还是地方国企改革的试点，对整个A股市场的结构性影响都是非常大的。具体各重点行业获得改革红利最大的公司如表4所示。可重点关注"一带一路"、迪士尼板块和区域政策的推进（海西自贸区和京津冀等地）的影响，具体关注农业、食品饮料、医药、非银、汽车、电子、电力、银行和环保等行业低估蓝筹的机会。

表4　获得改革红利最大的A股市场重点公司

| 序号 | 行业 | 获得改革红利最大的A股市场公司 |
|---|---|---|
| 1 | 机械行业 | 上海机电、广日股份、安徽合力、大冷股份、通源石油、杰瑞股份、新天科技、中国北车 |
| 2 | 国防军工行业 | 中航科工、中航电测、风帆股份、海康威视 |
| 3 | 交通运输行业 | 上港集团、光明集团、大秦铁路、上海机场、外运发展、中储股份、建发股份 |
| 4 | 医药行业 | 国药一致、鱼跃医疗、华润万东 |
| 5 | 传媒文化 | 东方明珠、百视通、新华传媒、电广传媒、中南传媒、人民网 |
| 6 | 电力设备新能源 | 湘电股份、上海电气、许继电气、国电南瑞、中国西电、东方电气 |
| 7 | 旅游行业 | 锦江股份、全聚德、中国国旅、东方宾馆 |
| 8 | 通信行业 | 鹏博士、北纬通信、天源迪科、梅泰诺、中国联通 |
| 9 | 食品饮料行业 | 恒顺醋业、光明乳业、中炬高新、白云山 |
| 10 | 汽车行业 | 一汽轿车、江淮汽车、上汽集团、长安汽车、华域汽车 |
| 11 | 商贸零售行业 | 友谊股份、王府井、重庆百货、鄂武商、银座股份、合肥百货、首商股份、中百集团、华联综超 |
| 12 | 家电行业 | 海信集团、长虹集团 |
| 13 | 建材行业 | 海螺水泥、冀东水泥、江西水泥、中材科技、金隅股份 |

续表

| 序号 | 行业 | 获得改革红利最大的 A 股市场公司 |
|---|---|---|
| 14 | 公用事业 | 京能电力、重庆水务、粤电力、首创股份、韶能股份、国投电力、川投能源、黔源电力、深圳能源、申能股份、广州发展 |
| 15 | 纺织服饰行业 | 罗莱家纺、龙头股份、中达股份、上海三毛、开开实业、山东如意、华纺股份、华茂股份、际华集团 |
| 16 | 农林牧渔行业 | 登海种业、农发种业、天康生物、海南橡胶、丰乐种业、敦煌种业、亚盛集团、西部牧业 |
| 17 | 房地产行业 | 金融街、首开股份、华发股份、北京城建、金车投资、深振业、华侨域、保利地产 |
| 18 | 石油化工行业 | 中国石化、中国石油、广汇能源、恒逸石化、三友化工、中化国际、上海石化 |
| 19 | 基础化工行业 | 宏大爆破、扬农化工 |
| 20 | 煤炭行业 | 潞安环能、冀中能源、阳泉煤业、山煤国际、中国神华 |
| 21 | 钢铁行业 | 宝钢股份 |

**参考文献**

［1］中国社科院工业经济研究所课题组. 论新时期全面深化改革重大任务[J]. 中国工业经济，2014（9）.

［2］黄群慧，余菁. 新时期新思路：国有企业分类改革与治理［J］. 中国工业经济，2013（11）.

［3］王永. 国企改革与管理创新内在逻辑［J］. 商业研究，2012（12）.

［4］张文魁. 中国国有企业产权改革与公司治理转型［M］. 北京：中国发展社出版社，2007.

［5］陈佳贵，金碚，黄速建. 中国国有企业改革与发展研究［M］. 北京：经济管理出版社，2000.

［6］魏成龙，郑志，张洁梅，任传普. 国有大型企业的现代企业制度建设问题研究［M］. 北京：中国经济出版社，2013.

［7］中信证券. 新一轮国企改革脉络梳理［EB/OL］. http：//www.zccf.com.cn/newsinfo.aspx？id=8734.

［8］海通证券. 国企改革：新征程、新机遇［EB/OL］. http：//kuaixun.stcn.com/2013/1122/10938223.shtml.

# 国企改革的替代性路径及其创新可能：
## 以常开为例

孙喜[*]

[摘要] 通过正确可靠的改革，最大限度地激发和调动国有企业的自主创新潜力与能力，是中国提升工业竞争力的重要途径。但从理论与实践两个角度来看，目前国企改革方面的主流理论却对改制后国有企业的能力建设与技术积累作用不大。这就要求我们对当前国企改革的主导范式和主流思路进行反思。本文以文献述评的方式进行了这一反思工作，并以一个企业案例说明了主流理论在实际中的局限性与短期性。与此同时，这一案例支持了演化经济学界对创新型企业社会条件的有关讨论。在这一理论脉络中，能力建设的逻辑替代了产权关系的逻辑，成为企业发展与自主创新的解释变量。这一理论视角对我国国有企业改革的思路设计与逻辑范式具有重要的启示意义，并因此具有对主流改革思路的替代作用。

[关键词] 国企改革；国企低效论；创新型企业；常开；能力建设

在完成"三年脱困"目标之后的十年间（2002~2011 年），国有工业在国民工业体系（包含港澳台及外资）中的比重从 42% 下降到 17%（以固定资产计算），而同期国有工业对内资工业营业利润的贡献更是从 21% 下降到 7%。"抓大放小"的 20 年，使国有企业在中国的国民工业体系中的地位也越来越举足轻重。除石油石化和电力、能源等具有自然垄断性质的行业外，大量国有企业存在于建筑、汽车、机械制造、电子信息产业等基础工业领域和高端产品领域，它们时刻面临着跨国公司先行者优势（Lieberman 和 Montgomery，1998）的挑战（刘国光，2012）。特别是随着发达国家"再工业化"进程的深入，中国装备工业获取外部技术的空间进一步压缩（张茉楠，2013）。这迫使国有装备企业必须在新一轮改革过程中尽快发展出自主创新能力，从而更好地担负起推动经济增长和促进产业升级的重任。而本文的目的就是在反思主流的国企改革理论的基础上，为提高国有企业自主创新能力提供一种理论路径，并以一个国有装备企业（常熟开关制造有限公司，下文简称"常开"）的案例加以说明。

本文共分为四部分内容：第一部分以文献述评的方式对主流的国企改革理论、主要是"国企低效论"和"产权决定论"进行反思，这两种思路共同塑造了今天对国有企业改革的主流认识：退出竞争性领域，加强资产管理。这个反思旨在说明主流理论的局限性，尤其是其对能力建设逻辑的结构性忽略。在这一基础上，第二部分将借鉴演化与创新经济学及战略管理理论，介绍国企改革的一种替代性路径，即独立于产权变量之外的企业能力发展逻辑。这一企业能力发展逻辑的核心是由 Mary O'Sullivan 提出，并由 William Lazonick 进一步发展的创新型企业理论，或以创新为核心的公司治理理论。第三部分的案例研究部分取材于《中国工业报》的长篇报道《常开记忆》

---

* 孙喜（1982–），男，山东济南人，讲师，管理学博士，研究领域为工业竞争力与科技政策。

（杨青、严曼青、王瑞，2014），将简要介绍常开过去 20 多年的发展转变过程，并根据创新型企业理论对常开的发展进行深入分析。第四部分是总结与政策启示。

# 一、对主流国企改革理论的反思

对国企效率低下（刘瑞明，2012；吴延兵，2012）、预算软约束（Kornai，1980）、机会主义管理行为（委托—代理问题）（张维迎，1995）和单一投资主体（《振兴老工业基地研究》课题组，2000）的批评，以及由此延伸而来的产权决定论构成了当前国企改革理论的主流。这些理论视角认为，改变国有经济不景气的局面必须通过产权改革引入多元投资主体，从而扭转政企不分、权责不明、激励不足的问题。而作为国有企业的出资人，国家也需要通过产权改革的方式确保国有资产的收益。所以，2003 年之后成立的国资委将资产管理作为其首要任务，即确保出资人机构成为所谓的"积极股东"（陈清泰，2005）。央企对下属企业的管理控制也是借助单纯的资产和财务指标。本部分的讨论将说明，无论是科尔奈式的传统国企低效论，还是中国本土的国企低效论，都忽视了中国国有企业的历史轨迹，这一根本缺陷损害了其解释力与实践意义。而"产权决定论"的主流化则更多地与当时的国内外背景有关，但主流地位的确立并不能自动导致"产权决定论"及其对应的"股东价值最大化"理论的合理化。

## （一）"国企低效论"：从软预算约束到效率损失，再到"靓女先嫁"

从历史的角度来看，通过单纯的数字游戏来说明中国国有企业的效率低下，并由此质疑国企正当性、鼓吹改制重组是对新中国历史无知的表现。这些批评（宋立刚、姚洋，2005；刘瑞明，2012；吴延兵，2012）多采用了 2004 年之前的陈旧数据和不合理的代理变量（洪功翔，2010），尤其受到 1995 年全国工业企业普查数据的影响（姚洋，1998；刘小玄，2000），而这次工业普查恰逢国有工业脱困"前夜"的最低谷。如果放宽考察视野，我们就会发现国有工业的生产率在 20 世纪 80 年代经历了持续改善，这使中国国有企业曾被当作"不必私有化也能进步"的典型（谢千里、罗斯基、郑玉歆，1990；罗斯基，1993a，1993b）。而在经历了最艰难的 90 年代之后，得益于工业国债重大项目、中长期发展规划等一系列政策的支持，完成设备更新的国有企业在 21 世纪得到了迅速恢复，不仅成功启动了效率提升与追赶的过程（在 2007 年开始超越私营企业）（魏峰、荣兆梓，2012；郝书辰、田金方、陶虎，2012；Dosi，Lei 和 Yu，2013），更扮演起经济增长发动机的角色（洪功翔，2010）。由此不难发现，国有企业与民营企业的效率高低绝不是什么宿命论式的僵化真理。与"国有企业的低效会导致什么后果"相比，"为什么国有企业会在 90 年代进入效率低谷"是一个更有意义的研究问题。

历史地来看国有工业进入低谷之前的十几年时间，我们就会发现国有企业的政策处境与其他所有制企业截然不同：它们既要与其他企业一样经历经济紧缩导致的利润大幅下降（杨治，1995），应对其他所有制企业及来自不同行政区域国有企业的竞争（罗斯基，1993a）；又要独自承受计划经济体制遗留下来的政策约束与历史负担，并首当其冲地承担起改革进程中产生的新问题与新负担。双轨制背景下的这种矛盾定位，严重地损害了国有企业的"自生能力"（林毅夫，2002）。1989 年，国有工业的实际留利水平仍然仅有 8.2%（黄国良，1991），这种低留利、低折旧、折旧挪用的政策传统严重阻碍了国企的设备升级，导致老旧设备比例畸高（许东，1991；周燕明，1992）。在这种情况下，为了抓住难得的市场机遇，国有企业的生产活动在 80 年代末走上两个极端：要么贷款上项目，举债搞生产；要么拼设备、超负荷运转，"小车不到尽管推"（王祖耀等，1991）。而此时的政府却出于财政需要和私营企业偷逃税严重的现实设定了一个高税率（李本贵，1994），从而将绝大部分财税负担压到设施陈旧的国有企业身上。随着 90 年代中期金融财税体制改革切断了银行向国有企业的贷款渠道，在双轨制中严重受累于"政策性负担"的国有企业被推入了资不抵债的境地（中国工商银行湖南省分行课题组，1996；邹贵友，1997；林毅夫、刘明兴、章奇，2004）。

从上述回顾可以看出，中国国有企业虽有可能拥有一些不计成本和回报的投入来源，但绝非科尔奈所说的多方面"软预算约束"。相反，在改革开放之后的很长一段时间内，国有企业面对的往往不是来自国家的慷慨输入，而是"抽空老企业、再铺新摊子"的短期化财政政策。这使匈牙利计划经济中"啃国家"的国有企业在中国却更多地需要"吃老本"（王祖耀等，1991）。

如果将 Kornai（1980）的"软预算约束"与 Amsden（1989）的"把价格搞乱"放到一处，我们会发现两者的相似之处：两者都因非市场力量的干预而偏离了均衡状态，都有可能出现政府对企业的贴现（Kornai 的"软信贷制度"和 Amsden 的"对资本稀缺行业的实际负利率"）。这为我们理解"软预算约束"提供了另外一种视角：首先，预算约束的软硬绝不是国有企业和私有企业之间的本质性区别，政府既能收紧对国有企业的预算约束，也能放宽对私有企业的预算约束（热拉尔·罗兰，2011）。其次，对追赶经济而言，使本土企业低成本获得资源这一做法本身并非错误，因为较低的资本价格是长期学习过程中"有耐心的资本"的必要条件（Rosenberg，1994）。从这个角度来看，不去考察要素投入的使用途径、企业的演进历程及其所处的制度环境，而单纯考察中国国有企业的截面效率和软预算约束甚至政企利益输送（步丹璐、黄杰，2013），无益于我们对企业创新能力和工业竞争力的理解。

也正是因为这样的原因，对国有企业效率低下的批评一直面临着现实中的矛盾：正当近乎宿命论的"国企（双重）效率损失"在学术界风起云涌之际，中国的地方政府官员却曾经掀起一股"靓女先嫁"的高潮，跨国公司也趁势拿下大批划归地方管理的优质装备企业，史称"合资变局"。然而，如果效率低下是国有企业的宿命，那些"先嫁"的"靓女"又从何而来呢？

## （二）"产权决定论"：历史嬗变

当我们回顾中国国有经济改革的有关文献和政策时则会发现：在"产权改革"成为一种具有意识形态特征的学术流行之前，中国曾长期存在优先解决企业经营能力的呼声，这种呼声不仅来自学术界（华生等，1987；韩小明，1994），而且来自政策界（马洪，1991；朱志刚，1991），并在 20 世纪 80 年代中期力压"产权改革"论而成为国企改革的首选路径。通过对日本企业集团的深入分析，吴家骏（1994）将企业内部自负盈亏机制的建设视为比个人产权更重要的因素。吴敬琏、刘吉瑞（1998）则从企业史的理论视角出发，明确指出"在保持公有制为主的条件下是能够把原来作为行政主管机关手里的'算盘珠'的生产单位改造成独立自主、自负盈亏、相互竞争的企业"，而"按照业主式私人企业的模式来改造我国的大中型企业，也许可以说是'犯了时代的错误'"。Nolan 和 Wang（1998）也对中国的国企改革提出了"超越私有化"的建议。White（2000）则指出，交易成本问题往往只是影响中国国有企业技术决策的一小部分因素，有经验的管理者更多地是从本企业的历史资源和组织能力出发做出相关决策。

但自 90 年代中期开始，国内学术界逐渐将产权关系视作国企改革的中心环节。今天看来，这个 180° 大转弯的出现植根于当时国内国外两方面的历史背景。从国内来看，1992 年之后大批非国有企业（如私营企业、外资企业）的迅速发展，促进了市场主体多元化。然而，历经扩大自主权、利改税、承包制等多番改革，国有企业始终没能发展起经营管理能力，这使当年"小车不到尽管推"的国有企业最终资不抵债（吕政、黄速建，2008）。而考虑到 80 年代历次改革中机会主义行为对国有资产的侵害，同时为了减轻政府的财政负担，90 年代中期之后中国政府逐渐发展起以

"有所为，有所不为"和"抓大放小"为中心的国有经济战略结构调整方针：保留政府在战略领域经营的国有大中型企业的控制权，退出国家在高度竞争市场中经营的中小企业的控制权（赵晓，2007；王红领等，2001）。

而从国际范围内来看，随着苏东剧变的发生，新自由主义经济学在 20 世纪 90 年代进入了最辉煌的时期。私有化的实践不仅在英美等新自由主义发源地及苏东原社会主义国家蓬勃兴起，也广泛波及拉美、东南亚、西欧等其他地区的国家。此时，国家资本退出产业领域成为全球流行的意识形态，而其鼓吹者却很少顾及成功私有化所必需的一系列脆弱条件，包括在市场导向型法律结构缺失的情况下，产权改革将使软法律约束取代之前的软预算约束（Perotti，2001；Hanousek，Kocenda 和Svejnar，2008；Stiglitz，2008）。"政治正确"成为私有化和国企产权改革的"挡箭牌"，但正如 Megginson 和 Netter（2001）所言，"过去二十年的私有化大潮并不能让我们得出结论来证明私有化与国有化孰优孰劣，因为 25 年前国有化在'二战'之后的第一轮较量中胜出时也曾经被证明比自由市场资本主义棋高一着"。

正是在这样的内外背景下，中国的国企改革进入了以"产权"为中心的新阶段：为了明晰国有企业控制权，建立现代企业制度成为 1993 年之后国有企业深化改革的新主题（张卓元、郑海航，2008）；治理结构和产权改革成为国有企业改革的首要措施，并一直被视为国企改革的根本问题（芮明杰、宋亦平，2001；国家发改委宏观经济研究院课题组，2004），此后也围绕国有企业的产权和收益掀起了上市、合资并购、大小非解禁等一轮又一轮高潮。在这种情况下，国有企业从当年计委和行业主管部门手中完成生产计划的"算盘珠"，变成了股东（国资委和股民）手中分红提款套现的"算盘珠"。但是，从这样的国内外背景也不难看出，当年将产权选作国企改革的中心议题并不是出于"产权"本身的原因。在对发达国家私有化的分析中，Prahalad（1999）和 Dore（2009）就曾将"产权"选项视为一种"危机驱动"的"失败者逻辑"，只是在企业绩效不尽如人意时对流行模式的"照葫芦画瓢"，这种应对危机的短期手段（"速成食物"）并不能从根本上提升企业的价值创造能力，也无法避免危机的发生。

## （三）对"产权决定论"与"股东价值最大化"（SVM）的批评

国企改革中的"产权决定论"习惯于强调国有企业中的委托—代理问题，希望通过产权改革解决"内部人控制"的危险（张维迎，1995；李麟，1999）。但这里的悖论是，什么企业的管理控制不是依靠熟悉企业情况的内部人完成的？大型现代企业都不是由所有者来管理的（Simon，1991）；换言之，都存在委托—代理问题（Stiglitz，2011）。即便国有企业通过股份制的手段引入了多元化的投资者，但股权分散并不意味着对"内部人控制"的有效解决：因为股东高度依赖于内部人来判断企业战略行为的功过（O'Sullivan，2005）。

在这里，我们并不是否认现代企业制度中"产权明晰"这一重要原则。我们反对的是在国企改革过程中忽视其他因素（如前文提到的演进历程、长期学习等因素）的"产权决定论"，把国企改革变成新时期的"唯生产关系论"，尤其是在产权改革过程中以"管理科学"、"权责明确"为代价来换取"产权明晰"，并借此将投资者（股东）权益凌驾于企业其他利益相关者（职工、管理层、供应商、顾客及国家）的权益之上。但在国企改革的现实中，其他利益相关者的权益是不容忽视的：工人对企业的专门化投入使他们同样承担了剩余风险（Easterbrook 和 Fischel，1991），而管理阶层的内部管理控制是使任何治理结构得以生效的关键（Lazonick，1992），政府和大学则在很大程度上为产业界分担了技术开发与产品创新的风险（Lazonick 和 Mazzucato，2012）。如果国企改革只在乎所有权的移交与股东价值最大化的实现，而忽视了其他利益相关者的改进，甚至将之抛弃在资源重新配置之外，其他利益相关者自然会采取不合作态度，这无疑将使改制企业的重组困难重重（斯蒂格利茨，2000）。

以上对国企改革主流理论的反思和述评揭示了在主流路径之外为中国国有企业改革寻找替代性路径的必要性，尤其是寻找一种有助于国有企业自主创新的改革路径。随之而来的问题是，这种替代性路径本身是否具有可能性与合理性？

# 二、以创新为核心的公司治理理论：创新型企业的社会条件

这一部分将回答上面提出的有关替代性路径可能性与合理性的问题，其中替代性路径的可能性从本质上就是国有企业的创新可能性问题。

## （一）国有企业的创新可能性

创新领域的学者通过种种方式揭示了国有企业，甚至社会主义制度在技术创新方面的可能性。Kogut 和 Zander（2000）通过对两家蔡司公司的对比否定了国有企业无法发展技术创新能力的宿命论，而将计划经济的僵化机制视为影响社会主义国家创新能力的首要障碍。Forbes 和 Wield（2002）对后发国家技术追赶的总结得出的一个重要结论就是，国有企业同样具备创新的能力与机会，甚至能够成为国际同行中的效率标杆；而且创建国有企业曾经一度是东亚国家自主构筑竞争优势的重要手段。之所以会出现这种现象，正如 Amsden（1994）所分析的，对追赶有所抱负的后发展国家首先需要的是能够体现国家发展意志、落实"产业纪律"（disciplines of industries）的企业。而从某种意义上说，在企业信息获取上的障碍将使政府难以干预私有企业的投资活动，这使国有企业显然更容易满足政府"落实纪律"的要求，并因此减少了低效配置（Schmidt，1996）。

而在有关中国的研究中，路风对汽车、通信、液晶、高铁等行业的研究（路风、封凯栋，2005）说明国有企业，包括那些国有独资企业（如创业初期的奇瑞）和国有控股企业（如中国南车、京东方、大唐电信等）同样可以进行有效的产品创新和技术竞争。Xiao 等（2013）则通过多案例研究，详尽分析了中国国有企业如何在特定的条件与情境下，动态调整自己的技术学习战略而逐渐发展出自主创新能力的过程。

所有上述的能力建设过程既不以产权改革为前提（Nolan 和 Wang，1998；Jomo，2008；丘海雄等，2008；路风、蔡莹莹，2010）、更不会因产权改革而自动发生（所谓"一股就灵"）（鞠庆麒，1996；Blasi，Kroumova 和 Kruse，1997；Uhlenbruck，Meyer 和 Hitt，2000），而只能是有目的学习的结果，即对"组成内容和范围进行规划"（Penrose，1959）。而且，这种学习过程并不会在日益激烈的市场竞争中自发启动。那些对（由于私营企业和外资的进入而导致的）竞争提高了国有企业生产效率的观察（林毅夫等，1995）忽视了一个本质性问题：效率提高和竞争力改善是两个并不能划等号的概念（Reinert，2007）；相反，没有能力建设与发展战略的竞争只能使企业（无论何种所有制）的效率提升变成"比赛谁先触底"的竞次过程（Steinfeld，2010）。因此，能力建设过程在本质上比产权改革更接近于转型升级的本质。

## （二）创新型企业理论

从创新的视角出发，讨论企业组织特征在很大程度上与资本主义多样性的主题有关，其中较有影响力的代表作是 Coriat 和 Weinstein（2004）以及 Tylecote 和 Visintin（2008）的著作。两者都认为企业的组织特征尤其是金融与治理机制同时受到社会文化、政治制度等因素的共同影响和塑造，而这种机制差别又成为决定各个国家技术优势差别的关键变量。他们对企业金融与治理机制的讨论都涵盖了劳动用工制度、内部/外部控制等关键变量，并都将治理机制与资本主义多样性之

间关系的讨论集中于盎格鲁—撒克逊模式与莱茵模式这两种模式的对比上。

在这样的分类讨论中，ICT、生物技术及其他研发投入高、技术机会多、易出现技术断裂的产业部门被认为更适合盎格鲁—撒克逊模式的公司治理结构。外部人控制、高流动性的劳动力市场和高流动性的风险资本，为整个产业创造了足够的流动性以及时捕捉在不同局部出现的新鲜技术机会；相比之下，机床机械等中高技术产业部门更多的表现出技术相对连续、渐进性创新多于激进性创新的特征，这决定了这些产业需要更加稳健的公司治理机制，以营造一个稳定持久的技术积累环境。其中，Tylecote 和 Visintin（2008）对这种选择的讨论与辩论颇具代表性。他们认为，在技术革命频发的高新技术产业中，对技术机会的追逐所带来的高效与收益，足以弥补盎格鲁—撒克逊模式在企业内部经验积累方面的弱点。如果用 Jensen 等（2007）的话说，资本对全行业范围内 STI 知识的高效追逐利用，足以弥补企业在 DUI 知识方面的不足。但这样的结论显然存在着逻辑缺陷：在上述权衡中，可能的受益者是全行业（表现为企业高进入率与资本高流动性），但却有可能伤害现有企业的经验积累。这种分析单位上的冲突，使 Tylecote 和 Visintin（2008）以及 Coriat 和 Weinstein（2004）对治理机制的上述分类并不足以从创新的理论视角准确揭示"企业"的结构特征，尤其是治理机制特征。

以演化与创新经济学的理论立场和规范语言讨论创新型企业的内涵和结构性特征，起源于 O'Sullivan（2000），并最终在 Lazonick（2002，2005，2010）的努力下发展为被创新研究主流学界认可的"创新型企业"理论。[①]

O'Sullivan 和 Lazonick 共同发展起来的创新型企业理论之所以受到创新主流学界的重视，就是因为与以往的研究相比，他们的工作首先明确回答了创新型企业的基本特征，即通过学习，将技术转变成低成本、高质量的产品和服务，并将其投放市场。而这个学习与创新过程具备不确定性（只有通过生产实践本身才能知道技术转变的目标和市场实际需求）、累积性（企业当前的技术知识构成和储备会影响其未来的技术水平）和集体性（拥有不同技能的人之间的合作）的本质特征（O'Sullivan，2000；Lazonick，2005）。这三种本质特征决定了创新型企业的结构性特征（Lazonick 称之为"创新型企业的社会条件"），即：①由不确定性决定的战略控制：由战略决策者的管理意图及相应的控制措施决定投资类型和生产过程中的战略性资源配置，从而使企业有条件改变技术与市场条件。②由集体性导致的组织整合：生产性资源的开发利用要求把不同层级和职能分工的劳动力整合进学习与创新过程。③由累积性导致的财务承诺：可依赖或可控制的财务来源支持学习与创新，直至获得经济回报，而从更长时期来看，这种持续投入最终将使企业不断改变甚至主动塑造外部市场环境与内生性的技术选择。创新型企业拥有战略控制和资金投入之后，关键就是对参与到集体性、累积性学习过程中的技能基础进行组织整合。因此，战略、组织、财务三方面形成环环相扣的动态过程，而学习——适应并产生技术变化，并将技术转化为低成本、高质量的产品与服务——就是这一过程的结果。

在提出上述这套创新型企业理论的过程中，Lazonick 同样关注到资本主义多样性的问题，但 Lazonick 对这一问题的回答并不是类型学的答复；相反，Lazonick 和 Tulum（2011）以美国的生物制药产业为例指出了前述类型学研究的缺陷。在坚持上述三方面社会条件作为创新型企业典型事实（stylized facts）的同时，Lazonick（2005）指出不同的企业金融与治理机制会影响创新型企业在三类社会条件上的表现形式。但这种差别也仅仅体现在表现形式上，如果在典型事实的基本特征上存在问题，企业的创新能力就会受到极大的影响。换句话说，作为企业动态能力的一种体现，一个企业的创新能力同时体现出典型事实与具体细节（典型事实的表现形式）相结合的两面性

---

① Lazonick（2005）对创新型企业的讨论被收录进牛津创新手册无疑是其工作被创新研究国际主流认可的重要标志。

（Eisenhardt and Martin，2000），其中具体细节反映了企业所处环境及其治理机制；而只要不会威胁典型事实的基本要求，外部环境与治理机制这些塑造具体细节异质性的因素就根本不会成为企业创新能力的决定性变量，更不会产生宿命论式的效果。

具体到中国的国有企业来看，国有企业同样实现上述三方面典型事实的基本要求，甚至由于历史轨迹和制度环境约束，中国的国有企业甚至有可能在上述三方面具有一定的优势。例如，从本质上看，"组织整合"所具有的经济民主成分被认为是"二战"后东亚奇迹的重要原因（宋磊，2013），这种经济民主的根源恰恰是中国国有企业曾经广泛使用的"鞍钢宪法"，即"两参一改三结合"（崔之元，1996），而且这种集体主义和经济民主的政治传统部分地在改革开放之后的中国国企内部保留下来（赵素芹、张志军，1996；Ralston 等，2006）。

# 三、案例分析

常熟开关制造有限公司（下文简称"常开"）的前身是成立于 1974 年 9 月的国营常熟低压开关厂。历经 40 年的发展，常开从当年的国营工厂变成了如今的混合所有制公司，企业净资产从41万元增长到 10 亿元，销售额从 155 万元增长到 17.5 亿元；入库税金从 8 万元增长到 3.3 亿元，职工人年均收入则从 128 元增长到 13 万元。取得这样的成长，最关键的内功在于技术积累。由于常开的存在，中国电器工业已经在某些领域包括一些关键零部件领域实现了与跨国公司平起平坐。在 40 年的摸索总结实践中，常开不断强化自己的产品质量与技术水平，这从根本上保证了常开的利润率。与同行的其他企业相比，常开是中国本土低压电器工业仅有的高度专业化企业，不需要像正泰那样为了打破低利润率瓶颈而从低压电器进入高压电器和太阳能，更不需要像德力西那样为了解决投资需要而不得不委身于国际竞争对手。相反，从最初的反收购到与跨国公司一争高下，常开成为中国配电行业的骄傲。那么，是什么因素造就了常开现在的自主创新能力？下面将从两个方面解答这一问题。

## （一）作为一个"意外"的常开

1991 年之前，常开也曾是一个"保吃饭"的小厂，年销售额不超过 1000 万元，厂领导像"走马灯"一样地不断更换。如果这种态势继续下去，常开也会像当年很多命运与地位相似的中小国有企业一样被政府"放小"乃至贱卖。但随着唐春潮——常开在 1991~2010 年的领导人（先是厂长，公司制之后变成了董事长）——的到来，常开的命运发生了变化。这种变化使常开此后的成长历程令人感到"意外"：因为这样一个令海内外竞争对手侧目的"混合所有制"企业的每一次成功蜕变，几乎都与"摸着石头过河"的国企改革关系不大。

（1）常开在传统的国有企业体制下成功开发了自己的拳头产品。唐春潮到达常开的当年，常开就成功开发完成了 DZ20 全系列的塑壳断路器，这在当时的全国电器工业中还是第一家，而在此之前，常开花了五年时间，都没能把手中的 DZ20-400、DZ20-600 安培产品图纸变成产品。唐春潮带来的变化可见一斑。次年，固定资产 680 万元的常开就贷款 560 万元，成为地方企业上马CAD "第一人"。此后，常开的产品更新换代不断加速，相继完成了 CM1（1992~1994 年开发）、CW1（1997 年开发成功，至 2007 年实现全系列化）等产品的开发。常开主打产品的技术水平，则从 DZ20 的"落后国际水平起码二十年"直追至 CW1 的"国际先进水平"。过硬的产品质量和堪与国外产品媲美的技术指标，使常开从 CM1 开始就牢牢掌握住拳头产品的定价权：1995 年，唐春潮为刚刚上市的 CM1 定下了远高于国内其他产品的 450 元/件的售价。我们可以从原材料价格的变化看出这个定价的利润空间：断路器必需的铜银等原材料的价格在过去 20 年间上涨了四五倍，但 CM1 450 元/件的定价却保持了 20 年，20 年累积销售超过 1500 万台。而与此同时，进口产品的售价却被迫从 1800 元/件跌至 750 元/件。

（2）常开既没有"砸三铁"，也无须"减员增效"。有了自己的拳头产品、也有了自己的技术"家底"，这使 20 世纪 90 年代中期的常开避免了其他国企在同时期的相同厄运。早在"砸三铁"之初，唐春潮就在常开立下承诺，"一个都不下岗"。1996 年，按照国企改革的常规逻辑，常开被迫兼并了隔壁的常熟市无线电元件厂，元件厂 650 余人的"个头"比常开还要大。但即便如此，常开也坚持"一个都不下岗"的原则，反而最大程度地利用了元件厂的职工和土地厂房，而多出来的 650 多张嘴也成为常开上马 CW1 开发项目的最大动力。

（3）在国有经济产权改革的大潮中，常开避免了 MBO，抵制了外资收购，并最终逆势而动地实现了"国进民退"。在 1998 年开始的国有企业产权改革中，常开面临着一个由政府主导的"不允许不改"的外部政策环境。常开必须从过去的国有股"一股独大"发展出"投资主体多元化"的特征。在最初的一轮改革中，唐春潮和常开的领导班子坚决堵住了常开 MBO 的可能：在 2130 万的注册资本中，国有股份占 20%，剩余的 80% 则通过职工出资完成；两年之后，按照政府"退出国有股"的要求，常开的国有股转让给唐春潮及其领导班子。虽然 2000 年的常开已经没有国有股份，但"二八开"方案的直接后果就是彻底堵住了常开全盘 MBO 的可能。而在 2005 年，早已不是国有企业的常开竟然"粉碎"了常熟市上级领导引入美国伊顿收购常开，以实现招商引资的"图谋"：常开的工人认为唐春潮得到了美国人的好处，还为此举行了罢工，市公安局为此准备了大批防暴警察，却被唐春潮以"不利于接下来的工作"为由拦在了门外，一场外资收购也就因此不了了之。

常开产权改革的神来之笔出现在"国退民进"的高潮。2008 年，唐春潮和常开的主要经营层以"注重企业整体发展、压缩干群收入差距"为由，将常开股权的 1/3 转让给国家，使常开从民营企业重新恢复了国有企业的身份，实现了逆潮流而动的"国进民退"；而在 2010 年的新一轮改革中，常开更是破天荒地提出"退休即退股"：唐春潮牵头、39 名自然人股东（主要经营层人员）在"股东退休退出全部股份"的约定书上签上了自己的名字。经营层股权终身制的废除，为常开的后来人打破了向上爬升的"股份天花板"，为普通职工通过努力工作进入股东队伍创造了可能，也从根本上解决了国有企业产权改革过程中"打破职工'铁饭碗'，换成股东'金饭碗'"的悖论。

从以上的简单回顾不难看出，作为一个典型的创新型企业，常开在传统体制下就开始了产品创新与开发；而在 1991 年至今的国有企业改革过程中，常开在自己的可控范围内实现了企业发展、国家利益与职工利益三者之间的最大平衡，这恰恰是主流国企改革思路与政策导向所忽视的。这使我们几乎看不到主流改革政策对常开的成长与发展有什么主动促进作用，相反，常开更多地是处于一种"不允许不改"的环境中——用唐春潮的话说，是政府文件规定的、不完全市场化运作的改制——被迫创造出一个又一个"意外"，并因此成为中国国企改革进程中的一枝奇葩。

## （二）常开创新能力发展的社会条件

虽然我们在常开的成长历程中几乎没有找到主流政策的用武之地，却在其中看到一个非常完整的框架使常开的自主创新成为一种可能，这就是前面提到的"创新型企业的社会条件"。

（1）创新导向的战略控制。从空降常开的那天起，唐春潮便抓住了整肃劳动纪律这个重点，以重新树立起在企业中的管理权威和控制力。这与张瑞敏在海尔确立十三条规章制度的做法如出一辙：在劳动纪律较为松弛的传统国营企业中，以整风立威的手段实现由乱到治，是企业管理层确立战略控制过程中至关重要的第一步。而面对延宕五年的 DZ20 开发进程，唐春潮采取了另外一种办法贯彻自己的战略意图：把技术人员分成三个开发组，一个高工带一个组，三个组齐头并进，并以 1991 年底为最后期限。这样既避免了原先谁也不服谁，又谁都施展不开手脚的窘境，也成功地使研发团队的内部竞争有效地服务于企业的战略方向与战略利益。DZ20 带来的绩效巩固了唐春潮和主要经营层的管理权威，这成为此后常开舍出半份家当上马 CAD、一意孤行上马 CM1、坚持十年豪赌 CW1 全系列化的重要保证。而随着常开的产品开发从胜利走向胜利，以唐春潮为首的领导班子最终在常开确立了"理解的要执行，不理解的也要执行"的战略领导地位。没有高层管理团队对发展方向的有力掌控，就不会有今天的常开。

（2）服务于创新与生产投资需求的财务承诺。从一个"保吃饭"的小厂成长到今天，常开 40 年历程中最具戏剧性的历史转折点是 1991 年，不仅是因为唐春潮在这一年来到常开，而且因为那一年长江下游的一场大水救了常开。这场波及 18 个省市区、重创苏皖两省的大洪水导致大批电器设备急需更换，这为常开带来了机遇。创纪录的 1250 万元销售额不仅远远超过年初 850 万元的目标，也极大地支持了 DZ20 的开发进程。自此之后，DZ20、CM1、CW1 一代又一代明星产品为常开的技术开发和产能扩张提供了稳定的现金流，这个良性循环背后其实隐藏着一个非常重要的条件：常开从来没有变成一个真正意义上的公共企业，这使常开的管理团队能够从企业的长期发展战略出发，以充足的自有资金（时至今日，常开的账户上常年有几亿元的资金"无处开销"）支持每一次冒险与创新积累，而不必唯"股东"与"外部董事"马首是瞻，也不必担心高额分红侵蚀利润、威胁投资。

（3）打破层级、职能界限的组织整合。正如前文曾经谈及的，打破层级与职能界限的组织整合在某种意义上反映了企业内部的经济民主。而在常开内部，从"砸三铁"之初的"一个都不下岗"到几十年如一日的"企业办社会"（直至今天，常开仍然保留着托儿所、幼儿园、托管班和单身宿舍，而常开的职工食堂也是常熟市最好的企业食堂之一），都在凝聚基层员工、保障人员稳定方面发挥着切实作用。在十几年的历次改制中，唐春潮和常开的主要经营层始终坚持"一个不能少"的共同富裕观，努力缩小企业内部的收入差距：在"退休即退股"的改制中，曾有一位员工想不通，唐春潮多次做思想工作，这位员工一再以"家属不赞成"等理由回避在退股约定书上签字。这件事在经营层内部和常开的员工中间传开之后，这位员工几乎一夜之间在常开被"孤立"起来。面对强大的舆论压力和多年同事的态度转变，这位员工最终接受了"退休即退股"的决定。从这个事例就不难看出常开内部那种上下同心、干群一家、坚持按劳分配、追求共同富裕的氛围。

而正是这样的氛围，正是因为唐春潮和经营层对自主创新的追求，使常开的每一个技术骨干、车间工人和销售人员都能够以价值创造为中心提升自己、贡献能量。经过 21 世纪以来十几年的努力，常开的内训已经形成了一个适应技术人员、销售人员、产线工人的不同需要，包括博士后流动站、在职研究生、上转岗培训、技术交流和思想教育等多种内容与形式的完整体系。高素质的经营层控制企业的战略方向，高素质的技术人员和产线工人保证了拳头产品的技术水平和产品质量，高素质的销售人员确保了拳头产品的渠道畅通，所有这些共同构成了常开作为一个创新型企业的组织基础。

# 四、总结与启示

在以文献述评的方式从理论层面讨论了当前国企改革主流理论的缺陷之后，本文以常开的案例说明了上述主流思路在企业能力建设与自主创新过程中的局限性和短期性。对这种简单化、短期化主导政策的反对，是在企业十余年漫长的改制过程中逐渐实现的，并以罕见的、逆势而动的"国进民退"而暂告一段落，从而最终彻底解决了不完全市场化改制中产生的经营层股权合法性问题。而与国企改革主流理论在常开案例面前的无能为力相比，由演化与创新经济学家提出的"创新型企业（及其社会条件）"理论却有效地解释了常开从传统体制到改制时期的一系列成功；而常开的案例也验证了创新型企业理论中"产权关系与制度环境影响创新型企业社会条件的具体表现形式"的论断。换言之，常开的案例充分证明，产权改革绝不是国有企业获得自主创新能力的必要条件，更不是其中的充分条件。相反，由于涉及广泛的利益再分配和管理控制权再分配，产权改革中的任何疏忽都有可能破坏国有企业曾经具备的创新条件，这种颠覆性错误将对国有企业的创新能力和创新潜力造成毁灭性打击。

但是，这种毁灭性打击不仅是可以避免的，而且是必须要避免的。这是由国有企业在新中国工业化进程中扮演的重要角色决定的。他们承载着中国工业大量的能力基础和独特经验，从根本上保证了中国工业竞争力在组织、技术、市场关系等各个方面的连续性与完整性，并因此构成了自主创新与产业竞争的组织基础乃至整个国民工业体系的根基。对国有工业竞争力的任何伤害——无论是放弃还是摧毁——其结果都不只是国有资产的流失，更是中国工业竞争力的断裂；而恢复这些工业的竞争力则需要超出当时数倍的资金、时间和人力投资，以相当长的时间阶段缩小曾经与竞争对手并不遥远的能力差距，从而严重有害于国家自主创新能力的提升。这决定了中国的国有企业改革必须跳出纯粹的商业观点或经济观点、会计观点，在现有的主流改革思路之外寻找替代性思路。这要求学术界与政策界从中国国有企业的历史演进脉络出发、依循能力建设的基本逻辑（如本文提出的创新型企业的社会条件）实现对传统国企形式的扬弃。

**参考文献**

[1] Amsden A. Asia's Next Giant: South Korea and Late Industrialization [M]. Oxford University Press, 1989.

[2] Coriat B., Weinstein O. National Institutional Frameworks, Institutional Complementarities and Sectoral Systems of Innovation [A]. In Malerba F. Sectoral Systems of Innovation [M]. Cambridge University Press, 2004.

[3] Dosi, Giovanni, Jiasu Lei, Xiaodan Yu. Institutional Change and Productivity Growth in China's Manufacturing: The Microeconomics of Creative Restructuring [Z]. LEM working papers, 2013.

[4] Eisenhardt K. M., Jeffrey A. Martin. Dynamic Capabilities: What Are They? [J]. Strategic Management Journal, 2000 (21).

[5] Forbes Naushad, D. Wield. From Followers to Leaders [M]. Routledge, 2002.

[6] Hikino T., Alice H. Amsden. Staying Behind, Stumbling Back, Sneaking Up, Soaring Ahead: Late Industrialization in Historical Perspective [A]. In W. Baumol, R. Nelson and E. Wolff. Convergence of Productivity: Cross-National Studies and Historical Evidence [C]. Oxford University Press, 1994.

[7] Jensen, Morten Berg, Björn Johnson, Edward Lorenz, Bengt Ake Lundvall. Forms of Knowledge and Modes of Innovation [J]. Research Policy, 2007 (36).

[8] Kogut, Bruce, Udo Zander. Did Socialism Fail to Innovate? A Natural Experiment of the Two Zeiss Companies [J]. American Sociological Review, 2000, 65 (2).

[9] Lazonick W. Controlling the Market for Corporate Control: The Historical Significance of Managerial Capitalism [J]. Industrial and Corporate Change, 1992 (3).

[10] Lazonick W. Innovative Enterprises and Historical Transformation [J]. Enterprises & Society, 2002 (1).

[11] Lazonick W. The Innovative Firm [A]. In Fagerberg J., Mowery D. and R. Nelson (eds). The Oxford Handbook of Innovation [C]. Oxford University Press, 2005.

[12] Lazonick W. The Chandlerian Corporation and the Theory of Innovative Enterprises [J]. Industrial and Corporate Change, 2010 (2).

[13] Lazonick, William, Mariana Mazzucato. The Risk-reward Nexus in the Innovation-inequality Relationship: Who Takes the Risks? Who Gets the Rewards? [J]. Industrial and Corporate Change, 2012, 22 (4).

[14] Lazonick W., O. Tulum. U.S. Biopharmaceutical Finance and the Sustainability of the Biotech Business

Model [J]. Research Policy, 2011 (9).

[15] Lieberman M., David Montgomery. First-Mover (Dis) advantage: Retrospective and Link with the Resource-based View [J]. Strategic Management Journal, 1998 (19).

[16] Megginson, William L., Jeffry M. Netter. From State to Market: A Survey of Empirical Studies on Privatization [J]. Journal of Economic Literature, 2001 (2).

[17] Nolan P., Wang Xiaoqiang. Beyond Privatization: Industrial Innovation and Growth in China's Large SOEs [J]. World Development, 1999, 27 (1).

[18] O'Sullivan, Mary. Contests for Corporate Control: Corporate Governance and Economic Performance in the United States and Germany [M]. Oxford University Press, 2000.

[19] Penrose E. The Theory of the Growth of the Firm [M]. Oxford University Press, 1959/2009.

[20] Perotti, Enrico. Lessons from the Russian Meltdown The Economics of Soft Legal Constraints[Z]. Working papers of University of Amsterdam and CEPR, March 2001.

[21] Ralston, David A., Jane Terpstra-Tong, Robert H. Terpstra, Xueli Wang and Carolyn Egri. Today's State-Owned Enterprises of China: Are They Dying Dinosaurs Or Dynamic Dynamos? [J]. Strategic Management Journal, 2006 (27).

[22] Reinert, Eric. How Rich Countries Got Rich...And Why Poor Countries Stay Poor [M]. NewYork: Carroll and Graf Publishers, 2007.

[23] Rosenberg N. Exploring the Black Box: Technology, Economics and History [C]. Cambridge University Press, 1994.

[24] Simon, Herbert A. Organizations and Markets [J]. The Journal Economic Perspectives, 1991, 5 (2).

[25] Tylecote, Andrew, Francesca Visintin. Corporate Governance Finance and the Technological Advantage of Nations [M]. Routledge, 2008.

[26] Steinfeld, Edward S. Playing Our Game [M]. Oxford University Press, 2010.

[27] White, Steven. Capabilities, and the Make, Buy, or Ally Decisions of Chinese State-Owned Firms [J]. The Academy of Management Journal, 2000, 43 (3).

[28] Xiao Y., Tylecote A., Liu, J. Why Not Greater Catch-up by Chinese Firms? The Impact of IPR, Corporate Governance and Technology Intensity on Late-comer Strategies [J]. Research Policy, 2013, 42 (3).

[29] 步丹璐，黄杰. 企业寻租与政府的利益输送——基于京东方的案例分析 [J]. 中国工业经济，2013 (7).

[30] 陈清泰. 国有企业改革的思路与国有资产管理体制改革 [J]. 经济研究参考，2005 (50).

[31] 崔之元. 鞍钢宪法与后福特主义 [J]. 读书，1996 (3).

[32] Ronald Dore. 企业为谁而在? 献给日本型资本主义的悼词 [M]. 宋磊译. 北京：北京大学出版社，2009.

[33] 国家发展改革委经济体制与管理研究所课题组. 围绕处理好政府与市场的关系深化改革 [J]. 宏观经济管理，2013 (8).

[34] 韩小明. 走向现代企业制度——实现国有企业的"经理革命"[J]. 教学与研究，1994 (1).

[35] 郝书辰，田金方，陶虎. 国有工业企业效率的行业检验 [J]. 中国工业经济，2012 (12).

[36] 华生，何家成，张学军，罗小朋，边勇壮，杜海燕. 历史性的转折与希望——中国企业体制改革研究报告 [J]. 经济研究，1987 (3).

[37] 洪功翔，国有企业存在双重效率损失吗——与刘瑞明、石磊教授商榷 [J]. 经济理论与经济管理，2010 (11).

[38] 黄国良. 国营企业技改滑坡的原因及对策措施 [J]. 福建论坛，1991 (9).

[39] 鞠庆麒. 关于对国有企业实施战略性改组的思考 [J]. 改革与理论，1996 (2).

[40] 李本贵. 浅议建立适应社会主义市场经济的税收征收管理体系 [J]. 税务研究，1994 (5).

[41] 李麟. 国企改革：一个假说的两个悖论 [J]. 经济科学，1999 (2).

[42] 刘小玄. 中国工业企业的所有制结构对效率差异的影响——1995 年全国工业企业普查数据的实证分析 [J]. 经济研究, 2000 (2).

[43] 林毅夫. 自生能力、经济转型与新古典经济学的反思 [J]. 经济研究, 2002 (12).

[44] 林毅夫, 蔡昉, 李周. 国有企业改革的核心是创造竞争的环境 [J]. 改革, 1995 (3).

[45] 林毅夫, 刘明兴, 章奇. 政策性负担与企业的预算软约束 [J]. 管理世界, 2004 (8).

[46] 路风. 国有企业转变的三个命题 [J]. 中国社会科学, 2010 (5).

[47] 刘瑞明. 国有企业的双重效率损失与经济增长: 理论和中国的经验证据 [M]. 上海: 格致出版社, 2012.

[48] 柳标, 田椿生. 关于我国固定资产折旧的几个问题 [J]. 经济研究, 1980 (9).

[49] 路风. 国有企业转变的三个命题 [J]. 中国社会科学, 2000 (5).

[50] 路风, 封凯栋. 发展我国自主知识产权汽车工业的政策选择 [M]. 北京: 北京大学出版社, 2005.

[51] 路风. 走向自主创新: 寻求中国力量的源泉 [M]. 桂林: 广西师范大学出版社, 2006.

[52] 路风. 战略与能力——把握中国液晶面板工业的机会 [R]. 国家信息化专家委员会研究报告.

[53] 路风. 冲破高铁迷雾 [J]. 瞭望新闻周刊, 2013-12-02.

[54] 路风, 蔡莹莹. 中国经济转型和产业升级挑战政府能力——从产业政策的角度看中国 TFT-LCD 工业的发展 [J]. 国际经济评论, 2010 (5).

[55] 路风, 张宏音, 王铁民. 寻求加入 WTO 后中国企业竞争力的源泉 [J]. 管理世界, 2002 (2).

[56] 罗斯基. 80 年代中国工业概论 [A]//郑玉歆, T. G. 罗斯基主编. 体制转换中的中国工业生产率 [C]. 北京: 社会科学文献出版社, 1993a.

[57] 罗斯基. 不必私有化也能进步: 中国国有工业的改革 [A]//郑玉歆, T.G.罗斯基主编. 体制转换中的中国工业生产率 [C]. 北京: 社会科学文献出版社, 1993b.

[58] 马洪. 深化改革搞活大中型企业座谈: 坚持方向不断完善 [J]. 中国工业经济研究, 1991 (5).

[59] 丘海雄, 梁倩瑜, 徐建牛. 国有企业组织结构改革的逻辑——对广州一家国有企业的个案究 [A]. 中国制度变迁的案例研究, 2008.

[60] 热拉尔·罗兰. 私有制和公有制经济理论 [A]//热拉尔·罗兰主编. 私有化: 成功与失败 [M]. 北京: 中国人民大学出版社, 2011.

[61] 芮明杰, 宋亦平. 中国国有企业改革的路径分析——管理创新对中国国有企业改革的意义 [J]. 上海经济研究, 2001 (8).

[62] 热拉尔·罗兰. 私有化: 成功与失败 [M]. 北京: 中国人民大学出版社, 2011.

[63] 宋磊. 中国式经济民主之争中的主义与问题 [J]. 二十一世纪, 2013 (8).

[64] 宋立刚, 姚洋. 改制对企业绩效的影响 [J]. 中国社会科学, 2005 (2).

[65] 王红领, 李稻葵, 雷鼎鸣. 政府为什么会放弃国有企业的产权 [J]. 经济研究, 2001 (8).

[66] 王祖耀, 孙秀春, 李勤, 刘延军. 国营企业固定资产折旧基金情况调查 [J]. 中国计划管理, 1991 (12).

[67] 魏峰, 荣兆梓. 竞争性领域国有企业与非国有企业技术效率的比较和分析——基于 2000~2009 年 20 个工业细分行业的研究 [J]. 经济评论, 2012 (3).

[68] 吴敬琏, 刘吉瑞. 论竞争性市场体制 [M]. 广州: 广东经济出版社, 1998.

[69] 吴延兵. 国有企业双重效率损失研究 [J]. 经济研究, 2012 (3).

[70] 谢千里, 罗斯基, 郑玉歆. 中国国营工业与集体工业生产率变动趋势比较 [J]. 数量经济技术经济研究, 1990 (8).

[71] 许东. 关于我国现行固定资产折旧问题的探讨 [J]. 中国工业经济研究, 1991 (7).

[72] 杨青, 严曼青, 王瑞. 常开记忆 [N]. 中国工业报, 2014 (7).

[73] 姚洋. 非国有经济成分对我国工业企业技术效率的影响 [J]. 经济研究, 1998 (12).

[74] 张茉楠. 全球"再工业化"下的中国困境与战略突围 [J]. 财经界, 2013 (2).

[75] 张维迎. 公有制经济中的委托人—代理人关系: 理论分析和政策含义 [J]. 经济研究, 1995 (4).

［76］张维迎. 控制权损失的不可补偿性与国有企业兼并中的产权障碍［J］. 经济研究，1998（7）.

［77］张卓元，郑海航. 中国国有企业改革三十年回顾与展望［M］. 北京：人民出版社，2008.

［78］赵素芹，张志军. 经济民主——搞活国有企业的另一种思路［J］. 渭南师专学报，1996（2）.

［79］爱迪丝·彭罗斯. 企业成长理论［M］. 赵晓译. 上海：上海人民出版社，2007.

［80］《振兴老工业基地研究》课题组. 中国老工业基地振兴之路［J］. 改革，2000（5）.

［81］中国工商银行宜昌市分行课题组. 国有企业过度负债的主要原因［J］. 计划与市场，1996（4）.

［82］周燕明. 现行折旧制度对国有企业技术进步的负效应［J］. 浙江经济，1992（12）.

［83］朱志刚. 奥地利国有工业改革对我们的启示［J］. 财经研究，1991（9）.

［84］邹贵友. 国有企业负债的现状、成因及对策［J］. 上海会计，1997（3）.

# 关于金融国企发展混合所有制经济的几点思考

杨帆　蒋习武

[摘要] 中共十八届三中全会《决定》指出，要积极发展混合所有制经济："允许更多国有经济和其他所有制经济发展成为混合所有制经济。国有资本投资项目允许非国有资本参股。允许混合所有制经济实行企业员工持股，形成资本所有者和劳动者利益共同体。"本文总结了混合所有制经济方面的理论探索和实践，分析了金融国企发展混合所有制经济的现实意义和主要障碍，最后给出了金融国企发展混合所有制经济的建议。

[关键词] 金融国企；混合所有制；建议

中共十八届三中全会《决定》指出，要积极发展混合所有制经济："允许更多国有经济和其他所有制经济发展成为混合所有制经济。国有资本投资项目允许非国有资本参股。允许混合所有制经济实行企业员工持股，形成资本所有者和劳动者利益共同体。"自十四届三中全会《决定》中首次提出混合所有经济的概念迄今已有 20 年历史，中共十五大、中共十六大报告也都提出促进混合所有制经济的发展，这些年我国混合所有制经济也已经取得了巨大发展，但在我国进入全面深化改革的新时期，发展混合所有制经济作为重大的改革方针再次被提出，表明发展混合所有制经济的意义十分重大。

## 一、混合所有制经济方面的理论探索和实践

从最直观理解，混合所有制经济（Diverse Ownership Economy）是指财产权分属于不同性质所有者的经济形式。这既可以用于描述宏观上的一个国家或地区，也可以用于描述微观上的一个企业组织。从宏观层次来讲，混合所有制经济是指一个国家或地区经济所有制结构的多元性，包括国有、集体、个体、私营、外资、合资、合作等各类公有制经济和非公有制经济；微观层次的混合所有制经济是指不同所有性质的产权主体多元投资、交叉渗透、互相融合而形成的多元产权结构的企业。这意味着混合所有制经济从本质上说是一种股份制经济或以股份制为基础的经济，但一定是不同性质的资本间的参股或联合的股份制经济。

改革开放以来，我国对混合所有制经济的理论探索是逐步深化的。中共十四届三中全会最早认识到混合所有经济单位的存在和将会日益发展的趋势；中共十五大报告进一步阐明了公有制与混合所有制的关系；中共十五届四中全会则进一步提出发展混合所有制经济的途径；中共十六大报告强调了积极推行股份制，发展混合所有制经济；十六届三中全会明确要大力发展国有资本、集体资本和非公有资本等参股的混合所有制经济，使股份制成为公有制的主要实现形式。中共十八届三中全会明确了混合所有制经济前所未有的重要地位，首次提出，"国有资本、集体资本、非

公有资本等交叉持股、相互融合的混合所有制经济，是基本经济制度的重要实现形式，有利于国有资本放大功能、保值增值、提高竞争力，有利于各种所有制资本取长补短、相互促进、共同发展"。

从具体实践上看，随着以公有制为主体、多种所有制经济的基本经济制度不断完善，我国混合所有制经济也同步取得巨大的发展。从央企来看，截至2011年底，在中央企业登记总户数20624户中，公司制企业14912户，改制面72.3%，较2002年的30.4%提高40多个百分点。如中海油34个二级企业、三级企业中，国有股权平均在40%~65%，基本都为混合所有制企业。从上市公司来看，截至2011年底，央企控股的上市公司共有368家，其中纯境内上市公司260家，纯境外上市公司78家，境内外多地上市公司30家。在上市公司中，有超过40家中央企业实现主营业务整体上市，其中石油石化、航空、航运、通信、冶金、建筑等行业的中央企业基本实现主营业务整体上市。就金融行业来看，整个银行业现在将近4000家独立法人机构，民营资本占比大概11%。其中，五大国有控股银行的资本结构中，国家控股超过70%，民营资本占比5.29%；在全国12家股份制商业银行中，民营资本占比为41%；在144家城市商业银行中，民营资本占比为54%。在五大上市保险公司中，股权结构实现了多元化，在国有控股的前提下，引入了战略投资者和民营资本。

总而言之，经过30多年的改革，我们在混合所有经济发展方面取得了很大的成就。

# 二、金融国企发展混合所有制经济的现实意义

中共十八届三中全会《决定》中明确指出，要积极发展混合所有制经济，这对于进一步巩固和完善社会主义基本经济制度，保证市场在资源配置中发挥决定性作用，充分激发一切积极因素推动社会财富创造，进一步调整理顺社会利益关系，都有着非常重要的理论和实践意义。"三个允许"新的政策框架，即允许更多发展混合所有制经济，允许非国有资本参股国有资本投资项目，允许企业员工持股，很有现实针对性，将有效地解决围绕金融国企做大做强及民营经济发展空间所产生的困惑和问题。

## （一）有助于市场真正发挥配置资源的决定性作用

市场机制的基本规定就是机会均等、规则公正、资源尽可能自由流动、企业自由组合。混合所有制经济将使得各个所有制经济充分借助市场机制的平台和渠道，在相互竞争的基础上获得更多的合作机会和发展。当前，国有经济主要分布在我国的战略性支柱性产业、先导性产业、国民经济命脉产业、涉及人民生产生活保障的产业等。这些产业大多都是需要大量资金投入来加速扩张成长的产业，一般不允许民营经济进入，因此，一方面严重限制了国有经济有效调动社会资源壮大重点产业的能量，限制了国有经济领导力、影响力、控制力的增强和发挥；另一方面也使得民营经济的积极性和发展空间大受限制，出现了所谓的"玻璃门"现象。按照发展混合所有制的精神，国有经济和民营经济成为互为补充、互相合作的关系，不仅为民营资本打开了通道，同样也为国有资本打开了通道，使得双方各自掌握的资本和资源可以更为充分地做到自由流动、自由组合，有效打破"玻璃门"现象。

## （二）有利于促进金融国企制度体制的市场化

国有金融企业改革的方向无疑是朝着市场化发展，包括经营方式的市场化和制度体制的市场

化。经过30多年的改革，大体上做到了金融国企经营方式的市场化，而制度体制的市场化还有许多工作要做，目前部分金融国企的产权结构单一，这带来了两大问题：一是企业难以成为真正的市场主体，二是企业内部治理存在缺陷。因为当金融国企是政府的附属时，就难以进行完全意义上的自主经营、自负盈亏、自我决策，难以成为一个真正的市场主体。同时，由于产权结构单一，缺少股权多元化情景下的相互监督与制约，使有效制衡的公司法人治理结构难以真正建立，金融国企的一些制度性问题便难以避免。金融国企实行混合所有制后，国有股权的比例会降低，其他股权的所有者会依法参加企业的决策管理，法人治理结构更加规范，从而弱化政府对微观经济事务的干预，减少政府对资源的行政性配置，使金融国企朝着市场化要求健康发展。同时，发展混合所有制经济还有助于金融企业的组织制度、管理制度、考核制度、用工制度、薪酬制度和优胜劣汰机制、长效激励约束机制、市场投资机制、技术创新机制等的改革与优化，有助于不断建立健全现代市场体系。

## （三）有利于提升金融国企效率效益的最优化

发展国有资本、集体资本、非公有资本等交叉持股、相互融合的混合所有制经济，有利于各种所有制资本取长补短，相互促进，共同提升，共享发展红利。金融国企的资金、品牌、网点等优势与民营企业的灵活机制、管理效率等相结合，金融国企的法律意识、社会责任意识与民营企业的创新意识相结合，有益于进一步释放金融国企的市场活力，进一步增强民营企业的竞争力。同时，国有金融资本和其他民间资本在企业内部实现生产要素公平受益，有益于构建金融国企与民营企业共赢发展的机制。

发展混合所有制经济，还有助于金融国企增长质量和管理效率的提升。通过引入新的战略投资者，可以在完善股权结构的同时，更好地完善经营决策机制，形成市场化的管理机制，有助于提高企业决策的质量和水平，进而提高企业投资和经营管理的效率。允许混合所有制经济实行企业员工持股，有利于形成资本所有者和劳动者利益共同体，可以更好地协调企业内部投资者、经营者、劳动者之间的关系，可以深化金融国企薪酬体系和收入分配制度改革，更好地稳定员工队伍和企业核心竞争力，进而提升效率和效益。

## （四）有利于实现金融国企主导能力的最大化

混合所有制经济的本质是产权主体多元化。金融国企实行股权多元化后，可以优化国家公共资源布局，放大国有金融资本的功能和效力，使国有金融资产可以在更广泛的范围内以更直接的方式发挥国有金融资本的影响力和带动力。2013年9月6日国务院常务会议提出，尽快在金融、石油、电力等领域推出一批符合产业导向、有利于转型升级的项目，让民间资本进入。政策的出台不仅有利于民间资本的投资发展，也有利于国有金融资本"有进有退"，优化布局，使国有金融资本能够吸引和驱动更多的社会资本为实现国家的主要战略目标、重要的国家项目服务，能够在提升国民经济的整体效益中发挥更加重要、更为关键的主导作用。

# 三、金融国企发展混合所有制经济的主要障碍

金融国企未来进一步推进混合所有制经济发展还面临很多障碍和问题，具体而言，至少表现在以下几个方面。

（1）金融国企领导人的行政级别成为阻碍混合所有制改革的重要因素。按照现行的金融国企

领导人管理制度，所有中央金融国企或地方金融国企的管理层都有一定的行政级别，与国家党政干部可以交流任职，同时又享受到市场化的工资水平，同时承担着"企业家"角色和"党政官员"角色。这种既"当官"又"挣钱"，或者可以"当官"也可以"挣钱"的双重角色，易引发不公平，造成公众非议。不仅如此，这种具有行政级别的管理制度很难使其成为职业经理人，从而也难以建立起规范的现代企业制度和法人治理结构，进而影响金融国企的混合所有制改革。

（2）民营企业的自身问题制约了混合所有制企业的进一步发展。我国民营企业经过30多年的发展，已经出现了一大批大型现代企业，一些民营企业已成为上市公司，实现了由私人资本向资本社会化方向的转型。但是，总体上看我国民营企业发展还存在三方面问题：一是资本规模还较小，大型民营企业集团数量还较少，绝大多数民营企业还不具备参与金融国企进行股权多元化改革的实力，更难以与中央金融国企抗衡；二是民营企业治理结构还不规范，即使是一些上市公司，企业家行为随意性仍很大，公司治理的规范水平也有待提升，这不利于混合所有制企业的形成，即使组建了混合所有制企业，也难以形成规范的公司治理结构；三是民营企业家族式管理问题严重，企业管理现代化水平低。这些因素使民营企业难以在公司管理方面与金融国企相融合，可能导致管理冲突和文化冲突。

（3）我国不尽完善的市场环境和法律体系也制约了混合所有制经济的发展。统一开放、竞争有序的市场体系，是各类所有制经济公平竞争、共同发展的基础，也是混合所有制经济发展的重要保障条件。总体而言，我国公平开放透明的市场规则还没有完全形成，金融国企还没有完全市场化，存在民营企业进入"玻璃门"问题。从法律体系看，发展混合所有制经济的法律环境还有待完善，尤其是产权保护和产权流动的法律保障制度需要进一步完善。因为产权是所有制的核心，产权清晰、权责明确、保护严格、流转顺畅的现代产权制度是混合所有制企业组建和健康持续发展的最基本保障，我国在现代产权制度建设方面还有许多工作要做。

（4）金融国企是资本密集型行业，这也制约了民营企业参与的积极性。一是金融行业的资本依赖度很高，按照监管规定，金融行业拓展的业务范围都受资本金的制约，无论是银行业的资本充足率，还是保险业的偿付能力充足率，都对资本金做了明确规定，也就是说，如果资本规模小，拓展业务受限，也就很难获得较高的资产回报率和资本回报率。总体上来看，民企的资本实力相对较弱，截至目前，中国最大的民营企业——万达集团的总资产还不到900亿元，这对于资本密集、体量庞大的金融国企来讲，虽然不是杯水车薪，但也很难在股权结构中取得较多的话语权，民营企业就会担心"羊入虎口"。二是金融行业的资本回报率并不高，中国银行业的资本回报率在20%左右，工业企业的资本回报率比这个稍微低一点。但从全世界来看，制造业工业企业、服务业的资本回报率ROE并不比金融业低。比如中国建筑材料集团在成功实施混合所有制后，资本回报率大大提升，截至2013年底，资本回报率高达16%。三是受限于关联交易的相关规定，即使民营企业依靠自身的资本实力，参与了金融国企的混合所有制改革，但也不能解决自身融资难问题。以上几个因素或多或少都制约了民营企业家参与金融国企混合所有制改革的积极性。

# 四、金融国企发展混合所有制经济的建议

（1）分门别类推进国有金融资产战略性重组。笔者认为，当前金融国企对国家的意义和担负的使命各有不同，应该分门别类，根据所处行业的不同情况，以不同的模式发展混合所有制。从中央金融国企层面来看，大体分为三类：一是政策性金融国企，比如国家开发银行、中国农业发展银行、中国进出口银行、中国出口信用保险公司等，这类机构带有公共性和公益性，担负着国

家战略使命，适宜国有独资，确保企业使命始终是以社会公共利益为目标。二是"特定功能性金融国企"，比如专门做外汇储备投资的中投公司、控股国有金融机构的中央汇金，其下属金融机构较多，应区分行业不同情况，按照"一企一制"、"一企一法"的方向改革。三是"竞争性金融国企"，包括一般国有银行、保险公司等，这类机构是金融国企的主体，数量占比超过90%，除了其控股集团之外，其下属子公司的改革方向就是全面市场化，鼓励民营企业积极介入。从地方金融国企来看，包括地方商业银行、地方国有保险公司、地方信托证券公司等，除了控股集团外，其下属子公司也应该全面市场化。

（2）积极推进金融国企领导人管理体制由"集中统一管理"转向"分层分类管理"，扫除金融国企向混合所有制企业改革的"身份障碍"。中央金融国企领导人员可以划分为两类角色：一类是"党政官员"角色，集团控股公司的董事长及董事会主要成员、党组织领导班子成员，整体上市公司的党组织领导班子成员、派出董事和内设监事会主席等，应该界定为这类角色，这些人员由中组部来管理。在选用方面，由中组部选拔任命，有相应的行政级别，选用、晋升和交流都可以按照行政方法和渠道；在激励约束方面，应该和党政官员基本类似，但考核以企业整体经营发展和功能实现程度为标准，激励主要以行政级别晋升为主，报酬可以略高于同级别的党政官员，但不能够完全采用市场化的激励机制，享受过高年薪和股权激励。

另一类是"企业家"角色，集团层面的部门中层以及各个子公司层面的经理团队等都属于这类角色，他们是真正的职业经理人，由董事会进行管理，通过竞争性的办法在职业经理人市场上进行选聘，考核以市场化的经营业绩为标准，采用市场化的薪酬结构和水平，不再享有相应级别的行政待遇，也没有机会交流到党政机关任职。

地方金融国企也可以参照这种管理办法对管理层进行"分层分类管理"。

（3）积极引导民营经济发展，从而提升与金融国企交叉融合的能力。未来民营企业要想通过混合所有制实现与金融国企之间的相互渗透和交融，必须促进自身企业资本社会化、治理结构规范化和企业管理现代化。一是通过上市等方式推动家族资本进行社会化转变。这有利于提高民营企业的资本金实力，促进民营企业做大做强，从而具备进入金融行业的资本实力。二是从家族治理结构向现代公司治理结构转变。民营企业必须实行资本所有权与经营权相分离的现代公司治理结构，选拔和信任不具有血缘和裙带关系的职业经理人，彻底摆脱家族式管理，以解决人才不足的问题。三是从传统管理向现代管理转变。民营企业家要不断提高自身素质，努力学习和积极采用现代管理思想、方法和技术，不断提高现代管理水平。

（4）着力营造公平竞争的市场环境，形成金融国企和民营企业相互竞争的市场结构。经过多年改革，金融行业通过改革形成了可竞争性的市场结构，市场化竞争的格局基本形成。在营造市场公平竞争环境方面，要进一步细化金融行业的市场准入，降低门槛，解决民营企业进入金融领域的"玻璃门"问题。下一步要重点清理和改革市场准入、地方保护主义等。具体而言，对于垄断性环节，可以通过股权投资形式吸收非国有资本，逐步实现运营企业从一股独大向股权分散的社会化企业转变；对于竞争性环节，优先引入资本多元化、社会化程度较高的经营者，形成国有企业和民营企业、在位企业和潜在进入者相互竞争的市场结构；对于地方金融国企，当地政府要勇于打破地方保护，保障跨地区投资形成的混合所有制企业与当地企业享有一样待遇，这也是地方金融国企发展混合所有制的关键因素。

（5）努力完善产权流动的市场机制和产权保护的法律体系，积极创造有利于混合所有制经济发展的外部条件。混合所有制经济的发展关键在于产权的流动和保护，必须健全相应的法律保障体系和市场机制。从法律保障体系看，要实现国有产权和私有产权的一视同仁，无论是国有产权，还是私有产权，都要切实保障产权人依法享有与其出资相对应的权益；从市场机制看，要建立产权流转顺畅的市场运行机制，使投资者根据对未来投资收益的预期判断，及时顺畅地投入或者撤出资本，降低其投资风险，从而促进产权的流动重组，优化资本配置，提高运营效率。一个高效率的金融产权市场，既有利于民营企业的健康发展，也有利于增强国有资本对其他资本的辐射功能，提高国有金融资本的控制力、影响力和带动力，最大限度地解放和发展生产力。

# 五、我国电子商务公司引进民营资本发展混合所有制经济的突破口

综合各方面的情况来看，笔者认为，电子商务公司（简称电商公司）目前比较适合引进民营资本、发展混合所有制。其原因有以下几点：公司定位于市场化、目前单一的股权结构不利于快速发展和应对市场竞争的需要、亟须融合先进科技行业的技术和人才优势、公司资本规模不大、民营电商企业具备了先发优势等。

（1）加快引进民营资本、实现股权治理均衡是电商公司规范发展混合所有制的基础。可以优先考虑引进腾讯、阿里巴巴等互联网金融资本的先行者作为电商公司的战略投资者。这些公司发力较早，积累了较为丰富的运营管理经验，具备了明显的人才优势。为此，在股权多元化结构中，我们可以控股，但不应该根据股权来分配经营权，而是要将更多的经营权交给更具专业能力和运营能力的民营资本。这有利于加快公司的市场化进程，加快实现"弯道超车"。

（2）完善现代企业治理结构是电商公司规范发展混合所有制的核心。在2015年政府工作报告上，李克强总理提出"加快发展混合所有制经济，建立健全现代企业制度和公司法人治理结构"，这为金融国企改革指明了方向。中联重科作为国企混合所有制改革的样本，不仅实现了股权多元，更重要的是由此建立了科学的法人治理结构，形成了完善的现代企业制度。集团公司作为电商公司的控股股东，在引进战略投资者之后，其主要职能就是管资本，切实发挥应有的作用，到位而不能越位。一是引进民营电商公司作为战略投资者，并且达到一定的股权比例，但不宜过多或过于分散。二是改变董事会的组成，应该根据股权比例多少选出股东代表，然后股东代表通过董事会的选举进入董事会。三是强化董事会的作用，提高民营资本在董事会中的话语权和决策权，强化对经营者包括CEO的监督。四是增加外部董事和独立董事，降低内部董事比重，以克服"内部人控制"现象，提高外部董事在决定薪酬、人事任免和关联交易中的发言权。五是细化董事会内部结构，充分发挥各专业委员会的作用。

（3）着力培育一批真正意义上的职业经理人是电商公司发展混合所有制的关键。探索建立职业经理人制度，合理增加管理人员市场化选聘比例，按照现代企业制度要求，集团公司要把资产经营权授权委托给电商公司的董事会，董事会再把经营权委托给管理层。只有把职业经理人制度建立起来，才能形成一个完整的闭环。电商公司经理人应以市场化的方式选聘为主，深化能上能下、能进能出、收入能增能减的制度改革，建立市场化进入退出机制。同时还要考虑用中长期的激励机制调动经理层的积极性，按市场通行做法设立一定量的期股期权，也可以让公司员工直接投资持股，把资本要素和管理者劳动要素结合起来，最大限度调动经理人、技术骨干的积极性和创造热情。

# 整体上市中央企业经营者监控失灵观察

李东升　王宁<sup>*</sup>

[摘要]　整体上市是大型国有企业混合所有制改革的重要步骤，针对整体上市中央企业经营者监控中董事会、监事会、信息披露等机制存在的失灵问题，从剩余索取权与控制权的匹配性、经营者业绩评价的客观性、监控合谋导致的内部人控制问题长期性等角度，探究整体上市中央企业经营者监控失灵的成因。在此基础上，从建立外部董事为主的超脱型董事会、强化外派内设监事会的独立监控机制，科学设计经营者选聘监控、增强经营者薪酬监控的有效性、强化市场信息披露机制、实现对监控主体的有效监控等方面，提出整体上市中央企业经营者有效监控的协同治理思路。

[关键词]　整体上市；中央企业；监控失灵；协同治理

# 一、引言

国有企业存在多层次的委托代理关系网，各环节的利益主体从自身出发设法将发送给委托人的信息进行扭曲，强化了委托代理双方的信息不对称程度，导致最终委托人获得的信息是众多代理人按照各自利益合谋篡改、伪造的信息。在大型国有企业的委托代理关系中，各监控主体如政府主要官员、董事会与监事会成员、审计与评估等第三方机构被赋予监控经营者的权力，他们本应尽责使得企业经营者的行为符合企业使命与目标的实现，但特殊的委托代理关系导致上述各权利主体的控制权与剩余索取权严重不对称，无法满足激励相容原理。在实际执行过程中，各权利主体从自身利益出发行事，采取减少投入或与企业经营者合谋共同侵犯初始出资人以及中小股东的合法权益，导致经营者监控失灵，尽管经营者监控主要是解决由于委托代理产生的问题，但监控本身面临着失灵。企业经营者有效监控问题是所有权与经营权分离后一个长期性的学术问题，中国国有企业正经历从行政型到经济型的公司治理转型，呈现出渐进性、双重性、间断均衡性及路径依赖性。在国有企业治理转型过程中，中国国有企业委托人是具有多重目标的政府，而政府委托其特设的机构——国资委行使出资人代表的权力，但政府主导下国有企业国家股东单边治理模式导致内部治理外部化，使得企业治理边界模糊和责任主体空位，经营者控制权得不到有效的监督和制约，国有企业经营者的监控问题更加复杂。中国大型国有企业存在具有长期性，针对中国国有经济与民营长期共存、融合共生的现实，只有通过国有经济布局和结构的战略性调整，才能提高国有经济的控制力与影响力，对大型国有企业经营者监控问题的研究无论从学术上还是从

*李东升（1973-），男，山西怀仁人，山东工商学院工商管理学院副教授，副院长，管理学博士，山东大学工商管理博士后，研究方向为公司理论与国企改革；王宁（1980-），女，山东潍坊人，山东工商学院国际商学院讲师，山东大学企业管理专业博士研究生，研究方向为公司治理。

现实看意义重大。现阶段国有企业市场化、证券化改造过程中，通过董事会与监事会试点改革、整体上市以期实现对企业经营者行为的有效监控。尽管国内外学者围绕着国有企业性质、董事会、监事会、大股东、机构投资者、独立董事、内部人控制、外部竞争市场等从监控主体、监控动力、监控有效性等方面对大型国有企业的经营者监控进行了相关研究，但安然、世通、安达信等丑闻以及美国次贷引发的全球金融危机，导致民众对发达国家现行的经营者监控模式是否有效普遍产生了怀疑。本文在对35家整体上市中央企业调研的基础上，深入观察整体上市中央企业经营者监控运行模式及其失灵发生机理，并提出整体上市中央企业经营者监控的协同治理思路。

# 二、中央企业整体上市的方式选择

中央企业整体上市是在中国特殊的政治经济体制背景下发生的，是中央企业借助母子公司体制和资本市场机制进行的资源重新配置。所谓中央企业整体上市，是指中央企业集团公司借助母子公司控制模式，将大部分优质资产注入所属的上市公司，同时对上市公司进行有效的治理，并建立以上市公司为关键点的激励约束机制。在现实的经济体制和法律制度条件下，中央企业集团公司层面引入战略投资者尚未取得突破性进展，中央企业整体上市可以分为两种方式：一种是集团公司不上市，集团公司资产全部进入所属上市公司；另一种是集团公司不上市，而将集团绝大部分资产注入所属上市子公司，或者将集团的主业资产全部注入上市公司。近期的可行方案是凭借已上市的中央企业集团公司所属子公司实行整体上市。截至2014年10月底，由国务院国资委监管的113家中央企业中，实现整体上市的企业均采用了第二种方式，即中央企业集团公司将绝大部分资产注入所属上市子公司，或者将主业资产全部注入上市公司。因此，目前的中央企业整体上市仍处于过渡阶段，没有实现真正意义上的中央企业集团公司上市，即没有实行集团公司投资主体多元化。根据实际情况和具体实现形式，按照国务院国资委对于整体上市的认定标准，中央企业整体上市（中央企业主业资产整体上市的标准为：上市公司的总资产、营业收入、净利润、职工人数四项指标在集团母公司所占比例均大于80%）分为两种方式：集团公司作为中心节点，将大部分主业资产注入一个上市公司，形成"一对一"的单线式的母子公司产权关系；集团公司作为中心节点，将大部分主业资产注入多个上市公司，形成"一对多"的分散式的母子公司产权关系。基本达到标准中央企业整体上市的类型与涉及的主要企业如表1所示。

**表1 中央企业实现整体上市的类型与涉及的主要企业**

| 整体上市类型 | 涉及的主要企业 |
| --- | --- |
| 一对一，即中央企业主业资产进入一家上市公司实现整体上市 | 中船工业集团、中船重工集团、中国石油集团、中国石化集团、长江三峡集团、神华集团、中国电信集团、中国联通集团、东风汽车公司、中国一重集团、哈电集团、东方电气集团、宝钢集团、武汉钢铁集团、中国铝业公司、中国远洋集团、中航集团、东航集团、南航集团、五矿集团、中国建筑集团、港中旅集团、中煤集团、中冶集团、中国化学工程集团、中材集团、中国北车集团、中国南车集团、中国中铁总公司、中国铁建总公司、中交集团、中国国旅集团、中国航信集团、华侨城集团、中国西电集团 |
| 一对多，即中央企业主业资产进入多家上市公司实现整体上市 | 中国海油总公司、招商局集团、华润集团、新兴际华集团 |

从拥有多个上市公司的中央企业集团治理的情况看，无论是相关多元化还是复合多元化的企业集团，一般采取母公司与子公司独立运行的双层管控架构，其资产、业务、财务、人员、机构等情况都比较符合证券监管的相关规定，运行较为规范，集权与分权较为适度。从调研情况看，

出现问题比较多的是主业资产进入一家上市公司的中央企业。这些企业整体上市后（或者以主业资产装入一家上市公司为整体上市方向），有的集团母公司与上市公司出现了两个管理中心各自为政，集团母公司对上市公司管理失控的现象。部分中央企业为避免这一现象，对母公司和上市公司在机构和人员上进行了整合。从被调研企业情况的分析来看，凡是实现了主业资产进入一家上市公司或拟将资产逐步注入一家上市公司实现整体上市的，都在积极探索推进一体化管控治理模式。如 2009 年 11 月神华集团完成了集团母公司与上市公司之间治理架构的整合，除了在集团母公司和上市公司分设财务部之外，其他部门全部整合在一起，进入上市公司。通过将集团母公司与上市公司两层治理架构合一的方式来解决集团治理运行过程中的问题，这是中央企业整体上市改革中自发寻求解决的结果，是为了适应政策环境和企业经营环境变化而产生的，具有内在合理性。整体上市后中央企业的财产由集团转移到上市公司，上市公司经营者的监控应成为重点。本文以一对一，即中央企业主业资产进入一家上市公司实现整体上市或以此为发展方向的中央企业为主要研究对象，重点探讨整体上市中央企业监控失灵的主要表现、成因及协同治理的思路。

# 三、整体上市中央企业经营者监控失灵的主要表现

## （一）董事会监控方式运行中的失灵问题

### 1. 董事会人员构成不尽合理

通过调研发现，中央企业主要资产进入一家上市公司的 36 家整体上市依托企业均按照《公司法》、自身的公司章程组建了董事会，建立了董事会内部专门委员会，由专业委员会部分行使董事会的职权已成为普遍现象，董事会组织架构完善与议事规则对规范企业的重大经营决策活动、促进治理水平的提高起到较大促进作用。上市公司的董事会中内部董事多是董事长、总经理、书记或副书记、下属主要子公司负责人、集团主要职能机构的负责人、工会主席等，内部董事这样设置无疑是充分考虑了利益相关者的诉求。调研同时也显示，尽管除中国电信外，其他上市公司董事会成员与经营层成员并未出现高度重合的现象，并未违反公司治理两权分离的精神。但也应看到，集团党委成员、集团内部董事在上市公司董事会普遍占有较高比重。其中，集团党委成员占上市公司董事成员的比重超过 50% 的占 11 家，集团内部董事占上市公司董事会成员的比重超过 50% 以上的有 19 家，即使是独立董事也均由控股股东推荐，上市公司董事会实际上处于国有控股股东的超强控制之下。另外，《公司法》、上市公司的《章程》及董事选聘制度普遍规定对独立董事的来源几乎是没有限制的，但是在调研中我们发现独立董事多来自于国有企业。调研 35 家"一对一"整体上市中央企业中独立董事共计 143 人，曾主要履职于国有企业高管层的有 53 人，占 35.0%；来自学术研究机构的有 29 人，占 20.3%；曾主要履职于政府机关的有 25 人，占 17.5%；来自境外企业的有 28 人，占 19.6%；来源于民营企业或外资企业的有 8 人，仅占 5.6%。从目前整体上市中央企业独立董事的构成来看，除 7 家上市企业聘用民营与外资企业高管层作为独立董事外，超过四成的独立董事来源于大型国有企业的高管层，来源相对单一，独立性不足。整体上市中央企业中小股东以及社会民众缺乏独立的利益代表，公司治理制衡机制存在一定缺失，导致中小股东的利益被忽视，整体上市中央企业在社会责任方面的表现与社会民众的期望存在不小的差距。

### 2. 对独立董事的评价、奖惩有待进一步完善

在独立董事获得相应职权后，如何对独立董事进行考核、评价和奖惩，是实现独立权责对称的关键所在。尽管社会各界均认识到了对独立董事、董事会评价的重要性，但各方对实施评价的

主体、评价内容、评价方式还没有完全达成共识。从独立董事的奖惩等工作来看，独立董事的薪酬是基本年薪加上会议津贴，2012 年年报已披露独立董事货币薪酬最高为中国远洋的人均 58.86 万元，而最低为武钢股份的人均 5 万元，尽管中国远洋、武钢股份未披露全部非独立董事的货币薪酬，但中国远洋年报披露的上市公司董事长、副董事长放弃 2012 年下半年获得的货币薪酬分别为 60 万元、54 万元。武钢股份虽未披露全部非独立董事的货币薪酬，但所披露的总经理、内部董事兼副总经的货币薪酬分别为 42.65 万元、41.83 万元，可以推断出独立董事与非独立董事货币薪酬的差距普遍较大，年报已披露的其他整体上市中央企业所依托上市公司独立董事与非独立董事之间的薪酬差距普遍在 4~6 倍，而东风电气、中国化学均超过了 10 倍，这也充分说明了独立董事的货币薪酬报酬普遍偏低，导致独立董事在行使相关决策、监控职能时普遍积极性不高，对经营者的监控效果较为有限。除中国中冶独立董事持有 130000 股外，其他独立董事均未持有上市公司的股票，从整体上看独立董事监控业绩与其自身的奖惩等关联性弱，影响了独立董事在时间与精力方面的投入。

## （二）内设监事会监控方式运行中的失灵问题

### 1. 内设监事会人员构成上独立性不强

监事会监控实质上就是通过对董事会、经营者的权力制衡加以实现。监控有效与否的前提条件是实施监控的监控者独立于被监督者，确保监控者具有的独立性。独立性要求监控者在经济上、利益上、权力上独立于被监控者，任何不遵守独立性原则的监控与被监控关系，监控的作用和效果就会打折扣，甚至形同虚设。其中，股东代表监事由出资人通过股东大会选举产生，股东代表监事代表出资人的利益。然而，作为监事会的监督对象——董事会及董事，也存在由出资人派出的董事。如果按照股权比例占有监事会席位的话，这也就形成了一个怪圈。大股东依照股权比例占有董事会的大量席位，同样，大股东依照股权比例占有监事会的大量席位。而且董事和监事都是由同一个大股东派出的，监事和董事同出一门，监控动力机制无法解决。同时，《公司法》规定监事会成员中的职工代表由公司职工代表大会选举产生。在调研中发现，由于我国相关法规并没有根据职工分类来进行硬性的监事席位的配置，导致绝大多数职工代表监事来源于集团或上市公司的中层领导。目前，整体上市中央企业所依托上市公司监事会成员以内部监事为主，且基本上都是兼职，存在着下级监督上级的情况。同时，由于整体上市中央企业集团领导层在上市公司兼职情况较多，由集团推荐到上市公司的股东代表监事往往也会遇到监督领导的问题。即使有普通职工作为监事，受制于我国工会的具体情况，单个职工往往势单力薄最终屈从于其所监控的领导。由于职工监事独立性低，容易导致一些信息外露，甚至干扰正常的监督检查活动，降低了监督效率和监督效果。因此，按照《公司法》设置的内设监事会从根本上就无法保证其监督的有效性，多数整体上市中央企业监事会虚化的现象足以说明这一点。加之，由于监事会成员大部分为兼职，绝大多数是集团、上市公司中层岗位的负责人，其专职岗位上的工作非常繁忙，往往无法参加各种形式的监控，造成监控力量事实上的不足。

### 2. 外派监事会监控方式面临法律障碍与胜任力不足的问题

中央企业整体上市后，其主要资产和业务已转移到上市公司，上市公司成为资产运营的主体和利润的主要或唯一来源，而集团公司则逐渐空壳化。如果监事会的监控依旧将主要精力放在中央企业母公司，则难以保障出资人权益，维护国有资产安全。此外，整体上市中央企业所依托的控股上市公司都设有内部监事会，而现实情况是，内部监事会存在着同体监控的问题，很难具有独立性，法律赋予的职责难以有效发挥，相对于强势的董事会、经营者而言，无法起到真正的制衡作用。因此，中央企业母公司监事会的监控职责下沉到上市公司已经变得刻不容缓，外派监事会如果能从集团层次跟进到上市公司层次实施对国有资产的监控，就必须探索合法合理的监事会监控转换模式。目前，外派监事会主要通过延伸检查的方式对上市公司进行监控，在法律上存在一定障碍，按照《上市公司治理准则》第 26 条规定："上市公司的董事会、监事会及其他机构应独立运作，控股股东及其职能部门与上市公司及其职能部门之间没有上下级关系。"因此，根据相关规定，出资人可以向整体上市中央所依托上市公司委派监事组成监事会，但即使作为控股股东或实际控制人的出资人也不能派出代表自己意志的监事会，直接对上市公司的董事会、董事、经营者进行监控。外派监事会在监控集团时采取延伸检查的方式进入上市公司，但无法列席上市公司董事会会议和总经理会议，实际上是无法有效行使监控职责的，也无法承担相应的法律责任。外派监事会对上市公司的监控只限于集团在上市公司股权上的监控，而以监事会的名义直接监控上市公司有一定的法律障碍。另外，《公司法》规定的监事会及监事的职权比《国有企业监事会暂行条例》规定的职权要大得多，比如罢免建议权、纠正权、提起诉讼权、质询建议权等，这意味着必须有相应的知识背景和阅历才能胜任。35 家整体上市中央企业所依托上市公司有 11 家监事会成员为 3 名，仅能满足证券监管机构的最低要求。同时，多数外派监事会主席年龄普遍偏大，知识结构相对老化，宏观经济、法律知识等方面有所不足，如何解决这些人的知识更新也是需要深入思考的问题。

3. 监事会成员的监控业绩与奖惩机制的关联机制没有建立起来

按照激励相容的原则，支付给监事会成员的薪酬应与其尽责的程度及监控效果高度关联，但实际工作中可操作性差，总体来看监事会成员的工作业绩与奖惩关联性不高，这与监事会的工作难以考核有关，监督实效难以客观衡量。整体上市中央企业监事会绝大多数成员为集团或上市公司中层及以上领导，兼职现象较为突出，对监事会成员普遍采取与董事会成员、经营层成员相同的薪酬激励约束办法，部分上市公司如东方电气、宝钢股份、中国中冶、中国南车、中国中铁除给予货币薪酬外，还采取限制性股票激励约束制度，调研显示整体上市中央企业监事会主席货币薪酬基本上比照副总级，除独立监事、其他股东外派监事外，剩余监事绝大多数是集团或上市公司中层领导兼职，在货币薪酬上稍低于副总级，职工代表监事货币薪酬与其他非独立监事并未有明显的差异，部分由下属分公司负责人担任的职工监事货币薪酬明显高于在公司任职较低的其他监事。而独立监事相对于其他监事货币薪酬偏低，2012 年年报已披露的数据显示：中国石油除独立监事外，其他监事最低薪酬为 72.6 万元，而独立监事货币薪酬为 22.8 万元；中国石化独立监事货币薪酬为 20 万元，而除独立监事外其他监事最低薪酬为 50.97 万元；中国远洋独立监事货币薪酬为 31.6 万元，而除独立监事外其他监事最低货币薪酬为 46.63 万元。在武钢股份同时担任武汉钢铁股份有限公司炼铁厂党委书记的职工代表监事，获得的货币薪酬为 30.76 万元，而担任武汉钢铁股份有限公司炼钢总厂三分厂连铸车间总机长的职工代表监事获得的货币薪酬仅为 19.43 万元。上述数据也说明，整体上市中央企业监事会成员所获得薪酬与其监控业绩并无多大的关联性。另外，尽管《国有企业监事会暂行条例》中规定，监事会成员在监督检查中成绩突出，为维护国家利益做出重要贡献的给予奖励，国有企业监事会也可以对做出突出贡献的监事会成员给予物质和精神奖励，可以破格晋级或越职晋升，并实行"有进有出"的管理机制，但在整体上市中央企业并未普遍实施，用人的流动性机制没有建立起来，也没有监事会主席、成员因疏于监控导致个别整体上市中央企业出现严重的亏损、资金违规使用、高管成员腐败等严重问题而受到惩处，监事会主席、成员的工作动力主要依靠对工作的兴趣、责任心等内在动力，导致整体上市企业监事会监控效果普遍较弱。

## （三）整体上市中央企业信息披露方式的失灵问题

审计与评估机构成为市场机制中负责监控企业经营者经营活动是否合法、合规、真实的第三方机构，整体上市中央企业财务信息披露的质量高低关键在于注册会计师的把关，而注册会计师的独立性对提高信息披露质量发挥着至关重要的作用。这里存在着实质与形成上的独立性要求，实质上的独立是指注册会计师与被委托审计的中央企业毫无利益关系，而形式上的独立性要求其在身份上与被委托的中央企业独立。不同国家政治、经济、文化的发展路径存在显著差异，当公司治理制度无法将委托人与被审计对象严格分离时，审计对象会产生强烈的与审计师进行合谋的倾向。从理论上讲，审计机构是出资人委托其对企业经营者进行信息监控，解决委托人与代理人之间的信息不对称问题，但由于整体上市中央企业董事会与经营者之间均是由国有控股股东代表派出，实际上演变为控股股东聘请注册会计师事务所对自己选聘经营者编制的财务报表进行审计，并由经营者决定审计费用的支付等事宜，国务院国资委《关于开展中央企业财务决算统一委托审计工作的通知》中，也要求中央企业统一选聘审计机构。整体上市中央企业所依托上市公司在中国内地、中国香港上市所聘请的 36 家会计师事务所（同一总部在中国内地、中国香港分别注册的会计师事务所在统计时按一家计算，中国远洋同时在中国内地、中国香港上市聘请了两家会计师事务所）中，全球最大的四家会计师事务所——永道、安永、毕马威、德勤共被 23 家上市公司聘请，占 63.9%，特别是普华永道共被 10 家聘请，占 27.8%，体现出四大会计师事务所对整体上市中央企业信息披露业务具有较强的垄断性，在此过程中容易与拥有选聘控制权的国有资本出资人形成某种程度的默契，甚至与被委托的中央企业和政府机构存在着密切的关系，容易出现与企业联手出具虚假报告，掩盖大股东与经营者合谋掠夺初始出资人与中小股东的相关信息。同时，相关法律对财务造假惩罚力度小。尽管在《公司法》、《证券法》、《注册会计师法》、《违反注册会计师法处罚暂行办法》及其他相关的法律法规中，对事务所和注册会计师与被审计单位合谋的处罚办法作了规定。但在实际工作中缺乏可操作性，如什么情况下可认定注册会计师及其事务所与经营者合谋、由谁来认定、如何认定、多大的损失算重大损失、何种影响算是恶劣的社会影响等。加之，审计业务技术性较强，认定的难度相当大，普遍存在调查时间长、处理较为宽松的问题，这在一定程度上助长了审计合谋的出现。目前，整体上市中央企业信息披露中的完整性、真实性与失效性缺失，难以让出资人方便、快捷、有效地甄别企业的真实经营情况，为企业经营者通过制造和发布虚假信息来牟取私利提供了空间。整体上市中央企业在信息披露上多采用模糊的方式来隐瞒重大信息，现有的法规在管理交易信息披露时强调交易价格是否公允，而对交易数量与成本是否需要披露未予明确，增加了投资者利用报表信息判别关联交易是否合理以及公允的难度。

# 四、整体上市中央企业经营者监控失灵的成因

## （一）监控主体剩余索取权与剩余控制权不匹配

在一般企业，企业的委托代理关系主要是经济契约关系，而在中央企业委托代理关系的最终授权过程中，首先是全国人民将国有资产的所有权通过全国人民代表大会选举产生的政权组织——中央人民政府行使，而国务院特设国务院国有资产监督管理委员会作为出资人代表行使权力，国务院国有资产监督管理委员会等党政机构又通过人事安排等管理监督中央企业的国有资产，实现中央企业国有资产的增值保值、国家的产业安全、政治使命完成等功能。多层次复杂的委托代理关系产生了多层分化的利益主体。在中央企业的委托代理关系中，全体人民产权虚拟化，拥有中央企业实际控制权的包括企业经营者、政府主管部门以及掌握实际监控权力的官员。这些利益主体与虚拟的所有者的效用函数差异明显。中央企业的委托代理关系更多体现为行政化的契约关系而非经济性的契约关系，导致对中央企业剩余索取权与剩余控制权严重的不对称、不匹配。

政府委派的官员、具有深厚官方背景的高管掌握了中央企业控制权，但并未获得与控制权相匹配的索取权，导致企业经营绩效与政府官员的相关性较弱，对企业的经营活动投入精力不足，将主要精力放在如何通过手中的控制权实现自身经济与政治收益最大化上。

### （二）整体上市中央企业经营者业绩评价难以客观化

对于私营企业而言，企业业绩更多表现为财务与市场指标，多数属于显性指标容易衡量，通过横向与纵向的比较能对经营者的个人业绩做出一个相对客观的评价，这时不论经营者的目标函数如何，只要按经营业绩来评判经营者的能力与努力程度，经营者就会按照所有者的要求来行事，解决了所有者与经营者之间的委托代理问题。但由于信息不对称性、市场的不确定性以及中央企业业绩评价的多维性，对经营者的业绩衡量变得较为困难。经营者由于道德风向与逆向选择产生的偷懒与机会主义行为难以判别，经营者会将责任推卸给外部环境、非经济业绩评价等方面。为防止拥有实际控制权的不同利益主体过度自利行为，国务院又设立了一些如董事会、监事会、审计机构、党组织、评估机构来规范中央企业及其实际控制权行使人的权力，通过权力制衡达到有效监控。但在内控机制不健全、中介审计机构约束软化甚至串谋的现实背景下，中央企业经营者在某些关键时期为取悦相关政府官员对经济绩效的关注，刻意提高企业利润与上缴的税收，通过虚构、虚增利润营造经营有方的假象博取相关机构及领导的好感。而在某些时候为获得政府的额外关照，彰显企业经营的困难，通过虚列成本、费用或隐瞒收入等降低企业的利税，并利用账目处理化公为私，导致部分中央企业的财务信息失真，财务状况并不客观反映企业的经济业绩。

### （三）监控合谋导致经营者内部人控制问题长期存在

在中央企业的委托代理关系中，各监控主体如政府主要官员、公司董事会成员、审计与评估等第三方机构被赋予监控经营者的权力，他们本应尽责使得企业经营者的行为符合中央企业使命与目标的实现，但特殊的委托代理关系导致上述各权利主体在实际执行过程中均从自身利益出发行事，通过与企业经营者合谋共同侵犯初始出资人以及中小股东的合法权益。现阶段，中央企业在市场化、证券化改造过程中，通过董事会试点改革以及第三方审计与评估机制以期实现对企业经营者的有效监控。但此种制度安排在限制原有权利主体处置权的同时，又从制度上赋予了新的主体监控经营者的权力，在独立董事、外部董事、外部监事、注册会计师及其事务所的独立性、责任、权利与义务等激励约束制度尚未完善的条件下，拥有监控权的权力新贵同样面临被企业经营者收买成为合谋对象的可能性。从寻租理论看，拥有监控企业经营者的各权力主体，可以通过主动寻租来获得自身利益最大化。而垄断性企业的形成多数依赖于政府的特殊补贴与市场进入壁垒，行政垄断的初衷是出于公共利益的考虑，但各垄断性企业凭借获得的垄断地位赚取超额利润，如将高额成本转嫁给消费者。政府官员则利用所掌握的权力诱使企业向其"进贡"，并为企业以及经营者提供某种生产经营或经营者个人获利上的便利，出现政府关于与企业经营者之间合谋的出现。裴红卫（2005）提出，政府作为国有企业实际的外部控制人，与国有企业经营者合谋寻租所导致的监控失灵，是国有企业产生严重内部人控制问题的根源所在。另外，中央企业多数经营者伴随着企业发展逐步成长起来，在此过程中经营者不仅在中央企业内部有较高的威望与深厚的人脉，在市场与行政体系中也积累了丰富的网络资源。在此背景下经营者更替成本较高，更替过程中不仅要承担新经营者的培养、适应风险等成本，而且原有经营者被更替更会导致个人人脉、市场资源的萎缩等问题。因此，政府相关部门对中央企业高管层的替换较为谨慎，更多表现为企业经营者长期在某一中央企业或系统多年任职，最终导致内部人控制问题，即企业经营者在获得中央企业控制权的主导地位后，通过各种形式侵占国有资产的权益，如在中央企业的并购过程中进行资产转移、日常生活中的过度在职消费、挪用公款、在工程招投标与材料的采购过程中获取回扣，部分经营者建立一个与所控制中央企业业务关联的企业，通过高买低卖的方式，实现中央企业资产向关联企业转移等。

# 五、小结

针对中国国有经济与民营经济长期共存、融合共生的现实，只有通过混合所有制改革，实现国有经济布局和结构的战略性调整，才能提高国有经济的控制力与影响力。整体上市是大型国有企业混合所有制改革的重要途径，在中央企业股份化、市场化改造过程中，如何实现对整体上市中央企业经营者科学有效监控是需要研究的重要理论与实践问题。

以普遍关系信任为基础形成的西方公司法人治理结构与机制，在中国缺乏相应的外部信任环境，在对经营者的监控过程中最突出的问题是以监控者角色出现的董事、监事、注册会计师、政府部门及其主要官员等与经营者之间的合谋问题，出现企业经营者损害最终出资人以及联合大股东损害中小股东等利益相关方的合理权益。因此，大型国有企业经营者监控的有效在机制的设计上必须要与中国的文化环境相匹配、融合，通过打破决策、执行、监控主体之间业已形成的利益共同体，通过差异化利益重构实现企业权利主体之间的制衡与协同。

整体上市中央企业经营者监控模式是否有效取决于模式在多大程度实现了监控主体与监控客体目标的一致性，表现为经营者对企业使命、目标的完成情况，经营者行为倾向与企业职能定位的匹配性。其中，企业内部权力结构决定了企业治理模式选择与转型，而业绩评价是经营者监控的依据，具体的运作过程中依赖于对经营者采取监控机制的有效性与对经营者业绩评价的科学、合理性，通过建立外部董事为主的超脱型董事会、强化外派内设监事会的独立监控机制、完善经营者选聘监控机制、提高整体上市中央企业经营者薪酬监控的有效性、设计差异化的经营者市场信号监控机制、实现对监控主体的有效监控等，从权力制衡机制、信息披露机制、市场竞争机制与激励导向机制实现对整体上市中央企业经营者的协同治理。

对于解决中央企业经营者监控失灵的问题，主要通过完善市场机制与加强各类监控主体有效监控加以矫正。但任何一种方式均不能走向极端，监控失灵不是完全放弃监控的理由，尽管人们对包括政府在内各类主体的监控缺陷存在着批评，但并没有否认其存在的必要性，各类监控主体的监控不能破坏市场机制发挥作用的边界，在监控过程中要在遵循市场机制的前提下进行，着力解决对监控主体再监控的制度安排问题。

**参考文献**

[1] HoPe O., W. Thomas：Managerial Empire Building and Firm Disclosure [J]. Journal of Accounting Research，2008，46（3）.

[2] 高明华. 论国有企业分类改革和分类治理 [J]. 行政管理改革，2013（12）.

[3] 黄群慧，余菁. 新时期的新思路：国有企业分类改革与治理 [J]. 中国工业经济，2013（11）.

[4] 黄速建. 我国国有企业混合所有制改革研究 [J]. 经济管理，2014（7）.

[5] 蒋传海，陆慰祖. 权力寻租对激励机制扭曲的博弈分析 [J]. 数量技术经济研究，2004（2）.

[6] 李维安，邱艾超. 国有企业公司治理的转型路径及量化体系研究 [J]. 科学学与科学技术管理，2010（9）.

[7] 裴红卫，柯大钢. 国有企业外部人控制的寻租解释 [J]. 预测，2005（2）.

[8] 曲创，石传明，臧旭恒. 我国行政垄断的形成：垄断平移与政企合谋 [J]. 经济学动态，2010（12）.

[9] 严海宁，汪红梅. 国有企业利润来源解析：行政垄断抑或技术创新 [J]. 改革，2011（11）.

# 国有企业科技人才稳定性的影响因素研究

刘追  文艳*

[摘要] 科技人才是国有企业创新的主要来源，保持科技人才的稳定性是打造优秀科技团队和提升国有企业创新能力的关键。已有研究多关注员工离职、流失角度，是一种被动应对，如何提升人才稳定性，主动防御人才流失，是国有企业人力资源管理面临的重要课题。本文通过文献回顾和实地调研，构建了国有企业科技人才稳定性的影响因素模型，通过因子分析确定命名了七个因子，分别是领导特质与管理、工作性质与发展、人才开发与管理、社会保障与环境、家庭因素、经济社会发展水平和宏观管理政策。最后运用Amos17.0对其进行了验证，修正后的理论模型与实际数据可以适配。

[关键词] 国有企业；科技人才；稳定性；影响因素；结构方程模型

# 一、引言

随着人力资源市场的不断完善，企业之间的人才竞争日益激烈，人才流动成为"新常态"。正常的人力资源流动可以为企业增添新鲜力量，实现员工之间的合理竞争。过高的人力资源流动率不仅造成成熟、优秀的员工流失，也不利于企业积累组织智力资本。特别是对国有企业来说，受原有计划管理体制的影响较深，对人力资源市场的反应相对较慢，在人力资源流动方面策略不是很多，面对新生代员工更是困难，科技人才的稳定性问题开始凸显。以往学者们对人员流失和员工离职关注较多，这是一种被动性的人力资源稳定性研究，企业在出现员工流失或离职时很难做出及时挽救，从而对企业造成较大的影响。因此，如果在人力资源出现不稳定，特别是行为的不稳定之前，能够找出影响其稳定性的关键因素，那么人力资源管理部门就可以采取相应措施，保持人力资源的稳定性，特别是核心人才的稳定性，从而实现人力资源稳定性的被动"反抗"到主动"防御"。然而，人力资源稳定或不稳定表现在哪些方面？其影响因素是什么？应从哪几方面来采取相应措施稳定科技人才？上述问题目前学术界还没有很好的答案。通过分析科技人才稳定性的影响因素，了解稳定性各因素影响创新行为的机理和过程，可以发现提升员工创新行为的因素，从而更好地预测组织业绩指标，改善各变量的影响效果，从而对提升组织的绩效具有重要意义。本文从主动管理的视角，在前人研究的理论基础之上，结合实地调研，构建了科技人才稳定性的影响因素模型，弥补了研究的不足，为国有企业科技人才管理提供理论依据和决策参考。

* 刘追，石河子大学经济与管理学院。

# 二、文献回顾

## （一）科技人才稳定性的概念界定

《人才学辞典》（1987 年版）指出，"科技人才是社会科学技术劳动中，以自己较高的创造力、科学的探索精神，为科学技术发展和人类进步做出了较大贡献的人"。《国家中长期科技人才发展规划（2010-2020 年)》将科技人才定义为，"具有一定的专业知识或专门技能，从事创造性科学技术活动，并对科学技术事业及经济社会发展做出贡献的劳动者"。本文认为科技人才是科学技术与人才的结合，是具有大专及以上学历、以脑力劳动为主、掌握和应用现代科学技术知识工作的人，侧重追求个性化、多样化、自主性和创新精神，具有灵活性、知识型、创造性等特征。

对于人员、人力、人才及科技人才稳定性，目前没有相关概念界定及清晰的衡量标准，学者们更多的是从员工离职、人才流失、人才流动的角度进行探讨。人力资源稳定性是指企业内人力资源继续留在企业中的愿望，员工忠诚、员工满意、组织承认、离职倾向等不同程度反映了人力资源稳定性。人力资源集群稳定性是指人力资源集群经过一段时期的发展进入到一个特殊阶段后，保持一种动态的平衡，内部成员间相互协调，形成一个高效率的合作团体（谢菁等，2012）。本文认为科技人才稳定性是指科技人才在企业中能保持良好的工作状态，有继续留在企业的意愿且在企业有长远的工作打算。

目前，国际上计算人力资源稳定性通常用人力损耗指数、人力稳定指数、留任率等因素进行确定和分析。学者们从不同层面、不同角度对人才稳定性进行了众多研究，形成了诸多相对成熟的研究成果，主要体现在理论模型的构建上，Price-Mueller（2000）模型影响最大，该模型对人才流失外部环境和中观、微观因素的抽象和概括，明确指出了影响人才流失变量类型及具体变量，细致地指出了环境、个体、结构和过程对流失行为的影响过程，指出了各变量影响流失行为的关系，较好地分析了人才流失的原因。还有学者从工作满意度和组织承诺视角研究了人才的稳定性问题。

综上所述，国外学术界对人才稳定性的研究主要是通过各种理论模型的构建，将人才稳定性视为一个过程，试图找到造成人才流失的各种潜在和隐性因素，确定影响人才稳定性的各种人口变量和组织变量，并找出彼此间的内在联系，这对本研究具有较好的借鉴意义。国内学者缺乏对人才稳定性的系统性研究，对人才流失及员工离职的研究更多的是从被动应对的角度展开，主动应对的视角比较少见。

## （二）科技人才稳定性的影响因素

国外学者关于人才稳定性的影响因素研究，从研究范围上分为宏观和微观两个层面，从概念上又分为雇用稳定性、劳动力稳定性、工作稳定性、雇员稳定性和员工稳定性的研究。国内学者关于人才稳定性的研究从研究范围上也分为宏观和微观两个层面，从概念上又分为工作稳定性、就业稳定性、人力资源稳定性、人才稳定性和员工稳定性的研究。国内外学者关于人才流失、人才流动、员工离职等方面的研究对本文具有很好的借鉴意义。总体来说，科技人才稳定性的影响因素可以从宏观和微观两个方面进行分析，其中宏观方面着重探讨社会经济因素和相关政策因素对人才稳定的影响；微观方面则分析企业因素和个人因素对人才稳定的影响。

1. 社会环境和政策因素

社会环境因素主要包括社会经济环境和宏观政策环境。社会经济水平因素包括经济发展水平、就业机会、社会稳定等。从宏观因素上看，人才所处的地理环境、文化背景、国家就业政策、法律法规、用工制度、社会保障体系、劳动力市场体系发育情况、经济发展状况等都会对人才的流动行为产生影响（张再生，2000）。经济发展水平较高意味着较多的就业机会、较好的生活质量及薪酬待遇（刘瑾，2013）。社会安全问题也是科技人才就业普遍存在的顾虑，社会政治安定和谐，人心就稳定，反之就会缺乏安全感。

相关政策制度因素包括户籍、社会保障体系、科技制度等。完善的户籍制度和社会保障体系对科技人才稳定性起着一定的影响作用，在不同的户籍背后，有着隐性或显性的利益，使科技人才更倾向于大城市，解决科技人才户籍和社会保障问题可以增强其归属感，防止其外流。导致科技人才流失的政策因素可以分为政策性外流失和内流失，主要是由科技体制不完善、科技制度不合理、科研环境较差等所导致的（陈绪新，2004）。要靠收入来留住人才似乎显得力不从心，如果充分利用非经济因素，也可以起到与经济因素同样的作用，例如户籍、社会保险、档案等，这些仍是造成人才流动不可忽视的因素（赵志涛，2001）。完善科技项目、经费管理制度、科技评价和奖励制度，有助于激发科技人才的积极性和创造性，形成激励创新的正确导向。

2. 企业因素

研究表明，薪酬、发展前景、人际关系、企业制度、企业的人性观是最重要的五个影响因素。对于员工来说，提供薪酬保障是决定员工是否稳定最基本的因素（何敏，2006）。薪酬福利是对科技人才努力工作和创造价值的肯定与回报，薪酬体系的公平性和合理性是决定企业能否吸引并留住核心科技人才的最主要因素之一，因此，企业应实行薪酬动态化管理，更加精细化地控制薪酬管理行为等（李霞虹，2012），使参与绩效与薪酬挂钩计划的员工工作更加稳定（Arranz，2008）。工作内容、升迁制度、薪酬、可选择工作机会的主观感知、情感性承诺是影响国企员工离职倾向的五大关键性影响因素（刘智强等，2006）。创造良好的职业发展环境，有利于开发其潜力，发挥其才能，实现其自我价值，调动其工作积极性和创造性（向征等，2006）。科技人才追求事业成功的愿望较强烈，注重自我价值的实现，会一心一意地投入工作，从工作中得到满足（徐宁，2005）。企业文化的认同度和企业发展潜力是影响科技人才发展的最重要因素（何悦，2013）。

3. 个人因素

员工的流动与各自的特性和需求有着紧密的关系，个体因素对其流动起着主导作用。个人发展因素能够对科技人才的行为产生激励作用，有利于充分、持久地调动科技人才的积极性。因此，个人发展因素和家庭因素对科技人才的稳定性有着重要的影响。企业注重给予员工的外在报酬，而忽略了无形层面的内在报酬，如个人发展机会、参与式管理和职责拓展等。若个人发展需求得不到满足，忽视人才培养，自我价值得不到实现，将会影响科技人才的稳定性（曹丽娜等，2010）。中国城镇职工选择工作的最重要标准之一就是工作与生活的平衡等（Ingrid Nielsen等，2008）。员工不仅希望拥有顺利的企业生活，也希望过上融洽的家庭生活，家人团聚、抚养老人等非工作因素导致员工离职较普遍，且具有直接性和突发性（段兴民，2005），还包括子女教育、扶持兄妹等（刘颖等，2006）。王春梅（2012）基于企业可持续发展的视角，分析了国有制造企业基层员工流失的原因，并根据"80后"的价值观分析了其流失的原因，指出"80后"在工资、晋升、工作内容和环境及与同事的关系方面的期望没有得到实现，就会产生流出意向；购房、结婚、供养老人等家庭原因也是导致员工流失的原因。

# 三、国有企业科技人才稳定性影响因素的探索性分析

## （一）国有企业科技人才稳定性影响因素的选取

国有企业科技人才稳定性影响因素来源于两个方面：一是基于文献回顾，总结出 28 个因素；二是通过访谈，获得 24 个因素，具体步骤如下：

第一步，回顾相关文献，从社会经济因素、相关政策因素、企业因素和个人因素提取国有企业科技人才稳定性的影响因素 28 个。

第二步，根据文献分析确定的维度设计访谈提纲，包括 4 道问题，分别是："当初哪些方面使您选择在兵团国有企业工作？"、"您认为您目前的工作状态怎样？主要体现在哪些方面？"、"您认为哪些因素会影响现在的工作状态？"、"您有继续留在企业的意愿且有长远的工作打算吗？是什么原因导致您有这种想法？"。

第三步，对科技人才进行访谈，并对访谈结果进行编码。选取 5 个具有国有性质的兵团设计院和工业企业，对其科技人才进行访谈，共 20 人，产生了 136 个条目。首先对访谈结果进行数据编码和主题识别，再根据 Kerhnger（1986）的内容分析法将各条目分类。第一轮编码主要对重复的和意思相近的条目进行删除、整合，最后得到 22 个完全不重复的条目。

第四步，将文献总结的因素与访谈筛选的因素重新进行编码，将意思表达相近和重复的因素删除，召开小型座谈会，由 3 名专家和 5 名研究生逐条筛选，最终确定国有企业科技人才稳定性的 31 个影响因素。

## （二）稳定性影响因素的探索性因子分析

根据以上结论，编制国有企业科技人才稳定性影响因素预测试调查问卷。选取兵团具有国有性质的 3 个设计院和 3 个工业企业进行预测试，调查对象为从事科研与技术工作的人员，采用简单随机抽样调查法。2014 年 7~8 月，发放问卷 185 份，回收 171 份，回收率为 95%，将多个题项填写不完整和答案连续相同的视为无效问卷，共剔除 17 份，得到有效问卷 154 份，有效率为 90%。

通过描述统计分析，各因素的均值都在 4.30 以上，说明这些因素对科技人才稳定性的影响程度较为重要，所以暂时不考虑删除因素。数据分析结果显示，量表的信度为 0.922，表明预试问卷有良好的测验信度，项目间有较好的一致性。通过删除某项后的总体信度情况可以看出，分别删除各因素的量表总体信度都小于 0.922，所以不考虑删除因素。量表的 KMO 值为 0.856，说明变量间有公因子存在，变量适合做因子分析；Bartlett 球形检验的卡方值为 3057.733（自由度为 465），达到显著性水平，可拒绝零假设（即拒绝变量间的偏相关矩阵不是单元矩阵的假设），说明总体的相关矩阵间有公共因子存在，适合进行因子分析。各因素的平均共同度为 0.689，单个题项的共同度都在 0.6 以上，说明各因素的影响力较大，适合投入主成分分析中。

通过分析可知，企业社会地位在第 1 个因子和第 7 个因子中的因子负荷量分别为 0.499、0.457，小于 0.5，所以考虑删除企业社会地位，再重新做因子分析，旋转后的结果如表 1 所示。删除企业社会地位后，仍然归为 7 个因子，且符合因子提取条件，总体解释量为 69.704%。根据各因子所包含的意义对其进行命名，因子 1~因子 7 分别命名为领导特质与管理、工作性质与发展、人才开发与管理环境、社会保障与环境、家庭因素、经济社会发展水平、宏观管理政策。其中，领导特质与管理包括 6 个条目，工作性质与发展包括 6 个条目，人才开发与管理环境包括 6

个条目，社会保障环境包括 4 个条目，家庭因素包括 3 个条目，经济社会发展水平包括 3 个条目，宏观管理政策包括 2 个条目。

表 1　旋转成分矩阵

| | 因子 | | | | | | |
|---|---|---|---|---|---|---|---|
| | 1 | 2 | 3 | 4 | 5 | 6 | 7 |
| 经济发展水平 | 0.043 | 0.026 | −0.014 | 0.070 | 0.131 | **0.853** | 0.108 |
| 就业机会 | −0.067 | 0.103 | −0.068 | 0.150 | −0.105 | **0.807** | 0.207 |
| 社会稳定 | 0.018 | −0.013 | 0.088 | 0.357 | −0.017 | **0.759** | −0.173 |
| 解决户籍 | −0.046 | 0.093 | 0.104 | **0.715** | 0.029 | 0.005 | 0.151 |
| 社会保障 | 0.115 | 0.075 | 0.174 | **0.802** | 0.172 | 0.268 | 0.123 |
| 医疗卫生 | 0.110 | 0.141 | 0.179 | **0.807** | 0.222 | 0.194 | 0.152 |
| 教育水平 | 0.120 | 0.095 | 0.275 | **0.664** | 0.145 | 0.266 | 0.224 |
| 科技制度 | 0.093 | 0.142 | 0.142 | 0.399 | 0.071 | 0.075 | **0.774** |
| 人才优惠政策 | 0.032 | 0.135 | 0.242 | 0.332 | 0.082 | 0.141 | **0.787** |
| 绩效考核 | 0.006 | 0.281 | **0.572** | 0.213 | 0.208 | 0.159 | 0.015 |
| 报酬 | 0.249 | 0.114 | **0.578** | 0.216 | 0.238 | 0.003 | 0.054 |
| 科技奖励 | 0.191 | 0.053 | **0.789** | −0.020 | 0.080 | 0.098 | 0.330 |
| 职业发展规划 | 0.201 | 0.172 | **0.821** | 0.153 | 0.012 | 0.031 | 0.140 |
| 进修与培训机会 | 0.169 | 0.312 | **0.706** | 0.204 | 0.000 | −0.145 | −0.020 |
| 科研支持 | 0.113 | 0.328 | **0.601** | 0.156 | 0.099 | −0.132 | −0.002 |
| 人际关系 | **0.704** | 0.237 | 0.160 | 0.010 | 0.033 | −0.035 | −0.044 |
| 团队协作 | **0.615** | 0.336 | 0.204 | 0.172 | 0.074 | 0.038 | −0.104 |
| 管理理念 | **0.859** | 0.104 | 0.137 | 0.067 | 0.193 | 0.074 | 0.036 |
| 领导风格 | **0.857** | 0.119 | 0.157 | 0.037 | 0.178 | −0.005 | 0.069 |
| 个人能力 | **0.657** | 0.234 | 0.224 | −0.026 | 0.384 | 0.033 | 0.222 |
| 个人修养 | **0.602** | 0.379 | 0.040 | 0.051 | 0.345 | −0.149 | 0.201 |
| 工作稳定性 | 0.305 | **0.591** | 0.154 | 0.176 | 0.280 | 0.026 | −0.125 |
| 工作自主性 | 0.261 | **0.731** | 0.173 | 0.103 | 0.112 | 0.007 | 0.177 |
| 工作挑战性 | 0.081 | **0.783** | 0.106 | 0.044 | 0.064 | 0.091 | 0.301 |
| 成就感 | 0.250 | **0.746** | 0.196 | 0.111 | 0.028 | −0.008 | −0.004 |
| 社会地位 | 0.161 | **0.684** | 0.334 | 0.026 | 0.199 | 0.078 | −0.039 |
| 职业发展机会 | 0.254 | **0.585** | 0.349 | 0.102 | 0.284 | 0.053 | 0.082 |
| 居住条件 | 0.156 | 0.233 | 0.166 | 0.270 | **0.707** | −0.029 | −0.041 |
| 供养老人 | 0.248 | 0.127 | 0.090 | 0.094 | **0.771** | 0.095 | 0.091 |
| 解决住房问题 | 0.234 | 0.150 | 0.114 | 0.120 | **0.789** | −0.032 | 0.071 |
| 因子解释变异量 | 12.796% | 12.570% | 12.018% | 10.179% | 8.440% | 7.649% | 6.053% |
| 累积解释变异量 | 69.704% | | | | | | |

# 四、科技人才稳定性影响因素的验证性因子分析

为深入探讨科技人才稳定性影响因素因子间和各因素与维度间的结构关系，本文运用 AMOS17.0 对其进行验证性因子分析。正式问卷调查选择了兵团具有国有性质的 7 个设计院和 5 个

工业企业，调查对象为从事科研与技术工作的人员，采用简单随机抽样调查法。为保证问卷填写的有效性和真实性，在征得被调查者同意后进行调查，且被调查者独立完成，共发放问卷 378 份，回收 348 份，回收率为 92%，将多个题项填写不完整和连续答案相同的视为无效问卷，共剔除 41 份，得到有效问卷 307 份，有效率为 88%。

## （一）信度与效度检验

对国有企业科技人才稳定性影响因素的各个维度及总体量表进行信度检验。检验结果表明，该量表的总体信度很好，α 值为 0.935，各个分量表具有有良好的测验信度，α 值都大于 0.70，项目间有良好的内部一致性，如表 2 所示。

**表 2　分量表与总量表的信度检验情况**

| 影响因素 | 领导特质与管理 | 工作性质与发展 | 人才开发与管理环境 | 社会保障环境 | 家庭因素 | 经济社会发展水平 | 宏观管理政策 | 总体 |
|---|---|---|---|---|---|---|---|---|
| Cronbach's α | 0.903 | 0.872 | 0.878 | 0.812 | 0.841 | 0.750 | 0.787 | 0.935 |

国有企业科技人才稳定性影响因素经过专家的指导、修改后选取，具有一定的内容效度；结构效度则是通过探索性因子分析检验，各维度间存在中等相关，且与总体量表呈高度相关，说明各维度既体现一定的独立性，还体现了相应归属性，表明该量表有很好的结构效度，具体见表 3。

**表 3　各维度间、维度与总体量表的相关性**

| 影响因素 | 领导特质与管理 | 工作性质与发展 | 人才开发与管理环境 | 社会保障环境 | 家庭因素 | 社会发展水平 | 宏观管理政策 | 总体量表 |
|---|---|---|---|---|---|---|---|---|
| 领导特质与管理 | 1 | | | | | | | |
| 工作性质与发展 | 0.648** | 1 | | | | | | |
| 人才开发与管理环境 | 0.624** | 0.621** | 1 | | | | | |
| 社会保障与环境 | 0.347** | 0.400** | 0.471** | 1 | | | | |
| 家庭因素 | 0.504** | 0.484** | 0.440** | 0.393** | 1 | | | |
| 经济社会发展水平 | 0.183** | 0.229** | 0.203** | 0.436** | 0.190** | 1 | | |
| 宏观管理政策 | 0.349** | 0.290** | 0.472** | 0.583** | 0.352** | 0.334** | 1 | |
| 总体量表 | 0.787** | 0.798** | 0.815** | 0.711** | 0.663** | 0.482** | 0.619** | 1 |

注："**"表示相关性在 0.01 的水平上显著（双尾）。

## （二）结构模型的构建

根据探索性因子分析结果，本文构建了国有企业科技人才稳定性影响因素的结构方程模型，该模型是综合路径分析、多元回归分析与验证性因子分析形成的数据分析工具，属于二阶验证性因素假设模型，可解释观察变量和潜在变量间的关系，且允许观察变量有测量误差。该模型中，一阶因素构念变量"领导特质与管理"、"工作性质与发展"、"人才开发与管理环境"等变为 7 个内因潜在变量，高阶因素构念变量"科技人才稳定性影响因素"为外因潜在变量，30 个影响因素为测量指标变量，还包括 30 个测量指标的误差变量和 7 个一阶因素的误差变量。

## （三）结构模型的适配度检验与修正

检验整体模型适配度有三类指标：绝对适配指数、增值适配指数、简约适配指数。从整体模型适配度统计量中可知，卡方自由度比=3.010>2.00，显著性概率值 p=0.000<0.05，达到显著性水

平，拒绝虚无假设，表示理论模型与实际数据无法契合。再从其他适配指数来看，GFI、NFI、IFI、PGFI、PNFI 达到适配标准，AGFI、RMSEA、RFI 没有达到模型可以适配的标准。整体而言，初始的理论假设模型与实际数据无法契合，假设模型无法接受。

参考修正指标值显示，若将指标变量"人际关系"和"团队协作"、"社会地位"和"职业发展机会"的误差变量设定为有共变关系，则可以减少卡方值的数值。另外也说明内因潜在变量"领导特质与管理"、"工作性质与发展"的两个指标变量"人际关系"和"团队协作"与"社会地位"和"职业发展机会"除受到模型中因素构念的影响外，也受到其他潜在特质变量的影响，或是两个指标变量反映了其对应的潜在特质有某种程度的关联，此时其测量误差项间也会有某种程度的关系存在。根据修正指标增列误差变量 r1 和 r2、r11 和 r12 的共变关系，在理论上是合理的，没有违背 SEM 的假定，修正模型如图 1 所示。

修正后的模型绝对适配度指数：卡方自由度比=1.639<2，p 值=0.067>0.05，RMSEA=0.078<0.08，表明观测的方差协方差矩阵与估计的方差协方差矩阵不存在显著性差异，样本数据与模型拟合度较高。增值适配指数：NFI=0.977，RFI=0.950，IFI=0.991，都大于 0.90，从虚无模型比较的角度说明了该修正后的模型有很好的拟合度。简约适配指数：PGFI=0.686>0.50，PNFI=0.0.714>0.50，说明模型适配度较好且较精简。整体而言，从主要适配度统计量来看，修正后的理论模型与实际数据可以适配。

**表 4　修正后的科技人才稳定性影响因素整体模型适配度检验**

| 统计检验量 | | 检验值 | 适配判断 | 统计检验量 | | 检验值 | 适配判断 |
|---|---|---|---|---|---|---|---|
| 绝对适配指数 | χ²/df | 1.639 | 是 | 增值适配指数 | NFI | 0.977 | 是 |
| | p | 0.067 | 是 | | RFI | 0.950 | 是 |
| | GFI | 0.979 | 是 | | IFI | 0.991 | 是 |
| | AGFI | 0.943 | 是 | 简约适配指数 | PGFI | 0.686 | 是 |
| | RMSEA | 0.078 | 是 | | PNFI | 0.741 | 是 |

# 五、总结与讨论

本文基于学者们的研究成果，界定了科技人才稳定性的概念；通过文献回顾和实地访谈，采用主题识别技术，提取了 31 个科技人才稳定性影响因素；运用 154 份调查数据对国有企业科技人才稳定性影响因素进行了探索性分析，结果建议删除企业社会地位，利用 SPSS17.0 将因素归为 7 个因子，并将其命名为：领导特质与管理、工作性质与发展、人才开发与管理、社会保障与环境、家庭因素、经济社会发展水平、宏观管理政策。运用 307 份数据对影响因素模型进行验证性因子分析，增列误差变量 r1 和 r2、r11 和 r12 的共变关系，修正后的理论模型与实际数据可以适配。

研究结果表明，国有企业科技人才稳定性影响因素可以归为 7 类，分别是领导特质与管理、工作性质与发展、人力资源开发与管理、社会保障与环境、家庭因素、经济社会发展水平和宏观管理政策。因此，提高国有企业科技人才稳定性，应从以下七个方面入手：

一是领导特质与管理方面。领导者作为组织的带头人，他们的管理理念、领导风格、个人能力、个人修养对下属的思想、行为起着影响作用，正确的管理行为有助于提高科技人才的激励水平，促进其工作绩效和满意度。所以，国有企业应重视管理者的领导模式与科技人才特质的匹配程度，让管理者认识到什么样的领导风格是适合的，让员工知道怎样去适应上级的领导风格，这

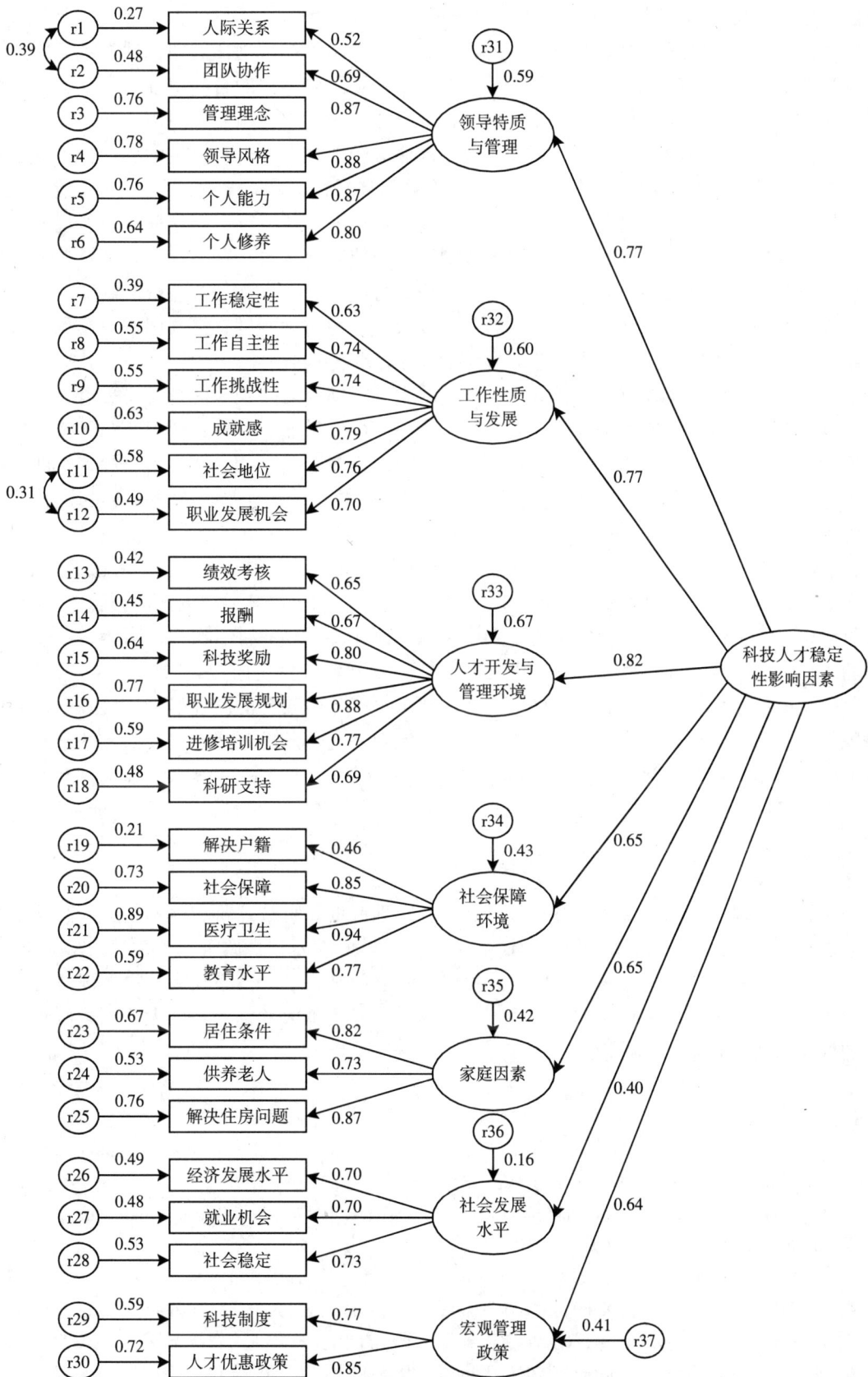

**图 1　科技人才稳定影响因素修改模型**

样才能避免上下级间的管理冲突，提高科技人才的稳定性。

二是工作性质与发展方面。科技人才是具有自我驱动能力与独创性的知识型人才，更倾向于一个灵活的组织和自主的工作环境，不愿意受制于物，更强调工作的自我引导，喜欢尝试各种具有挑战性的工作，富有探索性、创造性。所以，国有企业应注重人岗相配原则，给予科技人才具有稳定、自主和挑战性的工作。此外，科技人才事业心较强，追求自身价值的实现，国有企业为稳定和激励科技人才，也应为其职业发展提供机会和发展平台，使其安心工作，激发其创造力。

三是人力资源开发与管理方面。国有企业应结合科技人才的特点，制定职业发展规划，为科技人才提供进修培训机会，从而保证科技人才知识、技能和能力的不断提升。在绩效考核、报酬体系、科技奖励和科研支持上应充分考虑科技工作的特点，建立合理的利益分配制度。完善人力资源管理体系与制度，从战略的角度加强国有企业人力资源管理制度，提高国有企业科技人才相关制度的执行力，增强科技人才甚至整个人力资源系统的稳定性。

四是社会保障与环境方面。社会保障与环境的完善、健全对一个地区是否能吸引、留住人才至关重要，解决户籍问题有利于消除科技人才在该地区持续发展的障碍，增强其归属感，良好的社会保障有利于维护社会公平进而促进社会稳定发展，而医疗卫生和教育水平的改善有助于提高科技人才的生活水平。所以，吸引、稳定科技人才，不仅要靠国有企业的努力，各级政府的支持，宏观管理环境为科技人才提供的基本生活保障也较为重要。

五是家庭因素方面。居住条件、供养老人、解决住房问题都是科技人才需要考虑的家庭因素，对于企业来说，不能完全解决科技人才的这些家庭问题，但为了提高科技人才的归属感与稳定性，企业可以建立员工情况档案，积极了解个人生活问题，比如居住条件、买房能力等，在能力范围之内给予一定的物质支持和生活关心，减轻科技人才的生活压力。

六是经济社会发展水平方面。良好的经济发展水平意味着较多的就业机会、较好的生活质量及薪酬待遇，有利于科技人才的事业发展；社会稳定在一定程度上影响着科技人才的稳定性和就业方向，社会不稳定会增加科技人才的顾虑，进而影响其稳定性。一个地区的经济社会发展需要人才，人才发展依附于地区的发展水平，两者相辅相成。因此，政府在推动经济社会发展的同时，应注重人才的发展，为其提供更多的平台和支持，使其能够享受到经济社会发展带来的幸福和机遇，这样才能实现经济社会的可持续发展。

七是宏观管理政策方面。完善科技项目、经费管理制度、科技评价和奖励制度，有助于激发科技人才的积极性和创造性，形成激励创新的正确导向。相关发展性政策（资金激励、工作条件、技术支持等）是稳定科技人才的必要因素，同时应建立门类齐全、体系完备、操作规范的人才激励表彰体系，如对优秀的科技人才授予某种荣誉称号，对贡献大的优秀科技人才予以奖励、职务职称的评定以及一些优先权利等。

**参考文献**

［1］Arranz Aperte, Laura. The Impact of Performance Related Pay on Individual Employment Stability: Evidence from Finnish Workers. SSRN Working Paper Series, Mar, 2008.

［2］Ingrid Nielsen, Russell Smyth. Job Satisfaction and Response to Incentives Among China's Urban Workforce ［J］. Journal of Socio-Economics, 2008.

［3］曹丽娜. 科技人才流失问题及对策研究——以 R 公司为例 ［J］. 现代经济信息，2010 （17）.

［4］陈绪新. 我国科技人才流失的体制因素及其对策 ［J］. 合肥工业大学学报（社会科学版），2004 （6）.

［5］段兴民，王亚洲. 知识型员工离职影响因素的实证分析 ［J］. 中国人力资源开发，2005 （5）.

［6］何敏. 人员稳定 一波三折——透析员工离职三大高峰期 ［J］. 企业管理，2006 （4）.

［7］李顺. 企业人力资源生态系统稳定性影响因素研究 ［D］. 中南大学硕士学位论文，2008.

［8］李霞虹. 从薪酬结构的完善谈企业员工队伍的建设与稳定 ［J］. 现代经济信息，2012 （7）.

［9］刘瑾.长三角区域新生代科技人才流动动因分析［J］.经济论坛，2013（5）.

［10］刘颖，林庆栋，凌文辁.国有企业员工离职倾向的影响因素分析及建议［J］.江苏商论，2006（4）.

［11］刘智强等.员工自愿离职倾向关键性影响因素分析［J］.管理工程学报，2006（4）.

［12］向征，彭建国.企业高学历员工离职管理的实证研究［J］.工业工程与管理，2006（3）.

［13］谢菁，牛冲槐.基于生态学模型的人力资源集群稳定性研究［J］.生态经济，2012（11）.

［14］徐宁.国有企业科技人才流失问题研究［J］.科技管理研究，2005（9）.

［15］张再生.人才流动态势及影响因素分析——以天津市为例［J］.人口学刊，2000（1）.

［16］赵志涛.人才流动中的非经济因素分析［J］.科技进步与对策，2001（8）.

# 第二篇　新一轮产业革命与企业管理升级

# 新工业革命背景下的管理变革：影响、反思和展望

王钦

[摘要] "新工业革命"不仅会带来技术基础、生产方式和生活方式的变化，更会带来管理变革和社会资源配置机制的变化。我们正在进入数字化的商业情景，数据成为最重要的生产要素，价值网络正在发生着重构，新商业秩序正在形成。在数字化商业情境下，企业将处于一个全新的"商业生态系统"之中，企业和用户、企业内部各层级、企业和企业，以及企业和员工之间的关系都在发生着变化。纵观100多年的管理理论发展，经历了"从物到人"向"从人到物"的转变，从聚焦效率向创新和领导力转变，从指令管理、目标管理向价值观管理的转变，组织在努力克服着"自身僵化"带来的困难，总体上是在管理者和被管理者的主体框架下，遵循着管理职能"动态平衡"的逻辑，基于法约尔提出的计划、组织、指挥、协调和控制五大管理职能，进行管理职能的增减，以及管理职能间的调整和组合。管理理论如何应对"新工业革命"给管理带来的变化？显然，从这一逻辑出发已经很难应对上述的变化。这将促使我们对管理中最活跃的因素——"人"、企业目标、管理边界进行反思。通过反思，我们发现在"新工业革命"背景下，管理变革呈现出社会资源"再组合"的趋势性特征。按照社会资源"再组合"的变革逻辑，用户资源将会内化为企业的战略性资源；企业与用户、企业与企业之间、用户与用户之间更多呈现出社会化商务的特征；企业和员工之间的关系也更加富有弹性，工作也会有更加丰富的分类。

[关键词] 新工业革命；管理变革；数字化商业；社会化商务

当"蒸汽机"、"电报"、"电话"、"内燃机"这些新技术出现时，即使当时最有洞察力、最具前瞻性的专家，也没有意识到这些技术的力量，以及这些技术对人类社会所产生的革命性影响。回顾历史，你会发现即使被誉为"现代经济学之父"的亚当·斯密，在其著作《国富论》当中，对同时代"蒸汽机"的出现也是视而不见的，更没有意识到"蒸汽机"会开启一个新时代。今天，我们同样看见了一场宏大技术变革的曙光，"大数据"、"智能制造"、"移动互联"、"云计算"（简称"大智移云"）等新技术正在加速应用，并带来一场"商业地震"，引发管理变革。以"大智移云"技术为特征的"新工业革命"对管理的影响有哪些？管理将走向何处去？管理变革的趋势是什么？本文将重点围绕这三个问题展开。

---

* 王钦，中国社会科学院工业经济研究所，研究员，博士，博导。

# 一、"新工业革命"对管理的影响

"新工业革命"不仅会带来技术基础、生产方式和生活方式的变化，更会带来管理变革和社会资源配置机制的变化。我们正在进入数字化的商业情景，数据成为最重要的生产要素，价值网络正在发生着重构，新商业秩序正在形成。

## (一)"新工业革命"：能源基础观和结构性技术基础观

对"新工业革命"的认识主要有"能源基础观"和"结构性技术基础观"两个基本视角。前者侧重于从可再生能源技术变革的角度出发，强调可再生能源、分布式能源生产和配置、氢能存储和新能源汽车等技术变革带来的影响（Rifkin，2011）；而后者强调大数据、人工智能、机器人、数字制造、移动互联、云计算（Wadhwa，2012；Mills 和 Ottino，2012）等技术对未来制造范式和生活方式产生的影响。

在人类工业化进程中经历了两次工业革命。第一次工业革命的标志是英国"纺织机"的出现，"纺织机"的使用使工业生产组织实现从手工作坊向工厂的转变。这次转变的背后是以煤炭为能源基础，以蒸汽机为动力基础。第二次工业革命的标志是"福特流水线"的出现，"福特制"促使工业的大规模生产组织方式得到迅速普及。它的背后是以石油为能源基础，以内燃机作为动力基础。新技术正在从涓涓溪流汇聚成江河，形成新的技术范式。"大智移云"等新技术正在加速应用，使"新工业革命"的轮廓更加清晰。"数字化、智能化和定制化"的制造成为"新工业革命"的一个重要特征，大规模定制将成为主要的生产组织的方式。

对"新工业革命"的理解不应局限在技术基础、生产组织方式和生活方式变革等方面，更深层次的是制度和管理方式的变革，是社会资源配置机制的变革。前两次工业革命出现了工厂制和现代公司制，那么未来是否会继续有新的企业制度出现？大型集团企业是当下广泛采用的组织形式，今后我们又需要什么样的商业组织？金字塔的科层组织结构还能够适应未来的发展吗？企业和消费者之间还仅仅是生产者和购买者的关系吗？未来员工与企业之间的关系又会怎样？

## (二)"数字化"的商业情景

（1）"数字化"的生活。我们的日常生活正在进入到数字化情景中，"移动互联"技术降低了人们进行信息搜寻和交流的成本，无论何时、何地，人们正在通过无线网络连接在一起，数十亿人能够进行实时的信息沟通和商品交易。

（2）"数字化"的商业基础设施。"大智移云"技术的加速应用，使得数据搜集、存储、处理和连接变得更加容易。通俗地讲，互联网正像电网、高速公路一样成为人类社会不可或缺的基础设施。主要的云计算供应商亚马逊、SalesForce.com、Rackspace 为公司快速扩张和收缩其基础设施提供了可能性，云计算不仅服务于 IT 部门，还将支持供应链、营销、服务、运营等部门。随着商业战略的数字化，更多的行业和市场将呈现出多边效应和网络效应，如汽车（电子通信系统）、零售业（手机 APP）、出版业和广告业以及健康护理等（Sears 和 Hoetker，2013）。在数字化商业情境下，企业间的互联性和依赖性更强，竞争优势的来源已经从大型的专用系统转向存在于数字化互联平台内的"微应用"（micro-applications）。因为，"微应用"本身就是对全社会资源的接入。

再有，近期大家热议的德国"工业4.0"，[①]所要解决的首要问题是未来"小批量"或"单件生产"的价值创造。它将未来的工业定义为"虚实融合体系"（Cyber-Physical System，CPS），颠覆以电子和信息技术实现制造自动化的"工业3.0"。"工业4.0"强调机器与机器、人与机器之间无缝连接，强调互联网不仅是"工业4.0"的一部分，或者是作为一种工具出现，更是整体架构的"底层技术"，强调虚实融合体系（现有实体的无缝连接）基础上的智能化，强调虚实融合过程中的商业模式创新。可以说，以数字化来整合物理资源，实现价值链的横向、纵向和纵横之间再组合的趋势已经十分明显。

## （三）新商业秩序："价值网络"的重构

"新工业革命"是一次"产业架构"的革命，是价值链或价值网络重新架构的过程。这也就要求我们跳出现有产品、产业甚至现有用户的边界去思考为用户提供的产品和服务。虽然在数字化商业情景下同传统商业情景相比，是被大致相同的力量所驱动，但有一点明显不同，就是其价值不仅取决于产品和服务，不是静止和固定的，也越来越不为生产者所控制，其价值更取决于选择空间（choice space），数字化的商业被扩大的选择空间所驱动，掌握相关数据的企业更容易进入其他行业，扩大用户、公司和伙伴的范围。从历史上看，规制和贸易自由化、新技术和标准化接口（降低资本成本和采购风险）是开启机会选择空间的三种交错力量。数字化商业情景下的成功企业能够更有效地找到扰动力量（forces of disturbance）从而拓展其选择空间，创造新的价值（Keen和Williams，2013），如图1所示。

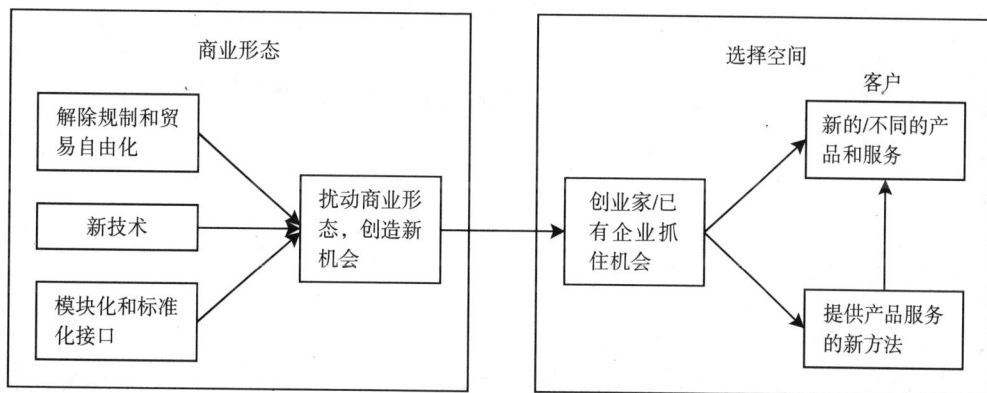

**图1　扰动力量和机会选择空间**

资料来源：Keen和Williams（2013）。

从某种意义上讲，用户价值的中心不仅是产品的功能特征，更是用户体验，就是在数字化的商业情景下做好用户体验的设计。例如，苹果公司就是跨越了既定的计算机产业边界，重新架构产业，将娱乐资源引入产业发展，iPod应运而生，形成全新的价值网络。事实上，单就MP3的开发，SONY更早一些，简约也一直是SONY对产品的追求，为什么结果迥异？因为这时的iPod除了硬件的"手感、外观、功能"之外，iTunes让大量传统的唱片公司尝到了甜头，让"互联网不再只是海盗"，娱乐资源自然就进入了苹果的产业边界。进而将iPod升级为iPhone，App Store又将广大软件应用程序的开发者都纳入整个价值网络中。此时，苹果公司已经是"硬件+软件+娱乐资源"的综合体。

数据成为最重要的生产要素。对于企业而言，实时用户行为数据成为价值创造、传递和获取的

---

[①] 2013年4月，在德国汉诺威工业博览会上发布《实施"工业4.0"战略建议书》。

源头，成为技术和商业模式之间连接的桥梁。2014 年 1 月 14 日，谷歌公司宣布以 32 亿美元收购 Nest 公司，又使其获得了一个现实生活场景中的数据入口，再加上积累多年的搜索数据和强大的数据分析能力，可以设想未来谷歌将利用这些用户行为数据重构实体经济中的价值网络，对我们的生活进行重新分类和定义，决定新的资源组合。实时用户行为数据已经成为价值创造的起点，获取实时用户行为数据的接口正成为企业间竞争的焦点，以用户行为数据实现对资源重组正在成为新的商业秩序。实际上，价值创造不是在静态状况下完成的，而是在"交互"过程中实现的。因为"交互"是获得数据的不竭源泉，基于"交互"获得的数据可以进行价值网络重构和传递价值，创造极致体验。用户"交互"已经成为机会发现、价值创造和价值传递过程中不可或缺的行为。

### （四）对管理的影响：四个维度上的变化

在数字化商业情境下，企业将处于一个全新的"商业生态系统"之中。企业和用户、企业内部各层级、企业和企业，以及企业和员工之间的关系都在发生着变化，见表 1。

**表 1  新工业革命对管理的影响**

| | 第一、第二次工业革命 | 新工业革命 |
| --- | --- | --- |
| 能源基础 | 化石能源 | 可再生能源 |
| 基本技术 | 煤炭和蒸汽动力<br>电信技术和燃油内燃机技术 | 大数据、智能制造、移动互联、云计算<br>数字技术和物理技术的融合 |
| 制造技术基础 | 化工、金属处理 | 人工智能、机器人、数字制造、添加制造 |
| 驱动行业 | 铁路、电报、石油、石化、汽车 | 分布式能源、物联网、云计算 |
| 组织结构 | 层级结构、高度集中 | 分布式结构、去中心化、网络结构 |
| 理论基础 | 规模经济、科层理论 | 网络经济、商业生态系统、社会化商业、平台战略 |
| 管理"四维"变化 | 用户被动接受产品或服务；集中控制；竞争；雇用 | 用户主动参与；分布式自主管理；合作；共享 |
| 商业组织 | 大企业、巨型企业 | 平台型企业 |
| 商业模式 | 微软<br>大英百科<br>诺基亚 | Linux<br>维基百科<br>苹果、安卓 |

资料来源：作者整理。

在企业和用户之间，数字技术不仅让用户获得更多有关产品和服务的信息，而且让深度参与成为可能。用户具有了更大的选择权和更强的影响力，对价值体现的要求更高，用户从被动接受产品和服务，到主动参与产品和服务提供的全过程。可以说，在传统管理学框架中更多涉及的是管理者和被管理者之间的关系，而用户并不直接进入到管理者的视野中，但现在用户已经进入企业的业务流程，甚至成为提供产品和服务的一部分，已经从产品和服务的被动接受者转变为主动参与者。

企业内部对透明度的要求越来越高，对部门或团队间协同的即时性要求也越来越高。数字技术的应用使管理幅度也得以扩大，既有的组织层级已成为信息传递障碍，信息在传递中产生的偏离、损耗和时滞与用户即时性要求之间的矛盾越来越突出。因此，跨越层级障碍进行节点连接和动态组网成为必需。企业内部上级和下级之间正在从更多强调集中控制，逐步走向分布自主式管理；从相互博弈关系走向合作关系。

在企业与企业之间，数字化的基础设施促使企业与企业之间的交易成本在降低，同时用户对响应速度的要求在提高，这就促使企业从追求"内在一体化"转向"合作共生"，从竞争走向构建"商业生态系统"。

在企业和员工之间，"大智移云"技术的广泛使用，使原来许多时间和空间上的障碍得到克服。除了从企业获得劳动报酬，员工对公平性和价值观的追求更高，"雇用关系"已经不是企业和员工间关系的全部，"共享"正成为企业和员工之间的新追求。

# 二、管理走向何处去？

站在历史角度，有利于更加清晰地认识管理理论发展的基本走向，明确现实环境变化和理论发展之间的相互关系。通过对历史的回顾，将帮助我们深入认识当前"新工业革命"带来的影响，反思现有管理理论遇到的现实挑战，如表2所示。

**表2　管理理论发展历程的简要回顾**

| 时间 | 现实问题 | 代表性理论著作举例 | 代表性人物举例 |
|---|---|---|---|
| 1910~1920年 | "磨洋工"、工作的衡量 | 《科学管理原理》、《行政管理》 | 泰勒、法约尔、吉尔布雷斯、甘特、福特 |
| 1921~1930年 | 组织的问题 | 《社会和经济组织理论》、《经理的职能》（1938年出版） | 韦伯、巴纳德、斯隆 |
| 1931~1940年 | 人性初探 | 《工业文明中人类的问题》、《动态的行政管理》（1941年出版） | 梅奥、福列特 |
| 1941~1950年 | 质量控制 | "质量统计方法" | 谢尔沃特、戴明 |
| 1951~1960年 | 激励与营销问题；企业是什么 | 《激励因素》、《企业的人事方面》、《激励与人性》、《管理的实践》、《营销近视》 | 赫斯伯格、麦克雷格、马斯洛、德鲁克、列维特 |
| 1961~1970年 | 战略是什么 | 《目标管理》、《战略与结构》、《公司战略》 | 德鲁克、钱德勒、安索夫 |
| 1971~1980年 | 组织的困境 | 《管理工作的本质》、《组织学习》、《竞争战略》 | 明茨伯格、阿基里斯和施温、波特 |
| 1981~1990年 | 竞争优势从哪里来 | 《Z理论》、《追求卓越》、《国家竞争优势》、《组织文化与领导》 | 大内、彼得斯和沃特曼、波特、沙因 |
| 1991~2000年 | 战略的反思 | 《战略计划兴衰》、《竞争大未来》、《企业再造》、《创新的困境》、"精益管理" | 明茨伯格、加里·哈默和普拉哈拉德、迈克尔·哈默、克瑞斯坦森、大野内一 |
| 2001年以来 | 不确定性 | 《耐力制胜》、《大爆炸式创新》、《价值观管理》、《终极竞争》、《第二次机器时代》 | 库苏马诺、唐斯和努内斯、多伦和加西亚、加里·哈默、布瑞恩乔夫松和麦卡菲 |

资料来源：在克雷纳（2003）的基础上整理补充。

## （一）管理发展的历程：现实与理论的共同演进

1911年，泰勒《科学管理原理》的出版标志着管理学的诞生。回顾100多年来管理理论的发展，可以清晰地看到管理理论具有极强的现实针对性，总是在努力地回答着现实世界遇到的突出问题。在20世纪10年代，如何有效衡量工人的工作，解决"磨洋工"问题是当时的重点。但那时的研究重点就是如何提高工作效率，工人就如同其他生产工具一样。实际上，当时钢铁和汽车的大规模生产已经开始，企业的规模不断扩大。到了20年代，如何有效管理规模不断扩大的企业，提高组织的有效性，就成为管理中的突出问题，这些问题当时在汽车行业最为突出，韦伯、巴纳德以及斯隆都对这个问题进行了探索。30年代，美国在经历了经济危机之后，开始对"人"的问题展开研究，人工作到底为了什么？如何提高"人"的积极性？在40年代，战争走入人们的生活，战时需要提供大量的军事物资，应该如何保证这些物资的质量？质量控制问题就成为当时的突出问题。50年代是一个繁荣的年代，如何有效激励"人"、营销产品就成为当时关注的焦点，"人性"理论"三剑客"（马斯洛、赫斯伯格、麦克雷格）做出了突出的理论贡献。在60年代，如何有效地计划未来成为当时现实中的主要问题。德鲁克、钱德勒和曾在洛克希德公司任副总裁的安索夫都做出了理论贡献。战略问题的提出引入了环境和资源的概念，但当时的一个基本假定就是环境是可以预测的。70年代，一方面，美国经济出现了波动，道琼斯指数出现大跌；另一方面，计算机、彩色磁带录像机、有线新闻网络、随身听等新技术产品开始走进人们的生活。既有的企业组织如何适应这种变化？很多企业都还沉浸在繁荣的顶峰，但新技术的应用已经在捅破这些繁荣的泡沫，如何适应这些没有预测到的环境变化，就是当时组织遇到的困境。从企业内部出发，管理者如何更有效地工作，以及提升组织学习能力成为研究者关注的重点；从外部环境出发，如何对环境做出分析和认识成为研究的重点。《管理者工作的本质》《组织学习》和《竞争战略》都是那个时代的代表之作。80 年代，美国企业逐步受到来自日本企业的挑战，如何能够做得更加卓越？新的竞争优势是什么？这都成为当时需要回答的问题。90 年代，伴随着环境变化的加剧，理论界开始反思原有的战略理论，更加关注企业自身的核心能力。进入 21 世纪，企业的外部环境表现出更加不确定的特征，加之国际金融危机的爆发和一系列新技术的加速应用，在位企业受到前所未有的冲击，在数字化的商业情景下企业本身的内涵在发生着变化，尤其是 Brynjolfsson 和 Mcafee（2014）对技术指数化增长、数字化和组合化发展的论述，使我们看到数字技术正快步走进我们的经济、社会、生活，让我们再次思考人与机器的关系是互补还是替代，思考企业是什么，以及如何能够保持企业的持续成长。

### （二）管理理论发展的四条基本脉络

（1）"人"与"物"的平衡。在管理理论发展中，从最初泰勒将"人"等同于"物"，到梅奥对"人"的初探，以及后来"人性"理论"三剑客"对"人性"的再发现和明茨伯格从管理者日常行为的视角来定义管理，我们可以看到，在不同现实环境下，管理研究中对"人"的重视程度和研究视角是有所差异的，尤其是遇到经济危机或者是重大技术变革时，就更加关注对"人"的研究，更加注重从"人"本身出发来研究和思考，而不是从"物"出发来研究"人"。但总体上，管理理论发展呈现出"从物到人"向"从人到物"的变化，以及不同时代"控制"和"自由"之间的平衡。

（2）组织与环境的适应。从 20 世纪 20 年代，人们首先遇到企业规模扩大、产品线丰富带来的企业组织问题之后，到 70 年代，生产过剩和新技术的出现使组织再次面临困境，环境快速变化对组织的影响日渐突出。管理理论发展也就重点围绕组织外部环境的认识和组织自身的适应能力展开，例如，《竞争战略》从"五力"来认识竞争环境，《组织学习》《竞争大未来》《终极竞争》则更多从组织内部出发适应环境的变化，再到后来研究者提出组织在"破坏性创新"（Christensen，1997）、"大爆炸式创新"环境下的组织适应问题。可以说，面对环境的变化，组织一直在努力克服着"自身僵化"的问题。

（3）从效率到创新和领导力。长期以来，效率问题一直是管理理论研究的中心。无论是泰勒对工作的衡量，还是梅奥的"霍桑实验"，以及后来激励问题和竞争战略的研究，它们所关注的都是如何更有效地利用现有生产要素组合提高产出效率的问题。但是伴随着外部环境的变化，人们将研究的注意力转移到创新和领导力的问题上，试图通过发现生产要素的新组合，以及在强调"控制"之外更加重视领导力的作用，尤其是释放企业组织中"人"的作用，例如，哈默（2013）就将企业间竞争归结为员工激情的竞争。

（4）从指令管理、目标管理到价值观管理（Dolan 和 Garcia，2002）。泰勒应该说是指令管理（management by instructions）的鼻祖，在随后的半个世纪中，指令管理一直扮演着重要角色。在 20 世纪 60 年代，德鲁克提出了目标管理（management by objectives），一直到今天还在广泛应用。但伴随着对用户满意和质量要求的不断提高，员工自主性和责任感的不断提升，组织团队、网络化和扁平化的发展，以及管理者向领导者和促进者的转变，在这四项趋势的综合作用下，组织的复杂性和不确定性进一步增加。因此，价值观管理（management by values）就成为管理理论发展的新方向。

纵观 100 多年的管理理论发展的四条基本脉络，都是在管理者和被管理者的主体框架下，遵循着管理职能"动态平衡"的逻辑，基于法约尔提出的计划、组织、指挥、协调和控制五大管理职能，进行管理职能的增减，以及管理职能间的调整和组合。管理理论如何应对"新工业革命"给管理带来的变化？显然，从这一逻辑已经很难应对上述四个维度上的变化。

### （三）对管理理论的再反思

当前，企业组织的外部环境发生了很大变化。Bouée（2013）用 VUCA，即易变性（Volatility）、不确定性（Uncertainty）、复杂性（Complexity）和模糊性（Ambiguity）来概括当今世界。除此之外，我们还要面对"新工业革命"给管理在四个维度上带来的变化，这将促使我们对管理中最活跃的因素——"人"、企业目标、管理边界进行再反思。

1. "人"的再认识：从"两分"到"合一"

在现实中，企业员工一方面是产品或服务的提供者，另一方面又是产品或服务的用户，同时具有员工和用户两种社会角色。在企业组织存在严格边界的前提下，企业员工的角色就同用户角色产生了分离，被严格嵌入到企业内部的分工体系中，成为企业组织这个庞大系统中的一个"齿轮"，已经远离了用户角色。实际上有很多管理问题正是产生于这种分离，或者说是由于"两分"而产生的矛盾。尤其是当企业员工被当作"工具"、"物"对待时，这种"两分"的异化就更加突出。这时企业员工已经丧失了用户的角色，只是听命于上级的一个会说话的"物"。正如德鲁克所说，企业存在的价值就在于创造用户，而这种"两分"的状态并不有利于用户的创造。特别是在数字化商业情景中，当用户拥有更多选择权的时候，这种"两分"造成的矛盾就更加突出。自然，如何从"两分"走向"合一"就成为管理理论要重新反思的问题，"人"本应该成为管理的目的，而不是管理的工具。

"新工业革命"的兴起，使"合一"具有更大的可能性。计算机模拟仿真、数字制造、3D 打印和云计算技术的应用，使得"制造"与"用户"之间的距离被无限拉近。一个现在看来较为极端的例子，就是以个人和家庭为单位的"微制造"组织的大量出现，个性化制造得以实现。大家担心的设计和制造成本障碍，都将随着上述技术的应用和发展逐步消除。

2. 企业目标：从"经济价值"到"共享价值"

企业创造、传递和获取价值的方式在发生变化。企业先制造然后销售给用户的传统方式，将会被用户"我的产品、我制造"理念所替代，用户参与的价值进一步彰显。在价值链上，用户已不仅是一个购买者，而且还是价值的共同创造者和分享者。"制造"不再是由企业单独完成，"制造"的社会属性在逐步放大，"社交"+"制造"的模式已经快步向我们走来，风起云涌的"创客运动"（Maker Movement）不就在我们身边吗？

企业过去更多考虑的是经济价值、经济需求、市场的定义，现在则还需考虑社会需求，因为社会因素会产生企业内部的成本。我们价值的衡量是与成本相对应的收益，但价值不仅是单方的收益。尤其是在未来，企业更需要同时关注经济和社会因素，创造"共享价值"（Porter 和 Kremer，2011）。

3. 管理边界：从"内部化"走向"社会化"

在传统的规模经济模式下，"价值创造"的含义更多的是在相对固定的企业边界内依靠大规模、低成本的方式为用户创造价值。而在数字化商业情景下，企业与用户、企业与企业、企业与员工之间的关系都在发生变化，"价值创造"又具有了新的内涵，从企业自身创造价值到商业生态系统创造价值。未来的商业竞争不只是个体的竞争，而是"商业生态"和"种群"竞争。例如，在苹果的商业生态中除了包括核心零部件供应商、组装企业，还包括应用软件提供者、娱乐产品提供商，以及谷歌、Facebook、Twitter 的身影，是他们共同通过苹果的终端为用户创造价值。同样，在计算机通信行业中"Wintel"种群同"ARM"种群的竞争也从未停止。

面对企业内外部关系的颠覆性变化，管理的边界也在动态变化，企业仅仅依靠内部资源和既有资源，已经很难再创造价值。这就要求企业从社会化的角度认识资源，认识企业的价值创造、传递以及获取。在全新的"商业生态"中，需要正确处理企业内部资源和用户资源的关系，以及企业和企业之间资源协同整合的关系，去思考社会资源"再组合"。

# 三、管理变革的趋势：社会资源"再组合"

通过对"人"、企业目标和管理边界的反思，我们发现在"新工业革命"背景下，管理变革呈现出社会资源"再组合"的趋势性特征。按照社会资源"再组合"的变革逻辑，用户资源将会内化为企业的战略性资源；企业与用户、企业与企业、用户与用户之间更多的呈现出社会化商务的特征；企业和员工之间的关系也更加富有弹性，工作也有了更加丰富的分类。

## （一）用户资源观

以 Barney 为代表的资源基础观（RBV）学者更多的是从"供给侧"的角度来思考，以此作为企业战略的边界，并将资源范围界定在企业内部和相关的上游企业（Peteraf 和 Barney，2003）。对于资源边界的理解，直接决定了"价值创造"的范围和方式，无疑"需求侧资源"在上述理论中没有得到重视。Chesbrough 和 Rosenbloom（2002）认为企业可以通过建立开放式创新的商业模式为用户创造价值，强调用户是重要的创新资源。Adner 和 Kapoor（2010，2012）提出战略研究总是将"知识创造"问题放在一边，过多考虑既有资源，静态思考"价值创造"，忽视了更广阔范围的资源，包括来自用户的资源。Chatterji 和 Fabrizio（2014）的研究发现，用户类型起着关键作用，其中专业级用户在他们的职业领域和爱好里做出了大量的创新。还有一部分用户，即领先用户，他们比其他人群更早对产品产生需求。相比持续创新，对于突破性创新而言，与产品用户的联合研发将产生更高的创新绩效。相比较老的技术领域，在较新的技术领域，与产品用户的联合研发将产生更高的创新绩效。因此，需要打破现有企业战略管理研究的边界，将"需求侧"资源纳入进来，形成新的战略统合研究视角（Priem，Butler 和 Li，2013）。

释放用户选择权。传统上时装行业依靠设计和流行专家进行选择，ZARA 放弃了这种方式，制造少量多品种时装让消费者选择。Modcloth、Shopbop 利用网站上的用户数据和用户反馈来设计时尚产品；Lego 积木询问消费者应该用哪个地标建筑来做原形；沃尔玛询问消费者应对哪些商品做线上销售；Threadless 建立网站，同时收集和筛选 T 恤衫的设计；Muji 公司允许消费者对家居产品的核心部件进行修改和再组装，如果有一定量的订单，就生产出来在销售店展示；Local Motors 通过网站建立消费者、设计者、发烧友的社区，每年制造、销售 2000 辆汽车。Fiat 制造的 Mio，通过与 1.7 万名消费者交互，有 11 万条创意产生；Apple、微软、SAP 等一方面利用开放软件交流社区的能量，另一方面也让参与者创造互补性的资产（King 和 Lakhani，2013）。布德罗和拉哈尼（2013）认为独创新不如众创新，用户才是创新的来源，但当今只有少数公司有效地运用了大众的力量，很多公司甚至不愿进行尝试。普罗大众正日益成为公司的亲密伙伴，帮助企业应对那些百思不得其解的创新和研究难题，类似成功的故事比比皆是。

## （二）社会化商务

在数字化商业情境中，社会化媒体在全球范围广泛应用，其商业应用价值正不断被发掘。就社会化商务是什么的问题，学者们已做出大量研究，但却难以得出较为统一的定义。通过梳理文献，社会化商务的有关定义如表 3 所示。

**表 3　社会化商务的定义**

| 作者 | 术语 | 定义 |
| --- | --- | --- |
| Afrasiabi Rad 和 Benyoucef（2010） | 社会化商务（social commerce） | 指的是网络销售员和网络购买者，这是基于单向交互的"电子商务 1.0"，转变为更多社会化和交互形成的电子商务 |
| Liang，Ho，Li 和 Turban（2011） | 社会化商务（social commerce） | 社会化商务是指为人们广泛使用的社交网络平台，如 Facebook、LindedIn 和 Twitter |
| Yadav（2013） | 社会化商务（social commerce） | 指的是社会化媒体中，受个体社会化网络影响的交易活动，这些活动发生交易活动中的需求认知、购买决策、购买和购后各个阶段 |

资料来源：童泽林、王钦（2014）。

　　虽然社会化商务尚未统一定义，但通过表 3 可以看出社会化商务至少包含两个基本要素，即社会化媒体和商务活动，可界定为在社会化媒体中一切与交易活动直接和间接相关的交互活动。社会化商务创造价值的过程贯穿于用户与企业、用户与用户或企业与企业之间的交互活动之中。

　　社会化商务具有三个典型特征：一是社会化商务发展促进自组织模式发展。以企业为核心搭建的价值链也逐渐向各方参与的价值平台演进，价值交付各方的信息得以更畅通地分享，自组织模式逐步被运用，小众需求得到更多的满足，消费者的个性化能力得到更充分的运用。例如，思科的学习网络（Learning Networks）正在成为整个 IT 行业的社交枢纽（Social Hub），美剧翻译联盟也是社交化自组织方式运用的典型案例。二是社会化商务发展促进消费者和生产者融合。互联网社交化的发展促进消费者之间及消费者和各类组织间的协作，而社交化自组织模式推动了价值交付各环节向各类协作的开放。消费者既愿意也能够根据自身的兴趣和能力参与到产品和服务交付的过程中。三是社会化商务是全流程、多向化交互并创造价值。除了用户创新，社交化商务还要激发企业内部员工之间、社会大众与企业之间的协作。例如，IBM 内部的创新大讨论（Innovation Jam），就是 IBM 基于互联网平台的员工协作创新。对许多企业来说，如何撬动全球大众智慧，取得外部创新思想，然后在协作互动中创新产品或服务是个非常重要的任务。

　　根据社会化发展阶段的不同特征，社会化商务可以分为三个阶段，即初始阶段、发展阶段、成熟阶段（Gerald、Doug 和 David，2014）。社会化商务在不同的发展阶段体现出了不同的特征，具体如下：第一，社会化商务包含业务流程变革，不只是在企业中使用社会化工具和技术。第二，社会化商务通常从营销开始，继而在其他职能和过程中得到应用。第三，社会化商务成熟度包含测量指标的不断复杂化，包括从基于平台和事件的测量，到基于运营和财务底线的测量，以及到最后形成完整的测量体系。第四，成熟的社会化商务依赖于社会化网络的数据进行决策。

## （三）弹性导向的人力资源系统和新工作分类

　　数字化的商业情景打破了时间和空间上的障碍，使得人力资源可以超越企业边界或空间的界限进行自由流动，承担不同的角色。在稳定环境下，通过官僚的人力资源管理系统（范围狭窄的人才库和能力库）就可以轻松保持垂直匹配，但在动态的环境下，就需要更具弹性的人力资源管理系统适应企业发展的需要。弹性人力资源系统的核心是便利员工间的学习行为，并获得市场响应能力和企业创新能力方面的竞争优势。弹性的概念有两个基本维度——资源弹性和协调弹性（Chang、Gong、Way 和 Jia，2013）。无疑，企业希望构建一个开放并具有弹性的人力资源管理系统，以便更快速地获取所需的人力资源，这必将带来企业组织和员工之间关系的变化。试想，在软件领域，通过"开源"就能够实现"众包"，那么未来的人力资源管理能否实现"众包"呢？

　　在数字化的商业情景下，雇用关系呈现多样化，员工就业的形式变得多种多样，不仅再局限于全职就业于一家公司，各种替代的就业方式不断出现。传统就业的替代模型，如独立承包、临时工、"供应商契约"，在美国个人从事的经济工作中占到了20%的比例。原有企业和员工之间的关系更多的是建立在全职就业模型唯一关系的情况之下，对于不断发展的替代就业方式，需要进一步了解的是一个分类系统，这个系统可以通过个人从事的经济活动，将各种就业方式进行归类。分类方法主要有三种：经常性工作和临时性工作；标准化工作和非标准工作；内部工作和外部工作（Cappelli 和 Keller，2013）。企业最关注用何种安排方式以及何种组合。每一种安排方式都有自己的成本和收益，组织真正的选择是平衡这些方式的成本收益找到最适合自己的方法和组合。企业可以从工作内容出发，有效配置劳动关系，并采取有效的方式完成任务目标。

**参考文献**

［1］Adner R., Kapoor R. Value Creation in Innovation Ecosystems: How The Structure of Technological Interdependence Affects Firm Performance in New Technology Generations［J］. Strategic Management Journal, 2010, 31（1）.

［2］Afrasiabia Rad A., M. Benyoucef. A Model for Underst and ing Social Commerce［J］. Information Systems Journal, 2010（4）.

［3］Bouée, Charles-Edouard. Light Footprint Management: Leadership in times of Change［M］. London: B. Loomsbury, 2013.

［4］Brynjolfsson, Erik, McAfee, Andrew. The Second Machine Age: Work, Progress & Prosperity in a Time of Brilliant Technologies［M］. Norton & Company, 2014.

［5］Chang S., Gong Y.P., Way S.A., Jia L.D. Flexibility-Oriented HRM Systems, Absorptive Capacity, & Market Responsiveness & Firm Innovativeness［J］. Journal of Management, 2013, 39（7）.

［6］Chatterji A.K., Fabrizio K.R. Using Users: When Does External Knowledge Enhance Corporate Product Innovation?［J］. Strategic Management Journal, 2014（35）.

［7］Chesbrough H., Rosenbloom R. S. The Role of The Business Model in Capturing Value from Innovation: Evidence from Xerox Corporation's Technology Spin-off Companies ［J］. Industrial & Corporate Change, 2002, 11（3）.

［8］Christensen C. The Innovator's Dilemma: When New Technologies Cause Great Firms to Fail［M］. Boston: Harvard Business School, 1997.

［9］Dolan S., Gareia S. Managing By Values［J］. Journal of Management Development, 2002, 21（2）.

［10］Gerald C. K., Doug P., Anh N. P., David K. Finding the Value in Social Business［J］. MIT Sloan Management Review, 2014, 55（3）.

［11］Keen P., Williams R. Value Architecture for Digital Business: Beyond the Business Model［J］. MIS Quarterly, 2013, 37（2）.

［12］King A., Lakhani K. Using Open Innovation to Identify the Best Ideas［J］. MIT Sloan Management Review, 2013（4）.

［13］Liang T. P., Y. T. Ho, Y. W. Li, E. Turban. What Drives Social Commerce: The Role of Social Support & Relationship Quality［J］. International Journal of Electronic Commerce, 2011-2012, 16（2）.

［14］Mills M.P., Ottino J. M. The Coming Tech-led Boom［N］. The Wall Street Journal, 2012（30）.

［15］Peter Cappelli, J. R. Keller, Classifying Work in the New Economy［J］. Academy of Management Review, 2013, 38（4）.

［16］Peteraf M. A., Barney J. B. Unraveling the Resource-based Tangle［J］. Managerial & Decision Economics, 2003, 24（1）.

［17］Porter M., Kramer M. Creating Shared Value［J］. Harvard Business Review, 2011（1-2）.

［18］Priem R. L., Butler J. E., Li S. Toward Reimaging Strategy Research: Retrospection & Prospection on the 2011 AMR Decade［J］. Academy of Management Review, 2013, 38（4）.

［19］Rifkin，Jeremy. The Third Industrial Revolution：How Lateral Power is Transforming Energy，the Economy，and the World ［M］. Palgrave Macmillan，2011.

［20］Sears J.，Hoetker G. Digital Business Strategy：Toward a Next Generation of Insights ［J］. MIS Quarterly，2013，37（2）.

［21］Wadhwa，Vivek. Why It's China's Turn to Worry about Manufacturing ［N］. Washington Post，2012－01－12.

［22］Yadav M. S.，K. D. Valck，T. H. Thurau，D. L. Hoffman，M. Spann. Social Commerce：A Contingency Framework for Assessing Marketing Potential ［J］. Journal of Interactive Marketing，2013（27）.

［23］哈默. 终极竞争 ［M］. 北京：中国电力出版社，2013.

［24］克雷纳. 管理百年 ［M］. 海口：海南出版社，2003.

［25］唐斯，努内斯. 大爆炸创新 ［M］. 杭州：浙江人民出版社，2014.

［26］童泽林，土钦. 社会化商务：内涵、价值与驱动因素 ［J］. 工作论文，2014.

［27］凯文·布德罗，卡里姆·拉哈尼. 独创新不如众创新 ［J］. 哈佛商业评论（中文版），2013（4）.

# 信息技术对组织资本与企业绩效调节效应研究

王海芳　李翠梅*

[摘要] 当今，针对组织资本的研究集中在组织资本概念界定、评价、形成、构成要素及与企业绩效的关系上，从信息技术的角度来研究组织资本和企业绩效关系的文章很少。鉴于信息技术可以提高企业内部的信息流转速率、知识共享度，有必要研究信息技术对企业组织资本的影响机制，即信息技术是否对组织资本与企业绩效有调节作用。本文首先对相关文献进行综述，其次对研究现状进行评述，进而确定自己的研究思路与方法，并提出相关假设。最后，笔者通过发放问卷，利用 SPSS17.0 对问卷数据进行分析，用实证方法对组织资本、信息技术与企业绩效的关系进行验证，进而得出信息技术对组织资本和企业绩效的关系具有调节作用的结论。

[关键词] 组织资本；信息技术；企业绩效

## 一、引言

知识经济时代的到来，使企业价值的创造模式发生变化，企业不再依靠有形资产创造价值，而是依靠知识、信息等无形资产。因此，如何提高企业内共享的知识、信息，成为研究者关注的热点，也是实业界关心的重要问题。组织资本作为知识和信息的集合受到了理论界和实业界的广泛关注，尤其是理论界，研究者在这一领域也已取得了可喜的成绩。研究成果主要集中在组织资本概念的界定、增长机理、构成要素、评价、形成与企业绩效的关系上。众所周知，随着通信技术、计算机技术的快速发展，当今时代已是一个信息时代，信息、知识是企业竞争力的主要来源。在这个信息时代，信息技术的应用提高企业内知识的共享度，信息的流通速率，进而降低企业内沟通协调的成本，提高工作效率；拥有特色知识、信息的企业不易被竞争对手仿效，可提升企业的差异化程度，进而给企业带来竞争优势，提高企业绩效。通过阅读相关文献，笔者发现从信息技术的角度来研究组织资本与企业绩效的不多，进行实证研究的更少，因此笔者采用实证的方法来探讨信息技术对组织资本与企业绩效的影响。

---

* 王海芳（1977- ），女，新疆财经大学，副教授，博士，硕士生导师，研究方向为企业知识与创新管理；李翠梅（1985-），女，新疆财经大学，研究方向为企业知识与创新管理。

# 二、文献综述

本部分内容对组织资本、信息技术和企业绩效这三个领域的相关研究成果进行回顾和评述，从而发现组织资本、信息技术和企业绩效关系的进一步研究空间，为本文进行实证研究奠定理论基础。

## （一）组织资本文献综述

尽管对组织资本的研究较多，但到目前为止关于组织资本的定义还没有达成统一的观点。主要研究者的观点如下：

国外最先提出组织资本这个概念的是 Marshall（1961），他认为组织资本是非物质财富，组织的产出不仅包括产品或服务，还包括在生产产品、提供服务的过程中所积累的经验与知识。并且这类产出具有组织专用性、难转移性的特点，它脱离企业组织后将不复存在。之后，Prescott 和 Visscher（1980）从信息的视角来定义组织资本，他们认为信息就是企业所拥有的一种资产，这种资产就称为企业的组织资本。在 Prescott 和 Visscher 之后，Eriksen 和 Mikkelsen 于 1996 年也提出了相似的组织资本定义：它是一种可以对企业生产经营过程进行协助与调整的信息，从本质上来说，就是企业所拥有的经验、工作技能与知识。Tomer（1987）在《组织资本：提高生产力和福利的途径》一书中，对组织资本进行了系统的讲解，他认为组织资本为一种人力资本，这种人力资本并不是个体的人力资本简单的加总，它是一种内部关系资本，并且可以改善组织的属性及功能。

在我国，翁君奕（1998）是第一个研究组织资本理论的，在《企业组织资本理论——组织激励与协调的博弈分析》一书中，为了对组织资本进行系统研究，他采用资源配置效率约束下的企业组织效率作为立论基础。翁君奕之后，张钢成为第二个国内组织资本研究者。张钢认为，组织资本是不同企业资源内的一种人力、物质资本和贯穿在人力资本之间的关系资本的总称。在 2000 年，张钢又指出企业的组织资本从本质上来说是一种人力资本。徐笑君（2000）把企业的战略和技术囊括在组织资本中，指出组织资本有以下五类构成要素：文化型组织资本、管理结构型组织资本、技术型组织资本、战略型组织资本和营销型组织资本。刘海建和陈传明（2007）认为，组织资本是一种可以在组织的生产经营和管理活动中对企业内外的资源进行整合的制度安排。徐晖（2010）认为，企业组织资本是企业为了获得价值增值而投入到企业中的，在组织中可以实现共享的组织意识。它以企业内成员所拥有的经验、技能、意识和知识为依托。组织资本的直接表现是组织知识，间接表现是企业的知识产权、商业秘密、组织结构、企业文化、价值观、业务流程和信息系统等。

通过上述主要研究者的观点可以看出，对组织资本概念的界定主要从信息、知识、智力、人力资本等几个角度，尽管他们对组织资本的定义没有达成统一的意见，但不难发现他们都认为组织资本是企业所特有的，并且具有创造价值性，不会随着员工的流失而减弱，也不是其他企业可以复制与模仿的。因此，结合之前研究者的研究结果，本文界定组织资本为：企业内共享的知识、信息以及提高企业内知识、信息共享度的相关机制。组织资本的构成维度为企业制度、组织结构、信息系统、知识产权和企业文化。

## （二）组织资本与企业绩效文献综述

至今关于组织资本的度量还是一个难题，在组织资本对企业绩效关系的研究方面，大部分做的是定性研究，定量研究的较少。但无论是定性研究还是定量研究，研究结论大体是一致的：组织资本对企业绩效有正向影响。Bailey（1993）、Arthur（1994）、Kelley（1994）、Dunlop 和 Weil（1996）、Ichniowski Shaw 和 Prennushi（1997）的研究结果显示，组织资本越高，企业生产力越高。Firer 和 Williams（2003）在研究组织资本和企业利润率之间的关系时，曾以 75 家南非的国有贸易企业作为研究对象进行实证分析，研究结论表明，两者存在着适度的正相关关系。Maria 和 Bontis（2008）认为，合理的企业结构有利于提高企业绩效，即组织资本对企业绩效具有正向影响。

陈劲（2004）认为，组织资本是智力资本的构成要素之一，他采用多元回归分析法，用来自浙江的高科技企业为样本进行实证研究，研究结论为企业的组织资本和企业绩效正相关。邱强和唐元虎（2005）用企业规模、营业费用、企业的总资产周转率、组织管理费用和无形资产作为衡量组织资本的指标，通过建立组织资本的各个指标和企业绩效关系的回归模型，并用自回归和复回归的方法对模型进行分析，对企业的组织资本和绩效之间的关系进行研究。研究结论表明：从时间序列这个角度看，组织资本和绩效之间存在着明显的正相关关系；组织资本对公司的总资产报酬率有着明显的影响。龙先东（2008）在其博士论文《组织资本结构及其相关研究——来自制造业企业的实证分析》中，得出的研究结论为组织资本对企业绩效有正向影响。赵斌（2009）在其硕士论文《智力资本在企业价值创造中的影响和量化分析——基于信息技术业的实证分析》得到的研究结论中，对智力资本中的组织资本和企业绩效的正向关系持支持态度。周娜（2013）在其硕士论文《智力资本与企业绩效相关性研究——基于高新技术行业的实证分析》中，对 60 家上市公司 2011 年的财务数据报告利用 SPSS 分析得出，组织资本与企业绩效正相关。另外，李晓尘（2010）、王蕾（2012）、刘博（2013）、郭宇红（2013）在相关研究中也证明组织资本对企业绩效有显著正向影响。

### （三）信息技术与企业绩效文献回顾

信息技术运用于企业，可以提高企业的知识、信息共享度，促进知识、信息的流通，因此，研究者对信息技术与企业绩效的关系也日益关注，众多的研究和论证都赞同信息技术对企业绩效的积极贡献。1960 年以后，计算机开始应用于企业管理，它可以显著提高企业的工作效率，加速企业内知识的流动、信息的流通及沟通。因此，研究者预期信息技术应用于企业可以显著提高企业的绩效。Baruaetal（2004）认为信息技术还可以存储和调用知识和信息。冯桂秀（2005）认为信息技术必须和企业的其他资源结合才能给企业创造价值。韩维贺（2006）用实证的方法进行研究，发现信息技术并不能直接作用于知识管理能力，而是结合企业制度和企业文化等发挥作用。因为企业的制度和文化可以确保信息技术作用的发挥，而信息技术也可以促进企业制度和文化的建立与完善。郑大庆等（2006）在做企业信息技术开发和动态能力理论的研究综述时发现，信息系统对企业竞争优势的影响主要是通过影响企业的管理过程来实现的，他们建立了信息系统影响企业竞争优势的模型，并用案例探讨的方式具体说明了模型的正确性。汪淼军等（2007）通过对浙江省企业信息化、企业基本组织行为和企业绩效的调查研究，发现企业的绩效、竞争力和创新能力随着企业信息化投资的增加而获得提升。肖美丹（2004）认为，组织所拥有的软硬件、数据库等可以使员工获得更多的信息、知识和技能，这些信息、知识和技能通过个体的吸收、传播、应用和创新过程增加企业绩效。

笔者认为，由于信息技术自身的优势特点，它的应用有利于企业内部知识的共享和创造，有利于企业内信息的流通，有利于各个职能部门之间的沟通与合作，因此，信息技术可以提高企业的工作效率、组织内知识的共享度、信息的流通速率，进而可以降低企业内部沟通、协调成本。简言之，信息技术可以提高企业绩效。信息技术的作用见表 1。

表1　信息技术的作用

| 任务和目标 | IT工具范例 | 企业利益范例 |
| --- | --- | --- |
| 1. 提高生产力 | 联机事务处理<br>事务处理系统<br>客户集成系统 | 缩短时间<br>减少错误<br>减少开支<br>让顾客处理自己的事务 |
| 2. 加速决策过程 | 联机分析处理<br>决策支持系统<br>地理信息系统<br>经理信息系统<br>人工智能<br>数据仓库 | 产生可选择方案<br>建议解决方案<br>通过信息训练 |
| 3. 加强团队协作 | 协作系统<br>群件 | 管理组织中的知识<br>支持地理上分散的团队<br>促进交流沟通<br>快速开发应用 |
| 4. 建立企业间伙伴关系与企业联盟 | 跨组织系统<br>电子数据交换 | 管理供应链<br>共享专长与智慧<br>实现B2B电子商务 |
| 5. 实现全球化 | 互联网<br>翻译电话 | 利用更廉价/更多劳动力<br>引进全球化智慧专长 |
| 6. 推动组织变革 | 依赖于所有人们能想到的技术的运用 | 保持竞争优势<br>提高新的用户界面<br>进入新的市场 |

# 三、组织资本、信息技术与企业绩效关系模型的构建

目前，直接对组织资本、信息技术与企业绩效的关系进行研究的文献不是很多。但通过阅读有关组织资本、信息技术、企业绩效的文献可以发现，三者存在一定的关系。组织资本是企业内的知识、信息以及促使企业内知识、信息共享的相关机制，可以说组织资本是企业的独特资源，能给企业带来独特的竞争优势。根据知识基础理论以及相关文献，我们可以发现它对企业绩效的显著作用。Suzane、Louis和David（2006）采用Spanos和Lioukas（2001）提出的集成模型——此模型是在资源观和竞争战略理论的基础上提出来的，对信息技术支持的企业资产和业务战略对企业绩效的影响进行了研究，得到如下结论：信息技术支持的企业资产与企业的利润率强相关；信息技术支持的业务战略和企业的市场绩效强相关。Mcfarlan和Nolan（2003）指出，伴随着信息技术的迅猛发展与应用，在越来越复杂的环境和激烈的竞争条件下，很多企业把应用信息技术当作增强企业竞争力的重要手段。汪淼军等（2007）通过对浙江省企业信息化、企业基本组织行为和企业绩效的调查研究，发现企业的创新能力、企业竞争力和企业绩效，伴着企业信息化投资的增加而提高。蔡芒（2012）采用我国22家上市公司12年的面板数据作为研究样本，对信息技术与企业绩效的关系进行探讨，研究结果表明，运用信息技术，上市公司的资产管理绩效获得很大提升。在当今信息时代，信息技术在企业中的应用使企业有了很大的变化。此外，还有很多研究发现，信息技术和企业的其他资源结合起来能给企业增加巨大价值。这样也就延伸出了信息技术与企业绩效的关系。信息技术使企业内更快的共享信息、交流知识与经验，即信息技术可以加快组织资本对企业绩效的正向影响。鉴于此，笔者提出以下假设：

H：信息技术对组织资本与企业绩效具有调节作用，即当信息技术高时，组织资本对企业绩效

的正向影响高，当信息技术低时，组织资本对企业绩效的正向影响低（见图1）。

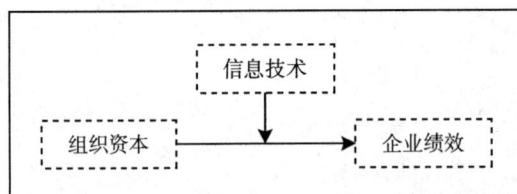

图1 组织资本、信息技术与企业绩效关系的研究模型

# 四、组织资本、信息技术与企业绩效实证研究

## （一）样本选取及数据来源

本次研究的样本来自于新疆本地企业。笔者选择新疆企业，主要是出于对以下两个原因的考虑：一是新疆虽处于西部欠发达地区，但大部分企业引进了信息技术，高度重视企业的知识、信息的积累，但这种引进与积累对绩效的关系究竟怎样，尚无答案，符合研究目的样本的选取要求。二是在联系问卷调查时，新疆的企业对这次研究非常感兴趣，愿意提供本公司的相关信息协助本次调查，使得本次研究能够顺利进行。

对于问卷的发放，笔者在导师、学院老师以及在新疆企业工作的朋友的帮助下，通过深入企业发放纸质问卷和发放电子问卷，共发放问卷390份，回收问卷165份。样本企业主要来自新疆的乌鲁木齐、伊宁两个地方。

## （二）问卷设计的信度和效度分析

问卷的信度和效度在实证分析中起着重要作用，它不仅保障了实证分析结果的准确性，还使实证分析得以顺利进行。所以，在进行实证分析之前，先对问卷的发放、回收情况以及问卷的信度和效度做相应的分析和检验，以保证实证所需数据的准确性和真实性。

### 1. 问卷的效度分析

测验或是量表所能正确测量的特质程度，一般被称作效度。效度是测量中的重要因素之一，也是判断问卷是否有效的标准，效度的高低直接影响着整个研究的价值。如果所设计的量表效度达不到效度要求的有效范围，那么，此设计就不能充分反应所要研究的变量以及研究的意义。所以，在进行实证研究之前，首先要进行系统的效度分析。表2到表5给出了本研究中各个变量及整体量表效度的分析结果。

表2 组织资本的 KMO 和 Bartlett 的检验

| 取样足够度的 KMO 度量 | | 0.874 |
| --- | --- | --- |
| Bartlett 的球形度检验 | 近似卡方 | 1453.645 |
| | df | 153 |
| | Sig. | 0.000 |

**表3 信息技术的 KMO 和 Bartlett 的检验**

| 取样足够度的 KMO 度量 | | 0.812 |
|---|---|---|
| Bartlett 的球形度检验 | 近似卡方 | 417.337 |
| | df | 15 |
| | Sig. | 0.000 |

**表4 企业绩效的 KMO 和 Bartlett 的检验**

| 取样足够度的 KMO 度量 | | 0.829 |
|---|---|---|
| Bartlett 的球形度检验 | 近似卡方 | 502.169 |
| | df | 15 |
| | Sig. | 0.000 |

**表5 问卷总体的 KMO 和 Bartlett 的检验**

| 取样足够度的 KMO 度量 | | 0.888 |
|---|---|---|
| Bartlett 的球形度检验 | 近似卡方 | 2788.150 |
| | df | 435 |
| | Sig. | 0.000 |

本研究对总量表和各个量表的效度都进行了因子分析。首先对组织资本、信息技术和企业绩效进行了 KMO 和 Bartlett 的检验，以确定各量表是否适合进行因子分析。分析表明：组织资本的 KMO 值为 0.874，因素分析适切性良好，而且 Bartlett 球体检验的显著性为 0.000，说明很适合进行因子分析；信息技术的 KMO 值为 0.812，因素分析适切性良好，而且 Bartlett 球体检验的显著性为 0.000，说明可以进行因子分析；企业绩效的 KMO 值为 0.829，因素分析适切性良好，Bartlett 球体检验的显著性为 0.000，说明可以进行因子分析。全部研究的 KMO 值为 0.888，因素分析适切性良好，而且 Bartlett 球体检验的显著性为 0.000，说明问卷的总体可进行因子分析。

2. 问卷的信度分析

在做完效度分析之后，笔者对问卷进行了同质性信度检验，目的是检验内部各题项之间的一致性。

在 SPSS 的量表分析中，我们用 Cronbach's α 值来衡量问卷的信度。根据问卷信度检验的结果来看，各层面的总体信度值都比较高（见表6）。信息技术和企业绩效的 Cronbach's α 值都超过了 0.8，组织资本的 Cronbach's α 值也超过了 0.7。说明各个层面的各题项之间，具有较高的内在一致性。

**表6 本研究问卷的总体信度值及各维度的信度值**

| 变量 | 题项 | Cronbach's α 值 |
|---|---|---|
| 组织资本 | 18 | 0.776 |
| 信息技术 | 6 | 0.851 |
| 企业绩效 | 6 | 0.830 |

## （三）问卷描述性分析

这一部分主要是对样本企业和答题者的一些基本资料做一些描述性统计，目的是对实证研究的对象和企业内部答题者的相关资料做一个全面的了解，保障下一步实证研究的顺利进行。

1. 样本企业的基本资料分析

对样本企业基本资料的分析主要包括企业的规模、企业成立年限与企业的所有制形式。

（1）样本企业的规模。从样本企业的规模的视角来看，人数在 3000 以上的企业较多，有 59 家，占 35.8%；规模在 1001~3000 人的有 31 家，占 18.8%；规模在 301~1000 人的有 23 家，占 13.9%；规模在 101~300 人的有 23 家，占 13.9%；规模在 100 人及以下的有 29 家，占 17.6%（见表 7）。

**表 7　样本企业的规模分布**

| 人数规模（人） | 企业数量（家） | 占总体百分比（%） | 累积百分比（%） |
|---|---|---|---|
| 3000 以上 | 59 | 35.8 | 35.8 |
| 1001~3000 | 31 | 18.8 | 54.5 |
| 301~1000 | 23 | 13.9 | 68.5 |
| 101~300 | 23 | 13.9 | 82.4 |
| 100 及以下 | 29 | 17.6 | 100.0 |
| 合计 | 165 | 100.0 | |

（2）样本企业的成立年限。本文研究的是组织资本、信息技术与企业绩效的关系，由于组织资本与企业的成立年限有一定的联系，因此，必然要求被调查企业的成立年限最好较长，这样才有助于研究。从本文的研究样本来看，成立年限 10 年以上的企业，102 家，占样本总量的 61.8%，成立年限在 5 年以下和 5~10 年的企业分别是 30 家和 33 家，分别占样本总量的 18.2% 和 20.0%，如表 8 所示。

**表 8　样本企业的成立年限分布**

| 成立年数 | 企业数量（家） | 占总体的百分比（%） | 累积百分比（%） |
|---|---|---|---|
| 5 年以下 | 30 | 18.2 | 18.2 |
| 5~10 年 | 33 | 20.0 | 38.2 |
| 10 年以上 | 102 | 61.8 | 100.0 |
| 合计 | 165 | 100.0 | |

（3）样本企业的所有制形式。从本研究的样本企业的所有制形式分布来看，国有/国有控股企业和民营企业数量最多，各有 63 家和 71 家，占样本总数比重分别为 38.2% 和 43.0%。另外，其他企业、外商独资企业和中外合资企业，各有 18 家、4 家和 9 家，占样本总数的比重分别为 10.9%、2.4% 和 5.5%（见表 9）。

**表 9　样本企业的所有制形式分布**

| 所有制类型 | 企业数量（家） | 有效百分比（%） | 累积百分比（%） |
|---|---|---|---|
| 国有/国有控股 | 63 | 38.2 | 38.2 |
| 民营 | 71 | 43.0 | 81.2 |
| 外商独资 | 4 | 2.4 | 83.6 |
| 中外合资 | 9 | 5.5 | 89.1 |
| 其他 | 18 | 10.9 | 100.0 |
| 合计 | 165 | 100.0 | |

**2. 答题者的基本资料分析**

对于答题者的分析主要是其职务级别。本文主要是研究组织资本、信息技术和企业绩效之间的关系，考虑企业的中高层管理人员对企业有一个比较全面的了解，因此答题者最好是企业的中高层管理人员。从本次问卷填答者的职位类别来看，绝大部分填答者都是企业的中高层管理者，占样本总量的 78.1%，符合本研究的要求。而且本研究所选取的填答者绝大部分都是有本科以上学历的人员，因此问卷的填答者对问卷的内容有较好的了解和正确的理解（见表 10）。

表 10　答题者的职位分布情况表

| 职位种类 | 企业数量（家） | 占总体的百分比（%） | 累积百分比（%） |
|---|---|---|---|
| 高层管理者 | 66 | 40.0 | 40.0 |
| 中层管理者 | 63 | 38.1 | 78.1 |
| 基层管理者 | 26 | 15.7 | 93.8 |
| 其他 | 10 | 6.2 | 100.0 |
| 合计 | 165 | 100.0 | |

## （四）变量的因子分析

本研究在进行因子分析时，利用 SPSS 软件的主成分分析方法（Principal Components Method），通过最大方差正交旋转后，进行主成分分析，最后选取因子载荷值大于 0.5 的指标，并根据得出的因子矩阵来解释因子代表的意义。

1. 组织资本的因子分析

本文涉及组织资本的题数最初有 24 项。由于组织资本涉及五个维度，其维度的题项设计分别是企业制度有 4 个题项，组织结构有 5 个题项，信息系统有 7 个题项，知识产权有 3 个题项，企业文化有 5 个题项。通过因子分析删掉 a4、a12、a14、a16、a19 和 a24 这 6 个不满足研究要求的题项后共取出五个因子，各因子与各题项之间的结构关系如表 11 所示。

表 11　组织资本的因子分析

| 衡量题项：组织资本 | 因子 | | | | |
|---|---|---|---|---|---|
| | 1 | 2 | 3 | 4 | 5 |
| a1 | | | | 0.604 | |
| a2 | | | | 0.779 | |
| a3 | | | | 0.728 | |
| a4 | | | 0.532 | | |
| a5 | | | 0.524 | | |
| a6 | | | 0.797 | | |
| a7 | | | 0.742 | | |
| a8 | | | 0.673 | | |
| a9 | 0.719 | | | | |
| a10 | 0.758 | | | | |
| a11 | 0.753 | | | | |
| a12 | 0.626 | | | | |
| a13 | | | | | 0.879 |
| a14 | | | | | 0.684 |
| a15 | | 0.676 | | | |
| a16 | | 0.726 | | | |
| a17 | | 0.782 | | | |
| a18 | | 0.716 | | | |
| Cronbach's α | 0.725 | 0.841 | 0.822 | 0.776 | 0.815 |
| 萃取后累计解释度（%） | 16.540 | 32.258 | 47.455 | 58.945 | 68.631 |
| KMO | | | 0.874 | | |

从表 11 中可以看出，各题项的因子载荷值均大于 0.5，此说明各指标能够反映所在因子的内容。各因子的 Cronbach's α 值也均大于 0.7，说明所提取的因子与对应问卷各题项内容之间具有较高的一致性。

## 2. 信息技术的因子分析

本研究关于信息技术的题项共计 6 项，通过本部分的因子分析，没有删除题项，共取出一个因子，如表 12 所示。从表 12 中可以看出，各题项的因子载荷值均大于 0.6，说明各指标能够反映因子的内容。

**表 12　信息技术的因子分析**

| 衡量题项：信息技术 | 因子 |
|:---:|:---:|
| | 1 |
| b1 | 0.775 |
| b2 | 0.760 |
| b3 | 0.828 |
| b4 | 0.808 |
| b5 | 0.736 |
| b6 | 0.635 |
| Cronbach's α | 0.851 |
| 萃取后累计解释度（%） | 67.690 |
| KMO | 0.812 |

注：提取方法为主成分分析法。

## 3. 企业绩效的因子分析

本研究关于企业绩效的题项共计 12 个，包括短期和长期绩效这两个维度的内容，其中短期绩效有 7 个题项，长期绩效有 5 个题项。通过因子分析删掉 c4、c5、c6、c7、c11、c12 这 6 个不满足研究要求的题项后共取出两个因子，各因子与各题项之间的结构关系如表 13 所示。

**表 13　企业绩效因子分析**

| 衡量题项：企业绩效 | 因子 | |
|:---:|:---:|:---:|
| | 1 | 2 |
| c1 | 0.882 | |
| c2 | 0.863 | |
| c3 | 0.721 | |
| c4 | | 0.853 |
| c5 | | 0.644 |
| c6 | | 0.868 |
| Cronbach's α | 0.845 | 0.823 |
| 萃取后累计解释度（%） | 40.337 | 75.977 |
| KMO | 0.829 | |

注：提取方法为主成分分析法。旋转法：具有 Kaiser 标准化的正交旋转法。a. 旋转在 3 次迭代后收敛。

从表 13 中可以看出，各题项的因子载荷值均大于 0.6，说明各指标能够反映所在因子的内容。因子 1 和因子 2 的 Cronbach's α 值也均大于 0.7，说明所提取的因子与对应问卷各题项内容具有较高的一致性。

## 4. 信息技术的调节作用分析

调节变量是指，如果变量 X 与变量 Y 的关系是变量 M 的函数，那么则称变量 M 是调节变量。也就是说变量 X 与变量 Y 的关系受变量 M 这个第三个变量的影响。函数表达式为 $Y = F(X, M) + E$。调节变量在定性和定量上没有要求，它既可以是定量的变量，也可以是定性的变量。它既可以影响因变量和自变量之间关系的强弱，也可以影响两个变量之间关系的方向（正向或负向）。

假设信息技术是组织资本对企业绩效产生作用过程中的调节变量，则意味着组织资本与企业绩效之间的因果关系会随着信息技术的取值不同而发生相应的变化。对调节效应的测量和验证与组织资本（自变量）及企业绩效（因变量）的测量水平相关。

本研究中，因变量 Y 是企业绩效，自变量 X 是组织资本，调节变量 M 是信息技术。由于组织资本、信息技术和企业绩效是可以直接观测到的显变量，并且自变量组织资本与调节变量信息技术都是连续变量，因此本研究采用带有乘积项的回归模型，即层级回归分析。为了消除变量之间的共线性，在做自变量和调节变量的乘积项时，要分别对自变量与调节变量进行中心化处理。具体步骤如下：先放入控制变量，然后再依次加入自变量、调节变量和乘积项。分析的结果如表 14 所示。

**表 14　层级回归统计结果**

| 因变量 | 企业绩效（JX） | | | |
|---|---|---|---|---|
| | M1 | M2 | M3 | M4 |
| 控制变量 | | | | |
| 性别（Ge） | −0.042 | −0.065 | −0.079 | −0.079 |
| 年龄（Age） | −0.131 | −0.098 | −0.061 | −0.062 |
| 企业规模（GM） | 0.190* | 0.105 | 0.086 | 0.086 |
| 公司成立年数（NS） | 0.105 | 0.112 | 0.087 | 0.088 |
| 职务级别（JB） | −0.252** | −0.149 | −0.101 | −0.101 |
| 企业性质（Qi） | 0.016 | 0.033 | 0.052 | 0.054 |
| 行业领域（Hy） | −0.094 | −0.009 | 0.011 | 0.010 |
| 所在部门（Sm） | −0.184* | −0.134 | −0.146 | −0.146 |
| 自变量 | | | | |
| 组织资本（ZZ） | | 0.476** | 0.270** | 0.271** |
| 调节变量 | | | | |
| 信息技术（IT） | | | 0.335** | 0.333** |
| 交互项（TIT） | | | | |
| 组织资本×信息技术 | | | | 0.148* |
| $R^2$ | 0.147 | 0.350 | 0.411 | 0.429 |
| $\Delta R^2$ | 0.147 | 0.202 | 0.061 | 0.018 |

从表 14 我们可以看出，组织资本和信息技术的交互对企业绩效会产生显著的正向影响（β = 0.148*），且 M4 的 $R^2$ 为 0.429 比 M3 的 0.411 明显高。即信息技术在组织资本与企业绩效之间有显著的调节作用。这表明，信息技术越高，组织资本和企业绩效之间的正向关系就越强，支持了假设 H。图 2 对这种交互影响模式进行了形象的阐释，根据 Cohen 等（2003）推荐的程序，分别以高于均值一个标准差和低于均值一个标准差为基准描绘了不同组织资本的企业在信息技术的作用下企业绩效的差异。从图 2 可以看出，两条直线的斜率明显不同，信息技术高的企业比信息技术低的企业效率要高，这意味着，信息技术高时，组织资本对企业绩效的正向影响较高；信息技术低时，组织资本对企业绩效的正向影响较低。即信息技术对组织资本和企业绩效的关系具有调节作用。

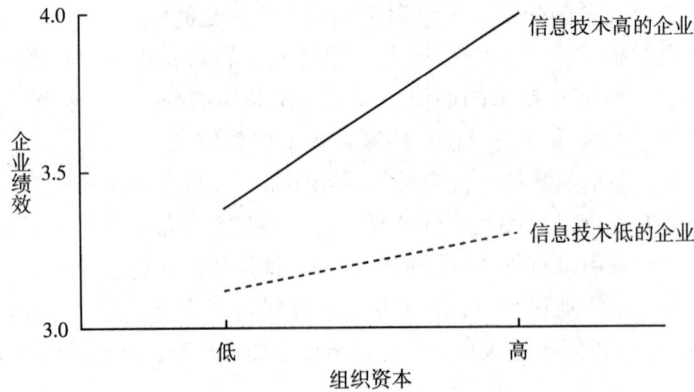

图2　信息技术的调节作用

# 五、结论

本文在借鉴前人研究成果的基础上，提出了组织资本、信息技术和企业绩效的研究模型，并提出本文的研究假设，以新疆企业为样本进行实证研究检验。

通过实证研究，我们可以看到，本文提出的假设 H——信息技术对组织资本与企业绩效具有调节作用，即当信息技术高时，组织资本对企业绩效的正向影响高，当信息技术低时，组织资本对企业绩效的正向影响低，得到了验证。在假设 H 中，信息技术与企业绩效在 1% 的置信区间内显著正相关，相关系数为 0.552，这说明信息技术和企业绩效有着显著的正相关关系。在假设 H 中，信息技术作为调节变量调节组织资本和企业绩效的关系，交互项的标准化系数为 0.148，且在 5% 的置信区间内显著，这说明信息技术对组织资本和企业绩效的关系有着显著的正向调节作用。

**参考文献**

［1］王念新，葛世伦，苗虹. 信息技术资源和信息技术能力的互补性及其绩效影响［J］. 管理工程学报，2012（3）.

［2］田立法. 组织形态、人力资本对企业绩效作用机理研究［J］. 中国科技论坛，2012（2）.

［3］张钢. 从人力资本到组织资本：一个对经济人假设的拓展分析［J］. 自然辩证法通讯，2000（2）：42-57.

［4］赵顺龙. 基于层级结构化的企业组织资本形成路径分析［J］. 南京社会科学，2004（7）.

［5］邸强，唐元虎，张超. 组织资本形成机制研究［J］. 科学学与科学技术管理，2005（7）.

［6］张样. 组织学习导向、信息技术能力及其与企业绩效关系研究——基于中小企业的实证研究［D］. 浙江大学硕士学位论文，2007.

［7］楼润平，薛声家. 信息技术与企业绩效的作用机制：国内外实证研究的评述与思考［J］. 科学学与科学技术管理，2008，29（10）.

［8］孙晓琳. 信息技术对组织的影响研究［J］. 中国流通经济，2009，23（4）.

［9］许慧珍. 信息技术投资、战略取向与企业绩效的关系研究——以制造业上市公司为例［D］. 汕头大学硕士学位论文，2008.

［10］Mohan S., Mark A. Y.. The Influence of Intellectual Capital on the Types of Innovative Capabilities［J］. Academy of Management，2005，48（3）.

# "大数据"对企业战略思维的影响

刘力钢　袁少锋*

[摘要]"大数据"深刻改变了人们的生产和生活方式，特别是对消费者的决策、购买行为产生重要影响。为此，企业管理者、创业者需要对引领企业发展的战略思维进行升级拓展，以迎合新环境下经营管理的需要。本文分析了"大数据"对传统以资源、竞争、顾客为本的战略思维的影响，讨论了"大数据"时代应发展的"大数据"战略思维：定量、跨界、执行、怀疑思维。最后总结了"大数据"时代企业管理者、创业者应秉承的战略思维：兼具 2.0 版以资源、顾客和竞争为本的战略思维和"大数据"战略思维。

[关键词]　大数据；资源；竞争；顾客；战略思维

# 一、引言

移动互联网和现代信息技术的快速发展，将人类的生产生活带入了"大数据"时代。"大数据"与"海量数据"、"大规模数据"的概念一脉相承（冯芷艳等，2013），指的是"科学仪器、传感设备、互联网交易、电子邮件、音视频软件、网络点击流等多种数据源生成的大规模、多元化、复杂、长期的分布式数据集"。[①] 大数据在改变人们日常生活方式的同时，显著地影响着企业的营销方式，[②] 管理模式（吴忠，丁绪武，2013）、商业模式（刘丹等，2014）、竞争情报获取（陈强等，2013；黄晓斌、钟辉新，2012）等。战略管理方面，有学者甚至认为，社会化媒体和"大数据"导致了"战略论的终结"，"大数据"增强了企业决策的不确定性和不可预测性，传统的"阵而后战，兵法之常"的战略论逻辑遭遇严峻挑战，"运用之妙，存乎于心"的社会化决策正在崛起（张建设，2012）。

可见"大数据"的发展对企业经营管理的各方面都产生了深刻的影响。管理学界对"大数据"的影响已有敏锐的洞察，学者们开始重视并试图分析其对商务管理各方面潜在的影响（冯芷艳等，2013）。但梳理已有文献，发现学者们对"大数据"影响的讨论与分析，主要聚焦于营销管理（陈煜波，2014；[③] 陈宇新，2014；[④] 贾利军、许鑫，2013；黄升民、刘珊，2012）领域，这可能跟"大数据"主要产生于消费者的交易与评价记录有关。作为企业管理最高层次的战略方面，仅有张建

---

* 刘力钢（1955-），辽宁沈阳人，教授，管理学博士，博士生导师，研究领域为企业战略管理；袁少锋（1982-），湖北监利人，讲师，管理学博士，研究领域是市场营销。

① http://www.nsf.gov/funding/pgm_summ.jsp? pinms_id=504767.

②④ http://finance.sina.com.cn/hy/20140102/135517823008.shtml.

③ http://finance.sina.com.cn/hy/20140323/101718586672.shtml.

设（2012）等分析了"大数据"时代企业战略决策面临的严峻挑战。鉴于此，本研究探讨大数据对企业战略思维的影响，以期为新环境下的企业经营决策提供参考。

# 二、传统战略思维回顾

战略思维是企业高层管理者摆脱日常管理事务，而获得对组织不同远景的规划以及环境变化的认识（Garratt，1995）。战略思维的本质是企业决策者关于企业战略的决策思维，关系到企业战略决策的成败（杨刚、李光金，2011）。战略思维的形成，始于战略决策者如何认知企业及其所处的客观世界。

关于企业战略思维形成的认知要素，在不同年代有不同的侧重点。20世纪60年代主要是"企业外部市场机遇及企业内部能力"；70年代主要是"企业外部环境的不确定性"；80年代是"企业利益相关者，企业所处行业的五种竞争力量，以及顾客、企业、竞争对手"；90年代则主要是"企业核心竞争力"。根据不同年代战略思维认知要素所包含的维度，可以区分不同的战略思维（杨刚、李光金，2011），如一元战略思维（20世纪70年代的"环境"战略思维，90年代的"核心竞争力"思维）、二元战略思维（20世纪六七十年代的经典SWOT思维）、三元战略思维（20世纪80年代的"顾客—企业—竞争对手"思维）、五元战略思维（20世纪80年代的"五力模型"思维）、N元战略思维（20世纪80年代的利益相关者思维）。

已有文献根据战略思维认知要素的多寡，清晰地区分了战略管理理论兴起后的战略思维类型。鉴于战略管理的本质是思考如下三个问题：企业在哪里？企业将要去哪里？企业何时竞争（行动）？即企业如何利用自身有效的资源或资产，在充满竞争的环境下，去满足顾客的需求，从而实现价值的创造。因此，本研究从资源、竞争、顾客三方面出发，考察"大数据"对"以资源为本"、"以竞争为本"和"以顾客为本"三种战略思维的影响。

三种战略思维的内涵与特点见表1。

**表1 以资源、竞争、顾客为本的战略思维**

| | 以资源为本的战略思维 | 以竞争为本的战略思维 | 以顾客为本的战略思维 |
|---|---|---|---|
| 战略思维方向 | 由内而外 | 行业内的竞争 | 由外而内 |
| 战略重点 | 企业独特资源 | 竞争对手 | 顾客及顾客需求 |
| 战略目的 | 充分利用企业的独特资源 | 比竞争对手做得更好或打败竞争对手 | 维系顾客或比竞争对手更好地满足顾客 |
| 评价指标 | 企业资产 | 行业吸引力 | 顾客价值 |

资料来源：韩伯棠，张平淡，郭怀刚.企业战略管理的战略思维比较[J].经济与管理研究，2001（5）.

# 三、"大数据"对传统战略思维的影响

## （一）对"以资源为本"战略思维的影响

Wemerfelt在其1984年发表的经典文献"A Resource-Based View of the Firm"中指出，企业内部的组织能力、资源和知识的积累，是企业获得并保持竞争优势的关键。此后，Barney等学者进一步指出，企业是一系列资源的集合；认为企业所控制的有价值的、稀缺的、不可模仿的、不可替代的资源和能力，是企业获得持续竞争优势的关键。进一步，Prahalad 和 Hamel 于 1990 年在"Harvard Business Review"上发表"The Core Competence of the Corporation"一文，认为企业提供产品或服务的特殊能力是基于其核心能力，它是企业可持续竞争优势的来源；不应将企业看作不同资源配置下的不同业务组合，应该将企业看作隐藏于业务组合背后、更深层次的核心能力的组合；企业只有基于所拥有的资源不断构建、培育和巩固其核心能力，才能获得可持续的竞争地位（Prahalad、Hamel，1990）。基于能力的战略思维，实质上是以资源为本战略思维模式的扩展和动态化，虽然存在差异，但两者都强调竞争优势的内生性（王爱国，2005）。在"以资源为本"战略思维的指引下，企业管理者们日益重视企业是否拥有不同于竞争者的独特资源、是否具有超越竞争对手的核心能力。

在"大数据"背景下，"大数据"本身无疑是现代企业重要的战略资源。如果企业基于现代信息技术，掌握各利益相关者特别是其顾客的数据，将有助于其竞争优势的获取与维持。以小米手机为例，这个成立于 2010 年 4 月的移动互联网公司，秉承"为发烧而生"的经营理念，在 2014 年 10 月 30 日，便成为仅次于三星和苹果公司的全球第三大智能手机制造商；[1] 在中国大陆市场，小米已经超过三星，成为智能手机领导者。小米公司的成功，可以根据小米公司董事长雷军在 2014 年 10 月 31 日《成都商报》"我看未来 20 年"活动上的讲话进行解析，很大程度上可以归结于其"为发烧而生"的理念。该理念的内涵是小米基于"发烧友"（忠实顾客）设计手机，并以低价向他们出售手机。小米的创新体现在其"MIUI"智能手机系统，而该系统的先进性或优势，就来源于广大的用户。截至 2014 年 7 月 1 日，小米形成了 7 千万的"MIUI"用户群。每个星期，小米公司都会推出"MIUI"的新版本，"小米最大的创新就是每周能发布一个操作系统"。系统升级的想法则来自于"号召上百万人提意见"。

掌握庞大的顾客信息数据，通过网络社区等方式与这些顾客实时互动，收集顾客想法、意见并给予及时回应（每周发布一个新版本的"MIUI"系统），不断地满足顾客的各类需求，是小米公司极速成长的主要因素。可见，拥有"大数据"、利用"大数据"，能够让现代企业获得竞争优势并快速成长。因此，获取"大数据"、利用"大数据"创造价值，成为新经济环境下"以资源为本"战略思维需要升级的方面。

很多传统企业缺乏获取并利用"大数据"的战略思维。以传统零售行业为例，很多零售企业的结账平台仅用于记录不同货物的销售量、销售金额等信息，缺乏对购买者信息的收集、分析与利用。再如很多零售门店的监控摄像头仅用来防范偷窃，而不用来记录顾客信息、分析顾客心理与行为。实际上，"万宝龙"就曾利用监控录像记录进店顾客的不同表现，然后让有经验的销售人员分析和判断，并将相关的知识体系制成软件，协助一线销售人员进行销售，如什么时候该与顾客攀谈、什么时候让顾客自己挑选等，结果使单个门店的销售额提升 20% 以上。[2]

在"大数据"背景下，企业与外界环境之间的边界日益模糊，信息共享和知识溢出成为企业与利益相关者之间合作竞争与协同演化的主要方式。在这样的竞争背景下，信息和知识成为企业管理中的重要生产要素，也是决定企业创新力的关键。基于"大数据"平台，与外界建立社会网络，从外界获取有价值的信息，是企业获得竞争优势的关键。因此，重视"大数据"这种战略资源，积极地获取、利用这种战略资源以获得竞争优势，是"以资源为本"战略思维需要拓展的地方。

---

[1] http://baike.baidu.com/view/5738117.htm? from_id=1566828&type=syn&fromtitle=%E5%B0%8F%E7%B1%B3&fr=aladdin.

[2] http://finance.sina.com.cn/hy/20140102/135517823008.shtml.

### （二）对"以竞争为本"战略思维的影响

以竞争为本战略思维的产生，源于20世纪80年代迈克尔·波特教授为代表提出的竞争战略理论。在该理论的指导下，竞争成为企业战略思维的出发点。竞争战略理论认为，行业的盈利潜力决定了企业的盈利水平，而决定行业盈利潜力的是行业的竞争强度和行业背后的结构性因素。因此，"产业结构分析是建立竞争战略的基础"、"理解产业结构永远是战略分析的起点"（迈克尔·波特，1997）。据此，企业应该深入分析产业特点和结构，特别是深入分析潜在进入者、替代品威胁、产业内部竞争强度、供应商讨价还价能力、顾客能力五种竞争力量，来识别、评价和选择适合的竞争战略，如低成本、差异化和集中化竞争战略。在这种战略理论的指引下，企业管理者逐渐形成"企业成功的关键在于选择发展前景良好的行业"的战略思维。

随着"大数据"时代的到来，呈现出产业融合与细分协同演化的趋势（资武成，2013）。一方面，传统上认为不相干的行业之间，通过"大数据"技术有了内在关联。例如，传统的零售企业开始从事电子商务；从事电子商务的企业如阿里巴巴已涉足金融、物流、云计算等行业。"大数据"平台的构建，对"大数据"的挖掘和应用，促进了行业间的融合。另一方面，"大数据"时代企业与外界的交互变得更加密切和频繁，企业竞争变得异常激烈，广泛而清晰地对"大数据"进行挖掘和细分，找到企业在垂直业务领域的机会，已经成为企业脱颖而出、形成竞争优势的重要方式（云鹏，2012）。在"大数据"时代，产业环境发生深刻变革，改变了企业对外部资源需求的内容和方式，同时也变革了价值创造、价值传递的方式和路径。因此，企业需要对行业结构，即对潜在竞争者、供应商、替代品、顾客、行业内部竞争等力量进行重新审视，进而制定适应"大数据"时代的竞争战略。

### （三）对"以顾客为本"战略思维的影响

随着20世纪90年代产业环境的动态化、顾客需求的个性化发展趋势，以顾客为本战略思维模式逐渐形成。这种思维模式的核心是强调企业的经营必须以顾客为中心；无论是增强企业自身能力，还是拓展市场，都要围绕顾客需求展开。因此，研究顾客需求、满足顾客需要是这种战略模式的出发点。在这种战略理念的指引下，企业管理者意识到要想获得竞争优势，必须比竞争者更好地发掘并满足顾客需要，创造独特的顾客价值。

在"大数据"时代，"以顾客为本"战略思维也需要有新的变革。围绕顾客需求和企业的产品价值链，"大数据"时代一个突出的特点是"社会互动"[①]的深刻影响。从新产品的开发、新产品的测试以及最后新产品的投放，社会互动都扮演日益重要的角色。首先，在新产品的开发阶段，如前面讨论过小米公司的"MIUI"系统开发，同上千万"MIUI"用户的互动，是小米创新的智慧来源；再如美国一家卖T恤衫的公司，每个人都可以向其公司网站上传自己的设计，然后网络用户对产品设计进行投票，公司最后决定销售投票率最高的T恤衫。其次，在新产品的测试阶段，英国一个家具企业，通过其网站MADE.COM测试消费者对每种新产品的看法，最后投票前五名的新产品，才会向市场正式推出。最后，在营销层面，当今的电商平台，无论是国外的亚马逊，还是国内的淘宝、京东，都对网络口碑高度重视，网络口碑的实质就是顾客之间对产品看法和意见的互动，后续消费者会根据已有的口碑进行消费者决策；基于此，互动口碑成为产品营销的战略。

以上关于"大数据"时代顾客价值创造方式的分析，一个共同的特点是，价值创造的主体变得模糊，社会互动日益突出。传统"以顾客为本"的战略思维，强调企业需要洞察市场、洞察顾

---

① http://finance.sina.com.cn/hy/20140323/101718586672.shtml.

客需求，进而设计新产品或改进已有产品，从而满足顾客需求并创造价值。在"大数据"时代，市场价值创造的主体变得模糊，社会互动的影响突出。同时由于大数据技术的发展，社会互动能够被观察和有效控制。因此，大数据对"以顾客为本"战略思维的影响，主要表现在重视企业和利益相关者的社会互动，如同供应商互动设计更好的零部件，同顾客互动设计新产品、测试新产品、营销新产品。基于和利益相关者的互动，以更高的性价比创造价值，满足顾客需求，从而获得竞争优势。

# 四、"大数据"时代的"大数据"战略思维

以上分析了"大数据"对以资源、竞争和顾客为本战略思维的影响。讨论了"大数据"时代应发展的新的资源、竞争和顾客战略思维。除此之外，在"大数据"时代还应有"大数据"战略思维。在互联网时代，人们经常讨论怎样用互联网的方式思维，应该持有互联网的思想、互联网的思考方式。类似地，在"大数据"背景下，应该有"大数据"的思考方式、思维方式。参考美国西北大学陈宇新教授的论述，[①]"大数据"时代应发展的"大数据"战略思维内涵是"定量、跨界、执行和怀疑"思维。

定量思维，指的是一切皆可测，虽然现实经营的情况不是一切都可测量，但是要抱有这样的信念。譬如现在很多高端餐饮连锁企业都有消费卡，但只记录顾客的消费金额；关于顾客消费什么（点什么菜）则并没有记录。如果有了这样的记录，每个顾客来之后，不仅能知道他花费多少金额，也能准确判断出他的偏好（吃了什么）。管理者如果具备定量思维，秉承一切皆可测的思想，记录有用的顾客信息，将会对企业的经营和战略决策产生积极作用。

跨界思维，即一切皆可联，企业经营的各方面之间都有联系，应该发挥领导者的想象力，将看似不相干的事物关联起来。比如移动终端和 PC 终端的跨界，微信、社交网络跟电子商务的跨界，通过跨界能够开创新的商业模式。

执行思维，指一切皆可用，执行思维强调充分地发掘、利用"大数据"。企业收集大量的数据，存放着不用是浪费企业资源。企业应该落到实处，将"大数据"蕴含的市场信息发掘出来，并执行下去，实时对市场和利益相关者做出反应。

怀疑思维，指一切皆可试。企业获取了"大数据"，进行分析获取一定信息之后，往往有时会导致决策产生更大的偏差。认为有了数据的支持就觉得实际情况就是如此，从而忽略了深入的思考。实际上，往往有的时候数据会产生误导，所以不能对数据有盲从的思想，要有一个怀疑试验的思想。一个例子是，航空公司经常根据顾客在本公司的花费计算其顾客价值，进而根据顾客价值的大小采取不同的营销策略；假如 A 顾客在某航空公司年花费 2000 元，公司可能将其归类为低价值顾客，但该顾客在其他航空公司年花费超过 2 万元。面对这样的情形，航空公司仅仅根据自己掌握的顾客"大数据"进行决策，难免会产生错误决策。因此，需要有怀疑思维，要思考获得的"大数据"是否全面，不能盲目认为只要拥有"大数据"，就能进行精准的决策。

---

① http://finance.sina.com.cn/hy/20140102/135517823008.shtml.

# 五、结论

基于以上分析，"大数据"时代应该将传统的战略思维升级到 2.0 版本，同时应发展"大数据"战略思维。"大数据"时代的企业战略思维总结如表 2 所示。

**表 2 "大数据"时代的企业战略思维**

| | | 理念 | 手段 | 目的 |
|---|---|---|---|---|
| 传统企业战略思维的 2.0 版 | 以资源为本战略思维 2.0 版 | "大数据"是核心战略资源 | 基于"大数据"挖掘，获得关于市场和竞争的独特认知 | 基于"大数据"的独特认知获取竞争优势 |
| | 以竞争为本战略思维 2.0 版 | "大数据"改变了行业结构特征 | 依托"大数据"重新审视五种力量 | 制定适应"大数据"时代的竞争战略 |
| | 以顾客为本战略思维 2.0 版 | 社会互动改变价值创造模式 | 依托"大数据"技术测量、控制社会互动 | 基于社会互动创造独特顾客价值 |
| "大数据"战略思维 | 定量思维 | 一切皆可测 | 记录有用的市场信息 | 获得市场灼见 |
| | 跨界思维 | 一切皆可联 | 将看似不相干的事物联系起来 | 开拓新的商业模式 |
| | 执行思维 | 一切皆可用 | 充分利用好"大数据" | 基于"大数据"的独特认知，实时对市场和利益相关者做出反应 |
| | 怀疑思维 | 一切皆可试 | 基于多渠道的信息，检验"大数据"信息的可靠性 | 提升基于"大数据"信息决策的正确性 |

"大数据"时代，消费者的决策方式、购买行为发生显著的变化。为此，企业经营管理过程中的战略思维应该进行变革。一方面，要对传统以资源、竞争和顾客为本的战略思维进行升级拓展；另一方面，要发展形成全新的"大数据"思维。本文主要围绕这两方面进行了讨论和梳理，期望对"大数据"时代、企业的战略管理变革有所启示。

企业的战略思维涉及企业管理的最高层次，关乎企业的生存与发展前景。正如人们常言"思想有多远，舞台就有多大"。当代企业管理者或创业者要想获得商业成功、筑百年基业，首先要具备"大数据"时代的战略思维。试想成立不到四年的"小米"科技如何实现从零到 400 亿美元估计市值的爆发式增长？1999 年创立的阿里巴巴如何在 2014 年 9 月成为全球第二大互联网公司？正是企业领袖们的战略思维——"大数据"时代的战略思维，引领他们开创新的商业模式、新的价值创造方式，更好地为顾客、为社会创造价值，最终成就了企业的爆发式增长。因此，升级传统战略思维、发展"大数据"战略思维，是"大数据"时代企业可持续发展的先决条件。

**参考文献**

[1] Garratt B. Developing Strategic Thought [M]. New York：McGraw-Hill，1995.

[2] Prahalad C. K.，Hamel G. The Core Competence of the Corporation [J]. Harvard Business Review，1990.

[3] 陈强，吴金红，张玉峰. 大数据时代基于众包的竞争情报运行机制研究 [J]. 情报杂志，2013，32（8）.

[4] 冯芷艳，郭迅华，曾大军，陈煜波，陈国青. 大数据背景下商务管理研究若干前沿课题 [J]. 管理科学学报，2013，16（1）.

[5] 韩伯棠，张平淡，郭怀刚. 企业战略管理的战略思维比较 [J]. 经济与管理研究，2001（5）.

[6] 贾利军，许鑫. 谈"大数据"的本质及其营销意蕴 [J]. 南京社会科学，2013（7）.

［7］黄升民，刘珊."大数据"背景下营销体系的解构与重构［J］.现代传播，2012（11）.

［8］黄晓斌，钟辉新.大数据时代企业竞争情报研究的创新与发展［J］.图书与情报，2012（6）.

［9］刘丹，曹建彤，王璐.基于大数据的商业模式创新研究——以国家电网为例［J］.当代经济管理，2014，36（6）.

［10］迈克尔·波特.竞争战略［M］.北京：华夏出版社，1997.

［11］王爱国.高技术企业战略思维模式的创新研究［J］.科学学研究，2005，23（Supp）.

［12］吴忠，丁绪武.大数据时代下的管理模式创新［J］.企业管理，2013（10）.

［13］杨刚，李光金.企业战略思维新探：内涵、过程及要素［J］.华东经济管理，2011，25（2）.

［14］云鹏.在"大数据"时代，如何找到垂直价值［J］.企业观察家，2012（11）.

［15］资武成."大数据"时代企业生态系统的演化与建构［J］.社会科学，2013（12）.

［16］张建设.大数据：战略论的终结与社会化决策的兴起［J］.企业管理，2012（10）.

# 新一代科技企业孵化器战略联盟形成及运营机制研究

彭正银　巫雪薇

[摘要] 在新时期，构建以孵化器为主导的孵化器—政府—创投企业三方协作的新一代科技企业孵化器战略联盟对于整合社会优质资源、培育创业企业、加快建设创新型国家至关重要。本文从孵化器、政府、创投企业三方的特质资源禀赋出发，分析三方形成战略联盟的必要性及合作动机，确定孵化器为联盟发起方和主导者，政府和创投企业为响应方，并针对孵化器的四大核心功能分别设计运作机制和战略联盟协作模式，以实现"1+1+1>3"的协同效应。

[关键词] 战略联盟；合作动机；运作机制；协作模式

# 一、引言

科技企业孵化器作为培养创新企业和创业企业家的载体而备受关注，在推进科技企业创新，从而强化科技发展和区域经济效益上正发挥越来越重要的作用。纵观我国科技企业孵化器的发展历程，总体经历三个阶段（王德禄，2012）。第一代孵化器从1987年中国第一家孵化器，即武汉东湖新技术创业中心成立，这一阶段是国内孵化器建设的探索和萌芽阶段。第一代企业孵化器的建设是一种纯政府行为，其核心功能是培育中小企业，体制较为僵化。政府从选择被孵化企业、寻找场地、筹集资金到资源配置、管理经营、利益分配等过程，均居于主导地位，全程参与。第二代孵化器从2000年至2009年，多呈现出"空间"或者"空间+服务"的模式，以"卖房"为主，服务为辅，且软性服务不完备。国内孵化器在过去十多年的发展中积累了一定经验，房地产商开始进入孵化网络。在政府的统一规划和领导下，房地产商与企业孵化器积极互动，既盘活了闲置、低效的商业楼宇，带动楼宇业态升级，又为孵化器提供了经济适用的场地。从2009年以后，孵化器的发展进入新时代。第三代企业孵化器以经营为主，房地产商的作用降低，政府的角色由主导变为引导，第一、第二代企业孵化器普遍存在的事业型管理模式开始逐渐转变为企业型模式或事业、企业型管理方式并重。此外，企业孵化器网络组织和区域集群也应运而生，创投企业、相关中介机构、高校、科研院所等共同参与进来，呈现出形态多样化、管理市场化、投资主体多元化、服务专业化、资源聚集化和组织网络化的发展趋势。

"十二五"规划以来，我国科技创业活动已进入高度活跃期，对孵化服务的需求更加迫切。然而，我国现有孵化器的服务水平和运行机制均不能满足提高自主创新能力与经济健康发展的需要，

---

* 彭正银（1963-），男，安徽桐城人，教授，博士生导师，管理学博士，研究方向为网络治理与组织行为；巫雪薇（1992-），女，安徽滁州人，管理学硕士，研究方向为网络治理与组织行为。

这要求我们对新一代科技企业孵化器的功能重新定位，探索契合在孵企业需求的运营模式。现有的对科技企业孵化器运行模式的理论及实证研究主要局限于孵化器自身的运作管理，或者探讨创投企业参与孵化器建设的融资路径，构建孵化器与创投企业战略联盟，或探讨政府在孵化器发展中的作用及方式，而鲜有针对孵化器、政府和创投企业三方构成战略联盟、协同促进创业企业发展的新一代科技企业孵化器的运行模式研究。

战略联盟作为经济主体间合作的一种形式，自20世纪80年代以来，就在世界范围内得到迅猛发展。"强强联合"能从整体上提升联盟实力，实现多方共赢。本文拟提出以新一代科技孵化器为主导、政府和创投企业为"两翼"的三方战略联盟，重构运营模式，这将对孵化器自身的综合竞争力产生变革性影响。此外，与第一、第二、第三代孵化器相比，新一代企业孵化器将政府作用从中分离出来，政府要改变对孵化器的支持方式，由主导地位变为引导，鼓励社会资本进入，使孵化器向企业化、市场化、多元化方向发展。

# 二、国内外研究综述

## （一）战略联盟理论概述

### 1. 战略联盟形成动机研究

战略联盟中各个参与主体的动机很复杂，很难用一个统一的框架对其分析。我国学者郭煌常（1990）提出，战略联盟的形成有三个最基本的目的：一是要分担企业本身不能独立承担的成本和风险；二是通过与另一主体交换互惠条件，通过外力开拓企业的目标消费群和市场；三是为了共同支援发展某一特定的产业。吴青松（1996）则认为，进入战略乃是影响企业营运目标的重要变数，尤其对国际企业而言，进入方式的选择对其未来的经营绩效产生重大影响。他将参与战略联盟的动机总结成以下四种：第一，利润导向型，改善现金流量，提高投资报酬率，降低成本；第二，市场导向型，市场稳定、市场渗透和市场榨取；第三，竞争导向型，包括创造竞争局势、阻滞竞争者、追随竞争者和追随客户；第四，战略导向型，实施控制战略、技术转移战略、产品多元化战略或地区多元化战略。

Eelmuti 和 Kathawala（2001）认为，战略联盟强调在密切彼此关系的基础上，提升企业竞争力，让联盟中的成员充分发挥各自优势，以加强整体收益，同时各方都希望以互利互惠的合作关系使自身利益增加。主要动机包括以下四个：一是学习先进技术、提升产品及服务品质并降低成本；二是成长战略与进入新市场；三是保持或提高竞争优势；四是避免财务困境，促进研发成本合理分配。

总体来说，经济主体参与战略联盟，是在联盟文化相互兼容的基础上，基于联盟的资源特征，将实力相当、相互信任的各方的价值创造能力（如规模经济优势、技术创新能力、市场营销能力、运营管理能力等）汇聚起来，相互交融并实现增值，从而带给各方更大的价值。因此，构建孵化器战略联盟，也需要找到联盟各方的利益集合点，寻求主动协作。

### 2. 战略联盟管理研究

战略联盟建立之后能否实现预期目标，很大程度上取决于管理。联盟管理和企业管理不同，有其独特的规定性。Birnbirg（1998）从联盟成员的相互依赖性和不确定性的不同程度两个维度，研究组织主体间的控制问题。这两个维度的重要性会根据环境的不同而变化，不同组合会导致联盟主体控制关系的差异。在战略联盟的合作中，各方可能会采取非合作的投机行为，以此为所在的母公司谋取利益。所以要设置一套完善的规则体系（契约），来规范联盟内各主体的行为，从而提高联盟管理过程中的有序性和公平性，保护其他主体的利益，促进联盟的长期存在与发展。针对降低这种因信息不对称和道德风险引起的机会主义行为这一问题，Minehart（2001）等提出价格竞争和猎枪规则，以确定战略联盟终止后剩余财产的分配机制。马成樑（2005）也认为信任是战略联盟持续运作的纽带，应当在联盟内部建立信任评审体系，考虑合作伙伴的信誉、风险偏好、行为机制等；同时还要建立完善的约束机制，对缺乏信誉和有违约行为的联盟成员给予相应的惩罚，以防止欺骗和机会主义。Ybarra（2009）则基于社会交换理论和交易成本理论比较分析了技术联盟成员之间的信任水平，发现较高的依赖性和不稳定性使信任成为战略联盟合作维系的关键，既能有效提升战略联盟的绩效，又能增强成员企业间相互学习的能力。

此外，钟丽萍等（2010）认为，科学高效的战略联盟运行对联盟的产生、发展以及结束过程提供保障，并提出选择机制、动力机制、分工机制、协调机制、利益分配机制、保障机制六种机制。任旭等（2010）着眼合作企业间感性信任构建、发展的过程，基于联盟企业间信任内涵和特性区分联盟治理机制，提出构建高效关系契约治理机制。胡争光等（2011）提出产业技术创新战略联盟网络的战略金三角以及联盟分享机制与风险分担机制等战略问题。

可以看出，信任对于战略联盟的管理及关系维系的持久性十分关键，联盟各方要找出彼此的利益集合点和共同目标，在共同信任的基础上，辅助设计并执行相应的规则制度、惩罚与激励方案及严密的监管体制。同时，战略联盟的管理，要涵盖从组建、运行、发展、利益分配到退出的整个过程。

## （二）协同运作机制研究概述

### 1. 企业孵化器与创投机构的协同研究

对企业孵化器与创投企业的协同研究最早出现在美国，Raymond W. Smilor（1987）、Allen D.N.（1985）、Moore（1991）等学者都指出，提供财务与融资管道，包括引介创投与投资人的加入是孵化器的重要内容，指出孵化器与创投企业结合的可能性。我国学者对两者的结合也有诸多研究与探索。

（1）孵化器与创投企业结合的必要性和意义研究。李刚、张玉臣、陈德棉（2002），翁建民（2007），马文思（2007），瞿群臻（2005）等学者认为，资金可能是科技企业孵化器及其在孵科技企业发展的瓶颈，仅靠政府的公共资金难以满足在孵企业的需要，孵化器还应该提供融资服务，并对它们的融合模式进行了一些研究，还有的在融合决策中引进了博弈思想。在新经济下，高新技术企业、孵化器和风险投资形成了一种"多赢互利"的关系。这些研究成果体现出了科技企业孵化器与创投企业融合的趋势性。

（2）孵化器与创投企业结合的机制研究。李刚等（2002）对孵化器如何引进投资做了开拓性研究。蔡强、金月皎（2002）结合新经济的特点探讨孵化器与风险投资的融合之路。宋华静（2003）从可行性、资金管理、投资原则、项目管理及风险退出机制等方面，详细讨论了以孵化器为依托的风险投资的具体运作。胡艳、陈云（2004）研究了孵化器与风险投资协同发展模式，在理论上从功能互补、出资方式和组建公司等方面讨论了6种可能的协同发展模式。

（3）孵化器与创投企业结合的障碍研究。张震宇、史本山（2010）认为，孵化器与创投企业合作对提高品质服务和实现高效益投资难以兼顾，对不同在孵企业产生"待遇歧视"。翁建明（2010）认为，科技企业孵化器与创投企业有目标冲突，它们是两种不同的经济组织，追逐不同的经济和社会目标。孵化器的存在是为降低新创企业的创业风险和成本，提高其成活率，创投企业是要通过所投资的高科技企业的价值增值实现经济收益。二者融合虽然能因信息、资源、管理的共享而降低交易成本，但总的交易成本是否减少却有待考证，并且二者结合后，专业化优势大打折扣。

2. 企业孵化器与政府的协同研究

在科技企业孵化器发展过程中，政府是一个重要力量，在项目投资、制定政策法规和资金投入等方面起到至关重要的作用。

我国学者吴寿仁等（2003）提出，各国政府对企业孵化器的支持主要体现在以下几个方面：一是出台有关企业孵化器的立法，使孵化器的服务与活动有法可依；二是对孵化器的建设与经营提供经费资助；三是国家实施企业孵化器计划。石泉（2006）认为，政府原有的部分对孵化器的优惠政策可能与当地税收政策相悖而无法实施，应当认真厘清并调整，实施新的技术引导经济开发战略。冯进和吉亚辉（2007）认为，政府在孵化器发展建设中始终发挥重要作用，通过一系列税收、金融、进出口及产业支持等优惠政策，促进高新技术企业在园区集聚。但一些问题也不容忽视，如计划色彩过浓、单位体制多为"事业单位企业化管理"、投资渠道过于单一、产权不清、管理不科学等。朱启寰（2006）、张向晨（2011）、王少珺（2012）都提出，随着企业孵化器的成熟，政府角色应当由主导变为扶持，孵化器应当市场化运作。

3. 企业孵化器、创投企业、在孵企业的协同研究

天津大学的赵黎明（2012）教授曾对科技企业孵化器、创投企业与创业者的三方合作关系有深入研究，他认为，科技企业孵化器的管理扶持力、监控力与创投企业的市场推动力、资本运作力对于初创企业来说缺一不可，三方联盟已成为重要的战略联盟发展趋势。基于此，他阐述了三方战略联盟网络演化趋势，并构建三方联盟绩效影响因子的结构方程模型。但是，赵黎明教授所界定的三方与本文的三方联盟系统不同，后者引入了政府在孵化网络中的重要作用。

可以看出，现有的孵化器网络研究多集中于企业孵化器与创投企业两者之间，构建企业孵化器与金融机构的融合发展机制，或是关注科技企业孵化器中政府的作用及角色的转变，而很少将三者结合起来，构建三方战略联盟运作机制。在经济更加开放、外部联系更加密切的背景下，孵化器已不可能保持经营体制的完全独立。政府、创投企业作为科技型企业孵化网络中的重要相关方，对于促进孵化器顺利向在孵企业提供全方位服务，发挥着不可替代的作用。

# 三、孵化器战略联盟三方选择及合作动因

随着全球经济一体化的发展，完全独立的经营模式早已不复存在。科技企业孵化器、政府、创投企业三者的网络内联合，将创新资源连接成一个动态发展的网络系统，能为入孵企业发展提供更好的条件。

## （一）孵化网络中三方的角色和职能

新一代科技企业孵化器要为创业企业提供经营场地、共享空间、网络通信等基础设施以及培训、咨询、融资、法律、政策和市场推广等全方位服务，而这一过程的顺利实现，离不开政府和创投企业的协作。建立孵化战略联盟的目的，就是各联盟方为实现凭自身条件无法完成的目标，通过资源互补和整合，达到"1+1+1>3"的协同效应。政府和创投企业作为新一代科技企业孵化器的"两翼"，在将创新资源连接成一个动态发展的网络系统、助推创业企业迅速成长中有着不可替代的作用。由于自身特点和职能不同，它们在促进创业企业成长的过程中扮演不同角色。

**1. 科技企业孵化器**

科技企业孵化器作为三方战略联盟的发起者和主导者，是直接面向中小创业企业的服务机构，是推动风险企业发展的有效载体，具有聚集、协调、分配资源和提供服务的功能。

新一代科技企业孵化器应当具备两大类功能（见图1）：一是基本功能，包括办公空间等场地设施、网络通信等基础设施以及物业服务。二是核心功能，包括以下四个方面：交流，即为各在孵企业提供互相交流、与"创业导师"交流、与投资者交流、与政府有关人员等交流的平台，如定期举办创业沙龙、交流会、茶吧会等，交流创业中遇到的困难和经验；共享，即对企业的孵化服务不能停留在简单的硬件设施上，还要构建网络共享平台，支持网络内成员共享最新信息、先进技术等资源；融资，要求科技企业孵化器厘清创业企业获得融资的各种阻碍，并有的放矢地创新科技金融服务，打造科技金融信息服务平台，集聚和整合科技企业和各金融机构等信息资源及政策资源；培训，即为在孵企业提供管理理念、税收政策、法律知识、营销策略等方面的培训，尤其要提高创业者和管理者的素质，注重对人力资本的投入，增强入孵创业公司的创业认知、捕捉市场机会和知识协调能力，使创业企业出园后仍保持发展后劲，实现可持续发展。

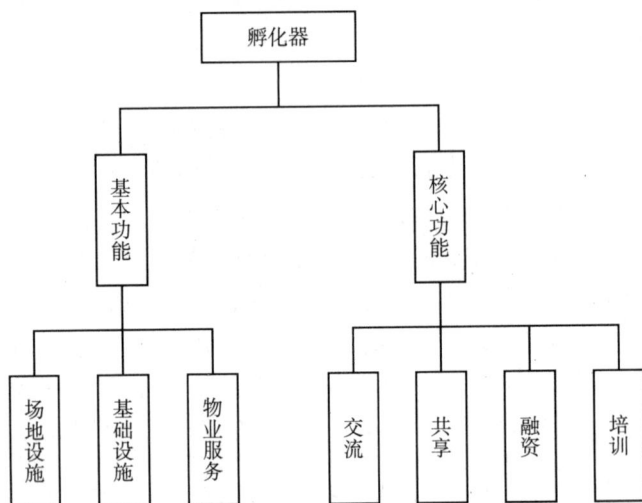

**图1 孵化器的服务功能**

**2. 政府**

政府的功能与定位决定着科技企业孵化器及在孵企业是否能够发展壮大。过去的孵化器多以政府为主导，导致发展模式僵硬、效率低下、财政压力大、资金不足等问题，而新一代孵化器将政府作用从中分离出来，政府要改变对孵化器的支持方式，建立对孵化器运行的激励与监督机制，鼓励社会资本进入，政府角色由主导变为引导，使孵化器向企业化、市场化、多元化方向发展。政府在营造良好政策环境、提供财政支持、引导区域主体参与要素协调运作、激励孵化器高效率服务中将发挥越来越重要的作用，是科技政策的制定者和良好合作氛围的营造者，能对三方战略联盟的形成和稳定进行激励、协调、引导（见图2）。但在目前，政府的政策与孵化器和在孵企业的需求仍存在偏差，极大地影响了后者的发展。因此，合理界定政府职能和角色，加速构建现代孵化企业金融服务体系，对创业企业的成长、发展和壮大都至关重要。

**3. 创投企业**

创投企业最大的作用是作为风险资本的提供者。以创投企业为主导的金融服务体系能形成及时、有效、匹配的资金支持，从而打破创业企业因缺乏资本造成的"瓶颈"。此外，创投企业在合作中还能为在孵企业提供如市场开拓、管理指导、战略制定、专业人才招募、外源融资等一系列增值服务（见图3）。

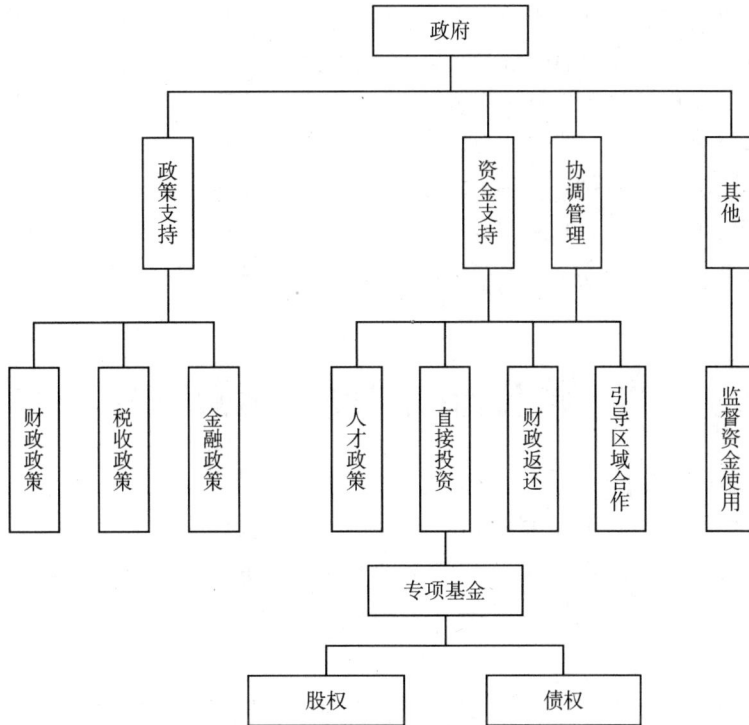

**图2　政府的服务功能**

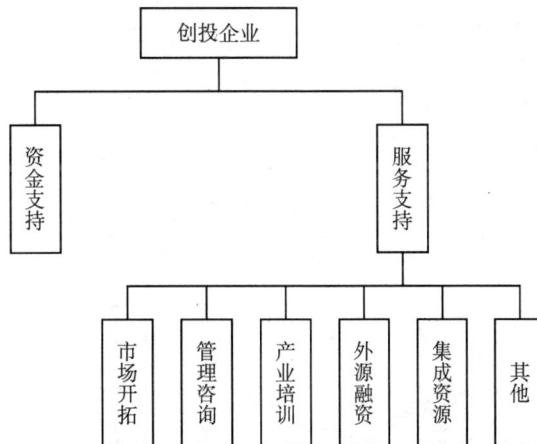

**图3　创投企业的服务功能**

## （二）三方合作动因

合作动因是促使有关各方产生合作意愿的因素。从政府受益点来看，通过与金融机构、孵化器的联合，可以提高政府资金使用效率，减轻财政支持创新企业发展的负担，使政府资源获得最大化利用。同时，成功孵化的项目和企业，顺利成长与发展，能增加就业和当地居民的收入，带来更多税收，提高区域经济实力，促进产业结构升级和调整，具有很大的经济效益和社会效益。

从创投企业的角度看，首先，信息的不对称性导致一方面风险投资机构找不到好的项目投资，而另一方面好的孵化项目却无人投资。因此，创投企业更大程度地参与到孵化器的建设中，既能基于成本效益原则获得高质量项目源，大大降低风险投资的搜寻成本，提高闲置资金使用率，又能减少信息不对称和资本市场的不完美性，调节不同投资阶段的不同投资偏好，降低投资风险。其次，创投企业着眼于国家大力扶持的新型高科技创新项目和产业，承担社会责任，有助于树立良好的企业形象，提高知名度和影响力，从而吸引更多优质项目，并有机会从企业外部获得新知识和新能力，加速发展。此外，还能享受相关政策优惠。

从孵化器的角度来看，仅仅依靠其自身力量，必然无法满足创业企业从成果转化到入孵、再到毕业所需的大量资金，随着技术的迅猛革新和竞争的日益残酷，创业企业要生存发展，还需要孵化器提供其他软性服务，如专业咨询、管理培训等，而这也不是孵化器个体所能承担的。因此，孵化器必须引入掌握关键资源和联系的政府和创投企业两大主体，解决资金不足的问题，协助其顺利实现融资、交流、共享、培训四大功能的传递，提高在孵企业毕业的质量和数量。

# 四、孵化器战略联盟运营机制

对于孵化器的功能，尤其是四大核心功能的实现，需要以孵化器为主导，形成孵化器—政府—创投企业三方战略联盟才能完成。在这个联盟中，孵化器是主导方和发起方，政府和创投企业是响应方（见图4）。三方协作，形成了以孵化器为资源聚集和分配中心的完整的创新产业链和价值链。

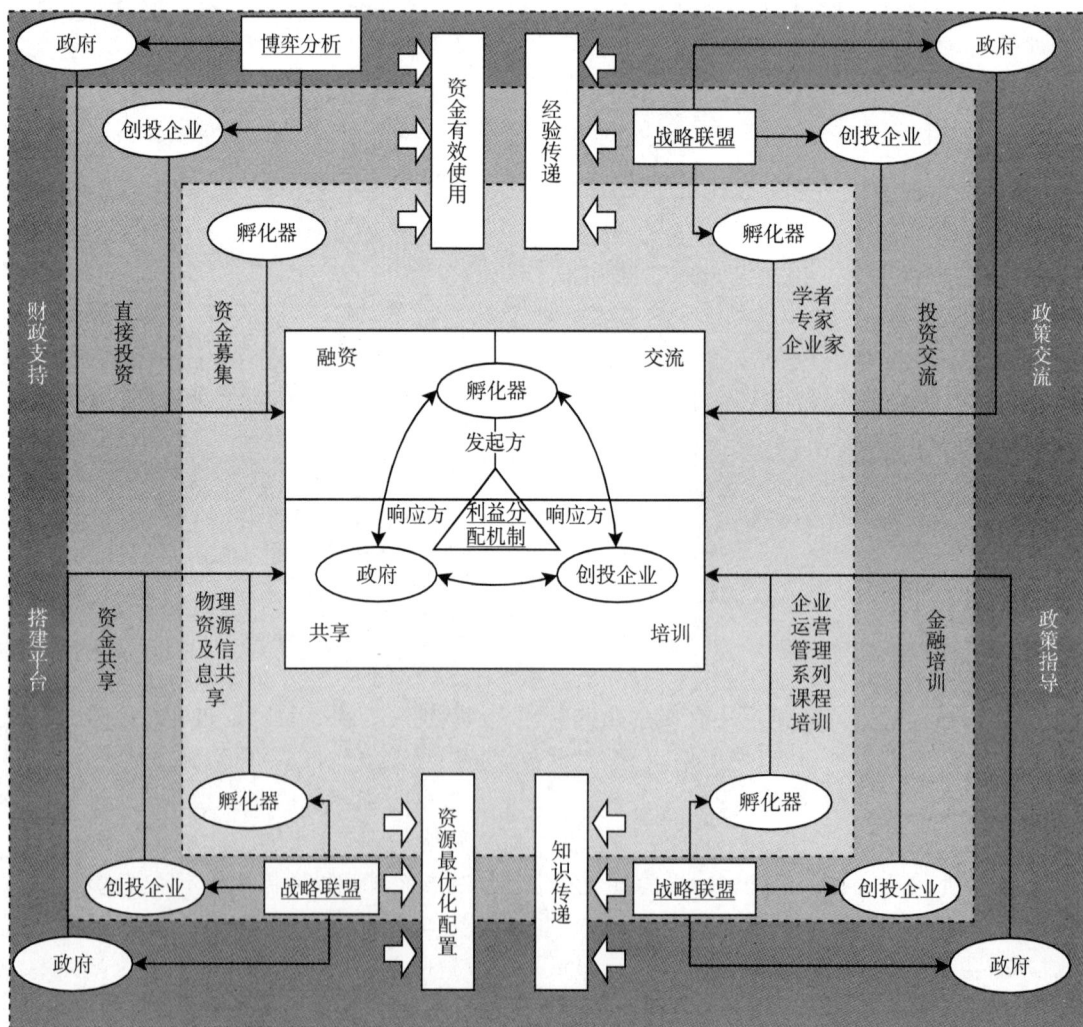

**图4　三方联盟服务机制**

## （一）融资

新一代科技企业孵化器中，由于孵化器的自有资金很少，创业企业发展资金的主要来源是创投企业的直接投资。因此，孵化器首先要对创投企业进行评估和筛选，确定参与合作的投资主体。对创投企业的选择应当多样化，广泛的资金来源能保证孵化器和在孵企业不会因某一个投资机构的变化而陷入资金链断裂的危机，增强风险抵御能力。政府机构也要以专项拨款、税收返还等方式给予资金资助。这样，孵化器作为资金募集者，将来自三方的资金汇集形成一个"资金池"，统一分配和管理。根据所孵化的项目和企业在入围评审阶段、全面孵化阶段、孵化毕业阶段对资金需求的数量和形式不同确定资金投入，从而有效避免创投企业不愿意在风险较大的企业初创阶段投入资金的情况，提高孵化成功率。通过设立种子基金、天使基金、奖励基金等，统筹资金流向，及时跟踪被投企业发展状况、科学评估资金的投入与产出效率，根据其发展潜力和绩效，确定继续投入的可行性。

同时，资金的分配和使用过程也离不开政府和创投企业的监督，以减少信息不对称和机会主义，降低孵化器与在孵企业的合谋概率，提高资金使用效率。战略联盟的三方要成立专门的资金使用监督机构，共同确定决策权分配和利益分配机制，制定并执行严格的投资审批程序。此外，通过引入由第三方专门记录的信息披露机制，能有效提高社会公众对孵化器行为的监督力度和市场声誉对孵化器管理者的震慑力度。

对于收益的分配，三方要遵循互惠互利以及风险与利益相对称的原则，按照投入所对应的股权比例确定利益所得，同时充分考虑联盟各方在孵化过程中承担的风险大小确定分配方案。例如，创投企业在高风险的企业初创期投入的资金，收益具有很高的不确定性，而企业孵化成功后，其所获得的股份回报和增值资本必然最大。政府也可以根据所投项目的风险性，从社会效益的角度，给予创投企业和孵化器一定补贴，包括税收优惠、财政返还等，以鼓励投资。

被孵化的创业企业价值做大后，从"资金池"流出的资金最终可以以股权回购的方式退出，或者作为债权要求其创业成功后返还出资。获得保值增值的资金在流回"资金池"后，又能继续支持下一个项目和创业企业，从而形成资金链的良性循环，为在孵企业创造稳定、健全的融资环境，促进科技企业孵化器的持续发展。

## （二）交流

在孵企业与"创业导师"、投资者、政府有关人员等交流以及创业者之间互相交流的过程中，能及时沟通创业中遇到的困难和经验，避免错误的重复发生。同时，交流也为各在孵企业提供了自我推介的机会，扩大企业知名度和社交网络，为自己寻求人脉资源和商业机会。孵化器在三方战略联盟中扮演中介的角色，引入学者、专家、企业家等，而创投企业和政府作为其中的响应者之一，发挥自身的专业优势，分别派出投资交流人员和政策交流人员。这样，孵化器能汇集多方交流资源，通过定期举办创业沙龙、交流会、茶吧会、联谊会等扩大孵企业接触面和曝光度，促进企业成长。

## （三）共享

共享不仅包括为创业企业提供可以负担的物理空间和办公资源等，实现硬件设施的共享，还包括最新信息、先进技术等"软知识"的共享，并且在新一代科技企业孵化器的建设中，后者的共享对于孵化器的生存力和竞争力更具决定作用。孵化器作为汇集各类资源的平台，通过构建一个涵盖各种必要资源的社会网络，帮助创业企业建立起各种商业资源的联系，如共享与配套加工、制造业、物流业等产业链中企业的联系和资源，共享与银行、证券等金融机构之间的联系和资源，共享与市场、消费者的联系，共享与高等院校、重要实验研究设备所有者之间的联系和合作关系等。孵化器要对各种资源进行管理、整合，然后根据各方需求提供全面的共享服务，从而实现资源的密集交汇、多向流动和动态循环。

这一核心功能的顺利实现，也要求战略联盟中的政府和创投企业发挥"两翼"作用。一方面，投入一定金额的专项基金，用于支持科技企业孵化器的网络通信建设、公共服务平台搭建、专业实验室的仪器设备的购置、更新与改造等一系列共享设施的建设。另一方面，政府和创投企业要充分利用自身特有的社会资本和关系资本，完善孵化器的资源平台。例如，政府关于宏观经济状况、产业发展、市场调研等方面的数据库的共享，对于创业企业预测行业前景、选择适合自己的发展方向、确定目标市场和消费者定位、制定未来战略有重要的借鉴意义，而创投企业关于融资渠道等资源的共享对在孵企业发展也很关键。

### （四）培训

提供培训，能提高创业企业家的整体素质，增强入孵创业公司的创业认知、捕捉市场机会和知识协调能力。孵化器、政府、创投企业三方应当从各自的优势和专长出发，着手提供培训服务。孵化器侧重于企业发展战略、持续运营和协调、品质管理、市场调查、市场营销等方面的培训；政府及时传递国家最新相关法律法规和方针政策、指明调控方向，开展工商登记注册、纳税申报、申请政府经费流程和资格等方面的专题讲座，引导项目向政策倾斜的方向运作，以充分享受政策优惠；创投企业致力于金融培训，对融资渠道的寻找、财务规划、商业计划书、资本运作、行业研究报告、项目评估等知识进行普及。此外，孵化器还可以引入会计师事务所和律师事务所等中介咨询机构以及高等院校和科研院所，为在孵企业开展有关企业初创及发展、经营过程中的财务、法律、税务筹划等方面的培训课，以促进科技成果转化、扶持科技创新。全面的知识储备能使毕业后的创业企业仍保持充足的发展后劲。

# 五、结论与建议

本文首先从战略联盟的角度，对应当纳入孵化网络的三方进行必要性分析，即联盟成员的选择问题。孵化器、政府、创投企业三方形成战略联盟，对于建立适应现代中小创业企业服务需求的新一代科技企业孵化器而言十分关键，任何一方都不可缺少或被替代。三方拥有各自的特质资源，只有彼此协作，才能顺利实现孵化器的基本功能和四大核心功能，传递价值，尤其是解决孵化器资金不足的问题。其次，分别对三方参与战略联盟的动因进行分析。三方联盟，符合联盟成员的利益诉求，各方能实现个体利益与集体利益的统一，最终达到"1+1+1>3"的效果。最后，对新一代科技企业孵化器的运营模式从融资、交流、共享、培训四大核心功能实现的角度展开分析。孵化器在战略联盟中作为各种孵化行为和功能的发起方和主导者而存在，汇集各种资金、信息等资源，按照创业企业不同阶段的不同需求进行统一管理和分配。政府在孵化器的管理和运营中，不再起主导作用，而是通过政策等进行引导和激励。政府和创投企业都是联盟中的响应方，作为孵化器的"两翼"，积极配合并监督孵化器履行职能，充分发挥自身特有资源和社会资本的优势，维系战略联盟的稳定、协作，以实现创业企业成活并发展这一共同目标。

**参考文献**

［1］Eelmuti Dean, Kathawala Yunus. An Overview of Strategic Alliances［J］. Management Decision, 2001, 39

（3）.

［2］Birmbirg J.G.，Control in Interfirm Coorperative Relationships ［J］. Journal of Management Studies，1998，35（4）.

［3］Das T. K.，Teng B. S.. Trust Control and Risk in Strategic Alliances：An Integrated Framework ［J］. Organizational Studies，2001，22（2）.

［4］Allen D.，Rahman S.. Small Business Incubators：A Positive Environment for Entrepreneurship ［J］. Journal of Small Business Management，1985，23（3）.

［5］Rhonda Philips G.. Technology Business Incubators：How Effective as Technology Transfer Mechanism ［J］. Technology in Society，2002（24）.

［6］Marilena Doncean. Business Incubators for Young Entrepreneurs，a Model for the Romania –Ukraine –Republic of Moldova Cross–Broader Cooperation ［J］. Agronomy Series of Scientific Research，2013（56）.

［7］张景安. 中国孵化器发展与自主创新战略 ［J］. 中国软科学，2007（11）.

［8］王婉，陈智高. 基于知识结构的企业孵化器服务能力分析 ［J］. 科技进步与对策，2009，9（26）.

［9］徐书勇，侯和银. 基于可持续发展视角的科技企业孵化器发展对策研究 ［J］. 科技进步与对策，2009，9（26）.

［10］林德昌，廖蓓秋，陆强，王红卫. 科技企业孵化器服务创新影响因素研究 ［J］. 科学学研究，2010，6（28）.

［11］尤荻，戚安邦. 科技企业孵化器知识服务互动模式研究 ［J］. 科技进步与对策，2013，1（30）.

［12］翁建明. 科技企业孵化器与风险投资的融合 ［J］. 科技创业月刊，2007（8）.

［13］马文思. 试析我国风险投资与孵化器的融合模式 ［J］. 商业文化，2007（9）.

［14］瞿群臻. 论孵化器与风险投资融合的博弈决策 ［J］. 运筹与管理，2005（12）.

［15］李刚，张玉臣，陈德棉. 孵化器与风险投资 ［J］. 科学管理研究，2002（6）.

［16］蔡强，金月皎. 新经济下我国孵化器与风险投资的融合发展 ［J］. 政策与管理，2002（10）.

［17］宋华静. 高新区风险投资与企业孵化器融合发展探析 ［J］. 经济师，2003（8）.

［18］胡艳，陈云. 企业孵化器与风险投资协同发展模式 ［J］. 武汉理工大学学报，2004（12）.

［19］吴寿仁，李湛，王荣. 中美法韩四国企业孵化器的比较研究 ［J］. 上海经济研究，2003（2）.

［20］王少珺. 科技企业孵化器建设中政府作用研究 ［J］. 天津商业大学学报，2012（3）.

［21］赵黎明，吴文清等. 科技企业孵化器与创投合作治理及政策研究 ［M］. 北京：中国经济出版社，2013.

［22］马庆斌，刘晓丽，李同升. 企业孵化器及其空间分析——以西安创业服务中心为例 ［J］. 人文地理，2002，17（2）.

［23］孔善右. 我国科技企业孵化器的发展现状分析 ［J］. 现代科学管理，2008（8）.

# 龙头企业自主创新、跟随企业模仿创新与产业集群升级
## ——基于玻璃机械制造集群的多案例研究

崔瑜　张健　周江华　焦豪　申嫦娥[*]

[摘要] 产业集群对于区域经济和国家竞争力的构建起着至关重要的作用。因此，如何实现产业集群的升级受到了理论界和实务界的关注。本文提出了产业集群升级的双轮驱动模式，即龙头企业自主创新和跟随企业模仿创新是产业集群升级的主要途径。在对来自玻璃机械制造集群的18家案例企业进行深入调研的基础上，研究发现龙头企业通过自主创新的方式引领了产业集群升级的方向，集群内的知识溢出是产业集群升级的途径和保障，跟随企业的模仿创新是产业集群升级的支撑机制，这三种机制支撑了产业集群的升级。本文进一步深化了学术界对集群中龙头企业和跟随企业在产业集群升级中不同角色的认识。

[关键词] 自主创新；模仿创新；产业集群升级；双轮驱动；玻璃机械制造集群

# 一、引言

产业集群在带动区域产业升级和培育区域持续竞争能力方面发挥着重要的作用。近年来，中国制造业在产业规模、成长性、产品结构、外向度等方面都在向世界制造业中心的方向迈进。中国制造业中纺织、服装、家电、电脑部件等很多产业的规模已位居世界前列。打造世界制造业中心需要产业在技术和组织等方面进行系统升级，建设以先进知识、技术和工艺等为基本特征的先进制造业基地可以为此提供有效的实现路径。产业集群是我国许多地方建设先进制造业基地的重要途径（张辉，2003）。因此，实现产业集群升级是我国成为世界制造业中心的重要任务。

然而，在现实中我国产业集群发展主要存在以下一些问题：大部分集群没有形成真正意义上的产业集群；集群制度创新和技术创新体系不完善；集群内部互动创新机制不完善导致内部存在非良性竞争局面；集群企业之间无序的知识溢出导致个体企业技术创新动力不足；企业和机构之间联系薄弱、本地根植性差、技术层次低等。

为了解决这些问题，创新系统的构建和完善对产业集群升级起到了举足轻重的作用，成为集群技术创新水平提升的有效支撑平台。但是，在经济、技术等全球化热潮风起云涌的背景下，传

* 崔瑜，北京信息科技大学经济管理学院副教授，研究方向为战略管理、知识管理等；张健，北京信息科技大学经济管理学院教授，副院长，研究方向为技术创新和知识管理；周江华，北京师范大学经济与工商管理学院讲师，研究方向为创新管理；焦豪，北京师范大学经济与工商管理学院副教授，案例研究中心主任，研究方向为创新管理；申嫦娥，北京师范大学经济与工商管理学院教授，研究方向为创新管理。

统技术、区域文化和区域社会网络不断强化既有的区域创新系统，正越来越制约着在全球范围内获取新的技术，导致广大集群企业注重内部生产协作而忽视外部交流合作，区域创新系统的支撑作用难以创新和实现，产业集群升级面临重大挑战。因此，在经济、技术全球化背景下，推进区域创新系统适应性创新和演进，以促进产业集群顺利升级和提升区域产业国际竞争力，已经成为发展区域经济的紧迫任务。

因此，针对我国产业集群发展的实际，本文深入、系统地研究了产业集群升级机制和模式，重点研究内容如下：如何通过龙头企业和跟随企业的创新实现产业集群的产业升级和技术升级；如何通过制度创新和技术创新互动构筑集群竞争力以实现集群升级等。这些问题的研究不但丰富和发展了产业集群理论、区域经济和区域竞争力理论等，对于我国产业集群的发展和区域国际竞争力的提升，也具有重要的现实指导意义。

# 二、文献述评

## （一）产业集群内创新的源泉

Eric（1988）认为，创新源（Source of Innovation）是指首次将某项创新技术开发至可应用状态的个人或组织。不同的创新类型和不同的产业，创新源存在着一定的差别。对于创新源的分类，理论界主要有以下几种观点：

第一，传统创新理论认为创新源是简单的技术推动和市场拉动的二源模式，创新活动由需求和技术共同决定，需求决定了创新的报酬、技术决定了成功的可能性及成本。二源模式理论抓住了创新的根本来源，但是归类过于简单，对于创新来源的具体途径缺乏深入探讨。

第二，从创新主体出发，可以划分创新源为制造商、供应商和用户的三源模式（Eric，1988）。即根据创新者与创新之间的联系，将创新分为用户创新、制造商创新和供应商创新三类。Eric（1988）的研究表明，用户、制造商和供应商等实际都是非常重要的创新源。

第三，彼得·德鲁克（1989）认为有七种主要的创新源。其中，来自企业或产业内部的有四种：意想不到的事件、不协调的现象、基于程序需要的创新、产业结构或市场结构的变化。来自企业或产业外部的创新源有三种：人口统计特性（人口的变动），认知、情绪及意义上的转变以及新的知识。这种对创新源的认识带有部分的主观感性取向，在度量上具有难以衡量的弱点。

第四，应瑛、吴晓波和李俊（2000）提出，在电子商务条件下，传统的狭义实体创新源转变成了广义的虚拟创新源。价值网络各节点（供应商、企业、客户、科研机构等）都能随时随地提交创新思想，进行跨领域学习和知识流动。企业可以围绕某一目标和内容，把研究、开发、生产或用户集成起来，互相渗透、互相延伸、打破系统界限，形成一个包括各学科、各领域、各部门的专家学者、科研人员、企业家、用户甚至政府官员的跨时空动态虚拟创新源，从而克服传统创新源阻碍知识扩散的缺点，为智慧的集成创新创造良好条件。

## （二）区域创新系统与产业集群升级

在经济全球化日益加深的同时，区域创新能力在国家竞争优势构建的过程中起着至关重要的作用（Morgan，1997）。Cooke等（1997）基于国家创新系统和演进经济学，认为区域创新系统是国家创新系统的延伸，是以区域制度和文化为基础，由地理集聚在一起的生产加工和配套企业、研究院所和大学等组成的区域性组织体系。在此基础上，魏江（2004）把区域创新系统的构成分为核心层次要素、辅助层次要素和外围层次要素。尽管目前对区域创新系统的要素构成尚有争议，但其内涵还是比较统一的，即具有一定的地域空间范围和开放的边界，以龙头企业和跟随企业组成的生产企业、研发机构、高等院校、地方政府机构和服务机构为创新主要单元，不同创新单位之间通过关联构成创新系统的组织结构和空间结构，创新单元通过自组织及其与环境的相互作用而实现创新功能，对区域社会、经济和生态产生影响（Cooke、Urange、Etxebarria，1998）。

作为区域创新系统主体的龙头企业在产业集群的升级中占据着至关重要的角色。集群中龙头企业作为创新的引领者，不断整合企业内外部技术资源进行技术和管理创新，这些新的知识在集群内部进行扩散传播，引领整个产业集群的升级和转型（Asheim、Isaksen，2002；魏江、叶波，2002）。贾生华和杨菊萍（2007）认为，龙头企业在产业集群演进升级的过程中起着投资的外部效应、知识的扩散效应、创新的带动效应和品牌的促进效应四大作用。陈玉慧、郑孟玲和汪欣彤（2012）以厦门汽车工程机械产业龙头企业为例，研究了龙头企业商业模式对技术创新的影响，发现集群龙头企业在集群创新网络中占据主体地位，其以商业模式为突破口，综合考虑价值定位以进行技术创新，会对产业集群升级及区域经济的发展起推动作用。

此外，跟随企业在产业集群中数量众多，这些企业是否通过创新实现转型对于产业集群升级影响很大。宣烨、孔群喜和李思慧（2011）基于动态能力理论，以江苏省本土加工企业为例，研究发现企业的环境洞察能力和组织创新能力越强，越倾向于选择由简单的零部件加工发展为较高技术含量的零部件加工，或是由简单组装转向较高技术含量组装；当企业的组织创新能力和学习吸收能力越强，越倾向于选择由单纯的加工制造向研发、设计、品牌培育、营销等环节延伸，或是企业业务由单纯的受包演变为发包与受包并存，或是由受包直接演变为发包。杜欣和邵云飞（2013）基于博弈论，分析了集群核心企业、跟随企业和配套企业进行协同创新及各自单独创新时的收益，研究发现协同合作创新比单独各自创新对市场开发与管理更有效，可以使零部件和最终产品的价格更低，同时令产品的市场销量和企业的整体利润更高。

这些研究是富有启示的，它们不仅对区域创新系统的要素与结构、功能等相关问题及其对产业集群升级的影响进行了研究，而且开始关注到龙头企业和跟随企业的行为在产业集群升级中的影响。正因如此，基于创新的视角研究区域创新系统中龙头企业和跟随企业如何推动产业集群升级引起了国内理论界和实践界的关注。本文认为，以企业为主体的区域创新系统与产业集群升级之间存在着一定的相关关系，因此将深入剖析两者之间的关联机制，进而从以企业为主的创新系统演进视角提出促进产业集群升级的整体思路。

# 三、研究方法

## （一）选择案例研究方法的理由

案例研究方法是一种常用的定性研究方法，这种方法适合对现实中复杂而又具体的问题进行深入且全面的考察。案例研究方法在发现新的理论、丰富现有理论等方面发挥了巨大作用（Eisenharde、Graebner，2007）。通过案例研究，人们既可以对某些现象、事物进行描述和探索，也可以建立新理论或者对现存理论进行检验、发展和修改（孙海法、朱莹楚，2004）。与其他大样本数据分析方法相比，案例研究方法具有能够获取极其丰富、详细和深入信息的特征（Berg，2001）。

案例研究属于实证研究中的定性研究，是通过对案例的观察、整理、分析，找到一些未被发现的新变量或关系。由于案例研究能够考察掌握案例对象的复杂性，对研究对象进行厚实的分析描述（Weick，2007；Yin，2009）；案例研究的方法有助于捕捉和追踪管理实践中涌现出来的新现象和新问题，同时通过对案例的深入剖析，能够更好地检视研究框架中提出的问题（Pettigrew，1990）。因此，根据本文研究主题在现象上的典型性与内容上的复杂性，本文采取案例分析方法。案例研究方法可以同时运用多个案例分析一个问题。

此外，纵向案例研究可以在2个或2个以上的不同时间点研究同样的研究对象（Yin，1994）。本文通过不同方法收集多种形式的数据，包括访谈、调查问卷、公司内部资料以及公开信息。这样一方面可以获得长时间大跨度的宝贵资料（Longitudinal Information），能够对案例公司的动态发展过程以及其独特的情景（Context）达到系统的理解和把握；另一方面对在某个时期内同一创新事件进行分析时，本文的覆盖面涉及了一线员工和高级管理人员等多个层面，这是多角度多层次分析同一问题的坚实基础。这两方面的基础工作大大提高了所归纳理论的外部效度，也提高了其在不同情境下的适应程度。

基于这些方面的综合考虑，本文最终选取多案例纵向研究方法，希冀能够较好地了解案例的背景，并能在一定程度上保证案例研究的深度（Eisenhardt，1989；Strauss，1987）。通过对典型案例的纵向研究，探索技术范式转变时期企业动态能力对其创新战略行为的支撑机制和作用机理，并进行探索性分析与挖掘，进而构建适宜的理论研究框架。

## （二）案例资料的来源、收集方法与研究程序

在案例研究的过程中，可以使用多样化的数据来源以使案例研究基础更加坚实有效（Glasser、Strauss，1967）。为研究产业集群的升级模式，我们对来自玻璃机械制造集群的18家案例企业进行了深入调研。因此，本文在产业集群升级模式的纵向案例分析中搜集了多样化的数据，用多数据来源保证研究能相互补充和交叉验证。主要有深度访谈分析、基于行业内的数据搜集和跟踪研究等方法，这是本文的主要信息来源途径。具体体现在三个方面：第一，2013年7~10月，研究团队针对公司决策者或负责企业战略发展和创新管理的相关中高层管理者进行2~3小时的深度访谈和问卷调研，获取到了翔实的一手数据；第二，同时还收集和查阅大量案例企业的内刊、资料及公司的管理制度等相关文件和历史记录，整理了近15万字的文字记录；第三，访谈后，再通过报纸和数据库等公开渠道对这18家案例企业的情况进行侧面信息捕捉。最后对信息进行整理和分析，并归纳得出结论。在对获取信息和数据进行分析时，本文采用结构性分析方法，即通过对已获取信息的考察，确认隐含在文件、事件或其他现象背后的模式（孙海法、朱莹楚，2004）。

为了确保访谈提纲的有效性，研究团队在正式访谈前进行了预访谈，预访谈的对象是在校的MBA、EMBA学员，共10人。通过预访谈，删除了一些相对无关的访谈问题。随后，正式访谈对象为玻璃机械制造集群的企业董事长/总经理、中高层管理人员和一线员工等。本文按照"目的性抽样"原则，选取能够为本文提供最多信息的研究对象（Patton，1990）。进一步地，我们按照强度抽样，选取能为本文提供非常密集、丰富信息的个案。

此外，整个案例研究过程独立于案例企业，研究团队通过不同渠道反复考察、访问了案例企业的若干相关部门，重点关注创新战略、产品设计、市场推广、技术搜索和知识产权保护等活动。多次召开研讨会议，并将有关问题与发现及时与企业个别高管团队成员交流，不断获取、补充相关信息，核实、论证相关判断和结论。总之，研究团队在各个阶段都保持了研究的独立性、开放性、协同性和建设性，通过不断汇总、分析从多种来源获取的信息，加深了对龙头企业自主创新、跟随企业模仿创新以及产业集群转型升级的认识和理解。

### （三）案例资料的分析工具

本文在访谈过程中将访谈内容用录音笔记录，将访谈内容转化为文本内容。为了在最大程度上保证质性数据处理过程的系统化，本文运用 QSR Nvivo 8.0 定性分析软件进行内容的分析，最终从大量资料中归纳总结出构念与构念间的关系。Nvivo 8.0 作为国际上最新版的质性资料分析软件，能够有效地分析多种不同的数据（如大量的访谈稿、图片、声音和录像等）。其最大的优势在于强大的编码功能，并且十分符合质化研究的流程。它可以协助研究者反复分析资料间的关系以及潜藏的理论，并可随时进行资料查询、重组以验证假设的理论。

# 四、研究结果和讨论

## （一）编码过程

在采集与整理案例资料的同时，即并行地开展对质性数据的分解、比较、重整和提炼等编码工作。编码过程主要依照 Strauss 和 Corbin（1990）所提出的扎根理论三级编码方法：一级编码（开放式编码），对逐字稿进行仔细的阅读，将反映研究问题的内容（词语、句子、段落等）归纳为一系列的"本土概念"，并进一步形成初始范畴；二级编码（轴心式编码），本文中应用了扎根理论中的范式模型（Paradigm Model）工具，寻找初始范畴之间的联系并归纳几个主范畴和副范畴；三级编码（选择式编码），通过描绘故事线的方法从二级编码所归纳的范畴中进一步提炼出核心范畴，从而建构理论。具体过程如图 1 所示：

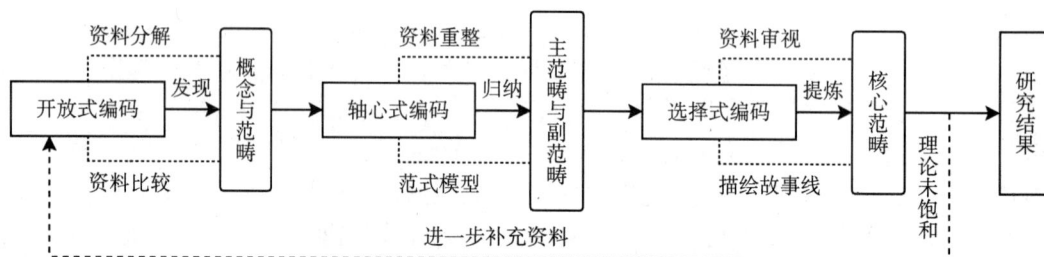

**图 1　多案例研究中访谈数据的编码过程**

*1. 开放式编码*

开放式编码主要是将资料分解、提炼、概念化和范畴化的过程。本着尽量"悬置"个人"偏见"和既有"定见"的原则，最终从资料中抽象出交流平台、产业链合作、探索式学习等193个概念，再将这些概念按照其相互间的逻辑关系归并为24个范畴。

*2. 轴心式编码*

轴心式编码主要通过条件—行动/互动策略—结果这一编码范式将开放式编码中所得出的各项范畴联结在一起，其目标是回答每个主要范畴是什么、在什么情况下会发生什么事情、为什么以及如何发生等问题。通过对已有范畴的分析并辅以更多的原始资料挖掘和对比研究，共得到了"龙头企业自主创新"、"集群内知识溢出"、"跟随企业模仿创新"三个主范畴。其中，"龙头企业自主创新"涵盖了"创新引领者"、"产业链主导和协调"、"产业链完善"、"品牌提升"四个子范畴；"集群内知识溢出"涵盖了"技术守门人知识转移"、"适度人员流动"、"非正式网络"、"合作创新"四个子范畴;"跟随企业模仿创新"涵盖了"改变已有技术范式"、"创造性模仿"、"改进型创新"三个子范畴。

3. 选择式编码

选择式编码主要是选择核心范畴,把它系统地与其他范畴予以联系,并将之概念化和理论化。在选择式编码过程中,通过对开放式编码所抽象出来的范畴继续考察,尤其是对三个主范畴及相应副范畴的深入分析并结合原始资料记录进行互动比较,发现可以运用"产业集群升级"这一核心范畴来分析其他所有范畴。围绕该核心范畴的故事线可以概括为:龙头企业通过自主创新提升产业集群的创新水平,并促进了技术知识在集群内的溢出和扩散;跟随企业在此基础上开展模仿创新,从而推动产业集群整体升级。

整个编码过程和得到的编码结果如图2所示。

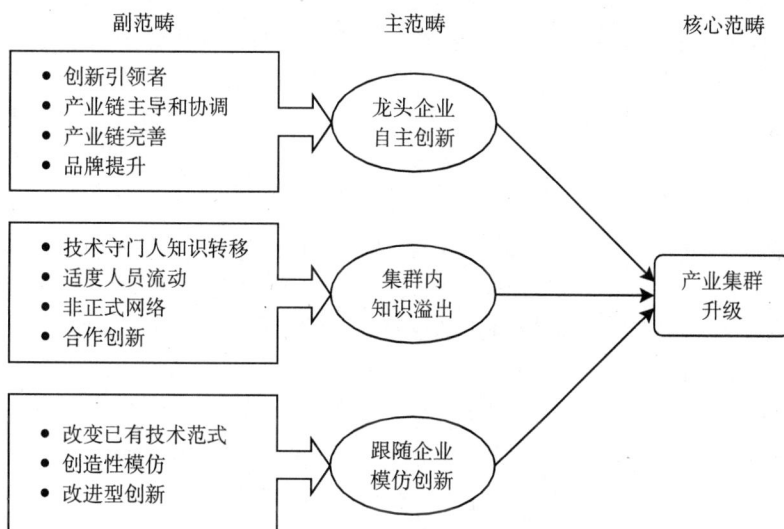

图2 玻璃机械制造集群升级的编码过程与编码结果

## (二)对几个主要范畴的进一步分析和讨论

### 1. 龙头企业自主创新引领了产业集群升级的方向

龙头企业处于集群网络结构的中心,在资源、技术和市场等方面具有相对的优势。因此,在技术和市场等方面具有一定的权威性,这也使得集群中的其他企业对其存在较强的依赖性,体现在创新网络、生产网络、资源网络等各个方面(李红,2008)。正是由于龙头企业在产业集群中的特殊地位,它们可以有效规制集群中各行动主体的行为,避免集群内企业的低端无序竞争,创造并维持集群的整体竞争优势。龙头企业一般是作为市场需求发现者、企业孵化器、创业支持者、成功典范以及变革代理者等角色而存在的,创造并维持着集群的整体竞争优势。

首先,龙头企业可以在技术创新方面发挥创新引领者的角色和任务。在产品研发设计方面,龙头企业具有很强的产品创新意愿,新产品开发速度比较快,同时也能带动集群内企业开展更多创新活动。一方面,龙头企业具备较强的技术基础及研发能力,能在创新方面投入更多资源,以提升自身的技术能力,加快新产品开发及已有产品的更新换代;另一方面,在龙头企业的示范效应、技术指导及资金支持下,集群内越来越多的中小企业也逐渐开始重视研发和创新活动。例如,恒昊公司总经理的发言最能体现上述内容:"我们做的是酸蚀玻璃,这个是世界一流的,没有哪个公司能和我们比,我们有400多项专利……坚持创新,永远不放弃技术取胜,这是我们的宗旨。去年,我们开始生产防眩光的触摸屏玻璃,还有裸眼3D电视的屏幕玻璃。技术是自己研发的。"

其次，龙头企业可以发挥其在产业链中的主导和协调作用，避免集群内低端竞争。在地理集聚的产业区内，龙头企业往往是某一价值链的主导企业，其他企业在技术能力、资金、需求开发等方面对其有较强的依赖性，因此，龙头企业有能力设计并运营较多的网络关系，在集群网络中发挥引导、协调等功能，以创造并维持集群的整体竞争优势（李红，2008）。同时，龙头企业具有很强的外部性，可以提出共享的商业理念，倡导企业间彼此信任与互利的文化并推动集群内的合作。这样，龙头企业可以根据自身所嵌入的生产网络的关系，优化其所处价值链的权利分配及制度设计，通过资源分配机制、价格机制、信任机制等引导集群内企业在一定制度框架下开展活动，达到引导创新及创新保护的目的，从而促进整个产业链的优化。

再次，在产品生产制造方面，龙头企业以自身所处的产业链环节为核心，推动当地产业链体系的完善。在这个过程中，龙头企业起到了两方面的积极作用：第一，龙头企业是产业链中其他企业利润来源的保证，这种交易关系客观上制约了集群中企业的机会主义行为；第二，为保证产品质量，龙头企业通常会对集群内零部件、产品等的质量提出一定标准，同时还会给予配套企业相应的技术指导、培训及资金上的支持，提升了价值链中所有企业的能力和资质，最终提升了集群企业的协同能力，逐步形成完备的配套生产体系，最终形成了完整而相对稳定的垂直产业链。

最后，龙头企业推动产业集群在市场与品牌方面的提升。产业集群在经历了代工、贴牌等产业链底端的环节之后，龙头企业开始凭借其雄厚的资金实力进行渠道铺建、品牌培育等；与此同时，龙头企业还可以进一步推动所处集群在国际市场的品牌建设和推广，从而推动集群整体品牌和市场渠道的开拓，促进整个产业集群的升级与发展。

2. 集群内的知识溢出是产业集群升级的途径和保障

案例研究发现，除了新技术、新专利等显性知识的溢出外，隐性知识在集群内的溢出效应也是推动产业集群升级的重要力量。这种溢出效应主要是通过以下机制发生的：

首先，龙头企业担当"技术守门人角色"，吸收外部知识后向集群内其他企业转移。龙头企业向其他企业的知识溢出，必须具备良好的知识溢出与学习的途径和机制，这样新技术知识才能被集群内的企业充分吸收并加以利用，集群内的创新活动才会持续发生。这种知识溢出的机制是一个动态过程，通过知识的不断累积，从而带动产业集群的升级（梁瑞，2012）。在这一过程中，一方面需要集群内企业具备较强的知识存量和吸收能力，从而消化吸收集群内的溢出知识并据之进行利用式创新；另一方面龙头企业需要与其他企业在组织结构、研发投入、文化认同等多个方面形成紧密的合作和联系，才能创造出知识转移的良好氛围，因此，集群内网络的作用显得十分重要。

其次，适度的人员流动是加速知识溢出的重要途径。已有研究指出，人员从集群内一个企业流动到另一个企业能够促进集群内知识的扩散，从而促进企业间隐性知识的流动。但我们在案例分析中发现，过度的人员流动，特别是人员流失到集群外时，就会破坏知识的持续累积规律，导致企业的学习效果下降，影响企业的学习积极性，最终降低企业的创新能力。因此，本文认为，适度的人员流动，是推动集群内知识溢出的重要条件。

再次，集群内的非正式交流网络进一步促进了集群内的知识扩散和溢出效应。产业集群内的非正式交流网络能够营造一种开放的氛围，促进知识的有效流动，加速不同类型知识的相互融合与转化，提高集群整体创新水平，并且促进集群内企业的创新能力的发展。例如，高力威公司的总经理在访谈中指出行业展览会这一非正式交流网络的重要作用："展会也提供一个大家互相了解的平台，所有的供应商在一起，上下游配套也在一起，可以互相了解有哪些技术创新，哪些发展趋势啊，这是我们在这个展示平台上看到的。"

最后，合作创新促进了企业间的知识转移。相对于地理上分散的企业，集群内的企业存在更多的合作形式。集群内的企业通过市场信息共享、生产工艺协作等多种方式开展合作，从而推动企业创新水平的提高。从龙头企业与其他企业之间的关系来看，龙头企业可以利用其他企业的生产能力与销售渠道，反之，其他企业可以利用龙头企业的市场信息和研发技术，从而实现双赢。与此同时，集群中多个龙头企业之间如果在创新方面开展合作，通过合作研发等活动，可以促进产业集群的快速升级。例如，在访谈中，运通公司总经理指出："比如辊道这方面，我们想推出一个新产品，辊道是其中一个重要零件，我们就会去找同行，因为他们在辊道方面是专家，我们在设备方面是专家。借这个展会，我们可以坐下来讨论一下，对新产品，他们能不能给我们怎样的支持，或者是能不能给我们做一些配套、或者是实验。"

从前面的分析我们可以看出，一方面龙头企业对其他企业进行着主动的知识溢出，另一方面也利用自己在价值链上的主导权，形成优胜劣汰，迫使中小企业努力提高自身的技术能力，促进整个产业的良性发展。

3. 跟随企业的模仿创新是产业集群升级的支撑机制

案例研究发现，跟随企业的模仿创新是整个产业集群得以升级的必要条件。主要体现在以下几个方面：

首先，学习领先企业的技术，打破集群内已有的技术范式。当龙头企业引入某一项新技术后，跟随企业随后在工艺方面的配套创新，是推动产业集群升级的重要途径之一（郭京京、吴晓波，2008）。此时，跟随企业主要按照引进的技术标准生产。企业间学习的主导模式为适应性学习，即进行秩序调整，从而形成相对宽松的、能适应一定变化的新系统秩序，以尽快适应新的技术范式。企业首先通过技术许可引进技术，然后通过"干中学"、"用中学"等方式提高技术能力。在这一过程中，企业内生产人员的熟练程度逐渐提高，并向设计、研发部门以及生产技术管理部门反馈相关信息，加深各部门对技术知识的理解和掌握。

其次，在掌握已有技术基础上的创造性模仿，是产业集群升级的另一重要途径。在学习领先企业技术的基础上，跟随企业采取了一系列措施促进已有技术结构与引进技术的适应和融合。在该阶段，引进的技术得以充分应用，企业的工艺开始规范化，产品性能也日益稳定，维护和健全新建立起的技术体系成为企业的工作重点。相应地，企业内学习的主导模式为维护性学习，即在保持稳定的前提下，通过能力积累使已有系统更有效。例如，有一家公司在访谈中提到："有一些模仿，当然我们也是模仿别人出来的，但是也不断创新改到现在，但是现在你只要有新技术，别人就模仿了。"

最后，在市场特有需求基础上的改进型创新，是跟随企业提升创新能力的重要手段。在前期学习和模仿的基础上，跟随企业通过技术知识积累已具备一定的设计和工艺能力，逐步掌握了关键技术的原理，形成了自主创新能力，从而可以根据不同异质性市场的需求特点，对引进的产品进行改进并开发其新功能。在该阶段，需求反馈是重要的创新和技术来源，企业据之进行产品和工艺的改进，从而促进集群内产品的升级。在这一过程中，发展性学习是企业学习的主导模式，即加强企业自身的创新活动，结合需求特点进行产品功能改进，使企业的技术体系沿既定的技术轨迹发展。该阶段中，跟随企业的逆向工程对于理解技术原理并提升其创新能力，发挥了重要作用。如下的访谈记录突出了需求信息对于创新的重要性："顾客的信息很重要。上下游的信息有一些，比如他们的创新适合运用在我们企业，对我们有帮助。但是主要是顾客的意见。像我们做设备的，研发主要依靠顾客提的建议，因为工程师他坐着想是想不出来的。老顾客给提提建议，新顾客是开拓市场。"

# 五、研究结论和启示

通过以上分析，我们提出了以龙头企业自主创新和跟随企业模仿创新为主要路径的产业集群升级的双轮驱动模式。

首先，龙头企业可以在技术创新方面发挥创新引领者的角色和任务，充分发挥其在产业链中的主导和协调作用，避免集群内低端竞争。其次，在产品生产制造方面，龙头企业以自身所处的产业链环节为核心，推动当地产业链体系的完善。在此基础上，龙头企业推动了产业集群在市场与品牌方面的提升。再次，在知识溢出方面，龙头企业担当"技术守门人角色"，吸收外部知识后向集群内其他企业转移，从而促进新技术、新专利等显性知识的溢出和转移。适度的人员流动加速了这一知识溢出的途径。除此之外，集群内的非正式交流网络进一步促进了集群内的知识扩散、转移和溢出效应。隐性知识在集群内的溢出效应也是推动产业集群升级的重要力量。最后，跟随企业的模仿创新支撑了产业集群的升级。如跟随企业学习龙头企业的技术，打破集群内已有的技术范式。跟随企业在掌握已有技术基础上的创造性模仿，也是产业集群升级的另一重要途径。最后，在市场特有需求基础上的改进型创新，是跟随企业提升创新能力的重要手段。

根据案例分析的结论，我们提出如下建议：

第一，利用产业集群具有地理集聚的特征，促进龙头企业和跟随企业进行互动创新，承担产业集群创新管理的不同功能。由于产业集群具有地理集聚的特征，产业内关联企业及其支撑企业、相应辅助机构，如地方政府、行业协会、金融部门与教育培训机构都会在地理上相应集聚。地理上的集聚可以聚集丰富的人才、科研机构、资金等资源，可以促进集群内各个组织单元的和谐分工，产生知识溢出和合作创新。

第二，通过知识外溢效应，使集群企业不断加强技术创新。产业集群的知识外溢效应为企业提供了良好的学习环境，形成一个创新网络，促进企业之间技术扩散和知识流动。集群企业可以建立联盟，促进人员之间的相互流动，从而形成各种非正式的社会网络，推动知识的转移和溢出。

第三，集群企业通过加强产学研进行联合，建立整个产业集群的技术研发中心，并围绕整个集群的升级与转型选择相应的技术攻关课题，进行关键技术和工艺的研究与开发，实现技术创新在产业集群内的整体效应，并积极地促进技术成果的有效转化以实现整个产业集群的升级。

第四，通过形成区域品牌，为集群企业进行创新活动提供必要的条件。区域品牌与单个企业品牌相比，更形象、直接，是众多企业品牌精华的浓缩和提炼，更具有广泛的、持续的品牌效应，是一种珍贵的无形资产。这种区域品牌一旦形成之后，就可以为区域内的所有企业所运用。因此，区域品牌同样具有外部效应，有利于企业对外交往，更好地学习国外的经验，借鉴国内外的科研成果，有利于集群企业创新和集群升级。

**参考文献**

［1］Asheim B. T., Isaksen A.. Regional Innovation Systems: The Integration of Local "Sticky" and Global "Ubiquitous" Knowledge [J]. Journal of Technology Transfer, 2002 (27).

［2］Berg B. L.. Qualitative Research Methods for the Social Sciences (4th Edition) [M]. Pearson Education Company, 2001.

［3］Cooke P., Urange M. G., Etxebarria G.. Regional System of Innovation: An Evolutionary Perspertive [J]. Environment and Planning, 1998 (30).

［4］Cooke P., Urange M. G., Etxebarria G.. Regional Innovation：System：Institutional and Organizational Dimension ［J］. Research Policy, 1997（26）.

［5］Eisenhardt K. M., Graebner M. E.. Theory Building from Cases：Opportunities and Challenges ［J］. Academy of Management Journal, 2007, 50（1）.

［6］Eisenhardt K. M.. Building Theories from Case Study Research ［J］. Academy of Management Review, 1989, 14（4）.

［7］Eric V. H.. The Source of Innovation ［M］. Oxford University Press, 1988.

［8］Glaser J., Strass A.. The Discovery of Grounded Theory ［M］. Chicago：Aldine, 1967.

［9］Morgan K.. The Learning Region：Institution, Innovation and Regional Renewal ［J］. Regional Studies, 1997, 31（5）.

［10］Pettigrew A. M.. Longitudinal Field Research on Change：Theory and Practice ［J］. Organization Science, 1990, 1（3）.

［11］Strauss A.. Qualitative Analysis for Social Science ［M］. New York：Cambridge University Press, 1987.

［12］Weick K.E.. The Generative Properties of Richness ［J］. Academy of Management Journal, 2007, 50（1）.

［13］Yin R.K.. Case Study Research：Design and Methods ［M］. Fourth Edition. California：SAGE Publications, 2009.

［14］陈玉慧，郑孟玲，汪欣彤. 龙头企业商业模式对技术创新的影响研究——以厦门汽车—工程机械产业龙头企业为例［J］. 经济地理, 2012（6）.

［15］杜欣，邵云飞. 集群核心企业与配套企业的协同创新博弈分析及收益分配调整［J］. 中国管理科学, 2013（11）.

［16］郭京京，吴晓波. 产业集群的演进：二次创新和组织学习［J］. 科学学研究, 2008（12）.

［17］贾生华，杨菊萍. 产业集群演进中龙头企业的带动作用研究综述［J］. 产业经济评论, 2007（6）.

［18］李红. 基于集群治理的产业集群技术创新保护模式研究 ［D］. 浙江大学硕士学位论文, 2008.

［19］梁瑞. 多维临近下的集群龙头企业知识溢出对中小企业创新的影响 ［D］. 湖南大学硕士学位论文, 2012.

［20］彼得·德鲁克. 创新与企业家精神 ［M］. 北京：企业管理出版社, 1989.

［21］孙海法，朱莹楚. 案例研究法的理论与应用［J］. 科学管理研究, 2004（11）.

［22］魏江. 产业集群：技术学习与创新系统 ［M］. 北京：科学出版社, 2004.

［23］魏江，叶波. 企业集群的创新集成：集群学习与挤压效应［J］. 中国软科学, 2002（12）.

［24］宣烨，孔群喜，李思慧. 加工配套企业升级模式及行动特征——基于企业动态能力的分析视角［J］. 管理世界, 2011（8）.

［25］应瑛，吴晓波，李俊. 基于电子商务的创新变革［J］. 科学学与科学技术管理, 2000（8）.

［26］张辉. 产业集群竞争力的内在经济机理［J］. 中国软科学, 2003（1）.

# 企业网络化成长过程中资源的投入与使用机制研究

朱雅彦　徐碧琳　王熹[*]

[摘要] 资源的配置与利用程度是经济学研究的传统问题，企业的存在正是由于其提供了优于市场的资源配置与利用机制，当企业的生存与成长进入了网络化时代后，探讨企业网络化成长过程中资源的投入与使用机制就十分必要了。本文认为网络中的资产专用性、网络位置和关系强度将影响企业资源的投入方式，强关系的共享优势和关系互动会影响企业资源的利用效率，而企业只有构建了相应的网络能力才能充分利用网络实现最优化的资源配置与利用。同时，本文还以网络化生产作为悖论解释情境探索了企业网络化成长中面临的资源匹配与冗余问题。

[关键词] 网络化成长；资源的投入和使用；匹配；冗余

## 一、引言

20世纪90年代以来，企业间的竞争格局发生了重大变化，传统的原子企业间的竞争模式已经逐步为企业网络间的群体竞争模式所取代，形成了以联盟为主体的竞合式的"新竞争"格局。大量研究从不同的角度探讨了企业如何通过网络来实现成长，研究成果虽丰富但凌乱。因此，需要沿资源论的视角重新审视网络情境下中小企业资源管理的研究逻辑。根据彭罗斯的企业成长理论，企业正是通过对所拥有资源的有效利用而实现成长。企业网络的研究进一步拓展了资源论对企业成长的解释，揭示了强联系、弱联系、结构洞等网络结构机制对企业网络资源获取的机制。这也体现了有关企业成长机制研究由内部成长机制向网络化成长机制的演进。因此，沿这样的逻辑，我们尝试这样来理解企业的成长逻辑，即"资源—网络—企业成长"，认为企业嵌入其所处的企业网络中，其资源投入和使用要通过网络来实现，因此如何有效获得和利用有利的网络结构是其实现成长的关键，本文将从这一角度对企业网络化成长过程中资源的投入和使用机制进行剖析。

同时，传统的研究大多从静态的视角来分析企业如何在网络情景下实现对资源的配置和调整，更多关注的是企业已获取的资源，这是一种静态的匹配逻辑。实际上，企业网络化成长的过程是其对所处网络环境不断进行动态响应的过程，在这一过程中，企业的资源结构不断变化，并自然产生资源的冗余。那么，在"资源—网络—企业成长"的框架下，企业资源在网络化生产条件下又会呈现出哪些不同的"匹配/冗余"状态呢？不同的状态下，企业又应该如何应对呢？

---

* 朱雅彦，徐碧琳，王熹，天津财经大学商学院企业管理系。

# 二、企业网络化成长过程中资源的投入/产出机制

## （一）资源的投入方式

当企业不可避免地陷入网络化成长的洪流后，企业资源的投入方式就自然由原先原子企业竞争状态下依据比例进行调节，转化为依靠网络进行调节，其包括资产专用性、网络位置和涉及网络中关系的强度。

### 1. 资产专用性

企业网络化成长过程中基于资源或能力互补性而形成的具有资产专用性特征的资源和关系对企业的资源投入方向起到重要的影响作用，并直接关系到企业的网络化成长。

企业呈现网络化成长的根本前提在于资源或能力的互补性。网络关系的稳定性与成员间在资源或能力的互补性正相关，为了维系更为稳固的网络关系，企业的资源投入自然会向增强互补性的方向倾斜，并逐渐形成资源的专用性，具有明显的 Williamson 提出的资产专用性特征。例如，三星 LED 公司在 LED 产品的生产和研发上居于世界领先地位，但其主要产品领域集中在显示器用 LED 部件上，而不是 LED 照明，其原因就在于资源专用性，三星 LED 公司的战略网络中，其主要的用户是三星电视、三星显示器、三星手机等，后者对 LED 产品的需要在于显示器背光源，而不是 LED 照明，因此三星 LED 从进入该产业之初起，其研发和生产定位就十分明确，即显示器背光源。

资源或能力的互补性不仅引发了企业资源的专用性，也触发了企业在特殊关系上的投资，而形成企业的特殊关系资产，关系资产也明显具有资产专用性的特征，其对企业资源的投入也会产生影响。例如，三星 LED 公司作为三星电视的主要供应商，双方建立了十分紧密的双向关系，三星 LED 公司在进入 LED 领域之初得到了三星电视在研发和生产上大量的技术支持，并由于二者之间巩固的网络关系，致使三星电视在采购上始终坚持以三星 LED 作为主要供应商，进而使三星 LED 获得了宝贵的初始生产和研发资金支持。

### 2. 网络位置

网络位置对行动者的行为和绩效产生重要的影响。战略网络的结构对资源、信息等流经企业的方式和质量有直接的影响。企业网络化成长过程中，能否以最有效的方式实现资源的最优产出表现，要依赖于对网络结构的利用，特别是中小企业由于其所面临的资源禀赋和新进入缺陷，能否占据有利的网络位置对其最优化资源使用方向和方式就更为重要。

有利的网络位置是指企业能够通过在网络结构中占据某种地位而具有更大的网络支配权，涉及网络中心和结构洞。企业在战略网络中所处的位置越接近网络的中心，其所拥有的结构洞越多，因而掌握的信息及所能够获取和控制的资源和机会也就越多，更有利于企业确定最合理的资源投入方向和方式，实现更优的绩效表现。因此，企业在网络化成长过程中，必须不断优化自身所处的战略网络，并逐渐向网络更富于结构洞的位置发生位移，以更多地获取成长所必需的资源和机会。许多实证研究都表明结构洞能够实现独特的信息流，通过结构洞企业能够快速获取信息，使其在研发、服务创新、市场推广等各价值活动领域的资源投入实现最优路径，从而提升企业绩效。

### 3. 关系强度

企业网络化成长过程中，各主体的资源不是在网络中自动流动的，在网络整体价值创造的过程中，资源的投入和使用要依赖于各主体彼此间的信任、利益和情感因素，即网络成员间的关系

强度直接影响资源的投入和使用。这一方面有两个比较集中的研究焦点：强关系共享优势和弱关系搜寻优势。

Granovetter 提出主体之间的弱关系能够使他们获得非冗余的新颖信息，因为弱关系很可能是桥连接。而后，McEvily 和 Zaheer 的研究进一步指出，集群企业由于具有丰富的桥连接，因而能够获取更多的新信息和机会。例如，美国的硅谷知识产业集群，底特律的汽车产业集群，我国北京的中关村知识产业集群，浙江的鞋类、成衣等服装产业集群，其网络化生产过程中形成的丰富的弱关系有助于各主体搜索彼此拥有的知识，并从中挖掘新的机会或技术发展方向。企业网络化成长的过程中，通过建立丰富的弱关系，有助于其寻找更多更有价值的发展机会，因而使其资源投入方向更为有效。

强关系描述了网络成员间的一种紧密联系，这种紧密的联系使得成员间建立起信任和互利机制，以降低冲突和共同解决问题，从而有助于其优化资源投入的方向。例如，法国的斯奈克玛公司（SNECMA）通过与 GE 航空集团（GE Aviation）的紧密合作，双方根据各自的技术所长合作开发新型的民用航空发动机。利用 GE 航空集团拥有的核心技术优势，斯奈克玛公司在合作中逐步从拥有外围技术到最终掌握核心技术。该合作获得了巨大成功，使斯奈克玛公司从单一的军机生产企业，一跃而成为了军用飞机和民用飞机兼有的大集团公司，成功地在国际民用航空发动机市场上占有了重要的地位。

## （二）资源的使用效率

网络有助于促进网络主体间的知识共享和组织学习，同时企业资源的使用效率与所嵌入网络内的知识共享和组织学习有密切的关系。企业资源投入某一新机会或技术发展方向后，其使用效率不是靠自身的研发和生产就能够解决的，企业需要获取相关的互补性资源和关键知识，而网络是重要的获取渠道。企业在与所嵌入网络各节点组织互动的过程中，网络中的资源持续流动，这一过程中不仅实现了显性知识的获取，同时更重要的是隐性知识也在网络成员的持续互动中以更为有效和高效的形式扩散。

### 1. 强关系与企业资源使用效率

强关系的共享优势在网络中知识的共享和学习上发挥了重要的作用。由于知识本身的缄默性、复杂性和因果模糊性，其在网络不同主体间的共享实际上是有困难的。虽然弱关系通过提供非冗余性信息而在网络中知识转移上仍然有一定的作用，当被转移知识复杂性相对较低时，网络主体间的弱关系有利于提高各自资源的利用效率，但对于更有利于企业获取竞争优势的复杂性知识传递上作用乏力。强关系形成的网络主体间的信任与互利机制能够有效抑制主体的机会主义行为，增强了网络各主体对知识共享的意愿，从而提高知识转移的效率，提高企业的资源使用效率；同时强关系促使企业形成共同解决问题机制（Joint Problem-Solving Arrangement），有助于主体间知识的共享和学习，从而促进资源的使用效率。例如，江积海的研究发现，我国的 TD-SCDMA 产业联盟是一个典型的知识创新网络，该网络内通过众多共同解决问题机制和互信规则形成了主体间的强关系，促进了网络主体间的知识共享和学习，这里仅举一例，TD-SCDMA 联盟内鼓励系统厂商向终端和芯片厂商无偿开放实验室并提供技术支持，以便其进行技术测试，这不仅促进了各厂商资源使用效率的提高，也促进了网络整体研发和生产效率及水平的提升。

### 2. 关系互动与企业资源使用效率

网络内的关系互动能够促进主体间的知识共享，并提高组织学习效率，进而提升各主体资源的利用效率。关系互动强调的是网络各主体在参与价值创造过程中的对称性，而非单向依赖。虽然网络化生产能够促进实现资源的最优利用，但其并非一定能够创造具有竞争优势的产出，这依赖于网络各主体的相互作用。高效的知识共享是网络主体间持续、稳定的双向互动的结果，企业在这一过程中不断深化对自身资源的认识和配置，提高资源的使用效率。网络各主体需要调整内部资源和组织流程以建立与外部主体顺畅联结、彼此兼容的接口，降低主体间知识转移和学习的壁垒，提高资源的使用效率。例如，大飞机制造是一个典型的网络化生产系统，该网络内各主体为了实现最高效的资源利用，彼此间的关系互动必须保持持续、稳定和双向，在空客（天津）总装有限公司厂区内，其所有的供应商都设有专门办公室，通过彼此互融的接口组织设计，网络各主体之间可以在网络生产的任何时段、任何地点共同解决网络生产中的问题，实现各主体资源的高效利用。

## （三）网络能力

网络为企业提供了接触外部信息、知识或机会的渠道，但它们不会自动地转移到企业内部，企业获取和利用外部信息、知识或机会的效果很大程度上依赖于企业的网络能力。企业构建网络的能力决定了其利用和开拓有利网络结构和网络位置的程度，进而决定了其投入和使用资源寻求成长的效率和效果。

网络能力是企业网络化成长过程中如何利用外部网络实现资源有效和高效利用的重要能力。Hakansson 最早开始对网络能力的研究，认为网络能力涵盖了位置和关系两个方面，包括企业优化网络位置和处理单个关系的能力，但忽略了关系间的交互作用和动态变化。Ritter 和 Georg 从任务执行和资质条件两个角度出发分析出网络能力，具体包括了对特定关系和跨关系任务的执行、专业技能和社交资质，但实际上资质条件并不是网络能力的构成维度。Hagedoom 等认为网络能力涉及位置和效率，认为企业应该构建基于网络中心性的能力和基于效率的能力，以获取网络租金，但实际上效率是网络能力的作用结果而并非能力的构成要素。从现有研究我们不难发现，有关网络能力的研究围绕网络的结构特征展开，认为网络能力是表现为企业优化网络结构的行为，而其活动又会受到资质条件的制约，但仅从行为和资质两个角度出发并不能反映网络能力的实质。

企业的网络活动实际上与其寻找成长的动机是分不开的，因此有必要从这一角度出发来分析企业的网络能力，结合已有的研究结论，本文认为，企业的网络能力包括关系搜寻、关系响应、关系监督和关系净化能力。关系搜寻能力指的是企业评估、搜索并识别网络中能够带来新信息、机会或有价值资源的能力，企业在网络化成长过程中要经过不断试错实现对资源的最有效利用，因此其需要不断对网络进行评估、搜索和识别。关系响应能力指的是企业在网络中的定位能力，包括构建最有利的网络关系强度和网络位置，网络中的新信息、机会或重要的互补资源等需要通过企业的关系响应能力而获取。关系监督能力指的是企业对已建立关系的评估能力，企业成长过程中其自身的资源、能力结构不断发生变化，而同时网络关系也具有动态性，因此，企业需要不断对已建立的关系进行评估，以保证资源的最有效利用。关系净化能力是指企业识别和终止低效或无效网络关系的能力，企业内外部环境的动态性使现有关系在其资源投入和使用中的价值不断变化，企业需要不断识别和终止已不能带来资源最有效利用的关系，以实现成长。企业网络化成长过程中网络能力、网络结构、资源利用与成长的关系如图 1 所示。

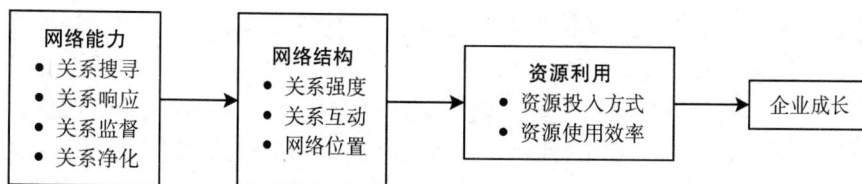

**图 1　企业网络化成长过程中网络能力、网络结构、资源利用与成长的关系**

资料来源：本研究整理得出。

由此，我们可以看出，在"资源—网络—企业成长"框架下，资源的投入与产出之间的转换过程已经无可置疑地演变成网络化生产，当前有关模块化生产的研究很好地对这种网络化生产模式进行了阐释。企业的网络化成长不是无目的的扩张，而是如何在网络化生产中通过自身的网络能力构建和利用最优的网络结构以实现资源的最有效利用，在这一过程中的资源"匹配"强调了企业的资源结构与当前网络生产模式的一致性。

然而，企业在任何情况下都会存在未被完全使用的资源，即冗余资源的存在是一种客观事实。资源冗余是指企业内部在满足其正常的生产和经营活动后仍然剩余的资源。冗余资源对企业成长的作用如硬币的两面：一方面，它可以促进组织的战略变革；另一方面，过多的冗余资源会造成低效率和浪费。那么，企业网络化成长的过程中，企业资源的匹配与冗余之间是一种什么样的关系呢？

# 三、企业网络化成长过程中资源的匹配与冗余

资源的匹配与冗余很显然是一对天然的悖论，不匹配就冗余，那么二者之间的关系应该如何解释呢？范德芬和普尔认为，管理学中不应对概念进行非此即彼的处理，处理悖论的方法有三种：一是通过不同的视角进行分割；二是通过事物发生或发展的不同时间维度进行分割；三是可以通过引入新概念来纠正逻辑错误或提供更有包容性的观点。针对企业网络化成长过程中出现的资源的匹配与冗余问题，我们尝试从以上的第三个角度来进行分析，将网络化生产作为考察资源匹配与冗余的情境要素，如表1所示。

**表1 企业的资源冗余状态及其与匹配的逻辑关系**

| 网络生产特征 | 资源匹配状态 | 资源冗余状态 | 资源冗余动因 | 冗余资源描述 | 匹配—冗余关系 |
| --- | --- | --- | --- | --- | --- |
| 生产延时 | 时间匹配 | 资源缓冲 | 现时生产 | 有用而暂时不用 | 现时—延时 |
| 生产失效 | 目标匹配 | 资源储备 | 战略转型 | 目标变化而无用 | 聚焦—偏离 |
| 生产拓展 | 结构匹配 | 资源异化 | 跨界互补 | 没用但未来可用 | 界内—界外 |
| 生产低效 | 效率匹配 | 资源闲置 | 资源浪费 | 有用但没用好 | 用好—浪费 |
| 生产压力 | 压力匹配 | 资源竞合 | 方向不明 | 有用但不知未来是否采用 | 应用—替换 |
| 生产沉默 | 状态匹配 | 资源睡眠 | 没有激活 | 资源处于漠视状态 | 睡眠—激活 |

资料来源：本研究整理得出。

## （一）生产延时

企业网络化生产过程中其生产活动要受到网络成员生产活动的制约，而不可避免地导致出现一定的非连续性，即生产延时。然而其现时生产又要满足即时性的要求，因此，创造一定量的资源冗余作为缓冲是一种必然。Bourgeois认为冗余资源是企业实际的或潜在的响应环境变化的资源缓冲。例如，Dell公司因同时实现低成本生产和定制化服务而获取竞争优势，那么它是如何同时实现了"即时生产"和"零库存"呢？这要归功于其网络成员的资源缓冲，Dell的供应商一般保有一定的资源冗余以应对Dell不同要求的订单。这种情境下，出现资源的冗余是基于企业的资源结构要与网络生产的时间要求相匹配，资源冗余状态的动因是现时生产，企业具备满足现时生产所必需的资源，然而由于环境的因素而暂时得不到利用，这种状态下资源的匹配与冗余之间表现为"现时—延时"的关系。

## （二）生产失效

企业的网络化成长不是无目的的成长，实际上它是企业借助网络实施自身战略意图的过程，当企业进行战略转型时，企业的原网络生产模式就失效了。从资源效用的角度出发，企业内部部分资源的功能与新竞争维度需求的不匹配是造成其成为冗余资源的重要原因，企业原有部分资源可能由于自身缺乏共享性，或被新资源替换而成为冗余资源。例如，2007年5月，吉利明确提出进行战略转型，从"造老百姓买得起的好车"转型为"造最安全、最环保、最节能的好车"，进行产品的更新换代，把企业的核心竞争力从成本优势转向为技术优势，其之前与成本领先战略相适宜的网络生产模式就自然偏离了新的战略目标，因而原有的部分内部或网络资源由于与新的战略目标不匹配而成为冗余。这种状态下资源的匹配与冗余之间表现为"聚焦—偏离"的关系。原来的网络生产下构建的部分加盟商、供应商的关系契约、结构洞失效，企业需要搜寻能够支持现行战略的新信息、资源和机会，并发展相关关系，构建新的结构洞以获取信息和控制福利，并对失效关系进行净化。

## （三）生产拓展

随着企业的成长，自然会出现跨行业或跨产业链的生产延伸，而创造一定的资源冗余对企业生产扩展能够产生正面的影响，特别是在动态复杂环境下。因此，近期有大量的研究沿着这一思路展开，相关研究认为，一定程度的资源冗余能够为企业的技术创新尝试创造条件，一方面降低成本，另一发面促进企业的创新活动能够实现多维的价值探索；一定程度的资源冗余可以提高组织变革的效率；同时，对冗余资源的创造性利用可以实现商业模式创新。这种资源冗余产生的动因在于跨界互补，企业在当前看来没有现实用途的资源上投资，其目的是为了实现未来的生产扩展。企业应该通过关系搜寻，确定未来的可能拓展方向，并有意识地在这一领域做资源储备，与关键节点建立关系，尽量降低保持冗余资源的成本，提高资源利用效率，这种状态下资源的匹配与冗余之间表现为"界内—界外"的关系。

## （四）生产低效

Leibenstein认为，在一定的资源投入下，实际产出低于最高产出，则存在资源冗余，并且这种冗余实际上是资源闲置并造成了生产低效，是组织内的一种X低效率。在网络化生产条件下，企业的这种资源冗余不仅表现为自身生产的低效，而且由于其缺乏网络共享，对整个网络生产并没有贡献。根据彭罗斯的观点，企业就是一个资源束，最大限度的合理利用资源实现最优产出是企业存在的理由，资源闲置状态下的资源冗余是一种极大的浪费。因而，这种资源冗余产生的动因在于资源浪费，企业没有实现对现有资源的合理利用，这种状态下资源的匹配与冗余之间表现为"用好—浪费"的关系。通常对待资源闲置，管理者可以通过裁员等措施来减少或消除冗余。但在网络生产情境下，企业可以通过网络中的关系搜寻，为冗余资源找到新的利用机会，并通过关系响应和关系监督建立和利用强关系共享优势和关系互动，促进与网络中其他主体的知识共享和组织学习，提升资源的使用效率。例如，我国的TD-SCDMA联盟由于建立了良好的网络治理关系，扩大了网络各主体暴露于网络的界面深度和宽度，直接促进了网络的创新能力，在该网络内有严格规则和契约保证的强关系和关系互动降低了知识的专有性与复杂性，促进了知识在网络内的共享，极大地降低了各主体的资源闲置程度。

## （五）生产压力

这种资源冗余产生的动因在于网络生产方向上的压力。企业为契合未来网络生产所需而进行的资源开发或储备具有一定的不确定性，因而为了实现自身资源结构与未来网络生产要求的匹配，企业需要在根据现有数据选择某种类型资源进行主要生产或研发的同时，配置一定的资源冗余，以备随时替换。这是一种基于压力的资源匹配逻辑，资源冗余状态表现为资源的竞合，资源的匹配与冗余之间的关系表现为"应用—替换"的关系。例如，中兴通讯在其网络化成长过程中，充分利用网络关系搜寻未来的技术和市场机会，并对各种可能的机会进行跟踪和弹性投入，不轻易判定任何一种业务品种的未来市场价值或技术走势，并随时根据网络环境的变化调整对不同产品或技术开发的资源配置，以确保把握未来的市场先机。

### （六）生产沉默

现行的生产模式下企业资源的应用价值不一定能够被完全利用，这种生产状态可以被形容为生产沉默。企业置身于网络化生产体系中，其资源的整合和配置具有明显的方向性，因此自然存在于当前的生产环境下被忽视、遗忘的资源，这类资源处于被漠视状态，这种资源冗余产生的动机在于没有被激活，这种情境下资源的匹配与冗余之间的关系表现为"激活—睡眠"的关系。企业通过搜寻和拓展外部网络关系，可以借助外部资源激活自身睡眠性质的冗余资源。例如，当麦当劳发现其在店面、设备生产能力等上面存在资源价值未被完全利用的情况时，通过与呼叫中心、人力资源外包公司等构建的企业网络而推出了麦乐送业务，成功激活了自身的睡眠性资源，提高了资源的利用效率。

# 四、结论

本文沿"资源—网络—企业成长"的框架剖析了企业网络化成长过程中的资源投入和使用机制，并进一步以网络化生产作为悖论解释情境探索了企业网络化成长中面临的资源匹配与冗余问题。

随着价值活动的网络化趋势，企业不可避免要驶入网络化成长的轨道中，对资源的投入方式和使用效率的分析自然需要跳出企业边界的局限，从网络的视角上展开。

（1）在资源的投入方式上。首先，企业网络化成长过程中形成的具有资产专用性特征的资源和关系直接影响企业的资源投入方向。其次，有利的网络位置能够使企业具有更大的网络支配权，从而促使其采取最合理的资源投入方向和方式；同时，网络关系强度的强弱从不同的角度对企业资源的投入方式产生影响，现有研究一般都只强调弱关系的搜寻优势，实际上企业实践表明强关系的共享优势也是可以促进企业优化资源的投入方式。

（2）在资源的使用效率上。企业网络化成长过程中其资源的利用已经不是其自身的独立行为，而是要受到网络中其他主体资源禀赋和行为的影响，网络中的强关系和关系互动能够促进网络中的知识共享和组织学习，进而提升企业资源的使用效率。

（3）企业网络化成长过程中如何利用外部网络实现资源的有效和高效利用，依赖于其构建的网络能力。企业从创立之时起便嵌入特定的网络中，企业与不同节点的不同联结方式将促使企业从网络中获得不同的成长资源、信息、机会，乃至压力，因而企业必须构建在动态复杂环境下驾驭纷繁的网络关系的能力，本文认为企业的网络能力包括了关系搜寻、关系响应、关系监督和关系净化能力。

探索企业网络化成长过程中的资源投入与使用，不可避免地要涉及企业资源的匹配与冗余问题，因为企业在任何情况下都会存在未被完全使用的资源。匹配与冗余是一对显然的悖论，我们引入网络化生产作为寻求悖论解释的情境要素。网络化生产可能会出现六种不同的模式，每种模式下企业资源的匹配与冗余之间都会呈现出不同的状态，企业需要在洞悉当前生产模式的基础上，利用网络不断实现资源的最优化利用。

**参考文献**

[1] A. C. Inkpen, E. W. K. Tsang. Social Capital, Networks and Knowledge Transfer [J]. Academy of Management Review, 2005, 30 (1).

[2] A. Levinson. Cross National Alliances and Intraorganizational Learning [J]. Organizational Dynamics, 1996, 24 (7).

[3] A. Tiwana. Do Bridging Ties Complement Strong Ties? An Empirical Examination of Alliance Ambidexterity [J]. Strategic Management Journal, 2008, 29 (3).

[4] A. Walter, M. Auer, T. Ritter. The Impact of Network Capabilities and Entrepreneurial Orientation on University Spin-off Performance [J]. Journal of Business Venturing, 2006, 21 (4).

[5] A. Zaheer, G. G. Bell. Benefiting from Network Position: Firm Capabilities, Structural Holes and Performance [J]. Strategic Management Journal, 2005, 26 (9).

[6] B. Kogut, U. Zander. Knowledge of the Firm, Combinative Capabilities and the Replication of Technology [J]. Organization Science, 1992 (3).

[7] B. McEvily, A. Marcus. Embedded Ties and the Acquisition of Competitive Capabilities [J]. Strategic Management Journal, 2005 (26).

[8] B. McEvily, A. Zaheer. Bridging Ties: A Source of Firm Heterogeneity in Competitive Capabilities [J]. Strategic Management Journal, 1999, 20 (12).

[9] B. Uzzi. Social Structure and Competition in Interfirm Networks: The Paradox of Embeddedness [J]. Administrative Science Quarterly, 1997, 42 (1).

[10] Bernard L. Simonin. Ambiguity and the Process of Knowledge Transfer in Strategic Alliances [J]. Strategic Management Journal, 1999, 20 (7).

[11] C. Lechner, K. Frankenberger, S. W. Floyd. Task Contingencies in the Curvilinear Relationships between Intergroup Networks and Initiative Performance [J]. Academy of Management Journal, 2010, 53 (4).

[12] Chien, Ting-Hua, Chung-Shan. Competition and Cooperation Intensity in a Network: A Case Study in Taiwan Simulator Industry [J]. The Journal of American Academy of Business, 2005, 7 (9).

[13] D. B. Holm, K. Eriksson, J. Johanson. Creating Value through Mutual Commitment to Business Network Relationships [J]. Strategic Management Journal, 1999, 20 (5).

[14] D. Lavie. The Competitive Advantage of Interconnected Firms: An Expansion of the Resource-Based View [J]. Academy of Management Review, 2006, 31 (3).

[15] D. M. Herold. What Is the Relationship between Organizational Slack and Innovation? [J]. Journal of Managerial Issues, 2006, 53 (3).

[16] D. N. Iyer. Performance Feedback, Slack and the Timing of Acquisitions [J]. Academy of Management Journal, 2008, 51 (4).

[17] D. Tolstoy, H. Agndal. Network Resource Combinations in the International Ven Turing of Small Biotech Firms [J]. Technovation, 2010, 30 (1).

[18] D.Z. Levin, R. Cross. The Strength of Weak Ties you Can Trust the Mediating Role of Trust in Effective Knowledge Transfer [J]. Management Science, 2004, 50 (11).

[19] E. F. Fama. Agency Problems and the Theory of the Firm [J]. The Journal of Political Economy, 1980, 88 (2).

[20] E. T. Penrose. The Theory of the Growth of the Firm [M]. Oxford: Oxford University Press, 1959.

[21] F. F. Suarez. Network Effects Revisited: The Role of Strong Ties in Technology Selection [J]. Academy of Management Journal, 2005, 48 (4).

[22] G. Ahuja. Collaboration Networks, Structural Holes and Innovation: A Longitudinal Study [J]. Administrative Science Quarterly, 2000, 45 (3).

[23] G. McNamara, D. L. Deephouse, R. A. Luce. Competitive Positioning within and Across a Strategic

Group Structure: The Performance of Core, Secondary and Solitary Firms [J]. Strategic Management Journal, 2003, 24 (2).

[24] H. Hakansson. Industrial Technological Development: A Network Approach [M]. London: Croom Helm, 1987.

[25] H. Leibenstein. Allocative Efficiency VS. X-Inefficiency [J]. American Economic Review, 1966 (6).

[26] J. Cheng, I. F. Kesner. Organizational Slack and Response to Environmental Shifts: The Impact of Resource Allocation Patterns [J]. Journal of Management, 1997, 23 (1).

[27] J. H. Dyer, H. Singh. The Relational View: Cooperative Strategies and Sources of Interorganizational Competitive Advantage [J]. Academy of Management Review, 1998, 23 (4).

[28] J. H. Dyer. Specialized Supplier Networks as a Source of Competitive Advantage: Evidence from the Auto Industry [J]. Strategic Management Journal, 1996, 17 (4).

[29] J. Hagedoom, N. Roijakkers, H. Van Kranenburg. Inter-Firm R&D Networks: The Importance of Strategic Network Capabilities for High-Tech Partnership Formation [J]. British Journal of Management, 2006 (17).

[30] J. L. Cheng. Organizational Slack and Response to Environmental Shifts: The Impact of Resource Allocation Patterns [J]. Journal of Management, 1997 (23).

[31] J.S. Coleman. Social Capital in the Creation of Human Capital [J]. American Journal of Sociology, 1988, 94 (51).

[32] L. J. Bourgeois. On the Measurement of Organizational Slack [J]. Academy of Management Review, 1981, 6 (1).

[33] M. Best. The New Competition [M]. Massachusetts: Harvard University Press, 1990.

[34] M. S. Granovetter. The Strength of Weak Ties [J]. American Journal of Sociology, 1973, 78 (6).

[35] M. T. Hansen. The Search-Transfer Problem: The Role of Weak Ties in Sharing Knowledge Across Organization Subunits [J]. Administrative Science Quarterly, 1999, 44 (1).

[36] M. W. Peng, P. Heath. The Growth of the Firm in Planned Economies in Transition, Institutions, Organizations and Strategic Choice [J]. Academy of Management Review, 1996, 21 (2).

[37] Michael C. Jensen, William H. Meckling. Theory of the Firm: Managerial Behavior, Agency Costs and Ownership Structure [J]. Journal of Financial Economics, 1976, 3 (4).

[38] N. Economides. The Economics of Networks [J]. International Journal of Industrial Organization, 1996, 16 (4).

[39] N. Nohria, R. Gulati. Is Slack Good or Bad for Innovation? [J]. Academy of Management Journal, 1996, 39 (5).

[40] N. Thomson. The Role of Slack in Transforming Organizations [J]. International Studies of Management & Organization, 2001, 31 (2).

[41] O. E. Williamson. The Economic Institutions of Capitalism [M]. New York: Free Press, 1985.

[42] R. E. Nelson. The Strength of Strong Ties: Social Networks and Intergroup Conflict in Organizations [J]. Academy of Management Journal, 1989, 32 (2).

[43] R. Gulati, N. Nohria, A. Zaheer. Strategic Networks [J]. Strategic Management Journal, 2000, 21 (3).

[44] R. Reagans, B. McEvily. Network Structure and Knowledge Transfer: The Effects of Cohesion and Range [J]. Administrative Science Quarterly, 2003, 48 (2).

[45] R. Reagans, E. W. Zuckerman. Networks, Diversity, and Productivity: The Social Capital of Corporate R&D Teams [J]. Organization Science, 2001, 12 (4).

[46] R. Sandnes, J. T. Mahoney. Modularity, Flexibility and Knowledge Management in Product and Organization Design [J]. Strategic Management Journal, 1996 (17).

[47] Ronald S. Burt. Structural Holes: The Social Structure of Competition [M]. Harvard: Harvard University Press, 1992.

［48］S. Wally. Effects of Firm Performance, Organizational Slack and Debt on Entry Timing: A Study of Ten Emerging Product Markets in U.S.A［J］. Industry and Innovation, 2000, 7（2）.

［49］T. Ritter, H. Georg. Network Competence: Its Impact on Innovation Success and Its Antecedents［J］. Journal of Business Research, 2003, 56（3）.

［50］T. Y. Kim, H. Oh. Framing Interorganizational Network Change: A Network Inertia Perspective［J］. Academy of Management Review, 2006, 31（3）.

［51］U. Zander, B. Kogut. Knowledge and the Speed of the Transfer and Imitation of Organization Capabilities: Anempiricaltest［J］. Organization Science, 1995（6）.

［52］W. Cohen, D. Levinthal. Absorptive Capacity: A New Perspective on Learning and Innovation［J］. Administrative Science Quarterly, 1990, 35（1）.

［53］W. W. Powell, K. W. Koput, L. Smith-Doerr. Interorganizational Collaboration and the Locus of Innovation: Networks of Learning in Biotechnology［J］. Administrative Science Quarterly, 1996, 41（1）.

［54］蔡莉, 杨阳, 单标安, 任萍. 基于网络视角的新企业资源整合过程模型［J］. 吉林大学社会科学学报, 2011, 51（3）.

［55］蔡宁, 潘松挺. 网络关系强度与企业技术创新模式的耦合性及其协同演化——以海正药业技术创新网络为例［J］. 中国工业经济, 2008（4）.

［56］杜运周, 任兵, 张玉利. 新进入缺陷, 合法化战略与新企业成长［J］. 管理评论, 2009, 21（8）.

［57］方润生, 杨垣. 基于价值网络的企业产出优势: 特点与构成［J］. 科研管理, 2002, 23（2）.

［58］江积海. 企业网络中知识传导绩效的影响因素及其机理——TD-SCDMA 产业联盟的案例研究［J］. 科学学研究, 2010, 28（9）.

［59］刘冰, 符正平, 邱兵. 冗余资源、企业网络位置与多元化战略［J］. 管理学报, 2011, 8（12）.

［60］刘海潮. 不同战略变化路径下冗余资源的角色差异性——基于竞争视角的研究［J］. 科学学与科学技术管理, 2011, 32（1）.

［61］刘晓斌. 也谈资源投入适合度［J］. 当代财经, 1988（3）.

［62］罗家德. 关系管理刍议——关系管理研究的回顾与展望［J］. 关系管理研究, 2005（1）.

［63］孟繁强. 战略人力资源管理的匹配与冗余——两种逻辑的形成与耦合［J］. 经济管理, 2010, 32（3）.

［64］孟庆红, 戴晓天, 李仕明. 价值网络的价值创造、锁定效应及其关系研究综述［J］. 管理评论, 2011, 23（12）.

［65］青木昌彦, 安藤晴彦. 模块时代: 新产业结构的本质［M］. 上海: 上海远东出版社, 2003.

［66］王志敏. 基于冗余资源的企业创新行为特征分析［J］. 企业经济, 2008（3）.

［67］邬爱其. 企业网络化成长国外企业成长研究新领域［J］. 外国经济与管理, 2005, 27（10）.

［68］余东华, 芮明杰. 基于模块化网络组织的知识流动研究［J］. 南开经济评论, 2007, 10（4）.

［69］张玉利, 田新, 王晓文. 有限资源的创造性利用——基于冗余资源的商业模式创新: 以麦乐送为例［J］. 经济管理, 2009, 31（3）.

［70］朱秀梅, 陈琛, 蔡莉. 网络能力、资源获取与新企业绩效关系实证研究［J］. 管理科学学报, 2010, 13（4）.

# 第三篇　公司治理与企业持续成长

# 大股东监督还是大股东侵占
## ——基于中国民营上市公司的实证分析

宋小保*

[摘要] 考虑大股东在上市公司管理层任职状况的差异（是否担任董事长或总经理），利用我国民营上市公司 2003~2011 年的样本，基于两种委托—代理理论，本文从一个新的角度实证分析了上市公司股权集中与公司绩效的关系。研究发现，如果大股东未在上市公司管理层任职，则大股东持股与公司绩效表现为倒 U 形的先增后降关系，此种情况下适合用股东—经理人代理理论（监督理论）对大股东行为进行解释。该结论意味着随着持股比例的变化，大股东对管理层可能表现为监督不足或者监督过度；如果大股东在上市公司管理层任职，则大股东持股与公司绩效表现为 U 形的先降后增关系，此种情况下适合用大—小股东代理理论（侵占支持理论）对大股东行为进行解释。该结论意味着随着持股比例的变化，大股东对企业可能表现为利益侵占或利益支持。

[关键词] 大股东；监督；侵占；大股东任职；民营上市公司

# 一、引言

本文基于目前我国民营类上市公司股权相对集中的背景，探讨大股东在上市公司是否担任核心职位情形下，[①] 第一大股东持股比例对公司绩效的影响差异，以认识股权集中在大股东不同任职背景下对公司绩效不同的影响机制。关于股权结构对公司治理的影响研究，最早可以追溯到 Berle 和 Means（1932）关于股权分散假定的研究。从公司治理研究的发展过程来看，早期的研究主要关注股权高度分散而导致的管理者与外部股东之间、股东与债权人之间的代理冲突。但近来很多学者的研究都发现，除美国和英国等少数几个国家外，世界上大部分国家的企业股权不是分散的而是相当集中的，新兴经济体的股权集中度则更高，且大多由家族进行控制（Claessens 等，2000；Lins，2003）。

利益冲突无处不在，股东间的利益冲突则是公司中最为普遍，也最为引人注目的问题之一。对一般股东而言，一旦将财产用于公司出资，即不再能够直接处分该财产。但控股股东实质上不仅能

---

* 宋小保，（1974-），男，河南开封人，汕头大学商学院副教授，管理学博士，研究方向为公司财务。
① 本文中所称大股东在上市公司担任重要的管理职位是指担任上市公司正副董事长或者总经理职位，或者兼任两个职位。另外，根据研究惯例，大股东指直接持有上市公司较大比例股权的股东，一般指上市公司的第一大股东，控股股东指对上市公司具有控股地位的大股东，最终控制人则指处于上市公司控制链顶端的控制者。根据控制结构可知，最终控制人总是需要通过上市公司的第一大股东体现自身的意志来实现对公司的控制。所以，根据问题叙述和文献引述的需要，本文会交替使用这几个含义接近的概念。

够支配和处分其用于出资的财产，而且能够支配其他股东用于出资的财产。众多研究也都表明，由于现代企业（尤其是上市公司）中控股股东的出现，其中的代理问题已经不再仅仅是传统的管理者与外部股东之间、股东与债权人之间的利益冲突，而且存在着控股股东与中小股东之间的利益冲突（Shleifer、Vishny，1997）。很多学者同时也认为，即便存在此类利益冲突，外部大股东监督公司的财务决策也可以作为一项很好的公司治理机制，以减少管理层的内部人控制问题（Noe，2002）。[1]即大股东的存在也会产生另外一种效应：由于大股东拥有实际而非形式上的控制权，他们可以执行对管理层的监督。考虑大股东股权集中的特性，其监督可以从几个方面得到补偿。如果资本市场中对其股权转让没有太多限制，即可以基于该监督带来的私人信息对股票进行交易；如果股权转让受到监管部门的诸多限制，则可以基于监督所带来的公司绩效的改变提升自己的股权价值。

由于经济发展阶段及政治经济环境和境外经济体都存在很大的不同，加上特殊的制度背景，使得我国上市公司在融资环境以及股东的收益模式等方面都与其他经济体存在较大的差异，这些因素都会影响我们对股权集中问题的分析角度。与以往对中国上市公司股权结构的研究不同，本文基于两个存在相互竞争性的监督假说和侵占假说，将研究视角放置在更具市场化特征的民营上市公司中，实证分析了大股东在上市公司任职和未任职两种情况下，股权集中度对公司绩效的不同影响机制。很多经济学者直觉认为，考虑股东与管理层之间存在信息不对称，如果大股东未在上市公司任职，则其持股较少可能会导致对公司"关心"不够，进而对管理层所提供的监督不足；而当其持股太高时则又可能"关心"太多，导致对管理层所提供的监督过度。这两种现象都可能会造成企业价值的降低。[2]但是，对于大股东任职的公司，由于基本不存在（大）股东和经理人之间的代理问题，此时企业内冲突主要体现为大股东与广大小股东之间的委托—代理冲突，并进而会产生大股东持股比例对公司绩效的影响。

结合中国的制度环境，基于2003~2011年民营类上市公司数据，我们考察了大股东在上市公司不同任职状况下对公司绩效的影响机制。发现大股东在上市公司的任职状况会显著影响上市公司大股东的行为模式，可能体现为对管理层的监督，也可能体现为对小股东的侵占，并最终会影响公司的绩效。相对于现有文献，本文的主要贡献体现在以下两点：一是不同于现有文献对股权集中与公司绩效关系的研究范式，本文利用大股东在上市公司的任职状况对所研究问题的背景进行区分，认为不同任职背景下股权集中与公司绩效应该呈现不同的关系。二是本文分别使用监督理论（Monitoring Theory）和侵占与支持理论（Tunneling and Propping Theory）两种委托—代理理论，来解释不同任职状况下的上市公司大股东行为，为股权集中与公司绩效之间关系提供了一个新的理论解释视角。认为在大股东未出任核心管理层的情况下，更可能发生的是监督不足或者监督过度；在大股东出任核心管理层的情况下，更可能发生的是利益侵占或者利益支持。

# 二、文献评述与制度背景

从 Shleifer 和 Vishny（1997）著名的综述研究开始，有关大股东与中小股东代理问题的研究即

---

① 监督的途径有多种，主要包括以下三种：一是通过介入公司信息的收集，增加管理层机会主义的成本；二是更换不称职的管理层；三是为管理层决策提供一定的支持。

② 一般说来，日本、德国、法国以及其他欧洲大陆国家传统上主要依赖于具备稳定融资关系的银行而非大股东来约束管理层。在美国，法律和严格的规则限制了集权型企业的发展，对管理层的干涉更多地来自并购市场的压力。与日本和德国相比，美国管理层的激励更多地来自基于股权的补偿。在转型的中国，对管理层的激励和监督到底应该基于何种模式，仍旧没有统一的答案。

开始引起研究者的注意。但关于股权集中在公司治理中所起的作用，理论上有两个相互竞争甚至完全对立的假说：对公司管理层的监督和对中小股东的侵占。Claessens、Diankov 和 Lang（2000）的分析即发现，大股东惯于运用金字塔结构和交叉持股等方式分离其所有权与控制权，且相当数量上市公司的高级管理者是由大股东自身或者所派出的成员担任的。该现象也许说明，大股东既存在对企业其他利益主体侵占的动机，又担心非家族成员管理企业会产生机会主义行为。

## （一）监督假说

支持该假说的学者认为，考虑在公司内重要的经济利益，股权集中下大股东存在着较强的动机对公司管理层进行监督，以此来保证管理层尽职工作，不致产生损害股东的机会主义行为。[①] 在此意义上，股权的集中可以在一定程度上减轻股东与管理层之间的代理冲突，降低代理成本。在股权分散的企业内，由于股东数量太大且趋于同质化，上述控制机制难以发挥作用。Shleifer 和 Vishny（1986）的研究也认为，与 Grossman 和 Hart（1980）关于股权分散下的收购悖论情形类似，分散股权情形下的股东对管理层的监督会存在严重的"搭便车"行为，而解决该问题的办法即为股权的适度集中。[②]

围绕该假说，众多学者做了相关的实证研究。Shleifer 和 Vishny（1986）的研究本身即提供了大股东提高公司绩效的证据。另外，其他一些早期的研究也认为，机构投资者和大投资者都可以作为好的监督者存在，但当以公司价值以及风险承担等指标来衡量监督效果时，机构投资者则比普通的大投资者有更好的监督效果（McConnell、Servaes，1990）。Karathanassis 等（2004）研究了不同类型投资者的监督激励差别。他们认为，机构投资者相对而言可能会迫于投资绩效的压力而进行某些短期投资行为，从而更像一个投机者而缺乏对公司的有效监督。Fosberg（2004）认为，大投资者的存在限制了管理层进行次优投资的能力。Oded 和 Wang（2005）通过发展大股东积极主义的非合作模型，研究了大股东行使积极主义（对管理层的监督）的方式，以及股东积极主义和公司价值如何受到股东特性及外部治理机制的影响。他们发现，所有权的集中可以有效加强该大股东积极主义，进而提高公司价值。一些学者的研究认为，大股东会在股权分散化与监督激励之间以及风险分配与监督激励之间找到平衡（Demarzo、Urosevic，2006；Danis，2010）。另外，其他一些学者的研究也发现，随着大股东持股水平的提高，基于利益的协同效应，其管家意识和管家角色功能会变得更明显（Klein、Zur，2009；Yermack，2010）。

许小年和王燕（2000）利用中国上市公司的数据研究了股权集中度与公司业绩之间的关系，认为股权集中度与证券的市场价值—账面价值比存在正相关关系，说明大股东能够部分解决小股东的"搭便车"问题。陈小悦和徐晓东（2001）也研究了股权结构与公司绩效之间的关系，认为在非保护性行业，第一大股东持股比例与企业业绩正相关。徐晓东和陈小悦（2003）的研究表明，第一大股东为非国家股东的公司有着更高的企业价值和更强的盈利能力，在经营上更具灵活性，其高级管理层也面临着更大的来自企业内部和市场的监督与激励。刘星和刘伟（2007）以及陈明贺（2007）的研究都认为，股权集中度与公司价值之间存在显著的正相关关系，适当的股权集中度有利于公司绩效的提高。骆振心和杜亚斌（2008）的研究发现，大股东所持有的现金流水平与公司价值正相关，具有积极的监督效应。李明辉（2009）与冯延超（2010）的研究都发现，股权集中有助于降低股权代理成本，且与高科技行业公司相比，传统行业的股权集中度的提高对公司

① 有文献直接将股权集中程度作为股东积极行动（Activism）的代理变量，用以分析与公司价值的关系，但所得结论并不统一（Hartzell、Starks，2003；Holderness，2003；Bhagat、Black、Blair，2004）。

② 不仅由于其监督收益可以弥补监督成本，大股东愿意提供监督。同时，大股东的存在还可以促进恰当的收购行为，进而对管理层施加压力提高公司绩效。

绩效具有正向的影响。

## （二）侵占假说

几乎同时，也有学者针对股权集中问题提出了侵占假说。该假说认为，与分散股权下股东的同质化不同，集中股权下股东出现了异质化，对公司控制力较强的大股东与广大中小股东的利益并不完全一致。在此情况下，大股东有可能利用自身的信息和控制优势与内部人合谋，做出对其他中小股东利益侵占的事情。实际上，Stiglitz（1985）的研究中已经提到，处于较强控制地位的大股东可能与小股东的利益不一致，考虑自身的集中股权以及对投资风险的分散不够充分，大股东可能会通过利益转移来补偿其对公司内部管理层的监督成本以及集中投资的风险。

Leech 和 Leahy（1991）的研究认为，股权集中度与企业价值以及企业利润率之间都存在着显著的负相关关系，同时与所有者控制的企业相比，也没有证据显示管理者控制的企业存在更多的操控性支出。Fuerst 和 Kang（1998）的研究也发现，外部股东持股比例与公司经营业绩呈负相关关系。在以上研究的基础上，Claessens 等（2002）对东亚 8 个经济体的实证研究发现，企业的市场价值与控股股东的现金流权正相关，由此证明大股东在企业中的所有权具有激励效应；企业的市场价值与控股股东的控制权负相关，当控制权超过所有权越多时，这种负相关关系越显著，由此证明控股股东对上市公司的控制过强，可能导致对上市公司的掠夺。他们将由于所有权与控制权的分离而导致的企业价值减少，解释为控股股东掠夺中小股东的证据。LLSV（2002）的研究认为，投资者保护越弱，企业价值越低。Cheung 等（2006）以 1998~2000 年中国香港上市公司 375 起关联交易为样本，研究发现上市公司对控股股东的资产收购、资产出售、股权出售等管理交易会损害中小股东的利益。Wei 和 Zhang（2008）以 8 个东亚经济体的公司为样本研究发现，当大股东的控制权与现金流权分离程度较高时，大小股东之间严重的代理冲突恶化了公司的过度投资状况。Albuquerque 和 Wang（2008）的研究发现，在投资者法律保护程度较弱的国家，控股股东具有通过过度投资获取控制权私利的更强动机，公司的价值也更低。Jiang 等（2010）的研究认为，大股东可以通过内部资本市场的方式，来实现隧道挖掘效应。

王鹏和周黎安（2006）从最终控制人角度研究了控股股东的控制权与现金流权对公司绩效的影响，结果表明控股股东的控制权有负的"侵占效应"，现金流权则有正的"激励效应"；控制权的"侵占效应"强于现金流权的"激励效应"；且随着两权分离程度的增加，公司绩效将下降。王鹏（2008）的研究发现，投资者保护水平可以减弱控股股东的控制权与公司绩效的关系，降低控股股东对上市公司的资金占用，并减少上市公司对外部审计的需求。刘启亮等（2008）的研究认为，控股股东会利用金字塔结构的复杂性，通过掏空和寻租等手段，获取控制权私利。许艳芳等（2009）以上市公司明天科技（SH600091）为研究对象，发现在资本市场中，公司所筹集的资金并非用于自身发展，而是在控股股东的主导下，通过隐秘的内部资本市场运作方式，转移给控股股东及其控制的非上市公司。朱云等（2009）的研究发现，由于融资受限引起的资金储备动机和大股东圈钱动机是影响中国上市公司募集资金滥用的主要原因。谭兴民等（2010）认为，对于商业银行上市公司，较大的第一大股东持股比例阻碍了银行绩效的提高。蔡宁（2012）以上述公司业绩预告前后的减持时间为研究对象，考察了大股东利用信息优势所从事的内部交易问题，发现大股东在该类行为中存在并使用了信息优势。魏明海等（2013）基于家族控制的关联大股东的研究发现，关联大股东以关联交易为途径对企业价值产生了负面影响，且关联大股东持股越多、在董监高中所占席位比例越大，家族企业的关联交易行为越严重。当然，很多研究也发现，基于某种考虑大股东也可能会出现对上市公司的支持行为（Friedman，Johnson，2003；张光荣、曾勇，2006；Peng，Jiang，2010）。

从文献分析可以看出，现有关于股权结构与公司绩效关系的研究，大多直接考察二者之间的关系，而较为缺乏对其中机制的分析。同时，更多的研究是将二者的关系放置在同一背景中进行考察，而未考虑上市公司管理层产生机制的差异，这不利于我们细致分析股权结构对公司行为影响。另外，在分析大股东侵占或支持行为的时候，现有研究多在分析具体的侵占或支持行为，以及具体的侵占或支持动机，而未给出一个更为一般性的结论。

### （三）制度背景

进入 21 世纪以来，民营企业已经成为国民经济的发展支柱。无论在企业的数量、所提供的就业岗位，还是对 GDP 的贡献方面，民营企业都已经超越了国有企业。在市场经济条件下，民营企业本应是资本市场的重要主体，但目前我国民营企业主体地位仍旧比较脆弱，数量也不是非常多。同时，我国公司上市需要通过严格的政府审核，因此，这种制度安排一方面使得很多民营企业为了能够上市而尽量迎合与政府的关系，另一方面也给投资者传递了"虚假"的信息，以为经过政府批准能够上市的公司都是优质公司。这客观上不利于投资者风险意识的培养，也加大了政府在投资者保护中的责任。基于同样的原因，虽然我国资本市场中存在着一定比例的民营企业，但由于上市资源几乎完全掌控在政府手中，加之中国普遍存在的地方保护主义，使得民营企业在行为特征方面出现了一定程度的国有化现象。[①]但即便如此，相对于国有企业，民营企业的诸多行为还是能够体现一定的市场化特征。

对于现实中很多民营公司来说，无论是否为上市公司，在其发展壮大过程中面临代际传承问题时，都不可避免会做出一个选择：将家族企业的管理权传给下一代或者在市场中聘请职业经理人。根据中国民（私）营经济研究会家族企业研究课题组 2011 年发布的《中国家族企业发展报告》[②]显示，家族企业愿意聘请职业经理人的原因中，有 65.9% 的被调查者选择了"企业规模化或多元化发展的需求"，而不愿意聘请职业经理人的主要原因中则有 20.9% 的被调查者选择了"难以信任"，16.5% 选择了"相关法律不健全"。即便民营上市公司也按照证监会的规定建立了董事会、监事会、经理层等相互制约的公司治理机制，但在家族"一股独大"使得股份过度集中的情况下，很多机制的设计也难以实现相互制衡的政策初衷，而使得经理层和董事会难以实现真正的独立。不同的选择则会导致创始家族与管理层不同的关系处理，进而是否会影响公司的各种决策，最终会反映在公司绩效变化方面。因此，我们希望考察在目前中国制度背景下，民营类上市公司大股东是否在公司任职的情况下，股权集中对公司绩效所产生的不同影响。

# 三、假设提出

从前述文献分析可以看出，众多研究关于股权集中对公司绩效和公司价值的影响所得结论不尽相同。部分研究认为大股东所能够提供的监督对公司价值起着正向的作用，部分研究则认为大股东可能存在的侵占行为会损害公司价值。[③]这可能对应着两个相互竞争的假说：大股东对公司管

---

[①] 余明桂等（2010）以及郭剑花和杜兴强（2011）。另外，很多报道也显示，中国商人非常推崇的两本"宝典"书为《红顶商人胡雪岩》和《杰克·韦尔奇自传》，说明企业在适应现代市场游戏规则的同时，也不忘记与政府建立良好的关系（http://news.163.com/14/0429/01/9QV9T2AV00014Q4P.html）。

[②] 根据一般的界定，家族企业不完全等同于民营企业，但民营企业中大部分都是家族企业，家族企业都可以归属到民营企业范畴。

[③] 也有学者认为二者之间存在非线性的关系，如正 U 形关系（白重恩等，2005；陈德萍、陈永圣，2011）和倒 U 形关系（施东辉，2003）。

理层的监督和对外部小股东的侵占。前述诸多文献对我国上市公司所做研究可能存在一个共同的倾向，即主要侧重于分析股权集中所带来问题的一个特定方面，而一定程度上忽略了大股东在不同情形下所起的公司治理作用差异（徐慧玲，2011；关鑫、高闯，2011；周仁俊、高开娟，2012；孙亮、刘春，2012；章卫东等，2012）。因为从民营类上市公司年报中可以看出，有很大比例民营上市公司的大股东会直接或者派出其信任的人在上市公司担任核心的管理职位。

理论上认为，大股东对管理层的监督还取决于大股东与管理层的关系，或者说大股东是否在管理层中任有重要的职位。如果大股东在公司中担任核心职位，在管理层决策之前即可能会使得股东倾向于与管理层保持一致，从而实际上基本不存在股东对管理层的日常监督。实证中，该种效应在学者关于控制权市场的研究中发现（Brickley、Lease、Smith，1988；Denis、Serrano，1996）。在后续的一些研究中，Denis 等（1997）又发现了更强的关于此效应的证据。他们的研究发现，管理层更换与绩效的敏感度和大股东的存在正相关。而且在大股东未任职的公司中管理层更容易被更换。但对于大股东任职的上市公司，则不存在此类关系，且外部控制权市场所起公司治理作用也会减弱。Moeller（2005）发现，收购溢价随着内部人持股比例降低而提高，证明市场会对管理层的身份特征做出相应的反应。Bethel 等（1998）和 Almazan 等（2005）的研究也都发现，未任职的投资者会在监督中发挥更加积极的作用，[①]而已经任职的大股东则更可能与管理层保持一致，从而降低监督效果。Borokhovich 等（2006）通过分析资本市场中股票价格对公司反接管修正公告的市场反应，也发现了大股东在公司管理层任职所产生的一系列影响，认为投资者可以识别两类大股东在监督管理层方面的作用差异。

对于我国民营类上市公司来说，在大股东没有在上市公司任职的情况下，出于利益的考虑，天然存在大股东对管理层的监督问题。尤其当中国还没有形成良好的经理人市场、经理人的声誉评价机制仍不完善的情况下，大股东的监督激励是比较强烈的。因此，当大股东持股比例较低时，由于大股东与管理层之间存在着信息不对称，考虑监督成本和监督收益权衡，大股东总是会预期其所获监督收益无法补偿监督成本。因此，分散持股情况下股东监督将存在严重的"搭便车"问题，股东对管理层所提供的监督存在不足。此时表现为分散持股情况下的内部人控制，而内部人的机会主义行为会损害公司价值，相应会表现为较低的公司绩效。当持股比例逐渐增加时，由于大股东提供的监督在增加，内部人机会主义行为会得到改善，公司绩效也会相应地逐渐增加。当持股比例过高的情况下，基于价值协同效应，大股东更加关心企业的经营状况，愿意提供更多的监督。但由于大股东与管理层之间存在信息不对称，考虑自身所持股权比例较高，大股东总是会预期其所提供的监督无法有效约束管理层的机会主义行为，而去尽力获取那些无法直接反映经理绩效的信息，从而可能导致过度监督，相应会表现为公司绩效的逐渐降低。[②]

李有根和赵西萍（2004）的研究也发现，股权结构之所以会影响公司绩效，本质原因在于其影响了经理的自主权安排，从而影响公司绩效。该研究中所谓公司经理的自主权，其最主要的影响因素应该来源于控制人对其行为的干预程度，也即是否存在监督的过度问题。另外，理论分析也认为，监督者提供的一些创新性观点也许可能会弥补企业家新观点的不足，但这样做的缺点也非常明显，会严重影响企业家创新的积极性。[③]同时，如果企业家预期到自己所提出的项目会被严格地审查，那么其将没有激励推动新的项目或者采取新的行动，从而使得公司失去一些有价值的

---

① 此处的投资者主要指持股比例较高的大股东。因为对一般的小股东而言，由于持股比例较低，在监督公司管理层方面存在着较强的"搭便车"动机。

② 其实当监督者的监督激励过于强烈而可能导致监督过度时，将公司的控制权界定给管理层应该是更有效率的，但该类界定方式可能更适合于风险投资者和某种机构投资者。

③ Burkart 等（1997）及 Aghion 和 Tirole（1997）。当然，当大股东持股比例较高时，也可能会出现监督者与被监督者之间的合谋。

投资机会。即当大股东未在上市公司任职的情况下，大股东持股比例与公司绩效的关系应该表现为先升后降的关系。总体来说，大股东对公司的监督与控制在绩效方面的反映，主要取决于该种监督带来的"好处"和"坏处"孰轻问题，也即需要大股东对之进行有效的权衡，找到一个合适的监督供给点，使企业价值达到最大。

与之对应，对于大股东在上市公司任职的企业来说，基本不存在所有者监督经营者的问题。相对于美国上市公司，中国上市公司的股权更加集中，权力（权利）集中也更加明显，董事会的独立性相应也会比较低。因此，在大股东在上市公司任职的情况下，基本可以认为此时的管理层完全被大股东控制。[①]当大股东持股比例很低的情况下，无论从股权结构还是从董事会结构来看，一般都存在良好的相互制衡作用，大股东较弱的控制力以及良好的股权制衡都有助于公司治理机制的改善和公司绩效的提升。当大股东持股比例逐渐增加时，由于其对公司控制力度的增加，股权制衡力度也会相应减弱，董事会组成结构也不再呈均衡状态，此时大股东有能力和动机对公司进行价值侵占，相应可能表现为公司绩效的逐渐降低。[②]但当大股东持股比例持续增加到较高的程度时，由于此时大股东利益与企业利益趋于一致，侵占动机减弱，乃至会存在支持公司的行为（张远飞等，2013），此种情况下相应会表现为公司绩效的逐渐增加。即在大股东在上市公司任职的情况下，大股东持股比例与公司绩效表现为先降后增的关系。综合上述分析，我们提出本文的两个假说：

监督假说：如果大股东未在上市公司任职，大股东持股比例与公司绩效表现为倒 U 形的先增后降关系。

侵占假说：如果大股东在上市公司任职，大股东持股比例与公司绩效表现为 U 形的先降后增关系。

# 四、研究设计

## （一）样本选取

本文的研究样本选取了 2003~2011 年在我国上海和深圳证券交易所上市的民营类公司。[③]之所以选择民营类上市公司，在于一般的分析都认为，相对于国有公司而言，我国民营公司受政府行政性的影响可能更小一些，其行为表现得也更加市场化，便于分析各利益相关者间的冲突（张洪辉、王宗军，2010；唐雪松等，2010；郝颖、刘星，2011）。另外，对于国有上市公司而言，由于公司核心管理层即为国资委或者政府部门派出的，因此存在理论上的股东与管理层一致性，更存在实际上的股东对管理层监督的严重不足，但不存在民营类上市公司所特有的大股东在上市公司的任职状况差别。

---

① Pagano 和 Roell（1998）及 Cestone（2004）都模型化了过度监督的机制形成问题。另外，在股权较为分散、分权较为彻底的欧美公司内，作为代理人的大股东甚至可能放弃积极型监督者的角色，与管理层进行事后的合谋以换取控制权利益（Dessi，2005）。

② 正如 Anderson 和 Reeb（2003）所提出的问题一样，当家族成员在公司中担任重要职位时，谁来监督这个家族，以保护其他利益主体的利益不受侵害？

③ 关于民营公司理论上的定义，有很多种不同的说法。最常见的为由个体所有并控制经营的公司即为民营公司。本文的样本来源于国泰安数据库公司提供的数据，根据数据库操作层面的定义，如果最终控制人可以追踪到个人或者家族的，都定义为民营公司。

在样本选取过程中，为了保证结论的稳健性，我们遵循了如下的数据筛选原则：一是剔除 ST 公司；二是剔除金融和保险行业公司；三是剔除第一大股东持股比例、收益率数据、Tobin's Q 值数据、任职状况数据不完整以及收益率存在异常值的公司；四是根据一般的研究惯例和现实中的情况，同时考虑关于最终控制人控制权的数据已经充分考虑了股东间一致行动对最终控制人控制权大小的影响，我们剔除了样本中第一大股东持股比例小于 10% 的公司，以保证样本公司大股东对公司拥有较强的控制力。至此，本文样本中实际有效观测值为 5398。文中大股东在上市公司是否担任重要职务的数据来源于 CSMAR 数据库，其他数据来源于 WIND 金融数据库。数据处理软件为 Excel2003 和 SPSS17.0。

## （二）变量定义

### 1. 被解释变量

本文主要研究的是我国民营上市公司中大股东持股与公司绩效的关系，因此被解释变量为公司的绩效。各类文献中对公司绩效的度量有多种方法，主要有 ROE、ROA 和 Tobin's Q 等多个相关指标。由于本文的研究目的主要在于分析大股东持股在公司治理方面所产生的影响以及相应的经营业绩成果，因此，我们选择了与股东关系密切的绩效指标净资产收益率 ROE。另外，为了考察资本市场对此的预期反映，我们同时也选择了描述企业市场价值的指标 Tobin's Q，以此衡量上市公司的市场绩效。虽然中国股市存在着一定的投机炒作行为以及由此而产生的泡沫现象，而且 Tobin's Q 在学术上的度量方法有很多种，容易引起歧义，但 Tobin's Q 仍旧为描述投资者对企业成长机会评价较为合适的指标。

### 2. 解释变量

本文的研究重点在于分析股权集中与公司绩效的关系，因此，根据一般的研究惯例，我们选择最能够描述股权集中度的上市公司第一大股东的持股比例作为解释变量。关于大股东在上市公司的任职状况，我们选择的是公司年报中披露的，上市公司最终控制人在上市公司的任职状况。因为根据现实中上市公司的控制结构，上市公司第一大股东总是能够体现最终控制人意志的，因此，最终控制人在上市公司任职也就意味着上市公司的第一大股东既是股东又是管理者。此处我们没有选择最终控制人的持股比例（现金流权）作为解释变量的原因在于，虽然最终控制人对上市公司确实拥有实际的控制力，但其对上市公司控制力的实现仍旧需要通过上市公司的直接控股股东来实现，因此选择第一大股东的持股比例可以很好地体现股权集中对公司绩效的影响。

### 3. 控制变量

根据既有文献对我国上市公司盈利能力影响因素的研究成果以及相关理论分析，我们选择了企业的负债率、公司规模、有形资产比、成长性以及公司风险作为控制变量，回归模型中同时加入了行业和年度虚拟变量进行控制（徐晓东、陈小悦，2003；王鹏、周黎安，2006；曹廷求、杨秀丽、孙宇光，2007）。表 1 列示了各被解释变量、解释变量和控制变量的名称、缩写、度量方式及说明。

根据前述理论分析，本文拟用普通最小二乘法进行回归分析，其实证模型设计如下：

$$PERF_{it} = CONS + \beta_1 FIRST_{it} + \beta_2 FIRST2_{it} + \beta_3 AFFIL \times FIRST_{it} + \beta_4 LEVER_{it} + \beta_5 SIZE_{it} +$$
$$\beta_6 TANG_{it} + \beta_7 RISK_{it} + \beta_{8-18} INDU + \beta_{19-26} YEAR + \varepsilon_{it} \tag{1}$$

其中，PERF 表示企业绩效，具体指标选择为 ROE 和 Tobin's Q，CONS 表示截距项，$\varepsilon_{it}$ 表示误差项，变量下角标分别表示第 i 家公司和第 t 期。其他具体变量皆按表 1 的定义。

**表1　变量定义**

| 变量类型 | 变量名称 | 变量缩写 | 变量度量方式及说明 |
|---|---|---|---|
| 被解释变量 | 公司绩效 | ROE | 净利润/权益×100% |
| | | Tobin's Q | (股权市场价值+负债价值)/总资产 |
| 解释变量 | 第一大股东持股比例 | FIRST | 第一大股东持股比例×100% |
| | 第一大股东持股比例平方 | FIRST² | FIRST×FIRST |
| | 大股东任职 | AFFIL | 大股东在上市公司任职取1；否则为0 |
| | 大股东任职与第一大股东持股比例交叉项 | AFFIL*FIRST | AFFIL×FIRST |
| 控制变量 | 负债率 | LEVER | 总负债/总资产×100% |
| | 企业规模 | SIZE | 总资产的自然对数 |
| | 有形资产比 | TANG | 固定资产/总资产×100% |
| | 成长性 | GROW | 公司当年利润同比增长率×100% |
| | 公司风险 | RISK | BETA值 |
| | 行业 | INDU | 哑变量 |
| | 年度 | YEAR | 哑变量 |

# 五、实证结果

## （一）描述性统计分析

表2提供了主要变量的描述性统计结果。从表2中数据可以看出，上市公司的盈利能力ROE的均值达到了8.907%，但标准差处于一个较高的水平，说明我国的民营上市公司盈利能力差别较大。Tobin's Q均值达到了2.692，远高于1，但标准差也达到了较高的3.625。另外，大股东持股比例均值为34.24%，达到了中国证监会所认定的控制一个公司的持股比例。大股东任职状况的均值为0.560，说明大部分民营上市公司的大股东会亲自担任或派出可信的人参与管理，这也与以往大部分关于民营上市公司的研究结果是一致的。

**表2　描述性统计**

| | ROE (%) | Tobin's Q | FIRST (%) | AFFIL | SIZE | LEVER (%) | TANG（%） | GROW（%） | RISK |
|---|---|---|---|---|---|---|---|---|---|
| N | 5398 | 5398 | 5398 | 5398 | 5398 | 5398 | 5398 | 5398 | 5398 |
| 均值 | 8.907 | 2.692 | 34.239 | 0.560 | 21.093 | 44.185 | 47.310 | -171.079 | 0.988 |
| 中值 | 9.080 | 2.069 | 30.660 | 1 | 21.007 | 43.540 | 47.112 | 14.858 | 1.008 |
| 极小值 | -97.037 | 0.017 | 10.04 | 0 | 14.937 | 0.708 | -835.257 | -532.793 | -0.686 |
| 极大值 | 98.851 | 119.131 | 95.95 | 1 | 25.380 | 930.661 | 97.946 | 297.072 | 2.002 |
| 标准差 | 14.045 | 3.265 | 14.209 | 0.496 | 0.965 | 32.285 | 33.810 | 11.915 | 0.281 |

表3提供了主要变量的Pearson相关分析，从表3中数据可以看到，所有的解释变量和控制变量都对盈利能力指标具有较强的解释力，且大都在1%水平上是显著的。而且第一大股东持股比例与盈利能力ROE以及市场绩效指标Tobin's Q之间都呈现出显著的正相关关系，这与本文的预期结果是一致的。同时，各变量之间的相关系数及回归方程VIF值都显示，各解释变量与控制变量之间不存在明显的共线性关系。同时，经过WHITE检验，模型也不存在明显的异方差问题。

表 3　变量 Pearson 相关性

|  | ROE | Tobin's Q | FIRST | FIRST$^2$ | AFFIL×FIRST | SIZE | LEVER | TANG | GROW |
|---|---|---|---|---|---|---|---|---|---|
| Tobin's Q | 0.103** | 1 |  |  |  |  |  |  |  |
| FIRST | 0.153** | −0.045** | 1 |  |  |  |  |  |  |
| FIRST$^2$ | 0.157** | −0.045** | 0.975** | 1 |  |  |  |  |  |
| AFFIL×FIRST | 0.220** | 0.011 | 0.448** | 0.435** | 1 |  |  |  |  |
| SIZE | 0.150** | −0.334** | 0.130** | 0.139** | 0.028* | 1 |  |  |  |
| LEVER | −0.143** | 0.055** | −0.023 | −0.009 | −0.178** | 0.085** | 1 |  |  |
| TANG | 0.150** | −0.053** | 0.031* | 0.016 | 0.194** | −0.086** | −0.976** | 1 |  |
| GROW | 0.034* | 0.000 | 0.008 | 0.007 | 0.010 | 0.018 | −0.002 | −0.002 | 1 |
| RISK | −0.131** | −0.213** | 0.014 | 0.016 | 0.010 | 0.199** | −0.043** | 0.049** | −0.013 |

注：上角标 ** 表示在置信度（双侧）为 0.01 时相关性是显著的，* 表示在置信度（双侧）为 0.05 时相关性是显著的。

## （二）实证模型分析

根据研究问题的需要，我们首先进行了全样本回归分析，并使用大股东在上市公司的任职状况对样本进行了分组，分别回归以验证前文假说。回归结果分别列示于表 4、表 5 和表 6 中。

### 1. 全样本回归

表 4 给出了全样本情况下第一大股东持股对公司绩效的影响。表中回归结果显示，在对相关因素进行控制的情况下，无论被解释变量为 ROE 还是 Tobin's Q，公司第一大股东持股比例与公司绩效都呈现显著的正相关关系，这与很多文献所得分析结论是一致的。当被解释变量为 ROE 和 Tobin's Q 时，第一大股东持股比例的回归系数 T 值分别达到了 5.961 和 2.242，分别在 1% 和 5% 的水平上是显著的。但是，该回归中并没有发现第一大股东持股比例与公司绩效呈现显著的非线性关系，因为大股东持股比例平方项的回归系数 T 值仅为 −0.154 和 0.532，都没有达到 10% 的显著水平。

表 4　全样本回归：股权集中与公司绩效的关系

| 变量 | 被解释变量：ROE | | | 被解释变量：Tobin's Q | | |
|---|---|---|---|---|---|---|
|  | 模型 1 | 模型 2 | 模型 3 | 模型 4 | 模型 5 | 模型 6 |
| CONS | −73.210*** | −73.427*** | −73.607*** | 35.869*** | 36.037*** | 35.880*** |
|  | (−11.678) | (−11.424) | (−11.767) | (27.117) | (26.500) | (27.127) |
| FIRST | 0.091*** | 0.102 | 0.067*** | 0.032** | 0.000 | 0.039** |
|  | (5.961) | (1.491) | (4.080) | (2.242) | (−0.015) | (2.544) |
| FIRST$^2$ |  | −0.011 |  |  | 0.034 |  |
|  |  | (−0.154) |  |  | (0.532) |  |
| AFFIL×FIRST |  |  | 0.071*** |  |  | −0.020 |
|  |  |  | (4.287) |  |  | (−1.267) |
| SIZE | 0.278*** | 0.278*** | 0.278*** | −0.411*** | −0.412*** | −0.411*** |
|  | (16.470) | (16.456) | (16.525) | (−27.557) | (−27.545) | (−27.557) |
| LEVER | −0.124*** | −0.124*** | −0.125*** | 0.166*** | 0.167*** | 0.168*** |
|  | (−3.036) | (−3.038) | (−3.080) | (2.557) | (2.565) | (2.575) |
| TANG | 0.068* | 0.068* | 0.065* | 0.048 | 0.049 | 0.050 |
|  | (1.722) | (1.719) | (1.650) | (0.740) | (0.752) | (0.769) |
| GROW | 0.019 | 0.019 | 0.019 | −0.004 | −0.004 | −0.004 |
|  | (1.267) | (1.266) | (1.292) | (−0.280) | (−0.275) | (−0.287) |
| RISK | −0.179*** | −0.179*** | −0.177*** | −0.149*** | −0.149*** | −0.150*** |
|  | (−11.167) | (−11.165) | (−11.098) | (−9.912) | (−9.910) | (−9.935) |
| INDU | 控制 | 控制 | 控制 | 控制 | 控制 | 控制 |

| 变量 | 被解释变量：ROE | | | 被解释变量：Tobin's Q | | |
|---|---|---|---|---|---|---|
| | 模型1 | 模型2 | 模型3 | 模型4 | 模型5 | 模型6 |
| YEAR | 控制 | 控制 | 控制 | 控制 | 控制 | 控制 |
| F | 33.192 | 31.908 | 32.769 | 56.561 | 54.386 | 54.456 |
| Adj-$R^2$ | 0.175 | 0.175 | 0.179 | 0.264 | 0.263 | 0.264 |
| N | 5398 | 5398 | 5398 | 5398 | 5398 | 5398 |

注：括号内数字为相应回归系数的T值。各回归系数右上角标 *、** 和 *** 分别表示统计量在10%、5%和1%的显著水平上是显著的。

模型3显示，当被解释变量为ROE时，第一大股东持股比例与任职状况交叉项的回归系数显著为正，且在1%的水平上是显著的。对于大股东在上市公司任职的公司来说，其第一大股东持股比例与公司绩效正相关关系更加显著，初步证明大股东任职于上市公司有利于公司绩效的改善。模型6的回归结果则表明，当被解释变量为描述市场绩效的Tobin's Q时，该交叉性的回归系数并没有达到10%的显著水平。该结果说明，大股东在上市公司任职，对企业财务绩效和市场绩效的影响存在一定的差异。但该交叉项的回归结果无法进一步告诉我们，大股东的不同任职状况对公司绩效的确切影响机制是什么，这也将是本文后续所要分析的问题。

2. 基于任职状况的分组回归

表4的全样本回归结果认为，第一大股东持股能够增加公司绩效，且大股东在上市公司的任职能够强化该效应。但根据前文的分析，我们认为大股东是否在公司担任核心职务，将对其收益和行为模式产生重要的影响，并将最终体现在公司绩效的变化方面。因此，基于此考虑，我们根据大股东在上市公司的任职状况对样本进行了分组，考察在不同任职状况下，第一大股东持股对公司绩效的影响机制差异。

表5中是未任职组的回归结果。从表5中数据可以看出，在对相关因素进行控制的情况下，模型1和模型3显示，第一大股东持股比例与公司绩效呈显著的正相关线性关系，与既有文献研究结果一致。但模型2与模型4的回归结果显示，在同时将第一大股东持股比例的一次项和平方项放进模型中时，无论被解释变量为ROE还是Tobin's Q，该平方项的回归系数都为负值，且模型2的系数T值在5%的水平上是显著的。该结论说明，在大股东未任职的公司内，第一大股东持股比例与公司绩效呈先增后降的倒U形关系，该回归结果验证了前文提出的监督假说。

**表5 未任职组：股权集中与公司绩效的关系**

| 变量 | 被解释变量：ROE | | 被解释变量：Tobin's Q | |
|---|---|---|---|---|
| | 模型1 | 模型2 | 模型3 | 模型4 |
| CONS | −65.082*** | −69.466*** | 43.185*** | 42.677*** |
| | (07.147) | (−7.499) | (21.431) | (20.724) |
| FIRST | 0.093*** | 0.314*** | 0.055*** | 0.151* |
| | (4.445) | (3.455) | (2.864) | (1.822) |
| $FIRST^2$ | | −0.226** | | −0.099 |
| | | (−2.496) | | (−1.195) |
| SIZE | 0.254*** | 0.254*** | −0.464*** | −0.463*** |
| | (10.975) | (11.016) | (−23.168) | (−23.146) |
| LEVER | −0.188*** | −0.188*** | 0.324*** | 0.324*** |
| | (−3.394) | (−3.407) | (3.404) | (3.403) |
| TANG | 0.025 | 0.024 | 0.309*** | 0.309*** |
| | (0.464) | (0.451) | (3.268) | (3.262) |

| 变量 | 被解释变量：ROE | | 被解释变量：Tobin's Q | |
|---|---|---|---|---|
| | 模型 1 | 模型 2 | 模型 3 | 模型 4 |
| GROW | 0.013<br>(0.671) | 0.013<br>(0.653) | −0.004<br>(−0.199) | −0.004<br>(−0.211) |
| RISK | −0.182***<br>(−8.368) | −0.180***<br>(−8.305) | −0.139***<br>(−6.939) | −0.139***<br>(−6.909) |
| INDU | 控制 | 控制 | 控制 | 控制 |
| YEAR | 控制 | 控制 | 控制 | 控制 |
| F | 16.844 | 16.476 | 34.480 | 33.216 |
| Adj-R² | 0.157 | 0.159 | 0.277 | 0.277 |
| N | 2377 | 2377 | 2377 | 2377 |

注：括号内数字为相应回归系数的 T 值。各回归系数右上角标 *、** 和 *** 分别表示统计量在 10%、5% 和 1% 的显著水平上是显著的。

由于信息不对称的存在，大股东未任职的公司中，大股东与管理层之间应该存在着监督与被监督的关系。当第一大股东持股比例较低时，存在天然的"搭便车"现象，从而导致其对管理层的监督不足；当持股比例逐渐提高时，其监督动机相应会增强，公司绩效也将随之提高；但当第一大股东持股比例过高时，出于对信息不对称情况下自身利益的"过分"考虑，又将导致对管理层的监督过度，表现为公司绩效又会随之降低。

表 6 为任职组的回归结果。模型 1 和模型 3 表明，在对相关因素进行控制的情况下，该类公司中第一大股东持股比例与公司绩效呈显著的正相关关系，与未任职组一致。但模型 2 和模型 4 的回归结果也显示，在同时将第一大股东持股比例的一次项和平方项放进模型中时，无论被解释变量为 ROE 还是 Tobin's Q，该平方项的回归系数 T 值都在 1% 或 5% 的水平上是显著的。说明在大股东任职的公司内，第一大股东持股比例与公司绩效呈先降后增的 U 形关系，该回归结果验证了前文提出的侵占假说。

**表 6 任职组：股权集中与公司绩效的关系**

| 变量 | 被解释变量：ROE | | 被解释变量：Tobin's Q | |
|---|---|---|---|---|
| | 模型 1 | 模型 2 | 模型 3 | 模型 4 |
| CONS | −80.225***<br>(−9.789) | −72.584***<br>(−8.574) | 25.883***<br>(18.795) | 26.815***<br>(18.790) |
| FIRST | 0.090***<br>(3.967) | −0.262**<br>(−2.492) | 0.020<br>(1.007) | −0.197**<br>(−2.165) |
| FIRST² | | 0.363***<br>(3.434) | | 0.223**<br>(2.441) |
| SIZE | 0.321***<br>(12.777) | 0.312***<br>(12.395) | −0.341***<br>(−16.566) | −0.347***<br>(−16.753) |
| LEVER | −0.031<br>(−0.508) | −0.025<br>(−0.421) | 0.036<br>(0.475) | 0.041<br>(0.543) |
| TANG | 0.124**<br>(2.101) | 0.131**<br>(2.236) | −0.355***<br>(−4.766) | −0.347***<br>(−4.660) |
| GROW | 0.062***<br>(2.798) | 0.063***<br>(2.852) | 0.013<br>(0.667) | 0.013<br>(0.699) |
| RISK | −0.197***<br>(−8.166) | −0.193***<br>(−8.0540) | −0.180***<br>(−8.681) | −0.178***<br>(−8.588) |
| INDU | 控制 | 控制 | 控制 | 控制 |
| YEAR | 控制 | 控制 | 控制 | 控制 |

续表

| 变量 | 被解释变量：RQE | | 被解释变量：Tobin's Q | |
|---|---|---|---|---|
| | 模型 1 | 模型 2 | 模型 3 | 模型 4 |
| F | 17.467 | 17.359 | 44.906 | 43.537 |
| Adj-R² | 0.198 | 0.203 | 0.394 | 0.396 |
| N | 3021 | 3021 | 3021 | 3021 |

注：括号内数字为相应回归系数的 T 值。各回归系数右上角标 *、** 和 *** 分别表示统计量在 10%、5% 和 1% 的显著水平上是显著的。

上述结果表明，在大股东任职的上市公司内，由于大股东直接控制了公司的大部分资源与相应的经营权，基本不存在股东和管理层之间的代理关系，此时公司内主要体现为大股东和小股东之间的代理冲突。当大股东持股比较较低时，由于其对公司较弱的控制力及相对较强的股权制衡力度，其对小股东的侵占动机较弱；当其持股逐渐增加以至于具备较强的控制力时，股权制衡相应也变弱，此时侵占动机增强；但当其持股比例足够高时，侵占动机又会减弱，支持动机反而会相应增强。

对比表 5 和表 6 中的回归结果可以看出，民营类上市公司的大股东对公司治理的影响为非线性关系，而且该非线性关系同时会受到大股东在上市公司任职状况的影响，因为该种任职状况在很大程度上能够影响大股东的行为模式。相应地，在不同任职状况的公司内，对大股东行为的解释也应该分别使用不同的理论。对于大股东未任职的公司，更适合用监督理论来解释第一大股东持股比例与公司绩效的关系（监督不足或监督过度）；而对于大股东任职的公司，更适合用侵占—支持理论来解释第一大股东持股比例与公司绩效的关系（侵占或支持）。这种差异也从另外一个角度说明，大股东对公司治理的影响存在严重的状态依赖性，所起的具体作用根据其任职状况和持股比例高低的不同而不同（见图 1）。

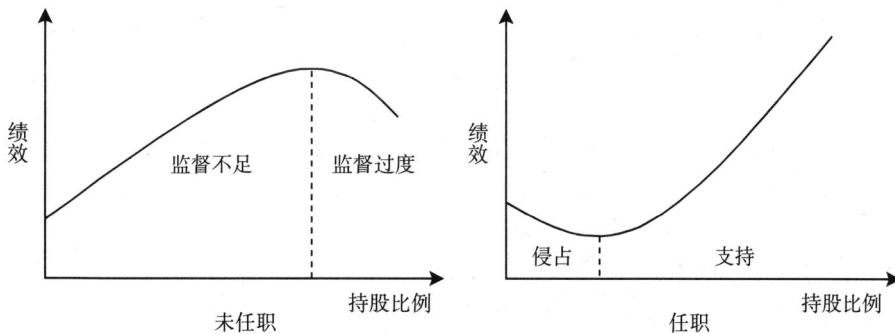

**图 1 股权集中与公司绩效的关系**

## （三）稳健性检验

为了考察文章研究结果的稳健性，我们做了如下的敏感性测试：首先，对被解释变量，除在文中我们用 ROE 以及 Tobin's Q 进行测试外，我们又用 ROA（总资产利润率）以及 NROA（总资产净利润率）两个指标分别对各个回归模型进行了重新检验；其次，对于大股东控制权分界点，我们分别使用了以 5%、15% 控制权比例作为分界点以及不设控制权比例分界点三种做法，分别进行了回归。通过检验我们发现，文章的结论没有受到实质性的影响，说明文章的研究结论具有很好的稳健性。①

————

① 限于篇幅，文中未作报告。

# 六、结论与建议

关于大股东持股与公司绩效的关系研究，现有文献多为直接考察其二者的关系，一定程度上忽视了大股东行为模式的状态依赖性。本文则基于我国股权集中的资本市场背景，以大股东在上市公司的任职状况为切入点，利用监督理论和侵占—支持理论对第一大股东持股与公司绩效的关系进行了分析。实证研究发现，如果大股东未在上市公司任职，则第一大股东持股比例与公司绩效表现为倒 U 形的先增后降关系。此种情况主要体现为（大）股东与管理层之间的委托—代理冲突，该类关系更适合用股东监督理论进行解释。该结论意味着随着持股比例的不同，大股东对企业可能表现为监督不足或者监督过度。如果大股东在上市公司任职，则第一大股东持股比例与公司绩效表现为 U 形的先降后增关系。此种情况主要体现为大股东与小股东之间的委托—代理冲突，该类关系更适合用股东侵占支持理论进行解释。该结论意味着随着持股比例的不同，大股东对企业的侵占动机在发生变化。

在目前散户投资者数量占比很高的中国资本市场，尤其是大多数投资者的投资经验和风险意识尚比较欠缺的情况下，投资者的保护显得尤其重要。强化对投资者的保护主要依赖于两个方面：一方面，需要投资者增强自我保护意识，提高投资风险识别能力；另一方面，需要监管部门尽到应尽的监管职责。完善监管职责需要在严格执行现有规则的同时，制定更加符合中国市场特征的制度。但根据本文的研究可知，完善投资者保护不应仅仅停留于一味地约束大股东的权力（权利）方面，更需要对不同状态类型的大股东进行适当区分，准确认识不同状态类型下大股东在公司内所起作用差异，进而有针对性地制定和完善公司治理的市场规则，本文的研究即有利于帮助认识大股东在不同的公司治理状况下所起的不同作用。

**参考文献**

［1］Albuquerque R., Wang N.. Agency Conflicts, Investment and Asset Pricing ［J］. Journal of Finance, 2008, 63（1）.

［2］Almazan A., Hartzell J. C., Starks L. T.. Active Institutional Shareholders and Costs of Monitoring: Evidence from Executive Compensation ［J］. Financial Management, 2005, 34（4）.

［3］Berle A., Means G.. The Modern Corporation and Private Property ［M］. New York: Macmillan, 1932.

［4］Bethel J. E., Liebeskind J. P., Opler T.. Block Share Purchases and Corporate Performance ［J］. Journal of Finance, 1998, 53（2）.

［5］Borokhovich K. A., Brunarske K., Harman Y. S., Parrinon R.. Variation in the Monitoring Incentive of outside Stockholders ［J］. Journal of Law and Economics, 2006, 49（2）.

［6］Brickley J. A., Lease R. C., Smith C. W.. Ownership Structure and Voting on Antitakeover Amendments ［J］. Journal of Financial Economics, 1988, 20（1－2）.

［7］Cheung Y. L., Rau P. R, Stouraitis A.. Tunneling, Propping and Expropriation: Evidence from Connected Party Transactions in Hong Kong ［J］. Journal of Financial Economics, 2006, 82（2）.

［8］Claessens S., Djankov S., Fan J., et al. Disentangling the Incentive and Entrenchment Effects of Large Shareholdings ［J］. Journal of Finance, 2002, 57（6）.

［9］Claessens S., Djankov S., Lang L.. The Separation of Ownership and Control in East Asian Corporations ［J］. Journal of Financial Economics, 2000, 58（1－2）.

［10］Danis A.. Shareholder Monitoring and Risk Sharing ［R］. Working Paper（www.vgsf.ac.at）, 2010.

［11］Demarzo P. M., Urosevic B.. Ownership Dynamics and Asset Pricing with a Large Shareholder ［J］. Journal of Political Economy, 2006, 114 (4).

［12］Denis D. J., Denis D. K., Sarin A.. Ownership Structure and Top Executive Turnover ［J］. Journal of Financial Economics, 1997, 45 (2).

［13］Denis D. J., Jan S.. Active Investors and Management Turnover Following Unsuccessful Control Contests ［J］. Journal of Financial Economics, 1996, 40 (2).

［14］Fosberg R. H.. Agency Problems and Debt Financing: Leadership Structure Effects ［J］. Corporate Governance, 2004, 4 (1).

［15］Friedman E., Johnson S.. Propping and Tunneling ［J］. Journal of Comparative Economics, 2003, 31 (4).

［16］Fuerst O., Kang S. Corporate Governance, Expected Operating Performance, and Pricing ［R］. Working Paper, http: //ssrn.com/abstract=141357, 1998.

［17］Grossman S., Hart O.. Takeover Bids, the Free-rider Problem and the Theory of the Corporation ［J］. Bell Journal of Economics, 1980, 11 (1).

［18］Jiang G., Lee M. C., Heng Y.. Tunneling through Inter Corporate Loans: the China Experience ［J］. Journal of Financial Economics, 2010, 98 (1).

［19］Karathanassis G., Philippas N., Tsionas E. G., Hevas D.. Value Relevance of Institutional Investors ［J］. Managerial Finance, 2004, 30 (10).

［20］Klein A., Zur M.. Entrepreneurial Share-Holder Activism: Hedge Funds and Other Private Investors ［J］. Journal of Finance, 2009, 64 (1).

［21］La Porta R., Lopez F., Shleifer A., et al. Investor Protection and Corporate Valuation ［J］. Journal of Finance, 2002, 57 (3).

［22］Leech D., Leahy J.. Ownership Structure, Control Type Classifications and the Performance of Large British Companies ［J］. Economic Journal, 1991, 101 (409).

［23］Lins K. V.. Equity Ownership and Firm Value in Emerging Markets ［J］. Journal of Financial and Quantitative Analysis, 2003, 38 (1).

［24］McConnell J. J., Servaes H.. Additional Evidence on Equity Ownership and Corporate Value ［J］. Journal of Financial Economics, 1990, 27 (2).

［25］Moeller T.. Let's Make a Deal! How Shareholder Control Impacts Merger Payoffs ［J］. Journal of Financial Economics, 2005, 76 (1).

［26］Noe T. H.. Investor Activism and Financial Market Structure ［J］. Review of Financial Studies, 2002, 15 (1).

［27］Oded J., Yu W.. On the Different Styles of Large Shareholders' Activism ［J］. Economics of Governance, 2010, 11 (3).

［28］Peng M., Jiang Y.. Institutions Behind Family Ownership and Control in Large Firms ［J］. Journal of Management Studies, 2010, 47 (2).

［29］Shleife A., Vishny R.. A survey of Corporate Governance ［J］. Journal of Finance, 1997, 52 (2).

［30］Shleifer A., Vishny R. W.. Large Shareholders and Corporate Control ［J］. Journal of Political Economy, 1986, 94 (3).

［31］Stiglitz J. E.. Credit Markets and the Control of Capital ［J］. Journal of Money, Credit and Banking, 1985, 17 (2).

［32］Wei K. C. J., Zhang Y.. Ownership Structure, Cash Flow and Capital Investment: Evidence from East Asian Economies before the Financial Crisis ［J］. Journal of Corporate Finance, 2008, 14 (2).

［33］Yermack D.. Shareholder Voting and Corporate Governance ［J］. Annual Review of Financial Economics, 2010, 2 (1).

[34] 蔡宁. 信息优势、择时行为与大股东内幕交易 [J]. 金融研究，2012（5）.

[35] 曹廷求，杨秀丽，孙宇光. 股权结构与公司绩效：度量方法和内生性[J]. 经济研究，2007（10）.

[36] 陈明贺. 股权分置改革及股权结构对公司绩效影响的实证研究——基于面板数据的分析 [J]. 南方经济，2007（2）.

[37] 陈小悦，徐晓东. 股权结构、企业绩效与投资者利益保护 [J]. 经济研究，2001（11）.

[38] 冯延超. 高科技企业股权集中度与绩效的关系——与传统企业的比较研究 [J]. 科学性研究，2010（8）.

[39] 关鑫，高闯. 我国上市公司终极股东的剥夺机理研究：基于"股权控制链"与"社会资本控制链"的比较 [J]. 南开管理评论，2011，14（6）.

[40] 郝颖，刘星. 政府干预、资本投向与结构效率 [J]. 管理科学学报，2011，14（4）.

[41] 李明辉. 股权结构、公司治理对股权代理成本的影响——基于中国上市公司 2001~2006 年数据的研究 [J]. 金融研究，2009（2）.

[42] 李有根，赵西萍. 大股东股权、经理自主权与公司绩效 [J]. 中国软科学，2004（4）.

[43] 刘启亮，李增泉，姚易伟. 投资者保护、控制权私利与金字塔结构——以格林柯尔为例 [J]. 管理世界，2008（12）.

[44] 刘星，刘伟. 监督，抑或共谋——我国上市公司股权结构与公司价值的关系研究 [J]. 会计研究，2007（6）.

[45] 骆振心，杜亚斌. 股权结构与公司绩效关系的再考量：内生化视角——来自中国 A 股上市公司的经验证据 [J]. 经济与管理研究，2008（9）.

[46] 孙亮，刘春. 派自己人监督，上级股东与公司的代理成本 [J]. 南开管理评论，2012，15（1）.

[47] 谭兴民，宋增基，杨天赋. 中国上市银行股权结构与经营绩效的实证分析 [J]. 金融研究，2010（11）.

[48] 唐雪松，周晓苏，马如静. 政府干预、GDP 增长与地方国企过度投资 [J]. 金融研究，2010（8）.

[49] 王鹏，周黎安. 控股股东的控制权、所有权与公司绩效：基于中国上市公司的证据 [J]. 金融研究，2006（2）.

[50] 王鹏. 投资者保护、代理成本与公司绩效 [J]. 经济研究，2008（2）.

[51] 魏明海，黄琼宇，程敏英. 家族企业关联大股东的治理角色——基于关联交易的视角 [J]. 管理世界，2013（3）.

[52] 徐慧玲. 全流通环境下投资者利益保护研究——控股股东、中小股东和经理人 [J]. 财经研究，2011，37（11）.

[53] 徐晓东，陈小悦. 第一大股东对公司治理、企业绩效的影响分析 [J]. 经济研究，2003（2）.

[54] 许小年，王燕. 中国上市公司的所有制结构与公司治理 [M]. 北京：中国人民大学出版社，2000.

[55] 许艳芳，张伟华，文旷宇. 系族企业内部资本市场功能异化及其经济后果——基于明天科技的案例研究 [J]. 管理世界，2009（1）.

[56] 张光荣，曾勇. 大股东的支撑行为与隧道行为——基于托普软件的案例研究 [J]. 管理世界，2006（8）.

[57] 张洪辉，王宗军. 政府干预、政府目标与国有上市公司的过度投资 [J]. 南开管理评论，2010，13（3）.

[58] 张远飞，贺小刚，连燕玲. 危机冲击、损失规避与家族大股东支持效应 [J]. 财经研究，2013，39（7）.

[59] 章卫东. 政府干预、大股东资产注入：支持抑或掏空 [J]. 会计研究，2012（8）.

[60] 周仁俊，高开娟. 大股东控制权对股权激励效果的影响 [J]. 会计研究，2012（5）.

[61] 朱云，吴文锋，吴冲锋，芮萌. 融资受限、大股东"圈钱"与再发行募集资金滥用 [J]. 管理科学学报，2009，12（5）.

# 中小企业持续成长过程中的治理结构创新探索

锁箭　李先军\*

[摘要] 我国中小企业在改革开放以后的持续成长是中小企业不断创新的结果，这一发展模式在新时期出现困境。为进一步实现自身的持续成长，中小企业需要在创新模式上进行探索，从当前我国中小企业成长的实际情况来看，治理结构方面存在诸多问题。为此，中小企业可以在治理结构方面予以创新，如加强产权制度、优化决策机制以及改善激励约束机制等，实现企业创新活动与持续成长目标相匹配，保证中小企业的持续成长。

[关键词] 中小企业；持续成长；治理结构；创新

## 一、引言

改革开放以来，中小企业顺势而为，以其灵活性和富于创新的"企业家精神"，实现了自身的快速成长，部分中小企业已成为行业的佼佼者，成长为"巨型公司"，而大多数中小企业却在遭遇各种各样的生存挑战，中小企业的成长表现出较大的差异性。是什么因素导致中小企业持续成长？中小企业持续成长过程中是如何创新的？现阶段我国中小企业持续成长方面的关键问题是什么？治理结构创新如何与企业成长相匹配？中小企业应如何在治理结构进行创新以促进企业持续成长？本文将就这些问题展开研究。

## 二、相关概念的界定及文献综述

企业持续成长是企业面向未来持续扩张和发展的过程。这一过程包含着企业在规模方面的数量型增长，也包含企业在结构方面的质量型发展。对于企业规模的增长，用古典经济学的增长函数 $Y = F(A, L, K)$ 可以很好地解释，随着企业投入资源及生产效率的提升，企业产出扩大并支撑企业成长的过程。对于企业结构方面的改善，是在企业规模增长这一较为宏观基础上的微观化分析，重点关注企业在成长的过程中所伴随的内部结构以及企业绩效的改善。亚当·斯密以英国制针业为例，认为分工促进了社会劳动生产率的提高，也促进了企业规模的扩大，但受到市场范围的限制，斯密的研究开辟了经济增长和企业成长研究的先河。之后，马歇尔从规模经济的角度分析

* 锁箭（1966–），男（回族），云南昭通人。教授，博士生导师，经济学博士，研究领域为中小企业与产业经济学；李先军（1986–），男，河南信阳人，企业管理博士研究生，研究领域为是中小企业经营管理与政策。

企业的成长，认为企业的成长是内部规模经济和外部规模经济共同作用下的结果，而企业家在企业的成长过程中起到关键的作用，且市场的竞争将导致企业成长过程中的优胜劣汰，马歇尔（1997）的研究基本上形成了后来对企业成长理论的研究框架——企业成长是在企业家的领导下，企业内外部各种条件及要素综合作用的结果。科斯（1937）则独辟蹊径，通过对交易费用的研究界定了企业成长的规模限制，这也为新制度经济学研究奠定了理论基础，为新制度经济学者从制度角度分析企业成长与发展提供了全新的视角。此外，Penrose（1997）、Prahalad 和 Hamel（1990）等分别从资源与能力、企业核心竞争能力等方面对企业成长进行分析，这些研究进一步丰富了企业成长的相关理论，也进一步补充了市场、制度、行业等因素之外的企业资源及相关能力对企业成长的作用。

治理是指"各种公共或私人组织、个人或机构管理其共同事务的诸多方式的总和。它是使相互冲突的或不同的利益得以调和并采取联合行动的持续过程。这既包括有权迫使人们服从的正式制度和规则，也包括各种人们同意或以为符合其利益的非正式的制度安排"。"公司治理"概念早在 20 世纪 80 年代初就被经济学家在文献中引用了。从不同的视角可以对公司治理这一概念给予不同的定义。Zingales（1998）认为，公司治理是"一组复杂的约束集"，它用来明确公司创造的"准租金"的事后交易。Shleifer 和 Vishny（1997）认为公司治理是"企业资金提供者为确保其投资回报而选择的方式"。Gillan 和 Starks（1998）从更广义的视角来定义公司治理，认为"公司治理是控制公司运营的法律、规则以及其他因素构成的系统"。从公司治理的本意来看，是对公司施以科学、规范的约束，保证公司能够形成对相关利益主体效益最大化的结果。本质来看，公司治理是一系列对公司予以约束的制度，包括正式制度和非正式制度，既包括公司内部各权力机构和行为主体相互约束的机制，也包括公司外部力量通过间接作用对公司经营管理活动的干预机制，其最终目的是实现公司绩效的提升。治理结构作为治理的一个重要构成要素，是明确组织内各主体权利、地位、行为准则、奖惩措施以及补救机制等，因此，将治理结构置于治理的核心位置，是合乎治理问题的现实和需要的。对治理结构的研究主要着眼于构建一个有利于股东、董事会、监事会、经理层、职工、债权人等利益相关者权力分配及利益分配的格局和结构，例如吴敬琏（1994）、钱颖一（1995）、林毅夫等（1997）、张维迎（1997）等都从这一角度提出了改善公司治理结构的对策建议。然而，现有对治理结构的研究主要关注于大公司以及上市公司的研究，对中小企业治理结构的研究不足，仅有少量对家族企业以及初创型企业治理结构的研究，例如 Daily 和 Dalton（1992）、Ehikioya（2009）、Rebeiz 和 Salameh（2006）、Sanders 和 Carpenter（1998）、Andre 和 Ricardo（2003）、Suto（2003）、Daily 和 Dollinger（1992）等模仿大公司的研究范式对家族企业治理结构的优劣势进行分析，并结合实证研究对家族企业的治理结构进行了相应的分析。然而，总体来看，对中小企业治理结构的研究还相对不足，这可能是由于中小企业的复杂性、实证数据不足等因素造成的，也可能是受到传统"三会一层"研究范式的影响。

"创新"这一概念系统地由美籍奥地利经济学家约瑟夫·熊彼特（1912）提出，在他看来，创新就是"建立一种新的生产函数"，也就是说把一种从来没有过的生产要素和生产条件的"新组合"引入生产体系。创新包括引进新产品、引进新技术（方法）、开辟新市场、控制原材料新供应来源、实现企业新的组织。熊彼特之后，创新理论成为各学科研究的重要切入点，Edwin Mansfield（1961，1963，1986）从创新理论中的技术创新切入，研究技术创新的扩散、创新对企业规模的影响、国际技术转移以及技术预测的模糊性等问题，进一步深化了熊彼特的创新理论，尤其是技术创新领域；道格拉斯·诺斯（1981）在熊彼特从纯粹经济角度研究创新的基础上进一步拓展，从制度创新的角度分析经济增长的原因，将变迁界定为"制度创立、变更及随时间变化而被打破的方式"，在《经济史中的结构与变迁》一书中，作者从产权理论、国家理论和意识形态三个方面来分析制度的变迁。从研究脉络可看出，熊彼特从"纯粹经济学"角度论述创新在资本主义和经济发展中的作用，而现实中这五种创新正是借助企业的生产经营活动方可实现并推进资本主义和经济的发展，即企业获取包括技术和原材料在内的资源、采用特定的组织和方式生产产品以及推向市场三个阶段，而曼斯菲尔德则进一步强调了这个过程中技术创新是企业获取竞争力和超额收益的来源，诺斯则强调了制度创新为企业营造更好的外部环境和更灵活的内部机制，有利于降低企业交易成本。在中小企业持续成长过程中，这些创新活动都是非常有必要的，在每个阶段不同的创新因素扮演不同的作用，结合我国中小企业改革开放后的持续成长过程，资源创新、技术创新、产品创新、市场创新以及组织创新都具有重要的现实意义。在当前资源价格上涨、外部需求不足、供大于求的现实经济形势下，中小企业的技术创新和组织创新是促进中小企业成长的关键成功因素，因此，本文选择组织创新中的治理结构创新作为研究对象，研究中小企业持续成长过程中的治理结构创新。

# 三、我国中小企业持续成长过程中的创新行为及结果分析

我国中小企业的整体成长历程是与我国整体经济发展历程相一致的，新中国成立至改革开放之前，我国中小企业在计划经济时期得到一定程度的发展，但受到当时政治、社会等因素的影响，中小企业表现出公有制产权的特色，到改革开放前夕这种发展模式已经步入了艰难的发展阶段。随着改革开放后对民间资本的放松，公有制的中小企业陷入了更严重的生存危机，企业失去了持续成长的机会。因此，本文以改革开放为起点，分析我国中小企业持续成长过程中的创新行为及成长结果。总体来看，改革开放以后我国中小企业的持续成长经历了如下几个阶段。

第一阶段是转制和快速创立阶段。一方面，长期的计划经济体制导致市场长期处于供不应求的状态，中小企业作为公有制企业的一部分，是在国家整体经济计划下开展生产经营活动的，企业缺乏独立的经营自主权，改革开放后竞争机制渗透到市场上，原有国有或者集体性质的中小企业遭遇严重的生存危机。为此，一部分原有的国有中小企业和集体性质的中小企业寻求改制，从计划体制中转型，实现公有企业的私有化，使其成为独立的市场经营主体，例如今天已成长为大企业的娃哈哈、海尔等。另一方面，在计划经济向市场经济转型的过程中，民间的创业潜力得到释放，新成立了数量极为庞大的中小企业。例如，1979 年，我国中小企业只有 100 多万家，到1994 年达到了 1000 多万家，15 年间增长了 10 倍，占工业企业总数的 99% 以上，[①] 尤其是公司制中小企业从无到有、从少到多，极大地丰富了我国中小企业的数量和类型。这一阶段属于我国中小企业的初创时期，企业成长的来源主要是计划经济体制导致的市场供给不足长期抑制下需求的"井喷"，而中小企业则在组织结构的企业产权方面进行了创新，这一创新活动极大地促进了我国经济社会的发展，也促进了中小企业自身的成长。

第二阶段是中小企业吸收政策红利和资源红利实现发展的阶段。延续上一阶段的优势，随着改革开放的进一步加深，中小企业迎来了更好的政策发展环境。1988 年 4 月，第七届全国人民代表大会第一次会议通过《中华人民共和国宪法修正案》，确定了私营经济的合法地位："国家允许私营经济在法律规定的范围内存在和发展。私营经济是社会主义公有制经济的补充。国家保护私营经济的合法的权利和利益，对私营经济实行引导、监督和管理。"1997 年召开的中共十五大明确指出，集体所有制经济和非公有制经济是"我国社会主义市场经济的重要组成部分"，对个体、

---

① 锁箭. 中小企业发展的国际比较 [M]. 北京：中国社会科学出版社，2001.

私营等非公有制经济要"鼓励、引导"。中共十六大报告进一步把多种所有制经济共同发展确立为社会主义初级阶段的基本经济制度。在十六届三中全会提出的《中共中央关于完善社会主义市场经济体制若干问题的决定》中，进一步提出要建立健全现代产权制度，"要依法保护各类产权，健全产权交易规则和监管制度，推动产权有序流动，保障所有市场主体的平等法律地位和发展权利……"。2007年3月16日，第十届全国人民代表大会第五次会议通过《中华人民共和国物权法》，承认了私有财产的权利。至此，我国私有财产方面的立法得以不断完善，为我国中小企业的发展提供了重要的法律保障。此外，相关支持中小企业发展的法律法规也为我国中小企业发展提供了支持和保障。一方面，与第一阶段相比，中小企业的合法地位得到确认，中小企业发展的政策环境得到极大改善，为我国中小企业持续成长创造了有利条件。另一方面，数量巨大、成本极低的劳动力以及低价的自然资源为这一阶段我国中小企业的成长创造了极为有利的资源条件。根据国际劳工组织的估算，2008年，我国15岁以上（包括15岁）的劳动力总量达到7.77亿人，高出印度同期4.50亿人的72.68%；15岁以上劳动参与率达73.8%，其中妇女参与率达67.5%，而同期世界平均水平分别为64.1%和51.6%。[1]另据世界经济论坛2009~2010年《全球竞争力报告》数据显示，我国劳动力的雇用成本在133个被调查国家中排名第109位。我国与西方发达国家相比，工资率低[2]（见表1）、劳动力数量极为庞大，这为我国中小企业发挥劳动力比较优势以出口导向型战略实现自身持续成长创造了条件。这一时期我国的中小企业创造性地在资源和市场领域进行创新，实现了中小企业这一群体的持续快速增长。截至2013年12月底，全国实有各类市场6062.38万户，同比增长10.3%；实有资本总额101.20万亿元，同比增长18.7%，[3]其中的主体就是中小企业，中小企业成为促进我国经济增长、拉动就业、创造税收等方面的主体力量。

### 表1 各国制造业雇员工资

单位：美元/小时

| 国家 \ 年份 | 2002 | 2003 | 2004 | 国家 \ 年份 | 2002 | 2003 | 2004 |
|---|---|---|---|---|---|---|---|
| 中国（B） | 0.67 | 0.75 | 0.84 | 印度 * | 0.43 | 0.33 | — |
| 美国（A） | 15.29 | 15.74 | 16.14 | 澳大利亚（B） | 15.30 | — | — |
| 日本（B） | 16.54 | 16.55 | — | 巴西（B） | 2.18 | | |
| 德国（A） | 17.74 | 18.19 | 18.56 | 新加坡（B） | 8.93 | 9.24 | 9.48 |
| 法国（B） | 12.30 | — | — | 墨西哥（B） | 1.69 | 1.83 | 2.03 |
| 意大利（B）★ | 104.2 | 107.0 | 110.6 | 埃及（A） | 0.63 | 0.64 | — |
| 英国（B） | 19.24 | 19.96 | — | 俄罗斯 * | 0.65 | 0.88 | |
| 加拿大（B） | 17.44 | 17.70 | 18.05 | 巴基斯坦（B） | 0.42 | — | — |
| 韩国（B） | 8.90 | 9.68 | 10.31 | 挪威（A） | 20.19 | 20.93 | 21.69 |
| 马来西亚 * | 2.78 | 2.90 | — | 罗马尼亚（B） | 0.92 | 1.15 | |

注：

1.（A）为计时付酬工人工资；（B）为全部雇员工资。

2. 除带 * 号的国家外，数据均来自国际劳工组织网站；带 * 号国家的数据来自《2004中国国际竞争力评价——基于〈2004洛桑报告〉的分析》一文。

3. 数据单位：除带 ★ 号的国家外，数据单位均为美元/小时，根据工资水平、工作时间、汇率计算得出。带 ★ 号的意大利为制造业平均工资指数，2000年=100。

资料来源：陈俊. 从国际比较看我国劳动力价格水平的优势和趋势.

---

① 国际劳工组织，http://www.ilo.org。

② World Economic Forum. The Global Competitiveness Report 2009–2010.

③ 国家工商总局. 2013年全国市场主体发展分析〔R〕. http://www.saic.gov.cn/zwgk/tjzl/.

第三阶段是我国中小企业将步入利用管理红利和技术红利实现持续成长的阶段。进入 21 世纪第二个十年以来，我国经济发展环境的复杂性剧增，劳动力成本、生产要素成本急剧上涨，企业资金成本在危机时代剧增。生产要素方面，以劳动力成本上涨最为显著，据国际劳工组织（ILO）数据显示，2006~2010 年我国实际工资增长率分别为 12.9%、13.4%、10.7%、12.6% 和 9.8%，[①] 远高于同期经济增长率，与此同时，推动我国经济快速成长的"人口红利"开始下降甚至消失，东部沿海地区出现的"用工荒"就是这一时期到来的重要标志。中小企业的实际资金成本较大企业更高，这一方面由于我国金融结构二元性特征显著，银行信贷资金继续向大城市、大企业、垄断行业集中，国企与民企在融资可获得性和贷款利率方面差距巨大，另一方面我国贷款结构中"短贷长用"使得中小企业在资金周转时需要支付远高于银行同期贷款利率的资金，甚至由于银行贷款终止致使中小企业大量使用"高利贷"弥补企业资金的不足，导致中小企业利润被"剥夺"甚至直接导致资金链断裂。在政策环境不断优化的背景下，原有资源红利不断减少甚至消失，而中小企业要想在此阶段实现进一步成长，必然要转变成长方式，实现从资源红利向管理红利和技术红利的转型。具体来说，这一阶段中小企业的成长就是增长方式的转型，即"从依靠增加劳动投入向依靠增加资本投入和提高全要素生产率（即技术与管理）来实现增长的转型发展，转型的核心是投入要素的变化和要素利用率的提高"。[②] 这一阶段，我国中小企业在资源创新和市场创新的基础上，必须寻求内部创新，即从企业组织和技术方面进行创新，以实现在资源投入不大、规模增加的前提下提升企业的产出—投入比例，实现企业从外延型增长向内涵型增长的转变。

总体来看，我国中小企业的持续成长是中小企业在整体宏观环境下，充分利用外部资源并结合自身能力和竞争优势的基础上，把握市场机会进行创新并实现自身成长的过程。然而，组织创新一直作为中小企业成长过程中被忽视和淡化的要素，在一定程度上制约了中小企业的持续成长。在现阶段资源压力不断增加的背景下，需要重新审视内部组织的创新，提升企业绩效并实现持续成长。对于现阶段的中小企业来说，治理结构是企业组织的重要构成部分，通过创新中小企业的治理结构，可以实现中小企业治理结构的优化与企业持续成长相适应。

# 四、影响我国中小企业持续成长的治理结构问题

基于现有对公司治理结构研究的范式以及企业经营管理活动的内容，可以将中小企业的治理结构分为三方面的内容。第一方面是产权制度，它明确了中小企业所拥有资源的产权归属，即中小企业投资者对资本的产权、债权人对债权的产权以及企业人员对自身劳动的产权，产权是一个包括所有权、使用权、收益权、分配权以及转让权的综合权利体系，它界定了企业生存与发展的使命问题。第二方面是决策机制，它明确了中小企业的重大事项以及日常工作由谁决策、如何决策、如何执行以及如何评估和监督等，它界定了企业如何经营的问题。第三方面是激励约束机制，它明确了中小企业内部及外部利益相关者如何相互监督以及如何激励包括经理层在内的所有员工问题。从这三个方面出发，本文将对现阶段我国中小企业的治理问题进行分析。

## （一）产权问题突出

第一，对私有财产和企业主的保护不足。尽管 2007 年《中华人民共和国物权法》承认了私有财

---

① 国际劳工组织，http://www.ilo.org。
② 锁箭，李先军，毛剑梅. 创新驱动：我国中小企业转型的理论逻辑及路径设计 [J]. 经济管理，2014（9）：55-66.

产的权利，《中华人民共和国公司法》也明确了公司作为独立法人以及出资人承担有限责任，然而，现实中中小企业出资人和公司的财产被"等同化"，中小企业在银行贷款、投资失败等条件下，依然需要自身承担连带责任，这不仅放大了中小企业的家庭风险，也导致中小企业主缺乏安全感进而导致短期行为。此外，我国中小企业在成长过程中，很大一部分是利用当时的政策缝隙、国企改制等机遇成长起来的，带有一定的"资本原罪"，这使得中小企业主在企业成长壮大之后想方设法参与政治活动以期获得"政治保障"。由于"资本原罪"会对中小企业主造成"心理阴影"，这会驱使中小企业主分散精力和时间到"政治活动"中，对企业成长的关注度下降，这种对原有"资本积累原罪"的"恐惧"来源于产权的不明确性和不稳定性。随着中小企业进一步成长成为大企业，由于大企业在地方影响力的扩大，企业已成为地方政府获取财政收入和政府官员寻租的重要"场地"，在政府权力未能得到明确限定的现实条件下，中小企业发展过程中受到政府官员的严重干预，使得企业目标会发生偏移，"利润最大化"目标逐渐模糊，甚至演变成为"准公共企业"，这必然会导致中小企业持续增长道路的偏移或者中断，这一问题源于政府未能在现有产权框架下对企业产权以及中小企业主产权进行正确认识和有效保护，甚至会对中小企业及企业主产权进行侵害。

第二，对债权人产权的重视和保护。中小企业的资金来源主要有如下几个方面：自有资金、银行贷款、亲朋好友借款三类，且规模越小的企业向银行借款的难度越大、借款频率越低。[①]债权人是债权的所有者，对企业的所有权是一种"状态依存权"——只有当企业到期未能偿还债务时债权人才具有部分所有权。由于信息的不对称以及整体诚信环境的缺失，使得中小企业在和银行的博弈中难以实现最优均衡，银行会提高贷款的门槛并加大对中小企业的监控（主要通过贷后检查等方式进行），而中小企业则出于对资本控制的恐惧，会"粉饰"自身业绩以提高资金获取的可能性，并在银行对其进行贷后检查时提供不真实的信息，结果就导致普遍存在的银企双方的不信任及短期行为，最终会使得银行的债权也难以得到保障，部分失信的企业会对其他中小企业融资产生严重的消极影响。对于亲朋好友的借款，是基于相互之间的亲缘和血缘关系，这类关系相对稳定，企业和债权人之间的互信度较高，但整个社会较低的诚信水平以及缺乏契约精神的市场环境依然使得债权人面临缺乏保障的心理预期。

第三，对人力资源价值认识不足。Schultz（1961）半个世纪之前就提出了人力资本理论，这一理论进一步丰富了人力资源理论，使得对人的认识从"人力成本"向"人力资源"并向"人力资本"转变，这也为现代企业重新认识人在企业中的作用奠定了理论基础。然而，对于大部分中小企业来说，对人的认识仍停留在早期"成本"概念的阶段，人依然被视作"成本因素"而非"资源要素"，因此，中小企业普遍存在对人的价值认识不到位，对人自身所具备的知识、技能等非物质生产要素的价值认识不到位，也就导致对职业经理人等企业核心员工的保护不到位。例如，中小企业普遍存在企业主"独占"企业盈余，对承诺给经理人员以及员工的"待遇"不兑现，"经理人员持股"等激励手段很少被真正采用等。缺乏对人力资源价值的认识以及对员工权益的保护不利于充分发挥员工积极性，也不利于企业的持续成长。

## （二）决策机制不科学

中小企业的重要优势在于其灵活性，尤其是在个人决策和主观决策体制下企业可以对市场机会快速反应，这对创业初期的中小企业成长尤其重要。然而，随着企业的进一步成长，这种决策机制会放大中小企业的生存风险，并可能会阻碍中小企业的持续成长。总体来看，在中小企业持

---

① 巴曙松. 小微企业融资发展报告——中国现状及亚洲实践（2013）（金融转型中的小微融资创新）[R]. 2013：15-17.

续成长过程中，决策机制一般存在如下几个方面的问题。

第一，决策的独断化。中小企业创立之初是在企业主的领导下集中决策和快速执行的，这对于中小企业初期的快速成长具有重要的促进作用。然而，随着企业的成长，需要决策的事务越来越多，但对于大多数中小企业来说，企业的决策依然集中在企业主手中，"大事小事一把抓"依然是中小企业持续成长之后的常态，独断化的决策方式成为限制决策方式改善的关键因素。这主要有如下几个方面的原因：首先，企业成长过程中具有"行为惯性"，企业成长过程中决策的正确性会使得中小企业主形成一种对决策过于自信的"错觉"，而其他人员也会对中小企业主决策形成一种"崇拜心理"，这种思维模式会导致决策模式惯性的延伸和固化。其次，中小企业成长过程中往往会伴随着股权分散以及分权，企业主会担心对企业失去控制，为此，企业主宁可"包办"也不愿意分权，造成决策的压力依然集中在企业主身上。最后，中小企业成长过程中往往会出现人才不足的问题，使得尽管企业规模扩大、人员增加，但是最终有决策能力和决策行为的人依然是当初的创业团队或者企业主。

第二，决策的主观化。除了决策集中在企业主手中之外，决策者在决策过程中的主观化问题严重，不会或者不愿意利用科学决策技术改善决策质量。一方面，从我国中小企业的持续成长过程来看，绝大多数中小企业主本身素质不高，未受过现代企业管理专业知识培训，缺乏科学决策的相关知识，这是造成中小企业主"拍脑袋"主观决策的首要原因。另一方面，部分决策者为了维护个人权威或者出于对其他人员的不信任，不愿意聘请相关领域的专家并采用科学的决策方法。在缺乏科学决策方法的情况下，中小企业很难避免决策的主观化。

第三，员工参与不足。与独断化决策方式相对应的是，经理人员以及公司员工在决策过程中的参与度较低，这主要有两方面的原因：一方面，经理人员和员工通常不拥有企业的股权，且人力资源的价值未被充分地重视，这就使得经理人员和员工不愿意主动地参与决策并承担决策责任，这也是现代公司治理理论重点关注的委托—代理问题；另一方面，中小企业往往会缺乏一个自下而上的信息与沟通系统，企业的决策方式通常也是自上而下的，这就决定了员工难以参与到决策过程中，这可能使得决策脱离市场的现实，也可能会造成决策的执行难度加大。

### （三）激励约束机制不完善

中小企业治理结构的另一个重要的问题就是激励约束机制未能紧密地与企业持续成长相联系，具体表现在如下几个方面。

第一，激励方式较少，缺乏有利于企业持续成长的长期激励体系。一方面，从薪酬体系的构成来看，工资和绩效构成了薪酬的主体，对于企业发展的不同阶段、不同岗位的性质以及不同的行业特点应采取不同的组合方式。对于绝大多数中小企业，由于缺乏专业的人力资源管理人才，薪酬结构较为单一，且工资在整个薪酬结构中占据大部分，绩效未能发挥激励员工的作用。此外，在绩效的激励方面，中小企业主要关注短期激励，而对于企业长期成长的绩效激励方法欠缺。另一方面，非薪酬激励方式的开发和使用较少。中小企业目标的短期化现象显著，不注重对员工长期绩效考核以及长期培养，对员工长期发展缺乏关注，这使得很多优秀员工感觉不到在企业的未来发展前途，造成员工流失的问题。且在员工成长之后组织结构缺乏调整，员工难以获得晋升以实现自身发展，结果会造成严重的离职问题，这就进一步阻碍了企业的成长。

第二，约束手段较少，制度的约束作用尤其弱。通常情况下，对员工行为的约束主要通过文化的"软约束"和制度的"硬约束"双重手段，对于绝大多数中小企业来说，创业领袖就是企业的灵魂人物，其个人价值观和个人信念就是企业文化的全部，事实上，在企业规模较小的情况下通过创业领袖的个人感召具有很强的约束力，然而随着企业的成长，新成员在进入企业之初很难融入原有的企业文化中，这种文化的约束力不足，且原来的感召力也随着企业的成长逐步"耗散"。对于大部分中小企业来说，在完善的企业文化尚未建立的条件下，文化的约束功能大打折扣。此时，就需要加强制度建设对企业员工加强约束，现实中，我国中小企业在制度建设方面长期处于较低的水平，企业主既未能认识到制度的重要作用，也会由于其对制度的"随意性行为"削弱企业已有的制度建设成果。在缺乏制度建设的条件下，很难对企业内部各主体（包括企业主、股东、经理人员以及一般员工）施以有效地约束。在外部约束方面，中小企业相对封闭且处于竞争性市场，产品市场和资源市场对中小企业的生存和成长造成巨大的压力，在这种压力下，中小企业会不断改善生产经营方面的问题，以保证自身的适应性。

中小企业在持续成长过程中会面临各种问题，而治理结构方面的问题是其中的核心问题之一。对于中小企业来说，一定要在成长过程不断优化治理结构，实现治理结构的创新和持续改进，才能与企业的持续成长过程相适应，才能促进企业的持续成长。

# 五、我国中小企业持续成长过程中的治理结构创新

基于上述分析，对中小企业持续成长过程中的治理结构创新，需要分别在产权制度、决策机制以及激励约束机制三个方面予以创新（见表2），具体来看，应从外部政策层面和中小企业自身两个层面对治理结构进行创新。

**表2　中小企业治理结构创新的主要内容**

| 治理结构创新 | 创新内容 |
|---|---|
| 产权制度创新 | 保护中小企业主的个人产权和企业产权，实现企业产权与个人财产权的分离 |
| | 保护债权人利益，引入银行参股及管理咨询等相关中介服务 |
| | 充分认识人力资源价值，保护经理人员及劳动者权益 |
| 决策机制创新 | 分权，实现个人决策向集体决策的转变 |
| | 引入科学决策方法和决策技术，提高决策的科学性和精准性 |
| | 改变自上而下的决策模式，提高员工参与决策的积极性 |
| 激励约束机制创新 | 创新激励方式，薪酬激励和非薪酬激励相结合，且注重与企业持续成长战略相匹配的长期激励 |
| | 加强制度建设，保证企业的各项活动有据可依，保证所有人员在制度框架内行动 |
| | 加强文化建设，尤其在持续成长期要将"企业家个人崇拜"改为营造"健康的组织文化" |
| | 保证充分的竞争秩序 |
| | 营造诚信的市场环境 |

## （一）加强产权制度创新

针对中小企业主产权无法保障且个人财产与企业财产无法分离的问题，需要从法律层面上进一步明确私有财产、个人财产、企业财产的合法性和永久性，需要将个人财产和私有财产在《中华人民共和国宪法》中予以明确，为中小企业主营造一个稳定、良好的预期，促进中小企业的长期持续成长。对于银行现有的短期行为，应对我国现有金融业的分业模式进行制度上的调整，学习德国和日本银企合作机制，允许银行持有企业股份，并可以采取主银行制度或者代持股制度，并鼓励银行为中小企业的经营管理活动提供相关的咨询和服务，以推进中小企业提高经营管理水平。针对中小企业普遍难以认识到人的"资源属性"和"价值属性"的问题，是整个社会文化应该解决的问题，政府要真正做到"执政为民"，从政府层面就加强对人的价值的认可，通过示范效应和

推广，逐步提高整个社会对人的认识，这样才能有利于推动企业真正地去重视人的资源属性和价值属性。此外，政府要借助人民银行及各金融机构的征信系统，并整合工商部门、税务部门、公共服务部门等的信息，联网建立全民及各市场主体的诚信系统，加快推进社会诚信体系建设。

对于企业自身来说，在相关产权制度的基础上，要进一步完善企业内部产权体系建设。明确投资人作为企业所有者的最终产权性质，要认识到债权人作为债权所有人的产权状态依存权，要稳健经营保证其他投资者和债权人的权益。要在《中华人民共和国公司法》的基础上，鼓励员工以知识产权出资，并从企业内部的运作过程中保证这类出资者享有同等的产权及其附属权利；要与员工建立起共赢的长期发展思路，建立企业与员工之间的心理契约合作模式。

## （二）创新决策机制，提高决策水平

中小企业主要根据企业成长过程的实际需要，适时调整组织架构，通过正式的组织架构实现分权与授权。根据调整后的组织架构选择内部提拔或者外部招聘适合的人员，保证在不同管理层级上的人员能够具备本层级的决策权及执行能力，促进企业主自身从"全能型"人才向"专业型"人才的转变。学习和引入科学的决策方法，利用群体智慧群策群力，利用科学技术提高决策的科学性和精准性，取代单一的个人决策和主管决策方式。改变传统的自上而下的决策路线，发挥一线员工熟悉市场、了解客户的特点，让员工参与决策，让客户对企业决策提供建议，提高决策的市场适应性以及决策的可执行性。充分利用各类社会中介组织的专业力量，对企业成长过程中的技术、法律、市场、管理、资金等问题及时征询相关机构及专家，并利用银行作为企业债权人及潜在所有者对企业的关注，帮助企业改善决策质量。

## （三）创新激励约束机制

中小企业要创新激励方式，对企业经理人员及核心人员加强激励效果，促进其人力资源价值的发挥，总体来看，要将物质激励和非物质激励结合起来。物质激励主要是薪酬激励，要在基本薪金的基础上引入国内外已经使用的较为成熟的期权激励方法，并结合中小企业自身股本较小的特点，采用"虚拟股份"等激励方式，将经理人员的薪酬与企业发展紧密结合起来，提高经理人员的积极性。非物质激励主要是提高员工工作满意度的激励方法，主要通过拓宽、延长员工晋升通道，加强工作轮换，丰富工作内容等，一方面提高员工在工作过程中的满意度，另一方面帮助员工成长，为企业持续成长提供强有力的人才储备。

创新约束机制，不仅要约束员工，更要约束企业主及经理人员。根据现代企业发展的需要，拟定企业章程，明确在《中华人民共和国公司法》框架下出资者、经营管理人员、监督人员的基本权利，并赋予企业成长的使命。以企业使命为准则，营造健康积极的企业文化，并将外部相关利益主体的意见作为约束企业行为的重要依据。在章程的基础上，进一步完善企业的基本制度，包括组织架构、部门设置、部门及岗位设置、人力资源与薪酬制度、财务管理制度、业务管理及绩效考核制度等，为企业正常经营提供依据，并根据企业成长的实际需要，实施增减相关制度，并对现有制度进行动态调整，保证企业制度与企业持续成长目标相匹配。制度的约束关键在于执行，要从企业主自下而上形成一个强大的示范效应和榜样作用，这一方面保证了制度的执行，另一方面也有利于企业文化的营造和建设。此外，要加强企业文化建设，从中小企业成长的初期来看，企业领袖是企业文化的核心，然而，随着企业的进一步成长，需要在企业领袖为核心的企业文化的基础上进一步升级，营造一个有利于企业持续成长的更富有包容性和广泛性的企业文化。

# 六、结论

基于上述分析，本文形成结论如下：

第一，改革开放后我国中小企业的持续成长过程是中小企业持续创新的结果，通过对政策红利和资源红利的把握，我国中小企业迅速成长，而进入21世纪第二个十年以后，由于受到资源约束等问题的影响，我国中小企业亟须进入以管理红利和技术红利实现成长的阶段。

第二，治理结构问题是现阶段影响我国中小企业持续成长的一个重要原因，具体表现在产权问题突出、决策机制不科学以及激励约束机制不完善等方面。

第三，为促进我国中小企业持续成长，需要在产权制度、决策机制以及激励约束机制等方面予以创新，以实现治理结构与中小企业持续成长相匹配。

**参考文献**

［1］Andre Carvalhal Da Silva, Ricardo P. C. Leal. Corporate Governance, Market Valuation and Dividend Policy in Brazil［J］. Coppead Working Paper Series No. 390, 2003.

［2］Catherine M. Daily, Dan R. Dalton. The Relationship between Governance Structure and Corporate Performance in Entrepreneurial Firms［J］. Journal of Business Venturing, 1992, 7（5）.

［3］Daily C. M., Dollinger M. J.. An Empirical Examination of Ownership Structure in Family and Professionally Managed Firms［J］. Family Business Review, 1992, 5（2）.

［4］Edwin Mansfield E.. Technical Change and the Rate of Imitation［J］. Econometrica, 1961（4）.

［5］Ehikioya B. I.. Corporate Governance Structure and Firm Performance in Developing Economies: Evidence from Nigeria［J］. Corporate Governance, 2009, 9（3）.

［6］Gillan S.L., Starks L.T.. A Survey of Shareholder Activism: Motivation and Empirical Evidence［J］. Contemporary Finance Digest, 1998, 2（3）.

［7］Mansfield E.. Technical Change and the Rate of Imitation［J］. Econometrica, 1961（4）.

［8］Penrose. The Theory of the Growth of the Firm［M］. Oxford University Press, 1997.

［9］Prahalad C. K., Hamel G.. The Core Competence of the Corporation［J］. Boston（MA）, 1990.

［10］Rebeiz K., Salameh Z.. Relationship between Governance Structure and Financial Performance in Construction［J］. J. Manage. Eng., 2006, 22（1）.

［11］R. H. Coase. The Nature of the Firm［J］. Economica, 1937, 4（16）.

［12］Sanders W. M. G., Carpenter M. A.. Internationalization and Firm Governance: The Roles of CEO Compensation, Top Team Composition and Board Structure［J］. Academy of Management Journal, 1998, 41（2）.

［13］Shleifer A., Vishny R.. A Survey of Corporate Governance［J］. Journal of Finance, 1997（52）.

［14］Suto M.. Capital Structure and Investment Behaviour of Malaysian Firms in the 1990s: A Study of Corporate Governance before the Crisis［J］. Corporate Governance: An International Review, 2003, 11（1）.

［15］The Commission on Global Governance. Our Global Neighbourhood［M］. Oxford: Oxford University Press, 1995.

［16］Theodore W. Schultz. Investment in Human Capital［J］. The American Economic Review, 1961, 51（3）.

［17］Zingales L.. Corporate Governance. In: Newman P. （Ed.）. The New Palgrave Dictionary of Economics and the Law, 1996.

［18］［美］道格拉斯·C.诺斯. 经济史中的结构与变迁［M］. 陈郁等译. 上海：上海三联书店，上海人民出版社，1994.

［19］［美］约瑟夫·熊彼特. 经济发展理论——对于利润、资本、信贷、利息和经济周期的考察 ［M］. 何畏等译. 北京：商务印书馆，1991.

［20］［英］马歇尔. 经济学原理（上卷）［M］. 北京：商务印书馆，1997.

［21］林毅夫等. 充分信息与国有企业改革 ［M］. 上海：上海三联书店，上海人民出版社，1997.

［22］钱颖一. 企业的治理结构改革和融资结构改革 ［J］. 经济研究，1995（1）.

［23］锁箭. 中小企业发展的国际比较 ［M］. 北京：中国社会科学出版社，2001.

［24］锁箭，李先军，毛剑梅. 创新驱动：我国中小企业转型的理论逻辑及路径设计 ［J］. 经济管理，2014（9）.

［25］吴敬琏. 现代公司与企业改革 ［M］. 天津：天津人民出版社，1994.

［26］张维迎. 企业理论与中国企业改革 ［M］. 北京：北京大学出版社，1999.

# 上市公司股权结构与公司治理关系研究
## ——基于 A 股出版传媒上市公司的实证分析[①]

王关义　王梓薇[*]

[摘要] 基于股权结构与公司治理关系的理论构建，本文以中国 A 股出版业上市公司为研究样本，对出版业上市公司股权结构与公司治理的关系进行了分析和实证检验。研究发现：第一，我国出版行业上市公司的股权结构与公司治理绩效呈显著相关关系，其他经济领域国企产权改革与治理的做法和经验对转企改制步伐较慢、上市较晚的出版传媒企业深化改革具有重要借鉴意义；第二，股权集中度与公司治理绩效呈显著负相关关系，说明目前我国出版上市公司股权集中度对企业治理绩效有反向影响，股权集中度高的企业已显示出了不利于企业治理绩效提高的迹象；第三，股权制衡度与公司治理绩效正相关较弱，未通过显著性检验，说明我国出版上市公司第二到第五大股东在防止因"一股独大"造成的损害中小股东利益的内部制约作用有限，以此推动企业治理绩效的作用尚待增强。我们的研究结果为当前进一步推进出版企业改革与提升公司治理绩效提供了明晰的政策借鉴。

[关键词] 出版传媒上市公司；股权结构；股权集中度；股权制衡度；公司治理

# 一、引言

旨在建立现代企业制度的国企改革始于 20 世纪 90 年代，先后经历了制度创新和结构调整 (1993~2002 年)、以国有资产管理体制改革推动国有企业改革发展（中共十六大为开端）、资产资本化的改革措施（十八届三中全会）等数个阶段不同的改革历程。相对于国有企业改革的整体推进，出版单位改革起步晚、步伐慢。这主要因为出版业是一个非常特殊的行业，其产品除具有商品的一般属性外，更肩负着文化传承的使命，出版物、出版业具有浓厚的意识形态色彩。长期以来，我国对出版单位实行"事业单位、企业化管理"的特殊管理模式。鉴于相当长一段时间内，出版单位还不是真正意义上的"企业"，无论在法理政策层面，还是实际管理工作中，未曾有建立现代企业制度的时机，企业治理问题也未受到应有重视。

2003 年，中央开始进行文化体制改革试点，标志着新闻出版业的转企改制拉开序幕。到 2010 年底，经营性图书出版单位转制工作全面完成。但在出版单位转企改制后能否建立起有效的公司

① 本文为王关义教授主持的国家新闻出版广电总局重点课题"构建具有文化特色的现代出版企业制度研究"的研究成果，课题立项编号为：2015-4-1。

* 王关义，北京印刷学院教授，博士，博导，研究领域为应用经济和工商管理；王梓薇，博士，北京印刷学院副教授，研究领域为传媒产业经济、产业安全。

治理机制，如何设置和规范法人治理结构，至今仍是悬而未决的问题。股权及其内部结构的配置是公司治理安排的决定因素，它决定了公司的控制权掌握在谁手中，而不同的主体根据自身利益所采取的不同行为将对公司治理产生根本的影响，使公司产生不同的绩效水平。中国出版业股权结构存在什么问题？对出版企业治理结构影响如何？怎样的持股格局才能真正提高中国出版上市公司的公司治理绩效？本文以股权结构和公司治理之间关系的理论分析为基础，通过建立回归模型，对我国出版业上市公司股权结构与法人治理关系进行实证分析，试图回答上述问题，以期为出版业的公司治理提供借鉴和参考。

# 二、文献综述

## （一）公司股权结构与公司治理关系的相关研究

Belle 和 Mean（1932）对于公司股权结构与公司治理关系的研究，被认为是此类研究的早期著作，他们的研究提出了关于股权分散化为现代公司股权结构基本特征的观点。Jensen 和 Meekling（1976）正式对股权结构与公司治理进行了系统的研究，认为降低代理成本的根本途径是让没有股权的经理拥有股权，使控制权和剩余索取权相对应，但经理人员存在机会主义行为，公司的价值取决于内部股东所占有股份的比例，两者呈正相关关系。Grossman 和 Halt（1986）的研究表明，如果公司股权高度分散，那么股东就不会有足够的激励来密切监督公司经理人员，这将导致公司治理系统失效，由此产生管理层内部人控制问题。Stulz（1988）建立的模型则证明，公司价值最初随内部股东持股比例增加而增加，达到一定点后开始下降。Armando Gomes 和 Walter Novaes（2001）则把控制权的分享看成是一种新的公司治理机制，认为控制权的分享是另一种监督机制，可以在保留有价值的控制权的私人收益的同时也能保护小股东利益。多个控制性大股东之间的讨价还价是减少对中小股东有害的投资决策的有利方式。La Porta，Lopez-De-Silanes，Shleifer 和 Vishny（2002）分析得出，在股权相对集中的公司中，代理问题产生于最终控制性股东与外部中小股东之间的利益冲突，他们将最终控制股东侵占小股东利益行为称为"隧道挖掘"。

国内学者对于上市公司股权结构与公司治理关系有以下研究：邹小芃、陈雪洁（2003）认为，在股权分散型结构下，由于所有权和控制权（经营权）的分离，公司治理的核心问题在于解决经理人员与股东们的潜在利益冲突。何浚（1998）、郑德理等（2002）、杜莹等（2002）、刘洋（2003）、徐向艺（2005）、张旭（2011）、李莉等（2011）通过上市公司的数据，对我国上市公司独特的股权结构以及上市公司治理绩效进行了实证分析，发现目前我国上市公司的股权结构不利于其绩效的提高，不能流通的国家股大量存在导致了在特殊的委托—代理关系下的国有资本的有效投资主体缺位，进而导致了国有企业绩效低下，影响公司的市场价值。孙永祥和黄祖辉（1999）、张红军（2000）、佘晓明（2003）、张世荣（2013）等通过不同股权结构对公司代理权竞争、监督机制等发挥作用的影响分析，认为与股权高度集中和股权高度分散的结构相比，有一定集中度、有相对控股股东，并且有其他大股东存在的股权结构，总体而言，最有利于公司绩效的提高。股权多元化既不是形成有效的公司治理的目的，也不是公司治理有效的手段或必要前提。朱武祥（2002）强调，公司很少纯粹为了完善公司治理而进行股权多元化。不能因目前上市公司出现的大股东剥削行为而矫枉过正，简单人为地强制股权分散或以多元化打破"一股独大"。李锦生和张英明（2006）认为公司，治理结构的完善是一个复杂的系统工程，在形成良好的股权结构的同时；还必须进一步完善独立董事制度；改变经理人的选聘机制，建立经理人市场；加强对公司经营者的激励与约束；完善公司治理的内部机制。肖琼（2006）、崔毓佳（2014）从激励与约束角度分析了股权结构对公司治理机制的影响，对如何提高公司治理机制运行效率提出建议。

### （二）出版企业股权结构与公司治理关系的相关研究

由于我国真正意义上的出版体制改革启动较晚，因此与其他经济领域的公司治理研究相比，我国出版学界有关这方面的研究十分落后。1997年，中共十五大明确提出了在国有企业中建立公司治理结构的战略目标任务，随后我国展开了推行出版体制改革试点的工作，出版学界对于公司治理的研究才逐渐增多。2003年，我国全面启动文化体制改革，出版产权制度改革进入了实质阶段，范围迅速扩大，出版业掀起了一波波上市热潮，促使出版企业开始注重公司治理的建设，有关出版企业公司治理研究成果不断出现，但对出版企业股权结构与公司治理关系的相关研究成果相对较少。

王关义等（2013）、梁燕娇（2014）等以我国出版传媒上市公司的年度数据为分析样本，通过实证分析得出股权集中度与公司绩效呈非线性关系，呈正"U"形等研究结论。胡飞船（2004）、曾庆宾（2004）、谭作武（2005）、周正兵（2009）对产权与公司治理进行了理论探讨，强调通过资本市场上的股权置换和兼并收购的方式，降低国有股比例，提高法人股比重等股权多元化来优化出版股权结构和提高公司治理效率。朱庆（2011）认为，出版企业的股权集中于国家股东和国有股东手中，国有股"一股独大"问题明显，应当推动股权的分散化、多元化。赖政兵和廖进球（2009）、江南忆（2009）、郑豪杰（2014）等结合当前出版企业在转企业改制、构建法人治理结构中遇到的问题，研究了建立和完善现代企业制度的必要性，以及构建公司治理结构的途径和建议等。胡誉耀（2010）、杨东星（2013）认为，出版企业上市治理应建立防止大股东及其附属企业占用上市公司资金、侵害上市公司利益的长效防御机制。

国内外学者对上市公司股权结构与公司治理相关问题进了深入研究，但缺少对出版业，尤其是对我国刚刚完成改制的出版上市企业股权结构与治理关系的系统研究。因此，本文的研究主题有两个：一是通过理论分析，厘清股权结构与公司治理之间的关系；二是根据我国上市出版传媒市公司股权结构现状，分析我国出版业上市公司股权结构存在的问题，并据此提出改进建议。

# 三、理论构建

### （一）股权结构的内涵

从理论上讲，股权结构可以定义为企业剩余控制权和剩余收益索取权的分布状况与匹配方式。从这个角度，股权结构可以被区分为控制权不可竞争的股权结构和控制权可竞争的股权结构两种类型。在控制权可竞争的情况下，剩余控制权和剩余索取权是相互匹配的，股东能够并且愿意对董事会和经理层实施有效控制；在控制权不可竞争的股权结构中，企业控股股东的控制地位是锁定的，对董事会和经理层的监督作用将被削弱（张艳芳，2003）。

从实际应用上讲，股权结构是指企业股权总额中各股东所持公司股份的比例。它有两层含义：第一层是股权集中度，第二层是股权构成。股权集中度一般指五大股东持股比例，又具体细分为三种类型：一是股权高度集中，绝对控股股东一般拥有公司股份的50%以上，对公司拥有绝对控制权；二是股权高度分散，公司没有大股东，所有权与经营权基本完全分离、单个股东所持股份的比例在10%以下；三是公司拥有较大的相对控股股东，同时还拥有其他大股东，所持股份比例在10%~50%（陈隆伟、杨宗锦，2005）。股权构成是指股权不同背景的股东所持有股份的多少。

在我国，股权构成表现为国有股东、法人股东及社会公众股东的持股比例。

## （二）公司治理的内涵

关于公司治理的含义，从不同的角度进行考察，有多种解释。但一般认为，公司治理主要指公司处理股东、董事会、监事会、经理、债权人、员工等各相关利益主体之间权、责、利关系的一种制度安排，目的是保证公司决策、运营的公正与效率。公司治理包括内部公司治理和外部公司治理。内部公司治理或称法人治理结构、内部监控机制，是由股东大会、董事会、监事会和经理等组成的用来约束和管理经营者的行为的控制制度，包括董事会选举规则及程序、代理人之争、外部董事、报酬激励机制、董事会与经理层权利的分派与划分等管理监督机制。外部公司治理或称外部监控机制，是通过竞争的外部市场（如资本市场、经理市场、产品市场等）和管理体制对企业管理行为实施约束的控制制度，包括职业经理人市场等外部市场治理机制、政府治理机制、中介机构的信用制度等社会治理机制。

## （三）股权结构与公司治理的关系

股权结构决定了股东结构和股东大会人员构成，进而决定了整个内部监控机制的构成和运作，股权结构与公司治理中的内部监控机制直接发生作用，并通过内部监控机制对整个公司治理的效率发生作用。公司治理的整个制度安排中，股权结构可以被视为该制度的产权基础，它确立了股东的构成及其决策方式，从而对董事会以及监事会的人选和效率产生直接的影响，进而作用于经理层，最后这些相互的作用和影响将在企业的经营业绩中得到综合的体现。因此，公司治理的内部监控机制是否能够有效地发挥作用，股东大会、董事会和监事会是否能够实现相互的制衡，在很大程度上都依赖于股权结构是否能合理安排（刘洋，2003）。股权结构对公司内部监控机制的作用如图1所示。

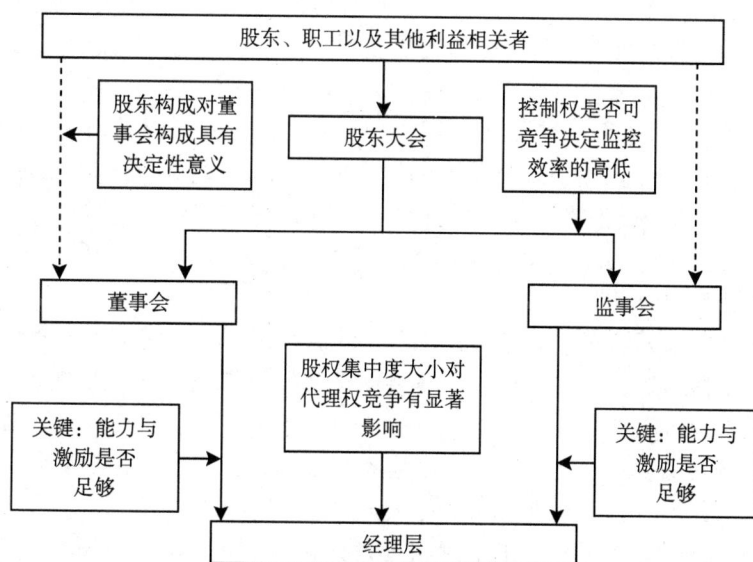

**图1 股权结构对内部监控机制的影响**

资料来源：郑德埕，沈华珊. 股权结构与公司治理——对我国上市公司的实证分析 [J]. 中山大学学报（社会科学版），2002（1）.

1. 股权结构与股东大会

对于一个股份制公司而言，一旦确立了某种股权结构，股东构成清晰，就等于确立了决策规则。股权的高度集中会使决策易被大股东操纵，股权过于分散会造成决策效率低下，而股权适度集中的股权结构，即若干个大股东能形成相互制衡的局面，决策是最有效率。

### 2. 股权结构与董事会和监事会

股权结构在很大程度上决定了董事会的人选，在控制权可竞争的股权结构模式中，股东大会决定的董事会能够代表全体股东的利益。在股权高度集中情况下，占绝对控股地位的股东可以通过垄断董事会人选的决定权来获取对董事会的决定权。在此股权结构模式下，中小股东的利益将难以得到保障。股权结构对监事会也有同样的影响。

### 3. 股权结构与经理层

股权结构对经理层的影响取决于是否在经理层存在代理权的竞争。通常认为，在股权分散的企业，小股东"搭便车"的动机容易使经理层掌握对企业的实际控制权，代理权竞争机制难以发挥监督作用；而在股权高度集中条件下，大股东控制经理层的任命，从而削弱了代理权的竞争性；相对而言，相对控股股东的存在比较有利于经理层在完全竞争的条件下进行更换。

由此可以看出，股权结构是公司治理的产权基础，公司治理结构为股权结构的具体运行形式，合理的股权结构是建立有效的公司治理结构的基础。不同的股权结构决定了不同的企业组织结构，从而决定了不同的企业治理结构，最终决定了企业的行为和绩效。

# 四、我国出版传媒上市公司股权结构与治理现状

## （一）我国出版传媒上市公司法人治理状况

### 1. 总体状况

2003 年以来，伴随着新闻出版业"转企改制"的全面推进，尤其近几年在国家全面深化改革、大力发展文化产业的政策利好背景下，出版传媒企业充分顺应行业发展趋势，多方开拓传统业务市场，积极拓展新兴业务领域，上市规模不断壮大，经营业绩取得很好成绩，一些集团已运用建立现代企业治理结构的方式进行公司治理。截至 2013 年末，在海内外上市的中国出版发行和印刷公司总计 32 家，其中 1 家（中国当当网公司）在美国上市、5 家（现代传播、北青传媒、财讯传媒、新华文轩、北人印刷）在香港上市，26 家在上海和深圳上市。在国内上市的 26 家出版发行和印刷公司共实现营业收入达 806 亿元，实现利润总额 74.5 亿元，较 2012 年分别增长 13.2%、11%。

### 2. 法人治理建设取得的成果

我国出版企业现在都开始积极变革旧式行政治理结构，努力构建基于独立法人地位的新型公司治理结构。我国出版传媒企业进行法人治理结构建设步伐参差不齐：有的企业建立了比较成熟的现代公司治理结构，股东会、董事会、监事会三会建设完整，也具有了完善制度的委员会；有的企业具备了公司治理的初步状态，基本上已建立起股东会、董事会、监事会；有的企业建立了准现代公司治理结构，董事会已成功组成，但股东会、监事会建设不完全，"老三会"仍然凌驾于"新三会"之上。我国出版集团在公司内部治理建设方面的主要成就是形成了"三会四权"制主体框架，即在股东会、董事会、监事会充分构建完成的基础之上，通过所有权、决策权、经营权、监督权的相应划分与配置，形成利益共享机制、关系制衡机制、监督约束机制和说明责任机制。例如，北方联合出版传媒集团有限公司、江苏凤凰出版传媒有限公司等。

## （二）我国出版传媒上市公司股权结构现状

### 1. 非流通国有股"一股独大"情况严重

我国上市出版传媒企业多数是由原来的国家出版社转企改制而来，为了满足股份有限公司设立的有关法规条文要求，上市公司设置了名义上的多元法人股权结构，国有大股东处于绝对控股地位；同时为了绕过在所有制问题上的认识障碍，做出了国有法人股不能上市流通的规定。目前，我国出版传媒上市公司的股权可以分为国有股（国家股+国有法人）、法人股（境内非国有法人股、境外法人股）、流通股等。据2013年最新数据统计，上市出版传媒公司中，非流通的国有股39.9亿股，约占总股权206.6亿股的20%，占非流通股权52亿股的76.6%，远远高于法人股、持股人较分散的流通股。从这些数据上看，股权仍相对集中于国有股，并且不能上市流通，国有股"一股独大"的情况严重。股权如果过于集中在国家手中，政府机构支配着上市公司的经营管理权，容易出现政企不分的现象，这不仅影响了公司控制权市场功能的发挥，同时国有股的所有者缺位，将影响公司内外部制衡机制的建立和良性运作（见表1）。

**表1　2013年度出版传媒企业股本结构**

| 股票类型 | | | 发行总额（亿股） | 比例（%） |
|---|---|---|---|---|
| 股票 | 非流通股 | 发起人股 | 国家股 | | |
| | | | 国有法人股 39.9 | 76.6 |
| | | | 境内非国有法人股 9.9 | 19.1 |
| | | | 境外法人股 | | |
| | | | 境内自然人股 2.2 | 4.1 |
| | | | 其他 | | |
| | | | 小计 52.0 | 100 |
| | | 非流通股合计 | 52.0 | 25.2 |
| | 流通股 | 境内上市人民币股A股 | 154.6 | 74.8 |
| | 总计 | | 206.6 | 100 |

注：发行总额统计不包括境外上市的6家企业。

资料来源：新浪财经，http://finance.sina.com.cn。

### 2. 股权集中度高、对大股东制衡弱

从股权集中情况来看，我国出版传媒企业上市公司的股权集中度较高，而且大股东之间持股比例相差悬殊，相互制衡较弱。从表2可以看出：前五大股东持股占总股本的比例已达到54.6%，超过50%，对公司拥有绝对控制权；第二至第五大股东持股比例之和/第一大股东持股比例为0.227，小于1，第一股东绝对控制地位明显，互相监督、抑制内部人掠夺的股权安排不合理。上市公司股权过于集中于第一大股东，在同股同权下，第一大股东占绝对控股地位，就决定了其在股东大会、董事会上拥有绝对发言权，而作为绝对大股东派出的全权代表的经营者，就会集公司决策权和管理权于一身，从而导致上市公司所有权、决策权、管理权的高度统一，这样就很难建立对控股股东的约束机制，可能导致大股东对小股东利益的侵害，从而影响公司治理绩效最大化。

**表2　2013年度出版传媒集团股权集中度、制衡度**

| 股东 | 持股总量 | 比例（%） | 指标解释 |
|---|---|---|---|
| 前五大股东 | 112.75 | 54.6 | 前五大股东占总股本的比例 |
| 第二至第五大股东 | 20.90 | 22.7 | 第二至第五大股东持股比例之和/第一大股东持股比例 |
| 第一大股东 | 91.90 | | |

资料来源：新浪财经，http://finance.sina.com.cn。

# 五、我国出版传媒上市公司股权结构与治理实证分析

公司的股权结构不同，公司治理模式会相应的不同，而公司治理模式则会影响公司治理绩效，因此，要揭示我国出版上市公司股权结构与公司治理之间的关系，可选定公司的经营绩效作为衡量公司治理效率的指标。这一部分主要通过相关分析，对出版上市公司股权结构与经营绩效之间的关系给出定量的说明。

## （一）样本选择

考虑到出版传媒上市公司起步晚、数量少，2003 年起出版企业上市步伐加快，2011 年达到高峰后至 2013 上市公司数量基本稳定，并且考虑到不同股权结构对上市公司经营绩效的影响具有时滞性，因此，本文选取了 2012~2013 年沪深两市 A 股出版传媒上市公司作为研究对象。参照国家新闻出版广电总局《新闻出版产业分析报告》（2009~2013 年），剔除境外上市公司 6 家，最后有效样本为 26 家，包括书报刊出版上市公司 12 家、发行上市公司 4 家、印刷上市公司 10 家。所有样本数据取自新浪财经各上市公司年度数据库和手工整理数据，数据处理采用 EViews 软件。

## （二）变量选取

经营绩效方面的变量，主要选取样本公司 2013 年度的营业利润率作为绩效指标。股权结构方面的变量，主要选取股权集中度、股权制衡度（因国家股、法人股数据不完整本文不予选取）。控制变量选取资产负债率、总资产增长率等。各变量名称及其说明如表 3 所示。

**表 3  变量说明**

| 类型 | 变量名称 | 符号 | 变量表示 |
| --- | --- | --- | --- |
| 被解释变量 | 营业利润率 | Y | 营业利润/营业收入 |
| 解释变量 | 股权集中度 | $X_1$ | 公司前五位大股东持股比例之和 |
| | 股权制衡度 | $X_2$ | 第二至第五大股东持股比例之和/第一大股东持股比例 |
| 控制变量 | 资产负债率 | $X_3$ | 总负债/总资产 |
| | 总资产的自然对数 | $X_4$ | LN（总资产） |

## （三）模型设定

本文拟采用多元线性回归模型对以上变量进行回归分析，根据以上变量及符号建立的模型为：

$$Y = a_0 + a_1X_1 + a_2X_2 + a_3X_3 + a_4\ln(X_4)$$

## （四）回归结果分析

本文使用 EViews 软件对构建的模型进行回归分析，回归分析的结果见表 4。

**表 4  模型回归结果**

| Variable | Coefficient | Std.Error | T-Statistic | Prob. |
| --- | --- | --- | --- | --- |
| $a_0$ | −0.933630 | 0.354387 | −2.634497 | 0.0155 |
| $X_1$ | −0.386346 | 0.149195 | −2.589531 | 0.0171 |

续表

| Variable | Coefficient | Std.Error | T-Statistic | Prob. |
|---|---|---|---|---|
| X₂ | 0.036308 | 0.070841 | 0.512526 | 0.6136 |
| X₃ | −0.915870 | 0.128312 | −7.137848 | 0.0000 |
| X₄ | 0.120914 | 0.024479 | 4.939423 | 0.0001 |
| R-squared | 0.812436 | F-Statistic | | 22.74051 |
| Adjusted R-squared | 0.776710 | Prob（F-Statistic） | | 0.000000 |

（1）建立模型 F 统计量为 22.7405，P 值为 0.000000，整个方程通过了显著性检验。

（2）前 5 大股东持股比例之和（X₁）的系数 a₁ 为 −0.386346，T 统计量为 −2.589531，P 值为 0.0171，通过了显著性检验，说明我国股权集中度与公司治理绩效呈负相关关系。

（3）第二至第五大股东持股比例之和/第一大股东持股比例（X₂）的系数为 0.036308，表明股权制衡度与公司治理绩效呈正相关关系，但 T 统计量只有 0.512526，P 值为 0.6136，没有通过显著性检验。这可能是因为虽然在理论上股权制衡可以使各大股东之间相互监督、相互控制，从而提高公司绩效。但对于出版这样的行业，对企业绩效做出贡献的重要因素很可能是由于其处于垄断内容生产的行业性质，在这样的背景下，股权制衡在企业中发挥的作用就会不明显。

（4）对于公司资本结构、公司规模两个控制变量，资产负债率（X₃）与营业利润率（Y）呈显著的负相关关系，总资产自然对数（X₄）与营业利润率（Y）呈显著的正相关关系。

# 六、结论与建议

## （一）主要研究结论

上文以探讨股权结构与公司治理的关系为出发点，从理论和实证分析两个方面对我国出版传媒上市公司的股权安排进行了探讨，得出以下结论：

（1）我国出版行业上市公司的股权结构与公司治理绩效呈显著相关关系。这一结果印证了目前国内大部分学者的观点，即：股权结构作为现代股份制公司财产结构的主要形式，在很大程度上决定了股份公司的治理结构，并通过公司治理影响公司运作的绩效，我国出版传媒上市公司运行符合这一规律。因此，目前其他经济领域国企产权改革与治理的做法与经验，对转企改制上市较晚的出版传媒企业深化改革具有重要借鉴意义。

（2）股权集中度与公司治理绩效呈显著负相关关系，说明目前我国出版上市公司股权集中度对企业治理绩效具有反向影响，集中度高的股权公司不利于企业治理绩效的提高。例如，股权集中度较高的安徽新华传媒股份有限公司营业利润率已从 2012 年的 14% 降至 2013 年的 13.1%，降低了一个百分点。虽然相对集中的出版市场股权结构能够发挥"利益协同效应"，促使几大股东利益与公司利益趋于一致，为实现自身利益以及公司利益最大化而努力，更积极地参与到公司管理中，从而提高了公司治理水平和绩效，但股权集中度较高时，会产生"掏空效应"，会造成几大控股股东联合形成内部控制，侵占小股东利益，导致代理成本的提高和公司治理绩效的下降。

（3）股权制衡度与公司治理绩效的显著相关关系在我国出版行业上市公司不存在，正相关较弱，说明我国出版上市公司股权制衡度对企业治理绩效的作用还不突出，第二到第五大股东防止因"一股独大"造成的损害中小股东利益的内部制约有限。虽然目前我国出版上市公司股权结构有利于第一大股东能够充分发挥集中资源，进行快速而果断地决策，但股权的相互制衡尚不能实现改善企业绩效的目标。这将成为我国出版传媒上市企业股权改革的重要方面。

## （二）政策建议

根据以上研究结论，本文对我国出版行业上市公司构建合理的股权结构从而提高公司治理绩效提出以下政策建议：

（1）借鉴其他领域国企业改革经验，优化出版企业产权。国企改革经历了大型国有企业公司化改制、产权制度改革（推行股份制）、完善国资监督管理体制和规范微观公司治理结构、企业整体上市等几个阶段，改革取得一定效果（国企法人治理仍面临考验）。国企改革路径对出版企业深化改革有重要借鉴，出版企业优化产权，有两种路径可选择：一种是投资主体多元化。通过吸引战略投资者、逐步对民间资本放开、探索高层管理人员持股、允许员工内部持股等多种形式逐渐实现混合所有制的股份公司形式。另一种是继续推动出版业整合和重组，进一步推动出版产业整体上市，从而快速获得产权结构优化的合法途径。

（2）优化股权结构，完善公司治理。鉴于出版市场的特殊性，现阶段在我国出版改制中，产权结构改革要兼顾第一大股东、前五大股东的股权集中度以及股权制衡度，要平衡降低股权集中度和提高股权制约度之间的关系，可适度减持国有股比例。出版上市企业可以借鉴国有股减持的方法，采用增量调整、减量调整和存量调整三种不同形式，即增发社会公众股增加股本总额（陈隆伟、杨宗锦，2005）。总之，对我国竞争尚不激烈的出版市场，保证股权一定程度的集中是必要的，且股权改革应逐步推行，尽量同我国出版市场发展同步。

**参考文献、**

［1］Berle A. A. J. R., G. C. Means. The Modern Corporate and Private Property ［M］. New York：MacMillan，1932.

［2］Jensen M. C., W. H. MecMing. Theory of the Firm：Managerial Behavior Agency Constant Ownership Structure ［J］. Journal of Financial Economics，1976（3）.

［3］Grossman S., Hart O.. The Cost and Benefit of Ownership：A Theory of Vertical and Lateral Integration ［J］. Journal of Politic Economy，1986.

［4］Stulz R.. Managerial Control of Voting Rights：Financing Policies and the Market for Corporate Control ［J］. Journal of Financial Economics，1988（20）.

［5］Armando Gomes, Walter Novaes. Sharing of Control as a Corporate Governance Mechanism ［R］. PIER Working Paper No. 01-029，2001.

［6］La Porta R., Lopez-De-Silanes F., Shleifer A., Vishny R.. Investor Protection and Corporate Valuation ［J］. Journal of Finance，2002（57）.

［7］何浚. 上市公司治理结构的实证分析 ［J］. 经济研究，1998（5）.

［8］邹小芃，陈雪洁. 股权结构与公司治理：一个综述 ［J］. 浙江经济，2003（1）.

［9］郑德珵，沈华珊. 股权结构与公司治理——对我国上市公司的实证分析 ［J］. 中山大学学报（社会科学版），2002（1）.

［10］杜莹，刘立国. 股权结构与公司治理效率：中国上市公司的实证分析 ［J］. 管理世界，2002（11）.

［11］刘洋. 公司治理结构与中国上市公司治理问题研究 ［M］. 复旦大学博士学位论文，2003.

［12］徐向艺，王俊韡. 股权结构与公司治理绩效实证分析 ［J］. 中国工业经济，2005（6）.

［13］张旭. 上市公司股权结构与公司治理关系研究——以电力行业为例 ［J］. 财会通讯，2011（10）.

［14］孙永祥，黄祖辉. 上市公司的股权结构与绩效 ［J］. 经济研究，1999（12）.

［15］张红军. 中国上市公司股权结构与公司绩效的理论及实证分析 ［J］. 经济科学，2000（4）.

［16］张世荣. 上市公司的股权结构与绩效 ［J］. 经营管理者，2013（3）.

［17］朱武祥. 股权结构与公司治理——对"一股独大"与股权多元化观点的评析 ［J］. 证券市场导报，

2002（1）.

[18] 李锦生，张英明.上市公司股权结构优化与公司治理结构完善［J］.经济体制改革，2006（2）.

[19] 佘晓明.中国上市公司的股权结构与公司绩效［J］.世界经济，2003（9）.

[20] 肖琼.上市公司的股权结构与公司治理机制［J］.财政监督，2006（16）.

[21] 崔毓佳.公司治理研究：股权结构与治理机制［J］.经营管理者，2014（8）.

[22] 王关义，李俊明.出版上市公司股权结构与绩效关系实证研究　［J］.首都经济贸易大学学报，2013（2）.

[23] 梁燕娇.出版传媒上市公司股权特征与性质对经营绩效的影响研究［J］.国际商务财会，2014（9）.

[24] 赖政兵，廖进球.试论出版集团构建法人治理结构的难题及对策［J］.出版发行研究，2009（7）.

[25] 江南忆.出版改制与构建法人治理结构——出版企业公司治理问题再探［J］.出版发行研究，2009（10）.

[26] 郑豪杰.出版企业治理与建立现代企业制度的思考［J］.中国出版，2012（11）.

[27] 胡飞船.论书业企业与法人治理结构的有效融合［J］.出版发行研究，2004（12）.

[28] 曾庆宾.论中国出版企业的产权制度创新［J］.出版科学，2004（3）.

[29] 谭作武.对完善国有书店法人治理结构的思考［J］.出版发行研究，2005（1）.

[30] 周正兵.我国出版集团产权改革中引进战略投资者的思考［J］.出版发行研究，2009（2）.

[31] 胡誉耀.我国出版集团公司治理研究［D］.武汉大学博士学位论文，2010.

[32] 杨东星.中国出版企业现代治理结构研究［D］.东北财经大学博士学位论文，2013.

[33] 张艳芳.股权结构与中国上市公司治理绩效［J］.金融理论与实践，2003（8）.

[34] 陈隆伟，杨宗锦.上市公司股权结构与公司治理研究［J］.吉首大学学报（社会科学版），2005（2）.

# 中国上市公司宣告和实施股份回购的影响因素研究

何瑛 李娇[*]

[摘要] 本文以我国公开市场股份回购的上市公司为样本，借助公司治理机制、公司财务等相关理论，设计了股份回购行为关键影响因素的分析模型。鉴于股份回购的灵活性导致其在宣告和实施两个阶段存在时间差异，并可能受到不同因素的影响，故本文将基于财务状况和公司治理两个视角，从公开宣告和实施两个阶段分别运用 Logistic 回归模型和 Tobit 回归模型实证检验我国上市公司股份回购的关键影响因素。研究结果显示，公开市场股份回购在宣告和实施两个阶段受到多种因素的影响，其中，经营业绩、股利支付水平、现金持有水平以及股权集中度是影响上市公司宣告股份回购的关键因素，而上市公司实施回购行为则受到股价表现以及自身现金流水平的共同影响。

[关键词] 股份回购；宣告和实施；影响因素；信号传递假说；财务灵活性假说

# 一、引言

自 20 世纪 90 年代开始，在全球公司资本制度变革的背景下，股份回购在世界各大洲如雨后春笋般发展起来，北美洲、欧洲和亚洲等国家及我国香港和台湾地区开始允许企业进行股份回购。我国股份回购的发展是在 2005 年之后，2005 年 6 月 17 日，证监会发布了《上市公司股份回购社会公办股份管理办法（试行)》[下文简称《办法（试行)》或《办法》]，明确了上市公司回购股份的路径。在《办法（试行)》颁布之前，回购主要针对非流通部分股权，解决国有股"一股独大"的问题；在证监会颁布《办法》之后，社会公众股份的回购开始放开。由于我国股份回购对象的特殊性，使得回购在我国具有许多积极意义，既可以解决"大小非"问题，更可以为 A 股、B 股合并提供借鉴（谭劲松、陈颖，2007)。2008 年 10 月，当股指从 6000 多点暴跌到 2000 点以下时，证监会又发布了《关于上市公司以集中竞价交易方式回购股份的补充规定》，简化了报批程序，鼓励上市公司进行股份回购。股份回购受到公司管理层的青睐以及市场投资者的追捧，并在金融危机时被监管机构当作"救市"的利器（杨青，2011；干胜道、林敏，2010)。截至 2013 年 8 月 31 日，我国 A 股市场共发生 42 起公开市场股份回购，计划回购股份数量约为 66 亿股，金额约为 241 亿元人民币。随着股份回购在我国上市公司的逐步使用，作为一种重要的资本退出机制和价值分配方式，其日益受到公司管理层的青睐、市场投资者的追捧及政府监管机构的重视。

---

* 何瑛（1973–)，女，新疆乌鲁木齐人，教授，管理学博士，研究领域为公司财务与资本市场；李娇（1990–)，女（满族)，辽宁黑山人，管理学硕士，研究方向为公司财务管理。

国外学者普遍认为，公开市场股份回购对于上市公司而言通常具有三重意义：首先，上市公司倾向于通过股份回购的方式减少权益资本，实现资本结构的调整乃至公司治理结构的完善（Dittmar，2000；Brav，Graham，Harvey & Michaely，2005）；其次，上市公司以股份回购的形式将多余现金返还给投资者，在降低与自由现金过度投资相关代理成本的同时，实现对现金股利的补充或替代（Jensen，1986；Jagannathan，Stephens & Weisbach，2000）；最后，由于信息不对称存在，上市公司通过回购股份来向市场或投资者传递其价值被低估的信息，实现刺激并提升股价的目的（Oswald & Young，2004；Ginglinger & L'Her，2006）。随着国外资本市场的日益发展和完善，股份回购已经成为重要且常见的一种金融行为。在我国，股份回购为何在近年得到发展？影响上市公司股份回购的关键影响因素是什么？鉴于股份回购的灵活性导致其在宣告和实施两个阶段存在时间差异，因此影响上市公司宣告和实施股份回购的关键因素究竟是什么？已经宣告和实施股份回购的公司在财务状况和公司治理两个视角与未宣告和未实施股份回购的公司相比是否呈现出显著特征？基于这些问题，本文将借助公司治理机制、公司财务等相关理论，以2005~2013年发生的38起公开市场股份回购作为研究对象，从财务状况和公司治理两个视角，在公开宣告和实施两个阶段分别运用Logistic回归模型和Tobit回归模型实证检验我国上市公司股份回购的关键影响因素，并进一步揭示我国上市公司股份回购的实质，这既有利于预测公司回购行为，也有利于具体明确回购公司应具备的条件，规范回购行为。

# 二、文献评述与研究假设

股份回购通常有三种方式：公开市场股份回购、要约回购和私下协商回购。其中，以公开市场股份回购最为常见（Ikenberry D.，J. Lakonishok & T. Vermaelen，1995）。公开市场股份回购作为最常见的股份回购方式，在宣告和实施两个阶段分别受不同因素的影响，呈现出分离性和灵活性。本文将从公开市场股份回购的宣告和实施两个环节提炼并总结其内在特征和关键影响因素。

## （一）上市公司宣告公开市场股份回购的影响因素

基于公司财务和公司治理理论，结合国内外相关研究成果及我国公开市场股份回购的实践情况，我们认为财务杠杆水平、经营业绩、股价水平、股利支付水平、股权结构、信息不对称水平及代理成本七个因素可能会对上市公司是否宣告公开市场股份回购产生显著影响。

### 1. 上市公司公开市场股份回购的财务特征

在财务杠杆水平方面，Medury，Bowyer和Srinivasan（1992），Dittmar（2000），Daryl M. Guffey和Douglas K. Schneider（2004）等学者以美国地区上市公司为样本研究发现，宣告进行股份回购的上市公司通常具有较低的财务杠杆。Jagannathan和Stephens（2003）同样进行研究发现，与回购频率较低的上市公司相比，经常宣告进行股份回购上市公司的资产负债率较低。Mitchell和Dharmawan（2007）以澳大利亚地区的上市公司为样本研究发现，财务杠杆水平的高低以及负债能力的强弱是影响宣告股份回购的重要因素。此外，鉴于我国目前相关法律规定，上市公司须将回购的股份进行注销而不得保存，因此，公开市场股份回购成为上市公司提高自身资产负债率进而优化资本结构的重要工具。故提出以下假设：

**假设1**：上市公司的财务杠杆水平越低，其进行股份回购的概率越高；反之越低。

在经营业绩方面，Young（1969）和Norgaard（1974）等学者在对公告回购与未公告回购公司的财务和经营特征进行研究后发现，公司在进行股份回购前经营业绩水平通常都处于较差的水平。

而 Daryl M. Guffey 和 Douglas K. Schneider（2004）以及 Mitchell 和 Dharmawan（2007）通过研究认为公告股份回购的企业通常具有较强的盈利能力。截至目前，国外学者对经营业绩与股份回购之间的关系并无达成一致的观点，而国内学者在进行相关研究时并未过多考虑经营业绩因素的影响。笔者对 2005 年以来我国上市公司对股份回购动因的研究成果进行总结发现，大多数公司指出"公司业务发展较快，经营业绩大幅提高"是促使其以股份回购来回馈广大投资者的主要原因。通常来讲，上市公司的经营业绩越高，其对应的现金就越多，其越可能以股份回购的方式将现金回馈给投资者。基于此，提出以下假设：

**假设 2**：上市公司的经营业绩越好，其进行股份回购的概率越高；反之越低。

在股价水平方面，国内外学者多以实证研究的方法证实了"股价低估程度"是影响上市公司进行股份回购的重要因素（Medury, Bowyer & Srinivasan, 1992; Ikenberry D., J. Lakonishok & T. Vermaelen, 1995; Ikenberry D., J. Lakonishok & T. Vermaelen, 2000; Oswald & Young, 2004; Brav, Graham, Harvey & Michaely, 2005; Lasfer, 2005; Ginglinger & L'Her, 2006; Mitchell & Dharmawan, 2007; 胡宸铭, 2011）。但 Dimitris Andriosopoulos 和 Hafiz Hoque（2013）则发现股价的表现并不能显著影响上市公司的股份回购行为。现金股利和股份回购是上市公司向股东返还现金的两种重要方式，其多向外界传递未来经营业绩利好或是当前股价被低估的信号。我国上市公司也多以"股价低估"作为其对外公布的回购动因。故提出以下假设：

**假设 3**：上市公司的股价水平越低，其进行股份回购的概率越高；反之越低。

作为上市公司回馈股东常用的两种方式，现金股利和股份回购之间存在相互补充和相互替代的关系。Young（1969）首先发现公告回购的公司通常具有较低的股利增长率，即上市公司将股份回购作为替代现金股利的一种方式，而 Medury、Bowyer 和 Srinivasan（1992），Barth 和 Kasznik（1999）与 Jagannathan 和 Stephens（2003）等学者则研究发现，宣告公开市场股份回购的上市公司通常具有高的股利支付水平，对其而言，股份回购是对现金股利的一种补充。但 Dimitris Andriosopoulos 和 Hafiz Hoque（2013）则认为二者之间的关系取决于公司文化和治理结构等多种因素的影响。国内学者王畅（2012）以我国 2005~2011 年的样本数据进行验证，发现现金股利和股份回购之间并不存在显著的相关关系。考虑到我国上市公司存在明显的现金股利分配较少甚至不分配的现象，我们认为越是倾向于进行现金股利分配的企业，越倾向于以股份回购的方式回馈股东，故提出以下假设：

**假设 4**：上市公司的股利支付水平越高，其进行股份回购的概率越高；反之越低。

此外，也有众多学者从流动性、股票期权计划的规模大小等多个角度总结上市公司股份回购所体现出的内在特质，Barth 和 Kasznik（1999），Jagannathan 和 Stephens（2003）等发现进行股份回购的公司通常具有较大规模的股票期权计划。Medury，Bowyer 和 Srinivasan（1992）提出进行股份回购的企业通常流动性水平较高，但 Daryl M. Guffey 和 Douglas K. Schneider（2004），Mitchell 和 Dharmawan（2007）等则认为资产流动性的高低并不显著影响上市公司的股份回购行为。

2. 上市公司公开市场股份回购的公司治理特征

公司治理和信息经济学理论提出，上市公司管理者与投资者所掌握的信息之间存在明显的信息不对称现象。上市公司可能利用自己掌握的信息优势并通过公开市场股份回购方式来向外界传递信息。上市公司规模越大，其对应信息不对称水平越高，其进行股份回购的可能性就越大（Medury, Bowyer & Srinivasan, 1992; Jagannathan & Stephens, 2003; Daryl M. Guffey & Douglas K. Schneider, 2004; Mitchell & Dharmawan, 2007）。此外，我们进行文献研究发现国内宣告股份回购的企业在行业内具有一定的规模，故提出以下假设：

**假设 5**：上市公司规模越大，其进行股份回购的概率就越高；反之越低。

国内外学者通常认为，当企业现有资本量超过其潜在的投资机会时，企业会选择通过现金股利或股份回购的方式将现金返还给股东，以降低管理者和投资者之间的代理成本。国外学者通过实证研究发现进行股份回购的企业通常都具有较多的闲置资金（Barth & Kasznik，1999），而国内学者也发现企业持有的货币资金越多，其进行股份回购的金额也越大（胡宸铭，2011；王畅，2012）。故提出以下假设：

**假设6：**上市公司的现金持有水平越高，其进行股份回购的概率就越高；反之越低。

在股权结构方面，Mitchell 和 Dharmawan（2007）与 Dimitris Andriosopoulos 和 Hafiz Hoque（2013）分别以澳大利亚和欧洲地区的上市公司为研究样本，研究发现股权集中程度是影响股份回购行为的重要因素。作为衡量上市公司股权结构是否合理的重要指标，机构投资者的持股比例同样影响股份回购行为（Hung-Hsi Huang et al.，2010；Jagannathan & Stephens，2013；Oswald & Young，2008）。值得注意的是，Andreas Jansson 和 Ulf Larsson-Olaison（2010）在以瑞典上市公司作为研究对象时发现，瑞典企业大多受制于大股东，而较少受制于资本市场的压力和约束，研究结果表明股权越集中的上市公司进行股份回购的可能性越低，这与美国等地学者的研究结论恰恰相反。国内学者（胡宸铭，2011；王畅，2012）以我国上市公司为样本进行研究发现，股权越集中，其回购的金额就越高。但上述研究在选择样本时以股权分置改革作为回购主要动因的样本占绝大多数，而进行股权分置改革的企业多是从国有企业转制而来，天然就具有股权比较集中的特点，我们认为正是这一原因造成了我国上市公司进行股份回购多是"国有股减持获利套现"（韩永斌，2004）这一现象。随着股权分置改革的完成，越来越多的上市公司进行股份回购不再单一地源于减持国有股的动因，因此，笔者认为我国上市公司进行股份回购时受到股权结构的影响，但这种影响已经逐渐摆脱上述动因，而体现出与之相反的规律。

**假设7a：**上市公司的机构投资者持股比例越高，其进行股份回购的概率越高；反之越低。

**假设7b：**上市公司的股权集中度越低，其进行股份回购的概率越高；反之越低。

## （二）上市公司实施公开市场股份回购的影响因素

公开市场股份回购自身的特点使得上市公司管理者在后续实际回购行为中具有极大灵活性，可以自主决定后续的实际回购行为。综观现有文献，仅有少量学者对公开市场股份回购后续的实际回购行为进行探讨。主要研究成果包括：Stephens 和 Weisbach（1998）两位学者从长期的角度分析上市公司的实际回购行为的影响因素，研究发现上市公司管理者会根据公告后股价的表现以及现金流的多少来决定实际回购行为的时点和数量。Chan 等（2007）研究发现，相比于公告后的超常收益率为零甚至小于零的上市公司，那些在公告后一年内仍然存在正向超常收益率的上市公司倾向于在回购期限内回购较少的股份。表明当外部投资者对于股份回购公告所传递的股价被低估的信息反应越为激烈，或是越能缓解其股价被低估的程度时，上市公司越倾向于回购较少的股份。Cook 等（2003）同样发现，上市公司在股价下降时倾向于回购较多的股份。Bozanic（2010）以上市公司的月度回购数据为样本进行研究发现，上市公司在某月份内回购股份的数量与前一个月的收益呈负相关，但与回购当月市场价格和回购价格之差呈正相关关系。Susanne Espenlaub（2012）研究发现，上市公司倾向于在股价相对较低时增加回购股份的数量，而在股价较高时减少回购股份的数量。基于此，我们从公司财务（股价表现）和公司治理（代理成本—现金流水平）两个角度来探讨影响上市公司实际回购行为的关键因素。

综上所述，国内外学者普遍认为上市公司管理者倾向于通过公开市场股份回购向外界传递其股价被低估这一信息，获得资本市场和外部投资者的青睐，进而实现刺激并提升股价的目的（Medury，Bowyer & Srinivasan，1992；Mitchell & Dharmawan，2007）。故我们认为上市公司在其股价表现较差时，倾向于以实际的回购行为来向外界传递这一信息；在股价表现较好时，则倾向于少回购甚至不回购股份。公开市场股份回购在时点和数量上的灵活性恰恰为上市公司实现上述目标提供了便利性，上市公司管理者可以根据股价的表现来决定后续的实际回购行为，故提出以下假设：

**假设8：** 当上市公司股价表现较好时，管理者通常倾向于减少回购股份的数量；反之，当上市公司的股价表现较差时，管理者通常倾向于增加回购股份的数量。

作为一种重要的收益分配方式，公开市场股份回购与现金股利相比在实际支付时点的选择上具有极大的灵活性，上市公司管理者可以自主决定向外部投资者回购股份，从而实现对投资者的现金支付。国内外学者普遍认为，上市公司支付现金股利的水平与其现金流的多少之间存在正向的相关关系，但作为上市公司对外部投资者的一种固定承诺，现金股利在支付上通常存在较为"严苛"的条件以及固定支付的期望。一旦无法按期或无法满足投资者的预期向其支付一定数量的现金股利，上市公司就需要面临名誉上甚至是资本市场上股价下跌等的损失和考验。与之相比，公开市场股份回购在数量和时点上的灵活性使其成为上市公司回馈股东的最佳选择（Stephens & Weisbach，1998）。总之，上市公司在公告股份回购之后可以根据自身的财务状况调整现金流水平，并随之调整回购行为，故提出以下假设：

**假设9：** 当上市公司的现金流水平较高时，管理者倾向于增加回购股份的数量；反之，当上市公司的现金流水平较低时，管理者倾向于减少回购股份的数量。

# 三、研究设计

## （一）数据来源与样本选择

本文以 2005 年 6 月 16 日至 2013 年 8 月 31 日[①]沪深两市 A 股上市公司发布的公开市场股份回购行为作为研究样本。筛选样本的标准包括：①剔除已经退市，以及"ST"或"*ST"的上市公司；②剔除回购相关信息不详以及股价和财务信息缺失的上市公司；③剔除金融类上市公司。通过筛选最终得到 38 起公开市场股份回购公告作为研究样本。从样本的行业分布来看，大多数上市公司都属于制造业，占比高达 78.94%，房地产行业和建筑业占比均为 5.26%，其余行业包括电力业、交通运输业、批发业和信息技术业，样本数量较少。从时间分布来看，样本公司的股份回购行为多发生于 2012 年和 2013 年，占比分别为 31.58% 和 34.21%，而 2007 年和 2009 年没有样本公司入选。

为了对上市公司宣告公开市场股份回购的影响因素进行研究，本文为每家样本公司挑选一家行业相同，且在样本公司公告股份回购当年前后各一年未进行股份回购的公司作为配对公司。此外，鉴于国内外学者多以上市公司所有者权益市值作为配对标准，所以本文以总股本市值作为配对标准，要求配对公司的总股本市值与样本公司的总股本市值最接近，且差别幅度不超过±5%。如果按照上述标准，找不到配对公司，则将差别幅度调整至±10%；如果仍然找不到配对样本，则适当放宽行业配对标准。

为了对上市公司实施公开市场股份回购的影响因素进行研究，本文对上述 38 个样本的实际回购情况进行深入分析发现，截至 2013 年 12 月 31 日，已有 25 家上市公司真正实施并完成了股份回购，7 家上市公司并未回购任何股份即宣告终止，其余 6 家样本公司仍然处于实施之中。具体来看，在实施完成的 25 家样本公司中，14 家实际回购比例接近或是略高于 100%，仅 2 家实际回

---

① 时间范围的确定以上市公司股份回购的首次信息发布日为基准。

购比例远小于10%，而其余9家的实际回购比例介于10%~80%。总之，绝大多数上市公司在宣告之后倾向于实际回购与公告数量相当的股份，但也存在上市公司回购少量甚至不回购任何股份的情况，不同上市公司的实际回购比例存在较大差异，这也体现了研究上市公司实际回购行为的实践价值所在。进一步分析表明，上市公司在实际回购时点和数量上同样存在较为明显的特点。具体表现为：在回购期限方面，与国外的股份回购行为相比，我国上市公司的回购期限普遍较短，最长的期限为12个月，最短仅为1个月，大多数公司的回购期限为6个月左右；在回购时点和数量选择方面，呈现出较为分散的特点，多数公司在回购初期或是回购期限接近结束的时点选择回购较多的股份，而中间时点的回购数量则较少，仅少量样本公司在回购期限内各月均实际回购一定数量的股份。

## （二）变量定义与模型设计

### 1. 上市公司宣告公开市场股份回购的影响因素研究

本文以上市公司"是否宣告公开市场股份回购"为因变量，以财务杠杆、经营业绩、股价被低估程度、股利支付水平、公司规模、现金持有水平、股权集中度以及机构投资者持股比例作为解释变量，并将每股收益、资产流动性、成长机会、行业虚拟变量以及交易所虚拟变量作为控制变量构建 Logistic 回归模型，从财务状况和公司治理两个视角探究上市公司宣告股份回购的影响因素，相关变量定义如表1所示。构建出 Logistic 回归模型如式（1）所示，其中，p 为上市公司进行股份回购的概率，取值为 0~1，将股份回购的发生比 $p/(1-p)$ 取自然对数 $\ln[p/(1-p)]$，即对 p 做 Logistic 变化，记为 $\mathrm{Logit}(p)$。

$$\mathrm{Logit}(p) = \alpha + \beta X_i + \gamma Y_j + \varepsilon \tag{1}$$

其中，p 表示上市公司进行股份回购的概率，当上市公司进行股份回购时取值1，否则取0；$X_i$ 表示各个解释变量；$Y_j$ 表示各个控制变量；$\varepsilon$ 代表此模型的残值；$\alpha$ 代表此回归模型的常数项，即回归模型的截距；$\beta$ 代表各个解释变量的回归系数，这些系数的大小和符号分别反映该解释变量对于上市公司是否进行股份回购的影响程度和趋势；$\gamma$ 则表示各控制变量的回归系数。

**表1 上市公司宣告公开市场股份回购的影响因素研究的变量定义一览**

| 变量类型 | 变量名称 | | 变量符号 | 变量描述 |
|---|---|---|---|---|
| 因变量 | 是否宣告回购 | | REPURCHASE | 当上市公司进行股份回购时取值1，否则取0 |
| 解释变量 | 财务杠杆 | | LEV | 资产负债率，即负债账面价值与资产账面价值之比 |
| | 经营业绩 | | OPER | 净资产报酬率（ROE），即净利润与所有者权益之比 |
| | 股价被低估程度 | | MTB | 市净率，即每股收盘价与每股净资产账面价值之比 |
| | 股利支付水平 | | PAYOUT | 股利支付率，即每股股利与每股盈余之比 |
| | 公司规模 | | SIZE | 总资产的自然对数 |
| | 现金持有水平 | | CASH | 货币资金总额的自然对数 |
| | 股权结构 | 股权集中度 | OWN5 | 前五大股东所持股份占总股本的比例 |
| | | 机构投资者持股比例 | INS | 机构投资者所持股份占总股本的比例 |
| 控制变量 | 每股收益 | | EPS | 每股盈余 |
| | 资产流动性 | | LIQ | 流动比率，即流动资产与流动负债之比 |
| | 成长机会 | | GROWTH | 营业收入增长率，即（当期营业收入-上期营业收入）/上期营业收入 |
| | 行业虚拟变量 | | DumIND | 当上市公司所属行业为制造业时取值1，否则取0 |
| | 交易所虚拟变量 | | DumMARKE | 当上市公司在上交所上市时取值1，否则取0 |

2. 上市公司实施公开市场股份回购的影响因素研究

本文基于我国上市公司公告后的实际回购行为在时点和数量上体现出"两极分化"的特点，将各个样本公司的回购期平均分为两个阶段，分别计算各个阶段的实际回购比例并作为上市公司实际回购行为的代理变量，即作为模型的被解释变量（因变量），其余变量定义如表2所示。考虑到上市公司的实际回购比例为0~1，故采用Tobit回归模型探究上市公司股价表现以及现金流水平对上市公司实施公开市场股份回购的影响，模型具体如式（2）所示：

$Y^* = \beta_0 + \beta_i X_i + {}^*$

i 的取值为 1，2，3，4

$Y = Y^*$，如果 $Y^* \leqslant 1$

$Y = 1$，如果 $Y^* > 1$ （2）

其中，$Y^*$ 为因变量 Y 的潜在变量；$X_i$ 分别代表解释变量和控制变量；$\beta_0$ 为回归模型的常数项；$^*$ 表示回归模型的误差项，$\beta_i$ 是各个解释变量的回归系数。

表2 上市公司实施公开市场股份回购的影响因素研究的变量定义一览

| 变量类型 | 变量名称 | 变量符号 | 变量描述 |
|---|---|---|---|
| 因变量 | 实际回购比例 | ACTUAL | 实际回购比例，即本阶段实际回购股份数量/公告目标数量 |
| 解释变量 | 上阶段股价表现 | PRERET | 股票累积收益率，即前一个阶段股票的累积收益率 |
| | 本阶段股价表现 | CURRET | 股票累积收益率，即当前阶段股票的累积收益率 |
| | 现金流水平 | EXPCASH | 现金流水平，即［净利润（扣除非经常性损益）+折旧+摊销］/总资产 |
| 控制变量 | 上阶段实际回购比例 | PREREP | 前阶段实际回购比例，即前阶段回购数量/公告目标数量 |

# 四、实证结果与分析

## （一）上市公司宣告公开市场股份回购的影响因素研究

### 1. 描述性统计与分析

本文对样本及配对公司的主要变量进行描述性统计与差异检验［均值 T 检验和 M-W（Mann-Whitney）非参数检验］，如表3所示。结果表明，与配对公司相比，宣告公开市场股份回购的上市公司在经营业绩、现金持有水平和股权集中度等方面体现出显著不同的特征，并分别通过了均值 T 检验和 M-W 非参数检验。具体表现为：宣告进行公开市场股份回购的上市公司通常具有较好的经营业绩（0.132vs0.099）、较高的现金持有水平（20.700vs20.273）和较低的股权集中度（0.517vs0.592），与预期基本相符；然而样本公司与配对公司在财务杠杆、股价被低估程度、信息不对称、机构投资者持股比例、每股盈余、流动性及成长性方面并没有显著差异。

表3 主要变量描述性统计与差异检验

| 变量类型 | 全部公司（N=76） | | | 样本公司（N=38） | | | 配对公司（N=38） | | | 均值 T 检验 | M-W 检验（Z值） |
|---|---|---|---|---|---|---|---|---|---|---|---|
| | 最小值 | 最大值 | 平均值 | 最小值 | 最大值 | 平均值 | 最小值 | 最大值 | 平均值 | | |
| LEV | 0.014 | 0.786 | 0.413 | 0.003 | 0.786 | 0.403 | 0.007 | 0.744 | 0.422 | -0.418 | -0.540 |
| OPER | 0.001 | 0.501 | 0.115 | 0.001 | 0.501 | 0.132 | 0.001 | 0.366 | 0.099 | 1.679* | -1.860* |

续表

| 变量类型 | 全部公司（N=76） | | | 样本公司（N=38） | | | 配对公司（N=38） | | | 均值 T 检验 | M-W 检验（Z 值） |
|---|---|---|---|---|---|---|---|---|---|---|---|
| | 最小值 | 最大值 | 平均值 | 最小值 | 最大值 | 平均值 | 最小值 | 最大值 | 平均值 | | |
| MTB | 0.798 | 27.424 | 3.188 | 0.798 | 9.811 | 2.789 | 1.049 | 27.424 | 3.587 | 1.426 | -0.987 |
| PAYOUT | 0.000 | 1.436 | 0.340 | 0.000 | 1.436 | 0.387 | 0.000 | 1.193 | 0.293 | -0.955 | -1.355 |
| SIZE | 19.641 | 25.899 | 22.288 | 20.613 | 27.203 | 22.379 | 19.641 | 25.899 | 22.301 | 0.089 | -0.031 |
| CASH | 15.312 | 24.561 | 20.486 | 18.654 | 23.434 | 20.700 | 15.312 | 24.561 | 20.273 | 2.170** | -1.704* |
| OWN5 | 0.296 | 0.901 | 0.555 | 0.314 | 0.763 | 0.517 | 0.296 | 0.901 | 0.592 | -2.362** | -2.265** |
| INS | 0.000 | 0.888 | 0.201 | 0.000 | 0.761 | 0.228 | 0.000 | 0.888 | 0.174 | 1.158 | -1.506 |
| EPS | 0.020 | 5.700 | 0.553 | 0.090 | 5.700 | 0.595 | 0.020 | 2.620 | 0.510 | 0.499 | -1.273 |
| LIQ | 0.001 | 0.107 | 0.023 | 0.000 | 0.070 | 0.023 | 0.000 | 0.184 | 0.027 | -0.333 | -1.060 |
| GROWTH | -0.248 | 0.869 | 0.016 | -0.248 | 1.290 | 0.208 | -0.295 | 0.497 | 0.131 | 1.055 | -0.374 |

注：**、*分别表示在 5%和 10%的水平下显著（双尾）。

### 2. 单变量相关分析

为了进一步对研究假设进行验证并获取更加可靠的研究结论，本文采用双变量相关分析，即同时采用 Pearson 和 Spearman 系数相关分析法对主要变量的相关关系进行分析，如表 4 所示。结果表明：①上市公司是否宣告公开市场股份回购与经营业绩和现金持有水平显著正相关，与股权集中度呈显著负相关；②上市公司是否实施股份回购与公司的市净率、股利支付率以及公司规模呈正相关关系，而与财务杠杆呈负相关关系，这也与预期相一致，但在统计学上并不具有显著性。上述结论与差异检验的结论相一致，但仍需进一步探讨。

### 表 4　单变量相关系数分析（Pearson 系数和 Spearman 系数）

| 变量类型 | 相关性 | | | | | | | | | | | |
|---|---|---|---|---|---|---|---|---|---|---|---|---|
| | REPUR-CHASE | LEV | OPER | MTB | PAYOUT | SIZE | CASH | OWN5 | INS | EPS | LIQ | GROWTH |
| REPUR-CHASE | 1 | -0.062 | 0.215* | -0.114 | 0.156 | 0.004 | 0.197* | -0.262** | 0.174 | 0.147 | 0.122 | 0.043 |
| LEV | -0.049 | 1 | 0.051 | -0.046 | -0.085 | 0.487*** | 0.202* | 0.051 | 0.075 | -0.297*** | -0.646*** | -0.015 |
| OPER | 0.192* | 0.011 | 1 | 0.490*** | 0.117 | 0.161 | 0.297*** | 0.308*** | 0.481*** | 0.745*** | 0.217* | 0.469*** |
| MTB | -0.110 | 0.157 | 0.244* | 1 | -0.143 | -0.235** | -0.168 | 0.085 | 0.432*** | 0.263** | 0.087 | 0.160 |
| PAYOUT | 0.164 | -0.101 | 0.018 | -0.206* | 1 | 0.064 | 0.139 | 0.242** | 0.053 | 0.172 | 0.080 | 0.044 |
| SIZE | 0.010 | 0.467*** | 0.219 | -0.146 | 0.043 | 1 | 0.794*** | 0.287** | 0.126 | -0.050 | -0.446*** | -0.015 |
| CASH | 0.245** | 0.229** | 0.345*** | -0.151 | 0.081 | 0.832*** | 1 | 0.251** | 0.224 | 0.184 | -0.091 | 0.097 |
| OWN5 | -0.265** | 0.086 | 0.271* | 0.067 | 0.217* | 0.371*** | 0.294** | 1 | 0.096 | 0.243** | -0.006 | 0.320*** |
| INS | 0.133 | 0.159 | 0.393*** | 0.378*** | 0.055 | 0.109 | 0.213* | 0.183 | 1 | 0.365*** | 0.030 | 0.137 |
| EPS | 0.058 | -0.183 | 0.800*** | 0.111 | 0.036 | 0.143 | 0.288* | 0.189 | 0.132 | 1 | 0.383*** | 0.518*** |
| LIQ | -0.039 | -0.631*** | 0.029 | -0.050 | 0.205* | -0.404*** | -0.153 | 0.059 | -0.144 | 0.130 | 1 | 0.200* |
| GROWTH | 0.122 | 0.048 | 0.350* | -0.038 | -0.050 | 0.032 | 0.104 | 0.263** | 0.145 | 0.239** | 0.130 | 1 |

注：①左下角为各个变量的 Pearson 系数相关分析，右上角为各个变量的 Spearman 系数相关分析；②***、**、*分别表示在 1%、5%和 10%的水平下显著（双尾）。

从相关系数表中可以看出，除 CASH 和 SIZE 之间的相关系数大于一般认为的 0.8 的标准外，其余各个变量之间相关系数绝对值均小于（含等于）0.8。此外，本文运用线性回归检查方差膨胀因子（VIF），结果表明，VIF 最大为 5.20，远低于 10。因此，可以认为变量之间不存在严重的多重共线问题。但为了使研究结论更加可靠，模型的拟合程度更好，本文分别建立了模型一、模型二和模型三，如表 5 所示。其中，模型一包括了全部的解释变量，模型二和模型三分别选择将可能存在共线性的 CASH 和 SIZE 分开建立模型。

表5　上市公司宣告公开市场股份回购的影响因素研究结果

| 变量类型 | 模型一 | | 模型二 | | 模型三 | |
|---|---|---|---|---|---|---|
| | 系数 | P值 | 系数 | P值 | 系数 | P值 |
| CONSTANT | 4.801** | 0.016 | 4.850** | 0.013 | 5.122** | 0.010 |
| LEV | −2.341 | 0.292 | −2.812 | 0.186 | −3.002 | 0.163 |
| OPER | 17.917** | 0.025 | 18.904** | 0.026 | 17.872** | 0.029 |
| MTB | −0.130 | 0.558 | −0.199 | 0.397 | −0.112 | 0.609 |
| PAYOUT | 3.351** | 0.018 | 2.932** | 0.022 | 3.242** | 0.018 |
| SIZE | −0.735 | 0.362 | 0.392 | 0.392 | | |
| CASH | 1.357* | 0.077 | | | 0.811* | 0.070 |
| OWN5 | −8.177*** | 0.003 | −8.499*** | 0.002 | −8.894*** | 0.001 |
| INS | 0.625 | 0.745 | 1.594 | 0.377 | 0.972 | 0.606 |
| EPS | −1.565** | 0.039 | −1.419* | 0.064 | −1.571** | 0.040 |
| LIQ | −31.342 | 0.138 | −21.065 | 0.275 | 24.950 | 0.200 |
| GROWTH | 1.067 | 0.487 | 1.181 | 0.445 | 1.291 | 0.396 |
| 其他控制变量 | 是 | | 是 | | 是 | |
| Chi−square | 33.532 | | 29.893 | | 32.643 | |
| −2 Log Likelyhood | 71.826 | | 75.465 | | 72.716 | |
| NagelkerkeR square | 0.476 | | 0.434 | | 0.466 | |
| H−L Statistic | 14.496 | | 17.390 | | 14.037 | |
| Percentage Correct | 78.9% | | 78.9% | | 80.3% | |

注：①***、**、*分别表示在1%、5%、10%的水平下显著；②其他控制变量包括行业、证券交易所两个控制变量。

3.非线性多变量判定分析

本文运用 Logistic 模型研究影响上市公司宣告股份回购的关键因素，相关数据汇总如表5所示。从模型的拟合程度来看，三个模型的整体检验（Omnibusu Tests）的似然比卡方统计量在1%的水平上非常显著，相当于最小二乘法中拟合优度 $R^2$ 的 NagelkerkeR$^2$ 都超过了一般水平0.4，而预测的准确程度分别为78.9%、78.9%和80.3%。这表明三个模型均具有较好的拟合优度，所得结论也保持一致。具体如下：

（1）对于财务特征因素，财务杠杆和股价被低估程度与上市公司宣告公开市场股份回购之间并不存在显著关系，而经营业绩、股利支付水平分别与上市公司宣告公开市场股份回购之间存在显著正向关系，故假设2和假设4得到支持，但假设1和假设3并未得到支持。这一结果表明上市公司的经营业绩越好、股利支付水平越高，其宣告公开市场股份回购的概率越高，这与 Mitchell 和 Dharmawan（2007）、王伟（2002）、李曜（2010）等的观点相一致。

（2）对于公司治理特征因素，检验结果如下：首先，代表信息不对称水平的公司规模与上市公司宣告公开市场股份回购之间并无显著的关系，假设5未能得到支持；其次，代理成本的代理变量现金持有水平与上市公司宣告公开市场股份回购之间存在显著的正向关系，上市公司持有的货币资金越多，其越倾向于进行股份回购，故假设6得到支持；再次，就股权结构而言，机构投资者持股比例的高低对上市公司是否进行股份回购并无显著的影响，假设7a并未得到支持验证；最后，股权集中度与上市公司宣告公开市场股份回购之间存在显著的负向关系，即上市公司的股权集中度越高，其进行股份回购的概率越低，假设7b得到支持，这与 Dimitris Andriosopoulos 和 Hafiz Hoque（2013）等的研究结论相一致。

（3）在控制变量方面，每股收益的大小与上市公司宣告公开市场股份回购存在显著的负向关系，也就是说，上市公司的每股收益越低，其进行股份回购的概率越高，这在一定程度上验证了上市公司存在通过回购股份减少股数从而提高每股收益，进而改善每股收益的动机。但资产流动性、成长机会与上市公司宣告公开市场股份回购之间并无显著的关系。

综上所述，经营业绩、股利支付水平、现金持有水平以及股权集中度是我国上市公司宣告公开市场股份回购的主要影响因素，而其他因素并无显著影响。上市公司的经营业绩越好、股利支付水平越高、持有的货币资金越多、股权越分散，其进行股份回购的概率就越高。总体来说，我国上市公司股份回购在一定程度上是管理者在企业经营业绩良好、现金持有丰厚情况下对股东的一种回馈方式，是对现金股利的一种替代和补充。随着股权分置改革的完成以及相应股权得到解禁，我国上市公司股权过于集中的现象逐渐得到改善，在外部资本市场和股东双重监督下，股份回购在一定程度上也逐渐成为上市公司加强自我管理并主动降低代理成本的一种重要方式。

### （二）上市公司实施公开市场股份回购的影响因素研究

本文采用 Tobit 回归模型探讨上市公司实施公开市场股份回购的关键影响因素。在实证研究过程中，本文共设定两个回归模型，其中，模型一包括了全部解释变量，而模型二仅包括前阶段股价表现和现金流水平两个解释变量，但两个模型的结论相一致，相关数据汇总如表6所示。由此可以看出：首先，解释变量上阶段股价表现与上市公司回购股份的数量之间存在负向关系，上市公司的上阶段的股价表现越差，其选择实际回购的股份数量就越大，反之则越小，故假设8得到支持；其次，解释变量当前股价表现的好坏在一定程度上可能会对上市公司的实际回购股份数量产生负向影响，但这种影响并不明显；最后，解释变量现金流水平与上市公司实际回购股份的数量之间存在正向关系，上市公司的现金流越多，其实际回购的股份数量就越多，反之越少，故假设9得到支持。此外，控制变量上阶段实际回购比例的高低并不能对上市公司后续的回购行为产生显著的影响。

**表6　上市公司实施公开市场股份回购的影响因素研究结果**

| 变量类型 | 模型一 | | | 模型二 | | |
|---|---|---|---|---|---|---|
| | 系数 | Z 值 | P 值 | 系数 | Z 值 | P 值 |
| CONSTANT | 0.1711 | 1.3032 | 0.1925 | 0.1049 | 0.8622 | 0.3886 |
| PRERET | −0.7286** | −2.3429 | 0.0191 | −0.8518** | −2.8546 | 0.0043 |
| CURRET | −0.3741 | −1.1959 | 0.2317 | | | |
| EXPCASH | 3.9973* | 1.7973 | 0.0723 | 5.0949** | 2.4711 | 0.0135 |
| PREREP | −0.2507 | −1.2254 | 0.2204 | −0.2382 | −1.1533 | 0.2488 |
| Log Likelihood | −18.9085 | | | −19.6545 | | |

注：①两个模型的因变量皆为样本公司各个阶段的实际回购数量/公告目标数量；②**、* 分别表示数据在5%和10%的水平下显著。

总体来说，上市公司股份回购的实际回购行为受到两个因素的影响：一是公司的股价表现，当公司的股价表现相对较差或价格较低时，上市公司的管理者倾向于回购较多的股份，这与 Susanne Espenlaub（2012）等的研究结论相一致。上市公司在资本市场上公开回购较多的股份一方面可以造成其自身股份需求的增加，从而促进股价的上升；另一方面，公司股价表现越差，管理者越倾向于认为其股价被低估，故试图通过实际的回购行为向外界传递这一信息，进而同样实现刺激并提升股价的目的，这在一定程度上验证了信号传递假说的合理性。二是公司的现金流水平，当公司的现金流较为充沛时，上市公司的管理者倾向于回购较多的股份。上市公司在现金流较多时通过股份回购的方式将现金流返还给投资者，一方面可以实现对现金股利的补充，但具有时点和数量上自由选择的灵活性；另一方面可以通过现金流的返还实现管理者和股东之间代理成本的减少进而实现公司治理结构的改善，这在一定程度上验证了财务灵活假说和自由现金流假说的合理性。总之，公开市场股份回购的灵活性使得上市公司管理者将其视为在股价较为低迷时传递相关信息从而刺激股价的一种方式，也是上市公司管理者在经营业绩较好、现金流状况较佳的情况下返还资金回馈股东的一种方式。

### （三）稳健性检验

为了确保研究结论的可靠性，本文进一步做了相关的稳健性检验，结果均与上述实证研究结果相一致：①配对样本选择的影响。针对上市公司宣告公开市场股份回购的影响因素研究中配对样本的选择，本文参照国内外其他研究成果选择以总股本市值大小作为重要的配对标准。为稳健起见，本文采用流通股市值大小作为配对标准，重新选择38家同年份、同行业，且流通股市值与样本公司最为接近的未宣告公开市场股份回购的上市公司作为配对公司进行检验。②代理变量选择的影响。本文尝试选择其他代理变量来代表各个影响因素进行检验，如以主营业务收入的自然对数来代表公司规模，以总资产报酬率（ROA）来表示经营业绩，以第一大股东持股比例表示股权集中度，以实际回购股份金额/公告目标金额来表示实际回购比例等，实证结果仍然一致。此外，本文将公告年份等其他变量作为控制变量加入模型进行检验。③极端值的影响。若某一研究变量的取值超过该变量样本均值±2倍标准差，则令其取值为样本均值±2倍标准差，并运用此数据进行模型判定。分析结果表明，主要研究结果仍然保持一致。

# 五、结论与展望

本文研究结果显示，公开市场股份回购在宣告和实施两个环节受到多种因素的影响，其中，经营业绩、股利支付水平、现金持有水平以及股权集中度是影响宣告公开市场股份回购的关键因素，而上市公司实施回购行为则受到股价表现以及自身现金流水平的共同影响。正是公开市场股份回购在宣告和实施环节的灵活性使其日益受到上市公司的青睐。上述结果进一步表明，我国上市公司的公开市场股份回购行为在实质上是一种上市公司管理者在经营业绩较好、现金流状况较佳的情况下返还资金以回馈股东的方式，是对现金股利的补充；其灵活性更使其成为上市公司管理者将其视为在股价较为低迷时，向外界传递被低估信息进而刺激、提升股价的方式。此外，在外部资本市场和股东双重监督下，公开市场股份回购在一定程度上也逐渐成为上市公司加强自我管理并主动降低代理成本的一种方式。研究结论也在一定程度上验证了信号传递假说、财务灵活性假说和价值低估信号假说。

本文研究的理论贡献在于：鉴于国内外学者对股份回购的研究偏重于回购动机假说和回购市场效应的检验，对回购公司内在特质（财务和非财务特征）的研究相对较少，从财务状况和公司治理两个视角展开的系统研究更是乏善可陈。本文从理论上进一步认识上市公司股份回购的行为特征，在为相关利益者（包括政府监管层、公司管理层和市场投资者）提供理论框架和参考的同时，推进和完善股份回购及收益分配相关理论的发展。本文研究的实践价值在于：针对政府监管层而言，有利于预测公司回购行为，也有利于具体明确回购公司应具备的条件，规范回购行为，从而进一步完善股份回购法律法规建设；针对公司管理层而言，有助于其加强对公开市场股份回购的正确认识，逐渐从"大股东套现"、"剥离不良资产"等单一动机的协议回购转向改善资本结构和公司治理结构、减少代理成本等多种目的的综合实现，使得越来越多的上市公司利用股份回购实现企业收益分配和价值实现的终极目标；针对市场投资者而言，有利于引导其更加深入地理解并参与上市公司的股份回购行为，有效区分"真假回购"进而保障自身利益。研究结论在为相关利益者全面了解、预测和规范上市公司的股份回购行为提供理论指导的同时，对于政府监管机构维护资本市场的健康发展、企业合理进行收益分配决策以及投资者提高风险防范意识都具有重要的实践参考价值。

**参考文献**

[1] 韩永斌. 公开市场股票回购研究综述 [J]. 外国经济与管理，2005，27 (11).

[2] Prasad V. Medury, Linda E. Bowyer and Venkat Srinivasan. Stock Repurchases: A Multivariate Analysis of Repurchasing Firms [J]. Quarterly Journal of Business and Economics，1992，3 (1) (Winter).

[3] Jagannathan. M. and C. P. Stephens. Motives for Multiple Open Market Repurchase Programs [J]. Financial Management，2003 (32).

[4] Daryl M. Guffey and Douglas K. Schneider. Financial Characteristics of Firms Announcing Share Repurchases [J]. The Journal of Business and Economic Studies，2004，10 (2).

[5] Mitchell J. D. and Dharmawan G. V. Incentives for On-market Buy-backs: Evidence from a Transparent Buy-back Regime [J]. Journal of Corporate Finance，2007 (13).

[6] Dimitris Andriosopoulos and Hafiz Hoque. The Determinants of Share Repurchases in Europe [J]. International Review of Financial Analysis，2013 (27).

[7] Hung-Hsi Huan, Ching-Ping Wang, Kun-Hui Lin and Wan-RuJhao. Does Corporate Governance Affect Institutional Ownership and Share Repurchase Decisions? [J]. Global Journal of Business Research，2010，4 (4).

[8] Eva Liljeblom and Daniel Pasternack. Share Repurchases, Dividends and Executive Options—The Effect of Dividend Protection [J]. European Financial Management，2006，12 (1).

[9] Andreas Jansson and Ulf Larsson-Olaison. The Effect of Corporate Governance on Stock Repurchases-Evidence from Sweden [J]. Corporate Governance: An International Review，2010，18 (5).

[10] 胡宸铭. 我国证券市场股票回购的实证研究 [D]. 南宁：广西师范大学硕士学位论文，2011.

[11] Stephens C.P. and Weisbach M.S. Actual Share Reacquisitions in Open-market Repurchase Programs [J]. Journal of Finance，2008，53 (1).

[12] Susanne Espenlaub, Arif Khurshed and Michael Simkovic. The Effects of Ownership and Stock Liquidity on the Timing of Repurchase Transactions [J]. Journal of Corporate Finance，2012 (18).

[13] Chan K., Ikenberry D. and Lee I. Do Managers Time the Market? Evidence from Open-market Share Repurchases [J]. Journal of Bank & Finance，2007 (31).

[14] Cook D.O., Krigman L. and Leach J.C. An Analysis of SEC Guidelines for Executing Open Market Repurchases [J]. Journal of Business，2003 (7).

[15] Bozanic Z. Managerial Motivation and Timing of Open Market Share Repurchases [J]. Review of Quantitative Finance & Accounting，2010 (34).

[16] 王畅. 我国上市公司股份回购动机及回购公告市场反应研究 [D]. 山东大学硕士学位论文，2012.

[17] 韩永斌. 我国股份回购目的个案分析 [J]. 企业经济，2004 (1).

[18] 王伟. 国有法人股回购的信息内涵及市场识别——"云天化"和"申能股份"公司回购国有法人股的实证研究 [J]. 管理世界，2002 (6).

[19] 李曜，何帅. 上市公司公开市场股份回购宣告动因的真与假——基于公司财务与市场识别的研究 [J]. 经济管理，2010 (5).

[20] 武铜. 中国上市公司股票回购的信息内涵 [D]. 东北财经大学硕士学位论文，2010.

[21] 石涛. 股份回购的市场效应和财务效应——基于华海药业、九芝堂和天音控股的案例研究 [J]. 财务与会计，2011 (4).

[22] 李曜，赵凌. 股份回购宣告前后的上市公司盈余管理行为研究 [J]. 上海财经大学学报，2013 (2).

[23] 谭劲松，陈颖. 股票回购：公共治理目标下的利益输送——我国证券市场股票回购案例的分析

[J]. 管理世界，2007（4）.

[24] 刘钊，赵耀. 上市公司股份回购的动因分析及政策建议［J］. 证券市场导报，2005（12）.

[25] 尹蘅. 中国上市公司股份回购理论分析与现实检验［J］. 经济与管理，2007（5）.

[26] Ikenberry D., J. Lakonishok and T. Vermaelen. Market Underreaction to Open Market Share Repurchases [J]. Journal of Financial Economics，1995，39（2-3）（October-November）.

# 东北地区上市公司治理效率的提升与改善

## ——基于地区对比视角下的 2003~2013 年经验分析

邵剑兵　朱芳芳[*]

[摘要] 从 2003 年中央提出东北振兴战略以来直至现在，东北老工业基地已取得了巨大的成就。实现老工业基地振兴的关键和前提是加快体制创新和机制创新，其中的一个方面就是东北地区企业治理机制的改善与提升。本文以东北三省、上海两个地区在沪深两市 2003~2013 年 11 年间均存在的 A 股上市公司为样本，通过分析和对比两地样本公司治理的多个维度，发现东北地区上市公司在独立董事、高管薪酬和股权多元化三个方面有显著变化，取得了较为明显的改革进展，但也存在着一些不容忽略的问题。本文的研究结论为全面实现东北振兴、有重点地完善东北上市公司的治理结构提供了经验支持与具体建议。

[关键词] 东北振兴；独立董事；高管薪酬；股权多元化

中共中央、国务院决定实施东北地区等老工业基地振兴战略以来，东北地区经济社会发展取得了巨大的成就。实现老工业基地振兴的关键和前提是加快体制创新和机制创新，从 2003 年出台《中共中央国务院关于实施东北地区等老工业基地振兴战略的若干意见》到 2014 年制订《国务院关于近期支持东北振兴若干重大政策举措的意见》，东北振兴已走过了接近 12 年的历程。本文收集了这 12 年间我国出台和制订的一系列关于东北振兴的文件，总结出其有关公司治理改革方面的指导意见和政策主张如下：①推动和深化国有企业改革，加强企业管理，增强东北地区企业的国际竞争力；②从企业内部和外部选聘高管，完善高管的继任来源，建立与市场相适应的高管激励机制；③完善现代企业制度和法人治理结构，形成股东大会、董事会、监事会以及管理层协调运转、有效制衡的委托代理机制；④实现企业股权和资本的多样化，充分利用各种资本市场，与市场相适应，与国际接轨。

结合国家的政策指引与制度安排，有必要对这段时间内东北地区的企业是否达到制度变革的目标和要求进行分析和讨论。本文以东北地区上市公司为样本，对这些企业的公司治理状况进行了截面数据比较，试图揭示 2003 年和 2013 年两个时间点上东北地区企业的公司治理状况。为了更好地了解东北地区企业的制度变革进展速度，本文选取了上海作为参照系，对这两个地区进行了两两组间差异比较及各自的纵向年份差异比较。研究发现，东北地区独立董事比例基本达到要求，并且均高于上海，但是其对应的企业绩效却远落后于上海，上升的独立董事比例并没有给企业绩效带来更为明显的改善，独立董事作用发挥有限；企业业绩与高管薪酬敏感性较低，高管薪酬激励效果不明显，高管薪酬激励机制不完善，东北上市公司高管薪酬差距的激励效应支持锦标

* 邵剑兵（1973–），男，汉族，辽宁盘锦人，辽宁大学商学院教授，管理学博士，研究方向为公司治理；朱芳芳（1992–），女，汉族，山东临沂人，辽宁大学商学院硕士研究生。

赛理论；东北上市公司的第一大股东持股比例虽然有了显著下降，但仍保持在较高的水平上，国有股比例和法人股比例显著下降，股权多元化的趋势明显。

# 一、东北上市公司公司治理方面现状及对比

## （一）样本与变量说明

东北振兴战略的提出之初，要求按照先前的建设沿海经济特区、开发浦东新区和实施西部大开发战略一样来保证东北老工业基地的调整改造。为了更好地衡量东北地区上市公司的发展状况和发展程度，本文选取上海为参照系，通过分析和对比东北三省、上海两个地区在沪深两市 2003~2013 年这 11 年间均存在的 A 股上市公司，发现东北地区上市公司的改革成果和一些问题。本文选取 2003~2013 年两个地区都存在的持续经营和运转的上市公司，是为了能够准确检验和对比其在 2003 年和 2013 年的变化，确保所研究样本的一致性。

样本数据均来自 CSMAR 数据库，研究中数据的基础处理使用了 Excel 软件，回归分析使用了 SPSS19.0。

本文的研究变量主要有公司业绩（ROE）、企业规模（Ln Asset）、董事长与总经理两职合一（DUAL）、独立董事比例（IDP）、高管持股比例（CHG）、高管薪酬（PAY）、股权集中度（TOP 1 Hold）、国有股比例（GYG）、法人股比例（FRG），具体变量定义见表 1。

**表 1　变量定义**

| 变量名称 | 变量 | 变量定义 |
|---|---|---|
| 公司业绩 | ROE | 税后利润/净资产 |
| 企业规模 | Ln Asset | 年末总资产的自然对数 |
| 董事长与总经理两职合一 | DUAL | 兼任取 1，不兼任取 2 |
| 独立董事比例 | IDP | 独立董事人数/董事会人数 |
| 高管持股比例 | CHG | 高管持股数量/总股数 |
| 高管薪酬 | PAY | 高管前三名薪酬总额的平均值 |
| 股权集中度 | TOP 1 Hold | 第一大股东持股比例 |
| 国有股比例 | GYG | 国有股数量/总股数 |
| 法人股比例 | FRG | 法人股数量/总股数 |

## （二）描述性统计分析和非参检验

观察表 2 和表 3 可看出，在企业绩效方面，东北地区这 11 年间现存的 98 家上市公司 2013 年的企业绩效均值和中值都小于 2003 年，经过 11 年的发展现存的企业绩效反而有所下降，而上海在 2003 年和 2013 年现存的上市公司绩效全部高于东北地区，并且历经 11 年后企业绩效有所增加。在总资产方面，东北地区和上海的上市公司总资产都显著增加，整体上差别不大。东北地区和上海的董事长和总经理两职合一均无显著变化。2013 年东北地区和上海的上市公司独立董事比例相比 2003 年均显著增加，且东北地区上市公司在 2003 年和 2013 年独立董事比例均微高于上海，但是东北地区的企业绩效仍落后于上海。东北地区上市公司和上市公司高管持股比例都极低，2013 年相比 2003 年均无明显增加。2013 年东北地区和上海的上市公司高管薪酬相比 2003 年均显

著增加，其中，东北地区高管薪酬增幅（增长了 4 倍）大于上海（增长了 2.5 倍），但是其均值和中位数远低于上海。在股权集中度方面，东北地区上市公司第一大股东持股比例显著下降，但上海上市公司第一大股东持股比例却显著增加，在 2013 年两地区第一大股东持股比例基本持平。两个地区的国有股比例和法人股比例在 2013 年均显著下降。

**表 2　东北地区 2013 年现存上市公司和 2003 年时的比较（有效样本：98 家）**

| | 2003（a）平均值 | 中位数 | 变异系数 | 2013（b）平均值 | 中位数 | 变异系数 | b-a 均值差 | 中位数差 | Asymp. Sig. |
|---|---|---|---|---|---|---|---|---|---|
| ROE | −0.0006 | 0.0452 | −552.261 | −0.0082 | 0.0450 | −59.41 | −0.0076 | −0.0003 | 0.770 |
| LnAsset | 21.1682 | 21.1620 | 0.0426 | 22.1809 | 22.0292 | 0.0602 | 1.0127 | 0.8672 | 0.000 |
| DUAL | 1.84 | 2 | 0.2022 | 1.82 | 2 | 0.2137 | −0.02 | 0 | 0.715 |
| IDP | 0.3293 | 0.3333 | 0.1785 | 0.3709 | 0.3636 | 0.1432 | 0.0416 | 0.0303 | 0.000 |
| CHG | 0.00007 | 0.000004 | 2.2985 | 0.00241 | 0.00 | 8.297 | 0.00234 | −0.000004 | 0.899 |
| PAY | 110560.54 | 78166.67 | 0.9914 | 545432.61 | 411966.67 | 0.9728 | 434872.1 | 333800 | 0.000 |
| TOP 1 Hold | 42.9588 | 40.0344 | 0.3764 | 33.4010 | 29.5873 | 0.5138 | −9.5578 | −10.4471 | 0.000 |
| GYG | 0.3785 | 0.3863 | 0.6615 | 0.0545 | 0.00 | 2.3110 | −0.32403 | −0.3863 | 0.000 |
| FRG | 0.1878 | 0.0793 | 1.1028 | 0.0558 | 0.00 | 2.4011 | −0.13203 | −0.0793 | 0.000 |

**表 3　上海 2013 年现存上市公司和 2003 年时的比较（有效样本：131 家）**

| | 2003（a）平均值 | 中位数 | 变异系数 | 2013（b）平均值 | 中位数 | 变异系数 | b-a 均值差 | 中位数差 | Asymp. Sig. |
|---|---|---|---|---|---|---|---|---|---|
| ROE | 0.0670 | 0.0634 | 5.3256 | 0.0871 | 0.0693 | 2.3481 | 0.0201 | 0.0059 | 0.162 |
| LnAsset | 21.4934 | 21.2976 | 0.0549 | 22.4745 | 22.2318 | 0.0717 | 0.9811 | 0.9342 | 0.000 |
| DUAL | 1.9100 | 2 | 0.1518 | 1.94 | 2 | 0.1237 | 0.030 | 0 | 0.346 |
| IDP | 0.3259 | 0.3333 | 0.1731 | 0.3695 | 0.3333 | 0.1517 | 0.0436 | 0.00 | 0.000 |
| CHG | 0.0003 | 0.00 | 8.9345 | 0.0007 | 0.00 | 6.3361 | 0.0004 | 0.00 | 0.669 |
| PAY | 195736.72 | 171162.7 | 0.7405 | 686592.45 | 579933.33 | 0.7063 | 490855.73 | 408770.66 | 0.000 |
| TOP 1 Hold | 2.0333 | 0.5026 | 2.6700 | 31.7624 | 30.0733 | 0.5552 | 29.7291 | 29.5707 | 0.000 |
| GYG | 0.3554 | 0.3862 | 0.7343 | 0.0457 | 0.00 | 2.7775 | −0.3097 | −0.3862 | 0.000 |
| FRG | 0.2319 | 0.1368 | 1.0654 | 0.0339 | 0.00 | 3.3918 | −0.1980 | −0.1368 | 0.000 |

综上所述，东北上市公司在独立董事比例、高管薪酬和股权结构上有着比较显著的变化，因此，本文将从独立董事、高管薪酬以及股权多元化三个方面对东北上市公司的状况进行探讨，在东北振兴的政策环境下，试图发现其变化的原因。

# 二、东北上市公司独立董事现状及分析

独立董事通常是指外部董事或非执行董事，总体上看，独立董事应具备两个基本特性：①非公司雇员；②与公司无任何直接或间接的利益相关。独立董事制度可有效解决股东和经理人之间的委托代理问题，独立董事制度在英美"一元制"董事会的治理结构中发挥对管理层的监督作用。为了改善公司治理结构，中国证券监管委员会于 2001 年 8 月正式颁布了《关于在上市公司建立独立董事的指导意见》，要求境内的上市公司必须建立独立董事制度，聘请外部独立董事，同时，证监会还规定独立董事应该就上市公司重大事项向董事会或股东大会发表独立意见。随着《指导意见》的出台和中国上市公司逐步建立起独立董事制度，引入外部独立董事是否能保护投资者利益、提高企业业绩等一直是学术界关注的热点话题之一。由于缺乏对董事会实际决策过程的了解，现有研究主要是采用独立董事在董事会中所占比例来探讨其与企业绩效之间的相关性。一般意义上认为，独立董事比例与企业绩效呈正相关，引进独立董事能起到改善上市公司治理结构的作用。独立董事可通过有效降低代理成本来提高企业绩效（王跃堂，2006），独立董事的存在能够有效抑制大股东的掏空行为（潘克勤，2010），从战略控制视角来看，独立董事在一定程度上能够制约新任总经理冒进对公司绩效的损害行为（李维安、徐建，2014）。

证监会规定董事会中的独立董事比例至少要达到 1/3 的水平，根据表 2 和表 3，我们发现东北地区独立董事比例基本达到要求，并且均高于上海，其整体分布也更为集中，但是其对应的企业绩效却远落后于上海，且 2013 年上升的独立董事比例并没有带来企业绩效的改善，东北地区在 2013 年的绩效反而下降，这和独立董事比例与企业绩效正相关相悖。影响独立董事发挥作用的因素有很多，包括独立董事的行权环境、企业的性质、第一大股东持股比例以及独立董事专业背景、独立董事激励强度等，影响企业绩效的因素也有很多，经济环境、行业发展状况等宏观因素在很大程度上决定了企业绩效在不同年度间的走势。

在现有的研究框架下，进一步研究发现可能导致此现象的原因。第一，东北地区上市公司第一大股东持股比例在 2003 年远远高于上海，虽然在 2013 年两个地区的股权集中度差距减少，但东北地区第一大股东持股比例整体偏高，且分布较为集中。控股股东尤其是第一大股东是制约公司治理结构改善的一个重要原因，第一大股东持股比例大，董事会的构成会受到大股东的控制，降低外部独立董事监督作用的发挥，使独立董事制度流于形式（萧维嘉，2009）。由于中国上市公司一股独大和内部人控制现象普遍存在，在对大股东缺乏有效制衡的情况下，大股东能够干涉外部独立董事的任用和对公司重大事项发表意见的独立性，因此独立董事监督管理层和维护公司利益的作用受限（高玥，2009）。这在东北地区上市公司里得到了很好的验证，东北上市公司第一大股东持股比例过高可能限制了独立董事制度的有效性。

第二，东北三省属于老工业基地，其深层次的体制性、结构性矛盾越来越突出，这些都制约了东北老工业基地的振兴，东北地区在全国的经济地位逐渐下滑，发展速度也远远落后于长三角、珠三角、京津唐重点发展地区。其中，所有制结构比较单一，国有经济比重偏高，企业发展活力不足是东北地区企业异常突出的问题，从 2003 年直至现在，这些问题在一定程度上有所改善，但是结构性的矛盾依旧没有得到根本解决。在中国的制度背景之下，东北上市公司大都由原来的国有企业改制而来，2003 年东北地区上市公司中有 77 家国有性质的企业（本文将企业所有权性质分为国有和非国有），即接近 80% 的上市公司属于国有性质，这些上市公司与母公司之间联系紧密，产权不明晰、治理结构混乱等先天的不足使得独立董事的作用难以得到发挥。由于国企存在政策性负担，国有产权主体虚置，其独立董事大都由高管推荐产生，这些高管考虑到政治上的晋升，独立董事极可能成为高管人员的利益输送工具（程柯，2012）。由于独立董事与管理层之间存在信息不对称，控股股东对董事会的信息隐瞒会对独立董事的勤勉性产生负面影响（宁向东，2012）。这也可能是东北上市公司独立董事制度作用不大的原因之一。

第三，东北地区上市公司独立董事比例相对于上海来说偏高，很可能是为了迎合政策的面子工程。从 2003 年提出东北振兴战略以来，要求企业完善治理结构、建立现代企业制度，独立董事制度也一度被视为缓解委托代理问题的有效机制，此时距离《指导意见》的提出不过两年，东北地区的独立董事比例就已经高于上海，并且在 2013 年仍然保持领先，但其对公司绩效的改善作用并不明显，据此我们推测东北地区上市公司的独立董事制度可能是在政策的大方向下不得不设立的，比起务实可能更愿意粉饰门面，所聘请的独立董事由于自身专业素质受限以及过于忙碌等原因往往不能真正发挥监督作用。在国有企业占主体的东北地区上市公司，内部人控制现象较为普遍，独立董事市场选聘机制并不成熟，独立董事候选人在一定程度上是控股股东为了达到个人目的而有意任命的与自己有社会关系的人（刘诚、杨继东，2012）。事实上，独立董事通常只是某一方面的专家，专业背景也限制了其对公司各项重大决策做出正确判断的能力（唐清泉，2006）。

# 三、东北上市公司高管薪酬现状及分析

东北振兴战略中强调建立起与市场相适应的高管薪酬激励与约束机制。高管薪酬一直是高管团队研究的重要内容，当前的研究主要集中于高管薪酬差距的激励效应等。高管薪酬产生于特定的委托代理机制之下，被认为是解决代理问题和使得股东价值最大化的重要手段。在现代股份制企业中，公司所有权与经营权相分离，并且委托人与代理人之间存在信息不对称，对企业高管人员按照绩效支付薪酬可有效减少代理成本，防止代理人的道德风险和逆向选择，使其行为能使股东利益最大化（Jensen & Murphy，1990）。

## （一）高管薪酬与企业绩效的关系

国外对高管薪酬与企业绩效的相关性研究相对较早，但至今尚未取得一致结论，一些研究发现高管薪酬与企业绩效存在相关关系。高管薪酬对股价绩效较为敏感（Murphy，1985），高管薪酬会反映公司会计业绩的变化（Sloan，1993），股东回报率与高管薪酬呈正相关（Jensen & Murphy，1990）。国内学者在早期研究时并没有发现两者存在显著相关关系，后来研究发现高管薪酬与企业业绩两者显著正相关，我国上市公司基本建立起了基于业绩的高管薪酬激励机制（方军雄，2009），高管薪酬水平与企业绩效显著正相关，且随着高管持股比例的增加，非国有上市公司高管薪酬与企业业绩之间的敏感程度更高（刘绍娓，2013）。依据代理理论，企业对高管有效的薪酬激励基于业绩，并且高管薪酬应随着企业绩效而发生相应的变化，这是"业绩决定薪酬说"，涉及薪酬制度的设计。一般来说，高管薪酬由基本薪酬、短期激励薪酬和长期激励薪酬组成。在报酬—绩效契约下，理性的高管人员将会通过提高企业绩效来提高薪酬。同时，只有得到了有效的激励和补偿，高管才会努力去创造企业价值（曲亮、任国良，2010），高管薪酬激励作为一个激励约束机制，可用来检验激励的效果，这种效果主要可以通过企业绩效来体现。

在东北振兴战略实施初期，徐传谌和王慧强（2005）对东北地区上市公司高管薪酬进行研究后发现，其高管薪酬水平过低，远低于全国水平，且缺乏长期激励机制。为了检验东北地区2003~2013年的高管薪酬与企业绩效的相关关系是基于业绩决定薪酬的效果明显还是高管薪酬的激励效应更为明显，我们对东北地区98家上市公司当年业绩与当年高管薪酬、下一年高管薪酬以及上一年高管薪酬进行了相关性分析，高管薪酬取高管前三名薪酬均值的自然对数，用Ln Pay表示。从表4可看出，2003年企业业绩与2004年高管薪酬在5%的水平上显著正相关，2007年企业业绩与2008年高管薪酬在10%的水平上显著正相关，2007年高管薪酬与2008年的业绩显著正相关，同时，2003年、2008年、2010年和2011年高管薪酬分别与当年的企业绩效显著正相关。在一定的区间内，高管薪酬激励对企业绩效明显存在负效应，这很可能是因为高管激励不足，导致高管难以有动力去经营业绩。从总体上看，东北地区上市公司的高管薪酬与企业绩效之间的相关关系仅部分显著，部分存在两者负效应的关系，企业业绩与高管薪酬敏感性较低，存在脱节问题，高管薪酬并没有达到报酬—绩效契约的理想目标，激励效果不明显，东北地区上市公司的高管薪酬激励机制是不完善的，离东北振兴战略中一直强调的建立起与市场相适应的高管薪酬激励与约束机制的目标还差很远。

表 4　2003~2013 年东北地区上市公司企业业绩与高管薪酬相关系数表

| 变量＼年份 | 2003 ROE | 2004 ROE | 2005 ROE | 2006 ROE | 2007 ROE | 2008 ROE | 2009 ROE | 2010 ROE | 2011 ROE | 2012 ROE | 2013 ROE |
|---|---|---|---|---|---|---|---|---|---|---|---|
| 2003 Ln Pay | 0.184* | 0.036 | | | | | | | | | |
| 2004 Ln Pay | 0.217** | 0.923 | 0.108 | | | | | | | | |
| 2005 Ln Pay | | 0.146 | 0.298 | 0.302 | | | | | | | |
| 2006 Ln Pay | | | 0.252 | 0.118 | -0.077 | | | | | | |
| 2007 Ln Pay | | | | 0.164 | 0.071 | 0.222** | | | | | |
| 2008 Ln Pay | | | | | 0.175* | 0.248** | 0.028 | | | | |
| 2009 Ln Pay | | | | | | 0.164 | -0.079 | 0.086 | | | |
| 2010 Ln Pay | | | | | | | -0.018 | 0.167** | -0.074 | | |
| 2011 Ln Pay | | | | | | | | 0.030 | -0.089 | -0.073 | |
| 2012 Ln Pay | | | | | | | | | 0.189 | -0.130 | 0.164 |
| 2013 Ln Pay | | | | | | | | | | -0.028 | 0.173* |

注：** 和 * 分别表示在 5% 和 10% 的水平下显著。

据此推测可能导致此问题的原因。第一，政府干预可能会影响到高管薪酬业绩敏感性，特别是东北老工业基地国有企业所占比例大，这种干预可能表现得更为明显。地方政府官员为了晋升，会进行投机行为，追求其任期期间的政绩最大化，以干预本地区国有企业的发展来达到其政治目标。国企在改革过程中承担了较多的政策性任务，模糊了高管薪酬与企业业绩之间的联系，国有企业也无法和其他非国有企业一样执行市场化的报酬契约（刘星、徐光伟，2012）。同时，一些研究还证实由于地方政府拥有绝对的控股权，而使其有权掌握国有企业的人事任命和各种重要的资源，并以此干预国有企业按照现代企业制度和法人治理结构的正常生产经营。东北地区企业历史遗留问题众多，很多国有企业要承担诸如就业、社会养老、社会稳定等企业办社会的职能，历史包袱沉重，解决历史遗留问题、剥离企业办社会职能是东北振兴中一直被强调和重视的，这也说明从 2003 年起直至现在，此问题尚未完全得到妥善解决。出于地方官员的政治晋升目标，地方政府不当干涉当地的国有企业会给企业带来负面影响（潘红波等，2008），地方政府为了社会职能的实现还会干涉国有企业进行与企业无关的多元化并购，从而降低了企业绩效（方军雄，2008）。东北地区国企政策性的负担使得其高管薪酬契约机制可能缺乏科学合理的评价标准，企业经营中多了政府的行政干预，高管的努力程度与企业业绩之间的相关性会受到很大影响，政府的干预也极有可能成为国企高管业绩不佳的理由，从而对国有企业高管无法制定有效的报酬—绩效契约，也无法进行有效的高管激励，高管薪酬业绩敏感性大大降低。

第二，东北上市公司高管薪酬机制不完善与长期激励缺失有关。代理理论认为，高管人员持股利于协调经理人与股东之间的利益，高管持股越多时，高管主人翁意识就越强烈，会努力提升经营绩效，从而获得更高额的薪酬。依据人力资本理论，人力资本是一种生产要素，高管人员持股是其能力的体现，异质性人力资本的高管人员乐意接受股票报酬，与企业共同发展和成长（汪金龙，2008）。由表 2 可以看出，东北上市公司高管持股比例极低，大多数的公司高管均无股票期权持有情况。在薪酬方面长期激励不足，高管大都以短期激励为主、固定薪酬居多，相对而言长期激励少、浮动薪酬也少，高管薪酬结构单一。东北上市公司高管报酬结构不合理，形势较单一，"零报酬"、"零持股"现象严重，这些都制约了高管薪酬激励作用的发挥。股权激励等长期激励的不足使得高管眼光局限于短期发展，不注重公司的长期利益，未将个人利益与公司的未来紧密结合，其积极性调动不起来，也不利于企业未来的发展，高管薪酬与企业绩效之间的相关程度也不显著。因此，东北地区有必要重新设计有效的薪酬—绩效体系，重视高管的长期激励与短期激励相结合，不断完善股权激励计划。

## （二）高管薪酬差距激励效应的两种主要解释

高管团队薪酬差距指的是高管团队中核心高管与其他成员之间的薪酬差距（贝赞可，2004），其变量有两个：一是核心高管的薪酬总额，二是高管团队其他成员的薪酬水平。高管薪酬差距从绝对水平和相对水平两个维度展现了高管间的薪酬分布状况，为形成利于绩效提升的薪酬体系提供了设计依据。锦标赛理论（Lazear & Rosen，1979）认为，企业内不同职位层级间存在薪酬差距，它可看成是企业设立的锦标赛奖金，奖励赢得竞赛的管理者，管理者的所得取决于其业绩排名而非业绩本身，竞赛者在晋升之后的高薪诱因下会做出最大的努力。随着职位层级的提高，职位层次间的薪酬差距会逐渐加大，核心高管和其他非核心高管之间的薪酬差距达到最大。研究表明（Jensen & Meckling，1976），基于高薪和晋升的内部激励可以实现代理人的有效激励，防止出现"搭便车"和偷懒等不利于企业绩效的现象。

行为理论与锦标赛理论持有相反的观点，该理论认为企业应当缩小薪酬差距，薪酬差距过大不利于企业业绩的提升和未来发展。道格拉斯和莱文（Douglas & Levine，1992）发现，高管人员会将个人所得薪酬同企业中较高层次人员的薪酬作比较，如果较低层次的高管人员感觉到薪酬分配不公平，内心就会有被剥削、未被公平对待的感觉，进而会导致偷懒、罢工等消极行为。行为理论还从组织政治学角度提出，较低的薪酬差距有助于减少团队内部发生的阻碍其他高管业绩的不良行为。当团队合作的重要性大于个人能力时，晋升竞争和政治阴谋带来的危害远远超过业绩水平提高带来的收益。在高管层内部，为保证高管之间能够公平竞争、相互合作，避免晋升竞争和政治阴谋可能带来的危害，应当缩小核心高管薪酬差距，甚至缩小到核心高管和其他非核心高管的边际产出差别以下（Milgrom & Roberts，1988）。

利用已有数据，观察东北地区上市公司的高管薪酬差距的激励效应更适合于哪个理论。其中，由于目前我国上市公司年报中并未要求单独披露总经理和董事长的薪酬，所以无法直接衡量他们与其他高管的薪酬差距。因此，本文参照陈震的做法，采用核心高管薪酬与其他高管平均薪酬差额的自然对数表示高管薪酬差距，这里核心高管薪酬取前三个最高薪酬的平均值，其他高管平均薪酬用全部高管薪酬减去前三个最高薪酬后的平均值。描述性统计和相关系数表在此省略，变量定义如表5所示。

**表5　变量定义**

| 变量类型 | 变量名称 | 变量定义 | 变量 |
|---|---|---|---|
| 因变量 | 企业业绩 | 净利润/总资产<br>净利润/总股数 | ROA<br>EPS |
| 自变量 | 高管薪酬差距 | 核心高管薪酬与其他高管平均薪酬差的自然对数 | Ln PG |
| 控制变量 | 企业规模 | 年末总资产的自然对数 | Ln Asset |
| | 行业类型 | 引入9个行业虚拟变量 | Indus |
| | 股权集中度 | 第一大股东持股比例 | TOP 1 Hold |
| | 年份 | 2003~2013年 | Year |
| | 董事长和总经理两职合一 | 兼任取1，不兼任取2 | Dual |
| | 独立董事比例 | 独立董事人数/董事会人数 | IDP |
| | 国有股比例 | 国有股数量/总股数 | GYG |

表6是多元回归结果，Model1和Model2因变量为ROA，Model3和Model4因变量为EPS，从中可看出，高管薪酬差距Ln PG与企业绩效均显著正相关。这表明，东北地区高管薪酬差距对业绩的激励作用支持锦标赛理论，即较大的薪酬差距可以提升企业业绩，行为理论的作用不明显，东北地区上市公司的高管薪酬差距的激励效应更适合于锦标赛理论。这同时也为东北地区上市公

司设计有效的激励机制提供了理论参考。

**表6 多元回归结果**

| 变量 | Model1 | Model2 | Model3 | Model4 |
|------|--------|--------|--------|--------|
| 常数 | −0.069 (0.028) | −0.166 (0.054) | −0.799 (0.000) | −2.352 (0.000) |
| Ln PG | 0.007*** (0.006) | 0.006** (0.034) | 0.085*** (0.000) | 0.076*** (0.000) |
| Ln Asset | | 0.004 (0.240) | | 0.068*** (0.001) |
| TOP 1 Hold | | 0.001 (0.187) | | 0.002 (0.894) |
| Dual | | −0.006*** (0.541) | | 0.034 (0.547) |
| IDP | | −0.053*** (0.500) | | −0.366 (0.395) |
| GYG | | 0.025 (0.280) | | 0.095 (0.457) |
| Indus | | 控制 | | 控制 |
| Year | | 控制 | | 控制 |
| R² | 0.011 | 0.057 | 0.046 | 0.120 |
| AD.R² | 0.010 | 0.021 | 0.044 | 0.086 |

注：***、**、*分别表示在1%、5%和10%的水平下显著。

# 四、东北上市公司股权多元化现状及分析

积极发展混合所有制经济是东北振兴战略中的一个重要组成部分，要求加快结构调整、改善单一的所有制结构，着力推进体制创新和机制创新，增强企业发展活力，提高企业的整体素质和竞争力。在关于东北振兴的政策文件中，倡导大力发展非公有制经济和中小企业一直贯穿始终，国家也努力创造公平的竞争环境，推动国有资本、民营资本和外资的融合，实现企业股权和资本的多样化，充分利用各种资本市场，与市场相适应，与国际相接轨。

## （一）股权多元化与企业绩效之间的关系

上市公司的股权结构是公司治理结构的一个重要模块。根据股权多元化与企业绩效之间的关系，减少国有股比重而引入其他形式的股权，将股权结构适当分散化，使得上市公司的现代企业制度和治理结构更为完善（胡玉可，2009）。在股权制衡结构明显的上市公司，股权制衡与公司绩效间正向关联的显著性增强，在一定程度上减轻了控股股东对中小股东利益和公司利益的损害（许文彬、刘猛，2009）。培育多元化的股东主体，强化股权制衡，能够对大股东现金股利偏好行为产生一定程度上的约束作用，但由于我国上市公司"一股独大"现象明显，股权制衡的作用发挥受到限制（武晓玲、翟明磊，2013）。提到当前的股权多元化现象就不得不提之前的股权分置。股权分置指的是A股市场的上市公司部分股份能上市流通，其余部分暂不上市流通。在股权分置改革之前，大量不能流通的国有股和法人股与可以流通的社会公众股并存，由此造成股权分置问题，表现为同股不同权、同股不同利、同股不同价（陈章波，2006）。股权分置是中国资本市场的

制度性缺陷，它阻碍了中国上市公司的治理结构及治理机制作用的有效发挥，随着市场经济的深入发展，其弊端也日益显现。市场全流通是股票市场健康发展的必由之路，此举利于从根本上消除股权分置的诟病，股权融资逐渐成为我国企业主要的融资渠道。2005年4月29日，中国证监会发布了《关于上市公司股权分置改革试点有关问题的通知》，并由此开始了股权分置改革。股权分置改革使得企业价值与市场价值相统一，大股东利益与流通股股东利益相统一，建立起资本市场未来发展可预期的制度平台，大大降低了企业完善公司治理的成本，利于公司治理结构的改善和绩效的提升。股权分置改革对控股股东的影响最大，终极产权为国有的公司，通过股权分置改革，其改善公司治理的动机更为强烈。

（1）在股权集中度方面，关于第一大股东持股比例与企业绩效的关系，至今也无统一的结论。Shleifer和Vishny于1986年研究认为股权在一定程度上的集中利于企业治理效率的提高，大股东持股比例的上升在一定程度上防止了内部人控制对企业绩效的损害，在后续的研究中两人又从中小股东与控股股东之间的关系出发，认为第一大股东持股比例越高，其利用现金股利侵占中小股东利益的动机就越强烈。从降低代理成本的视角来看，控股股东与企业整体利益趋于一致，股权越集中，大股东对经理人的约束力度越强（宋力，2005）。武晓玲和翟明磊（2013）从上市公司股权结构对现金股利政策的角度出发，认为大股东所持股份可流通后，会从公司价值最大化的立场关注所持股权的市场价值，进而会减少对公司利益的损害。

（2）对于国有股和法人股来说，国有股比例对公司绩效具有负面效应，而法人股比例对公司绩效的积极作用不明显（王新霞等，2011）；不同性质的股权对公司业绩存在着交互影响，在法人股比例很低时，减持国有股才能够显著改善公司绩效（王安兴、吴自强，2006）；境内法人股比例与公司绩效显著正相关，外资股比例则与企业绩效无显著性相关关系（刘媛媛等，2011）；法人股比例的提高可视作股权制衡的一种形式，使得其对大股东的监督力度越来越强，防止大股东对中小股东的利益侵占（汪平、孙士霞，2009）。

## （二）东北上市公司股权多元化现状及原因分析

从总体上看，东北地区上市公司的第一大股东持股比例虽然有了显著下降，但其仍然偏高；国有股比例和法人股比例在2013年均显著下降。从2003年到2013年，未发生股权变更、企业所有权性质未发生变化的东北地区上市公司中有53家是国家作为终极控股的企业。我们发现这些公司中有44家第一大股东持股比例相比于2003年有了不同程度的减少，在股权集中度方面有了一定程度上的的变化，但整体上第一大股东持股比例始终较高。这些上市公司相对弱化了部分股权集中度来推行股权多元化，其可能动因一是基于第一大股东持股的防御效应，第一大股东持股比例过高使其以输送自身利益为目的而侵占其他股东利益的动机过于强烈，为了避免"掏空"行为，适度降低股权集中度对公司是有好处的；二是东北振兴要求进一步深入国有企业改革，通过股权多元化的方式来整合国有企业资源，推动国有资本向关键性、战略性、基础性和先导性行业领域集中，改变一直以来东北地区单一的所有制结构。从目前来看，东北地区国有企业股权多元化进程是大趋势，适度降低其第一大股东的持股比例，将有效增强企业活力，同时也会降低在融资方面的压力。

但是这些公司的股权集中度依旧保持在较高的水平，可能原因一是从降低代理成本的角度出发，在国有产权性质的企业，第一大股东持股比例与代理成本显著负相关，在国企保持较高的大股东持股比例使得大股东与其他中小股东利益趋同，会增加对公司治理的关注而减少对其他股东利益的损害，第一大股东和股权集中度的激励效应明显；二是在中国特殊的制度背景下，上市公司大多是由国企改制而来，上市公司与母公司牵涉密切，彻底地进行股权多元化改革有很大的难度，在进行股权多元化时，也要坚持国有绝对控股的原则，并且凭借这种天然的优势关系，获得资源、减税等方面的优惠，也是企业盈利的重要条件。

对于其他非国有的上市公司来说，首先，第一大股东持股比例下降从控制权角度来看对公司发展可能不是件好事，股权集中度的下降使得股权分布相对较为分散，削弱了控股股东对公司的影响能力，降低了股权集中度的正向激励效应，容易出现内部人控制、短视企业发展的情况。其次，非国有企业内部缺乏共同利益机制，其控制权竞争十分激烈，较低的第一大股东持股比例可能会加剧控制权的争夺，由此也带来了较高的代理成本。最后，许多研究表明，非国有企业的股权制衡并不能带来企业绩效和治理结构的改善，在法律机制尚不健全的当下，相对集中的股权也许更有效。依据目前的研究来看，法人股对公司治理方面的积极作用是显著的，提高法人股比例保证了经营者控制权实施的独立性。但是东北地区上市公司2013年的法人股比例却显著下降，这可能与实施股权分置改革后法人股可上市流通有关。

# 五、结论与建议

本文在东北振兴的政策环境下，选取浦东新区为参照标准，通过分析和对比东北三省、上海两个地区在沪深两市2003~2013年这11年间均存在的A股上市公司，了解东北地区上市公司的治理现状，然后对变化显著的独立董事比例、高管薪酬和第一大股东持股比例、国有股以及法人股等进行了深入的剖析。本文将得出以下结论：东北地区独立董事比例基本达到要求，并且均高于上海，但是其对应的企业绩效却远落后于上海，上升的独立董事比例并没有带来企业绩效的改善，独立董事作用发挥有限；企业业绩与高管薪酬敏感性较低，高管薪酬激励效果不明显，高管薪酬激励机制不完善；东北地区上市公司高管薪酬差距的激励效应支持锦标赛理论；东北地区上市公司的第一大股东持股比例虽然有了显著下降，但仍保持在较高的水平上；国有股比例和法人股比例显著下降。

从总体来看，东北振兴战略实施以来，东北地区上市公司的治理状况在不断完善，但是在某些方面对企业绩效并没有起到预想的促进作用。东北地区上市公司的绩效提升是个复杂的系统工程，但在此研究框架下，本文将对东北地区上市公司未来的改善方向提供一些思路借鉴。

第一，发挥好独立董事的作用。东北地区上市公司独立董事比例已经达到要求，但是其对公司绩效的作用却不显著，在选择外部独立董事时，要尽可能充分挖掘公司所需要的管理才能和专业才能，要避免选择那些过于忙碌的董事，防止其在其位不谋其政、占用企业资源的现象；独立董事在抑制内部人控制、保护投资者利益方面有积极作用，但是东北上市公司第一大股东持股比例过高也限制了独立董事制度的有效性，上市公司要加强信息披露，减弱信息不对称引发的独立董事制度失效；东北地区上市公司独立董事比例的高低还是要在符合要求的基础上考虑到企业的实际情况，务实远比面子工程重要得多。

第二，将企业绩效和高管薪酬紧密结合，避免脱节，适度拉大高管薪酬差距。东北地区上市公司企业绩效与高管薪酬的敏感性较低，高管薪酬激励机制亟待完善，政府可在某些行业的企业中减少行政干预，确保评价标准科学合理，对国有企业高管制定有效的报酬—绩效契约；可健全对高管的股权等长期激励，重视高管的长期激励与短期激励相结合，不断完善股权激励计划，实现其个人价值和公司价值的统一；按照锦标赛理论，可适当拉大薪酬差距，促进激励效应。

第三，实现企业股权多元化，充分利用各种资本市场，与市场相适应，与国际接轨。在东北振兴战略的实施过程中，国家和当地政府也一直在努力营造公平的环境，健全法律法规，股权多元化是大势所趋。但就目前来看，保持适度的股权集中度是有好处的。

**参考文献**

［1］王跃堂，赵子夜，魏晓雁.董事会的独立性是否影响公司绩效？［J］.经济研究，2006（5）.

［2］潘克勤.独立董事比例、产权性质与长期债务融资契约［J］.经济经纬，2010（1）.

［3］李维安，徐建.董事会独立性、总经理继任与战略变化幅度——独立董事有效性的实证研究［J］.南开管理评论，2014（1）.

［4］萧维嘉，王正位，段芸.大股东存在下的独立董事对公司业绩的影响——基于内生视角的审视［J］.南开管理评论，2009（2）.

［5］高玥.独立董事选任机制对董事会监督有效性影响分析［J］.经济纵横，2009（10）.

［6］程柯，陈志斌，赵卫斌.产权性质、独立董事机制与投资效率——来自中国 A 股非金融类上市公司的经验证据［J］.技术经济，2012，31（3）.

［7］宁向东，张颖.独立董事能够勤勉和诚信地进行监督吗？——独立董事行为决策模型的构建［J］.中国工业经济，2012（1）.

［8］刘诚，杨继东，周斯洁.社会关系、独立董事任命与董事会独立性［J］.世界经济，2012（12）.

［9］唐清泉，罗党论.设立独立董事的效果分析——来自中国上市公司独立董事的问卷调查［J］.中国工业经济，2006（1）.

［10］Jensen M. C.，Murphy K. J.. Performance Pay and Top-management Incentives［J］. Journal of Political Economy，1990，98（2）.

［11］Murphy K. J.. Corporate Performance and Managerial Remuneration：An Empirical Analysis［J］. Journal of Accounting and Economics，1985，7（1）.

［12］Sloan R. G.. Accounting Earnings and Top Executive Compensation［J］. Journal of Accounting and Economics，1993，16（1）.

［13］方军雄.我国上市公司高管的薪酬存在粘性吗？［J］.经济研究，2009（3）.

［14］刘绍娓，万大艳.高管薪酬与公司绩效：国有与非国有上市公司的实证比较研究［J］.中国软科学，2013（2）.

［15］曲亮，任国良.高管薪酬激励、股权激励与企业价值相关性的实证检验［J］.当代经济科学，2010（5）.

［16］徐传谌，王慧强.东北高管激励缺失的实证研究［J］.经济与管理研究，2005（8）.

［17］刘星，徐光伟.政府管制、管理层权力与国企高管薪酬刚性［J］.经济科学，2012（1）.

［18］潘红波，夏新平，余明桂.政府干预、政治关联与地方国有企业并购［J］.经济研究，2008，4（1）.

［19］方军雄.政府干预、所有权性质与企业并购［J］.管理世界，2008（9）.

［20］汪金龙.高管人员报酬决定因素的实证分析——以中部地区上市公司为例［J］.经济社会体制比较，2008（2）.

［21］Lazear E. P.，Rosen S.. Rank-order Tournaments as Optimum Labor Contracts［J］. Journal of Political Economy，1979，89（5）.

［22］Jensen M. C.and Meckling W. H.. Theory of the Firm：Managerial Behavior，Agency Costs and Ownership Structure［J］. Journal of financial economics，1976，3（4）.

［23］Cowherd Douglas M. and David I. Levine. Product Quality and Pay Equity Between Lower-level Employees and Top Management：An Investigation of Distributive Justice Theory［J］. Administrative Science Quarterly，1992，37（2）.

［24］Milgrom P. and Roberts J.. An Economic Approach to Influence Activities in Organizations［J］. American Journal of Sociology，1988，94（1）.

［25］胡玉可.论股权分置改革后的股权结构优化及其公司治理的改进［J］.中央财经大学学报，2009（1）.

［26］许文彬，刘猛.我国上市公司股权结构对现金股利政策的影响——基于股权分置改革前后的实证研究［J］.中国工业经济，2009（12）.

［27］武晓玲，翟明磊.上市公司股权结构对现金股利政策的影响——基于股权分置改革的股权变化数据

［J］.山西财经大学学报，2013（1）.

［28］陈章波.全流通的治理效应研究［J］.现代管理科学，2006（5）.

［29］Shleifer A., Vishny R. W.. Large Shareholders and Corporate Control ［J］. The Journal of Political Economy，1986，94（3）.

［30］宋力，韩亮亮.大股东持股比例对代理成本影响的实证分析［J］.南开管理评论，2005（1）.

［31］王新霞，刘志勇，孙婷.股权分置改革对股权结构与公司绩效关系变迁的影响机理及实证分析［J］.上海经济研究，2011（2）.

［32］王安兴，吴自强.国有股、法人股结构安排与公司绩效——基于沪深上市公司的分析［J］.产业经济研究，2006（1）.

［33］刘媛媛，黄卓，谢德逊等.中国上市公司股权结构与公司绩效实证研究 ［J］.经济与管理研究，2011（2）.

［34］汪平，孙士霞.我国国有上市公司股权结构与股利政策实证研究［J］.经济与管理研究，2009（5）.

# 第四篇　互联网经济与商业模式和营销管理创新

# 移动互联网时代与商业创新
## ——理论思考与基础设定

魏农建　陶伟 *

[摘要] 移动互联网技术的出现使得人类进入移动互联网时代。本文借助文献研究和时代特征，从时间、空间两个角度来观察人类行为的不确定性、分工和价值的变化。进而，通过对移动互联网时代下的商业创新本质的诠释，构建一个以人为核心的商业创新分析框架。在框架基础上，对移动互联网时代商业创新的基础做了宏观上的概括和解答。

[关键词] 时间；空间；时代；人；商业创新

# 一、引言

作为传统互联网的延伸和演进方向，移动互联网已经将触角深入人类社会的方方面面，它"正悄然改变着人们的职业生活、商业模式、休闲方式和企业组织的结构和形态"，[①] 引导人群形成一套新的社会规则和行为逻辑，"使人类进入一个变革时代"。[②] 正处在社会变迁的中国要求我们从一个更宽的视角、更高的战略眼光来看待移动互联网带来的影响。"只有那些具有一定的开放度和适当稳定性的系统才有机会演进到生命和文明的更复杂的形式和更高级的阶段"。[③] 所以，移动互联网技术的出现给中国社会变迁增加了"开放性"和"适当稳定性"。正所谓"互联网对中国整个社会的改变是空前的，它成了一个转动轴，改变了整个中国的生产方式、生活方式和思维惯性"。

移动互联网究竟能给社会变迁带来多大影响，还需要进行深入探究。但不可否认，移动互联网的出现与人的很多潜在需求相契合，使商业创新有了新的内涵。

作为一种技术载体，移动互联网是工业文明积累到一定阶段的产物。迈克尔·波特（Michael Porter）在《国家竞争优势》一书中，从国家竞争力的角度把一个国家的经济发展分为生产要素导向、投资导向、创新导向和富裕导向四个阶段。[④] 从某种程度上讲，中国目前正处于创新导向的初期。如何才能最大限度地发挥移动互联网力量，产生最大的社会福祉，应该是学术界和企业界探

---

* 魏农建，上海对外经贸大学教授，博士生导师；陶伟，上海对外经贸大学，硕士研究生。

① [英] 大卫·史密斯. 创新 [M]. 秦一琼等译. 上海：上海财经大学出版社，2008：51.

② 克里斯·弗里曼（Christopher Freeman）和弗朗西斯科·卢桑（Francisco Louca）在《光阴似箭：从工业革命到信息革命》一书中认为，20世纪80年代，人类进入了第五个康德拉季耶夫长周期。技术变革下的长周期的商业发展和创新成了本论文的重点。

③ 陈平. 文明分岔、经济混沌和演化经济动力学 [M]. 北京：北京大学出版社，2004：194.

④ [美] 迈克尔·波特. 国家竞争优势 [M]. 李明轩，邱如美译. 北京：中信出版社，2012.

索的最重要的命题之一。我们回归到最基本的人和世界去认识技术进步带来的影响效应，因此有了以下的基本思考。

# 二、文献整理与理论思考

经过传统互联网技术的积累，形成了以云计算、物联网、大数据等为代表的新技术，它们的出现使得人类的生活世界①产生的信息价值可以被重新发现和利用。事实上，互联网技术使得人类进入信息时代，信息时代改变了人类的存在方式和发展方式。自然地，信息化也改变了整个人类对世界和自我的认识。这样的改变要求人类要重新构建对世界的传统认识和自我的知识。

若要对信息时代有准确的认识，首先"必须对数据、信息、知识、智慧这四个最核心的概念进行比较分析，因为只有对它们的含义和特质有真正的了解，才可能讨论将数据转化为信息以及将信息转化为知识这样一个螺旋上升的逻辑过程"。(见图1)②知识不是一个与信息截然不同的概念，信息作为事物自身特征的物理或化学符号的组合，一旦经过了个体头脑的处理就将成为知识(Polanyi 和 Nonaka 称之为"隐性"知识)，这种知识经过清楚的表达并通过文本、计算机输出结果，以口头、书面文字或其他形式与其他人交流，就又转变成了新信息(Nonaka 称之为"显性"知识)。然后，信息的接收者通过对它的认知处理并使其内在化，就又将其转化成"隐性"知识了。③

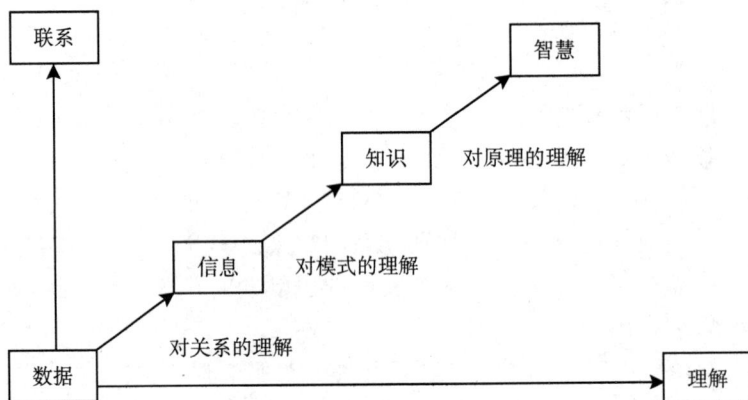

**图1  数据、信息、知识和智慧层次**

图1是国外学者 G.D.Bellinger 对人类认识和理解世界语义的层次分析。每个层次都镶嵌在其他层次之中，上层的因素以位于其下的层次为其语义和逻辑环境(知识生态环境)，其下的层次是它的基础，而其自身则是位于其下的因素的提升。越处于上层，其知识的复杂性水平越高，但涵盖范围却依次减小。正因为如此，可以用低层次上的元素描述高层次上的成分，这就是数据、信息常常成为定义和描述知识含义的词语，而智慧和智者常常被定义为知识的集大成者的原因。信息不等同于知识，信息时代一方面重构人类的知识，另一方面要求人类创新知识。这里我们探讨六大基本概念：时间、空间、人、不确定性、分工和价值。这些是跨学科研究客观世界和人类活

---

① "生活世界"作为哲学学科中的重要概念，首先由德国哲学家胡塞尔提出，后来由哈贝马斯等扩展。
② 张新华，张飞. 知识的语义环境和逻辑层次研究 [J]. 图书情报工作，2013 (7).
③ 荆宁宁，程俊瑜. 数据、信息、知识与智慧 [J]. 情报科学，2005 (12).

动本身的基础性概念，其本身已经积累了丰富的认识。在这里，我们只是把对这六大概念的认识，放在移动互联网下做一次探索式的论述；同时，也认为六大概念之间存在着层次性。其中，时间、空间和人构成了观察和研究人的世界的第一核心视角，而不确定性、分工和价值是在前者的基础之上观察和研究人类活动及其组成的世界的第二视角。通过对这些基础性知识的反思，本文试图构建一个立足移动互联网时代下商业创新研究的新框架：时代→人→不确定性→分工→价值→商业创新，以推进对移动互联网下商业创新和产业颠覆等的基础性知识积累。

## （一）时间：移动互联网交互的永远的载体

时间作为"有限生命的生理性约束"[①]具有丰富的内涵。1229 年，时任圣保罗教堂主教的沃特·因革（Walter Inge）就对时间的本质做出了生动的概括，"当我们的创世父母被逐出伊甸园的时候，亚当就对夏娃说：'亲爱的，我们生活在过渡时代。'""过渡"，几乎是有史以来对时间最完美的解读。[②] 近现代科学技术的发展为深入理解和把握时间的内涵和本质，提供了更为丰富的手段和方法。[③] 英国学者哈德萨的研究指出，社会学研究可以按照四种方式来使用时间：将时间视为说明社会结构和社会过程的一种要素；时间作为社会诸要素的因果联系；时间是一种量的测量；时间是一种质的测量。时间的命名暗含着社会事件和过程；时间的尺度和边界履行着社会控制职能；时间的节律性是我们安排、计划行为的重要依据和策略……时间与社会紧密相关，但社会学界对其一直没有给予足够的重视。[④] 抛开哲学、物理意义上对时间的探讨，我们认为，时间一方面是研究人类活动的基本单位，另一方面是嵌入人类社会以及人类所依赖的基础性概念。随着新技术的出现，世俗的时间观不断发生着演化。[⑤]

首先，技术的演进为我们深化个体时间的认识提供了可能。一方面，计时工具的变化诠释了人类时代特征和基本需求。依靠太阳和影子计时反映了农业文明的人类智慧和人类对自身运转的一种符合自然的安排。进入工业文明，对时间的要求更为精确，依靠机械（如手表）体现了社会化大生产的需要和人类对自身运转的一种符合社会需要的安排。而现在，移动设备的计时功能，延长了人们的活动时间，也使得对时间的利用更为符合自然和社会需求成为一种可能。另一方面，个体时间的不可逆性的客观事实要求认识个体或世界需要放在时间框架之下，在移动互联网时代，时间的有限性仍然是商业活动不可忽略的因素。我们先做个简单推算：一年 365 天，3 万天等于 82.19 年，目前上海人均期望寿命已达 82.47 岁，位居全国首位。3 万天的个人时间限制是普通个人活动的基本限制，也是商业创新个体最为基本的限制：不仅限制了其一天时间安排的活动重点或倾向性，更要求对时间的认知符合自然和社会的时代内涵。移动互联网可以让人在有限的时间内最大化地产生人群间的交流与互动。

其次，技术的演进对我们选择一个更为合理的时间提出新挑战。由于互联网的出现和发展，许多成功的新型企业用实践诠释着对时间的准确认知，实现了高效的管理与创新。移动互联网下的个体生活时间则渗透了更多的社会性，个体独立的时间越来越多地被占用和分散。这样的一种变化，要求商业实践基于社会时间观的变化进行创新和努力。每个人花在某项活动上的时间是有规律的，比如，每一个人都会在他所珍重的时间节点，比如生日、纪念日、节日花掉大量时间；进一步讲，每个人的消费活动在时间分布上也会出现在某个时点集中的态势。移动互联网（如 QQ）

① 陈平. 均衡幻象，经济复杂和经济分析的演化基础 [J]. 演化与创新经济学评论，2011 (1).

② 刘洋. 创新之战：如何赢得未来 [M]. 长沙：湖南科学技术出版社，2012.

③ 从卫兵. 普里戈金哲学中时间观念的革命 [J]. 求索，2002 (12).

④ 张品. 社会学时间研究初探 [J]. 理论与现代化，2012 (4).

⑤ 赵旭东在《人类学的时间与他者建构》中认为，"时间观经历了从神圣的时间到世俗的时间的转型"，"实际上，时间的世俗化是理解进化的时间观的最为基本的东西"。

让这些态势成为可观察、可利用的载体。

最后，技术的演进要求在多视角下认识时间的外延。生命历程理论立足于社会学和心理学对人的年龄进行了生命时间、社会时间以及历史时间三个角度的思考。该理论认为改革开放前成长的青少年和改革开放后成长的青少年生命历程大为不同，这正是日常"70后"、"80后"、"90后"的分类基础。由于时间的难以感知特性和特定社会背景，在经济管理研究中出现了大量的弱化甚至忽略其作为决策变量的重要性的现象。如一旦提到具有多种实现形式的促销活动，人们首先想到是降价而不是对时间的节省。客观上，时间一直都是潜在的决策变量。随着中国社会财富的积累，时间作为决策变量将成为一种新常态。移动互联网的出现，让普通阶层对各种商业活动的认知能力提高，包括时间在内的各种非货币因素变量也开始更多地被纳入决策过程中。

所以，从某种程度上创造一个全民"消费时点"，如淘宝的"双十一"购物节，571亿元的总量证明了应如何利用人们对"光棍节"的狂欢诉求，同时，也符合秋冬交替，接近国人"赶集"的消费时点。事实上，商业创新的主体不仅需要认识人们消费时点的规律，更应该结合自身的分析，认清自己的时间"都去哪了"。很多人提到互联网，就会想到注册一个域名，开发一个网站；想到移动互联网，就想到开发APP。自认为找到了"蓝海"，自认为通过这种工业文明时代的思维就能颠覆传统行业。事实上，商家所面对消费者的一天只有24小时，从消费者愿意给予游戏大量时间这个现象中就可以看到顾客在找到契合内心诉求时是愿意消费大量时间的。如游戏"愤怒的小鸟"让工作的年轻人通过轻轻一点使小鸟以抛物线的形式弹出，从而在快节奏下释放了工作和生活压力。时间，成为了我们思考商业创新的思维切入点。

## （二）空间：移动互联网提供的无限想象力的平台

空间具有无限性和有限性的双重属性。空间的外延也在不断扩展，"虚拟空间"、"平台战略"无一不是对空间的发展。社会学学者曼纽尔·卡斯特尔（Manuel Castells）[①]认为，在网络社会中，网络能够通过改变生活、时间和空间的物质基础，来构建一个流动的空间。除了原来意义上的地域空间外，网络的出现及彼此相连，将使信息在全球范围内的及时流动成为可能，从而形成流动空间。流动空间乃是经由信息流动所形成的共享时间的物质组织，是一种特殊的空间形式。流动空间有三个层次，电子化的互联网构成了第一个层次，节点与核心构成第二个层次，占支配地位的管理精英空间组织构成了第三个层次。在网络社会的结构中，传统意义上的地域丧失了意义，一切社会活动都可以在地理上获得延伸。互联网技术将人与人互联起来，移动互联网使得人们在不同地点、任何时间下与环境有机地互联起来。与之前的通信手段（如电话）不同，它将碎片化的信息根据人们的需要组合，使"所见即所得"成为了日常活动的一部分。事实上，移动互联网首先打破个人的空间限制，使其对世界的认识得到了提升，"睁眼看世界"不再是先进知识分子的福利，普通大众可以享受遥远国度的产品和服务。这里的一个重要启示就是，中国一些企业在互联网浪潮和中国经济高速发展的大背景下，走向国际，满足世界各地的差异化需求成为可能。移动互联网改变了中国企业国际化的"Made in China"标签，如经过4年时间的发展，2013年UC浏览器就在印度市场份额中拿到了第一。

移动互联网对空间限制的打破，曾经受到了质疑。比如，人们面对面的沟通遭遇了没有通信工具就尴尬的现象。事实上，值得我们思考的是：为什么消费者会选择千里之外网友提供的商品和服务而忽视了身边的人和事物？消费者认知水平的不断提升迫使商家提升其营销的回报水平，而随着互联网的深入，价格不再是打破空间限制的动因，对生产和消费的布局研究显得越来越迫切。

---

[①] 谢俊贵. 凝视网络社会——卡斯特尔信息社会理论述评 [J]. 湖南师范大学社会科学学报，2001（5）.

而时下竞争激烈的 O2O 和 LBS（Location-Based Services，基于地理的服务）正诠释着空间的意义。我们认为，商业对人类活动空间的关注将从有限性到无限性并回归到有限性。因为人的活动空间是有限的，商业能够满足的空间范围事实上也是有限的，但是两者的对接应该是对人性无限性追求的理解。正如有人戏谑 LBS 应该代表 Location-Based Sex，这里的"Sex"应该指的是弗洛伊德的"一切都是性"中人性本能的无限性。

时间和空间是人类社会最基本的概念，而对人类社会最基本的概念需要在新的社会条件下重新界定。本文对时间和空间的探索式理解仅仅是一般意义上的、世俗的。宇宙是时间和空间的集合，古有《尸子》："上下四方曰宇，往古来今曰宙。" 想说明的是，人类活动首先受到时空的限制。所以，对人的认识应该把时间和空间作为基础的立足点。

时代，是以社会、经济、军事、文化、技术等或人群的某一特征为划分依据的特定时期的客观环境的总称，它以影响人们的认知和行为为特征。一定时空下的人的行为具有某种共性，所以，时间、空间和人构成一个时代最基本的要素。正因为如此，在探讨人的特征之前，我们认为有必要建构两个基本概念：有效商业时间和有效商业空间。这就是说，商业交易双方时间的有限性决定了商业创新一方必须研究人类个体时间用于商业上的规律以及有效性；商业创新还必须考虑自身商业活动的覆盖范围有效性。

## （三）人：移动互联网的设计者和操作者

我们对人本身的认识需要放置于一定的社会经济条件下。移动互联网技术的出现，改变了人们的存在方式，尤其是交往方式。例如，人们以前去一个地方需要靠问路和经验支撑，而现在人们通过移动互联网技术就能知道路线。这样的技术在给人类带来便捷的同时，也让人类对技术的依赖性增加。依赖性的增加是把"双刃剑"——个体可以不用将大量时间放在信息积累上，而是将更多时间放在知识的积累上；或者，人类正被自己的机器控制而无力自拔。我们认为，移动互联网技术在改变我们活动形式的同时也要求我们不断深化对自身的认识，只有对人类自身认知水平提高了，人类才能合理地使用移动互联网技术，去追求便捷快速，去追求美的享受和知识性的积累。

人类潜在需求的变化决定了商业创新的方向。我们从目前社会的创业和投资流向（智能家居、智能可穿戴设备、社交工具等）就能看出人类对自身越来越关注。对人的新认识可以从三个基础性概念即不确定性、分工和价值来认识。社会学科的大量研究丰富了这些概念，我们之所以选择它们基于这样的考虑：其一，应该基础性而不是工具性地去对人类进行认识；其二，它们有助于理解为什么移动互联网时代愈加需要商业创新和怎么创新的基础性问题。

1. 人的行为不确定性成为时代主因 [①]

不确定性指经济行为人对面临的直接或间接影响经济活动的外生和内生因素无法准确地加以观察、分析和预见。各学科对不确定性的认识是不一致的。有的从技术创新的层面、有的从观念转变的角度、有的从社会开放的视角、有的从信息传播的速度、有的从对自然逼迫性索取等方面来阐述不确定性。确实，不确定性有多种表征，其中技术不确定性、市场不确定性、组织不确定性是企业选择创新类型时所面临的主要变化环境。

客观世界不确定性的存在要求人类不断创新。比如，正是由于企业与消费者之间充满着不确定性，人们为了寻求相对的确定性，创新和发展了品牌，通过品牌的建立可以降低与消费者沟通中的不确定性。每一个时代的不确定性主题有所不同。"中国改革开放就意味着进入了一个全新的

---

① 经济学芝加哥学派奈特将"不确定性"引入分析人的经济行为推动了现代宏观经济学科的发展。"不确定性"理论后被视为现代宏观经济分析的基石，也被应用到企业战略的环境分析中。

不确定性环境，但却获得了各方面重大的新发现和新发展，中国人民的创新能力与思想观念也得到了极大的提高与更新。"① 移动互联网时代的不确定性一方面要求创新，另一方面孕育着创新的可能。

2. 分工：商业创新的前提

《国富论》的第一句话便是"劳动生产力上最大的增进，以及运用劳动时所表现的更大的熟练、技巧和判断力，似乎都是分工的结果"。200 多年过去了，分工理论仍然有效，但其作用效力发生了一些变化。分工主要有劳动分工、社会分工、国际分工、消费分工等，其中后现代主义跨学科地论述了消费分工对个人社会身份的构建，提供了理解现代人的一种延伸性思维。② 在不确定的经营环境下，企业的经营决策不仅依赖显性知识，更要依赖隐形知识（Michael Polanyi，1967）。③决策始终需要在大量可靠信息和现有的经济条件之间做权衡，而这种权衡依赖的是知识（隐形知识）的累积与运用。"网络信息技术剥离了决策中显性知识的处理任务，显性化了部分地域性知识和隐性知识，降低了决策的度量成本和决策外部性的内部化成本，提高了企业的决策绩效，从而使基于知识的决策分工及在此基础上的决策权力配置成为可能。"④

移动互联网技术出现在工业文明基础之上的社会里，此时，人类已经积累大量的社会财富和认知水平。人类社会的时间精力将导向人性需求的领域。分工既是基于个人社会资源的分工，也可能是基于个人认知水平的分工。真正的商业创新是准企业家们的社会资源和认知水平的再分工。所以，分工解答了哪些人能够去商业创新和人类为什么可以实现商业创新。

3. 价值：移动互联网时代新认识

互联网上的这句"你没有见过世界，怎么可能有正确的价值观？"戳中了当今时代人们的内心。互联网时代下人们对客观世界和人本身的认识正在随环境条件的变化发生着深刻的变化。经历工业文明的物质财富积累和知识积累，人们发明了很多适合工业化大生产的商业工具和方式，但这些发明创造并非完全适合信息互联的新时代。后现代主义甚至批判现代主义将"所有的消费活动还原到简单的逻辑即市场逻辑"。⑤

价值观是在社会分工下，人（个体或组织）与不确定世界交互过程中形成对客观事物的主观取向。不同社会条件下，人们的价值观有不同的内涵。移动互联网技术使得人对许多客观事物的认知、评价、选择都发生了深刻的变化。比如，工业化时代人们追求一些大规模生产的产品，而移动互联网时代出现了人们倾向选择彰显个人特征的产品与服务的趋势。这样的变化，要求企业抛弃通过简单的定位某类属性就能够获得成功的旧有的工业时代那类经营价值取向，而去重新认识人与世界。

---

① 陈尤文. 不确定性：创新发展的价值与寻求 [J]. 上海行政学院学报，2011（9）.

② Furat Firat，Alladi Venkatesh. Liberatory Postmodernism and the Reenchantment of Consumption [J]. Journal of Consumer research，1995（22）.

③ Polanyi M. The Tacit Dimension of Knowledge [M]. Anchor Books，Garden City，1967.

④ 李卫东，林志扬. 网络信息技术下基于知识的决策分工、决策绩效和决策权力的配置 [J]. 中国工业经济，2007（3）.

⑤ Furat Firat，Alladi Venkatesh. Liberatory Postmodernism and the Reenchantment of Consumption [J]. Journal of Consumer research，1995（22）.

# 三、基础设定和逻辑判断

## （一）商业创新的再认识

商业，即人与人之间处在一定时空中，面对不确定，基于社会的分工基础进行的有价值交易的总称。新的时空条件将改变人与时空之间的关系，直接导致了新的不确定性、分工和价值的变化。基于这样的认识，我们认为，移动互联网时代的商业创新应该来自于不确定性环境中的法治环境的改善、基于知识分工的企业家精神的形成，以及价值变化中知识的重构。商业创新的出发点和落脚点是新时空下的人。在这样的基础设定下，我们主要探讨基于创新主体和创新对象下的移动互联网商业创新内容。其商业创新的整体性思考还必须首先思考时代的特征（技术基础和产业基础）。对商业创新的整体性探索思考框架如图2所示。这里面有两条主线：其一，时空的变化导致了人与客观世界的关系发生了变化，需要对价值的认识做出适应性的调整；其二，价值的变化和价值呈现形式的变化（如信息的便捷性），需要人类重构新时代下的知识，促成创新的实现。

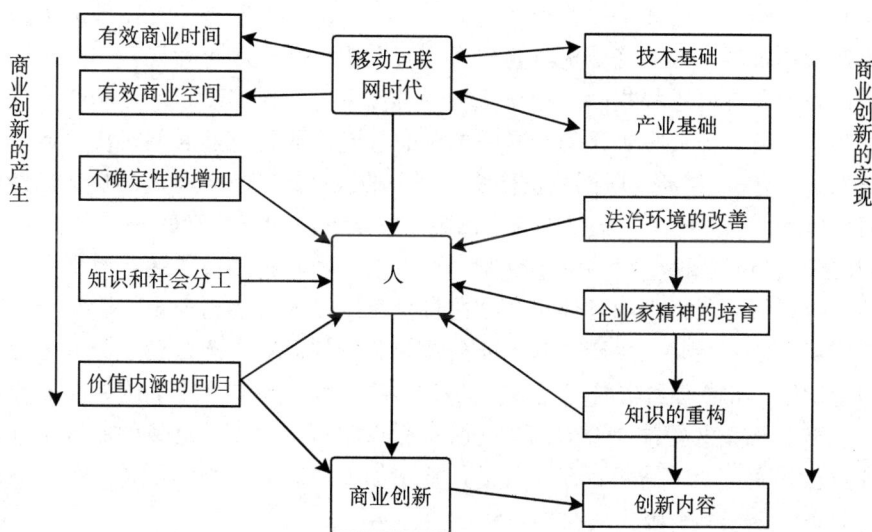

图2　以人为核心的移动互联网时代的商业创新分析框架

## （二）时代基础的认识

如前所述，人及其活动是处在一定时空下。从理解意义上来讲，时代比时空更为具体化，从时代角度理解人及其活动回避了时空内在的哲学之辩。移动互联网时代是以移动互联网技术的出现和与人类生活结合为特征的时空环境的表述。把握移动互联网时代，我们要从技术基础和产业基础两方面入手。

*1. 技术基础*

互联网发端于20世纪下半叶的美国，但走向商业化应用是在20世纪末。"互联网进入中国，不是八抬大轿抬进来的，而是从羊肠小道走进来的。"1994年4月20日，经过几番周折，中国互联网时代终于开启。1997年，中国互联网开始走向大众化、商业化。2010年左右，以智能手机为代表的移动终端的出现，使得人类进入移动互联网时代。互联网时代以 IT 技术为代表，移动互联网时代以 ICT 技术（Information Communication Technology，信息通信技术）为代表。中国企业华为认为，ICT 已经由过去以提高效率为特征的支撑系统，向驱动价值创造的生产系统转变，"联结"已经成为继土地、劳动力、资本等之后新的生产要素，未来一段时间主要技术将由云计算、大数据、移动宽带、物联网支撑。

2013 年 8 月 17 日，中国国务院发布了"宽带中国"战略实施方案，宽带首次成为国家战略性公共基础设施。这有助于移动互联网时代的商业创新的加速。

终端、云计算和宽带网络是移动互联网兴起的基础。渗透与普及率较高的智能手机和平板电脑等智能终端的迅速兴起，使人们每日虚拟化的时间进一步延长，而如谷歌眼镜、智能手环的发展，更是使智能设备贯穿每天的 24 小时，这就意味着来自个人的大量信息将全天候不间断地向信息中心传递数字。拥有了大量数字后，高效运作的云计算能力将对这些数字进行有效处理，通过关联性分析得出相匹配的数据，从而发挥其大数据的重要作用。不断升级的宽带网络将在大数据的信息传递中扮演重要角色：在企业方面，将助力产业互联网时代的生产资料"大数据"快速传输；在消费方面，将提升服务体验，增加服务形式。在新的计算技术与应用下，从 2007 年仅 1000 万台到 2013 年 35 亿台更低成本的传感器、数据存储和更快的数据分析能力，推动了产业互联网时代的到来。

2. 产业基础

移动互联网作为移动通信技术的总和来定义一个时代，其出现是人类技术进步的表现，也潜移默化地变革产业的发展。人们将传统产业分为三大产业，并细分出为许多门类。但是三大产业在特定时空下的内涵和界限不尽相同。移动互联网时代下的产业出现了产业和技术融合、产业间融合加速的趋势。传统产业奠定了移动互联网出现的基础，而移动互联网时代的传统产业将变化其形式去服务人类社会。"移动互联网颠覆传统产业"的准确解读应该是破坏性地创造新产业的内容，而不是简化思维，抛开"人"的基本需求满足，移动互联网毫无价值。

移动互联网时代与互联网时代的一个重要区别在于：随着移动设备的普及，人与人之间的联结在时间和空间上都得到了极大的延伸。联结性直接改变了人群的时空观，影响分工和价值的表现形式。工业文明下的社会化大生产中基于商品主导逻辑的商业注定被基于服务主导逻辑的商业所"颠覆"、所取代。在移动互联网时代下，商业中买方和卖方关系的变化导致了"服务"、"体验"、"舒适"、"解决方案"等注重个体感受的服务逻辑的表征涌现。这里的服务主导逻辑从两个方面诠释商业价值的变化：①消费者在购买过程中更加关注服务，而不再是一种商品；②企业提供给市场的商品系统必须具有服务特性。

运用信息技术实现产业创新是信息化推动传统产业升级的主要模式，尤其是对商业这一古老的交易行为综合而言，信息化推动传统产业升级实际上是从产品信息化到产业信息化的一系列的升级过程。

## （三）创新基础

### 1. 法治环境的改善

移动互联网时代，人自身及其创新活动的不确定性的增加，呼吁社会行为秩序与规则应随社会条件的变化而调整。移动互联网时代的生产和消费都回归人本身，以人为核心的法治环境的改善，不仅包括调节人类行为的律条和规范，更应该包括反映人类整体追求的法治精神。法治环境的改善，虽不能消除不确定性，但可以帮助人们尊重人本身，调整人与人、人与客观世界的关系。

在商业创新中，不确定性的存在要求法治环境提供一个使最终商业体系不断畅通运转的保障，比如对市场的尊重，对创业的鼓励，对诚信交易的保障。

2. 企业家精神的培育

引领移动互联网时代商业创新的是拥有准确社会认知水平和科学利用与挖掘社会资源的企业家。在移动互联网时代，知识的重新分工形成了知识型企业家。与工业时代不同的是，知识在更大范围和更广深度上参与到社会分工中，形成了一类拥有更强技能和社会地位的企业家。这样的分工离不开人类社会知识的积累和对知识的传承和传播，尤其是工业文明社会开始的对商业的研究。

熊彼特提出，知识分工的基础，是拥有企业家精神的企业家们利用自身的社会认知水平和社会网络进行"创造性的破坏"。企业家精神的核心是持续进行技术创新和模仿，企业家是风险的承担者，是长期经济增长的微观组织机制。[①] 依据 Mitchell（1969）的观点，企业家社会网络指的是企业家与企业外部网络成员间的关系集合，这个关系集合中所蕴含的资源为企业赢得技术创新绩效提供了行动机会，而企业家则通过这种关系集合获取创新机会开发和企业经营所需的信息、资源、服务以及实质性的支持。[②]

3. 知识的重构

互联网的社会化信息传播体系，大幅提升了信息生产与传播的效率，扩展了信息的价值与功能，原来没有或不可能的功能由于社会化传播体系得以实现，得以重新定义用户的原有需求，我们要么是主动适应已经被改变的用户需求预期，要么是主动为用户挖掘新需求，重塑行业生态，引领行业变革。[③]

人类认识和理解世界在很大程度上依赖于前人积累的知识或者是所处的时空下所能接受的信息。基于时代的内涵和人自身的认识，人类形成了一定的价值观。这里有两点需要注意：其一，形成于工业时代的知识、知识组织和传播形式受到了挑战。比如说，工业时代强调营销，但最终落脚点为销售；移动互联网时代使"营销让推销成为多余"成为了可能。移动互联网时代消费者和商家彼此暴露，使得消费者的认知可依赖的技术多样化，认知能力提高，企业必须提供服务主导逻辑下的高品质的解决方案。其二，移动互联网时代的信息膨胀不仅需要不断演进的技术帮助处理，更需要符合人性的知识指导性进行升级。只有升级到更高层次的知识甚至智慧才能帮助创新过程"少走弯路"，才能实现商业创新的成功。

## （四）商业创新的内容

在内容方面，"商业创新内容研究主要包括商业组织创新、商业营销创新、商业服务创新和商业技术创新四个方面"。[④] 由于商业内涵解读不同，很多研究或侧重于商业中主体企业的创新，或侧重于零售商业的创新。本文中的商业是大商业概念，其核心点是人。在分析一定时空下人的基础上研究商业创新的内容要从原则上把握两个方面：创新主体和创新对象。

1. 创新主体

创新作为一种历时性而不是时点性的活动，其主体是在特定的社会经济文化背景下由多种要素组成的系统，这些组成要素包括：相互关联的企业、大学和研究机构、政府、市场和金融机构。[⑤]在移动互联网时代初期，传统行业在互联网技术下呈现了许多新的商业可能性，商业创新主体来自于拥有互联网视野的知识工作者，而随着互联网知识分工加速，商业创新的主体一定是拥有多

① 庄子银. 企业家精神、持续技术创新和长期经济增长的微观机制 [J]. 世界经济，2005（12）.
② 陈钦约，蔡双立. 企业家社会网络：特征、演化与社会贡献 [J]. 中南财经政法学报，2009（5）.
③ 互联网的发展逻辑 [EB/OL]. http://www.williamlong.info/archives/3542.html.
④ 盛亚. 商业创新研究述评 [J]. 商业经济与管理，2004（7）.
⑤ 张钢. 从创新主体到创新政策：一个基于全过程的观点 [J]. 自然辩证法通讯，1995（6）.

年从事传统行业经验的企业家们。原因有二：一是传统行业的企业家们需要商业创新；二是传统行业企业家拥有行业从业知识经验储备、社会资源和网络支持等无可比拟的优势。所以，在移动互联网时代的商业创新，更应该尊重传统，尊重知识。

2. 创新对象

移动互联网技术与客观活动结合使得商业创新更多地体现在组织形式、沟通形式，以及商业模式、知识学习机制等之上。从组织形式上来看，企业在移动互联网时代的战略一定更为人性化，而组织跟随战略呈现柔性化和去中心化。移动互联下的人们需要重新审视产品设计、渠道选择、传播途径、价格形式。产生于工业时代的经典营销理论需要从社会学、人类学、传播学等跨学科多视角地去更新升级。时间、空间、人就是创新对象思考的起点。

企业所处市场和行业环境日趋复杂，动态与不确定性企业之间竞争也日趋激烈，企业在原有稳态环境中建立的优势会不断被侵蚀，以往市场环境中形成的静态均衡会不断被打破。为此，企业需要以重构的心态建立动态的市场能力体系——这就需要有动态的知识学习创新机制，不断加强对人本身的认识，寻找特定时空下更符合人性需求的商业模式。

# 四、结论与研究不足

定义移动互联网时代和商业创新本身具有难度，需要以跨学科视角去看待。然而任何时代都离不开人，离不开时间和空间。本文在归纳整理文献的基础上，对人的三个主题（不确定性、分工、价值）的思考回答了商业创新的几个基本问题，即为什么需要商业创新、为什么人类能够实现商业创新、怎样进行商业创新。从时空下的人探索商业创新后，我们将注意力放在商业创新的本质和基础之上。在讨论时代基础和创新基础之后，我们原则性地讨论了商业创新的内容。

考量商业创新，人们多会引用熊彼特的"创造性破坏"等内容。综观经济学的不同流派，人们对不确定性、分工、价值的研究下了很大功夫。本文主要讨论一种新时代下的商业创新，没有将主要精力放在回顾理论上，所以，本文的论述主题可以视作是构建以人为核心的商业创新框架。

研究主要不足表现在，其一，考虑到篇幅限制和基础性思考，未能对基础概念——综述；其二，作为借助文献的探索性研究，以构建框架为主，研究深度可能存在不足。我们认为，后续研究可以根据框架进一步构建商业创新的评价体系以及实证或定量设计，从而进一步丰富、完善分析框架。

**参考文献**

[1] 张新华，张飞. 知识的语义环境和逻辑层次研究 [J]. 图书情报工作，2013（14）.

[2] 荆宁宁，程俊瑜. 数据、信息、知识与智慧 [J]. 情报科学，2005（12）.

[3] 从卫兵. 普里戈金哲学中时间观念的革命 [J]. 求索，2002（12）.

[4] 张品. 社会学时间研究初探 [J]. 理论与现代化，2012（4）.

[5] 赵旭东. 人类学的时间与他者建构 [J]. 读书，2001（7）.

[6] 谢俊贵. 凝视网络社会——卡斯特尔信息社会理论述评 [J]. 湖南师范大学社会科学学报，2001（3）.

[7] 陈尤文. 不确定性：创新发展的价值与寻求 [J]. 上海行政学院学报，2011（5）.

[8] 李卫东，林志扬. 网络信息技术下基于知识的决策分工、决策绩效和决策权力的配置 [J]. 中国工业经济，2007（3）.

[9] 刘飞，简兆权. 网络环境下基于服务主导逻辑的服务创新：一个理论模型 [J]. 科学学与科学技术管理，2014（2）.

［10］刘慧，吴晓波. 信息化推动传统产业升级的理论分析［J］. 科技进步与对策，2003（1）.

［11］庄子银. 企业家精神、持续技术创新和长期经济增长的微观机制［J］. 世界经济，2005（12）.

［12］陈钦约，蔡双立. 企业家社会网络：特征、演化与社会贡献［J］. 中南财经政法学报，2009（5）.

［13］盛亚. 商业创新研究述评［J］. 商业经济与管理，2004（7）.

［14］张钢. 从创新主体到创新政策：一个基于全过程的观点［J］. 自然辩证法通讯，1995（6）.

［15］［美］W.理查德·斯格特. 组织理论（第四版）［M］. 北京：华夏出版社，2002（53）.

［16］［英］大卫·史密斯. 创新［M］. 秦一琼等译. 上海：上海财经大学出版社，2008.

［17］［英］克里斯·弗里曼，弗朗西斯科·卢桑. 光阴似箭：从工业革命到信息革命［M］. 沈宏亮译. 北京：中国人民大学出版社，2007.

［18］［美］迈克尔·波特. 国家竞争优势［M］. 李明轩，邱如美译. 北京：中信出版社，2012.

［19］Furat Firat，Alladi Venkatesh. Liberatory Postmodernism and the Reenchantment of Consumption［J］. Journal of Consumer research，1995（22）.

［20］Polanyi M. The Tacit Dimension of Knowledge［M］. Anchor Books，Garden City，1967.

# 互联网普惠金融发展趋向：制度性创业视角

徐二明　谢广营*

[摘要] 2013 年起，互联网普惠金融迅速发展并受到社会各界广泛关注。文章分析了互联网基金理财产品、P2P 网络借贷、众筹融资三种主要互联网普惠金融形式的发展现状及存在的问题，依据制度性创业理论，从新兴场域制度性创业的理论化、扩散化和制度化三个发展阶段以及最终目的是获取组织合法性的基本原理，对其发展趋向进行分析，提出其未来发展所需的四种思维模式（普惠与用户思维、免费与流量思维、傻瓜型与简约思维、迭代与跨界思维）和可能的四种组织业态（移动型组织、社区型组织、利基型组织和开放型组织）。

[关键词] 互联网普惠金融；制度性创业；互联网基金理财产品；P2P 网络借贷；众筹融资

# 一、引言

2013 年 8 月，国务院发布的《关于促进信息消费扩大内需的若干意见》提出，到 2015 年，电子商务交易额要超过 18 万亿元，网络零售交易额要突破 3 万亿元。互联网与电子商务是未来时代发展的主流方向之一，2013 年以来，互联网金融在我国迅速发展，普惠理念使其获得社会各界的广泛关注与支持。互联网金融为金融借助互联网和移动通信技术实现资金融通、支付和信息中介功能的新型金融模式（谢平和邹传伟，2012），是中国特有的经济产物，与国外金融业通过互联网技术自然延伸金融服务不同，中国互联网金融是长期金融抑制及非市场化利率环境下金融通过互联网突破束缚的爆发式增长结果。普惠金融是互联网金融的重要发展方向之一，互联网金融的发展有利于发展普惠金融，弥补传统金融服务的不足。制度性创业者选取这一行业，重要原因在于其外部经济性的普惠效果更容易使之获得合法性。以余额宝为代表的货币基金产品及其他 P2P 理财产品、众筹借贷产品，为资金持有者及借贷双方带来了切实的经济利益，从而获得增长的动力。作为制度创业的一次成功实践，互联网普惠金融突破了现有金融体制的束缚，创新了金融服务的普惠理念，最终被产学研各界所接受。然而，作为新兴增长行业，互联网普惠金融还有很多不完善的地方，资本的趋利性使得行业内存在着很多不安全因素，政府部门的监管也须尽快完善。创业成功后，互联网普惠金融将走向何方？如何持续地获得组织合法性和长远发展？制度创业视角也许能为此提供一些有用的启示。

---

* 徐二明（1949–），男，汉族，北京人，教授，管理学博士，研究方向为战略管理、制度创业；谢广营（1987–），男，汉族，河北承德人，博士研究生，研究方向为制度性创业与互联网金融。

# 二、互联网普惠金融发展现状及问题

根据中国人民银行金融稳定分析小组在《中国金融稳定报告（2014）》中给出的定义，互联网金融是互联网与金融的结合，是借助互联网和移动通信技术实现资金融通、支付和信息中介功能的新兴金融模式。广义的互联网金融既包括作为非金融机构的互联网企业从事的金融业务，也包括金融机构通过互联网开展的业务。狭义的互联网金融仅指互联网企业开展的、基于互联网技术的金融业务。互联网金融的市场定位主要在"小微"层面，具有"海量交易笔数，小微单笔金额"的特征，这种小额、快捷、便利的特征，具有普惠金融的特点和促进包容性增长的功能，其主要业态有：互联网支付、P2P网络借贷、非P2P的网络小额贷款、众筹融资、金融机构创新型互联网平台、基于互联网的基金销售。其中，互联网基金理财产品、P2P网络借贷、众筹融资三类主要互联网金融产品面向的客户群体为平民阶级且发展迅速，是互联网普惠金融领域的代表。

## （一）互联网基金理财产品的发展现状及问题

在互联网基金理财产品领域，余额宝凭借阿里巴巴集团雄厚实力的支撑和良好的流动性及相对银行活期存款较高的收益，成为这一领域的"领头羊"。2014年7月1日，天弘基金发布了余额宝第二季度末规模数据及《余额宝运行一周年数据报告》。数据表明，截至2014年6月30日，余额宝规模攀升至5741.60亿元，相比第一季度，规模稳中有升，仍旧稳居国内最大、全球第四大货币基金的位置。《余额宝运行一周年数据报告》显示，余额宝第二季度末规模达到2013年末的3倍多，和第一季度末相比，也实现了6%的增长。人均拥有余额宝金额为5030元，与2013年底的4307元相比提升了约17%。在资金规模稳中有升的同时，余额宝用户数也保持了持续增长，第二季度用户数一举突破1亿。

互联网基金理财产品是互联网普惠金融的主打产品，使基金理财产品不再是只属于富人的专利，国内的金融抑制和非市场化利率环境为其提供了发展的空间，从当前来看，互联网理财产品领域有着较好的发展前景，且行业比较稳定，余额宝、理财通、京东小金库等主要基金理财产品也具备较好的流动性和可变现性。然而，互联网基金理财产品也存在着一定潜在的风险与困境。传统基金理财产品都有一定的赎回期限，余额宝等新型货币市场基金虽然表面上规避了这一问题，却仅仅是因为将大部分资金投资于银行的大额存单、短期应收账款等容易变现的产品，对银行的依赖性比较强。而且一旦发生用户集体挤兑的情况，也存在着较大的破产风险。随着银行对互联网基金理财产品的投资内容和用户资金转出做出的限制增多，其必然结果是互联网基金理财产品的收益率降低。2014年下半年以来，主流互联网基金理财产品的收益率均处于5%以下。另外，若互联网基金理财产品同传统基金产品一样，将资金主要投资于资本市场，其变现性和风险性问题又会导致部分用户难以接受，互联网基金理财产品面临着两难的境地。

## （二）P2P网络借贷的发展现状及问题

P2P网络借贷，是互联网普惠金融领域的另一项重要产品，当前受到市场热捧。P2P网贷于2007年即已开始进入中国，但直至2013年互联网金融爆发式增长以前，一直未能获得社会重视。余额宝的出现促进了互联网基金理财产品的迅速发展，其更深远的意义在于激发了广大消费者的投资理念与热情。互联网基金理财产品进入人们视野之后，更为直接地使资本市场的供需双方连接起来的 P2P 网络借贷也开始进入人们视野，其对市场而言意味着更低的交易成本，对投资者而言具备更高的投资收益，一些愿意承担风险的平民消费者开始投资该领域。《中国互联网金融报告（2014）》数据表明，2013 年以前，P2P 网贷平台数量不足 200 家，成交总额约 200 亿元，网贷投资人规模约 5 万人。截至 2014 年 6 月，平台数量达到 1263 家，半年成交金额约 1000 亿元人民币，接近 2013 年全年成交金额，有效投资人超过 29 万。

收益与风险并存，具备较高收益率的 P2P 网络借贷，自然也就伴随着较高的风险。这种风险，一方面是由投资项目固有的经营风险构成，另一方面也存在着部分 P2P 网络借贷平台经营不规范，违背市场规律吸取资金甚至诈骗等管理风险。据零壹数据统计，仅在中国大陆地区，截至 2014 年 10 月 31 日，出现问题的 P2P 网络借贷平台已经高达 254 家，约占其统计平台数的 1/5。借款人的资金使用如何保证在借贷限定的范围内，征信体系如何构建；P2P 网络借贷平台如何才能规范运行，合理控制风险；政府和监管部门应如何监管，才能既确保 P2P 网络借贷在法律规则下正常运行，又不挫伤网贷平台和平民投资者的热情。这些已经成为 P2P 网络借贷领域亟须解决的重要问题。

### （三）众筹融资的发展现状及问题

众筹融资，是互联网普惠金融领域中服务于小微融资和投资群体的一种专业互联网融资模式，主要通过众筹融资平台进行。相比于互联网理财产品和 P2P 网络借贷，这一领域由于服务对象的特殊性与局限性，融资规模还比较小，但其意义在于作为一种补缺性互联网普惠金融产品，对于扶持小微项目和创业者有着极其重要的作用，同时也使得具有战略眼光的投资人能够尽早发现新的可行性较高的投资项目并获取收益。《中国众筹模式运行统计分析报告（2014 年上半年）》数据表明，2014 年上半年，中国众筹领域共发生融资事件 1423 起，募集总金额 18791.07 万元人民币。其中，股权类众筹事件 430 起，募集金额 15563 万元人民币；股权众筹融资项目以初创期企业为主，所以投资阶段主要为种子期和初创期。奖励类众筹事件 993 起，募集金额 3228.07 万元人民币，综合类众筹平台实际供给事件为 708 起，垂直类众筹平台供给事件为 285 起，综合类平台发生的实际供给事件数量约为垂直类众筹平台供给事件数量的 2.5 倍。从单个项目实际融资规模来看，股权类众筹实际融资规模最大，2014 年第一季度，股权众筹实际募资金额 4725 万元，单个项目成功融资 16.88 万元；4 月，6 个项目完成融资 950 万元，单个项目融资规模近 160 万元；5 月，单个项目融资规模 65.41 万元，较 4 月份有所下降；6 月，单个项目融资规模为 69.1 万元，较 5 月份略有上升。从投资人单笔投资金额来看，2014 年第一季度，单个投资人每笔投资金额为 12.63 万元，4 月为 17.92 万元，5 月为 16.35 万元，6 月为 14.5 万元。趋势表现为小幅上升，稳步回落。

众筹领域的发展刚刚起步，也存在着一些潜在的问题。如当前我国的众筹法律体系并不完善，股权众筹投资人的进入退出机制并未有良好的保障；"领投+跟投"的股权众筹制度增加了风险控制的难度且导致初创企业股东众多、协调困难；众筹平台数量较多但质量难以保证，规模和效率不高；众筹项目申请人的资格和信用认证体系不健全；众筹项目的执行缺乏监管、投资者维权困难等。对于这些问题，互联网普惠金融企业均需认真考虑并探索解决方案，才能保证行业的长远持久发展。

# 三、互联网普惠金融与制度创业理论

## （一）制度性创业理论概述

一般来讲，制度这个概念包含两个层次的含义（唐良智和刘志学，1995）：一是指在一定历史条件下所形成的社会政治和社会经济方面的基本体系；二是指要求人们共同遵守的行动规范或准则。企业是组织生产经营、配置资源的基本功能单位，是国民经济运行的主体，企业制度规范的是经济运行层次的经济关系，是关于企业组织、运营、管理等一系列行为的规范和准则，是关于企业的创立、运行、撤并等方面以及处理企业有关各方权利、责任、利益关系的规则、方式或模式，是企业组织形式、经营方式和管理制度等方面的总称，属于一般制度范畴。

制度理论认为企业在由规范、价值观和理所当然假设形成的社会框架下运作，这个框架决定了什么样的经济行为是可以接受和适当的。该理论认为，人类行为动机是社会正义和社会义务需要，超越了经济行为最优化，遵守社会期望有助于组织成功和生存。制度化行为没有明显的经济或技术目的，因为它的持久性不能用理性选择框架解释。制度理论基本假定是企业都倾向于遵守来自内外部环境的占有优势地位的规范、传统、社会影响，这就导致了企业之间结构和行为的同质性，成功的企业是那些通过遵守社会压力而获得支持和发展的企业（Paul DiMaggio & Walter Powell，1983）。但长期同质性阻碍了企业创新，组织生态学原理讲"适者生存"，企业要获得持续竞争优势和发展，就需不断进化。变革或创新现有制度，是企业获取新竞争优势的源泉之一。

制度性创业是战略管理及创业管理领域的新兴研究领域，自 20 世纪 80 年代末 DiMaggio 在 *Interest and Agency in Institutional Theory* 一文中正式将此概念引入制度分析以来，受到国内外学者不断关注。DiMaggio（1988）认为，制度性创业，是指组织或个人认识到变革现有制度或创建新制度的潜在利益，建立并推广获得认同所需规则、价值观、信念和行为模式，创造、开发并利用盈利性机会获取收益的过程，它揭示了对制度安排具有独特兴趣并且能够利用资源杠杆变革现有制度或创建新制度的制度性创业者的一系列活动过程。制度性创业理论自 20 世纪 80 年代被提出以来，国内外诸多学者对其非常重视并不断进行研究。从制度性创业动因（Beckert，1999；Seo & Creed，2002；Dorado，2005）、制度性创业主体（Garud & Jain，2002；Greenwood & Suddaby，2006；Mutch，2007）、制度性创业过程（Greenwood & Suddaby，2002；Suddaby & Greenwood，2005；Battilana，Leca & Boxenbaum，2009）到制度性创业效果，制度性创业理论框架体系已经基本建立。虽然理论框架体系并不完善，尚需在实践的检验中进一步发展充实，但其对个人和组织的创业实践也有着重要的指导意义。

## （二）互联网普惠金融中的制度性创业

从宏观层面上讲，互联网金融行业乃至互联网普惠金融行业是对我国金融体制的一种创新，虽然其在本质上并没有改变传统金融行业的借贷属性，但其基于互联网的广泛触角和普惠的金融理念对传统金融服务业产生了较大的冲击，正在蚕食传统金融服务业的借贷根基，对于推动利率市场化有着积极作用。这种源于体制上的制度创新，塑造了互联网普惠金融行业这一新兴行业，成为制度性创业的最新成功实践。从微观层面上看，制度化程度较低的新兴互联网金融场域能够为具备制度性创业特质和企业家精神的制度性创业者提供较充分的创业空间、较少的限制条件和较多的创业收益，他们认识到变革现有金融制度、利用互联网创建新的普惠金融体系能够带来巨大的潜在收益，通过建立并推广获得认同所需的规则、价值观、信念和行为模式，创造、开发并利用盈利性机会获取收益。

制度性创业者在开展制度性创业时，一般要同时开展两种活动，创造新制度和建立联盟（Battilana，Leca & Boxenbaum，2009）。其中，建立联盟的主要目的就是获取支持和合法性。合法性是指在一个社会构建的规范、价值、信念和定义的体系中，一个实体的行为被认为是可取、恰当、合适而又普遍的。新制度被创造后，能否被社会认可是一关键问题，唯有取得合法性，才能获得长期生存和发展（Suchman，1995）。互联网普惠金融的创业者以普惠为理念，同最广泛的社会大众群体建立了联盟关系，具备坚实的群众基础，从而影响政府的宏观调控和行业市场监管决策，为最终取得组织合法性奠定了基础。从创业过程来看，新兴场域的制度性创业一般要经历理论化、扩散化和制度化三个过程（Greenwood & Suddaby，2002）。从当前我国互联网普惠金融的发展情况来看，正在经历前两个过程，并向制度化过程发展。产学研各界的密切关注，普惠性带来的社会效益和扩散，已经基本表明互联网普惠金融初期的制度性创业过程是成功的。就目前而言，重要的是如何使这一行业获得稳定发展并以制度化的形式保存下来，即制度性创业的第三个阶段。这个阶段是一个比较困难的阶段，因互联网普惠金融在理论化和扩散化方面的积淀时间并不长，市场环境、法律环境、宏观政策环境、社会文化环境等诸多因素还存在着一定的不确定性。但制度化又是互联网普惠金融企业发展的一个必然要求，主要原因在于制度规则具有神话功能，能够促使组织形成，获得合法性、资源和稳定性，提高了组织生存的可能性。结构与制度环境神话趋同的组织相比于主要为生产和交换需求而构建的组织更能减少内部协调与控制，降低内部交易成本。实践当中，互联网普惠金融企业需要在各种不确定的环境影响因素中探索既能够制度化又能够应对外部不断变化环境的组织形式。

制度性创业的目的是获取收益，途径是取得组织合法性，最终结果是建立新的组织制度。这一过程中，互联网普惠金融企业如何抓住现有的市场机遇，获取收益并实现制度化，是其面临的重要难题。IBM与微软的竞争、微软与谷歌的竞争、摩托罗拉与诺基亚的倒闭重组等近几十年的一系列典型事件表明，外部环境是多变的，固守原有的资源与能力很可能导致失败，成功企业的核心能力在于能够抓住市场机遇与变化，迅速抢占市场。对互联网普惠金融行业而言，保持创业型企业的敏锐触角尤为重要，运用何种思维进行思考，如何评估外部环境以建立、调整或变更组织形态，是关系其制度性创业成败的关键因素。

# 四、制度性创业视角下的互联网普惠金融发展趋向

## (一) 未来发展互联网普惠金融的四种思维

互联网普惠金融的成功创业，从本质上讲是一种互联网思维在普惠金融领域制度性创业的成功。思维决定了看待和处理事务的方式，进而决定了企业的战略策略和执行过程。当今时代，尤其是互联网领域，唯一不变的就是变。对于互联网普惠金融企业而言，只有具备前瞻性的互联网思维，保持创业精神与创业热情，才能抓住未来发展的机遇，制定正确的战略策略，更好地完成从理论化、扩散到制度化的制度性创业过程。通过对互联网普惠金融的长期关注与分析，本文认为，为了持续地获得组织合法性，成功地完成制度性创业实践，互联网普惠金融企业应主要发展培养以下四种思维：普惠与用户思维、免费与流量思维、傻瓜型与简约思维、迭代与跨界思维。

### 1. 普惠与用户思维

普惠是互联网普惠金融在创业时选择的最重要的思维方式，为之获取组织合法性奠定了牢固的基础。普惠的含义是让最广泛的大众群体获得实惠，通过获取广泛的群众基础取得组织合法性。互联网普惠金融出现以前，金融理财产品是中产阶级和富人的专利，而处于长期金融抑制和负利率环境下的大众群体只能看着其资产贬值、缩水，这在一定程度上也加剧了我国贫富两极分化的程度。发展中国家的金融抑制政策是一种常见现象，但随着经济社会的发展和人民群众物质文化水平的提高，人民大众对银行的低利率政策越发不满，投资理财需求也在不断增加。用户思维是指从用户的角度去认识、理解和看待世界。互联网普惠金融企业正是采用了用户思维，才发现市场中潜在的互联网普惠金融创业机会，进而通过将普惠的理念付诸实践，满足人民大众的金融服务产品需求，获得用户支持，取得制度性创业的初步成功。营销学上讲，顾客是上帝，强调用户体验与用户满意；从政治形态上看，我国是社会主义国家，是人民民主专政政权，法律保障最广大人民群众的根本利益。因而，从未来长期发展来看，普惠与用户思维是互联网普惠金融企业吸引和保持客户的最重要法宝，是其应对多变的外界环境和可能的政府及市场监管并获取合法性的关键武器。

### 2. 免费与流量思维

免费，是互联网领域广泛应用的一种市场策略，绝大多数成功的互联网企业都经历了从免费到收费的过程，或在免费业务的基础上开设增值服务，如微软、谷歌、阿里巴巴、腾讯等。从国内当前互联网发展形势来看，免费已经成为消费者的主导理念。免费服务做得好，消费者才有可能愿意花钱购买增值收费服务。这是一个顾客体验的过程，更是一个吸取流量的过程。从国内主流互联网企业的成功经历来看，只要拥有了足够多的用户，就拥有了市场份额和风险投资基金的支持，同时也就具备了潜在的盈利能力。从这个角度看，互联网普惠金融企业在创业期和理论化、扩散化阶段，免费与流量思维非常重要。相比于传统金融服务业的各项服务收费及进入门槛要求，互联网普惠金融企业应当抓住市场机遇，通过免费与零门槛要求吸引客户群体，增加流量，扩大市场份额，加固自己的客户基础。

### 3. 傻瓜型与简约思维

互联网普惠金融企业服务的客户一开始就定位于平民阶级。这一阶级相比于中产阶级与富人阶级其典型特征是知识文化水平相对较低，尤其是关于经济与投资理财方面，缺乏投资理财观念及相关知识。这决定了在服务产品设计方面，互联网普惠金融企业一定要走平民化道路，降低产品与服务的理解难度，简化操作流程，提供"傻瓜式"的产品与服务。另外，互联网普惠金融产品在为消费者提供相对于传统金融服务产品的较高收益的同时，也具备较高的风险。从而，在产品与服务"傻瓜化"、"一站化"的同时，互联网普惠金融企业仍需要据实清晰地向客户告知各种可能的潜在风险，并将这种告知尽可能用比较容易理解的形式表达出来，简约而不简单。这在互联网普惠金融企业制度性创业的初级阶段极为重要，也是其未来发展所必须重视的一种思维方式。

### 4. 迭代与跨界思维

变化与机遇是互联网时代的主要特征。互联网时代，企业产品的一个主要特点就是更新换代越来越快，从微软的 XP 到 Vista，再从 Win7 到 Win8，从苹果的 iPhone4 到 iPhone5 再到 iPhone6，从小米的米 1 到米 2 再到米 3、米 4，无论是世界老牌跨国企业，还是国内新兴手机企业，产品迭代速度越来越快，不能快速响应市场需求推出新产品，只能被市场所淘汰。产品迭代主要受技术推动和客户需求拉动两方面因素影响，对于互联网普惠金融企业来讲，如何开发并响应客户需求，进而通过技术与管理创新推出合适的产品和服务，对于其抢占市场份额尤为重要。在迭代思维下，产品的跨界思维也就变得容易理解。互联网是一个真正的无边界事物，其触角可能发展延伸到任何一个实体领域。互联网普惠金融建立于互联网的基础之上，继承了互联网跨界思维与兼容能力的优质基因，更容易通过产品与服务跨界拓展市场，开发新的客户。

## （二）未来发展互联网普惠金融的四种组织业态

作为初创企业，互联网普惠金融企业面临着多变的市场环境和不确定的未来发展方向。不确定性既是机遇，又是挑战。对于刚刚通过制度性创业获取成功的互联网普惠金融企业而言，它们自身具备敏锐的环境触角和尚未完全定型的组织结构，从而相比于其他传统组织类型企业，更能适应外界环境的变化。互联网普惠金融企业根植于互联网，其未来的组织形态将充分考虑互联网的发展趋势并与之密切结合，从中发掘各种潜在的市场机会。从这个角度看，结合制度性创业视角，对互联网发展进行深度分析，可以初步预测互联网普惠金融的未来发展趋向。在此，本文认为，未来互联网普惠金融业的发展将呈现出如下四种组织业态：移动型组织、社区型组织、利基型组织和开放型组织。

### 1. 移动型组织

移动化是未来互联网发展的主流方向之一，随着智能手机和平板设备的普及，越来越多的互联网产品与服务开始移动化。中国互联网络信息中心 2014 年上半年的数据统计报告显示，仅从移动网络购物一项，截至 2014 年 6 月底，用户即已达到 2 亿人（中国互联网络信息中心，2014）。移动型组织的含义是指互联网普惠金融提供的产品和服务重心将越来越多地转向移动客户端，利用移动化的便利性推广产品和服务，通过与顾客日常生活的紧密结合增强组织合法性。这种移动型组织将在致力移动客户端及产品和服务推广的同时，使其产品和服务也具备更好的流动性、兼容性，即增加产品服务的灵活变现性和与其他组织机构产品和服务的兼容性。同时，随着移动客户端功能的完善和业务市场的细分，内部组织机构也可能会根据业务市场的转变而进行调整，以响应来自客户端的大量客户的不同需求。

### 2. 社区型组织

马斯洛的需求层次理论认为，人有交往和归属需要（王利平，2006）。互联网的发展和普及，使得网络社区越来越流行。人们在网络社区中相互交流、学习，并从中满足自己的交往和归属需要。网络社区的发展为商业发展带来了新的视野，一些大型电子商务网站在做电子商务的同时，开始兴建并维护自己的网络社区。尤其是移动化社区终端和聊天软件技术的成熟，使互联网网络社区开始和移动终端相结合，成为许多用户日常生活的一部分。社区化对互联网普惠金融有着尤为重要的意义。从当前发展阶段来看，互联网普惠金融还未被社会全面认可，潜在的可开拓市场还很庞大。截至 2014 年 6 月，我国互联网理财产品用户规模仅为 6383 万人，使用率为 10.1%（中国互联网络信息中心，2014）。在此背景下，互联网普惠金融企业可以通过组建互联网社区加强与顾客间的互动交流，并且促进现有客户间的相互交流，进而推动制度性创业的扩散阶段更快、更有效率的完成，越来越多的互联网普惠金融企业将意识到这一点。从组织业态上看，内部将会出现专门负责管理与维护互联网社区的组织部门，并进行相关的职能调整。构建社区型组织不仅有助于互联网普惠金融理论的扩散化，从群众基础角度来看，也为互联网普惠金融企业获取组织合法性以应对可能的市场和政府监管奠定了基础。以 2014 年 2 月央视证券资讯频道执行总编辑以"余额宝是银行的寄生虫"，呼吁取消余额宝，招致各社区网友一片骂声与声讨为例，天涯社区、百度社区等知名社区的影响可见一斑。正因考虑到互联网普惠金融的普惠影响，政府和市场在制定监管决策时不得不谨慎应对。

### 3. 利基型组织

市场细分，是企业市场营销管理的一个重要方面。企业由于资源、环境的限制，除个别大企业外，基本不可能在行业内的整个市场开展竞争。这时，对市场进行细分尤为重要（郭国庆，

2007）。通过市场细分与市场定位，企业可以选择一个可以发挥其资源优势与核心能力的利基市场，并获得细分市场内的竞争优势。对于互联网普惠金融企业来讲，制度性创业刚刚取得成功，市场不确定性与风险较大，且企业缺乏在整个市场进行竞争所需的资源和能力，因而，选择一个利基市场，将会成为多数市场跟随者的选择。从当前来看，基金理财、P2P 网络借贷和众筹融资是三个主要的利基市场，同时，也存在着一些做信用卡分期、征信数据、信息平台等小型利基市场的互联网普惠金融企业。从长期发展来看，深入挖掘和细分客户市场是行业走向成熟化后的必然，对现有市场进行再细分或者定位于新的市场利基的互联网普惠金融企业将进一步增加，各企业在其利基市场中获取核心竞争力并完成整个市场的布局和补缺，利基型互联网普惠金融企业将成为互联网普惠金融领域内一种普遍的组织业态。

### 4. 开放型组织

互联网时代的一个典型特征是开放。开放意味着包容，意味着流量。在制度性创业的前期，开放性对于理论化和扩散化阶段具有重要意义。通过开放化，互联网普惠金融企业可以汲取来自各方的多种知识，去其槽粕，取其精华，为完善互联网普惠金融理论做出贡献。另外，开放型组织不仅意味着吸收容纳来自其他领域的文化和知识，还意味着将互联网普惠金融的触角延伸到更多的社会生活领域，如将互联网普惠金融产品与线下理财产品相结合，与房地产等实体领域相结合等。通过与外界的不断交换和碰撞，互联网普惠金融企业可以将业务扩展到更为广阔的市场领域，并促进其理念的广泛传播，从而完成制度性创业的理论化和扩散化阶段，获取组织合法性。开放型组织是互联网普惠金融企业的一种典型组织形式，互联网普惠金融企业需要秉承互联网开放的视角来与外界环境充分交流融合，并从中寻找机会和规避风险，实现长期持续发展。从这个角度看，开放型组织将是互联网普惠金融企业自始至终的一种组织业态，其在制度性创业的前期主要作用是促进理论化的完善和扩散化，而在制度化阶段的主要作用是探索各种潜在的市场机会并规避不确定性和风险。

# 五、管理寓意

受长期金融抑制和非市场化利率影响，中国的互联网普惠金融具备与西方发达国家不同的特点。西方发达国家的互联网金融是金融业和互联网的缓慢结合，是一个持续渐进的过程。而在中国，得益于互联网的高速发展，制度性创业者利用互联网技术取得了互联网普惠金融创业的初步成功，由此缓解了社会整体的金融抑制压力并推动中国的利率市场化进程。另外，互联网普惠金融对传统金融服务业有着较高的依赖性，且其自身也存在较高的风险性，加之相关的法律法规并不完善，企业运营的制度模式尚未完全建立，发展面临着较大的不确定性。

本文从互联网普惠金融的发展现状及存在的问题出发，依据制度性创业理论，从新兴场域制度性创业的理论化、扩散化和制度化三个发展阶段以及最终目的是获取组织合法性的基本原理对其未来的发展趋向进行分析，提出了其未来发展所需的四种思维模式和可能的四种组织业态。普惠与用户思维、免费与流量思维、傻瓜型与简约思维、迭代与跨界思维将有助于互联网普惠金融企业塑造应对未来不确定性环境并抓住发展机遇的思维模式，形成正确的企业观、经营观；移动型组织、社区型组织、利基型组织和开放型组织将有可能是互联网普惠金融企业未来发展的四种主要组织业态形式，企业借以吸引和维系客户并获取组织合法性。互联网的未来是多变而又充满机遇的，总体来说，互联网普惠金融企业唯有保持敏锐的触角和积极应对变化的组织形式，才能度过制度性创业的制度化阶段，获得长期可持续发展的能力。

**参考文献**

[1] 郭国庆. 市场营销学通论（第三版）[M]. 北京：中国人民大学出版社，2007.

[2] 国务院办公厅. 国务院关于加快促进信息消费扩大内需的若干意见 [R]. 2013.

[3] 清科集团，众筹网. 中国众筹模式运行统计分析报告（2014年上半年）[R]. 2014.

[4] 唐良智，刘志学. 创业与企业制度 [M]. 北京：中国青年出版社，1995.

[5] 天弘基金. 余额宝运行一周年数据报告 [R]. 2014.

[6] 王利平. 管理学原理（修订版）[M]. 北京：中国人民大学出版社，2006.

[7] 谢平，邹传伟. 互联网金融模式研究 [J]. 金融研究，2012（12）.

[8] 新华社《金融世界》，中国互联网协会. 中国互联网金融报告（2014）[R]. 2014.

[9] 中国人民银行金融稳定分析小组. 中国金融稳定报告2014 [R]. 2014.

[10] Battilana J., Leca B., Boxenbaum E.. How Actors Change Institutions：Towards A Theory of Institutional Entrepreneurship [J]. The Academy of Management Annals，2009（1）.

[11] Beckert J.. Agency，Entrepreneurs and Institutional Change：The Role of Strategic Choice and Institutionalized Practices [J]. Organization Studies，1999（5）.

[12] DiMaggio P.，Powell W.. The Iron Cage Revisited：Institutional Isomorphism and Collective Rationality in Organizational Fields [J]. American Sociological Review，1983（2）.

[13] DiMaggio P.. Interest and Agency in Institutional Theory [A]. In L.G. Zucker（Ed.），Institutional Patterns and Organizations：Culture and Environment [C]. Cambridge，1988.

[14] Dorado S.. Institutional Entrepreneurship，Partaking and Convening [J]. Organization Studies，2005（3）.

[15] Garud R.，Jain S.，Kumaraswamy A.. Institutional Entrepreneurship in the Sponsorship of Common Technological Standards：The Case of Sun Microsystems and Java [J]. Academy of Management Journal，2002（1）.

[16] Greenwood R.，Suddaby R.. Institutional Entrepreneurshipin Mature Fields：The Big Five Accounting Firms [J]. Academy of Management Journal，2006（1）.

[17] Greenwood R.，Suddaby R.，Hinings C. R.. Theorizing Change：The Role of Professional Associations in the Transformation of Institutionalized Fields [J]. Academy of Management Journal，2002（1）.

[18] Mutch A.. Reflexivity and the Institutional Entrepreneur：A Historical Exploration [J]. Organization Studies，2007（7）.

[19] Seo M. G.，Creed W. D.. Institutional Contradictions，Praxis and Institutional Change：A Dialectical Perspective [J]. Academy of Management Review，2002（2）.

[20] Suchman M.. Managing Legitimacy：Strategic and Institutional Approaches [J]. Academy of Management Review，1995（3）.

[21] Suddaby R.，Greenwood R.. Rhetorical Strategies of Legitimacy：Conflict and Conformity in Institutional Logics [J]. Administrative Science Quarterly，2005（1）.

# 外部学习对商业模式新颖性的影响：
# 动态能力的调节

党兴华　蔡俊亚*

[摘要] 网络化环境下商业模式创新成为竞争优势的重要来源。然而，以往研究尚未能识别能够有效提高商业模式新颖性的学习方式，未能辨明动态能力在商业模式创新中的作用机制。本研究分析了行业外学习和行业内学习对商业模式新颖性的不同影响，并分析了内部重构能力和联盟管理能力的调节作用。在扩展以往商业模式创新研究的同时也为商业模式创新实践提供了有益指导。

[关键词] 行业外学习；行业内学习；商业模式新颖性；动态能力

# 一、引言

伴随全球化和新一代信息技术的冲击，全世界的企业认识到外部环境已经呈现出高度互联的网络化特征。随着价值创造的模块化，价值创造活动已经从一体化模式向合作模式转变。新一代信息技术的发展大大降低了网络协作成本，使企业可以在更大范围内组织价值创造活动。Amit 和 Zott 最早就网络环境下竞争优势的来源进行深入探索。[1] 研究提出，基于资源的观点、产业组织理论、熊彼特创新理论以及交易成本理论都无法完全解释网络环境下的价值创造活动。在网络环境下，企业不仅可以通过开发内部资源、重新定位来获取竞争优势，还可以直接通过改变商业模式来实现竞争优势。商业模式是跨越主体企业边界的相互依赖的活动系统，是交易内容、结构、治理方式等多个要素的组合。[2,3]

商业模式创新是既受众多学者关注又饱受争议的研究领域。国际著名的期刊，例如 *R&D Management*, *Long Range Planning*, *Strategic Organization* 等都在近三年相继发表专题论文探究该领域当前的不足和未来的研究方向。过去十多年的研究大多在争论商业模式的本质和内涵，尽管都提出商业模式创新对竞争优势有重要影响，然而对哪些因素能够促进商业模式创新仍然研究较少，主要局限于从网络惯性、组织学习和内部资源特征角度进行的案例分析。从惯性视角研究的主要观点认为商业模式创新必须打破既定的资源、流程、认知和网络惯性。Sosna 等（2010）以 *Naturhouse* 的案例分析提出商业模式创新是试错学习的过程。[4] Andries 和 Debackere（2013）进一步分析了学习推动商业模式创新的有效性。研究发现，商业模式越是复杂越需要通过突破性大

---

* 党兴华（1952-），汉族，陕西西安人，西安理工大学经济管理学院，教授，博士生导师，研究方向为技术创新管理；蔡俊亚（1965-），湖南郴州人，汉族，西安理工大学经济与管理学院博士研究生，湖南商学院计信学院副教授，研究方向为创新与知识管理。

的实验学习来建立新的商业模式。[5] 商业模式是试错学习和重新构建资源体系的过程，外部学习和动态能力是打破惯性的有力途径。然而，以往研究未能辨明不同类型的学习方式和动态能力对商业模式创新的影响。

# 二、理论分析与假设

针对商业模式的本质，目前学界接受最多的是 Amit 和 Zott 提出的活动系统观点。[3] 该观点认为商业模式的本质是价值创造和价值获取的活动系统。该系统包括两大要素：设计主题和设计要素。主题是以价值主张的形式表述出将所有要素连接起来构成系统的逻辑。要素是执行和实现价值主题的活动。这些活动分为活动内容、活动结构和活动治理三个方面。因此，商业模式创新包括两个步骤：第一，识别新的商业模式创新的机会，构思新的商业模式；第二，能够通过试错将新的商业模式变成实际运作的商业系统。两个步骤相互嵌套，共同构成了商业模式创新的核心环节。在施行过程中更多的是试错学习的过程，在这个过程中往往需要对整个商业模式进行优化调整。Amit 和 Zott 根据熊彼特创新理论提出，创造新颖的商业模式能够获得熊彼特租金。[1] 商业模式的新颖主要体现在新的价值主题和新的活动系统上。例如，连接新的交易主体、以新方式与现有合作者开展交易、设计新的交易机制等。Amit 和 Zott 利用创业企业的样本证明了新颖的商业模式能够显著地提高绩效。[2]

设计新颖商业模式的实质是打破行业既定的商业逻辑，构思新的商业逻辑和新的机制创造系统。惯性是商业模式创新的最大障碍。Nelson 和 Winter 是最早正式论述组织惯性的学者，在他们对于能力起源的研究中认为，企业能力的演化是以组织惯例为基础的。[6] 惯例作为能力的基础，具有良好的延续性，能够提高组织效率。然而，惯例的这些特征也导致企业在剧烈的环境变化中，往往不能及时调整和培养新的惯例，而仍然沿着原来的惯例对外部环境进行应对，从而导致组织惯性。Hannan 和 Freeman 在组织生态学的经典论述中分析认为，组织惯例能够帮助企业建立稳定的结构，但是也会导致组织难以适应剧烈变化的外部环境。[7] Leonard-Barton 在关于核心刚性的经典论文中提出，企业的惯性不仅来源于知识技能基础的刚性，还来源于价值观的刚性。[8] Gilbert 重新梳理了惯性的研究，分析认为惯性来源于惯例和资源。资源惯性是指既定的资源投入约束了组织学习的范围和动力，从而导致组织面对环境变化，仍然以既定的资源基础开展经营。[9] 惯例作为协调资源的组织过程，其变化涉及更多的部门协作，往往难以实现对环境的及时适应。

Christensen 提出惯性的来源不仅是资源和惯例，更重要的是价值观的惯性。[10,11] 这种价值观的惯性之所以出现是由价值创造的网络嵌入性决定的。研究提出，任何产品或服务的价值创造过程都是多个利益相关者主体共同完成的。现有企业围绕现有产品和服务经营的过程中，形成了嵌入在价值网络之内的惯例，这些惯例和流程往往难以在新的产品中应用。不同的产品/服务需要不同的价值网络体系来经营。[11] 商业模式创新，作为多个利益相关者共同创造价值和获取收益的行为系统，也具有网络嵌入性。这种网络嵌入性决定了，改变商业模式实质上就是改变交易的参与者、价值创造机制、收益获取和分配方式等网络惯例。因此，商业模式创新往往需要打破现有价值网络的惯例。因此，商业模式创新需要打破沿袭多年的行业套路和认知惯性。

打破惯性最好的途径就是接触新的知识和信息。组织学习理论认为，外部学习是打破惯性的重要因素。Chesbrough 提出商业模式创新的过程实质上是开放式学习的过程。[12] Christensen 提出惯性往往是由于既定的价值网络限制了价值网络之外的学习。[11] 因此，企业应该打破局限于价值网络之内的学习，而向价值网络之外的主体开展更广的学习，来扩展和打破现有价值网络带来的认知惯性。因此，研究将外部学习区分为行业内学习和行业外学习。行业内学习是指向既定的顾客、供应商、同行等现有价值网络成员学习的活动；行业外学习是指向既定价值网络之外的政府，科研机构，其他行业的企业、协会等进行学习的活动。两类学习能够为商业模式设计提供不同的信息和资源，成为影响商业模式创新的重要因素。

随着跨界竞争的频繁上演和互联网作用的蔓延，越来越多的学者开始关注知识距离，关注行业外知识和行业内知识的重要差异。Christensen 在《创新者的窘境》中最早提到企业需要跨越既定的行业边界寻求新的知识来避免破坏式创新的影响。[10] 在破坏式创新的研究中，Christensen 发现在位企业由于嵌入在行业内网络中，难以从行业外获取足够的知识来打破既定的商业逻辑，从而在屡次交锋中败给新进入的小企业。局限于既定的顾客、供应商和同行的学习行为往往带来价值网络惯性。行业内的顾客、供应商和同行构成的网络更多的是围绕现在的产品形成的，是现有商业逻辑的执行体系。因此，行业内学习得到的知识和信息往往是围绕现有商业系统的信息。这些信息往往帮助企业找到商业系统的不一致，提高现有商业模式的效率，进一步加强了网络惯性。行业内学习越多越难发现全新的价值主张，也会导致现有合作关系的改进而非全新的交易关系。在后续的研究中，Christensen 进一步指出企业要想在竞争中避免受到破坏创新的影响，必须善于学习行业外的知识。[11] 例如，从高校、科研机构、政府、其他行业获取新的知识和信息，能够帮助企业重新思考既定的商业逻辑，构建新的价值创造和价值获取体系。Geletkanycz 和 Hambrick 的研究也发现高管通过行业内的关系获取的知识和信息往往加强了既定的模式选择，引导企业选择同行业通用的模式；高管通过行业外关系获取的知识和信息帮助企业选择不同于同行的模式。[13] Atuahene-Gima 和 Murray，Stam 和 Elrfing，Boso 等也发现行业内学习会将企业的主导逻辑锁定在既定的商业活动中，而行业外学习能够帮助企业发现与现有商业模式不同的做法，帮助企业识别新颖的商业逻辑和新的交易模式。[14,15,16] 因此，研究提出：

**H1a：** 行业内学习与商业模式新颖性负相关。

**H1b：** 行业外学习与商业模式新颖性正相关。

商业模式创新不仅需要通过广泛地学习新的商业逻辑来重新构建价值创造和价值获取的主导逻辑，还需要重构资源将新的商业逻辑转换成新的行动系统。动态能力理论提出，企业要想重新构建资源需要建立动态能力。在商业模式创新的研究中，Bock 等，Doz 和 Kosonen，Achtenhagen 等都提出商业模式创新需要构建相适应的动态能力。[16,17,18] 然而，他们的案例分析并未能清晰地识别出需要的动态能力类型。就商业模式创新而言，企业不仅需要重新构建内部资源，还需要重新构建外部资源。内部资源整合能力（Resource Reconfiguration）是指企业进行内部资源的重新组合的能力。战略网络观点以及基于关系的观点都提出，企业的竞争优势可能也来源于嵌入在外部合作关系中的资源。对商业模式这一分析层面而言，外部资源的作用尤其突出，例如，如果没有银行、软件企业、供应商和顾客的资源，淘宝仅仅依靠内部资源是无法实现新的商业模式的。内部资源和外部关系资源共同构成了商业模式的资源基础，因此，商业模式创新不仅需要重构内部资源，还需要不断优化外部合作关系组合。以往研究将这种能力界定为联盟管理能力。联盟管理能力是指企业通过管理联盟关系来实现内外部资源协同和网络资源优化的能力。资源协同是指将自身资源与合作伙伴的资源进行互补，发挥联盟伙伴或者自身资源优势。资源优化是指根据合作需要和环境变化对潜入在合作网络中的资源进行整体优化的活动。

在商业模式创新的研究中，众多学者借用该理论分析不同形式的动态能力（如战略柔性等）对商业模式创新的影响。然而，这些研究大多依赖案例研究开展分析，往往先假定企业需要商业模式创新，而动态能力实质上是企业识别到商业模式创新机会之后，帮助企业实现商业模式创新，而非商业模式创新的前因变量。因此，动态能力更可能是辅助变量，内部重构能力和联盟管理能力在商业模式创新过程中更多地发挥调节作用。这种调节作用会随着企业的创新导向有所差异。

当企业开展的行业内学习活动更多时，企业更多的是依赖商业系统内的信息搜集来提高现有商业系统的效率而非设计新的商业系统。此时，内部重构能力和联盟管理能力越强越容易实现这一过程。内部重构能力提高帮助企业陷入"效率陷阱"而无法跳出现有的商业逻辑。联盟管理能力强的企业也往往是网络的核心企业，强大的联盟管理能力使致力提高现有商业模式效率的做法得到保持，进一步加强了网络惯性。内部重构能力和联盟管理能力加强了行业内学习对商业模式新颖性的抑制作用。因此，研究提出：

**H2a：** 内部重构能力加强了行业内学习与商业模式新颖性的负相关关系。

**H2b：** 联盟管理能力加强了行业内学习与商业模式新颖性的负相关关系。

与行业内学习相比，行业外学习往往能够给企业带来不同于现有商业模式的信息和知识，帮助企业提高改变现有商业模式的可能性。然而，尽管外部学习的范围越大越容易识别到新的商业逻辑，但这些新的商业模式构思要想获得实施会面临诸多困难。跨界竞争的众多案例说明，跨界学习带来的商业模式革新往往既需要更新内部资源也需要在试错过程中随时重构外部合作网络。当内部重构能力较弱时，新的商业模式往往难以执行。传统的动态能力研究主要作为基于资源观点的延伸，动态能力不论是以什么形式出现，其作用机制都是重构企业内部有价值、稀缺、难以模仿和难以替代的资源基础。随着商业模式的变化，内部资源作为商业模式的基础也应该随之重构。Christensen 的研究证明由于资源的专用性和流程的刚性，无法重构资源往往是新商业模式难以推行的重要原因。[10] 内部重构能力增强时，新商业模式的时间成本和执行风险大大降低，使人们更愿意对现有的商业模式进行大幅度的改进。Chesbrough 提出商业模式创新的过程是与合作伙伴共同学习的过程。[12] 这与"一对一"的联盟管理不同，往往需要企业持续不断地改进合作内容和合作关系组合，实现内部资源与合作资源的协同和优化。因此，企业需要根据新的商业模式重新在合作网络伙伴间进行选择，实现资源优化和资源协同效应。当外部学习识别到的商业模式创新机会越新颖，越需要提高联盟管理能力来降低商业模式执行过程中的风险，加快新商业模式构想的转化速度。内部重构能力和联盟管理能力加强了行业外学习对商业模式新颖性的促进作用。因此，研究提出：

**H3a：** 内部重构能力加强了行业外学习与商业模式新颖性的负相关关系。

**H3b：** 联盟管理能力加强了行业外学习与商业模式新颖性的负相关关系。

# 三、实证研究分析及结果

为了验证研究假设，本研究通过问卷，针对山东、江苏、河南、陕西四省市的企业进行了调研，并在对各个变量的测量信度和效度进行检验基础上采用多元回归分析对假设进行了实证检验。

## （一）样本选择及数据调研

本研究选择了中国东部的山东、江苏，中部的河南和西部的陕西四个省份的企业作为调研对象。在调研过程中，研究小组首先与各地高新技术开发区管理委员会（以下简称"高新区管委会"）取得联系。在高新区管委会提供的企业名单里面挑选了属于高新产业的企业作为调研对象。在选定企业之后，请高新区管委会通过电话与企业高层管理人员取得联系，并邀请企业参加调研。在企业同意后，通过走访的方式到企业现场填写问卷。这种方式能够确保填写问卷的人员为高管。这些高管主要为董事长、总经理、副总经理或工程师，熟悉企业的创新状况和总体战略，对问卷内容有充分的了解。本次调研向 4 个省份的 500 家企业发出邀请，同意参与的企业有 242 家。然而，由于时间无法协调、数据不完整等，回收有效问卷 212 份，问卷的总回收率为 42.4%。样本主要涉及电气设备、软件、通用设备、新材料、医药、专用设备等细分行业，样本详细特征如表 1 所示。为了降低同源带来的普通方法误差，每个企业请两位高管填写问卷的不同部分。为了避免样本回收偏差带来的影响，研究收集了未回收问卷企业的企业年龄和规模，并采用 T 检验对比了回收企业和未回收企业样本之间的差异。T 检验结果显示两组企业在年龄和规模方面不存在显著差异。因此，未回收偏差对研究结果的可靠性产生威胁的可能性较小。

表 1　样本特征描述

| 企业特征 | 百分比（%） | 企业特征 | 百分比（%） |
| --- | --- | --- | --- |
| 1. 企业年龄 | | 3. 企业销售额 | |
| 0~5 年 | 7.34 | 1000 万元以下 | 15.34 |
| 6~10 年 | 42.66 | 1000 万~1 亿元 | 57.71 |
| 11~15 年 | 44.66 | 1 亿元以上 | 17.71 |
| 15 年以上 | 5.34 | 未填 | 9.14 |
| 2. 企业规模 | | 4. 企业所有制形式 | |
| 1~50 人 | 14.36 | 国有及国有控股 | 23.07 |
| 51~100 人 | 36.50 | 私营企业 | 59.32 |
| 101~200 人 | 24.29 | 外资企业 | 17.62 |
| 200 人以上 | 24.86 | | |

## （二）测量指标

研究采用文献中成熟的量表来测量商业模式新颖性、行业内学习与行业外学习、内部重构能力、联盟管理能力以及控制变量。

（1）商业模式新颖性：Zott 和 Amit 提出商业模式创新是指企业进行新的价值创造、传递和收益获取方式的活动[2]。本研究沿用了 Zott 和 Amit 的测量指标，采用 11 个指标测量商业模式新颖性。测量指标如表 2 所示。

表 2　变量测量信度、效度指标

| 变量 | 指标 | 因子载荷 | α 值、CR 值和 AVE 值 |
| --- | --- | --- | --- |
| 商业模式新颖性 | 1. 引入了新的合作者 | 0.658 | α=0.935<br>CR=0.926<br>AVE=0.568 |
| | 2. 代表了产品、服务和信息的新组合 | 0.656 | |
| | 3. 采用新的方式激励合作伙伴 | 0.666 | |
| | 4. 引入大量的、全新的、多样化合作伙伴 | 0.647 | |
| | 5. 用新方式将各种参与者紧密联系起来 | 0.681 | |
| | 6. 采用了新的交易方式 | 0.694 | |
| | 7. 创造了新的盈利方式 | 0.846 | |
| | 8. 创造了新的盈利点 | 0.847 | |
| | 9. 引入新的思想、方法和商品 | 0.875 | |
| | 10. 引入新的运作流程、惯例和规范 | 0.853 | |
| | 11. 总体来说，是非常新颖的 | 0.878 | |
| 行业内学习 | 1. 终端顾客 | 0.698 | α=0.728<br>CR=0.831<br>AVE=0.553 |
| | 2. 供应商 | 0.791 | |
| | 3. 分销商 | 0.835 | |
| | 4. 同行 | 0.635 | |

续表

| 变量 | 指标 | 因子载荷 | α 值、CR 值和 AVE 值 |
|---|---|---|---|
| 行业外学习 | 1. 政府部门 | 0.759 | α=0.844<br>CR=0.885<br>AVE=0.563 |
| | 2. 大学 | 0.789 | |
| | 3. 科研机构 | 0.769 | |
| | 4. 媒体（网络、报纸杂志、电视等） | 0.776 | |
| | 5. 其他行业的顾客 | 0.738 | |
| | 6. 各类会议 | 0.662 | |
| 内部重构能力 | 1. 公司能够针对不同产品重新配置资源用途 | 0.860 | α=0.874<br>CR=0.914<br>AVE=0.727 |
| | 2. 公司善于对产品的资源链条进行重新构建 | 0.880 | |
| | 3. 公司能够有效地改变内部组织流程 | 0.854 | |
| | 4. 公司能够有效地创造新的资源组合 | 0.815 | |
| 联盟管理能力 | 1. 善于将自身优势与合作者的优势资源进行匹配 | 0.836 | α=0.890<br>CR=0.920<br>AVE=0.697 |
| | 2. 善于使合作者的资源优势得到充分发挥 | 0.849 | |
| | 3. 善于使自己的优势得到充分的发挥 | 0.846 | |
| | 4. 善于根据环境变化对各方资源进行重新优化 | 0.837 | |
| | 5. 善于根据合作需要优化整个合作网络的资源配置 | 0.806 | |

（2）行业内学习与行业外学习：本研究沿用 Laursen 和 Salter 的测量方法。[19] 首先，在访谈的基础上识别出了中国企业常用的 10 个知识获取渠道：①终端顾客；②供应商；③分销商；④同行；⑤政府部门；⑥大学；⑦科研机构；⑧媒体（网络、报纸杂志、电视等）；⑨其他行业的顾客；⑩各种会议。要求被访企业标明企业是否利用以上 10 个渠道获取的知识，并按照 1~5 分进行评分。在此基础上，研究将终端顾客、供应商、分销商、同行四个指标的平均值作为行业内学习的测量指标，将政府部门、大学、科研机构、媒体（网络、报纸杂志、电视等）、其他行业的顾客、各种会议六个指标的平均值作为行业外学习的测量指标。

（3）内部重构能力：在 Teece，Galunic 和 Rodan，Sirmon 等的研究基础上，[20,21,22] 本文采用 4 个指标测量内部资源重构能力：①公司能够针对不同产品重新配置资源用途；②公司善于对产品的资源链条进行重新构建；③公司能够有效地改变内部组织流程；④公司能够有效地创造新的资源组合。

（4）联盟管理能力：根据 Rothaermela 和 Deeds，Schilke 和 Goerzen，Leischnig 等的研究，[23,24,25] 本文采用 5 个指标测量联盟管理能力：①善于将自身优势与合作者的优势资源进行匹配；②善于使合作者的资源优势得到充分发挥；③善于使自己的优势得到充分的发挥；④善于根据环境变化对各方资源进行重新优化；⑤善于根据合作需要优化整个合作网络的资源配置。

（5）控制变量：研究选取了企业规模、企业年龄、行业类型作为主要的控制变量。规模的大小反映了企业资源的富裕程度，一般而言，大企业的资源相对丰富，而小企业则资源较为匮乏。企业资源的富裕程度直接影响企业能力提高的资源投入程度。在研究当中，企业规模一般通过企业员工数量或者资产规模进行衡量。研究采用企业总资产来衡量企业规模的大小。根据 Baum 等，Chattopadhyay 等的研究，为了避免数量型变量分布左偏或者右偏给研究带来的误差，研究采用企业总资产的自然对数转换值来测量。[26,27] 企业成立时间越长，越会积累提高能力的相关经验。研究用企业成立到被采访时持续的年数来测量企业成立时间。为了避免数量型变量分布左偏或者右偏给研究带来的误差，研究采用企业年龄的自然对数转换值来测量。不同行业的企业创新状况差异较大。尤其是高新技术企业和非高新技术企业之间在创新层次、技术含量和创新水平方面都有较大差异。因此，本研究把是否是高新企业作为控制变量，采用虚拟变量进行测量，是高新技术企业编码为 1，不是高新技术企业编码为 0。

### （三）测量信度、效度检验及普通方法误差

首先，研究采用被广泛采用的科隆巴赫 α 系数对测量指标的可靠性进行了检验。如表 2 所示，多指标测量的商业模式新颖性、行业内学习、行业外学习、联盟管理能力、内部重构能力的 α 系数都大于 0.7，说明问卷测量的可靠性达到研究要求。其次，聚敛效度方面，如表 2 所示各个指标的因子载荷都大于 0.6，各个指标的 AVE 值也都大于 0.5。根据 Fornell 和 Larcker 提出的标准，测量的聚敛效度较好。[28] 研究采用 $\Delta \chi^2$ 法检验了变量的区别效度。在 $\Delta \chi^2$ 法中，研究任取两组变量比较自由和固定的 CFA 双因子模型的拟合 $\chi^2$ 是否存在显著差异。研究发现各变量之间的 $\Delta \chi^2$ 存在显著差异，说明变量之间有较好的区别效度。最后，为了避免同源带来的普通方法误差可能对研究结果的可靠性带来威胁。Podsakoff 等（2003）提出分离自变量和因变量的测量问卷的来源是避免普通方法误差最好的方法。因此，为了避免普通方法误差，本研究在每个企业请两位高管分别填写问卷的不同部分。商业模式新颖性、控制变量的测量问卷来源于高管 A，行业内学习、行业外学习、联盟管理能力、内部重构能力的测量问卷来源于高管 B。因此，普通方法误差威胁本研究结果可靠性的机会较小。[29]

### （四）分析方法及结果

相关分析的目的是初步检查变量之间是否存在相互影响，它反映的是变量间相互作用的可能性，而不是反映因果关系，而且并不考虑控制变量和调节变量在其中的作用。通过相关系数分析，可以初步判断变量相关程度，决定是否存在多重共线性。本文利用 SPSS16.0 把所有相关变量作 Pearson 相关分析（见表 3）。从相关系数表中可以看出，结构变量间的相关系数没有超过 0.7，分析结果不会受到多重共线性的严重威胁。

**表 3　指标的描述性统计及相关系数**

| | 均值 | 标准差 | 1 | 2 | 3 | 4 | 5 | 6 | 7 | 8 |
|---|---|---|---|---|---|---|---|---|---|---|
| 1.企业年龄 | 2.31 | 0.79 | 1.00 | | | | | | | |
| 2.企业规模 | 5.21 | 1.53 | 0.65** | 1.00 | | | | | | |
| 3.高新企业 | 0.78 | 0.42 | 0.14* | 0.05 | 1.00 | | | | | |
| 4.联盟管理能力 | 3.95 | 0.61 | −0.11 | 0.02 | 0.06 | 1.00 | | | | |
| 5.内部重构能力 | 3.68 | 0.70 | −0.15* | −0.03 | 0.09 | 0.47** | 1.00 | | | |
| 6.行业内学习 | 3.31 | 0.74 | 0.00 | 0.08 | −0.10 | 0.18* | 0.29** | 1.00 | | |
| 7.行业外学习 | 3.02 | 0.79 | −0.02 | 0.06 | 0.06 | 0.31** | 0.48** | 0.55** | 1.00 | |
| 8.商业模式新颖性 | 3.61 | 0.66 | −0.10 | −0.03 | 0.14* | 0.66** | 0.47** | 0.26** | 0.36** | 1.00 |

注：* 代表 p<0.05，** 代表 p<0.01，*** 代表 p<0.001。

研究使用 SPSS16.0 统计软件对各项假设进行检验。在回归分析中，严格按照分层回归分析（Hierarchical Regression Analysis）的方法，第一步只引入控制变量，第二步引入主变量，第三步引入调节变量以及主变量和调节变量的交互项。在引入交互项时，对相关变量进行了均值中心化处理（也就是使得 X=0），以最小化回归方程中可能出现的多重共线性。根据 SPSS 分析的结果，所有模型中每个变量的容限度（Tolerance）均大于 0.1，通过对后面将要进行的变量之间回归模型中的 VIF 计算可知，模型中各个自变量的方差膨胀因子都小于 1.7，因此可以认为，这些自变量之间不存在较强的多重共线性问题。表 4 显示了回归分析结果。

**表4 回归结果汇总表**

| 因变量：商业模式新颖性 | 模型1 | 模型2 | 模型3 |
|---|---|---|---|
| 1.企业年龄 | −0.179** | −0.155** | −0.031 |
| 2.企业规模 | 0.181** | 0.016 | −0.112* |
| 3.行业类型（高新） | 0.154** | 0.238** | 0.130* |
| 4.行业内学习 | | −0.114 | −0.120* |
| 5.行业外学习 | | 0.318** | 0.165** |
| 6.内部重构能力 | | | 0.248** |
| 7.联盟管理能力 | | | 0.421** |
| 8.内部重构能力（行业内学习） | | | −0.240** |
| 9.联盟管理能力（行业内学习） | | | −0.095* |
| 10.内部重构能力（行业外学习） | | | 0.221** |
| 11.联盟管理能力（行业外学习） | | | 0.256** |
| R² | 0.269 | 0.342 | 0.591 |
| 调整后 R² | 0.202 | 0.301 | 0.493 |
| F 值 | 4.003** | 8.199** | 6.046** |

注：* 代表 p<0.05，** 代表 p<0.01。

研究先将控制变量加入模型1，模型2验证了行业内学习和行业外学习对商业模式新颖性的影响，结果显示行业内学习的回归系数显著为负而行业外学习的回归系数显著为正。说明行业内学习会降低商业模式新颖性而行业外学习会提高商业模式新颖性。因此，H1a 和 H1b 得到充分支持。

为了检验内部重构能力和联盟管理能力的调节作用，研究在模型3中加入了各个调节变量及其交互项。模型3显示，内部重构能力、联盟管理能力与行业内学习的交互项回归系数显著为负，而两种能力与行业外学习的交互项回归系数显著为正。根据 Aiken 和 West（1991）的建议，为了更好地验证该调节作用，[30] 研究绘制了调节效应图1a、图1b、图2a、图2b。图1a 和 图1b 显示，当内部重构能力或联盟管理能力由低变高时，行业内学习与商业模式新颖性的负向关系变强。因此，H2a 和 H2b 得到支持。图2a 和 图2b 显示，当内部重构能力或联盟管理能力由低变高时，行业外学习与商业模式新颖性的正向关系变强。因此，H3a 和 H3b 得到充分支持。

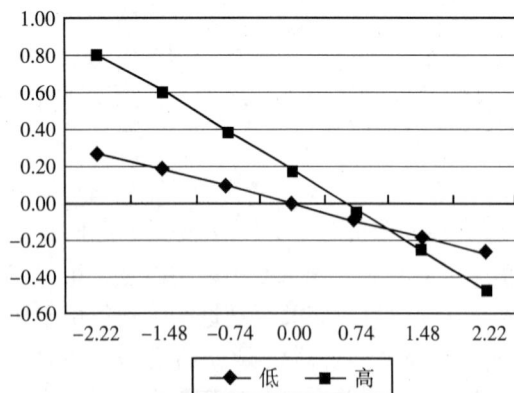

图1a 内部重构能力（行业内学习）

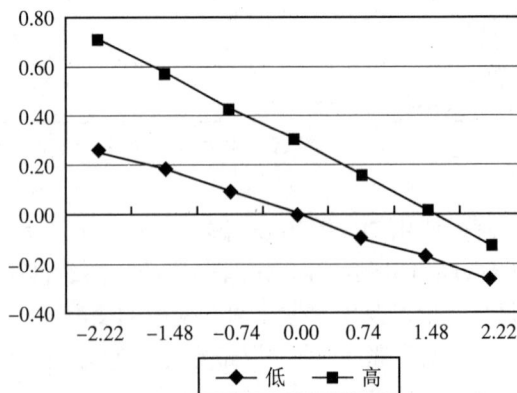

图1b 联盟管理能力（行业内学习）

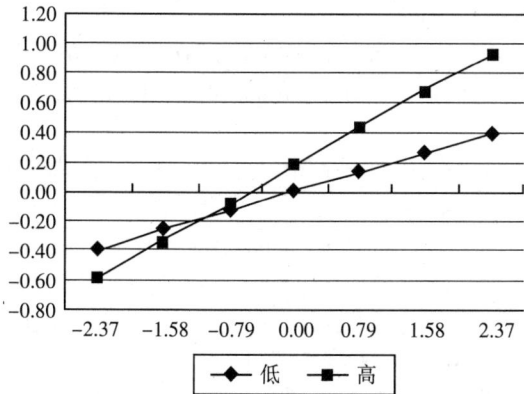

图 2a　内部重构能力（行业外学习）　　　　图 2b　联盟管理能力（行业外学习）

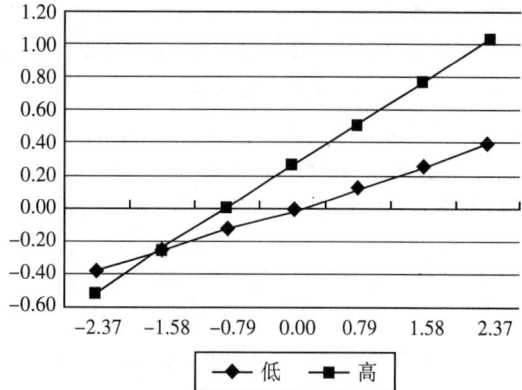

# 四、结论与讨论

本研究辨明了行业内学习与行业外学习对商业模式创新的影响关系，发现行业内学习和行业外学习对商业模式新颖性有不同的影响，行业外学习才能够真正提高商业模式的新颖性，过多地开展行业内学习还会降低商业模式新颖性。本研究针对商业模式创新的特点，将动态能力区分为内部重构能力和联盟管理能力，并分析了两类能力与两类学习对商业模式新颖性的共同影响。研究发现，两类动态能力的调节作用因学习类型而异。动态能力会加强行业内学习对商业模式新颖性的降低作用，同时也会加强行业外学习对商业模式新颖性的促进作用。以往研究在案例分析的基础上从组织学习角度分析了商业模式创新，然而这些研究都未能识别推动商业模式创新的学习类型，本研究扩展了以往组织学习视角的研究，也明确了内部重构能力和联盟管理能力的调节作用。以往研究都认为动态能力在商业模式创新中有重要作用，然而这些研究并没有明确动态能力的类型以及如何发挥作用。本研究弥补了动态能力视角研究的不足，界定和证明了内部重构能力和联盟管理能力的不同调节作用。实证方面，研究采用大样本实证分析，提供了更具外部效度的实证证据。

尽管企业界普遍认为设计更新的商业模式是网络环境下创造竞争优势的关键，但是究竟哪些要素能够促进这一进程？本研究为回答这一现实问题提供了很好的启示。首先，处在开放的学习环境下，企业的学习距离必须够远才能够真正对发现新颖的商业模式有促进作用。这种学习不仅需要跳出企业边界，还需要跳出既定的价值网络。企业越是在既定的商业网络内学习越难以跳出沿袭多年的商业套路。企业必须注意到，同一个价值网络内的顾客、供应商和同行虽然在产业内的位置不同，但是都共享了现有的商业惯例。越是执着于行业内学习，企业会越难发现新的商业模式。要跳出这样的陷阱，必须实现跨界学习，从不局限于同一行业的信息来源学习。例如，高校、政府、其他行业的顾客等能够给企业带来新的商业逻辑，帮助企业设计新颖性较高的商业模式。其次，高管需要警惕较高的动态能力带来的"近距离适应陷阱"。当企业执着于行业内学习时，企业能力越强反而越容易嵌入在现有的商业逻辑中。因此，对内部重构能力和联盟管理能力强的企业而言，更需要跨行业的学习来避免不断加强的网络惯性给商业模式创新带来的限制作用。对执着于行业外学习的企业而言，必须构建较好的内部重构能力和联盟管理能力来降低新颖的商业构思在实施过程中的成本和风险。

**参考文献**

[1] Amit R., Zott C.. Value Creation in E-business[J]. Strategic Management Journal, 2001, 22 (6/7).

[2] Zott C., Amit R.. Business Model Design and the Performance of Entrepreneurial Firms [J]. Organization Science, 2007, 18 (2).

[3] Zott C., Amit R.. Business Model Design: An Activity System Perspective [J]. Long Range Planning, 2010 (43).

[4] Sosna M., Trevinyo-Rodriguez R. and Velamuri S.. Business Model Innovation Through Trial-and-error Learning: The Naturhouse Case [J]. Long Range Planning, 2010 (43).

[5] Andries Koenra and Debackere. Business Model Innovation: Propositions on the Appropriateness of Different Learning Approaches [J]. Creativity and Innovation Management, 2013, 7 (4).

[6] Nelson R. R., Winter S.G.. An Evolutionary Theory of Economic Change [M]. Belknap Press: Cambridge, MA, 1982.

[7] Hannan M. T., Freeman J. H.. Structural Inertia and Organizational Change [J]. American Sociological Review, 1984, 49 (2).

[8] Leonard-Barton D. Core Capabilities and Core Rigidities: A Paradox in Managing New Product Development [J]. Strategic Management Journal, 1992, 13 (5).

[9] Gilbert C. G.. Unbundling the Structure of Inertia: Resource Versus Routine Rigidity [J]. Academy of Management Journal, 2005, 48 (5).

[10] Christensen C.M.. The Innovator's Dilemma [M]. Boston: Harvard Business School Press, 1997.

[11] Christensen C. M. and Raynor M. E.. Innovator's Solution [M]. Boston: Harvard Business School Press, 2003.

[12] Chesbrough H.. Business Model Innovation: Opportunities and Barriers [J]. Long Range Planing, 2010 (43).

[13] Geletkanycz M.A. and Hambrick D.C.. The Externalties of Top Executives: Implications for Strategic Choice and Performance [J]. Administrative Science Quarterly, 1997 (42).

[14] Kwaku Atuahene-Gima, Janet Y. Murray. Exploratory and Exploitative Learning in New Product Development: A Social Capital Perspective on New Technology Ventures in China [J]. Journal of International Marketing, 2007, 15 (2).

[15] Stam W., Elfring T.. Entrepreneurial Orientation and New Venture Performance: The Moderating Role of Intra-and Extraindustry Social Capital [J]. Academy of Management Journal, 2008 (51).

[16] Bock A. J., Opsahl T., George G. and Gann D. M.. The Effects of Culture and Structure on Strategic Flexibility During Business Model Innovation [J]. Journal of Management Studies, 2012 (49).

[17] Doz Y. L. and Kosonen M.. Embedding Strategic Agility[J]. Long Range Planning, 2010 (43).

[18] Leona Achtenhagen, Leif Melin, Lucia Naldi. Dynamics of Business Models-Strategizing, Critical Capabilities and Activities for Sustained Value Creation [J]. Long Range Planning, 2013 (46).

[19] Laursen K. and Ammon Salter. Open For Innovation: The Role of Openness in Explaining Innovation Performance Among U.K. Manufacturing Firms [J]. Strategic Management Journal, 2006 (27).

[20] Teece D.J., Pisano G. and Shuen A.. Dynamic Capabilities and Strategic Management [J]. Strategic Management Journal, 1997, 18 (7).

[21] Galunic C. and Rodan S. Research Notes and Communications-Resource Recombination in the Firm: Knowledge Structures and the Potential for Schumpeterian Innovation [J]. Strategic Management Journal, 1998 (19).

[22] Sirmon et al.. Resource Orchestration to Create Competitive Advantage: Breadth, Depth and Life Cycle Effects [J]. Journal of Management, 2010 (37).

[23] Rothaermel F. T. and Deeds D. L.. Alliance Type, Alliance Experience and Alliance Management Capability in High-technology Ventures [J]. Journal of Business Venturing, 2006 (21).

［24］ Schilke O., Goerzen A.. Alliance Management Capability: An Investigation of the Construct and Its Measurement ［J］. Journal of Management, 2010, 36 (5).

［25］ Leischnig A., Geigenmueller A., Lohmann S.. On the Role of Alliance Management Capability, Organizational Compatibility, and Interaction Quality in Interorganizational Technology Transfer ［J］. Journal of Business Research, 2014 (67).

［26］ Baum J. R., Locke E. A. and Smith K. G.. A Multidimensional Model of Venture Growth ［J］. Academy of Management Journal, 2001, 44 (2).

［27］ Chattopadhyay P., Glick W. H., Huber G. P.. Organizational Actions in Response to Threats and Opportunities ［J］. Academy of Management Journal, 2001, 44 (5).

［28］ Fornell C. and Larcker D. F.. Evaluating Structural Equation Models with Unobservable Variables and Measurement Error ［J］. Journal of Marketing Research, 1981, 18 (1).

［29］ Podsakoff P. M., MacKenzie S. B., Lee J.-Y. and Podsakoff N. P.. Common Method Bias in Behavioral Research: A Critical Review of the Literature and Recommended Remedies ［J］. Journal of Applied Psychology, 2003, 88 (5).

［30］ Aiken L. S. and West S. G.. Multiple Regression: Testing and Interpreting Interactions ［M］. Newbury Park: Sage Publication, 1991.

# 技术水平、合理性营销战略与企业绩效之间的关系研究

吴君艳　王建玲*

[摘要] 中国自主研制民用大型客机起步较晚，面对波音、空客在中国民用航空市场的垄断局面，如何提高企业绩效，在国内市场分得一杯羹，成为国内研究民用飞机研发与营销的重要议题。本文构建民用飞机的技术水平、合理性营销战略与企业绩效之间关系的概念模型，并以北京、上海等地的飞机制造单位、航空公司和机场的 220 名职工为样本，进行问卷调查。基于结构方程模型的实证结果表明：技术水平与企业绩效显著正相关；合理性营销战略与企业绩效显著正相关；技术水平与合理性营销战略显著正相关。该结论进一步丰富了合理性营销战略研究，并为民用飞机制造商如何提高企业绩效做出了理论指导。

[关键词] 民用飞机；技术水平；合理性营销战略；企业绩效

# 一、引言

在最新的波音市场预测分析报告中显示，未来 20 年内，全世界范围内对新飞机的需求为35280 架，其中值得一提的是，约为 24670 架飞机是单通道客机，主要需求地是以中国为代表的新兴市场。由此，中国自主研制民用飞机拥有良好的市场前景，但中国商飞作为民用飞机制造的新进入者，即使在中国市场具有本土优势，但面对强大的竞争对手波音和空客两大航空制造巨头，争夺市场份额也并不容易。近几年，国内高速铁路的快速发展冲击着国内民用航空市场。这一系列的现实外在环境，使我国民用飞机制造商的生存发展正面临着严峻考验。

发展民用飞机，技术水平是核心竞争力。但是提升飞机产品的竞争力，不能只依靠技术水平，而是应该依靠研发、制造到营销、售后服务的整体模式。飞机产品的技术水平是民用飞机制造商提高企业绩效的基础，而一套切实可行的营销战略方案则是民用飞机得以长期发展的另一驱动因素。因此，本文就从民用飞机的技术水平和营销战略出发，研究两者如何影响民用飞机制造商的企业绩效。合理性营销的出发点是，对于企业而言，它们有着极为强大的动力与政府意见、法律法规或被认为理所当然的规则保持一致；反之，则可能失去组织声誉以及合理性，甚至失去持续经营的资格。合理性是组织重要的资源，是获得连续资源流和组织赞助者的持续支持的先决条件。民用飞机的发展需得到政府和国家的支持，因此，本文尝试将合理性营销战略用于民用飞机的背景下具有实用性。回顾现有文献，发现研究民用飞机的技术水平和营销战略的文章很多，但不足

---

* 吴君艳（1989-），女，江苏苏州人，硕士研究生，研究领域为市场营销；王建玲，女，江苏南京人，副教授，博士，研究领域为市场营销。

之处可供参考的实证研究较少，本文试着从实证的角度研究技术水平、合理性营销战略与企业绩效之间的关系，为民用飞机的绩效研究添砖加瓦。

文章的出发点是技术水平会对民用飞机的营销战略和绩效造成直接影响，进而探讨合理性营销战略在技术水平与企业绩效之间的中介作用，为民用飞机制造商提高企业绩效提供指导。

# 二、文献回顾

## （一）技术水平

技术完备水平（Technology Readiness Level，TRL）是一种衡量技术发展（包括材料、零件、设备等）成熟度的指标，为部分美国联邦政府的机构及国际性公司所使用，在应用相关技术前，须先衡量技术的成熟度。

技术水平一直是航空界关注的重点。民用大型飞机作为商用客机，与追求高飞行性能、高机动性的军用飞机不同，侧重飞机的安全性、经济性、环保性与舒适性四方面的技术水平，即以装载更多、耗油更少、飞得更快、旅客更加安全舒适等为发展目标。

安全性是在系统全寿命周期内，在规定的或非规定的条件下，都能保持稳定、完整、有序的可控状态的程度。安全性表现在以下三个方面：一是飞机故障，比如机械系统故障；二是飞机设计中存在的缺陷；三是飞行中飞机状态的变化。飞机的飞行环境的变化，机组人员在面临突发性事件时对飞机的操控能力都直接影响到飞机的安全飞行。经济性是指飞机固定成本下所提供的运输能力。影响经济性的主要飞机设计参数，如航程、载客人数、发动机的燃油效率等之间存在直接的关系。民用飞机经济性评价指标常用的还有可提供座公里、座公里成本和燃油成本。改善飞机的环保性能成为当前航空制造的重要任务。飞机对环境的影响主要概括为两个方面：噪声和排放。舒适性是在综合作用影响下人们所产生的主观感觉。民机客舱的舒适性设计主要有客舱座椅布局、照明和娱乐设施这三个方面。

现阶段，我国自主研制新型单通道大型客机 C919，设计特点有：更加合理的客舱布局，改善了乘客乘坐的舒适性；采用的新一代发动机，提高经济性，相比现役飞机直接使用成本降低 10%；碳排放减少 50%，注重环保性能。这些好的设计理念使 C919 大型客机能更好地满足市场要求。

## （二）合理性营销战略

合理性是在现行的社会规范、价值观、信念和定义下，用来判断组织的行为是否是社会所需要的、合适的、恰当的感知或假设。组织合理性涉及组织文化的支持度，在某种程度上，既定文化序列解释了它的存在性、功能和权限。合理性组织满足并遵照社会期望，从而它是被社会所接受的，是有价值的，并且理所当然被视为正确的、适合的。

Suchman 于 1995 年将组织合理性分为三种类型：实用合理性（Pragmatic Legitimacy）、认知合理性（Cognitive Legitimacy）、道德合理性（Moral Legitimacy）。

实用合理性是自利群体（即部分组织拥护者）从组织的行为和结果中获得的切实利益。比如：直接地或间接地接受一些利益，像收入；从间接的企业活动中获得社会效益，像创新。

认知合理性体现在当前社会背景下视一个组织或者组织的行为为不可避免的和理所当然的。比如在参与者的头脑里没有疑虑地将它作为十分自然的方式进而影响一系列组织行动。

道德合理性最终会涉及有意识地对组织以及组织行为的道德判断。它反映一个忠实于既定社会道德准则的逻辑，根本区别于狭隘的私利。

Dowling 和 Pfeffer 于 1975 年提出组织获得合理性的三种战略：①顺从性战略主要是指企业的产出、目标、经营方法与主流合理性的定义保持一致。在本研究中，顺从性战略主要是针对制度环境中的规制压力而言的，组织为了获得政府的支持，可采取的策略有遵守国家的法律法规、加强与政府之间的沟通。通过满足于重要利益攸关者（政府）的利益而获得实用合理性。②凸显性战略主要是指企业通过沟通宣传策略凸显组织在合理性属性（如行业标准、环节标准、社会责任）上的表现。企业通过一系列手段，积极地影响社会期望，造就一个公共形象。这有助于企业获取认知合理性和规范合理性（道德合理性）。③操控性战略主要是指企业试图改变目前社会对于合理性的认知以使其与组织目前的行为保持一致。本研究中的操控性战略主要是引领消费者的消费潮流，改变刻板印象，这有助于获取实用合理性和认知合理性。

对于组织而言，合理性是重要的资源，是获得连续资源流和组织赞助者的持续支持的先决条件。在公众看来，组织具有合理性意味着它的存在符合社会正义的基本要求。正因如此，公众愿意积极支持这类组织，使得它们发展壮大，或者至少在它们的发展过程中不设置障碍。公众的社会支持不仅表现为顾客忠诚，即愿意持续地购买这家公司的产品，也来自于构成社会的其他更广泛的领域，包括政府法规、公众舆论以及人才市场等。合理性营销战略的构建过程如图1所示。

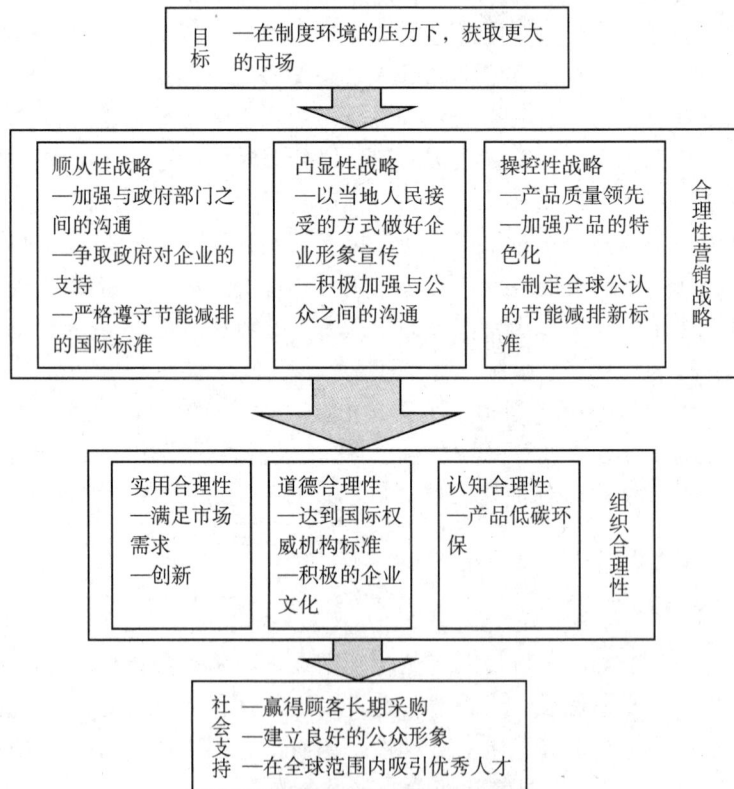

**图1 合理性营销战略的构建过程**

## （三）企业绩效

企业绩效是组织中个人（群体）在特定时间内的可描述的工作行为和可测量的工作结果，以及组织结合个人（群体）在过去工作中的素质和能力，指导其改进完善，从而预计该人（群体）在未来特定时间内所能取得的工作成效的总和。

对于企业绩效的维度，学者并没有达成一致的见解。本研究将企业绩效分为财务绩效和成长绩效，并采用主观指标代替客观数据的量表来衡量企业绩效。财务绩效和成长绩效分别从不同角度反映企业的经营状况，综合性地体现企业绩效。Hoy，McDougall 和 Souza 认为，成长绩效不仅能够反映公司的发展变化，也可以对企业未来发展状况进行预测。Ireland，Reutzel 和 Webb 认为，财务绩效和成长绩效二者相辅相成，共同构成企业绩效。良好的财务绩效使企业有更丰富的资源来分配，能够减少企业分配资源的难度，同时通过合理的资源分配有利于企业快速成长，良好的财务绩效能为企业采取措施提高其核心竞争能力提供有力的支持，即良好的财务绩效能够促进企业成长绩效的提高。同时，有效的成长绩效有利于企业财务绩效的实现。本研究从财务绩效和成长绩效两个维度来测量企业绩效。

# 三、概念模型与研究假设

## （一）模型构建

在国内外学者相关研究成果的基础上，本文研究将合理性营销战略作为技术水平对企业经营绩效影响的中介变量，构建了技术水平、合理性营销战略与企业经营绩效的概念模型，如图2所示。

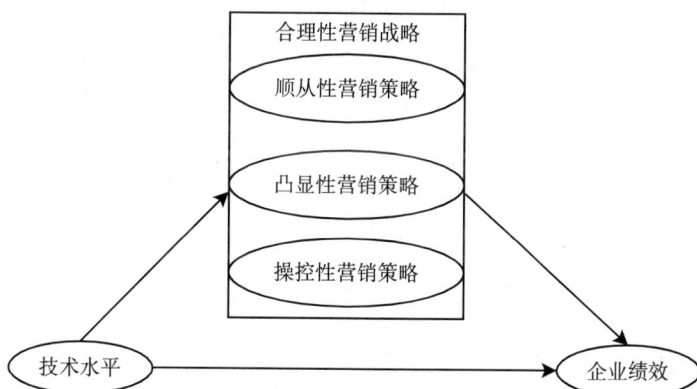

**图2 技术水平、合理性营销战略与企业绩效之间的概念模型**

## （二）研究假设

本文首先检验技术水平对企业绩效、合理性营销战略对企业绩效、技术水平对合理性营销战略的直接影响，其次检验合理性营销战略在技术水平与企业绩效之间的中介作用。

1. 技术水平对企业绩效的影响

高科技企业中，冯子朔（2013）总结出优势竞争者对于产品技术水平十分重视，因发明而拥有较多专利权的企业，将享有专利资源的独特性，从而构成竞争优势，相较于防御模仿者，注重创新者及流程发展者能创造资源价值，具有较高的经营绩效。中国高科技企业能力建设和企业发展战略都正向作用于企业绩效，其中最为看重的是产品技术的发展水平。在民用飞机制造企业中，制造商设计飞机产品时设定的技术参数与该机型最终赢得顾客的采购订单有直接关系。企业技术革新以潜在或现有的顾客需求为导向，技术的革新有助于企业获得市场份额，进而提高企业绩效。张译文和张卓（2010）认为坚持技术创新是空客不断发展完善自我，提高竞争实力，保持竞争优势的根本。空客公司不断追求技术创新，充分发挥后发优势，各国政府共同承担巨额研发费用，其研发占比高于波音，这也是空客近些年获得的市场份额追赶上波音的重要原因之一。

研究者指出组织必须拥有保持技术创新的能力，并具有新产品实现商业化的能力，为的是通过达到甚至超过顾客的期望，来提高企业绩效。

本研究提出第一个假设：

**H1**：技术水平与企业绩效显著正相关。包括以下四个子假设：

**H1a**：技术水平的安全性维度与企业绩效显著正相关。

**H1b**：技术水平的经济性维度与企业绩效显著正相关。

**H1c**：技术水平的环保性维度与企业绩效显著正相关。

**H1d**：技术水平的舒适性维度与企业绩效显著正相关。

2. 合理性营销战略对企业经营绩效的影响

营销战略对企业开发新产品和开拓新市场都有所帮助。相对于其他企业，中国的高技术企业想有更高绩效必须制定战略来应对它所处的市场环境。对于高科技企业，组织创新者需要战略性地回应制度环境压力对组织产生的反向制衡作用来提高企业的创新性。在顺从制度压力和制度性企业家精神的双重形式下，创新者必须取得合理性。合理性并不仅是授权访问制度环境的通道，同样涉及经济环境中企业的现实生存，是关乎未来获得有形资源的一个重要先决条件。

合理性组织满足并遵照社会期望，从而是被社会所接受的，是有价值的，并且理所当然被视为正确的、适合的。组织在面临制度环境的压力时，会驱使其寻求合理性。具体表现为组织遵循制度层面的期望与要求，就能获取更多的资源，从而提高组织合理性和生存的可能性。民用飞机的营销战略运用合理性理论能充分地考虑到以上方面，维持组织与国家政府、专业机构、利益群体及一般公众之间的关系，从而获得合理性，采取的营销战略更能有效地为组织谋取利益。

Scott（2008）认为企业在中国做交易必须顺从其固有的社会规范和制度来确保合理性与效率，提升企业绩效。Tsai-Ju Liao，Chwo-ming 和 Joseph Yu（2012）基于合理性理论，指出获得当地政府的支持对企业财务绩效有正向影响作用。汪涛（2012）认为外部制度环境对企业国际化有着重要的影响。基于制度理论，企业合理化营销战略正向影响企业绩效。组织不能适应所处市场的制度环境，对企业绩效呈现负向影响。换句话说，组织处在有利的制度环境下，企业绩效就会提高。

本研究提出第二个假设：

**H2**：合理性营销战略与企业绩效显著正相关。包括以下三个子假设：

**H2a**：合理性营销战略的顺从性维度与企业绩效显著正相关。

**H2b**：合理性营销战略的凸显性维度与企业绩效显著正相关。

**H2c**：合理性营销战略的操控性维度与企业绩效显著正相关。

3. 技术水平对合理性营销战略的影响

P. Rajan Varadarajan 和 Manjit S. Yadav（2002）认为市场营销战略关注的是调查了解并预测市场行情，目的是有效利用市场资源，来提高竞争优势，是加强企业与供应商和销售商之间关系的一系列市场行为。他们指出企业所在的行业、企业拥有的独特的技能和资源、宏观环境是企业竞争战略制定的影响因素。Rajan Varadarajan（2011）再一次针对企业市场营销战略的形成因素做了研究探讨，提出市场营销战略是由企业特征、提供的产品特征、目标客户特征、产业特征、宏观环境和创新性等因素决定的。

民用飞机产业中技术水平更高的企业，通常竞争力更强，更能把握和操控市场，赢得顾客的信任，这类企业选择操控性营销战略，比如波音和空客。波音和空客作为外来企业在中国市场销售飞机，推行顺从性战略是解决外部环境压力的正确方式。中国大型客机产业发展起步较晚，对产品技术水平的掌握度尚不成熟，需要不断积累经验成果，因此，贸然使用操控性战略有一定的风险性。但是它在中国市场又具有本土优势，营销面对的制度环境压力可能较小，选择顺从性战略给企业带来的绩效成效可能不大，这时凸显性战略是企业的优先选择。

本研究提出第三个假设：

**H3**：技术水平与合理性营销战略显著正相关。包括以下三个子假设：

**H3a**：技术水平与合理性营销战略的顺从性维度显著正相关。

**H3b**：技术水平与合理性营销战略的凸显性维度显著正相关。

**H3c**：技术水平与合理性营销战略的操控性维度显著正相关。

综合探讨上述相关研究结论，发现技术水平会影响合理性营销战略，而合理性营销战略又会影响企业绩效，因此，本研究进一步提出第四个假设：

**H4**：合理性营销战略在技术水平与企业绩效之间起中介作用。

# 四、研究设计

## （一）量表设计

为了确保量表的信度及效度，问卷所涉及的测量项目均来自国外较成熟的研究，再结合本研究内容对量表进行适当的修正。目前对于技术水平的测量还没有统一的成熟量表。本研究结合我国学者舒文军和李伟等罗列的安全性指标，莫庆华和尹国栋等罗列的经济性指标，吴慧欣罗列的环保性指标，楼林和张平等罗列的舒适性指标，构建四个子构面，共16个指标。合理性营销战略量表是根据刘洪深等研究成果的量表，经过修正得到包括顺从性、凸显性和操控性三个子构面，共12个指标。关于企业绩效量表，本研究参考诸多学者的观点，以财务绩效和成长绩效作为两个主要的子构面来衡量企业绩效，共8个指标。具体量表如表1所示。另外，研究中的四个潜在变量均采用李克特（Likert）5点尺度进行计量，其中1表示"非常好"，5表示"非常不好"。

**表1　量表的信度与效度检验**

| 构面 | 子构面 | 项目 | 因子载荷 |
|---|---|---|---|
| 技术水平 | 安全性<br>Cronbach's α=0.865 | 与竞争机型相比，机械系统故障率低 | 0.81 |
| | | 与竞争机型相比，飞机设计中存在的缺陷小 | 0.87 |
| | | 与竞争机型相比，极端故障下的操控性好 | 0.85 |
| | | 与竞争机型相比，生存能力强 | 0.84 |
| | 经济性<br>Cronbach's α=0.912 | 与竞争机型相比，飞机进港和离港噪声低 | 0.80 |
| | | 与竞争机型相比，新型复合材料的用量多 | 0.82 |
| | | 与竞争机型相比，飞机污染气体的排放少 | 0.83 |
| | | 与竞争机型相比，翼身组合体布局好 | 0.79 |
| | 环保性<br>Cronbach's α=0.889 | 与竞争机型相比，单位每公里耗油低 | 0.90 |
| | | 与竞争机型相比，飞机折旧费低 | 0.85 |
| | | 与竞争机型相比，飞机的座公里成本低 | 0.75 |
| | | 与竞争机型相比，运载能力和航程需求组合好 | 0.79 |
| | 舒适性<br>Cronbach's α=0.859 | 与竞争机型相比，飞机座舱空气品质好 | 0.86 |
| | | 与竞争机型相比，客舱座椅布局更合理 | 0.86 |
| | | 与竞争机型相比，客舱照明好 | 0.74 |
| | | 与竞争机型相比，头顶行李舱空间大 | 0.70 |
| | | $\chi^2/df$=2.267；RMSEA=0.079；NNFI=0.98；CFI=0.98；RMSEA=0.050 | |

续表

| 构面 | 子构面 | 项目 | 因子载荷 |
|------|--------|------|----------|
| 合理性营销战略 | 顺从性<br>Cronbach's α=0.853 | 企业积极寻求政治与经济的结合 | 0.80 |
| | | 加强与政府部门之间的沟通 | 0.87 |
| | | 遵守法律法规 | 0.62 |
| | | 争取政府对企业的支持 | 0.74 |
| | 凸显性<br>Cronbach's α=0.868 | 积极利用各维媒体进行企业形象宣传，且效果良好 | 0.64 |
| | | 积极参与社会项目，获得本地民众支持 | 0.83 |
| | | 赞助各种公立或权威机构，在不同国家均能获得认同感 | 0.87 |
| | | 慈善捐助 | 0.69 |
| | 操控性<br>Cronbach's α=0.915 | 售前服务领先 | 0.86 |
| | | 产品技术领先 | 0.90 |
| | | 产品具有特色 | 0.82 |
| | | 产品能耗较低，较为环保 | 0.87 |
| | $\chi^2/df=2.241$；RMSEA=0.078；NNFI=0.97；CFI=0.97；RMSEA=0.053 | | |
| 企业绩效 | 财务绩效<br>Cronbach's α=0.901 | 相比于主要竞争者，企业的市场占有率更高 | 0.86 |
| | | 相比于主要竞争者，企业投资回报率更高 | 0.89 |
| | | 相比于主要竞争者，企业的销售利润率更高 | 0.92 |
| | | 相比于主要竞争者，企业内部收益率（IRR）会更高 | 0.78 |
| | 成长绩效<br>Cronbach's α=0.857 | 相比于主要竞争者，能够吸引新的顾客 | 0.61 |
| | | 相比于主要竞争者，企业规模扩张情况好 | 0.74 |
| | | 相比于主要竞争者，企业能够更好地保护环境 | 0.86 |
| | | 相比于主要竞争者，能够提升顾客满意度 | 0.77 |
| | $\chi^2/df=1.889$；RMSEA=0.066；NNFI=0.8；CFI=0.98；RMSEA=0.058 | | |

## （二）抽样方法和样本

本研究主要是探讨民用飞机制造商企业绩效与其主要影响变量技术水平和合理性营销战略之间的关系，因此抽样样本选取飞机制造、航空公司和机场的员工作为研究对象。本研究的样本数据分为两阶段进行调研收集。调研于 2014 年 7~8 月进行，该阶段的样本包括北京、沈阳、成都、厦门、福州和深圳的航空公司和机场的 220 名员工。问卷回收中，由于问卷设计及填答人员双重因素的影响，会存在无效问卷，影响研究结果，因此，在数据分析之前，需剔除无效问卷。以下回收问卷视为无效问卷：连续 2 个或 2 个以上题目未回答；问卷测量题目打同一分数或其他明显不认真填答的。问卷共计发放了 220 份，回收 190 份，回收率为 86.4%，经分析有效问卷 120 份，有效回收率 54.5%。

## （三）数据分析方法

根据研究目的和检验假设的需要，本研究主要采用 SPSS17.0 和 LISREL8.7 两种统计分析软件对调查数据进行分析。数据分析包括两部分内容：一是量表的信度与效度检验，主要方法包括信度分析和验证性因子分析等；二是研究假设的验证，主要方法是结构方程模型。

# 五、数据分析与解释

## （一）量表的信度与效度

本研究主要以 Cronbach's α 系数作为检验量表信度的指标，各量表的 Cronbach's α 系数均大于 0.8，表示该量表具有极好的信度。

对量表效度实证分析中，采用 LISREL8.7 软件对所有变量进行验证性因子分析。数据分析结果如表 1 所示。各个因子载荷量值介于 0.62~0.92，题目的负荷值均保持在良好的水平之上，因此从个别题目上分析，该量表的质量良好。各因素内在拟合指数的组合信度均为大于 0.7 的一般水平，平均变异量抽取值均大于 0.5 的一般水平，表明各因素内在拟合良好（见表 2）。

**表 2　潜在变量的组合信度和平均变异量抽取值**

| 因素 | 组合信度（$\rho_c$） | 平均变异量抽取值（$\rho_v$） |
|---|---|---|
| 安全性 | 0.908 | 0.712 |
| 经济性 | 0.895 | 0.682 |
| 环保性 | 0.884 | 0.655 |
| 舒适性 | 0.872 | 0.633 |
| 顺从性 | 0.846 | 0.583 |
| 凸显性 | 0.846 | 0.583 |
| 操控性 | 0.922 | 0.749 |
| 财务绩效 | 0.921 | 0.745 |
| 成长绩效 | 0.835 | 0.561 |

## （二）研究假设的检验

### 1. 直接作用模型分析

在直接作用模型中，直接作用的路径包括技术水平对合理性营销战略的直接影响作用以及对企业绩效的直接作用。本研究采用 LISREL8.7 软件对直接作用模型进行验证，程序运行得到的拟合结果如表 3 和图 3 所示。

**表 3　直接作用模型的分析数据**

| 变量间关系 | | 标准化路径系数 | 是否支持假设 |
|---|---|---|---|
| 直接影响 | | | |
| 技术水平 | 合理性营销战略 | 0.81*** | H3：支持 |
| | 企业绩效 | 0.98*** | H1：支持 |
| 拟合优度指标 | | $\chi^2$=76.07，df =26，$\chi^2/df$ =2.93，RMSEA=0.074，NFI=0.94，NNFI=0.94，CFI=0.96，IFI=0.96，SRMR=0.056 | |

注：*** 表示 P<0.01。

从表 3 中模型的拟合指数来看，$\chi^2/df$ 为 2.93，小于最高上限标准的 5；RMSEA 的值为 0.074，拟合很好；NFI 为 0.94，NNFI 为 0.94，CFI 为 0.96，IFI 为 0.96，均超出 0.90 的参考标准，拟合相当好；SRMR 值为 0.056<0.080，拟合程度达到了既定标准。由此可见，直接作用模型的总体拟合程度较好，因此直接作用模型可以接受。

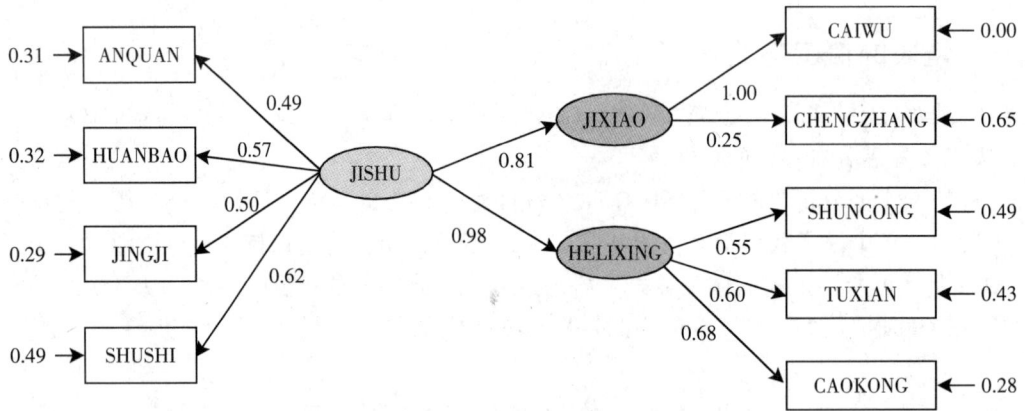

图 3　直接作用模型

从表 3 及图 3 中可以看到，本文提出的假设中，与技术水平有关的两个假设（H1：技术水平与企业绩效显著正相关；H3：技术水平与合理性营销战略显著正相关）均得到验证。在通过验证的假设中，假设 H1、假设 H3 在 0.05 显著性水平上得到支持。

2. 间接作用模型分析

在间接作用模型中，技术水平被指定为通过合理性营销战略的中介作用对企业绩效产生间接作用。通过 LISREL8.7 软件对间接作用模型进行验证，程序运行得到的拟合结果如表 4 和图 4 所示。

表 4　间接作用模型的分析数据

| 变量间关系 | | 标准化路径系数 | 是否支持假设 |
|---|---|---|---|
| 自变量对中介变量的影响 | | | |
| 技术水平 | 合理性营销战略 | 0.92*** | H3：支持 |
| 中介变量对因变量的影响 | | | |
| 合理性营销战略 | 企业绩效 | 0.84*** | H2：支持 |
| 拟合优度指标 | $\chi^2$=72.42, df =26, $\chi^2/df$ =2.78, RMSEA=0.072, NFI=0.94, NNFI=0.94, CFI=0.96, IFI=0.96, SRMR=0.055 | | |

注：*** 表示 P<0.01。

从表 4 中模型的拟合指数来看，$\chi^2/df$ 为 2.78，不仅小于最高上限标准的 5，而且小于 3 这个更严格的标准；RMSEA 的值为 0.072，拟合很好；NFI 为 0.94，NNFI 为 0.94，CFI 为 0.96，IFI 为 0.96，均超出 0.90 的参考标准，拟合相当好；SRMR 值为 0.055<0.080，拟合程度达到了既定标准。由此可见，间接作用模型的总体拟合程度较好，因此间接作用模型可以接受。

从表 4 及图 4 中可以看到，所有的结构路径都是显著的，并且验证了我们提出的两个假设，假设 H2：合理性营销战略与企业绩效显著正相关；H3：技术水平与合理性营销战略显著正相关。在通过验证的假设中，假设 H2 和假设 H3 均在显著性 0.01 显著性水平上得到支持。

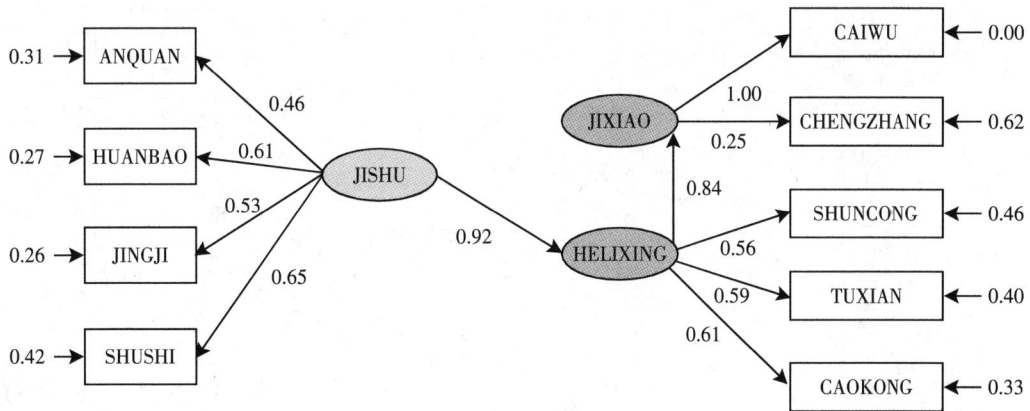

**图 4 间接作用模型**

3. 假设模型分析

在假设模型中，包含了技术水平对企业绩效和合理性营销战略的直接作用，以及技术水平对企业绩效的间接作用。通过 LISREL8.7 软件对间接作用模型进行验证，程序运行得到的拟合结果如表 5 和图 5 所示。

**表 5 假设模型的分析数据**

| 变量间关系 | | 标准化路径系数 |
| --- | --- | --- |
| 中介变量对因变量的影响 | | |
| 合理性营销战略 | 企业绩效 | 0.73 *** |
| 自变量对中介变量的影响 | | |
| 技术水平 | 合理性营销战略 | 0.91*** |
| 自变量对因变量的影响（间接作用） | | |
| 技术水平 | 企业绩效 | 0.11* |
| 拟合优度指标 | $\chi^2$=65.38，df =25，$\chi^2$/df =2.49，RMSEA=0.069，NFI=0.94，NNFI=0.94，CFI=0.96，IFI=0.96，SRMR=0.055 | |

注：*** 表示 P<0.01，* 表示 P<0.1。

从表 5 中模型的拟合指数来看，$\chi^2$/df 为 2.49，不仅小于最高上限标准的 5，而且小于 3 这个更严格的标准；RMSEA 的值为 0.069，拟合很好；NFI 为 0.94，NNFI 为 0.94，CFI 为 0.96，IFI 为 0.96，均超出 0.90 的参考标准，拟合相当好；SRMR 值为 0.055<0.080，拟合程度达到了既定标准。由此可见，中介模型模型的总体拟合程度较好，因此中介模型可以接受。

从表 5 及图 5 中可以看到，所有的结构路径都是显著的，通过仔细分析假设模型的结构路径可知，合理性营销战略存在中介作用。在假设模型中，技术水平对企业绩效和合理性营销战略的直接作用都有所降低。这些路径系数的降低证明了合理性营销战略在技术水平与企业绩效间的中介作用，即假设 H4：合理性营销战略在技术水平与企业绩效之间起中介作用。除此之外，该模型还验证了本研究提出的其他假设，技术水平与企业绩效正相关（β=0.11*），技术水平与合理性营销战略正相关（β=0.91***），合理性营销战略与企业绩效正相关（β=0.73***）。

由表 6 可知，技术水平各维度中舒适性的载荷系数最大，合理性营销战略各维度中操控性的载荷系数最大。在技术水平对合理性营销战略各维度的效应分析中，得到技术水平对合理性营销战略各维度的影响作用都显著，因此，假设 H3a、假设 H3b 和假设 H3c 得到验证，其中技术水平对操控性策略的预测作用最为显著。

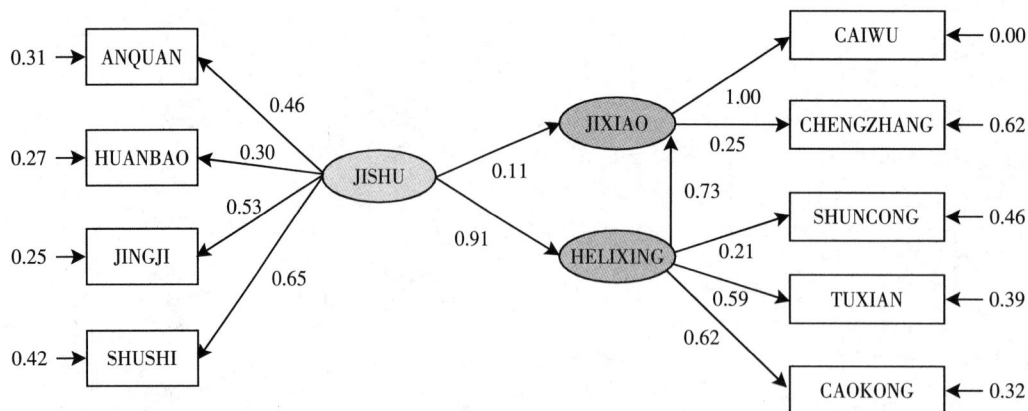

图 5　假设模型

表 6　路径分析各项效应分解说明

| 自变量 | 因变量 | | | |
|---|---|---|---|---|
| | W₁ 顺从性策略 | W₂ 凸显性策略 | W₃ 操控性策略 | Y 企业绩效 |
| | 标准化效应 | 标准化效应 | 标准化效应 | 标准化效应 |
| X₁ 安全性 | | | | |
| 直接效应 | 0.23* | 0.25* | 0.26** | 0.05 |
| 间接效应 | | | | 0.31*** |
| 总效应 | 0.23* | 0.25* | 0.26** | 0.36*** |
| X₂ 经济性 | | | | |
| 直接效应 | 0.27* | 0.28** | 0.30*** | 0.06 |
| 间接效应 | | | | 0.35*** |
| 总效应 | 0.27* | 0.28** | 0.30*** | 0.41*** |
| X₃ 环保性 | | | | |
| 直接效应 | 0.11 | 0.16 | 0.17 | 0.03 |
| 间接效应 | | | | 0.20 |
| 总效应 | 0.11 | 0.16 | 0.17 | 0.23 |
| X₄ 舒适性 | | | | |
| 直接效应 | 0.33*** | 0.35*** | 0.37*** | 0.07 |
| 间接效应 | | | | 0.43*** |
| 总效应 | 0.33*** | 0.35*** | 0.37*** | 0.50*** |
| X 技术水平 | | | | |
| 直接效应 | 0.38*** | 0.54*** | 0.56*** | 0.11* |
| 间接效应 | | | | 0.66*** |
| 总效应 | 0.38*** | 0.54*** | 0.56*** | 0.77*** |
| W₁ 顺从性策略 | | | | |
| 直接效应 | | | | 0.15 |
| 间接效应 | | | | |
| 总效应 | | | | 0.15 |
| W₂ 凸显性策略 | | | | |
| 直接效应 | | | | 0.43*** |
| 间接效应 | | | | |
| 总效应 | | | | 0.43*** |

续表

| 自变量 | 因变量 | | | |
|---|---|---|---|---|
| | $W_1$ 顺从性策略 | $W_2$ 凸显性策略 | $W_3$ 操控性策略 | Y 企业绩效 |
| | 标准化效应 | 标准化效应 | 标准化效应 | 标准化效应 |
| $W_3$ 操控性策略 | | | | |
| 直接效应 | | | | 0.45*** |
| 间接效应 | | | | |
| 总效应 | | | | 0.45*** |

注：*** 表示 P<0.01，** 表示 P<0.05，* 表示 P<0.1。

同样从表 6 中可知，技术水平各维度对企业绩效的效应中，安全性、经济性、环保性和舒适性对企业绩效的直接效应都不显著，但是除了环保性外，其余维度对企业绩效的间接作用都显著，得到它们的总效应显著，因此，假设 H1a、假设 H1b 和假设 H1d 得到验证，其中舒适性对企业绩效的预测作用最为显著。

合理性营销战略各维度对企业绩效的效应分析中，除了顺从性对企业绩效的影响作用不显著外，凸显性和操控性策略对企业绩效的直接效应都显著，因此假设 H2b 和假设 H2c 得到验证，其中操控性策略对企业绩效的预测作用最为显著。

## （三）模型比较

通过前面对直接作用模型、间接作用模型、假设模型的分析，我们验证了合理性营销战略在技术水平和企业绩效关系中的中介作用，为了进一步验证合理性营销战略的中介作用，需要比较直接作用模型、间接作用模型和假设模型的拟合指数及模型的适配度。具体的模型统计和准化路径系数的比较如表 7 所示。

**表 7　结构模型统计和标准化路径系数**

| 指标 | 直接模型 | 间接模型 | 假设模型 |
|---|---|---|---|
| $\chi^2$ | 76.07 | 72.42 | 63.38 |
| df | 26 | 26 | 25 |
| $\chi^2$/df | 2.93 | 2.78 | 2.49 |
| 技术水平→企业绩效 | 0.98*** | | 0.11* |
| 合理性营销战略→企业绩效 | | 0.84*** | 0.73*** |
| 技术水平→合理性营销战略 | 0.81*** | 0.92*** | 0.91*** |

注：*** 表示 P<0.01，** 表示 P<0.05，* 表示 P<0.1。

由表 7 可知，直接模型的 $\chi^2$/df 为 2.93，间接模型的 $\chi^2$/df 为 2.78，假设模型的 $\chi^2$/df 为 2.49，由此可知假设模型比间接模型和直接模型更稳定。通过单独比较直接模型和间接模型，可以发现间接模型的自由度与直接模型相比较没变，而卡方值减少了 4，由此可知间接模型比直接模型有更好的适配度。通过比较间接模型和假设模型可知，假设模型与间接模型的自由度差异为 1，卡方值的差异为 9，由此可知假设模型比间接模型有更好的适配度。结合以上的分析可知，假设模型比直接模型、间接模型稳定度更高，适配度更好，为假设 H4（合理性营销战略在技术水平与企业绩效之间起中介作用）提供了实证支持。

# 六、研究结论与启示

本研究以国内的民用飞机制造单位、航空公司和机场为研究样本，结合本研究探讨的问题和目的，梳理了国内外的相关研究结果，构建了本研究变量间的关系模型及假设。经过验证检验，得到了如下重要的结论：

（1）技术水平与企业绩效显著正相关。在民用飞机制造企业中，制造商设计飞机产品时设定的技术参数与该机型最终赢得顾客的采购订单有直接关系。研究者指出组织必须拥有保持技术创新的能力，并具有新产品实现商业化的能力，为的是以达到甚至超过顾客的期望，来提高企业绩效。飞机环保性的改善虽对环境的保护有一定的作用，提升社会利益，但是并不能促成飞机订单量的增加。但是更高的旅客乘坐舒适性，对航空公司购买客机有着巨大的推动作用。

（2）合理性营销战略与企业绩效显著正相关。企业通过满足重要利益攸关者（政府）的利益而获得实用合理性，而这样间接地提升实用合理性对于改善飞机订单量和提升市场份额效果并不显著。国际化企业与当地公众积极沟通，并积极宣传企业承担的社会责任，这有助于企业获取认知合理性和规范合理性（道德合理性），增强国家社会对组织的好感，为企业绩效的提升获取潜在的动力，更有利于企业的长期生存。本研究的操控性战略主要是引领消费者的消费潮流，改变刻板印象，这有助于获取认知合理性和实用合理性，直接影响着飞机产品的订单量。

（3）技术水平与合理性营销战略显著正相关。研究表明研发和营销的双管齐下对企业绩效的提高有着显著作用，但单单对研发的投入并不能显著正向影响企业绩效。民用飞机的技术水平不同，制造商就得采取与之相匹配的营销战略，来获得更高的企业绩效。其中技术水平对操控性营销策略的影响作用最大。

对管理实践的意义主要体现在：

（1）对于民用飞机而言，它的安全性、经济性、环保性和舒适性是航空公司购买飞机时首要考虑的关键因素。技术水平直接关系到到航空公司挑选飞机产品，因此，制造商为获得全球航空公司的飞机订单，应重视研发的投入，制造安全性、经济性、环保性和舒适性更好的飞机产品。航空公司侧重看待飞机带给乘客的舒适性体验，从乘客角度出发，选择舒适性更高的飞机。因此，飞机制造商必须认识到舒适性的重要性。

（2）当前，航空市场全球范围内的争夺日趋激烈，波音和空客与中国商飞相较在对产品技术的了解上经验丰富，尝试运用操控性战略为绩效创造突破。波音和空客作为外来企业在中国市场销售飞机，推行顺从性战略是解决外部环境压力的正确方式。中国大型客机产业发展起步较晚，对产品技术水平的掌握度尚不成熟，需要不断地积累经验成果，因此，贸然使用操控性战略有一定的风险性。但是它在中国市场又具有本土优势，营销面对的制度环境压力可能较小，选择顺从性战略给企业带来的绩效成效可能不大，这时凸显性战略是企业的优先选择。

（3）中国商飞要实现快速发展，不仅需要制定研发和营销上的规划方案，同时也需要政府和社会提供强有力的支持，这也就是本文提出合理性营销战略的意义所在，民用飞机制造商需加大与政府、社会的互动，来更多地获取他们的帮助，使得企业能更好地发展。

虽然研究在理论推导和实证研究上力求符合科学的原则，但仍存在一定的局限性：①样本范围的局限性。本研究以国内部分地区的民用飞机制造单位、航空公司和机场的工作人员为实证样本，但研究结论是否可以推广到全国各地，这需要进一步检验。②度量上的局限性。在衡量技术水平方面采用的是主观数据，而技术水平中很多内容是客观存在的数据，这样就导致了测量的偏差。③研究模型的局限性。虽然本研究结论很好地解释了现实现象，但民用飞机制造商企业绩效及相关影响因素是一个复杂的结构，因此还需要对研究模型做进一步的修正与完善。当然，这些不足也是未来进一步研究的主要方向。

**参考文献**

［1］李伟，姚海林.影响民用飞机飞行安全各因素的综合分析［R］.大型飞机关键技术高层论坛暨中国航空学会 2007 年学术年会论文集，2007.

［2］Suchman M. C.. Managing Legitimacy: Strategic and Institutional Approaches［J］. Academy of Management Review，1995，20（3）.

［3］Dowling J., Pfeffer J.. Organizational Legitimacy: Social Values and Organizational Behavior［J］. Pacific Sociological Review，1975，18（1）.

［4］张译文，张卓.空客的竞争战略对中国大飞机项目的启示［J］.经济问题探索，2010（7）.

［5］舒文军，何宇廷，崔荣洪等.一种基于条件概率的飞机安全性分析模型［J］.航空精密制造技术，2009（6）.

［6］袁领双，庞丽萍，王浚.大型客机座舱舒适性发展分析［J］.航空制造技术，2011（13）.

［7］楼林，李力涛.民用飞机客舱空气品质评价体系研究［J］.科技信息，2011（22）.

［8］刘君.大飞机产业发展战略研究［J］.经营管理者，2010（24）.

［9］Oliver C.. Sustainable Competitive Advantage: Combining Institutional and Resource-based Views［J］. Strategic Management Journal，1997，18（9）.

［10］刘洪深，汪涛，周玲.制度压力、合理性营销战略与国际化企业绩效——东道国受众多元性和企业外部依赖性的调节作用［J］.南开管理评论，2013，16（5）.

［11］刘元章.企业绩效管理研究［D］.首都经济贸易大学硕士学位论文，2004.

# 中国品牌分布格局中的产业协调性分析
## ——基于 Interbrand 和 Brand Z 品牌价值榜的比较

谌飞龙*

[摘要] 对 Interbrand 和 Brand Z 品牌榜单的历年数据研究表明,我国品牌依托国内巨大的市场需求迅速壮大,在全球品牌体系中的地位不断凸显。同时,我国品牌格局已呈现出中国移动稳居"第一品牌",金融业品牌稳处"第一组团",中央企业品牌排名前、体量大等鲜明特征。然而,我们将榜单中品牌群体视为品牌金字塔系统的"塔尖品牌群",采用"逼近理想解排序法"来评价我国品牌系统多样性与主导性的协调度,研究发现,我国品牌系统的产业格局长期处于不协调的状态,以及这一品牌系统似乎并不支持"双主导"。

[关键词] 品牌格局;品牌价值;Interbrand;Brand Z;产业协调性

在我国经济从"中国制造"向"中国创造"转型的过程中,"品牌已经成为中国企业新的成长引擎",[①] 获取品牌价值业已成为企业努力追求的重要方向。品牌价值是"以可转让的货币单位表示的品牌经济价值",[②] 其数额高低既可表明企业的产品和服务在市场上的被认可程度,又能反映企业经营者的工作绩效。品牌价值评估目前已成为品牌管理和资产评估业界关注的热门领域,其中孕育着巨大的市场,国内外已有大量机构参与进来。被公认为世界上最著名的品牌价值评估机构的 Interbrand 公司,创建于 1974 年,自 1999 年发布首届"全球最佳品牌排行榜"(Best Global Brands)以来,不断完善评估方法,其评估结果逐渐被法律、证券交易等专业机构广泛认同。2010 年 Interbrand 中文官网发表《品牌价值评估方法及品牌排名的意义》一文,指出 Interbrand 以及 Millward Brown 的 Brand Z 排行榜目前在全球范围内富有影响力。Brand Z 创建于 1998 年,是由世界广告业巨头 WPP 旗下权威调研公司 Millward Brown(华通明略)执行的品牌研究项目,自 2006 年起,每年发布"Brand Z 最具价值全球品牌 100 强"。由于母体公司的强大背景和专业的评估实践,Interbrand 榜单和 Brand Z 排行榜业已具有很强的公信力,成为品牌价值评估领域的两大榜单。

# 一、中国品牌在全球品牌格局中的地位

对于中国品牌的发展现状,业界有一个判断——"制造大国,品牌小国"(艾丰,2004;刘瑞

---

* 谌飞龙,江西财经大学工商管理学院副教授,博士,产业集群与企业发展研究中心兼职研究员。
① Serge Dumont 于 2011 年 9 月 15 日在 2011 年夏季达沃斯论坛(大连)上的发言。
② ISO10668,2010。

旗，2011 等）。为什么会得出如此结论？因为"在 500 多种主要的工业品当中，中国有 220 多种产品产量居全球第一位"，[①] 而且 2012 年中国成为世界最大贸易国，但是我国出口的世界级品牌少，在国外市场也难寻"中国品牌"的踪影（杨兴国，2012）。与此同时，全球最大的品牌咨询机构、品牌价值的研究先驱 Interbrand 公司自 2000 年以来，每年发布"全球最佳品牌排行榜"100 强，至今没有一家中国内地品牌进入该榜单，这似乎更是强化了中国是"品牌小国"的认识。

然而，中国品牌在"Brand Z 全球品牌价值百强榜"中表现（见表 1）与在"Interbrand 全球最佳品牌排行榜"中迥然不同。Brand Z 排行榜中，中国品牌不仅在 2006 年第一届就有品牌（中国移动）上榜，而且在 2011~2013 年均保持在 12 席以上，其价值数额合计在全球百强中比例超过 10%，这与 Interbrand 榜单中十多年来一直的零席形成了鲜明对比。这种差异不禁让人产生疑问——是不是这两个品牌价值评估机构的评判标准或评价方法有问题？

**表 1　中国品牌在"Brand Z 全球品牌价值百强榜"中的表现**

| 年份 | 2006 | 2007 | 2008 | 2009 | 2010 | 2011 | 2012 | 2013 |
|---|---|---|---|---|---|---|---|---|
| 入选数量 | 1 | 4 | 4 | 5 | 7 | 12 | 13 | 12 |
| 价值数额在全球百强中的比例（%） | 2.71 | 5.14 | 6.42 | 7.76 | 8.38 | 10.86 | 10.78 | 10.56 |

资料来源：2006~2013 年 BrandZ 发布的"全球品牌价值百强榜"。

为此，我们将 Interbrand 和 Brand Z 的品牌价值评估方法做个简单对照。Interbrand 评估法的估算模型为"品牌价值（V）= 经济附加值（EVA）× 品牌作用指数（RBI）× 品牌强度系数（BSI）"，其中经济附加值与品牌作用指数决定品牌收益，品牌强度系数是由品牌强度得分转化为品牌未来收益所适用的贴现率而定，它反映了品牌在未来获得此项收益的风险大小。Brand Z 评估模型为"品牌价值（V）= 品牌收益（BE）× 品牌乘数（BM）× 品牌贡献（BC）"。品牌收益是将企业净收益分解到产品品牌上的收益，品牌乘数是由品牌动力、市场价值、增长潜力等指标聚合而成，品牌贡献则是反映品牌收益中真正归因品牌因素（非促销等其他因素）的比例，它体现了消费者选择中的品牌态度（品牌偏好、品牌忠诚等）。

两种评估方法采用都是收益法，品牌价值估算的基础数据主要来自于上市公司的财务报告，形式上非常相似，思路非常相近。当然，也存在一些重大差异：①在分析消费者决策行为上，Interbrand 主要通过模拟消费者选择时在各个选择因子上的品牌影响力进行品牌作用力分析（邵文斌，2010），而 Brand Z 则是依据自建的全球品牌资产数据库而确定品牌贡献，该数据库以深度采访 30 多个国家超过 200 万消费者累积的材料为基础，收录了上万个品牌。②在品牌收益调节系数的处理方式上，Interbrand 通过建立品牌强度与品牌风险之间的关联，运用收益折现调整法调整品牌收益，而 Brand Z 则使用品牌乘数调整收益，这个品牌乘数参考了股票市场的市盈率倍数，对品牌收益有着明显的放大作用。这两项不同造成了品牌价值评估值的巨大差异。以苹果（Apple）的品牌价值评估为例，2012 年，Interbrand 估值为 765.68 亿美元，2013 年为 983.15 亿美元，而 2012 年 Brand Z 将其评估为 1829 亿美元，2013 年为 1850 亿美元。可见，同一品牌经由不同的评估方法可能会产生上千亿美元的估值差异。

虽然两种评估方法对两项数据的处理方式不同造成了品牌价值评估值的差异，但从评估实践看，它们对排行榜影响不大。比如在 Interbrand 的排行榜中，2012 年，可口可乐、苹果和 IBM 位居前三名，谷歌列第四；2013 年，前三甲是苹果、谷歌、可口可乐，IBM 排在第四；在 Brand Z

---

[①] 苗圩于 2013 年 3 月 25 日在 2013 中国发展高层论坛（北京）上的发言。

100强中，2012年，前三强是苹果、IBM、谷歌，可口可乐位居第六；2013年，前三强则是苹果、谷歌、IBM，可口可乐列第五。同一品牌在两个排行榜的排序差别并不大。

既然一个品牌在两个排行榜的排序差别并不明显，为何中国品牌在 Interbrand 和 Brand Z 两个排行榜中的表现会迥然不同？分析发现，这主要是因为 Interbrand 对"全球最佳品牌排行榜"设置了一个"入榜门槛"——上榜品牌必须有至少30%的收入来自除本土市场以外的海外市场。囿于这一条件的限制，Interbrand 将中国大品牌拒之"排行榜"外。

然而，Interbrand 如此设定"入榜门槛"是否合理？这里包含两个问题：①"30%"的收入必须来自海外市场，这一比例是否过高？②为何不将"门槛"改为品牌价值是其构成因子？对于收入来源比例多高才合理，这一点暂且不讨论。但实际上 Interbrand 评估方法已经将"品牌国际性"考虑到品牌强度的构成因子中，2010年前的品牌强度七因子加权综合法中，"品牌国际性"作为一个重要因子，与"领导地位"一样，都被给予了最高权重——25分；在 Interbrand 目前运用的"品牌强度10指标"中，"品牌地理分布"构成"品牌保护"指标的重要内容，评估时需要给予分值。因此，Interbrand 设定"30%的收入必须来自海外市场"作为"入榜门槛"的合理性值得商榷。如果将"入榜门槛"取消，对照 Interbrand"最佳中国品牌价值排行榜"与"全球最佳品牌排行榜"100强，可以发现中国品牌可入围 Interbrand100 强排行榜的数量并不少（见表2），2012~2013年能保持在10席（或以上）。

**表2　中国品牌按价值数额可入围"全球最佳品牌排行榜"100强的数量**

| 年份 | 2006 | 2007 | 2008 | 2009 | 2010 | 2011 | 2012 | 2013 |
|------|------|------|------|------|------|------|------|------|
| 可入围数量 | 5 | 6 | 未公布"最佳中国品牌价值排行榜" | | 9 | 9 | 10 | 11 |

注："可入围数量"判定方法是，Interbrand 公布的"最佳中国品牌价值排行榜"中高于"全球最佳品牌100强榜单"的第100名品牌价值的品牌个数（计算时要考虑当时汇率）。

通过前述分析，特别是表1、表2表明：①中国不应再被视为一个"品牌小国"。从品牌价值评估的结果来看，中国品牌在全球品牌体系中的地位不断凸显，已经在世界上占有一席之地。②中国品牌的品牌价值增长主要得益于庞大的国内市场。中国是一个有着13亿人口的大国，是一个规模巨大的消费市场，因而，在中国品牌从海外市场获取的品牌收入不多的情况下，中国市场自身也能够支持中国品牌成长。这也是中国品牌的品牌价值获得迅速增长的支撑条件和重要原因。③中国离真正意义上的"品牌强国"还有好长的路要走。世界经济全球化是一种趋势，而品牌国际化是顺应这一趋势的必然选择。一个国家全球化品牌的规模和品牌国际化的程度是衡量该国国际竞争力强弱的重要尺度。根据 Interbrand 品牌榜单的信息，我国离"品牌强国"还有很大差距，还有很多工作要做。

# 二、基于两大排行榜分析的中国品牌格局

Interbrand 公司于2006年首次发布"最佳中国品牌价值排行榜"，其中包含20个品牌，2007年该榜单增加到25个品牌，但2008~2009年暂停发布，2010年在调整品牌强度评价指标体系后，开始公布中国品牌50强直至现在。2010年起，Brand Z 每年发布"中国最具价值品牌 TOP50 强"

榜单，2013 年扩展为 100 强。① 因此，考虑到所采用的品牌排行榜数据具有可比性，本文将从 2010 年开始分析中国品牌格局。2010 年以来的两大榜单中品牌的重叠率在 60% 左右，2010~2013 年同时入选的品牌分别是 32 个、29 个、27 个和 31 个，而且其中有 22 个（44%）一直连续且同时入选，分别为：金融业（7 个）：中国建设银行、中国工商银行、中国银行、中国平安、中国人寿、招商银行、太平洋保险；电信（1 个）：中国移动；互联网（2 个）：腾讯、百度；电子电器（4 个）：联想、海尔、美的、格力；酒类（4 个）：茅台、五粮液、青岛啤酒、张裕；运动服饰（1 个）：安踏；乳制品（1 个）：蒙牛；医药（1 个）：云南白药；零售业（1 个）：苏宁。与此同时，2013 年有 8 个品牌同时进入两大榜单前 10 强：中国移动、中国工商银行、中国建设银行、腾讯、中国农业银行、中国人寿、中国银行和茅台。这些说明中国品牌格局已经呈现出比较明显的稳定特征。

## （一）从品牌个体看，中国移动稳居第一，中国工商银行、中国建设银行持续领先，腾讯、百度强劲崛起

自两大品牌排行榜发布以来，中国移动一直在榜单上独占鳌头，成为中国最有价值的第一品牌。数据显示，中国移动在 Interbrand 榜单中，2012 年估值为 2107.03 亿元，2013 年估值为 1964.91 亿元，而 2012 年 Brand Z 将其估值为 505.89 亿美元，2013 年为 613.99 亿美元，如此巨大的规模量级的品牌价值是其他品牌难以比拟的。中国工商银行、中国建设银行在排行榜上表现优异，从未跌出五名之外，基本排在第二或第三的位置，由此表明它们在中国银行业的强势、领先地位。腾讯、百度的品牌价值增长迅猛，Interbrand 榜单中，腾讯 2010 年排第 8 位，2013 年上升至第 4 位，百度由第 17 位（2010 年）跃居至第 11 位（2013 年）；Brand Z 榜单中，2010~2013 年腾讯分别是第 8 位、第 10 位、第 5 位、第 3 位，百度分别是第 9 位、第 6 位、第 4 位、第 5 位。在主要由国有企业、金融企业占据靠前排名的榜单中，腾讯、百度则显得十分耀眼。

## （二）从品牌板块看，金融业为中国品牌格局中的第一组团，酒类、电器等传统行业底子厚实，互联网领域欣欣向荣

涵盖商业银行、保险公司和证券公司在内的金融企业在两大中国品牌榜单中，无论 10 强还是 50 强，其入选数量均为最多，毫无悬念地成为中国品牌格局中的第一组团（见表 3），特别在 Interbrand 榜单中，金融业品牌在 10 强中长期占据 7 席，在 50 强中一直有 16 席以上，其表现非常抢眼。

表 3　金融业入选两大中国品牌榜单 10 强/50 强的数量

单位：个

| 年份 | 2010 | 2011 | 2012 | 2013 |
| --- | --- | --- | --- | --- |
| Interbrand | 7/16 | 7/19 | 7/18 | 7/18 |
| BrandZ | 6/9 | 5/9 | 5/9 | 5/12 |

2010~2013 年，酒类企业在 50 强中，Brand Z 榜单上有 6~7 个品牌，一直处在第二（或并列第二）品牌板块，在 Interbrand 榜单中有 5~7 个品牌，总量排在第二位或第三位。两个榜单显示白酒品牌的茅台、五粮液，葡萄酒品牌张裕，啤酒品牌青岛啤酒表现突出，在酒类市场地位稳固。为

---

① Interbrand 和 BrandZ 两大品牌榜单发布时间均为每年下半年，但两者在品牌价值时间节点的提法上不一样，如 Interbrand 在 2013 年 10 月发布 "2013 年最佳中国品牌价值排行榜"，而 BrandZ 在 2013 年 12 月发布 "2014 年中国最具价值品牌 100 强"。换言之，Interbrand 的榜单年份为发布当年时间，而 BrandZ 的榜单年份则会在发布年度的基础上虚增一年。为了使两榜单信息具有可对照性，文中将两者做比较时的时间统一为发布年度。

中国成为"制造大国"做出重大贡献的电器行业，如联想、海尔、美的、格力等品牌一直入选两榜单，展示出了中国电器制造实力和形象。作为新兴产业的互联网服务业，在品牌排行中的表现不俗，Brand Z 榜单上有 3~6 个品牌，而 Interbrand 榜单似乎对互联网更青睐，一直保持有 6 个品牌。食品、饮料、服饰和运动服装以及零售业等领域的品牌在榜单上虽表现不突出，但一直都有出现，而汽车和教育行业的品牌逐渐退出了"榜单俱乐部"。

### （三）从品牌所有者看，中央企业排名前、体量大，地方国企品牌认知度高、优势明显，民营企业市场化程度高、成长快

一直以来，从事金融、公用事业、能源等产业的中央企业在两品牌榜单中排名非常靠前，10 强中至少有 7 席，有时能达到 8 席。同时，央企入选品牌 50 强的数量也多，比如在 2013 年 Brand Z 发布的榜单上，"中央直管"企业及其管控企业品牌达到 21 个，这其中除了中国移动、中国人寿、中国银行、中国石油、中国国际航空等 14 个"中"字头企业外，还包括中粮麾下的蒙牛、华润旗下的雪花和 999、招商局集团掌控的招商银行以及汇金公司接盘的新华保险等品牌。在 2013 年 Interbrand 榜单中，同类型品牌达到 15 个。不仅如此，央企的品牌价值体量巨大，Brand Z 评估出 21 个央企品牌价值达 2408.96 亿美元，占 50 强品牌总值的 66.5%；Interbrand 榜单中的 15 个央企品牌价值达 7363.53 亿元，占 50 强总值的 63.4%。

具有地方国资背景的企业品牌在榜单中的数量较为稳定。2010~2013 年，Interbrand 榜单中分别有 13 个、13 个、13 个、15 个，而在 Brand Z 榜单中则分别占据 13 席、12 席、11 席、12 席，它们主要分布在酒类、金融、医药、电器等领域。它们虽为数不多，但以茅台、太平洋保险、五粮液、云南白药、海尔、格力、青岛啤酒等为代表逐渐成为所在领域的行业翘楚，深受消费者青睐。

民营企业发展迅速，在品牌排行榜中渐已形成规模。民营企业（包括非国资控制的混合所有制企业）在 2010~2013 年 Interbrand 榜单中分别有 24 个、22 个、22 个、20 个，而在 Brand Z 榜单中则分别占据 19 席、20 席、20 席、17 席，其中在 2013 年有 11 个品牌同时进入两个榜单。两榜单中的民营企业主要来自于互联网、运动和服饰等领域以及散见于电子电器、食品、酒类、零售、教育、汽车等行业，这些行业领域的市场特点是准入门槛不高，品牌竞争激烈。在排行榜中，与国有企业品牌稳居高位、常在榜单不同，民营企业品牌发生上上下下、进进出出等变动属于常发现象，比如 361° 在 2010~2011 年同时进入两榜单，然而 2012 年情况发生变化；双汇食品在 2010~2013 年的 Interbrand 榜单上分别位于第 38 位、第 49 位、跌出榜单、第 45 位，而在 Brand Z 榜单中则分别排在第 26 位、第 32 位、第 27 位、第 23 位。Interbrand 和 Brand Z 榜单中品牌的企业性质分布如图 1 和图 2 所示。

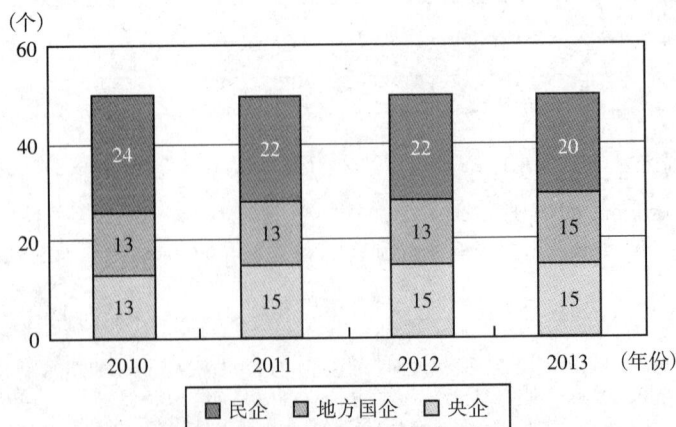

**图 1　Interbrand 榜单中品牌的企业性质分布**

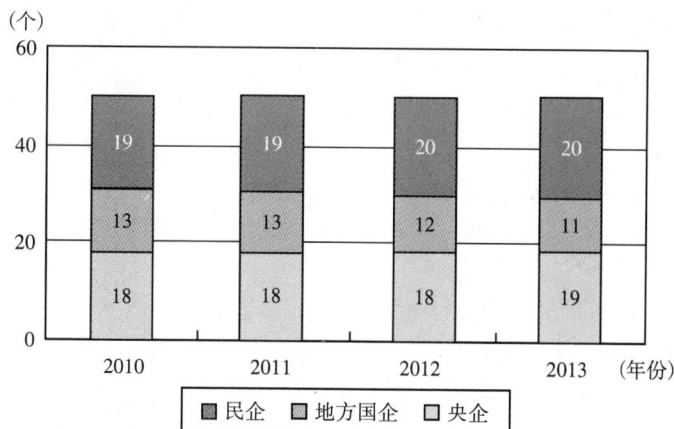

图2　**Brand Z 榜单中品牌的企业性质分布**

## （四）从品牌注册地看，北京是大品牌的集聚地，数量最多；广东第二，山东第三；福建、江苏、浙江形成了实力不容小觑的"品牌群"

在对 2010~2013 年当年同时入选 Interbrand 和 Brand Z 排行榜的品牌的注册地进行分析后，发现了一个非常稳定的现象：四年间来自北京的品牌数量最多，广东第二，山东第三，这一排序从未发生改变。北京之所以能稳居第一，主要是得益于其是中国移动、中国人寿、中国银行等众多央企总部所在地，以及拥有百度、联想等优秀科技民企。广东能排第二主要是因为其拥有来自深圳的腾讯、中国平安、招商银行等大品牌以及培育出了电器巨头美的、格力等企业。山东能稳居第三，则是因为该省有海尔、青岛啤酒等之类的地方国企，以及由地方国企改制而来的张裕。

同时，在对四年间两大排行榜进一步梳理后还发现，福建、江苏、浙江等省市形成了一定规模的"品牌群"。其中福建的安踏、兴业银行、361°等是榜单上的"常客"，匹克、特步、七匹狼等品牌也时常会出现；江苏的苏宁作为零售业的领导者，"常驻"榜单，波司登、雨润、洋河等品牌也会偶尔上榜；浙江的阿里巴巴（从香港退市前）、美特斯邦威、森马、雅戈尔等品牌在榜单上会经常出现。

# 三、我国品牌格局中的产业协调性分析

我国境内的所有品牌实际上组成了一个庞大的品牌系统。在这个品牌系统中，品牌排行榜中的品牌个体通过直接或间接联系组成的品牌集体则可视为我国品牌金字塔系统的"塔尖品牌群"，该品牌群的基本状况能够在一定程度上反映并预示我国现有品牌的发展现状与趋势。由此，我们可通过对排行榜单中品牌所属产业的协调性分析来评判我国品牌格局的健康与稳定状况。

所谓品牌系统的产业协调性主要是品牌系统内企业所属产业子系统的主导性和多样性间的协调性。在产业系统中，主导性和多样性相互冲突但又缺一不可，主要表现在：①两者在数量上成反比，如果系统内主导性程度高，多样性程度则低；反之亦然。②系统发展的动力来自于主导性，主导性产业系统必须以优势组分为主导，才会有发展的实力；但是多样性是所有生命系统的基本特征，系统内的主体多样化能够分散风险，增强稳定性与提供活力。因此，系统内的多样性与主导性协调是产业系统实现持续发展的前提。本文采用的计算协调度的方法为"逼近理想解排序"的分析方法，又可称为双基准法（张晶，2012）。其计算步骤如下：

（1）计算主导性指数。

$$D = \max E_i / E \tag{1}$$

其中，D 为品牌系统主导性指数，即占比最大的产业为品牌系统的主导行业；$E_i$ 为品牌系统中第 i 项产业的所有品牌价值合计额；E 为排行榜中品牌系统的价值总额；$E_i/E$ 为该产业内所有企业的品牌价值在品牌系统的价值总额中所占的比例，比值越大说明该产业占品牌价值总额比重越大。根据两大品牌排行榜上的品牌所属行业分布将品牌系统中的产业分为金融业（含银行、保险、证券）、电信服务、酒类、电子电器、互联网、医药、食品与饮料（含乳品）、服饰服装、汽车、零售和教育等类别，除此之外，Brand Z 还包括石油天然气、航空服务以及房地产等。两大品牌榜单的数据显示，金融业长期为我国品牌系统中的主导产业。

（2）计算多样性指数。

$$H' = -\sum_{i=1}^{m} p_i \text{Log } p_i \tag{2}$$

其中，H′ 为品牌系统的多样性指数，m 为品牌系统中产业种类，$p_i$ 为第 i 种产业内所有企业的品牌价值合计额在品牌系统的价值总额中所占的比例。H′ 数值越大说明产业分布是越均匀的，而数值越小说明产业分布不均匀。根据公式（1）、公式（2），对 2010~2013 年 Interbrand 与 Brand Z 两大品牌榜单各品牌价值数额进行处理，可得到表 4。

**表 4 两榜单历年的多样性指数和主导性指数**

| 项目 | 多样性指数 | | | | 主导性指数 | | | |
|---|---|---|---|---|---|---|---|---|
| 年份 | 2010 | 2011 | 2012 | 2013 | 2010 | 2011 | 2012 | 2013 |
| Interbrand | 0.58287 | 0.59267 | 0.57539 | 0.58958 | 0.56690 | 0.56478 | 0.58279 | 0.57777 |
| BrandZ | 0.69064 | 0.75308 | 0.74797 | 0.77501 | 0.48949 | 0.42934 | 0.42308 | 0.39877 |

（3）规范化处理两类指数。

$$y_{ij} = \frac{x_{ij}}{\sqrt{\sum_{i=1}^{m} x_{ij}^2}}, \text{ 其中 i = 1, 2, } \cdots \text{, n; j = 1, 2, } \cdots \text{, n} \tag{3}$$

根据公式（3），对表 4 的数据进行规范化处理，由此得到表 5。

**表 5 规范化处理后的多样性指数和主导性指数**

| 项目 | 多样性指数 | | | | 主导性指数 | | | |
|---|---|---|---|---|---|---|---|---|
| 年份 | 2010 | 2011 | 2012 | 2013 | 2010 | 2011 | 2012 | 2013 |
| Interbrand | 0.49804 | 0.50641 | 0.49165 | 0.50377 | 0.49458 | 0.49273 | 0.50845 | 0.50407 |
| BrandZ | 0.46518 | 0.50724 | 0.50380 | 0.52201 | 0.56077 | 0.49186 | 0.48469 | 0.45684 |

（4）加权处理两类指数。

$$z_{ij} = w_{ij} y_{ij} \tag{4}$$

通常，在对多样性指数和主导性指数规范化处理后，考虑到多样性与主导性在系统中的重要性不同，需要对它们赋予不同权重，然后再根据公式（4）进行加权处理。由于品牌排行榜中的品牌被视为我国品牌金字塔系统的"塔尖品牌群"，不同于一般状态下的品牌群落（例如一个区域或一个产业范围内的品牌群），因此本文认为在这个"塔尖品牌群"中，多样性比主导性要重要些，故确定｛多样性权重：主导性权重｝=｛60%：40%｝。

（5）确定正、负理想解。

$$z^- = \min y_{ij}; \quad z^+ = \max y_{ij} \tag{5}$$

根据公式（5）可以得到两类指数的正、负理想解集，见表6。

表6　加权处理后多样性指数和主导性指数的正、负理想解

| 榜单 | 项目 | 多样性指数 | 主导性指数 |
|---|---|---|---|
| Interbrand | 负理想解 | 0.491647 | 0.492734 |
| | 正理想解 | 0.506413 | 0.508446 |
| BrandZ | 负理想解 | 0.465184 | 0.456836 |
| | 正理想解 | 0.522012 | 0.560766 |

（6）计算距离。

到正理想解的距离为 
$$H_i^+ = \sqrt{\sum_{j=1}^{m}(z_{ij} - z_j^+)^2} \tag{6}$$

到负理想解的距离为 
$$H_i^- = \sqrt{\sum_{j=1}^{m}(z_{ij} - z_j^-)^2} \tag{7}$$

（7）计算各属性值对负理想解的相对接近度，即协调度。

$$C_i = \frac{H_i^-}{H_i^- + H_i^+} \tag{8}$$

根据公式（6）、公式（7），可以计算各属性值到正、负理想解的距离，并依据公式（8）计算各年度品牌系统协调度，由此得到表7。

表7　属性值到理想解距离及各年度品牌系统协调度

| 榜单 | Interbrand | | | | Brand Z | | | |
|---|---|---|---|---|---|---|---|---|
| 年份 | 2010 | 2011 | 2012 | 2013 | 2010 | 2011 | 2012 | 2013 |
| 到负理想解的距离 | 0.003892 | 0.008859 | 0.006286 | 0.008572 | 0.041572 | 0.028862 | 0.025708 | 0.034097 |
| 到正理想解的距离 | 0.007540 | 0.006286 | 0.008859 | 0.002363 | 0.034097 | 0.028953 | 0.032335 | 0.041572 |
| 协调度 | 0.340437 | 0.584935 | 0.415065 | 0.783914 | 0.549395 | 0.499209 | 0.442916 | 0.450605 |

综合党晶晶等（2013）等的研究成果，建立协调度的评价准则，具体如下：0.00~0.39 为严重失调；0.40~0.49 为中度失调；0.50~0.59 为轻度失调；0.60~0.69 为低水平协调；0.70~0.79 为比较协调；0.80~1.00 为高度协调。根据协调度的评价准则，可知，我国品牌系统的产业分布除了 2013 年 Interbrand 榜单数据显示为比较协调外，其余均显示为不协调状态，特别是 2010 年 Interbrand 数据显示为严重失调，而 Brand Z 榜单四年中一直显示为失调，其中 2011~2013 年显示为中度失调。

# 四、研究发现与启示

实证表明，我国品牌系统的产业布局长期处于不协调的状态。到底是什么因素导致了这种状态？我们试图从多角度找寻现象背后的原因，比如分解主导产业，降低主导性指数，重新获取系统协调度；将多样性指数和主导性指数两者多形式（包括相除、相减、相加）处理后得到新数值，再对照协调度审视它们的趋势变化；依据某产业内所有企业的品牌价值之和在品牌系统的价值总

额中的比例高低，将主导产业分为第一主导产业（金融业）与第二主导产业（电信服务业），并将比值相加、相减等，得到新数值后再与协调度作比较。通过对数据多角度处理（见表8），我们证实或证伪了部分设想。在表8中，SUM（主，多）为品牌系统中主导性指数和多样性指数分别乘以各自权重，然后两数值相加；IMSUB（产业1，产业2）为品牌系统中第一主导产业内所有企业的品牌价值之和在品牌系统的价值总额中的比例与第二主导产业比例的差值。

**表8 多样性指数和主导性指数经处理后的复合数据**

| 项目 | Interbrand | | | | Brand Z | | | |
|---|---|---|---|---|---|---|---|---|
| 年份 | 2010 | 2011 | 2012 | 2013 | 2010 | 2011 | 2012 | 2013 |
| SUM（主，多） | 0.496656 | 0.500938 | 0.498370 | 0.503890 | 0.503416 | 0.501088 | 0.496156 | 0.495942 |
| IMSUB（产业1，产业2） | 0.329940 | 0.350840 | 0.392423 | 0.408179 | 0.275590 | 0.211987 | 0.225279 | 0.194691 |

研究发现，品牌系统中多样性与主导性之和与协调度的变化趋势高度一致。在生态系统的协调性研究中，有一个基本共识——多样性与主导性呈相辅相成、此消彼长的关系，即多样性增加，主导性降低；反之亦成立。这一点在本文的研究中也得到了证明。为探寻多样性或主导性对协调性的影响，本文将多样性指数和主导性指数分别与系统协调度做关联分析，没有发现多样性或主导性与协调性呈线性关系。然而，将表8中SUM（主，多）与系统协调度（表7）做关联分析，发现存在非常明显的线性关系。

研究还发现，品牌系统似乎并不支持"双主导"。本文试图将第一主导产业、第二主导产业两者的主导性指数相加，并将其与系统协调度进行对比分析，但未曾发现它们之间存在明显的关联性影响。然而，将第一主导产业与第二主导产业之间的主导性差值，即IMSUB（产业1，产业2）与系统协调度做关联分析，结果发现IMSUB值越大，系统协调性越高（见表7、表8），换言之，第一主导产业与第二主导产业的差距越大，系统将会越协调。

因此，改善我国品牌格局的产业协调性，主要有两种途径：①提高SUM（主，多）值，使其努力达到最佳理想值；②提高IMSUB（产业1，产业2）值。在第一种途径中，由于多样性与主导性间存在此消彼长的替代关系，为此，我们计算它们的替代效应，发现在由Interbrand榜单形成的品牌系统中，主导性对多样性的替代效应为1.41~6.79，其提升品牌系统的协调性，应以降低主导性为主；在Brand Z榜单组成的品牌系统中，主导性对多样性的替代效应为0.72~0.98，其提升协调性则应以降低多样性为宜。那么，到底哪一种品牌系统更接近于中国品牌系统现实呢？我们来看看两者的区别。从榜单所涉及的产业来看，Brand Z比Interbrand多了石油和天然气、航空、房地产等行业，如果坚持两榜单所宣称的"消费者导向"原则，像中石油、中石化这样的石油天然气企业品牌是否应该进榜单值得商榷。在第二种途径中，提高IMSUB（产业1，产业2）值实际上就是扩大以中国工商银行、中国建设银行等为代表的金融业与以中国移动为代表的电信服务业之间的品牌价值差距。从这个意义上讲，中国移动作为中国第一品牌是造成我国品牌系统产业不协调的重要原因。

当然，虽然实证分析可以帮助研究者发现问题，但我们仍需要用相对的、动态的思维来看待评价系统的协调状态。因为：①实证所依据的数据——品牌价值并不是一组完全客观的数据。在品牌价值的估算过程中，品牌强度（品牌乘数）、品牌作用指数（品牌贡献）等数值的获取无法完全采取客观方法，需要依托专家评分或消费者调查等带有一定主观成分的做法。同时，还有一些产业如机械行业，它们不需直接面对消费者个体，因此被排除在品牌排行榜之外，从而无法进入我们所评估的"品牌系统"。②用实证所采用的方法——"逼近理想解排序"法来计算协调度时，该方法中有一个步骤是确定多样性指数和主导性指数的正、负理想解，这一做法直接决定了协调度成为一个相对的、动态的量值。换言之，在某一系统中，即使其内在的数据是确定不变的，但在具体操作中，只要参照对象的时间与空间范围发生变化，其所涉及的正、负理想解就将可能不同，由此就会造成各属性值对正、负理想解的距离不同，直至导致评价对象的协调度发生变化。③品牌格局受政策因素影响大。品牌榜单中的品牌主要来自于国有资本控制的企业，特别是大型中央企业，而这些企业的盈利水平受政策因素影响很大，比如国家拟实施利率市场化，降低金融、电信、石油石化等领域的准入门槛，这势必将影响企业利润空间，进而影响品牌利润，乃至品牌价值，最后导致品牌格局发生演变。

**参考文献**

[1] 艾丰. 制造大国，品牌小国——中国成长企业发展与名牌战略 [J]. 当代经理人，2004 (3)：28-30.

[2] 刘瑞旗. 实施品牌战略刻不容缓 [J]. 求是，2011 (6).

[3] 杨兴国. 品牌力 [M]. 北京：人民邮电出版社，2012.

[4] 2006~2013 年间 Brand Z 发布的"全球品牌价值百强榜"以及"中国最具价值品牌 50 强（100 强）".

[5] 2006~2013 年间 Interbrand 公布的"全球最佳品牌排行榜"以及"最佳中国品牌价值排行榜".

[6] 邵文斌. 品牌价值评估的方法与实践 [EB/OL]. http：//www.interbrand.com/zh-CHT/knowledge/papers-and-articles.aspx.

[7] 胡志刚. 从价值解释到价值批判——价值哲学的性质及其路径反思 [J]. 吉首大学学报（社会科学版），2014 (2)：7-17.

[8] 张晶. 产业生态系统的定量解析与评价及仿真 [D]. 北京：中国矿业大学博士学位论文，2012.

[9] 王如松，周涛等. 产业生态学基础 [M]. 北京：新华出版社，2006.

[10] 党晶晶等. 县域生态—经济—社会系统协调发展实证研究资源科学 [J]. 2013，35 (10).

# 中国大学生心理账户特征探索与量表开发

## ——基于扎根理论视角

杨林波　周星*

[摘要] 心理账户效应对人们日常生活产生着重要影响，但已有成果大多只是利用情景实验法探索心理账户对人们决策行为的作用，鲜有学者专门针对大学生心理账户特征进行研究。基于此，本文利用扎根理论方法，以中国大学生作为研究对象，对其心理账户基本特征进行了探索；同时，根据扎根理论结果，开发出中国大学生心理账户特征量表，并利用 SPSS20.0 和 AMOS21.0 对两次采集的样本数据进行探索性因子分析和验证性因子分析。研究结果表明，基于扎根理论开发出的心理账户特征量表具有较好的内容效度、结构效度和可信度。

[关键词] 大学生；心理账户；扎根理论；成本追踪性

# 一、引言

大学生作为青少年消费群体中的主力军，[①] 有着巨大的市场潜力。据调查，2013 年中国大学生人均消费额达到 11347 元人民币，比同年全国城镇居民人均可支配收入水平高出 50%。[②] 在中国，大学生的生活费主要来源于父母。随着家长对教育的重视程度不断提升，为了给孩子提供更好的受教育条件，大多数父母会竭尽所能满足子女的生活需求。但是，一方面，由于大学生缺乏社会阅历，对日常支出进行合理支配的经验不足，很容易受到线上的电商以及线下的实体店各类促销手段的影响而进行盲目消费；另一方面，又由于受儒家传统文化影响，中国人尤其重视人际关系的建立和维护，[③] 在人际交往中"讲面子"，[④] 大学生也不例外，现今大学校园里同学之间的"宴请之风"愈演愈烈、[⑤] 消费攀比越来越多，[⑥] 这在一定程度上加重了学生以及家长的负担。

通过以上分析可以看出，由于父母竭尽所能的支持、大学生对支出进行合理支配经验的不足以及受到传统儒家文化等因素的影响，使得中国大学生的消费支出心理存在不同于其他消费群体

---

* 杨林波（1986–），男，湖北人，厦门大学管理学院博士研究生，研究方向为组织与管理、消费者行为；周星（1967–），女，厦门人，厦门大学管理学院教授，博士生导师，研究方向为消费者行为、经济学。

① Adamo K. B., Brett K. E.. Parental Perceptions and Childhood Dietary Quality [J]. Maternal and Child Health Journal, 2014, 18（4）: 978–995.
② 资料来自中国教育报刊社发布的《大学生蓝皮书》。
③ Chai S., Rhee M.. Confucian Capitalism and the Paradox of Closure and Structural Holes in East Asian Firms [J]. Management and Organization Review, 2010, 6（1）.
④ 黄光国，胡先缙. 人情与面子——中国人的权力游戏 [J]. 党政干部文摘，2005（7）.
⑤ 李四兰，陈涛. 基于情感账户视角的当代大学生享乐性消费心理机制 [J]. 武汉科技大学学报（社会科学版），2014（3）.
⑥ 高宏利. "90后"大学生消费观及教育路径 [J]. 当代青年研究，2013（2）.

的特征。由此可见，将心理账户理论用于探索中国大学生的支出心理和行为具有非常重要的现实意义。因此，本文在对心理账户研究成果进行梳理的基础上，运用扎根理论探索中国大学生心理账户特征，并基于探索结果尝试开发出适用于该情景的心理账户特征量表。

# 二、文献回顾

心理账户（Mental Accounting）是指人们对事件（财富或者活动）所进行的编码、分类和评估（Thaler，1980，2008），它揭示了人们在对财富进行处置时的心理认知过程。这一过程主要包括人们对金钱在开支项目上的预算、支出以及评价等内容。

心理账户概念的提出（Thaler，1980）、内涵扩展（Tversky & Kahneman，1981；Kahneman & Tversky，1984）、理论形成（Thaler，1985）到理论再发展（Bonini & Rumiati，2002；李爱梅等，2007，2012，2014）已有 30 多年的历史。学者们利用该理论解释了信用卡消费、支付与产品使用分离、禀赋效应（Zhu et al.，2008）、情感账户（Shafir & Thaler，2006）、价格框架效应（Burman & Biswas，2007）等对人们内心感受起到的作用。在消费者行为领域，学者们主要利用心理账户理论探索储蓄（Shefrin & Thaler，2004）、借贷（Prelec & George，1998）、税收返还（Nicholas，Dennis et al.，2006；Valrie & Marilyn，2008）、记账期间（Gourville & Soman，2002）、意外之财等对消费者支出行为产生的影响。

Tversky 和 Kahneman（1981，1984）提出心理账户的分离模型（Discrete Mental Accounting Model），认为人们通过判断事物（财富或活动）与账户间的相关性来决定该事件应该被划分到哪一个账户中；Brend 和 Higgins（1998）认为心理账户是人们启动决策情景，通过对决策目标的代表性进行评价而判断该事物的归属账户及其在该账户中的权重，提出了心理账户的目标代表性模型（Goals-representativeness Model）。两个经典的心理账户假说表明人们心里可能早已存在心理账户的内隐结构系统（李爱梅，2007），而结构系统必定存在相应的特性。

心理账户对人们支出行为产生作用的过程包括三个步骤，即感知收益和损失、将感知到的收益和损失划归到不同的账户中、结平（Balancing）这些账户（Thaler，1999）。这个过程会涉及对开支项目进行的心理预算（Milkman & Beshears，2009）、账户间财富的非替代效应（Thaler，1985，1999；李爱梅等，2004，2007）以及对花销的成本追踪（Soster et al.，2010）。

心理账户非替代性是指，人们自觉或不自觉地将财富划分到不同的心理账户中，并将这些财富贴上不同的标签，从而迫使人们认为"此钱非彼钱"、在决策时难以用一个账户中的财富代替另一个账户进行支付（O'Curry，1997）的现象。Milkman 和 Beshears（2009），Rajagopal 和 Priyali 等（2009）的研究也表明了心理账户具有这一重要特征。

同时，Thaler（1999，2008）强调，人们的支付行为会受到自己有意或无意的预算限制（ülkümen et al.，2008）。这就是心理预算产生的作用（Gou et al.，2013），即它可以使人们在财富支出方面进行自我控制（Heath & Sou，1996）。心理预算包括两个步骤，即感知（Booked）和分类（Posted）。人们首先会感知到可能发生的支出，再通过相似性判断将这些花销划归到不同账户中并设置限额（Heath & Soll，1996）。尽管心理预算能够帮助人们进行自我控制，但由于其本身的非精确性，可能导致人们过度消费或消费不足（张军伟等，2011）。因此，在实际消费过程中，人们必须对花费进行追踪（李爱梅等，2014）。

此外，心理账户概念的提出始为解释沉没成本效应（Sunkcost Effect）（Thaler，1980），随着理论的发展，学者们逐渐关注到人们对时间和金钱在沉没成本效应上表现出来的差异（Prelec &

Loewenstein，1998)。于是，关于心理账户成本追踪的研究逐渐受到学者们重视（Navarro & Fantino，2009)，并设计出特定实验情境下的测量工具（Soster，Monga et al.，2010)。心理账户的成本追踪是指，人们为获取将来利益而发生支付行为后，在相应的心理账户中对这些成本进行记忆和评价的过程（Soster et al.，2010)，继而又会影响到人们后续的支出心理。

国内对心理账户理论的关注始于 2004 年，而且已有部分学者以中国文化为研究背景进行了卓有成效的探索。如李爱梅（2005)在博士学位论文中探索了中国人心理账户的内隐结构，并结合来自聚焦访谈和国外情景实验两种途径的材料设计问卷题项，以尝试开发测量中国人心理账户特征的量表，并认为心理账户特征主要包括非替代性、灵活性和预算性。孙大强（2008)基于对中国人际关系的考察，在其博士学位论文中，通过情景实验法验证了关系类别对心理账户非替代效应产生的影响。魏勇刚和李红（2007)探讨了心理账户对人类认知发展的作用。

综上所述，尽管国内外学者们在心理账户理论及其应用方面做了很多探索，但专门针对中国大学生心理账户特征进行的研究却仍是空白。了解中国大学生心理账户特征是探索其支出心理并有效引导其进行合理消费的前提，这对大学生本人的健康成长以及家庭的幸福生活都有着举足轻重的作用。

因此，本文立足于已有研究成果，基于对扎根理论的灵活运用，通过半结构化访谈、初始编码、聚焦编码以建构出中国大学生心理账户特征的维度；进一步地，利用扎根结果设计出测量中国大学生心理账户特征的题项，根据需要进行大样本抽样，结合 SPSS20.0 和 AMOS21.0 统计分析软件，反复测试这些题项以开发出具有适中信效度的相应量表。

# 三、扎根理论的研究方法与研究设计

## （一）扎根理论方法

扎根理论（Grounded Theory）方法是一种从现实生活中摄取概念、从所能获取到的资料中建构新理论的社会学研究方法（Scriven，1968；陈向明，1999)。该方法要求研究者对理论保持高度敏感性，并能灵活运用文献成果；将建构出的理论与已有研究、原始资料、生活现象等进行反复对比，以确保扎根成果具有创新性。扎根理论实现的具体操作过程如图 1 所示。

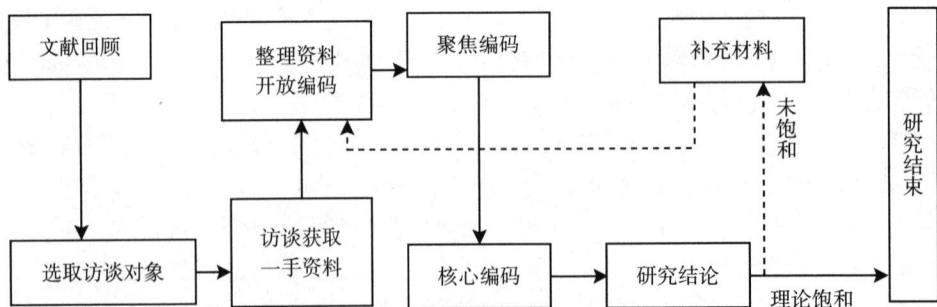

**图 1　扎根理论研究方法流程**

资料来源：根据 Pandit（1996）的 *The Creation of Theory：A Recent Application of the Grounded Theory Method* 和陈向明（1999）的《扎根理论的思路和方法》编制。

## （二）资料搜集

通过文献回顾，我们发现尽管已有学者尝试开发心理账户特征量表（李爱梅，2005），但其所使用的方法不符合规范的量表开发程序，研究对象也不具有针对性。因此，借鉴前人成果通过问卷调查方式获取数据不符合本研究要求。同时，与其他方式相比，通过深度访谈获取的资料更加丰富，便于灵活运用，能更深入地探讨相关问题（袁方，1997；王叶毅和王重鸣，1998）。

根据研究目的，我们将访谈对象确定为 2014 年秋季学期的在校大学本科生。虽然中国大学生在地理位置上的分布具有广泛性，但考虑到各正规高校大学生在年龄结构、生活规律、校园生活经历、生源地等方面具有一定的相似性，本研究主要按照"易获得性"原则选取受试者并对其进行 40~60 分钟的半结构化深度访谈。进一步地，在资料分析过程中发现了新概念或者新想法后，根据扎根理论的"理论抽样"原则，我们将继续抽取满足研究要求的样本进行深度访谈、分析资料，直至理论达到饱和。第一次访谈（2014 年 9 月 23 日到 25 日）样本数为 10 人；根据首次访谈中发现的新范畴，我们再次选取 4 人作为访谈对象。为确保第二次访谈结果确实达到了理论饱和度，我们最后抽取 2 人进行访谈。受试者合计 16 人。

访谈通过开放式问题启动，在介绍了心理账户理论的基本思想之后，我们请受试者描述了"在日常开支方面的经历、经验和感想"。通过开放式问题获取的一手资料能使我们有效了解中国大学生在心理对财富进行预算、支出以及评价花销等方面的信息。通过访谈获取的资料都是口语化的叙述性语言，在对资料进行整理、整合的过程中，我们又进行了相应的质证，以确保研究既具有理论性又能真实地反映出中国大学生心理账户实际情况。

## （三）样本分布情况

考虑到性别、年级、家庭经济情况、学习压力等诸多可能对心理账户特征产生影响的因素，我们在选取访谈对象时尽量保证样本能够具有代表性。同时，进行访谈后，我们又让受访者在这些方面进行了自评。样本分布情况如表 1 所示。

表 1　样本分布情况

单位：%

| 性别 | | 年级 | | | | 家庭经济情况 | | | 学习压力 | |
| --- | --- | --- | --- | --- | --- | --- | --- | --- | --- | --- |
| 男 | 女 | 一 | 二 | 三 | 四 | 拮据 | 正常 | 富足 | 几乎无 | 较大 |
| 52.6 | 47.4 | 26.3 | 30 | 24.7 | 19 | 11.6 | 67.4 | 21 | 34.2 | 65.8 |

16 个样本中男生占比约 52.6%；大一、大二、大三、大四学生各占 26.3%、30%、24.7% 和 19%；家庭情况分为拮据（家庭生活入不敷出）、正常（家庭收入足以维持生计）、富足（家庭收入满足各项开支后还有富余）三个类别，分别占比 11.6%、67.4% 和 21%；学习压力的感知分为"几乎无压力"和"压力较大"两个层级，分别占比约 34.2% 和 65.8%。这些数据表明样本具有一定代表性。

# 四、扎根理论的研究过程及结果

通过对访谈获取的一手资料进行初始编码（开放编码）和聚焦编码，试图提炼出中国大学生具有的心理账户特征，并对结果进行饱和度检验直至没有发现或再形成新的范畴。考虑到本研究仅为探索心理账户特征维度和开发量表，而不用挖掘概念间的因果关系或进行理论建构，因此无须对资料进行核心编码。

## （一）初始编码

初始编码要求研究者摒弃已有"定论"并"悬置"个人偏见（陈向明，1999）。在这个阶段需保持"什么都相信，又什么都不相信"的态度（Strauss，1987）。因此，我们对访谈内容进行"逐句编码"，用与原始资料含义一致或者接近的代码予以标识，以梳理出潜藏的概念，排除模糊不清或"应付"式的回答，最终得到142个初始编码字条。初始编码示例如表2所示。

表2　本研究初始编码示例

| 原始资料 | 初始代码 |
|---|---|
| 一般来说，我不太会（对生活开支）做长期计划，基本上也就是在每个月开始时，大致地想一下上个月花了多少钱，这个月可能需要多少钱 | 回忆上一期间的花销，并为下一期间做预算（50） |
| 我没有把开支项目列得很详细，但是会为那些重要的花销（项目）留下一笔钱 | 为重要开支项目做预算（13） |
| 有一个大致的开支计划很重要，这样可以时刻提醒自己（不要乱花钱），而且这也比盲目省钱要好一些 | 有预算比没有预算要好（7） |
| 爸妈给的钱我会省着一点花（家庭收入不太好）；但如果幸运地得到了奖学金，我会奢侈地买衣服或者吃一顿大餐，奖励奖励自己 | 省着花父母给的钱，奖学金可以令我奢侈一下（107） |
| 给自己办了一张银行卡（储蓄卡），什么功能都不开通，就是用来存钱，怕一旦"手痒"就"网购" | 办了一张"存钱卡"，控制"网购"欲望（23） |
| 一般我都会留着乘飞机或者坐动车回家的钱，怕到时候急着问家里要钱或者找同学借钱 | 为回家预留钱（112） |
| 有一次我买了一双鞋，超贵。每次穿的时候都要小心翼翼，但想想，还是觉得挺值的，穿着舒服 | 买了一双贵的鞋，小心翼翼地穿，买得值（90） |
| 偶尔会为了宣泄一下小情绪就乱花了钱，但后来每次想起来就有点小后悔 | 乱花钱后有点后悔（103） |
| 我喜欢把兼职挣来的钱存起来，留到必须要花的时候再取 | 兼职挣来的钱留在必要的时候花（133） |

## （二）聚焦编码

聚焦编码需要"使用最重要的或出现最频繁的初始代码来对大部分数据进行分类、综合和组织……以把数据再次恢复为连贯的整体"（Charmaz，1960）。换言之，聚焦编码是在初始编码的基础上，将语义产生关联的初始代码聚焦为概念类属。如果需要建构理论，还要发现类属之间的联系，以此建立概念之间的关系。聚焦编码示例如表3所示。

表3　本研究聚焦编码示例

| 初始代码 | 聚焦代码（亚类属） | 类属 |
|---|---|---|
| 会想起（一定时间范围内）大笔的开支数额（30） | 一段时间内会记得在某些开支项目上的花销 | 财富在大学生心理上的支出成本追踪性（心理账户的成本追踪性） |
| 能记得起偶尔"请客"吃饭（花费）的钱（47） | | |
| 能想起狠心在昂贵的衣服上的花销（58） | | |
| 能记起一定时间范围内自己在意的方面的开支（89） | | |
| 大致回忆之前在各个方面的开支数额是有必要的（15） | | |
| 笔记本电脑贵，但感觉质量还行（11） | 会衡量某些重大开支项目上的花销值不值 | |
| 我会考虑一次性大笔的花销是否值得（28） | | |
| 即便牙膏不贵，但如果用着不舒服，我会觉得不值（17） | | |
| 把钱花在家人身上永远都是值得的（96） | | |
| 花钱买到残次品会令我（一段时间内）后悔（29） | 无意义的花销会令自己产生后悔感 | |
| 因为和同学攀比而产生的花销会令我有点后悔（40） | | |
| "买了双平时不怎么穿的鞋"让我有悔感（77） | | |

### （三）扎根理论研究结果

本研究利用扎根理论，通过实证分析发现，心理账户具有三个特征，即非替代性、预算性和成本追踪性，但没有印证已有研究成果中的灵活性（Agility）（李爱梅，2005；Gou et al.，2013）。这可能是因为心理账户本身具有可塑性（Cheema & Soman，2006），使得账户间财富的非替代性并不绝对。再加上中国大学生深受"中庸"[①]文化思想的熏陶，他们大多能够"一分为二"地看待事物、不易走极端。换言之，灵活性是中国大学生心理账户非替代性较弱的体现；同时，得出心理账户非替代性特征的产生原因主要包括：财富来源不同（Kivetz，1999）、财富支出类别差异和财富储存方式各异（Gou et al.，2013；李爱梅等，2014）。同时，心理账户的预算是人们感知到花销并将花销按照相关性强弱划归到不同账户中的过程，其目的是进行自我控制（Heath & Soll，1996）。因此，本研究尽管未能支持心理账户的灵活性特征，但在心理账户的预算性和非替代性两个方面仍与已有成果保持一致。

人们会利用心理账户对自己各项经济活动的开支进行描述、管理和追踪（Thaler，1985，1999），对成本进行追踪源于对获取相应利益的渴望（Soster et al.，2010）。同时，Kahneman 和 Tversky（1979）发现"赌马"爱好者会在当天对"押注"支出进行追踪，并期望自己在赛马当天结束前获取回报。因此，心理账户具有成本追踪的特征。本研究通过扎根理论实证了这一点，并在此基础上扩展了该特征的含义，即心理账户的成本追踪性是指人们对日常生活中支出成本的追溯，这种追溯会令其对相应收益进行心理评价。

# 五、基于扎根理论的量表开发

在以上探索性研究成果的基础上，我们尝试重新开发适用于测量中国大学生心理账户特征的量表，题项条目源于对访谈资料的提炼，经过小组座谈讨论并让专业知识扎实、文字功底深厚的营销学博士生对初始量表进行修订后，再通过该领域内三位专家的严谨审核，以保证量表的内容效度。之后，针对设计出的题项，我们在学生群体中进行了两个阶段的大样本抽样。第一阶段抽样的目的是检验题项设计的结构效度；在第一阶段因子分析的基础上，我们对量表题项做了相应调整，再利用 SPSS20.0 和 AMOS21.0 软件对第二阶段的样本数据进行信效度检验。

### （一）探索性因子分析

初始量表由"聚焦"结果中的亚类属组成，包含 11 道题项，并采用李克特 6 点刻度法计分。第一次测试时，我们发放 250 份问卷，回收 227 份，剔除 4 份无效问卷，最终保留 223 份，有效回收率约为 91%。利用 SPSS20.0 统计软件对样本数据进行因子适合性检验，得出 KMO 值为 0.795，且 Bartlett's 球形检验 $\chi^2$ 值为 629.456，表明样本数据比较适合因子分析。通过"降维"提取特征根大于 1 的 3 个因子，样本的总方差解释量为 56.55%。但是题项"我很清楚哪些钱该花在哪些方面"存在跨因子载荷现象，因子 1 和因子 2 载荷值各为 0.493 和 0.446，如表 4 所示。

---

[①] 中庸思想来自"度"的探寻与把握，来自"适中"效应的求证与确认（任遂虎，2012）。

表 4　心理账户特征预测试因子分析

| | 因子 1 | 因子 2 | 因子 3 |
|---|---|---|---|
| 我对自己的开支进行了较好的预算 | 0.849 | | |
| 我的预算会涉及各个开支项目（如衣食住行） | 0.798 | | |
| 我用钱是有计划、有安排的 | 0.797 | | |
| 我对每个开支项目（如衣食住行）都有独立的预算 | 0.646 | | |
| 我很清楚哪些钱该花在哪些方面 | 0.493 | 0.446 | |
| 轻易得到的钱与辛苦挣来的钱不是一回事 | | 0.700 | |
| 不同来源的钱，用途也会不同 | | 0.640 | |
| 我不会动用为其他开支项目划分出的钱 | | 0.602 | |
| 在使用商品的过程中，我会衡量该商品买得值不值 | | | 0.814 |
| 几乎每个方面的花销数额，我在一段时间内都会记得 | | | 0.674 |
| 如果把钱花在了无意义的事物上，我在一段时间内都有后悔感 | | | 0.569 |

　　针对预测试结果，我们去掉跨因子载荷题项，再次组织小组进行讨论以修改含义模糊的句子，最终确定 10 道题项，并对量表进行再一次测试。此次发放问卷 600 份，回收有效问卷 558 份，有效回收率为 93%。对其中的 279 个样本数据进行分析表明，解释的总方差量达到 63.234%，KMO 值 0.784，且 Bartlett's 球形检验 $\chi^2$ 值为 1002.084，该量表存在清晰的三维结构，如表 5 所示。

表 5　复测试因子分析

| | 因子 1 | 因子 2 | 因子 3 |
|---|---|---|---|
| 我的预算会涉及很多方面 | 0.879 | | |
| 我对自己的开支进行了较好的预算 | 0.848 | | |
| 我用钱是有计划、有安排的 | 0.827 | | |
| 我在很多方面会单独设置消费限额 | 0.706 | | |
| 在使用某些商品的过程中，我会衡量该商品买得值不值 | | 0.867 | |
| 若把钱花在了无意义的事物上，我会在一段时间内有后悔感 | | 0.837 | |
| 我一段时间内都会记得在某些商品上的花销数额 | | 0.564 | |
| 轻易得到的钱与辛苦挣来的钱不是一回事 | | | 0.698 |
| 不同来源的钱，用途也会不同 | | | 0.683 |
| 我一般不会动用为重要开支项目存起来的钱 | | | 0.545 |
| Cronbach's Alpha | 0.858 | 0.793 | 0.722 |

　　对该样本所有项目进行信度检验，得出 Cronbach's Alpha 值为 0.776；且各因子的信度系数值均在 0.700 以上，表明题项的设计及其 3 个因子结构具有适中的可信度。

　　因子 1 包含的 4 道题项如"我用钱是有计划、有安排的"，表达的内容与心理预算相关，因此我们将其命名为心理账户的预算性；因子 2 包含的 3 道题项如"我一段时间内都会记得在某些商品上花销的数额"，表述的内容与成本追踪相关，我们将其命名为心理账户的成本追踪性；因子 3 包含的 3 道题项如"我一般不会动用为重要开支项目存起来的钱"，内容所表达的意思与非替代性相关，我们将其命名为心理账户的非替代性。

## （二）验证性因子分析

　　我们利用 AMOS21.0 对第二次测试时剩下的 279 份有效样本进行验证性因子分析，以观察量表的结构效度是否适中。验证性因子分析结果如图 2 所示。

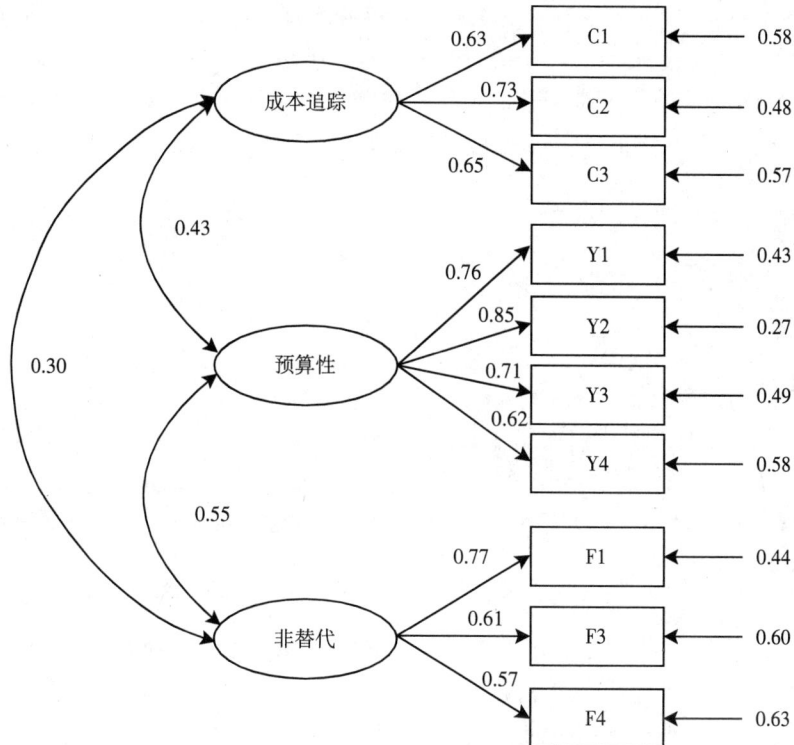

**图 2 心理账户特征验证性因子分析结构**

按照一般要求，我们使用 $\chi^2/df$、RMSEA、GFI、NFI、CFI、IF 等作为检测模型适合度的指标，如表 6 所示，结果表明，所有指标均符合要求，表明心理账户特征的 3 因子模型具有结构效度（吴明隆，2007）。

**表 6 大学生心理账户特征效度指标**

| $\chi^2$ | df | $\chi^2/df$ | P | RMSEA | GFI | NFI | CFI | IFI |
|------|------|------|------|------|------|------|------|------|
| 51.616 | 32 | 1.613 | 0.015 | 0.046 | 0.966 | 0.955 | 0.970 | 0.970 |

# 六、结论及展望

## （一）分析与结论

本文中，我们利用扎根理论探索中国大学生心理账户基本特征，发现心理账户具有成本追踪性、预算性和非替代性。心理账户的预算性和非替代性两个特征已在前人的研究成果中得到体现（李爱梅等，2014；Thaler，1999；O'curry，1997）。

尽管 Robin L.Soster 等（2010）通过实验法证明人们倾向于追踪金钱成本，但成本追踪性却并没有被作为心理账户基本特征得到研究者们的重视。中国大学生作为一类非常特殊但又很重要的群体，他们的"收入"主要来源于父母，而且他们的支出又受诸多因素影响，如因同学之间攀比而造成的"群体压力"感（Group Pressure），因自制力欠缺而盲目消费，因"不劳而获"而对生活缺乏合理的规划等。这不仅会加重家庭负担，而且也不利于大学生培养良好的习惯。为了使中国大学生健康地、积极地自我发展,有必要采取一定措施干预其心理账户。心理账户的成本追踪性,在一定程度上可以发挥沉没成本效应(Sunk Cost Effects)[①]的积极作用,让大学生尝试着思考自己以前的支出情况进而培养出"量入为出"、"利析秋毫"的理财能力。具备良好的理财能力不仅对大学生有重大意义,对社会中其他群体也起着非常重要的作用,可以促进家庭生活更加和谐,[②]组织发展更加顺利[③]等。

基于对心理账户基本特征的探索成果,我们尝试着开发出了中国大学生心理账户特征量表。这为后续的关于中国大学生心理账户的研究提供了一个参考。

## (二)展望

### 1. 进一步拓展和完善量表

尽管从统计学意义上来说我们得出了较为理想的结果,但通过总方差解释率(仅 63.234%)来看,还有将近 1/3 的成分没有得到解释。因此,还有可能存在其他重要的心理账户特征未被解释。因此,未来研究可以继续针对社会中的大学生或者其他群体进行扎根,以探索出中国文化背景下心理账户的其他重要特征。

### 2. 机理研究

心理账户特征的探索性研究及量表开发只是针对心理账户自身进行研究的开始,未来的研究可以从心理账户特征的前因与后果两个角度出发,利用大样本抽样方式探索心理账户的中介作用。心理账户特征属于人类心理过程的倾向性特质,可能既受先天遗传的作用,也受后天环境的影响;而且根据已有研究成果来看,心理账户会左右人们的投资、消费等方面的行为,但却没有学者进一步探索这些影响对人们家庭生活、工作或学习产生作用的机理。

**参考文献**

[1] Bonini N., Rumiati R.. Acceptance of a Price Discount: The Role of the Semantic Relatedness Between Purchases and the Comparative Price Format [J]. Jornal of Bhavoral Don Mang, 2002, 15 (3).

[2] Burman B., Biswas A.. Partitioned Pricing: Can We Always Divide and Prosper? [J]. Journal of Retailing, 2007, 83 (4).

[3] Cheema A., Soman D.. Malleable Mental Accounting: The Effect of Flexibility on the Justification of Attractive Spending and Consumption Decisions [J]. Journal of Consumer Psychology, 2006, 16 (1).

[4] Chambers V., Spencer M.. Does Changing the Timing of a Yearly Individual Tax Refund Change the Amount Spent vs Saved? [J]. Journal of Economic Psychology, 2008, 29 (6).

[5] Gou Y., Jiang Y., Rui L., et al. The Nonfungibility of Mental Accounting: A Revision [J]. Soc Behav Personal Int J., 2013, 41 (4).

[6] Gourville T., Soman D.. Pricing and the Psychology of Consumption [J]. Harvard Business Review, 2002, 80 (9).

[7] Heath C., Soll B.. Mental Budgeting and Consumer Decisions [J]. Journal of Consumer Research, 1996, 23 (1).

[8] Kahneman D., Tversky A.. Prospect Theory: An Analysis of Decision under Risk [J]. Econometrica, 1979, 47 (2).

[9] Kahneman D., Tversky A.. Choices, Values, and Frames [J]. Am Psychol, 1984 (39).

---

① Arkes 和 Blumer 对沉没成本效应的解释为"先前投入的时间、金钱或其他资源会影响个体其后的决策",因此沉没成本效应反映出的是一种"避免浪费的愿望"。

② 余学斌,汪冠群.家庭投资理财方式的选择 [J].统计与决策,2002 (7):25-26.

③ 苏林成,刘琳.加强财务管理 提高理财水平 促进企业扭亏增盈 [J].财务与会计,1994 (9).

［10］Kivetz R.. Advances in Research on Mental Accounting and Reason-based Choice ［J］. Marketing Letters, 1999 （10）.

［11］Milkman L., Beshears J.. Mental Accounting and Small Windfalls: Evidence from an Online Grocer ［J］. Journal of Economic Behavior & Organization, 2009, 71 （2）.

［12］Navarro D., Fantino E.. The Sunk-time Effect: An Exploration ［J］. Jornal of Bhavoral Don Mang, 2009, 22 （3）.

［13］O'Curry S.. Income Source Effects ［R］. Department of Marketing, DePaul University, 1997.

［14］Prelec D., Loewenstein G.. The Red and the Black: Mental Accounting of Savings and Debt ［J］. Marketing Science, 1998, 17 （1）.

［15］Priyali R., Youn R. J.. The Mental Accounting of Time ［J］. Journal of Economic Psychology, Elsevier, 2009, 30 （5）.

［16］Robin L. Soster, Monga A. & Bearden O.. Tracking Costs of Time and Money: How Accounting Periods Affect Mental Accounting ［J］. Journal of Consumer Research, 2010, 37 （4）.

［17］Shafir E., Thaler R. H.. Invest Now, Drink Later, Spend Never: On the Mental Accounting of Delayed Consumption ［J］. Journal of Economic Psychology, 2006 （27）.

［18］Shefrin H. M., Thaler R. H.. Mental Accounting, Saving, and Self-Control ［A］. Advances in Behavioral Economics ［C］. 2004.

［19］Soman D.. The Mental Accounting of Sunk Time Costs: Why Time is Not Like Money ［J］. Journal of Bhavoral Don Mang, 2001, 14 （3）.

［20］Scriven M.. The Discovery of Grounded Theory: Strategies for Qualitative Research by B. G. Glaser; A. L. Strauss ［J］. Amrann, 1968 （4）.

［21］Thaler R. H.. Toward a Positive Theory of Consumer Choice ［J］. Journal of onomBhavor and Organzaon, 1980 （1）.

［22］Thaler R. H.. Mental Accounting and Consumer Choice ［J］. Marketing Science, INFORMS, 2008, 27 （1）.

［23］Thaler R. H.. Mental Accounting Matters ［J］. Behav. Decis. Making, 1999, 12 （3）.

［24］Tversky A., Kahneman D.. The Framing of Decisions and the Psychology of Choice ［J］. Science, 1981 （211）.

［25］Ülkümen G., Thomas M., Morwitz G.. Will I Spend More in 12 Months or a Year? The Effect of Ease of Estimation and Confidence on Budget Estimates ［J］. Journal of Consumer Research, 2008, 35 （2）.

［26］Zhu R., Chen X., Dasgupta S.. Can Trade-ins Hurt You? Exploring the Effect of a Trade-in on Consumers' Willingness to Pay for a New Product ［J］. Journal of Marketing Research, 2008, 45 （2）.

［27］陈向明. 扎根理论的思路和方法 ［J］. 教育研究与实验, 1999 （4）.

［28］李爱梅, 李斌, 许华等. 心理账户的认知标签与情绪标签对消费决策行为的影响 ［J］. 心理学报, 2014 （7）.

［29］李爱梅, 凌文辁, 方俐洛. 中国人心理账户的内隐结构 ［J］. 心理学报, 2007 （4）.

［30］李爱梅, 凌文辁. 心理账户: 理论与应用启示 ［J］. 心理科学进展, 2007, 15 （5）.

［31］李爱梅, 郝玫, 李理等. 消费者决策分析的新视角: 双通道心理账户理论 ［J］. 心理科学进展, 2012 （11）.

［32］李爱梅, 鹿凡凡. 心理账户的心理预算机制探讨 ［J］. 统计与决策, 2014 （8）.

［33］王叶毅, 王重鸣. 影响访谈信度和效度因素的研究 ［J］. 人类工效学, 1998 （1）.

［34］魏勇刚, 李红. 心理账户的作用机制与儿童认知发展 ［J］. 心理科学, 2007 （6）.

［35］张军伟, 徐富明, 刘腾飞等. 心理预算的产生过程与影响因素 ［J］. 心理研究, 2011 （6）.

# 第五篇　环境变迁与企业战略管理

# 企业家社会资本对企业战略决策质量的影响：以决策理性为中介

## ——基于中国企业的实证研究

郭立新　陈传明 *

[摘要] 在关于战略决策质量影响因素及企业家对战略决策质量的影响研究方面，现有文献较少关注社会资本的影响及其具体影响路径和机制。本文提出了企业家社会资本、决策理性和决策质量间关系的理论模型，基于 258 家中国企业样本数据的研究结果表明，企业家社会资本的制度性维度和市场性维度将以决策理性为中介对战略决策质量产生积极影响。本研究在一定程度上丰富和补充了高阶理论和战略决策过程理论，提高了现有理论的解释力，可为中国企业家构建社会资本、提高战略决策质量的实践提供一定参考。

[关键词] 企业家社会资本；决策理性；战略决策质量

# 一、引言

企业战略决策正确与否决定着企业的生存和发展，对战略决策质量影响因素的研究一直是战略过程研究领域永恒的主题。西方现有大量文献认为，企业战略决策质量主要由决策团队的认知能力与决策过程中的相互作用方式决定，企业家人口特征、性格特征和认知特征对战略决策质量有重要影响。但是，在中国特殊的文化和转型经济背景下，相关研究结论不能全面解释不同企业战略决策质量产生重要差异的原因。观察转型经济背景下的中国企业可以发现，在上述影响因素差异不大时，不同企业家仍然做出了质量迥异的战略选择，这说明企业战略决策质量可能还存在未被认识到的关键影响因素。为此，本文拟从社会网络和战略决策过程的视角，以中国企业作为调研对象，对中国企业家社会资本是否以及如何通过决策理性对战略决策质量产生影响进行实证研究，相关研究结论可能会完善、弥补高阶和战略决策过程理论的不足，并对中国企业战略管理实践提供理论参考或启示。

---

* 郭立新（1969-），男，四川仁寿人，副教授，管理学博士，研究领域为创新与战略管理；陈传明（1957-），男，江苏南京人，教授，经济学博士，研究领域为组织与战略。

# 二、文献回顾与理论假设

自从 Hambrick 和 Mason（1984）结合高层管理者人口特征、认知基础和价值观，分析其对战略选择及绩效的影响并提出高阶理论以来，关于企业家或高管团队特征对战略决策的影响已得到了较多研究成果，但多数研究涉及对战略内容的影响，涉及对战略决策过程及结果影响的文献相对较少，结合企业家与社会资本研究其对企业战略决策影响的文献更是凤毛麟角，与之相关的少量研究（主要基于战略内容）主要涉及企业（家）社会网络对企业战略选择的影响，如 Kim 等（2004）研究了财团内企业网络地位对其多元化战略的影响；Hsieh 和 Tsai（2007）分析了企业社会资本对其研发战略的影响；孙俊华，陈传明（2009）研究了企业家社会资本对企业多元化战略选择的影响。此外，部分文献基于中国企业样本研究了企业家或高层管理团队社会资本对企业战略决策的影响，如汪丽（2008）研究了企业 TMT 社会资本对决策质量的影响，不过该文关注的是企业高管团队成员之间以及高管团队与董事会之间的关系状况对决策质量的影响；周小虎（2006）研究了企业社会资本对战略定位、战略变革的影响；郭立新和陈传明（2011）研究了企业家社会资本如何通过影响企业战略决策速度和决策质量从而影响企业绩效。到目前为止，关于企业家社会资本如何或通过何种路径影响企业战略决策质量的问题，仍然缺乏相关理论解释和实证研究支持。为此，本研究从决策过程的视角分析企业家社会资本对战略决策质量的影响，在此基础上提出相关理论假设并进行实证检验。

## （一）企业家社会资本与战略决策理性的关系

社会资本理论认为，行动者的社会资本可以促进行动者获取有价值的信息、知识或其他资源（Granoveteter，1973，1985；Bourdieu，1985；Coleman，1990；Lin Nan，2001；Nahapiet 和 Ghoshal，1998），企业家通常具有政治和商业两种不同类型的社会网络（Peng 和 Luo，2000；Li 和 Zhang，2007；Acquaah，2007；耿新，2008），政治网络主要指企业家与各级政府及相关职能部门官员的联系，商业网络则指企业家与顾客、供应商、竞争对手或其他企业高管人员的联系。因此，本文将企业家社会资本分为制度性维度和市场性维度，制度性维度主要指企业家建立或维护政府关系网络并从中获取信息及其他资源的能力，市场性维度则指企业家建立或维护商业关系网络并从中获取信息及其他资源的能力。战略决策理性常被定义为决策过程中收集信息的广泛程度、对"信息分析"的依赖程度和考虑备择方案的全面程度（Dean 和 Sharfman，1996）。有限理性决策理论认为，决策个体在决策时通常是想要"理性"和做出更好决策的，但因受到决策所需信息的可获取性、信息获取成本以及自身认知结构、认知能力的限制，在现实决策过程中又是"有限理性"的，企业家在面临具体的战略性决策问题时，会在自己的认知结构中搜寻相关信息、知识和经验，若感觉信息不足、还不能对决策问题进行"满意"判断，就会通过自身社会网络去搜寻或获取决策所需信息、知识，或就决策问题向自身社会网络中的专家咨询。因此，本文认为，企业家社会资本会通过以下三个方面对战略决策理性产生影响：

首先，通过影响企业家认知结构。Wood 和 Bandura（1989）提到，个体通过与环境中其他人相互作用过程获取的信息基础来培育自己的知识和技能；Corbett 等（2005）也反复强调"环境"对企业家认知的影响和重要性，同样，企业家日常的社会交往活动和过程实际上也是与环境相互作用的过程，是一个认知和学习的过程，是一个吸收、解释和存储有关战略性环境信息、知识或其他间接经验的过程。企业家社会资本不仅影响企业家认知结构中的战略性环境信息、知识的存量，而且影响其结构。企业家的认知结构通常会影响到战略决策过程，例如，针对创业认知，现有研究将企业家认知结构——认知"原型"分为三种类型，第一种是安排原型；① 第二种是意愿原型；② 第三种是能力原型。③ 即使在不同文化背景下，企业家在创业决策过程中都存在一个共同或类似的基础认知结构（Mitchell 等，2000，2002），这些基础认知结构会影响到决策时的理性表现程度，因此，企业家社会资本差异会导致企业家在面临具体战略性决策问题时，决策依赖的信息、知识或经验基础具有"先赋性"差异。作为"正式制度替代"和"第三种资源配置方式"的企业家制度性社会资本，可以使企业家积累更多、更好或更新的与制度相关的战略性信息（诸如科技发展、环保、税收、金融、产业发展等政策、法律法规），从而增加企业家认知结构中相关制度类信息和知识存量，并改善相应的结构；企业家市场性社会资本，则可以增加企业家认知结构中有关市场环境、竞争环境、技术环境等方面的信息和知识存量，改善相关信息和知识的匹配结构。因此，社会资本更高的企业家在其记忆装置或认知结构中存储的信息、知识可能更丰富，价值或质量更高，从而可能在战略决策时表现出更高的理性。

其次，通过影响企业家对信息的获取。在战略决策时，若需要收集更多信息，企业家通常会通过各种信息获取途径进行信息收集活动。然而，企业家是否能在适宜时间或可接受成本内获取相应信息或知识，取决于信息的可获取性和获取成本。企业家社会资本是企业家获取战略决策所需信息和知识的重要来源，当通过公开或其他途径获取信息困难时，企业家通常更倾向于从其社会关系网络中收集信息（相对而言，企业家从社会关系网络获取信息具有质量高、成本低和速度快的特点）。企业家的制度性和市场性社会资本会促进企业家对制度类和市场类信息的获取，企业家的社会资本越高，越有可能获取更多、更好的信息，从而为企业家决策时更具理性提供了条件。

最后，通过提高决策信息的质量和备择方案的数量。社会资本更高的企业家，可能有更多的信息来源，可以就某些战略性信息的真伪、可靠性进行比较和核实，从而提高决策信息的质量，在战略决策时表现出更高的决策理性。企业家社会资本还可以促进企业家获取资金、技术、人才或政策等其他资源，企业家的制度性社会资本有助于企业家从政府等机构获取政策支持、权力、影响、资金、庇护及其他资源；企业家的市场性社会资本有助于企业家从市场获取技术、资金、人才等资源或其他方面的支持和帮助。社会资本更高的企业家，在战略决策时可能有更大的战略自由度和更多的可选方案，从而在战略决策时表现出更高的决策理性，因此，本文提出如下假设：

**H1a**：企业家制度性社会资本对决策理性有积极影响。

**H1b**：企业家市场性社会资本对决策理性有积极影响。

## （二）战略决策理性与战略决策质量的关系

在进行战略决策时，企业家若能获得更多决策所需信息，减小信息缺口，则会降低战略决策的不确定性；若能使用更真实或更精确的信息，则会减少发生错误判断或错误决策的概率；若能考虑并比较分析更多备择方案，则更有可能做出更优决策。即决策理性程度越高，战略决策质量越高。事实上，许多研究早已发现，决策理性对战略决策质量或效果具有积极作用，例如，Dean和 Sharfman（1996）认为，决策的程序理性与战略决策效果（决策达到其管理目标的程度）正相

① Mitchell 等（2000）认为，可以通过四种途径来显示安排原型，例如如何通过专利、版权等手段来获得创业保护（Rumelt，1987），何时以及如何利用个人社会关系网络来进行创业决策（Aldrich 和 Zimmer，1986），如何最好利用人力、资金及其他资本进行创业活动（Bull 和 Willard，1993），如何利用以前的创业经验或知识（Ronstadt，1988）。

② Mitchell 等（2000）认为，可以通过诸如机会搜寻、责任容忍度或机会追求等方面来显示。

③ 即关于企业家创业活动必须具备的能力、技能、知识、规则和态度等。

关，即收集并分析信息程度更高的决策者所做的决策效果更好；Hough 和 White（2003）的实验研究结果表明，在稳定的环境中，决策理性与战略决策质量正相关，在动态环境中二者负相关；Elbanna 和 Child（2007）的研究也表明，战略决策理性与战略决策效果显著正相关。也有学者将决策理性视为一个可以主观上选择的行为，其能否对战略决策质量产生积极作用，要视环境条件而定；Daniel Forbes（2007）就认为，决策理性对战略决策质量的影响主要受环境信息数量和确定性的影响，当环境信息数量、确定性都高时，决策理性才可能提高决策质量，其基本逻辑是如果环境不能提供足够数量或质量的信息，则采取广泛的信息收集行为（理性行为）可能是无效的。本研究认为，基于信息的理性在稳定或动态环境中对决策质量的影响均是积极的，因此，本文提出如下假设：

**H2**：决策理性对企业战略决策质量有积极影响。

### （三）企业家社会资本与战略决策质量的关系及决策理性的中介效应

本研究认为，企业家社会资本因可以提供企业战略决策所需信息与资源、减少战略信息缺口从而降低决策不确定性、增加企业家对环境的正确认知和判断程度，从而与企业战略决策质量存在正向关系。

具体而言，企业家在与政府及相关部门工作人员的交往过程中，能够获得对企业生存和发展十分重要的政策、制度及其他相关信息。企业家制度性社会资本越高，交往的对象越广泛、越密切，其日常积累的关于政策、制度以及其他方面的信息和知识数量越多，质量越高，多样性越强；企业家对政策环境、产业环境的现状和发展趋势认识越深刻，在进行战略决策时所需信息和知识缺口越小，弥补信息和知识缺口的能力越强，从而可以提高战略决策质量。

企业家在与原材料、半成品、生产设备等外部供应商的交往和联系过程中，可以获得有关原材料、半成品或生产设备质量、供应状况和技术发展变化趋势的相关信息和知识。对企业来说，这些信息和知识不仅直接影响到企业产品质量，是企业日常生产活动所必需的，而且会影响到企业家的战略决策，因而通常是重要的。企业家建立或维护与外部供应商关系的能力越强，与供应商的联系越广泛、关系越紧密、相互信任度越高，企业家从供应商关系网络中获取资源和帮助的能力越强，日常获取的相关战略性信息和知识数量越多、质量越高，对产业上游的认识越深刻，当企业家面临具体战略决策问题时，所受的信息、知识和资源约束就会越小，从而可能对战略决策质量产生积极影响。

企业家与客户或经销商高管人员的互动活动，一方面可以增进双方的了解和感情，提高双方信任程度和对方的忠诚程度；另一方面还可以借此及时了解市场现状及未来的可能变化，乃至竞争对手的重要信息和知识，使企业家能够准确把握企业战略发展方向。在必要时，企业家还有可能凭借与客户或经销商高管人员的良好私人关系获得大量采购或提前付款等方式的资源支持。因此，企业家建立或维护与客户或经销商高管人员关系的能力越强，与客户的联系越广泛、关系越密切、双方信任程度越高，企业家获取的相关市场信息和知识越多，对市场环境的认知能力就会越强，对市场现状及发展趋势的认识也会越深刻、全面、准确，可以获得的客户支持和帮助越大，所能动员和获取的资源越多，从而更可能使企业家战略决策与市场环境保持一致，提高战略决策质量。

企业家与竞争对手的社会交往活动，一方面，可以促进双方的理解和信任，避免无序和不利于行业发展的恶性竞争；另一方面，在适当的情况下还可能实现双方在产品价格、技术创新等方面的合作，实现部分知识、信息和资源的共享，提高双方的资源利用效率和生产效率。企业家在与竞争对手高管人员的交往过程中，还可能得到竞争企业发展战略、发展方向的信息和知识，了解竞争对手的最新技术和技术发展方向。竞争对手的战略选择通常会对本企业的战略选择产生重要影响，企业家建立和维护与竞争对手高管人员关系的能力越强，越可能全面、准确地认识竞争环境现状和发展趋势，在面临具体的战略决策问题时，越可能做出适应竞争环境变化的战略决策，对于战略决策质量具有积极影响。因此，本文提出如下假设：

**H3a：** 企业家制度性社会资本对企业战略决策质量有积极影响。

**H3b：** 企业家市场性社会资本对企业战略决策质量有积极影响。

基于前文的理论分析和假设，参考 Baron 和 Kenny（1986），MacKinnon 等（2002）关于检验中介作用的观点，本文认为，企业家社会资本对战略决策质量的影响在一定程度上是通过影响决策理性来实现的，即：决策理性在二者关系间扮演了一定的中介角色。这是因为：企业家制度性社会资本和市场性社会资本均促进了企业家在战略决策时获取到更多、更好的战略性信息、知识及其他资源，影响了企业家对制度环境、市场环境及其他环境信息、知识的收集和积累，从而影响了企业家对战略环境以及决策问题的认知、判断能力。企业家社会资本差异会导致企业家制定战略决策时依赖的信息基础、知识基础和资源基础产生差异，从而在战略决策过程中表现出不同的决策理性，并进一步对战略决策质量产生影响。因此，本文提出如下假设：

**H3c：** 决策理性在企业家制度性社会资本与战略决策质量关系间具有中介作用。

**H3d：** 决策理性在企业家市场性社会资本与战略决策质量关系间具有中介作用。

# 三、研究方法与实证结果

## （一）研究方法

### 1. 变量界定与测量

（1）企业家社会资本。

本文把企业家界定为参与企业战略决策并在其中起主导或决定性作用的人，把企业家社会资本界定为企业家建立社会关系网络并从中获取信息、知识及其他资源的能力。根据本文对企业调研数据的探索性因子分析，将企业家社会资本划分为制度性维度和市场性维度。其中，制度性维度主要指企业家建立或维护政府关系网络并从中获取信息及其他资源的能力；市场性维度则指企业家建立或维护商业关系网络并从中获取信息及其他资源的能力。借鉴耿新（2008），Peng 和 Luo（2000），Acquaah（2007），Li 和 Zhang（2007）等的测量方法，本文设计了 5 个题目测量企业家制度性社会资本，以及 4 个题目测量企业家市场性社会资本。

（2）决策理性。

本文将决策理性定义为战略决策过程中所依赖信息基础的丰富、完善程度以及考虑备择方案的广泛程度，并将其操作化为战略决策所使用信息的数量、质量以及备择方案数量。借鉴 Dean 和 Sharfman（1996）的测量方法，本文选择了 6 个题目测量决策理性。

（3）战略决策质量。

本研究将战略决策质量界定为战略决策方案与外部环境、内部资源和能力以及企业主要目标相一致的程度。借鉴 Dooley 和 Fryxell（1999）的测量方法，设计了 6 个题目。

### 2. 问卷设计

本研究对国外权威期刊的成熟量表进行了双向、双盲翻译，由研究者和三位企业管理博士研究生独立将英文量表译成中文，共同讨论后，确定了其中文表达方式，然后，请两位英语教师将中文翻译成英文，对与原英文差异较大的语句进行了修改、再译，直到语句既忠实反映英文句意又符合中文习惯。在此基础上，根据所有研究变量的测量条目设计了初始问卷，问卷采用 Likert 7

点计分制，以匿名方式填写。本研究向南京大学两个EMBA班战略管理课堂发放了52份预测试问卷，其中，有效问卷50份，并对各概念进行了探索性因子分析。最后，邀请了5位企业家对修改后问卷条目的有效性和适宜性进行评价，根据企业家的建议对个别用词和表述进行了调整，确定了正式调查问卷。

3. 问卷发放与回收情况

正式问卷设计完成后，主要通过以下途径进行发放：通过管理咨询公司举办的企业家培训课堂发放，通过部分行业协会向成员企业发放，通过部分地区开发区管委会向所辖企业发放，以电子邮件方式直接向实体企业发放。本次调查共发放537份问卷，问卷填写人主要包括企业家、企业高层管理人员，填写人符合本研究的要求，最后回收279份问卷，问卷回收率为51.9%，经过仔细筛选，剔除了21份无效问卷，有效问卷258份，有效问卷回收率为48%。剔除的标准是：存在大量漏填情况，缺失值较多的问卷；问卷填写明显存在相互矛盾的情况；问卷中相同分数过多，有明显"不认真"痕迹。258份问卷中，集中发放的有192份，其中四川102份，广东30份，北京25份，陕西35份；以电子邮件形式发放的有66份，其中四川31份，天津35份。从有效样本分布来看，258份有效样本中，国有企业有91家，占样本总量的35.3%，民营企业有71家，占样本总量的27.5%，中外合资企业、外商独资企业有33家，占总样本比例为12.8%，集体企业有30家，占样本总量的11.6%；在职员工总人数在300人及以下的企业有88家，占总样本的比例为34.1%，301~800人的企业有61家，占总样本的比例为23.6%，801~1300人的企业有29家，占总样本的比例为11.2%，1301~2000人的企业有30家，占总样本的比例为11.6%，2000人以上的企业有50家，占总样本数的比例为19.4%；制造业企业有136家，占总样本的52.7%，服务企业有122家，占总样本的47.3%。

## （二）测量模型

### 1. 探索性因素分析

把所有样本数据随机分成两组，第一组用于探索性因素分析（N=129），探索性因子分析采用了主成分、方差最大正交旋转提取方法，提取结果如表1所示。从表1中可以看出，21个题目提取了4个因子，共解释了总变异量的77.56%，按表中顺序分别是战略决策质量、决策理性、企业家制度性社会资本和市场性社会资本，所有量表都显示了很好的内部一致性信度，Cronbach's α系数达到可以接受的0.7以上水平。从表1中还可以看出，4个因子中因子1对总变异的解释力最大，为21.71%，不存在某个变量解释了总变异量的大部分，根据Harman单因素检验方法，说明本研究所收集数据的共同方法变异问题很小。

表1 探索性因子分析结果

| | 1 | 2 | 3 | 4 |
|---|---|---|---|---|
| 战略决策与公司外部环境是一致的 | 0.803 | | | |
| 战略决策反映了公司目前的财务状况 | 0.805 | | | |
| 战略决策与公司其他决策是相适应的 | 0.792 | | | |
| 战略决策促进了公司目标实现 | 0.759 | | | |
| 战略决策与外部环境变化是一致的 | 0.808 | | | |
| 战略决策与公司内部资源和能力是一致的 | 0.730 | | | |
| 进行战略决策时基本收集或掌握了决策所需要的信息 | | 0.777 | | |
| 进行战略决策时掌握或收集决策所需信息的数量很多 | | 0.761 | | |
| 进行战略决策时掌握或收集的相关信息质量较高 | | 0.771 | | |
| 进行战略决策时提出了很多可能的行动方案 | | 0.732 | | |
| 考虑的备择方案数量很多 | | 0.791 | | |
| 进行战略决策时所需信息缺口很大（R） | | 0.824 | | |

续表

| | 1 | 2 | 3 | 4 |
|---|---|---|---|---|
| 与各级政府或行业主管等部门官员的联系很广泛 | | | 0.766 | |
| 与各级政府或行业主管等部门官员有良好的私人关系 | | | 0.780 | |
| 能从上述关系中获得较多有用信息 | | | 0.770 | |
| 能从上述关系中获得较多有用资源 | | | 0.792 | |
| 经常动用上述关系解决公司困难 | | | 0.806 | |
| 与客户、供应商、竞争对手或其他企业高管人员联系很广泛 | | | | 0.814 |
| 与客户、供应商、竞争对手或其他企业高管人员私人关系很好 | | | | 0.770 |
| 能从上述关系中获得较多有用信息 | | | | 0.797 |
| 能从上述关系中获得较多有用资源 | | | | 0.805 |
| Cronbach's α 系数 | 0.950 | 0.950 | 0.935 | 0.887 |
| 特征值 | 4.55 | 4.54 | 3.95 | 3.22 |
| 解释变差 | 21.71% | 21.63% | 18.85% | 15.36% |
| 累积解释变差 | 21.71% | 43.34% | 62.19% | 77.56% |

注：采取主成分及方差最大正交旋转提取公因子。

### 2. 验证性因素分析

根据探索性因子分析结果，利用第二组数据（N=129）进行验证性因子分析，结果如下：企业家社会资本的二因子测量模型拟合样本数据比较理想，$\chi^2=22.303$，df=26，$\chi^2/df=0.858$，p=0.672，GFI=0.982，CFI=0.998，TLI=0.998，IFI=0.998，SRMR=0.0168，RMSEA=0.000。其中，制度性社会资本组合信度为0.93，AVE=0.75，市场性社会资本组合信度为0.90，AVE=0.70。决策理性的一因子测量模型可以拟合样本数据，$\chi^2=9.507$，p=0.392，df=9，GFI=0.988，CFI=0.999，TLI=0.990，NFI=0.966，SRMR=0.018，RMSEA=0.015，组合信度为0.95，AVE=0.75。企业战略决策质量的一因子测量模型拟合样本数据较好，$\chi^2=5.417$，p=0.367，df=5，GFI=0.992，CFI=0.999，TLI=0.998，NFI=0.997，SRMR=0.0058，RMSEA=0.018，组合信度为0.96，AVE=0.85。

## （三）实证分析

### 1. 研究变量间的区分效度检验

根据Fornell和Larker（1981）的建议，直接比较变量间相关系数平方与AVE平均值来检验各研究变量间的区分效度，比较结果表明，企业家社会资本、决策理性和战略决策质量间相关系数平方均小于相应的AVE平均值，说明这是三个不同的概念。

### 2. 控制变量的影响

本研究考虑的控制变量有企业规模、决策团队规模、企业性质、企业所属行业，测量尺度为分类编码。其中，企业性质分为国有企业（含国有控股）、民营企业、中外合资企业、外商独资企业和其他5大类；将企业规模按照在职员工总人数分为5类并分别赋值：1（300人及以下），2（301~800人），3（801~1300人），4（1301~2000人），5（2000人以上）；企业决策团队规模按照参与企业战略决策人数所在数值范围分为6类：第一类1人（分类编码为1），第二类2~3人（分类编码为2），第三类4~5人（分类编码为3），第四类6~8人（分类编码为4），第五类9~10人（分类编码为5），第六类10人以上（分类编码为6）。对以上三个控制变量采用方差分析检验其对决策理性和战略决策质量的影响。结果表明，在样本数据中影响不显著。将企业所属行业分为两类，主营业务生产有形实物产品的企业划分为制造业，并编码为1，其他企业划分为服务业，分类编码为0。由于样本只有两组，采用独立样本T检验来分析。结果表明，在样本中，行业对决策理性和战略决策质量的影响不显著。

### 3. 假设检验与结果讨论

根据因子分析结果，用所有变量测量指标的平均值为各测量变量赋值，并进行描述统计和相关分析，分析结果如表 2 所示。

**表 2　变量均值、标准差与皮尔逊相关系数**

| 变量 | 均值 | 标准差 | 1 | 2 | 3 |
|---|---|---|---|---|---|
| 制度性社会资本 | 4.717 | 1.492 | | | |
| 市场性社会资本 | 4.916 | 1.422 | 0.599** | | |
| 战略决策质量 | 4.957 | 1.266 | 0.549** | 0.509** | |
| 决策理性 | 4.792 | 1.387 | 0.681** | 0.557** | 0.633** |

注：** 表示 $P<0.01$（双尾检验）。

从表 2 可以看出：假设 H3a、假设 H3b、假设 H2、假设 H1a、假设 H1b 初步得到样本数据支持。为了进一步检验假设 H3c 和假设 H3d，根据假设的理论模型建立设定结构方程模型，同时建立 4 个与之具有嵌套关系的竞争模型，模型运算结果如表 3 所示。

**表 3　结构方程模型比较**

| 结构方程模型 | $\chi^2$ | df | $\Delta\chi^2$ | GFI | TLI | CFI | RMSEA | $R^2$ (SDQ) |
|---|---|---|---|---|---|---|---|---|
| 部分中介作用 | 228.2 | 183 | | 0.92 | 0.98 | 0.99 | 0.03 | 0.496 |
| 完全中介作用 | 359.3 | 186 | 131.1* | 0.91 | 0.95 | 0.96 | 0.06 | 0.470 |
| 无中介作用（1） | 408.1 | 185 | 179.1** | 0.88 | 0.94 | 0.95 | 0.069 | 0.378 |
| 无中介作用（2） | 394.9 | 186 | 166.7*** | 0.88 | 0.94 | 0.95 | 0.066 | 0.323 |
| 无中介作用（3） | 446.8 | 187 | 218.6*** | 0.83 | 0.90 | 0.92 | 0.074 | 0.306 |

注：*** 表示 $P<0.001$，** 表示 $P<0.05$，* 表示 $P<0.1$，下同。

从表 3 可以看出，模型 1 是部分中介作用模型，模型 2 是完全中介作用模型，模型 3、模型 4、模型 5 则是完全不考虑战略决策理性中介作用的模型。从模型与样本数据的拟合情况（以卡方值大小为主要参考对象）来看，模型 1 与样本数据的拟合情况最好。结合战略决策质量的被解释变异量来看，模型 1 对战略决策质量的解释能力最强。因此，接受部分中介作用模型，各路径估计参数如图 1 所示。在企业家社会资本两个维度与企业战略决策质量关系模型中加入战略决策理性中介变量后，两个路径系数方向没有发生变化，但是大小发生显著变化，路径系数分别从 0.41 和 0.29 降低到 0.14 和 0.18，t 值分别从 5.25 和 3.68 降低到 1.67 和 2.45。结合中介作用结构方程各路径参数估计值和其显著性来看，按照传统中介效应的检验方法和多数学者的观点（温忠麟等，2004），可以认为决策理性的部分中介效应显著存在，假设 H3c 和假设 H3d 得到支持。

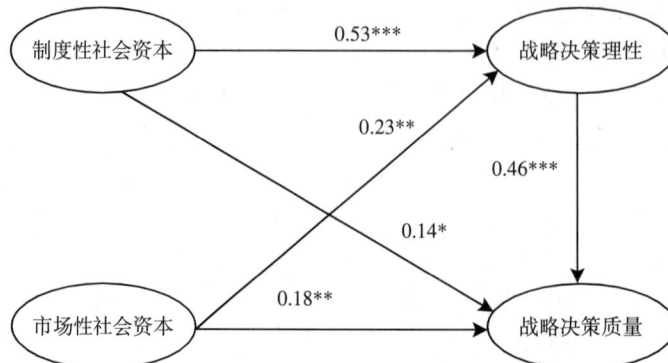

**图 1　决策理性中介作用的结构方程模型**

为了进一步分析决策理性中介作用大小，考察企业家社会资本两个维度影响战略决策质量的效应结构：制度性社会资本影响战略决策质量的总效应为 0.409，其中，直接影响效应为 0.142，间接效应为 0.267，表明企业家制度性社会资本主要通过理性程度对战略决策质量产生积极影响，影响的间接效应比直接效应更大；市场性社会资本影响战略决策质量的总效应为 0.286，其中，直接效应为 0.180，间接效应为 0.106，表明企业家市场性社会资本不仅通过理性程度对战略决策质量产生积极影响，还直接对战略决策质量产生积极影响，其中直接效应比间接效应更大。此外，制度性社会资本影响战略决策质量的总效应和直接效应都是 0.577，市场性社会资本对战略决策理性的总效应和直接效应都是 0.228，战略决策理性对战略决策质量的总效应和直接效应都是 0.463。从战略决策质量的多元相关系数平方来看，战略决策质量变量变异总量的 49.6% 可以由企业家社会资本维度、理性程度变异量得到解释，战略决策理性变异量的 55.6% 可以由制度性和市场性社会资本两个维度得到解释。

此外，从结构方程模型的验证性检验结果来看，企业家制度性和市场性社会资本对企业战略决策理性和战略决策质量均存在显著的积极影响，路径系数分别为 0.53（P<0.001）、0.14（P<0.1）、0.23（P<0.01）、0.18（P<0.05），进一步验证了本研究的理论假设 H1b、假设 H1a、假设 H3a 和假设 H3b。战略决策理性对战略决策质量也存在显著的积极影响，路径系数为 0.46（P<0.001），假设 H2 进一步得到验证，并与 Daniel Forbes（2007）的研究结论一致。

# 四、结论与讨论

本文基于中国企业样本的经验证据验证了企业家社会资本对企业战略决策质量具有显著的积极影响，其影响的路径之一在于提高了企业家战略决策时的理性程度。一方面，由于企业家社会资本降低了战略决策时面临的信息缺口，提高了决策依赖信息的质量和企业家对环境的认知能力，降低了战略决策的不确定性，增加了企业家对环境因素及其相互关系进行正确判断的概率，从而直接对企业战略决策质量产生了积极影响。另一方面，嵌入于企业家社会网络中的各种资源为企业家进行战略性决策提供了一定的资源基础和保障，促使企业家有条件进行更全面的信息扫描，考虑更多可选择方案，获取更多、更好的战略性信息，从而表现出更高的决策理性。

从本文的实证分析结果来看，针对企业家社会资本的不同维度，决策理性中介作用的大小明显不同，企业家制度性社会资本影响战略决策质量更多地是借助于决策理性的中介作用，间接效应明显比直接效应大，说明在中国目前的制度与经济背景下，由于"战略性信息不对称"和"战略性资源流动障碍"的普遍存在，制度性社会资本作为"信息不对称"的平衡器和"资源流动障碍"的润滑剂发挥了重要作用。企业家市场性社会资本影响战略决策质量的直接效应则比间接效应大，可能的解释是，就目前我国经济发展现状而言，企业家市场性社会资本可能因更多地影响企业家对战略环境的认知能力而对战略决策质量产生积极影响，其信息功能和战略性资源获取功能可能相对较弱，因此，通过影响决策理性而对战略决策质量产生影响的效应相对较小。

基于现有国外文献的研究结论，企业家意欲提高其战略决策质量，似乎应该重点关注内部组织模式、决策模式的构建和选择。本研究的结论却表明，企业家社会资本是企业战略决策质量的重要影响因素，在转型经济情景下，中国企业家也许应该重点关注具有战略价值的外部社会网络构建，并通过提升自身建立、维护战略性社会网络的能力来积累更多、更好的社会资本。企业家在建立或维护其社会网络的过程中，不仅要关注能够提供"实体资源"关系网络的构建，更要注重能够提供战略性"制度信息"和"市场信息"关系网络的构建，为企业战略决策提供更多、更好、更快的信息来源渠道，促进企业战略决策质量和决策速度的提高。

受研究时间和成本的限制，本文在提出理论框架和模型时，主要考虑了战略决策理性的中介作用。事实上，企业家社会资本影响战略决策质量的路径可能不止一条，例如，企业家社会资本也可能因为影响企业家战略认知结构和认知能力而对战略决策质量产生影响，这需要在未来的研究中提出更复杂和更完整的理论模型。此外，为了进一步检验和验证本文关于企业家社会资本、战略决策理性和战略决策质量三者之间的关系是否是长期稳定的，未来可以考虑从纵向研究设计来检验三者之间的关系是否会随着时间的变化而变化。

**参考文献**

[1] Acquaah M.. Managerial Social Capital, Strategic Orientation, and Organizational Performance in an Emerging Economy [J]. Strategic Management Journal, 2007 (28).

[2] Aldrich H., Zimmer C.. Entrepreneurship Through Social Networks [C]. In S. D. & R. Smilor (Eds.), 1986.

[3] Bourdieu P.. The Forms of Capital [A]. Richardson J. G. Handbook of Theory and Research for the Sociology of Education [M]. New York: Greenwood Inc., 1985.

[4] Baron R.M., Kenny D.A.. The Moderator—Mediator Variable Distinction in Social Psychological Research: Conceptual, Strategic, and Statistical Considerations[J]. Journal of Personality and Social Psychology, 1986 (51).

[5] Bull I., Willard C. E.. Towards a Theory of Entrepreneurship [J]. Journal of Business Venturing, 1993 (8).

[6] Coleman J.S.. Foundations of Social Theory [M]. Cambridge, MA: Harvard University Press, 1990.

[7] Corbett, Hmieleski. How Corporate Entrepreneurs Think: Cognition, Context, and Entrepreneurial Scripts [R]. Academy of Management Best Conference Paper, New York: Lally School of Management & Technology, Rensselaer Polytechnic Institute, Texas Christian University, 2005 (1).

[8] Dooley, Fryexll. Attaining Decision Quality and Commitment from Dissent: The Moderating Effects of Loyalty and Competence in Strategic Decision-Making Teams[J]. Academy of Management Journal, 1999 (42).

[9] Daniel P. Forbes. Reconsidering the Strategic Implications of Decision Comprehensiveness [J]. Academy of Management Review, 2007, 32 (2).

[10] Dean J.W., Sharfman M.P.. Does Decision Process Matter? A Study of Strategic Decision-making Effectiveness[J]. Academy of Management Journal, 1996, 39 (2).

[11] Elbanna, Child. Influence on Strategic Decision Effectiveness: Development and Test of an Integrative Model [J]. Strategic Management Journal, 2007 (28).

[12] Fornell, Larcker. Evaluating Structural Equation Models with Unobservable Variables and Measurement Error [J]. Journal of Marketing Research, 1981.

[13] Granovetter, Mark. The Strength of Weak Ties[J]. American Journal of Sociology, 1973 (78).

[14] Granovetter M.. Economic Action and Social Structure: the Problem of Embeddedness [J]. American Journal of Sociology, 1985 (91).

[15] Hambrick D.C., Mason P.A.. Upper Echelons: The Organization as a Reflection of its Top Managers [J]. Academy of Management Review, 1984 (9).

[16] Hsieh M.H., Tsai K.H..Technological Capability, Social Capital and the Launch Strategy for Innovative Products [J]. Industrial Marketing Management, 2007, 36 (4).

[17] Hough J., White M.. Environmental Dynamism and Strategic Decision-making Rationality: An Examination at the Decision Level [J]. Strategic Management Journal, 2003 (24).

[18] Kim H., Hoskisson R.E., Wan W.P.. Power Dependence, Diversification Strategy, and Performance in Keiretsu Member Firms [J]. Strategic Management Journal, 2004 (25).

[19] Li H., Zhang Y.. The Role of Managers' Political Networking and Functional Experience in New Venture

Performance：Evidence from China's Transition Economy［J］. Strategic Management Journal，2007（28）.

［20］Lin Nan. Social Capital：A Theory of Social Structure and Action［M］. Oxford：Cambridge，2001.

［21］Mitchell R.，Smith B.，Seawright K.，Morse E.. Cross-cultural Cognitions and the Venture Creation Decision［J］. Academy of Management Journal，2000，43（5）.

［22］Mitchell，L. Busenitz，T. Lant，P.P. McDougall，E.A. Morse，B.J. Smith. Toward a Theory of Entrepreneurial Cognition：Rethinking the People Side of Entrepreneurship Research［J］. Entrepreneurship：Theory and Practice，2002，27（2）.

［23］Nahapiet，Ghoshal. Social Capital，Intellectual Capital，and the Organizational Advantage［J］. Academy of Management Review，1998（23）.

［24］Mac Kinnon. A Comparison of Method to Test Mediation and Other Intervening Variable Effects［J］. Psychological Methods，2002（7）.

［25］Peng M.W.，Luo Y.D.. Managerial Ties and Firm Performance in a Transition Economy：The Nature of a Micro-Macro Link［J］. Academy of Management Journal，2000，43（3）.

［26］Rumelt R. P.. Theory，Strategy，and Entrepreneurship［A］. In D. J. Teece（Ed.）. The Competitive Challenge：Strategies for Industrial Innovation and Renewal［M］. Cambridge，MA：Ballinger，1987.

［27］Ronstadt. The Corridor Principle［J］. Journal of Business Venturing，1988，3（1）.

［28］Wood R.，Bandura A.. Social Cognitive Theory of Organizational Management［J］. Academy of Management Review，1989，14（3）.

［29］孙俊华，陈传明. 企业家社会资本与多元化战略：一个多视角的分析［J］. 科学学与科学技术管理，2009（8）.

［30］汪丽. 企业 TMT 社会资本与决策质量的关系［J］. 山西财经大学学报，2008（9）.

［31］周小虎. 企业社会资本与战略管理［M］. 北京：人民出版社，2006.

［32］郭立新，陈传明. 企业家社会资本与企业绩效——以战略决策质量为中介［J］. 经济管理，2011（12）.

［33］郭立新，陈传明. 企业家社会资本、战略决策速度与企业绩效的关系——基于中国企业的实证研究［J］. 南京社会科学，2011（10）.

［34］孙俊华，陈传明. 企业家社会资本与公司绩效关系研究——基于中国制造业上市公司的实证研究［J］. 南开管理评论，2009（2）.

［35］耿新. 企业家社会资本对新创企业绩效的影响［D］. 山东大学博士学位论文，2008.

［36］温忠麟，张雷，侯杰泰，刘红云. 中介效应检验程序及其应用［J］. 心理学报，2004，36（5）.

# 谁决定了中国企业对外直接投资模式选择？

陈福添　林颖莹[*]

[摘要] 本文以 2002~2011 年进行海外投资的深沪上市企业为研究对象，实证研究了 CEO、董事长、TMT 的过度自信和国际化经验对于中国企业对外直接投资模式选择的直接影响和交互影响，以及这些影响在国有企业和民营企业之间的差异表现。本文将企业对外直接投资模式分为进入模式和建立模式，前者基于海外子公司所有权性质的角度，分为合资模式和全资模式；后者基于海外子公司所有权取得的角度，分为绿地投资和跨国并购。研究表明，TMT 国际化经验与进入模式、建立模式均显著正相关；CEO 国际化经验与进入模式显著正相关，与建立模式无显著关系；董事长国际化经验与进入模式、建立模式均无显著关系；CEO、董事长、TMT 的过度自信都积极影响进入模式和建立模式的选择。CEO 国际化经验和过度自信的交互作用与进入模式、建立模式呈显著负相关关系；董事长国际化经验和过度自信的交互作用与进入模式、建立模式呈显著负相关关系；TMT 国际化经验和过度自信的交互作用与进入模式呈显著负相关关系，与建立模式的关系在统计上不显著。这表明，在"对外直接投资模式选择"这一重大决策问题上，中国企业倾向于采取集体决策形式，亦即 TMT 影响程度高于 CEO 或者董事长的影响程度；管理者的国际化经验和过度自信对于中国企业对外直接投资模式选择存在显著的直接影响和交互影响。研究还发现，相对于国有企业而言，民营企业管理者国际化经验对企业对外直接投资模式选择的影响程度大于国有企业管理者国际化经验，究其原因，可能是因为国有企业在进行海外投资时，受制度性因素的影响较大。

[关键词] 国际化经验；过度自信；管理者；对外直接投资模式

# 一、引言

如何进入东道国市场是企业国际化战略决策的核心内容之一。是选择全资模式还是合资模式，是采取跨国并购还是绿地投资，都是亟待制定的重要决策。不同模式意味着不同程度的所有权和控制权、不同程度的投资承诺以及不同程度的风险担当，而适当的对外直接投资模式不仅能增强企业在全球市场中的竞争力，还能增加其在海外市场的经营绩效。那么，到底哪些因素会影响企业对外直接投资模式选择呢？已有研究从东道国因素、母国因素、行业特定因素、制度因素以及企业内部因素等方面分析其对企业对外直接投资模式选择的影响情况。例如，Agarwal 和 Ramaswami（1992）运用多项 Logistic 回归模型，考察了所有权优势、区位优势和内部化优势三类因素对于企业海外市场进入模式选择的独立影响和联合影响。张一驰（2003）运用美国商务部官

*陈福添（1980–），男，厦门大学管理学院副教授，研究方向为国际投资；林颖莹（1989–），女，福建龙净环保股份有限公司。

方统计资料，对 1974~1994 年我国两岸三地对美直接投资行为进行了描述性统计分析，发现在跨国投资的第一次浪潮中，我国两岸三地对美直接投资行为尽管在时间进程、投资者类型和进入模式等方面存在着明显差异，但是兼并与收购是两岸三地对美直接投资最主要的模式，在一定程度上揭示了我国两岸三地对美直接投资的战略性资产获取动机。Tihanyi，Griffith 和 Russell（2005）采用"元分析法"（Meta-analysis）考察了文化距离对于进入模式选择的影响作用，发现在美国跨国公司子公司样本中，文化距离和进入模式选择存在相关关系。潘镇和鲁明泓（2006）以 1990~2000 年投资于江苏省的 3452 家外资企业为样本，分析了投资国文化、投资国与中国的文化差异对外商直接投资进入模式选择的影响。研究发现，来自控制性权力偏好型和风险喜好型国家的外资偏爱以独资方式进入中国市场；本国文化与中国文化差异越大，外资越有可能采取合资方式来规避跨国经营中的风险；中国吸引外资的丰富经验降低了外资进入后的经营风险，从而促使它们越来越多地采取独资进入模式。薛求知和韩冰洁（2008）以 19 个新兴市场国家的 745 家跨国公司子公司作为样本，运用 MANOVA 分析、判别分析、Logistic 分析等研究方法，发现东道国国家层面感知腐败、产业层面感知腐败会使跨国公司采用持股比例较低的合资（控股或非控股）进入模式；东道国腐败程度对跨国公司进入模式战略的影响会受到跨国公司进入东道国战略动机的调节。黄速建和刘建丽（2009）构造了分层次树形选择模型和动态多目标进入模式决策模型，用以探索中国企业海外市场进入模式选择问题。王根蓓、赵晶和王馨仪（2010）采用 ML-Binary Logit 模型估计了影响在华跨国进入模式的因素，对 476 家在华跨国公司的 1400 个样本数据进行了分析，研究认为由资本规模和国际化经营经验所体现的跨国公司生产力异质性、由经济转型和制度构建所成就的中国市场化程度、双边贸易、地缘关系以及投资国的国际竞争力与独资模式选择正相关；双边政治以及投资国风险规避偏好与合资模式选择正相关。史宇鹏等（2011）采用 2002 年中国外资企业数据，结合进入模式的交易成本理论，考察了法律起源对于外资进入模式的影响作用，发现法律起源对外资进入模式的选择具有显著影响，来源于相同法律起源的外国投资者更倾向于采用独资企业的方式进入中国，在合资企业和合作企业中也愿意持有更多股份；深入考察表明，随着时间推移，来自不同法律起源国家的投资者在进入模式上的选择差异有所减弱，这表明随着中国对外开放的深入进行，外国投资者在进入中国时的不确定性在一定程度上有所降低。李善民和李昶（2013）通过构建三阶段实物期权模型，分析了影响 FDI 进入模式选择的因素，研究发现，东道国工程建设速度、经济增长率、市场需求的不确定性会影响 FDI 进入模式的选择；东道国对 FDI 投资的政策引导直接并显著地影响 FDI 进入模式的选择。周欢怀和朱沛（2014）在《为何非精英群体能在海外成功创业？——基于对佛罗伦萨温商的实证研究》一文中，通过案例分析，探讨了非精英群体移民海外，在特定的产业集群环境下取得创业成功并获得竞争优势的影响因素。研究表明，产业集群的细密分工、产业集群的区位特征、当地温商社会网络、"中国制造"在佛罗伦萨的复制和中意收入差异所吸引来的低廉劳动力 5 个因素，通过降低温商创业门槛或获取竞争优势，提高了复制型创业的成功率。

　　本文认为，首先，企业对外直接投资模式选择是企业重要的战略决策。在这个决策过程中，决策者的角色不容忽视，他们在决策中对信息的掌握程度、对决策的认识程度以及对风险的承受能力等的不同，都会对决策结果产生重大影响。然而，CEO、董事长、TMT 都将参与企业战略决策的制定，那么到底谁在更大程度上决定了企业对外直接投资模式选择？从企业控制权角度来看，企业控制权主要掌握在 CEO 手中，因而 CEO 在企业战略决策制定过程中起到主导性作用（Brown 和 Sarma，2007）。也有学者认为，尽管企业中 CEO 可能是最具权威的管理者，但他必须与其他高层管理者共同分担业务和权力，TMT 的价值观和认知基础才是企业战略决策选择的决定因素（Hambrick 和 Mason，1984）。由于我国资本市场存在特殊性，董事长作为控股股东的代表，在企业决策制定过程中的权威不可忽视。那么，在企业战略决策中，CEO、董事长、TMT 三者到底谁的影响程度更大？这是本文要考察的重点问题之一。

其次，在国内外学者对企业对外直接投资模式选择的研究中，国际化发展阶段理论得到广泛的关注和运用，该理论强调国际化经验是影响企业选择海外目标市场和进入模式决策的重要因素。Erramilli（1991）研究证明，国际化发展阶段理论模型不仅适用于欧美国家，对于韩国这样的亚洲国家的国际扩张行为也有较好的解释力。那么，在中国情境下，管理者的国际化经验是否会对企业对外直接投资模式的选择产生影响呢？这是本文要考察的重点之二。

再次，已有文献缺乏从管理者非理性角度对企业对外直接投资模式选择进行剖析。行为金融学研究表明，管理者非理性因素会对企业投资决策起到重要影响作用。Roll（1986）开创性地将管理者过度自信引入企业行为分析，提出了傲慢假说。随后，不少学者以 Roll 的理论研究为基础，运用实证方法探索管理者过度自信对并购的影响，例如 Malmendier 和 Tate（2008）的研究观点。就国内研究而言，对企业国际化战略驱动因素的研究大多聚焦在企业特征、东道国环境、制度因素以及管理者个性特征方面，对管理者心理特征的影响研究较少。而在管理者过度自信的研究方面，大多研究聚焦在公司投资决策领域，有限的对过度自信与企业并购的研究也大都集中在国内并购方面，例如吴超鹏等（2008）的研究观点。那么，控制着企业资源的管理者的过度自信特征对企业对外直接投资模式的选择制定会不会造成影响？这是本文要考察的重点问题之三。

最后，我们知道管理者国际化经验作为一种经验性体验，对企业来说是一项宝贵的战略资源，在企业制定重大决策时，这些经验能为其提供更多的决策信息。然而，如果此时管理者具有过度自信的非理性特征，也就是说当国际化经验这一文化知识特征与过度自信这一非理性特征相碰撞时，二者将产生怎样的火花？其对企业的战略决策制定又将会产生怎样的影响？是增强了国际化经验对企业对外直接投资模式选择的影响，还是减弱了这一影响？这是本文要考察的重点问题之四。

本文的研究贡献如下：第一，首次比较分析了 CEO、董事长和 TMT 对于中国企业对外直接投资模式选择的影响情况，发现在对外直接投资模式选择上存在"重大战略问题集体决策"的现象。第二，首次从理性角度和非理性角度相结合的角度，系统考察了管理者（包括 CEO、董事长和TMT 三个层面）国际化经验和过度自信对于中国企业对外直接投资模式选择的直接影响和交互影响，发现两者对于中国企业对外直接投资模式选择均存在显著的直接影响和交互影响，并且国际化经验有助于减弱过度自信对于企业对外直接投资模式选择的影响效应，这是基于中国情景的比较独特的研究发现。第三，首次对比分析了国有企业和民营企业的管理者对于中国企业对外直接投资模式选择的不同影响情况，发现相对于国有企业而言，民营企业管理者的国际化经验对于企业对外直接投资模式选择的影响程度更大。

本文内容安排如下：在理论分析的基础上提出研究假设，然后分析论文的研究设计，包括样本选择、变量定义和模型构建；在此基础上对样本进行实证分析，对分析结果进行讨论。本文最后归纳了论文研究的结论和启示。

# 二、理论基础与研究假设

由于母国与东道国之间存在各种距离，海外扩张信息不仅难以获取，也难以处理（Johanson 和Vahlne，1977），海外扩张决策极有可能受到决策者先验知识和经验的影响，管理者国际化经验有助于减少企业在海外扩张中所面临的不确定性（Sambharya，1996）。高管特征具有信息含量，高管背景特征具有显著的信息含量（黄继承、盛明泉，2013）。国际化经验增强了管理者对国际机会的意识

（Tihanyi，Ellstrand、Daily 和 Dalton，2000），可以帮助开发和提高管理者在不同国家和环境中的管理能力（Nielsen 和 Nielsen，2011），尤其是在国际业务经营中积累的有关海外市场的知识有助于企业克服"心理距离"。国际化经验可以作为文化知识的替代，其对企业国际战略的制定与实施是十分必要的（Sambharya，1996），国际化经验也可为管理者在国际市场环境中建立非正式网络提供支持。

那些通过国际业务经营而积累了相关外国文化和业务经营经验的管理者，能够更好地应对与国际经营操作相关的不确定性；与那些没有国际经验的管理者相比，他们通常认为绿地投资的风险更小。Herrmann 和 Datta（2002）基于高层梯队理论（Upper Echelons Theory），考察了 126 个 CEO 更替和 271 次海外市场进入事项样本中 CEO 继任者特征对于企业海外市场进入模式选择的影响作用，发现 CEO 职位任期、职业背景和国际经验与全控制（Full-control）进入模式相关；并且这种关系存在于高业绩企业子样本中，但不存在于低业绩企业子样本中。Herrmann 和 Datta（2006）再次考察了 CEO 经验对企业 FDI 进入模式的影响作用，发现 CEO 如果缺乏经验，将倾向于采取跨国并购和绿地投资，而不是合资进入；经验较丰富的 CEO 倾向于采取合资设立，而不是绿地投资。特别地，拥有国际化经验的 CEO 首先倾向于选择绿地投资，其次是跨国并购，最后才是合资设立。

具有国际化经验的管理者在预估与海外投资相关的风险和收益时更有把握，因此，他们更容易积极地投入企业资源，同时希望对海外业务有更高的控制权（Erramilli，1991）。国际业务经验有助于管理者进行全球思维的发展；他们在选择对外直接投资模式时，极有可能选择那些所有权和控制权较高的模式。与此一致的是，Herrmann 和 Datta（2002、2006）发现具有国际经验的 CEO 更偏好于全资模式，更倾向于选择绿地投资。

综合以往研究学者关于管理者国际经验与对外直接投资模式关系的研究结论，以及本文对投资模式（包括"进入模式和建立模式"两个子模式）采取的分类方式，本文提出假设 1：

**H1：**在其他条件既定时，管理者国际化经验与企业对外直接投资模式选择积极相关。

**H1a：**在其他条件既定时，管理者国际化经验越丰富，其在进入海外市场时选择全资而非合资的可能性越大。

**H1b：**在其他条件既定时，管理者国际化经验越丰富，其在进入海外市场时选择绿地投资而非跨国并购的可能性越大。

行为金融学认为，管理者过度自信要强于一般人过度自信。过度自信和过度乐观的结合就像一杯烈酒，导致人们高估了自身的知识和能力，低估了当前决策的风险，夸大了自己控制事情的能力（Kahneman 和 Riepe，1998）。以往研究从管理者过度自信视角对企业并购决策进行了全新解释。过度自信在并购中的表现主要有两种形式：第一，企业管理者高估了并购带来的协同效应。这种高估源于管理者确信自己的领导能力优于平均水平，或者说由于对结果的控制幻觉导致他们低估了并购带来的负面效应（Malmendier 和 Tate，2008）。过度自信的管理者认为他们有能力识别潜在的协同效应，选择有前景的目标企业，而其他人不一定能做到这一点。此外，就像股票投资者总认为自己拥有比他人更好的股票选择技能一样，过度自信的管理者更有可能从事多元化并购，从而导致长期回报率较低。第二，管理者可能高估了企业的当前价值（Doukas 和 Petmezas，2007）。也就是说，他们可能认为当前企业股票被低估，而这种对企业价值的高估源于对自己精心挑选的投资项目的未来收益的高估，或者是对自身未来的领导能力的资本化价值的高估。

以往学者倾向于对管理者过度自信与企业并购等投资行为之间的关系进行研究。例如，姜付秀等（2009）基于金融学视角考察了管理者过度自信对于企业扩张的影响，及其对于财务困境的影响，研究发现管理者过度自信将对企业扩张产生显著影响。余明贵等（2006）基于行为金融研究，抛弃了传统债务融资理论的理性管理者假设，分析管理者过度自信是否会导致企业采取激进的债务融资决策，实证证明了管理者过度自信是影响企业债务融资决策的一个重要因素。吴超鹏等（2008）分析了当过度自信的管理者具有学习能力时，连续并购绩效的变化方向将取决于过度自信效应和学习效应何者占优。王霞、张敏、于富生（2008）考察了管理者过度自信与企业投资行为的关系，研究发现过度自信的管理者倾向于过度投资。

本文认为，对于跨国并购这一有别于国内并购的企业并购形式，其无论是在并购信息的复杂性、不确定性还是风险性上，都大于国内并购，因而对外直接投资的难度效应高于一般的国内并购。Jemison 和 Sitkin（1986）考察了公司并购过程，认为过度自信将会使管理者主观上认为能够更加有效地控制并购过程从而加速并购过程，最终影响到并购方案成熟度。Malmendier 和 Tate（2005）基于福布斯 500 强的 CEO 投资决策，认为管理者过度自信将会带来投资扭曲。Malmendier 和 Tate（2008）在考虑了内部信息、信号传递和风险担当的基础上，考察了"CEO 过度自信是否有助于结束并购决策"这一命题，研究认为过度自信的 CEO 更倾向于采取并购行为；如果并购行为具有多样性且无须外部融资，那么这种关系将会更加明显；在过度自信的 CEO 掌舵下，企业并购的市场反应存在显著差异。Li 和 Tang（2010）基于高层梯队理论和行为决策理论，基于中国制造业 2790 名 CEO 的原始调查数据，考察了 CEO 自傲对于企业风险担当的影响作用，以及管理者自由裁量权对于两者关系的调节作用。研究发现，管理者的自由裁量权越大，CEO 自傲与企业风险担当之间的关系越强烈。Ferris，Jayaraman 和 Sabherwal（2009）基于财富全球 500 强公司的数据，考察了 CEO 过度自信对于跨国并购的影响作用，发现 CEO 过度自信具有国际普遍性，将会影响到多样化等并购交易的各种属性。Cian，Moore 和 Haran（2013）将过度自信分为过度自评（Over placement）、过度估计（Over estimation）和过度认知（Over precision）三种，考察了不同类型过度自信对于市场进入选择的影响情况。Engelen，Neumann 和 Schwens（2014）基于 2005~2007 年标普高科技 500 强企业的二手数据，实证考察了 CEO 过度自信对于创业导向（Entrepreneurship Orientation）的影响作用，发现 CEO 过度自信增强了创业导向，并且两者关系受到市场动态性（Market Dynamism）的调节影响。Hirshleifer，Low 和 Teoh（2012）基于 1993~2003 年的数据，考察了过度自信的 CEO 是否更具创新性。研究发现，CEO 过度自信企业的业绩波动性更高，倾向于投资创新领域，获得更多专利和专利引用，以及在给定研发支出情况下能够获得更大的创新成功，过度自信有助于 CEO 利用创新性成长机会。但是，过度自信的管理者只是在创新行业才有着更高的创新倾向。

此外，管理者利益也与对外直接投资绩效高度相关，业绩参考点比一般国内并购更抽象模糊，过度自信管理者在制定企业对外直接投资战略决策时，更容易高估该投资可能带来的收益，而低估其可能造成的风险。综合以上分析，本文认为，管理者过度自信会对企业实施对外直接投资产生影响，进而提出假设 2：

**H2：** 在其他条件既定时，管理者过度自信与企业对外直接投资模式选择积极相关。

**H2a：** 在其他条件既定时，与非过度自信的管理者相比，过度自信的管理者在进入海外市场时选择全资而非合资的可能性更大。

**H2b：** 在其他条件既定时，与非过度自信的管理者相比，过度自信的管理者在进入海外市场时选择绿地投资而非跨国并购的可能性更大。

由前文对过度自信的概念和理论等的阐述可知，过度自信其实是个体对自身所拥有的知识、能力、信息的一种夸大认知，从而导致其在自身判断力上不切实际的自信。究其原因，可能是个体在获得新信息后没有及时根据情况修正他们的原始估计，从而导致他们没有意识到自身的估计在何种程度上是错的。对于一个在海外留学或在海外工作过的管理者来说，这些经历为其带来了丰富而宝贵的国际化经营经验，因而在制定对外直接投资模式的决策时这些经验能为其所用。然而，如果此时该管理者在心理上带有过度自信的非理性特征，那他就很有可能夸大自身经验的有效性，而没有考虑这种基于以往经验的估计是否会过时或者是否是错误的。也就是说，过度自信的非理性特征使人在决策估计上产生偏差，进而影响其决策的制定，表现为过度自信增强了国际化经验的影响作用。综合以上分析，本文认为管理者过度自信在管理者国际化经验与企业对外直接投资模式中将起到调节作用，进而提出本文的假设 3：

**H3**：在其他条件既定时，管理者越过度自信，管理者国际化经验与企业对外直接投资模式越积极相关。

**H3a**：在其他条件既定时，管理者越过度自信，管理者国际化经验与企业市场进入模式选择的关系越显著。

**H3b**：在其他条件既定时，管理者越过度自信，管理者国际化经验与企业市场建立模式选择的关系越显著。

# 三、研究设计

## （一）样本数据

样本选择来自国家商务部提供的中国企业海外投资名单，从名单中筛选出海外投资事件公告日自 2002 年 1 月 1 日至 2011 年 12 月 31 日的海外投资事件，共有原始海外投资事件 18222 件。本文样本根据以下标准筛选：①境内投资主体为深、沪上市企业；②海外投资事件在 2011 年 12 月 31 日之前已经在东道国完成注册登记；③剔除 ST、*ST 企业等财务状况异常的样本企业；④剔除金融行业的样本数据，以避免此类行业自身的特殊性和面临的特殊制度背景环境造成结果不准确；⑤剔除被投资企业（机构）发生地在开曼群岛、百慕大群岛、英属维尔京群岛等避税天堂的样本企业；⑥剔除仅仅是在海外成立办事处的样本企业；⑦剔除董事长与 CEO 两职兼任的样本企业；[①]⑧剔除在样本事件发生年份中董事长或 CEO 发生变更的样本企业；⑨剔除数据资料不全的样本。根据以上标准，利用 CSMAR 国泰安数据库、巨潮资讯网等的相关企业的高管和财务信息以及企业官方网站里的信息进行交叉核对，凡是出现数据不一致的样本数据，本文均以企业年报为准，最终一共筛选出 497 个海外投资事件，281 家样本企业。

## （二）变量定义

本文基于 Dikova 和 Witteloostuijn（2007）的研究主张，将对外直接投资模式分为进入模式（Entry Mode，本文用"ENM"指代）和建立模式（Establishment Mode，本文用"ESM"指代）。前者用于衡量产权性质，分为全资模式与合资模式；后者用于衡量产权取得，分为跨国并购和绿地投资。对于各变量的衡量及数据取得方式，如表 1 所示。

**表 1 各变量的衡量方式**

| 变量 | | 衡量方式 | 数据来源 |
|---|---|---|---|
| 因变量 | ENM 进入模式 | 如果企业拥有其海外目标企业 95% 或以上的股权，则被视为企业以全资的方式进入海外市场，用"1"表示；若企业选择合资的方式（对海外目标企业的股权占比在 95% 以下）进入海外市场，则用"0"表示 | 国家商务部提供的中国企业海外投资名单 |
| | ESM 建立模式 | 若企业选择绿地投资方式进入海外市场，则"1"表示；若企业选择跨国并购方式进入海外市场，则用"0"表示 | |

---

① 本文将对董事长和 CEO 的国际化经验、过度自信分别进行考察，而董事长和 CEO 两职兼任的情况会对研究结果产生影响，基于本文研究需要，将董事长和 CEO 两职兼任的样本进行剔除。

续表

| 变量 | | 衡量方式 | 数据来源 |
|---|---|---|---|
| 自变量 | MIE1<br>CEO 国际化经验 | ①是否具有一年以上的国外工作或学习经历；②是否具有长期从事海外市场管理的工作经历。当企业的 CEO/董事长有以上①或者②中一种以上经历时，便将其赋值为"1"；若无上述两种经验，将其赋值为"0" | 企业年报、巨潮资讯网 |
| | MIE2<br>董事长国际化经验 | | |
| | MIE3<br>TMT 国际化经验 | ①是否具有一年以上的国外工作或学习经历；②是否具有长期从事海外市场管理的工作经历。具有以上经历的高管人数除以企业总的高管人数，所得的比例用于衡量本文研究中的 TMT 国际化经验 | |
| | CON1<br>CEO 过度自信 | 如果在样本观察期内，管理者增持股票，增持的原因并非因为发放红股或者业绩股，且当期企业每股收益同比下降，则说明管理者增持股票没有良好业绩的支撑，表现出过度自信，CON 赋值为"1"；如果在样本观察期内，管理者增持股票，且当期每股收益同比上升，则管理者非过度自信，CON 赋值为"0" | |
| | CON2<br>董事长过度自信 | | |
| | CON3<br>TMT 过度自信 | | |
| 控制变量 | SIZE<br>企业规模 | 将其投资当年与上一年的总资产（单位为万元）取平均值，然后取该平均值的对数作为企业规模的度量变量 | CSMAR 国泰安数据库 |
| | EIE1<br>企业国际化经验 | 从企业开始自营出口或者分支机构成立、收购项目宣布成功的年份到海外投资事件发生当年的年数 | 企业年报、中国企业海外投资名单 |
| | EIE2<br>企业初次国际化 | 若企业是第一次进行海外直接投资则赋值为"1"；若不是，则赋值为"0" | |
| | RES<br>东道国外商投资限制 | 东道国没有或缺少针对外资的优惠政策、外商在该国注册公司难等描述，本文将其赋值为"1"；若无此番描述，则赋值为"0" | 对外投资合作国别（地区）指南 |
| | CUL<br>文化距离 | 从 Hofstede 指数网站获取样本东道国与中国该指数的四项平均分，再求出两国之差的绝对值作为文化距离指标 | Hofstede 指数网站 |
| | GOV<br>东道国政府治理质量 | 根据世界银行每年公布的全球治理指标的 6 个维度取平均值 | 世界银行每年公布的全球政府治理指标 |
| | IND<br>行业因素① | 将制造业取值为"1"，非制造业取值为"0" | CSMAR 国泰安数据库 |

## （三）模型的构建

本文一共构建了 14 个模型来验证本文的研究假设，Model 1 至 Model 7 是对进入模式的影响因素的检验，其中 Model 1 检验控制变量的影响，Model 2、Model 3 检验 CEO 的影响程度，Model 4、Model 5 检验董事长的影响程度，Model 6、Model 7 检验 TMT 的影响程度；Model 8 至 Model 14 是对建立模式的影响因素的检验，其中 Model 8 检验控制变量的影响，Model 9、Model 10 检验 CEO 的影响程度，Model 11、Model 12 检验董事长的影响程度，Model 13、Model 14 检验 TMT 的影响程度。本文的模型构建主要基于以下三个思路：

$$P(FDIM) = F[\alpha + \beta_1 SIZE + \beta_2 EIE1 + \beta_3 EIE2 + \beta_4 RES + \beta_5 CUL + \beta_6 GOV + \beta_7 ZZY$$
$$(1 + e^{-(\alpha + \beta_1 SIZE + \beta_2 EIE2 + \beta_4 RES + \beta_5 CUL + \beta_6 GOV + \beta_7 ZZY)})]$$

$$P(FDIM) = F(\alpha + \beta_1 SIZE + \beta_2 EIE2 + \beta_4 RES + \beta_5 CUL + \beta_6 GOV + \beta_7 ZZY + \beta_8 MIE + \beta_9 CON)$$

$$P(FDIM) = F(\alpha + \beta_1 SIZE + \beta_2 EIE2 + \beta_3 EIE2 + \beta_4 RES + \beta_5 CUL + \beta_6 GOV + \beta_7 ZZY + \beta_8 MIE +$$
$$\beta_9 CON + \beta_{10} MIE*CON)$$

其中，FDIM 代表企业对外直接投资模式，MIE 代表管理者国际化经验，CON 代表管理者过度自信，SIZE 代表企业规模，EIE1 代表企业国际化经验，EIE2 代表企业初次对外投资，RES 代表东道国政府对外商的投资限制，CUL 代表文化距离，GOV 代表政府治理质量，ZZY 代表制造业。

---

① 本文的样本中制造业占比约为 70.82%，考虑到 Logistic 回归分析的迭代次数，在本文的模型中考虑的行业因素仅分为制造业与非制造业。

# 四、实证分析

## （一）描述性统计分析

针对本文选定的特定样本企业，本文用 SPSS19.0 软件将样本数据中因变量、自变量和控制变量的基本特征做了描述性统计，如表 2 所示。

**表 2　样本描述性统计表**

| | N | Minimum | Maximum | Mean | Std. Deviation |
|---|---|---|---|---|---|
| MIE1 | 497 | 0 | 1 | 0.11 | 0.319 |
| MIE2 | 497 | 0 | 1 | 0.10 | 0.298 |
| MIE3 | 497 | 0 | 1 | 0.1026 | 0.132 |
| ENM | 497 | 0 | 1 | 0.70 | 0.459 |
| ESM | 497 | 0 | 1 | 0.71 | 0.455 |
| CON1 | 497 | 0 | 1 | 0.31 | 0.465 |
| CON2 | 497 | 0 | 1 | 0.30 | 0.457 |
| CON3 | 497 | 0 | 1 | 0.35 | 0.477 |
| SIZE | 497 | 8.052 | 12.134 | 9.4724 | 0.750 |
| EIE1 | 497 | 0 | 18 | 2.09 | 3.334 |
| EIE2 | 497 | 0 | 1 | 0.55 | 0.498 |
| RES | 497 | 0 | 1 | 0.16 | 0.372 |
| CUL | 497 | 0.25 | 30.25 | 7.9278 | 5.103 |
| GOV | 497 | 1.279 | 4.362 | 3.4443 | 0.787 |
| ZZY | 497 | 0 | 1 | 0.71 | 0.455 |
| Valid N（listwise） | 497 | | | | |

由表 2 我们可以看出：①在 497 个样本中，有 349 个样本采取全资的进入模式，约占样本总量的 70%，148 个样本采取合资的进入模式，约占样本总量的 30%；有 353 个样本采取绿地投资的建立模式，约占样本总量的 71%，144 个样本采取跨国并购的建立模式，约占样本总量的 29%。②在国际化经验方面，具有国际化经验的 CEO 有 57 个样本，约占样本总量的 11%；具有国际化经验的董事长有 49 个样本，约占样本总量的 10%。由于本文对 TMT 国际化经验的衡量是将具有国际化经验的高管人数除以企业总的高管人数而得的比例，该比例的平均值为 10.26%。③在过度自信方面，过度自信的 CEO 有 156 个样本，约占样本总量的 31%；过度自信的董事长有 147 个样本，约占样本总量的 30%；过度自信的 TMT 有 174 个样本，约占样本总量的 35%。

## （二）Logistic 回归结果分析

本文采用二元 Logistic 回归分析中的 Enter 法，即将所有自变量强制引入回归方程，分别对 CEO、董事长、TMT 的国际化经验与过度自信对海外市场的进入模式和建立模式的综合影响进行统计分析。

1. 进入模式（ENM）的影响因素检验

首先，将控制变量引入回归方程（Model 1）；其次，将管理者国际化经验和过度自信引入回归方程（Model 2、Model 4 和 Model 6），检验 CEO、董事长、TMT 三个层次的国际化经验和过度自信对进入模式选择的影响；最后，进一步将国际化经验与过度自信的交互作用引入方程（Model 3、Model 5 和 Model 7），检验国际化经验与过度自信的交互作用对进入模式选择的影响，回归结果如表 3 所示。

（1）管理者国际化经验的影响程度。从 Model 2、Model 6 的结果来看，CEO 国际化经验（β=0.857）、TMT 国际化经验（β=5.899）与进入模式选择在 5% 的水平上呈显著正相关，而由 Model 4 的结果来看，董事长国际化经验与进入模式选择无显著关系。因此，假设 H1a 得到部分验证。

（2）管理者过度自信的影响程度。通过 Model 2、Model 4 和 Model 6 的结果，我们还能看出 CEO 过度自信（β=1.503）、董事长过度自信（β=1.459）和 TMT 过度自信（β=1.416）都与进入模式选择在 5% 的水平上呈显著正相关，假设 H2a 得到实证数据的全部支持。

（3）管理者国际化经验与过度自信的交互作用。从 Model 3、Model 5 和 Model 7 的结果来看，CEO 国际化经验与过度自信的交互作用（β=-1.822）、董事长国际化经验与过度自信的交互作用（β=-1.893）、TMT 国际化经验与过度自信的交互作用（β=-5.560）都在 5% 的水平上呈显著负相关关系，这与本文的假设 H3a 相反。实证结果显示，对于一个拥有国际化经验的管理者，若其带有过度自信的非理性特征，那么其在制定海外市场进入模式选择的决策时，更容易选择合资的进入模式。究其原因，可能是国际化经验降低了管理者的过度自信的心态，以致在进入模式选择上更加谨慎，更加倾向于采取合资模式。

2. 建立模式（ESM）的影响因素检验

与先前对进入模式的影响因素的检验一致，本文首先将控制变量引入回归方程（Model 8），检验其对建立模式的影响；其次，将管理者国际化经验和过度自信引入回归方程（Model 9、Model 11 和 Model 13），检验 CEO、董事长、TMT 三个层次的国际化经验和过度自信对建立模式选择的影响；最后，进一步将国际化经验与过度自信的交互作用引入方程（Model 10、Model 12 和 Model 14），检验国际化经验与过度自信的交互作用对建立模式选择的影响，回归结果如表 4 所示。

（1）管理者国际化经验的影响程度。从 Model 9、Model 11、Model 13 的结果来看，CEO 国际化经验、董事长国际化经验与建立模式选择的关系都在统计上不显著，只有 TMT 国际化经验（β=2.977）与建立模式选择在 5% 的水平上呈显著正相关。因此，假设 H1b 得到部分验证。

（2）管理者过度自信的影响程度。通过 Model 9、Model 11 和 Model 13 的结果，我们还能看出 CEO 过度自信（β=1.475）、董事长过度自信（β=1.385）和 TMT 过度自信（β=1.248）都与进入模式选择在 5% 的水平上呈显著正相关，假设 H2b 得到实证数据的全部支持。

（3）管理者国际化经验与过度自信的交互作用。从 Model 10、Model 12 和 Model 14 的结果来看，CEO 的国际化经验与过度自信的交互作用（β=-1.441）、董事长的国际化经验与过度自信的交互作用（β=-1.680）在 5% 的水平上呈显著负相关关系，然而，TMT 的国际化经验与过度自信的交互作用在统计上不显著。与进入模式的影响因素的结果一样，管理者国际化经验与过度自信的交互作用为负，假设 H3b 未得到实验数据的支持。

3. 实证结果小结

通过对以上 Logistic 回归分析的结果分析，本文对分析结果做了以下小结：

（1）国际化经验的影响程度。由 Model 2、Model 9 可知，CEO 国际化经验与进入模式（ENM）呈显著正相关关系，与建立模式（ESM）不显著；由 Model 4、Model 11 可知，董事长国际化经验与进入模式、建立模式均不显著；由 Model 6、Model 13 可知，TMT 国际化经验与进入模式、建立模式均呈显著正相关。因而在 CEO、董事长、TMT 三个企业管理者层次来看，TMT 的影响程度更大，这一结果与 Nielsen 和 Nielsen（2011）、申舒萌和葛玉辉（2012）的研究结果一致，说明在制定重大的战略决策时还是应由集体做出决定。总的来说，假设 H1a、H1b 得到验证。

表3　管理者国际化经验、过度自信对进入模式（ENM）选择的影响的 Logistic 回归结果统计表

| 变量 | Model 1 | | Model 2 | | Model 3 | | Model 4 | | Model 5 | | Model 6 | | Model 7 | |
|---|---|---|---|---|---|---|---|---|---|---|---|---|---|---|
| | B | S.E | B | S.E | B | S.E | B | S.E | B | S.E | B | S.E | B | S.E |
| constant | 17.695** | 2.020 | 17.086** | 2.093 | 17.037*** | 2.099 | 17.067*** | 2.085 | 17.129*** | 2.113 | 16.426** | 2.213 | 16.021** | 2.219 |
| 控制变量 | | | | | | | | | | | | | | |
| SIZE | -1.718** | 0.192 | -1.700** | 0.201 | -1.708*** | 0.202 | -1.676*** | 0.199 | -1.677*** | 0.201 | -1.700** | 0.211 | -1.678** | 0.212 |
| EIE1 | 0.125*** | 0.050 | 0.097* | 0.051 | 0.095* | 0.052 | 0.079 | 0.051 | 0.073 | 0.052 | 0.088* | 0.050 | 0.084* | 0.050 |
| EIE2 | -0.402 | 0.316 | -0.389 | 0.324 | -0.343 | 0.327 | -0.538* | 0.324 | -0.590* | 0.328 | -0.461 | 0.331 | -0.447 | 0.334 |
| RES | -0.496 | 0.311 | -0.530 | 0.324 | -0.493 | 0.327 | -0.362 | 0.316 | -0.368 | 0.320 | -0.508 | 0.330 | -0.533 | 0.332 |
| CUL | 0.008 | 0.022 | 0.011 | 0.023 | 0.011 | 0.023 | 0.012 | 0.023 | 0.012 | 0.023 | 0.013 | 0.023 | 0.013 | 0.023 |
| GOV | 0.021 | 0.150 | -0.006 | 0.157 | 0.012 | 0.157 | 0.019 | 0.152 | -0.002 | 0.153 | 0.137 | 0.161 | 0.167 | 0.163 |
| ZZY | -0.650** | 0.266 | -0.486* | 0.272 | -0.480* | 0.273 | -0.629** | 0.272 | -0.606** | 0.273 | -0.728** | 0.280 | -0.738** | 0.282 |
| 自变量 | | | | | | | | | | | | | | |
| MIE | | | 0.857** | 0.424 | 1.265** | 0.493 | 0.355 | 0.417 | 0.844* | 0.493 | 5.899** | 1.254 | 7.468** | 1.533 |
| CON | | | 1.503** | 0.304 | 1.693** | 0.329 | 1.459** | 0.320 | 1.721** | 0.359 | 1.416** | 0.298 | 1.885** | 0.384 |
| 调节效应 | | | | | | | | | | | | | | |
| MIE*CON | | | | | -1.822** | 0.928 | | | -1.893** | 0.883 | | | -5.560** | 2.597 |
| 模型描述 | | | | | | | | | | | | | | |
| Model Sig. | 0.000 | | 0.000 | | 0.000 | | 0.000 | | 0.000 | | 0.000 | | 0.000 | |
| Cox & Snell $R^2$ | 0.201 | | 0.253 | | 0.258 | | 0.242 | | 0.248 | | 0.296 | | 0.302 | |
| Negelkerke $R^2$ | 0.286 | | 0.358 | | 0.366 | | 0.343 | | 0.352 | | 0.420 | | 0.428 | |
| -2Log likelihood | 495.267 | | 462.223 | | 458.746 | | 469.413 | | 465.101 | | 432.515 | | 428.267 | |
| △Chi-square | 27.076 | | 12.239** | | 10.400** | | 3.814** | | 7.372** | | 15.002** | | 13.976** | |

注：Model 1 是进入模式关于控制变量的回归模型；Model 2 是在 Model 1 的基础上加入 CEO 国际化经验；Model 3 是在 Model 2 的基础上加入 CEO 国际化经验和 CEO 国际化经验和过度自信的交互作用；Model 4 是在 Model 1 的基础上加入 CEO 过度自信；Model 5 是在 Model 4 的基础上加入 CEO 国际化经验和过度自信的交互作用；Model 6 是在 Model 1 的基础上加入 TMT 国际化经验和 TMT 过度自信；Model 7 是在 Model 6 的基础上加入 TMT 国际化经验和过度自信的交互作用。* 表示在 10% 的水平上显著，** 表示在 5% 的水平上显著，*** 表示在 5% 的水平上显著。

表 4  管理者国际化经验、过度自信对建立模式 (ESM) 选择的影响的 Logistic 回归结果统计表

| 变量 | Model 8 B | Model 8 S.E | Model 9 B | Model 9 S.E | Model 10 B | Model 10 S.E | Model 11 B | Model 11 S.E | Model 12 B | Model 12 S.E | Model 13 B | Model 13 S.E | Model 14 B | Model 14 S.E |
|---|---|---|---|---|---|---|---|---|---|---|---|---|---|---|
| constant | 20.974** | 2.218 | 20.598** | 2.278 | 20.476** | 2.279 | 20.426** | 2.281 | 20.505** | 2.308 | 20.102** | 2.338 | 19.744** | 2.341 |
| 控制变量 | | | | | | | | | | | | | | |
| SIZE | -1.985** | 0.209 | -1.963** | 0.215 | -1.962** | 0.215 | -1.945** | 0.215 | -1.947** | 0.217 | -1.965** | 0.220 | -1.941** | 0.220 |
| EIE1 | 0.205** | 0.056 | 0.190** | 0.058 | 0.188** | 0.058 | 0.162** | 0.056 | 0.159** | 0.057 | 0.175** | 0.054 | 0.172** | 0.054 |
| EIE2 | -0.088 | 0.326 | -0.067 | 0.336 | -0.021 | 0.339 | -0.183 | 0.333 | -0.223 | 0.337 | -0.160 | 0.333 | -0.141 | 0.334 |
| RES | -0.555* | 0.327 | -0.602* | 0.341 | -0.574* | 0.342 | -0.432 | 0.331 | -0.439 | 0.334 | -0.544 | 0.335 | -0.553 | 0.336 |
| CUL | -0.017 | 0.023 | -0.017 | 0.023 | -0.017 | 0.023 | -0.016 | 0.023 | -0.016 | 0.023 | -0.017 | 0.023 | -0.017 | 0.023 |
| GOV | -0.215 | 0.161 | -0.284* | 0.168 | -0.271 | 0.168 | -0.223 | 0.162 | -0.247 | 0.163 | -0.156 | 0.167 | -0.138 | 0.168 |
| ZZY | -0.594** | 0.274 | -0.465* | 0.281 | -0.464* | 0.282 | -0.585** | 0.280 | -0.566** | 0.281 | -0.597** | 0.280 | -0.603** | 0.280 |
| 自变量 | | | | | | | | | | | | | | |
| MIE | | | -0.116 | 0.388 | 0.217 | 0.448 | 0.001 | 0.429 | 0.464 | 0.508 | 2.977** | 1.113 | 3.949** | 1.363 |
| CON | | | 1.475** | 0.314 | 1.673** | 0.347 | 1.385** | 0.328 | 1.625** | 0.367 | 1.248** | 0.298 | 1.564** | 0.388 |
| 调节效应 | | | | | | | | | | | | | | |
| MIE*CON | | | | | -1.441** | 0.479 | | | -1.680* | 0.899 | | | -3.184 | 2.365 |
| 模型描述 | | | | | | | | | | | | | | |
| Model Sig. | 0.000 | | 0.000 | | 0.000 | | 0.000 | | 0.000 | | 0.000 | | 0.000 | |
| Cox & Snell $R^2$ | 0.239 | | 0.278 | | 0.281 | | 0.270 | | 0.275 | | 0.288 | | 0.290 | |
| Negelkerke $R^2$ | 0.340 | | 0.396 | | 0.402 | | 0.385 | | 0.392 | | 0.411 | | 0.414 | |
| -2Log likelihood | 464.644 | | 438.339 | | 435.796 | | 443.708 | | 440.391 | | 431.315 | | 429.556 | |
| ΔChi-square | 18.631 | | 14.441** | | 13.725** | | 10.339** | | 7.296** | | 5.378** | | 8.141** | |

注：Model 8 是建立模式关于控制变量的回归模型；Model 9 是在 Model 8 的基础上加入 CEO 国际化经验和 CEO 过度自信；Model 10 是在 Model 9 的基础上加入 CEO 国际化经验和过度自信的交互作用；Model 11 是在 Model 8 的基础上加入董事长国际化经验和董事长过度自信；Model 12 是在 Model 11 的基础上加入董事长国际化经验和过度自信的交互作用；Model 13 是在 Model 8 的基础上加入 TMT 国际化经验和 TMT 过度自信；Model 14 是在 Model 13 的基础上加入 TMT 国际化经验和过度自信的交互作用。* 表示在 10% 的水平上显著，** 表示在 5% 的水平上显著。

（2）过度自信的影响程度。由 Model 2、Model 9 可知，CEO 过度自信与进入模式、建立模式均呈显著正相关关系；由 Model 4、Model 11 可知，董事长过度自信与进入模式（ENM）、建立模式（ESM）均呈显著正相关关系；由 Model 6、Model 13 可知，TMT 过度自信与进入模式、建立模式均呈显著正相关关系。因而，从 CEO、董事长、TMT 三个角度来看，三者的非理性心理都会对企业海外投资决策产生影响，假设 H2a、H2b 得到实证证据的支持。

（3）国际化经验与过度自信的交互作用。由 Model 3、Model 10 可知，CEO 国际化经验和过度自信的交互作用与进入模式、建立模式均在 5% 的水平上呈显著负相关关系；由 Model 5、Model 12 可知，董事长国际化经验和过度自信的交互作用与进入模式（ENM）、建立模式（ESM）分别在 5% 和 10% 的水平上呈显著负相关关系；由 Model 7、Model 14 可知，TMT 国际化经验和过度自信交互作用与进入模式呈显著负相关关系，与建立模式的关系在统计上不显著。这一实证结果与本文的假设 3 不一致，即本文的假设 3 未得到实证数据的支持。究其原因，本文认为这与我国当前的国情相关。虽然从理论上说，个体过度自信的非理性特征会夸大自身经验的价值，从而增强国际化经验对企业对外直接投资模式的影响作用。然而，当前我国大多数企业正处于国际化的初级阶段，虽然企业容易因当前中国"走出去"的政策优势而滋生过度自信的心理，但企业对海外市场投资环境的认识仍十分不足，而此时管理者的经验将有助于其更为客观地认识投资环境，不再盲目进行海外扩张，表现为国际化经验弱化了过度自信对企业对外直接投资模式选择的影响作用。因此，在本文的实证结果中，该结果表现为国际化经验与过度自信对企业对外直接投资模式选择的交互作用为负。本文认为，这一结果是在中国市场特殊性下的研究发现。

# 五、进一步探索

然而，为何假设 1 中 CEO、董事长的国际化经验对企业对外直接投资模式选择的影响不显著呢？本文对此进行进一步的探索。Buckley 等（2007）指出，对于中国这一新兴经济国家来说，其对外直接投资需要考虑三个重要因素：资本市场不完善、特别所有权优势以及制度因素，这三者的特殊性可能是国家政府持续追求国家经济的结果，例如将国有企业作为政策的一个工具。因此，本文认为，在假设 1 中，CEO、董事长国际化经验的影响不显著可能是由于企业性质的缘故，即国有企业在制定战略决策时在很大程度上会受到政府的影响。于是，本文另外又将研究样本分为民营企业和国有企业进行对比。在本文的 497 个样本中，国有企业有 258 个样本，民营企业有 239 个样本。本文将对国有企业与民营企业中 CEO、董事长和 TMT 的国际化经验对企业对外直接投资模式的影响进行对比，数据分析结果如表 5、表 6 和表 7 所示。

**表 5 CEO 国际化经验在民企和国企中的影响程度对比**

| 变量 | 对进入模式（ENM）的影响 | | | | 对建立模式（ESM）的影响 | | | |
| --- | --- | --- | --- | --- | --- | --- | --- | --- |
| | Model 15 国企 | | Model 16 民企 | | Model 17 国企 | | Model 18 民企 | |
| | B | S.E | B | S.E | B | S.E | B | S.E |
| constant | 13.526** | 2.579 | 37.024** | 5.271 | 22.140** | 3.206 | 35.771** | 4.764 |
| 控制变量 | | | | | | | | |
| SIZE | −1.291** | 0.239 | −3.904** | 0.542 | −2.020** | 0.295 | −3.616** | 0.482 |
| EIE1 | 0.079 | 0.053 | 0.542** | 0.202 | 0.208** | 0.070 | 0.079 | 0.128 |
| EIE2 | −0.070 | 0.398 | 0.094 | 0.745 | −0.294 | 0.450 | −0.277 | 0.594 |
| RES | −0.537 | 0.400 | −0.450 | 0.647 | −0.739 | 0.453 | −0.618 | 0.580 |

| 变量 | 对进入模式 (ENM) 的影响 | | | | 对建立模式 (ESM) 的影响 | | | |
|---|---|---|---|---|---|---|---|---|
| | Model 15 国企 | | Model 16 民企 | | Model 17 国企 | | Model 18 民企 | |
| | B | S.E | B | S.E | B | S.E | B | S.E |
| CUL | 0.036 | 0.030 | −0.009 | 0.038 | 0.014 | 0.033 | −0.060* | 0.036 |
| GOV | −0.039 | 0.193 | 0.115 | 0.298 | −0.354 | 0.227 | −0.134 | 0.278 |
| ZZY | −0.340 | 0.330 | −1.351** | 0.595 | −0.511 | 0.368 | −0.224 | 0.481 |
| 自变量 | | | | | | | | |
| MIE1 | 0.121 | 0.480 | 2.225** | 1.075 | −0.080 | 0.557 | 0.826* | 0.451 |
| 模型描述 | | | | | | | | |
| Model Sig. | 0.000 | | 0.000 | | 0.000 | | 0.000 | |
| Cox & Snell $R^2$ | 0.138 | | 0.405 | | 0.249 | | 0.370 | |
| Negelkerke $R^2$ | 0.195 | | 0.580 | | 0.357 | | 0.526 | |
| −2Log likelihood | 281.052 | | 163.050 | | 235.330 | | 180.374 | |
| △Chi−square | 10.418** | | 2.534** | | 19.824 | | 14.329** | |

注：表 5 中四个模型都是在控制了企业规模等控制变量的基础上，考察 CEO 国际化经验对企业对外直接投资模式的影响，其中 Model 15、Model 17 是以国有企业为样本，衡量的是 CEO 国际化经验对进入模式和建立模式的影响；Model 16、Model 18 是以民营企业为样本，衡量 CEO 国际化经验对进入模式和建立模式的影响。* 表示在 10% 的水平上显著，** 表示在 5% 的水平上显著。

根据表 5 的结果，由 Model 16 和 Model 18，我们可以发现，在控制了企业规模等控制变量的情况下，民营企业的 CEO 国际化经验对进入模式、建立模式选择分别在 5% 和 10% 的水平上呈显著正相关关系。然而，由 Model 15 和 Model 17，我们发现，在国有企业中，CEO 国际化经验与对外直接投资模式的选择无显著关系。这一结果表明，对于不同企业性质的跨国企业而言，CEO 国际化经验对企业对外直接投资模式的影响作用也不同。

**表 6 董事长国际化经验在民企和国企中的影响程度对比**

| 变量 | 对进入模式 (ENM) 的影响 | | | | 对建立模式 (ESM) 的影响 | | | |
|---|---|---|---|---|---|---|---|---|
| | Model 19 国企 | | Model 20 民企 | | Model 21 国企 | | Model 22 民企 | |
| | B | S.E | B | S.E | B | S.E | B | S.E |
| constant | 13.484** | 2.590 | 37.832** | 5.249 | 22.152** | 3.200 | 34.351** | 4.579 |
| 控制变量 | | | | | | | | |
| SIZE | −1.296** | 0.240 | −3.932** | 0.534 | −2.019** | 0.293 | −3.483** | 0.466 |
| EIE1 | 0.075 | 0.053 | 0.462** | 0.189 | 0.209** | 0.070 | 0.085 | 0.135 |
| EIE2 | −0.113 | 0.400 | −0.117 | 0.712 | −0.275 | 0.453 | −0.231 | 0.615 |
| RES | −0.528 | 0.400 | −0.605 | 0.638 | −0.746 | 0.454 | −0.556 | 0.578 |
| CUL | 0.040 | 0.031 | −0.016 | 0.038 | 0.013 | 0.034 | −0.056 | 0.036 |
| GOV | −0.028 | 0.193 | 0.081 | 0.294 | −0.354 | 0.223 | −0.130 | 0.276 |
| ZZY | −0.320 | 0.330 | −1.258** | 0.583 | −0.520 | 0.367 | −0.256 | 0.478 |
| 自变量 | | | | | | | | |
| MIE2 | 0.491 | 0.482 | 0.356 | 0.788 | −0.221 | 0.517 | 0.380** | 0.105 |
| 模型描述 | | | | | | | | |
| Model Sig. | 0.000 | | 0.000 | | 0.000 | | 0.000 | |
| Cox & Snell $R^2$ | 0.142 | | 0.388 | | 0.250 | | 0.364 | |
| Negelkerke $R^2$ | 0.200 | | 0.554 | | 0.357 | | 0.518 | |
| −2Log likelihood | 280.033 | | 170.034 | | 235.170 | | 182.520 | |
| △Chi−square | 10.521** | | 1.744** | | 22.793 | | 9.839** | |

注：表 6 中四个模型都是在控制了企业规模等控制变量的基础上，考察董事长国际化经验对企业对外直接投资模式的影响，其中 Model 19、Model 21 是以国有企业为样本，衡量的是董事长国际化经验对进入模式和建立模式的影响；Model 20、Model 22 是以民营企业为样本，衡量董事长国际化经验对进入模式和建立模式的影响。* 表示在 10% 的水平上显著，** 表示在 5% 的水平上显著。

根据表 6 的结果，我们发现，除了在民营企业中，董事长国际化经验与建立模式的选择呈显著正相关关系外，在其他模型中，董事长国际化经验均与对外直接投资模式的选择无显著关系。这一结果表明，董事长的国际化经验对企业对外直接投资模式选择的影响不大。究其原因，本文认为这或许是由于在我国的经济体制下，这些民营董事长大多属于白手起家，其拥有的国际化经验较少，因而导致对企业对外直接投资模式的选择影响较小。国有企业董事长则因为政策因素，难以发挥其经验对企业对外直接投资模式选择的影响作用。

**表 7　TMT 国际化经验在民企和国企中的影响程度对比**

| 变量 | 对进入模式（ENM）的影响 | | | | 对建立模式（ESM）的影响 | | | |
|---|---|---|---|---|---|---|---|---|
| | Model 23 国企 | | Model 24 民企 | | Model 25 国企 | | Model 26 民企 | |
| | B | S.E | B | S.E | B | S.E | B | S.E |
| constant | 13.936** | 2.757 | 35.191** | 5.260 | 22.604** | 3.305 | 32.385** | 4.614 |
| 控制变量 | | | | | | | | |
| SIZE | −1.383** | 0.258 | −3.748** | 0.541 | −2.100** | 0.306 | −3.319** | 0.470 |
| EIE1 | 0.057 | 0.053 | 0.450 | 0.200 | 0.193** | 0.069 | 0.046 | 0.141 |
| EIE2 | −0.059 | 0.408 | −0.094 | 0.736 | −0.366 | 0.451 | −0.243 | 0.623 |
| RES | −0.637 | 0.413 | −0.299 | 0.664 | −0.781* | 0.452 | −0.374 | 0.586 |
| CUL | 0.051 | 0.032 | −0.012 | 0.038 | 0.025 | 0.034 | −0.052 | 0.036 |
| GOV | −0.047 | 0.195 | 0.220 | 0.307 | −0.341 | 0.224 | −0.081 | 0.280 |
| ZZY | −0.368 | 0.338 | −1.422** | 0.595 | −0.519 | 0.368 | −0.359 | 0.488 |
| 自变量 | | | | | | | | |
| MIE3 | 6.673** | 1.678 | 5.871** | 2.076 | 3.322** | 1.458 | 4.198** | 1.918 |
| 模型描述 | | | | | | | | |
| Model Sig. | 0.000 | | 0.000 | | 0.000 | | 0.000 | |
| Cox & Snell R² | 0.207 | | 0.412 | | 0.265 | | 0.380 | |
| Negelkerke R² | 0.291 | | 0.590 | | 0.380 | | 0.539 | |
| −2Log likelihood | 259.695 | | 160.223 | | 229.731 | | 176.721 | |
| △Chi-square | 10.648** | | 7.880** | | 18.386 | | 5.431** | |

注：表 7 中四个模型都是在控制了企业规模等控制变量的基础上，考察 TMT 国际化经验对企业对外直接投资模式的影响，其中 Model 23、Model 25 以国有企业为样本，衡量的是 TMT 国际化经验对进入模式和建立模式的影响；Model 24、Model 26 以民营企业为样本，衡量 TMT 国际化经验对进入模式和建立模式的影响。* 表示在 10% 的水平上显著，** 表示在 5% 的水平上显著。

根据表 7 的结果，我们发现，除了在国有企业中，TMT 国际化经验与建立模式选择的模型无法通过 Hosmer 和 Lemeshow 检验外，其他三个模型都可通过 Hosmer 和 Lemeshow 检验；且在其他模型中，TMT 国际化经验与对外直接投资模式呈显著正相关关系。这一结果表明，TMT 的国际化经验会对企业对外直接投资模式选择产生影响。

综合以上分析，本文认为，在民营企业中，管理者的国际化经验对企业对外直接投资模式选择的影响程度大于国有企业中管理者国际化经验的影响。究其原因，可能是因为我国的国有企业在进行海外投资时，受制度性因素的影响较大。此外，对比 CEO、董事长、TMT 三个管理层次的国际化经验的影响可以发现，TMT 国际化经验的影响程度更大，这一结果符合"企业重大战略决策由集体决定"的逻辑策略；同时，本文认为，这也可能是因为多个具有国际化经验的管理者更容易在制定决策时产生共鸣，而这个结果也从另一方面支持了高层梯队理论的观点，凸显出高层管理团队在企业决策制定中的战略地位。

# 六、结论与启示

本文基于管理者的理性以及非理性特征的角度，实证分析了谁是中国企业对外直接投资模式选择的主要决定者。本文通过国家商务部的中国海外投资企业名单以及企业的公开数据的收集整理，选取了 2002~2011 年十年间，在深沪上市的中国企业发起的对外直接投资事件为研究样本进行实证研究，结论如下：①重大战略决策由集体决定。在现代企业运营中，董事长和 CEO 虽然位居高位，对企业战略决策的影响较大，然而企业重大战略决策仍是由高层管理团队集体协商制定的，而不仅是一个高层管理者影响的结果。②国际化经验作为管理者文化知识的象征，能使管理者在较大程度上应对这种不确定性，提高管理者在不同国家中进行企业运营的管理能力，克服"心理距离"，因而具有国际化经验的管理者更倾向于选择控制程度更高的全资模式以及绿地投资模式。③与非过度自信的管理者相比，过度自信的管理者确信自己的能力高于平均水平，因而有能力识别海外投资带来的协同效应，他们不仅高估了自身的管理能力，也低估了全资和绿地投资可能带来的风险，高估了二者可能带来的收益，因而更倾向于选择全资模式和绿地投资模式。④管理者国际化经验减弱了管理者过度自信对企业对外直接投资模式的影响作用。当前，由于我国企业国际化处于初级阶段，对海外市场投资环境认识不足，管理者的经验有助于其更加客观地认识投资环境，从而不再如此盲目，表现为国际化经验减弱了过度自信的影响作用，这也是中国市场特殊性下的研究发现。⑤与国有企业相比，民营企业管理者的国际化经验对企业对外直接投资模式选择的影响程度更大。由于我国国情的特殊性，我国企业对外直接投资需要考虑所有权优势、制度因素等的影响，因而国有企业很有可能作为国家政策的一个工具，这类企业海外投资受到国家政府政策等的影响较大，而民营企业在这方面受到的限制相对较少，因而其高管团队对战略决策影响相对较大。

本研究具有重要的理论价值和实践意义。在理论意义方面，目前，关于企业对外直接投资模式的研究大多停留在宏观环境因素、企业内部因素以及管理者人口特征等因素上，而本文在此基础上引入了管理者非理性因素的视角，为对外直接投资模式选择影响因素的研究带来了一定的理论提升意义。同时，本文对民营企业和国有企业区别研究的结论验证了"制度因素会对中国企业产生影响"的观点。在实践意义方面，本文不仅是对企业对外直接投资模式选择的事后解释，更能反映对企业对外直接投资的事前控制。通过透视管理者国际化经验这一特征背景，以及有效识别管理者过度自信的心理特征，采取相应措施，使管理者更加理性地做出决策，从而减少管理者的非理性因素在企业海外投资时带来的负面影响。此外，本文有别于以往研究中只针对 CEO 或董事长或 TMT 三者中的一种管理层次进行研究，而是将三者均纳入研究层次，通过实际经验证据来验证三个层次的影响程度孰大孰小，从而为企业实践带来指导意义。

**参考文献**

［1］黄速建，刘建丽. 中国企业海外市场进入模式选择研究［J］. 中国工业经济，2009（1）.

［2］李善民，李昶. 跨国并购还是绿地投资？——FDI 进入模式选择的影响因素研究［J］. 经济研究，2013（12）.

［3］潘镇，鲁明泓. 在华外商直接投资进入模式选择的文化解释［J］. 世界经济，2006（2）.

［4］史宇鹏，何兴强，顾全林，邹光. 法律起源与外资进入模式：来自中国的经验［J］. 经济研究，2011（12）.

［5］王根蓓，赵晶，王馨仪．生产力异质性、市场化进程与在华跨国公司进入模式的选择［J］．中国工业经济，2010（12）．

［6］王霞，张敏，于富生．管理者过度自信与企业投资行为异化——来自我国证券市场的经验证据［J］．南开管理评论，2008，11（2）．

［7］吴超鹏，吴世农，郑方镳．管理者行为与连续并购绩效的理论与实证研究［J］．管理世界，2008（7）．

［8］薛求知，韩冰洁．东道国腐败对跨国公司进入模式的影响研究［J］．管理世界，2008（4）．

［9］余明桂，夏新平，邹振松．管理者过度自信与企业激进负债行为［J］．管理世界，2006（8）．

［10］张一驰．我国两岸三地对美直接投资的进入模式：一项基于数据的分析报告［J］．管理世界，2003（10）．

［11］周欢怀，朱沛．为何非精英群体能在海外成功创业？——基于对佛罗伦萨温商的实证研究［J］．管理世界，2014（2）．

［12］Agarwal S., Ramaswami S.N.. Choice of Foreign Market Entry Mode: Impact of Ownership, Location and Internalization Factors［J］. Journal of International Business Studies, 1992, 23（1）.

［13］Brown R., Sarma N.. CEO Overconfidence, CEO Dominance and Corporate Acquisitions［J］. Journal of Economics and Business, 2007（59）.

［14］Buckley P. J., Clegg L. J., Cross A. R., Liu X., Voss H., Zheng P.. The Determinants of Chinese Outward Foreign Direct Investment［J］. Journal of International Business Studies, 2007, 38（4）.

［15］Cain D., Moore D.A., Haran U.. Making Sense of Overconfidence in Market Entry［J］. Strategic Management Journal, 2013（10）.

［16］Dikova D., Witteloostuijn A. V.. Foreign Direct Investment Mode Choice: Entry and Establishment Modes in Transition Economies［J］. Journal of International Business Studies, 2007, 38（6）.

［17］Doukas J. A., Petmezas D.. Acquisitions, Overconfident Managers and Self-Attribution Bias［J］. European Financial Management, 2007, 13（3）.

［18］Engelen A., Neumann C., Schwens C.. Of Course I Can: The Effect of CEO Overconfidence on Entrepreneurially Oriented Firms［J］. Entrepreneurship Theory and Practice, 2014（3）.

［19］Erramilli M.K.. The Experience Factor in Foreign Market Entry Behavior of Service Firms［J］. Journal of International Business Studies, 1991, 22（3）.

［20］Ferris S., Jayaraman N., Sabherwal S.. CEO Overconfidence and International Merger and Acquisition Activity［R］. Working Paper, 2009.

［21］Hambrick D., Mason P.. Upper Echelons: The Organization as a Reflection of Its Top Managers［J］. Academy of Management Review, 1984, 9（2）.

［22］Hermann P., Datta D.K.. CEO Successor Characteristics and the Choice of Foreign Market Entry Mode: An Empirical Study［J］. Journal of International Business Studies, 2002, 33（3）.

［23］Herrmann P., Datta D.. CEO Experience: Effects on the Choice of FDI Entry Mode［J］. Journal of Management Studies, 2006, 43（4）.

［24］Hirshleifer D., Low A., Teoh S.H.. Are Overconfident CEOs Better Innovators?［J］. Journal of Finance, 2012（4）.

［25］Jemison D.B., Sitkin S.B.. Corporate Acquisitions: A Process Perspective［J］. Academy of Management Review, 1986, 11（1）.

［26］Johanson J., Vahlne J.. The Internationalization Process of the Firm—A Model of Knowledge Development and Increasing Foreign Market Commitments［J］. Journal of International Business Studies, 1997, 8（1）.

［27］Kahneman D., Riepe M.W.. Aspects of Investor Psychology［J］. Journal of Portfolio Management, 1998, 24（4）.

［28］Li J., Tang Y.. CEO Hubris and Firm Risk Taking in China: The Moderating Role of Managerial Discretion［J］. Academy of Management Journal, 2010, 53（1）.

［29］ Malmendier U., Tate G.. CEO Overconfidence and Corporate Investment ［J］. The Journal of Finance, 2005（6）.

［30］ Malmendier U., Tate G.. Who Makes Acquisitions? CEO Overconfidence and the Market's Reaction ［J］. Journal of Financial Economics, 2008（89）.

［31］ Roll R.. The Hubris Hypothesis of Corporate Takeovers［J］. The Journal of Business, 1986, 59（2）.

［32］ Sambharya R.B.. Foreign Experience of Top Management Teams and International Diversification Strategies of U.S. Multinational Corporation ［J］. Strategic Management Journal, 1996（17）.

［33］ Tihanyi L., Ellstrand A.E., Dalton D.. Composition of the Top Management Team and Firm International Diversification ［J］. Journal of Management, 2000, 26（6）.

［34］ Tihanyi L., Griffith D., Russell C.J.. The Effect of Cultural Distance on Entry Mode Choice, International Diversification, and MNE Performance: A Meta-Analysis ［J］. Journal of International Business Studies, 2005, 36（3）.

# 机械仪表制造企业柔性影响实证研究

李松青　吴蔚玲 *

[摘要] 基于企业柔性与企业绩效的影响研究，本文从机械设备仪表行业出发，以 30 家上市企业为研究对象，利用 AHP 构建出企业柔性因子的网络层次模型，将企业柔性划分为研发柔性、市场柔性、资本结构柔性、运营柔性和资源柔性，利用突变级数法、回归分析预测法加以量化和测评，探讨柔性因子对企业绩效的贡献程度。实证结果表明：柔性因子按对企业绩效影响的权重比排名依次为：研发柔性、市场柔性、资源柔性、运营柔性以及资本结构柔性。同时，本文对该结果做了可信度检验，使结论更具可靠性。本文在理论上丰富了柔性战略理论，在实证上为企业柔性战略的调整提供了实证依据。

[关键词] 制造业；柔性因子；企业战略

# 一、引言

2013 年，中国的经济形势发生了巨大的改变，市场的作用越来越突出，强化市场、放松政府管制、改善供给等一系列政策使得政府在市场经济中的作用越来越小，市场在经济中逐渐占据了决定性地位。从政府政策来看，促进服务行业发展、重工业失宠是当下产业发展的特点。标准普尔认为，未来一年，中国企业债务违约的情况将会恶化。中诚信在 2014 年 6 月将评级由 AA 下调至 AA-，根据统计，2014 年前七个月，中国的企业评级被调降个案达到 52 个，超过前六年总和，其中金属行业是重灾区。这一系列的动作对重工业而言，会造成企业负债压力过大，筹资出现困难。面对这个新环境，企业应该如何调整自身以获得良好的发展，具有重大的研究意义。

所谓柔性，是对环境变化有效的反应能力（Mandelbaum，1978）。我国学者在此基础上，经过研究，提出了企业柔性战略的概念，即企业为更有效地实现企业目标，在动态的、不确定的环境下，主动适应变化、利用变化、制造变化以提高自身竞争能力而制定的一组选择的行动规则及相关方案（汪应洛、李垣，1998）。

实证研究表明，研发柔性水平会影响产品的开发价值，并且不同企业即使研发柔性相同，但资源组合与分配不同也会导致产品的开发价值出现差异（谭跃雄、陈学章，2006）。在动态环境下，企业的高绩效越来越依赖于企业对资源配置的柔性能力，提高企业资源柔性成为当前企业发展的目标之一（张振、陈莉平，2009）。根据柔性决策的定义及其本质可以得知，对于企业而言，一个决策的柔性水平越高，其价值也就越大（倪得兵、唐小我，2009）。种种文献表明，柔性决策

* 李松青，男，湖南常宁人，中国社会科学院工业经济研究所博士后流动站、中联重科博士后工作站博士后，教授，硕士生导师，研究方向为企业可持续发展；吴蔚玲，女，湖南长沙人，湖南农业大学商学院企业管理硕士研究生。

会给企业绩效带来正向效果，但是研究各柔性因子在提升企业绩效上所做出贡献的权重，且对柔性决策影响进行实证分析的文献并不多见。

# 二、企业柔性战略体系建立及基本假设

## （一）柔性体系的构建

柔性战略要求企业能够面对环境的变化主动采取措施，做出决策，以提升自身竞争能力从而在市场竞争中获胜。从柔性战略的构成上看，可以用五个指标来表示：资源柔性、能力柔性、组织柔性、运营柔性和文化柔性（施放、王晨，2010）。从时间和空间两个维度入手，基于狭义企业柔性的定义，企业柔性可以被分为市场柔性、制造柔性、研发柔性、协调柔性、组织柔性五个方面（颜扬、杜纲，2004）。考虑到企业物质、人事制度以及文化三方面的要素，可以构建七维柔性分析框架，根据对企业的影响由高到低可分为机械维、产出维、协调维、人力资源维、学习创新维、原材料供应维以及产品市场维，七个维度之间相互影响，相互渗透，相互替代，使企业系统表现出不同特征的柔性（万伦来、达庆利，2003）。

面对变化着的环境，企业的资本结构、生产能力和市场竞争能力对企业的生存和发展起着至关重要的作用，而在科技日益占据重要地位的今天，企业的科技创新和研发投入往往被用来测评企业的核心竞争力。因此，基于我国制造业的现状，以及前人对柔性体系的研究，本文从五个方面来构建企业的柔性体系：资源柔性、运营柔性、资产结构柔性、研发柔性和市场柔性。

## （二）基本假设

### 1. 企业资源柔性对企业绩效的影响

资源柔性对企业绩效的影响主要表现在三个方面：第一，资源使用的有效力度；第二，资源使用所需要的时间；第三，资源被利用所需要的成本和难度（Sanchez，1997）。刚性组织研究者认为，企业资源柔性对企业绩效反而有反向影响。首先，在动态环境中，企业原有的较高的资源柔性会耗费企业大量的资金和物力，使企业没有足够的能力去学习新的知识或满足创新需要，不利于企业长期发展。其次，企业较高的资源柔性会削弱外部环境的不利影响，使企业决策者开始不关注外部变化。最后，企业的资源能力是企业很重要的财富，如果轻易调整会损失现有资源的价值（Kraatzms 和 Zajacej，2001）。

### 2. 企业运营柔性对企业绩效的影响

将企业对资源的整合、配置以及利用看成企业的一种能力并加以量化，通过实证研究可以得到结论：企业的能力柔性对企业绩效有着很显著的影响（王铁男、陈涛等，2011）。

### 3. 企业资本结构柔性对企业绩效的影响

企业资本结构对企业绩效的影响是间接性的，决策者在动态的环境中，会适时调整企业资本结构，从而使企业处于一个良性的状态中，保证企业的生产、盈利等活动正常运行。

### 4. 企业研发柔性对企业绩效的影响

对于企业而言，研发柔性不仅包括产品功能、生产工艺的设计，还包括资源的创新、基础性知识的研究。在现代柔性战略体系中，研发柔性是企业柔性模型中重要的一环，起着举足轻重的作用（王能民、马亚男，2002）。

5. 企业市场柔性对企业绩效的影响

市场盈利是企业绩效最直接的来源，在同行业中，一个企业占的市场份额越大，对消费者需求越了解，就越能为本公司谋得更大的利益，在竞争中生存。

基于以上研究，本文提出假设：

**H0**：企业的资源柔性、运营柔性、资本结构柔性、研发柔性以及市场柔性均对企业绩效有显著影响。

**H1**：企业的资源柔性、运营柔性、资本结构柔性、研发柔性以及市场柔性对企业绩效没有显著影响。

# 三、实证研究

## （一）模型构建

本文拟用上述指标构建多元回归方程以观察各柔性指标对企业绩效的影响权重，以企业绩效为被解释变量，以企业柔性为解释变量，详细变量解释见表1。

**表1　变量定义表**

| 变量性质 | 变量名称 | 变量符号 | 变量描述 |
|---|---|---|---|
| 被解释变量 | 企业绩效 | NPG | 净利润增长率 |
| 解释变量 | 资源柔性 | RF | 资源占用量及运营能力 |
| | 运营柔性 | OF | 资本营运能力 |
| | 资本结构柔性 | CSF | 资本结构调整能力 |
| | 研发柔性 | RDF | R&D 投入 |
| | 市场柔性 | MF | 市场调整能力 |

根据假设 H0，得到多元回归方程如下：

$$NPG = aRF + bOF + cCSF + dRDF + eMF + f$$

式中，NPG、RF、OF、CSF、RDF、MF 定义见表1，f 为常数项。

## （二）样本选取及数据来源

由于当前中国大多数制造企业没有意识到研发对企业发展的重要性，对研发的投入比较小甚至没有投入，因此，为了保证数据的完整性，本文选取了 31 家机械、设备、仪表制造企业作为样本，行业选取依据证监会行业分类，即：制造业科目下机械、设备、仪表行业，行业代码 C7。数据选取时间为 2002~2012 年 10 年，数据来源于 RESSET 金融研究数据库以及和讯网，研究使用的软件为 Excel 办公软件以及 EViews6.0。

## （三）指标选取及数据处理

资源柔性反映企业获得以及利用企业物质资源的能力，主要包括存货与总资产之比以及存货周转率两个指标；运营柔性表示企业的资金运行周转情况，反映企业运用各项资产获得利润的能力，本文选取应收账款周转率、应付账款周转率、流动资产周转率以及总资产周转率作为三级指标进行表示；研发柔性要求企业在动态的环境中，能主动进行研发并营销从而在竞争中获得有利地位，对于企业研发柔性，本文用研发投入与非流动资产之比来表示；资本结构柔性是指企业主动调整内部负债产权比，以更好地适应市场环境变化的能力，包括资产负债率，长期负债与营运资产之比和权益乘数；市场柔性是反映企业在竞争中占据市场、获得利润的能力，表示指标为成本费用利润率、总资产收益率、净资产收益率以及资本收益率。

柔性战略决策的落脚点是获利，对企业柔性决策的评价最终也应该回到企业获利能力上来。利润率和收益率能够综合、清晰地反映企业的绩效特征（Bartelsman 和 Doms，2000）。因此，对于绩效的指标本文选取净利润增长率来表示。由此，可以构建一个企业柔性决策的三级网络层级模型，如图 1 所示。

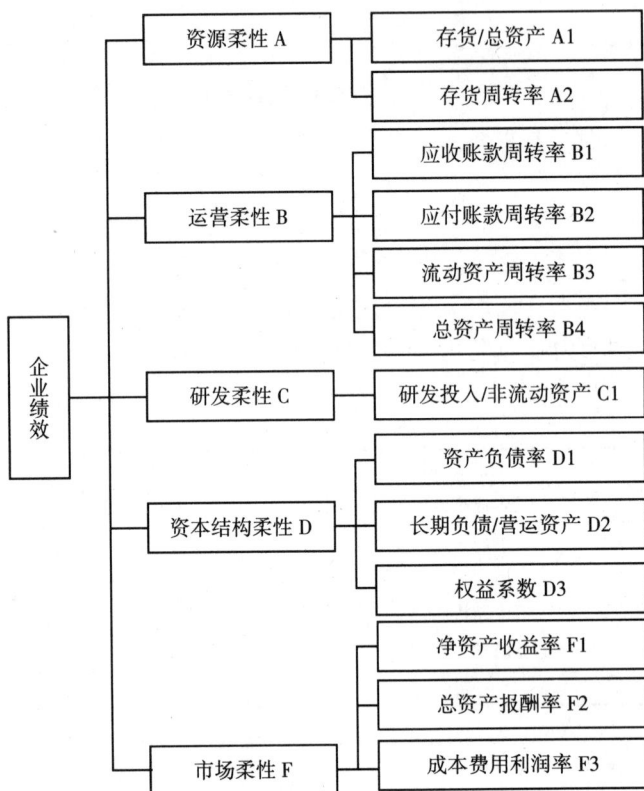

**图 1　柔性因子体系图**

由于企业柔性指标是一种综合性指标，因此直接表示企业各种柔性的指标是不存在的，笔者根据前文各柔性的下属指标，运用数学上的突变级数法进行归一处理，得到一个综合数据，用来测评企业的柔性。突变级数法将突变理论与模糊数学相结合，对系统评价的总目标进行多层次分解，最后由归一公式进行综合量化运算得到一个归一参数（Thorn R.，1975）。利用突变级数法，可以避免因权重概念而造成的主观影响，将定性与定量接合，不失科学性、合理性（仵凤清、李建侠，2010）。在本文之前，也有学者利用突变级数法，将我国 7 家工程机械制造业集群的龙头企业作为样本，根据资本结构、成长能力、偿债能力等数据得到生态因子的归一，最终得出企业的生态位整合绩效指标（李青文、陆小成，2008）。

最常见的突变级数模型有三类：①尖点突变系统，即该指标下仅有两个子指标。其模型形式为 $f(x) = x4 + ax2 + bx$，归一公式 $xa = a\hat{} (1/2)$，$xb = b\hat{} (1/3)$。②燕尾突变系统，该系统中母指标下有三个子指标。其模型形式为 $f(x) = 1/5x5 + 1/3ax3 + 1/2bx2 + cx$，归一公式 $xa = a\hat{} (1/2)$，$xb = b\hat{} (1/3)$，$xc = c\hat{} (1/4)$。③蝴蝶突变系统，此系统中有四个分因子。模型形式为 $f(x) = 1/6x6 + 1/4ax4 + 1/3bxb + 1/2cxc + dx$，归一公式 $xa = a\hat{} (1/2)$，$xb = b\hat{} (1/3)$，$xc = c\hat{} (1/4)$，$xd = d\hat{} (1/5)$。

以沈阳机床 2002 年数据为例，各因子数据见表 2。

**表 2　沈阳机床 2002 年柔性因子**

| 最新公司全称 | 沈阳机床 |
|---|---|
| 截止日期 | 2002 年 |
| 长期负债/营运资产 | −1.132556692 |
| 存货/总资产 | 0.092757639 |
| 研发投入/固定资产 | 0 |
| 存货周转率 (次) | 1.7821 |
| 资产负债率 | 0.79307552 |
| 权益系数 | 4.832681 |
| 资本结构柔性 | 0.443620376 |
| 净利润增长率 (%) | 97.9178 |
| 应收账款周转率 | 2.4259 |
| 应付账款周转率 | 1.79 |
| 流动资产周转率 | 0.4962 |
| 总资产周转率 | 0.2806 |
| 净资产收益率 | 0.59 |
| 总资产报酬率 | 1.1573 |
| 成本费用利润率 | 0.135874 |

则对于指标 A1、A2，有 $XA1 = A1^{1/2} = (0.092757639)^{1/2} = 0.304561389$，$XA2 = A2^{1/3} = (1.7821)^{1/3} = 1.212395$，按互补求平均值 $A = (0.304561389 + 1.212395)/2 = 0.758478$。

对于指标 B1、B2、B3、B4，有 $XB1 = B1^{1/2} = (2.4259)^{1/2} = 1.55753$，$XB2 = B2^{1/3} = (1.79)^{1/3} = 1.214184$，$XB3 = B3^{1/4} = (0.4962)^{1/4} = 0.839294$，$XB4 = B4^{1/5} = (0.2806)^{1/5} = 0.775564$，按互补求平均值 $B = (1.55753 + 1.214184 + 0.839294 + 0.775564)/4 = 1.096643$。

研发柔性 $C = C1 = 0$。

对于指标 D1、D2、D3，有 $XD1 = D1^{1/2} = (0.79307552)^{1/2} = 0.890548$，$XD2 = D2^{1/3} = (-1.13255669)^{1/3} = -1.04236539$，$XD3 = D3^{1/4} = (4.832681)^{1/4} = 1.482679$。

对于指标 F1、F2、F3，有 $XF1 = F1^{1/2} = (0.0059)^{1/2} = 0.076811$，$XF2 = F2^{1/3} = (0.011573)^{1/3} = 0.226194$，$XF3 = F3^{1/4} = (0.001359)^{1/4} = 0.191992$。

平均值 $F = (0.076811 + 0.226194 + 0.226194/3 = 0.164999)$。

由此得出沈阳机床 2002 年资源柔性为 0.758478，运营柔性为 1.096643，研发柔性为 0，资本结构柔性为 1.482679，市场柔性为 0.191992。表 3 给出了本文部分样本指标值：

**表 3　部分样本指标值**

| 公司全称 | 年份 | 研发柔性 | 资源柔性 | 资本结构柔性 | 运营柔性 | 市场柔性 | 净利润增长率 |
|---|---|---|---|---|---|---|---|
| 沈阳机床 | 2002 | 0.0000 | 0.758478 | 0.443620376 | 1.096643 | 0.164999 | 0.979178 |
| *ST 济柴 | 2002 | 0.0000 | 0.808475 | 0.711189258 | 1.249054 | 0.497609 | 1.023254 |
| 重庆长安 | 2002 | 0.0000 | 1.051438 | 0.841825114 | 1.903565 | 0.541978 | 2.777757 |
| 一汽轿车 | 2002 | 0.0000 | 0.90116 | 0.560619463 | 1.93064 | 0.372925 | 6.379875 |
| 银河投资 | 2002 | 0.0000 | 0.738368 | 0.946748986 | 1.263202 | 0.423483 | −0.263399 |
| 江淮动力 | 2002 | 0.0000 | 1.009685 | 0.63902844 | 1.388828 | −0.38086 | −2.684566 |

## （四）回归结果及分析

### 1. 单位根检验

在一组时间序列中，如果存在单位根，则该序列为非平稳序列。对于非平稳序列，则得到的回归很有可能为伪回归。因此为了检验序列存在单位根，本文利用 EViews6.0 对数据单位根进行检验，得到结果如下：

**表 4　单位根检验结果**

| 检验方法 | 统计量 | P 值 | 截面 | 样本量 |
|---|---|---|---|---|
| Levin，Lin & Chu t* | −19.2194 | 0.0000 | 186 | 1810 |
| Im，Pesaran and Shin W-stat | −10.0212 | 0.0000 | 186 | 1810 |
| ADF – Fisher Chi-square | 785.279 | 0.0000 | 186 | 1810 |
| PP – Fisher Chi-square | 780.033 | 0.0000 | 186 | 1858 |

上表中，当 P 值小于 0.05 时，认为通过检验，序列平稳，不存在单位根。根据上表可看出，四种检验方法都显示 P 值小于 0.05，即该组数据平稳，通过了单位根检验，可以直接进行回归分析。

### 2. 回归模型选择

一般认为，回归方程有三种模型：固定效应模型 $Yi = m + Xi\beta + \alpha i^* + \mu i$、变参数效应模型 $Yi = \alpha i + Xi\beta i + \mu i$ 以及不变参数模型 $Yi = \alpha + Xi\beta + \mu i$，用 F 检验值来确定模型形式。

首先建立两个假设 H2：$\beta 1 = \beta 2 = \cdots = \beta n$ 及 H3：$\beta 1 = \beta 2 = \cdots = \beta n$ 且 $\alpha 1 = \alpha 2 = \cdots = \alpha n$，并制定判定规则。若接受 H3，则为不变参数模型，若拒绝 H3，则检验 H2，若接受 H2，则为固定效应模型，若拒绝 H2，则为变参数模型。然后对数据分别构建固定效应模型、变截距模型以及变参数模型得到三个残差平方和 S1 = 3319.944、S2 = 10909.38、S3 = 11973.36。

$$F1 = \frac{(S2 - S1)/[(N-1)k]}{S1/[NT - N(k+1)]} \sim F[(N-1)k, N(T-k-1)]$$

$$F2 = \frac{(S3 - S1)/[(N-1)(k+1)]}{S1/[NT - N(k+1)]} \sim F[(N-1)(k+1), N(T-k-1)]$$

其中，N 为截距量 31，k 为解释变量个数 5，T 为年度 10。通过计算可得 F1 = 1.88，F2 = 1.79，取显著性水平为 0.05，得到两个 F 统计量 F(0.05，150，124) = 1.33，F(0.05，180，124) = 1.32。因为 F1 > F(0.05，150，124) 且 F2 > F(0.05，180，124)，所以拒绝原假设 H2 和 H3，该数据回归方程模型为变参数模型。

### 3. 回归结果及分析

利用 EViews6.0 进行变参数方程估计，得到部分结果如表 5 所示。

**表 5　部分回归结果表**

| 变量 | 系数 | 误差统计 | T 统计量 | P 值 |
|---|---|---|---|---|
| C | −7.936338 | 9.665277 | −0.821119 | 0.4128 |
| 重庆长安 RDF | 1381.865 | 471.8971 | 2.928319 | 0.0039 |
| 航天科技 RDF | 41.92755 | 109.9309 | 0.381399 | 0.7034 |
| 云内动力 RDF | 87.21979 | 104.0062 | 0.838602 | 0.4030 |
| 重庆长安 RF | −33.15372 | 48.46590 | −0.684063 | 0.4950 |
| 航天科技 RF | 17.73258 | 33.91437 | 0.522863 | 0.6018 |
| 云内动力 RF | 239.6451 | 58.25184 | 4.113949 | 0.0001 |

续表

| 变量 | 系数 | 误差统计 | T 统计量 | P 值 |
|------|------|----------|---------|------|
| 重庆长安 CSF | 68.64005 | 7.904289 | 8.683899 | 0.0000 |
| 航天科技 CSF | −25.78008 | 78.17447 | −0.329776 | 0.7420 |
| 云内动力 CSF | 0.428999 | 25.49208 | 0.016829 | 0.9866 |
| 重庆长安 OF | 3.299243 | 3.872609 | 0.851943 | 0.3956 |
| 航天科技 OF | −14.45928 | 38.65623 | −0.374048 | 0.7089 |
| 云内动力 OF | −78.67891 | 33.20964 | −2.369159 | 0.0191 |
| 重庆长安 MF | 73.13290 | 33.77779 | 2.165118 | 0.0319 |
| 航天科技 MF | 29.06673 | 10.95160 | 2.654108 | 0.0088 |
| 云内动力 MF | −36.62990 | 20.82525 | −1.758917 | 0.0806 |
| 重庆长安 C | −59.02292 | | | |
| 航天科技 C | 17.96708 | | | |
| 云内动力 C | −67.85254 | | | |

以航天科技为例，得到的回归方程为：

$$NPV = -7.936338 + 41.92755RDF + 17.73258RF - 25.78008CSF - 14.45928OF + 29.06673MF + 17.96708 = 41.92755RDF + 17.73258RF - 25.78008CSF - 14.45928OF + 29.06673MF + 10.03074$$。从这个方程可以看出 RDF 每增加 1%，可以使得净利润增加 41%，MF 每增加 1%，对净利润 NPV 做出 29%的贡献。对该回归模型做检验，得到的结果如表 6 所示。

**表 6 回归结果检验表**

| 检验量 | 观测值 |
|--------|--------|
| $R^2$ | 0.782190 |
| 调整 $R^2$ | 0.520536 |
| F 统计量 | 2.989400 |
| P 值（F 统计量） | 0.000000 |
| 杜宾统计值 | 3.010380 |

表中 $R^2$ 等于 0.782190，表明改组方程组可信度为 78.22%，可信度较高，F 统计量 P 值为 0.000<0.05，表明通过了 5%的检验，接受原假设；从杜宾统计量来看，D=3.01，接近无自相关临界值 2，认为该方程组不存在异方差。综上所述，种种检验值显示，该组方程组可信度较高，不存在异方差，接受本文原假设，即认为企业的资源柔性、运营柔性、资本结构柔性、研发柔性以及市场柔性均对企业绩效有显著影响。并且依照方程系数来看，各柔性对企业绩效影响效力由大到小依次排列分别为研发柔性、市场柔性、资源柔性、运营柔性以及资本结构柔性。

# 四、结论

本文通过整理 31 家工程、电子制造公司 10 年数据得到以下结论：从企业柔性战略出发，企业的柔性因子对企业绩效有显著的影响，其中研发柔性以及市场柔性的贡献最为显著，而资本结构柔性对企业利润增长的影响较小。这个结论丰富了企业柔性和企业战略理论，并且为当前众多工程制造企业提高其科技含量提供了实证依据，对我国制造业的发展有很大的借鉴意义。

### （一）提高企业 R&D 投入

当前，市场地位越来越突出，粗放型的市场需求逐渐被理性化的新兴市场需求所代替，市场细分需求增多，对产品性能的要求提高，工程机械类企业营业收入出现下滑，负债比重越来越大，企业面临着新一轮的洗牌。在整个市场被产业升级所充斥之时，企业决策者越来越意识到科技研发投入的重要性。笔者通过整理数据发现，2002~2006 年大多数制造企业对本公司的研发投入为0，而从 2007 年开始，企业开始重视对研发的投入，但是，仍然有许多企业对科技投入不够。以三一重工为例，三一重工直到 2010 年才有了第一笔研发投入，仅占非流动资产的0.05%，2011 年研发投入占非流动资产的 0.01%，2012 年研发投入占非流动资产的 0.6%，依据本文的结论，研发柔性对企业绩效的增长有着举足轻重的作用，因此，企业产品开发和科技购入的地位亟待受到重视。

此外，提高企业研发投入还包括对人才资源的开发与利用。人才是企业高科技开发的直接动力和主要力量，一个企业人才越多，对人力的培养越重视，其核心竞争力也就越强。在不对称信息市场中，人才还能够起到信号传递的作用，解决逆向市场的问题，避免人力资源的浪费。

### （二）重视市场的作用

市场是企业提高净利润最直接的来源，企业要获得更大的绩效，就要重视市场的作用。从本文得出的结论也可以看到，市场柔性对企业绩效的作用仅次于研发柔性。在动态环境下，企业的竞争力更加体现在对市场的敏感性以及适应能力上。从整个经济局势来看，市场起着基础性的作用。只有充分考虑到市场的需要，合理利用政府政策，把企业创新与市场导向相结合，规划产业布局，发展新兴工业，企业才能在竞争中保持有利地位。

### （三）从大局出发，构建整体战略

企业战略是一个整体性的构思，除了科技投入与市场，企业资本结构、企业利益相关者以及资本运营能力都会影响到企业的长期发展。从本文的结果来看，企业的资源柔性、资本结构柔性以及运营柔性都会对企业的绩效产生影响。在大多制造公司严重负债的当下，决策者及时调整企业资本结构，提高资源的重构能力和运营能力，减少企业资源消耗的资本，增强资源的协调能力，可为企业的长期发展提供坚实的后盾。同时，可以利用政策引导，构建产业集聚，发挥规模效应，利用产业链或产业集聚的整体资源优势以得到竞争支持。

利用突变级数法对企业柔性进行量化，从而估计出柔性与绩效的回归模型是一次新的尝试，对制造业的长期发展与战略调整有重要的意义。但是从方程的检验结果也可以看出，方程的可信度还不够高。企业柔性与企业绩效是否还存在着更为复杂的关系？在今后的战略调整中企业具体应该如何做？这些问题还有待更进一步的研究。

**参考文献**

[1] Beach R., Muhlemann A. P., Price D. H. R., Paterson A., Sharp J. A..A Review of Manufacturing Flexibity [J]. European Journal of Oprational Research, 2000 (122).

[2] Kraatzms, Zajacej. How Organizational Resources Affect Strategic Change and Performance in Turbulent Environments Theory and Evidence [J]. Organization Science, 2001, 12 (5).

[3] Sanchez R..Preparing for an Uncertain Future: Managing Organizations for Strategic Flexibility [J]. International Studies of Management&Organization, 1997, 27 (2).

[4] Mark Doms, Eric J.. Bartelsman.Understanding Productivity: Lessons from Longitudinal Microdata [J].

Journal of Economic Literature，American Economic Association，2000，38（3）.

　　［5］Thorn R.. Structural stability and Morphogenesis ［M］. Benjamin：Reading Mass，1975.

　　［6］李青文，陆小成. 产业集群生态位集合的突变级数评价实证分析［J］. 科技进步与对策，2008（12）.

　　［7］倪得兵，唐小我. 决策柔性的一般定义、价值与模型［J］. 管理科学学报，2009（2）.

　　［8］施放，王晨. 企业柔性战略绩效评价指标及方法研究［J］. 现代物业，2010（9）.

　　［9］谭跃雄，陈学章. 基于研发柔性的产品开发价值与开发策略研究［J］. 科技管理创新，2006（8）.

　　［10］万伦来，达庆利. 企业柔性的本质及其构建策略［J］. 管理科学学报，2003（6）.

　　［11］王能民，马亚男. 企业柔性：基于集成的观点［J］. 工业工程与管理，2002（6）.

　　［12］王铁男，陈涛，贾镕霞. 战略柔性对企业绩效影响的实证研究［J］. 管理学报，2011，3（8）.

　　［13］仵凤清，李建侠. 基于突变级数法的企业自主创新能力评价及提升路径研究［J］. 科学学与科学技术管理，2010（11）.

　　［14］汪应洛，李垣，刘益. 企业柔性战略——跨世纪战略管理研究与实践的前沿［J］. 管理科学学报，1998（1）.

　　［15］颜扬，杜纲. 企业柔性的指标体系及其 AHP—模糊综合评价方法研究［J］. 甘肃科学学报，2004（4）.

　　［16］张振，陈莉平. 动态环境下提高企业资源柔性的思考［J］. 价值工程，2009（5）.

# 使命陈述研究的现状、问题与未来研究建议

林泉　叶迪*

**[摘要]** 本文通过对使命陈述相关文献的梳理，从使命陈述构念、研究主题以及研究设计三个方面对目前的研究现状进行了系统性的概括，并基于文献中的使命陈述研究主题提出了整合性框架。框架中给出了目前使命陈述研究中的几个重点：使命陈述的相关构念、内容质量标准、内容要素对比分析以及对于企业的重要作用。对于每个重点本文都给出了理论框架并总结了具有代表意义的研究结果。文章最后还就目前研究的不足及未来研究方向进行了探讨。

**[关键词]** 使命陈述；现状；问题；未来方向

# 一、引言

改革开放以来，中国的经济一直在高速发展，国际影响力也日益显著，但是随着经济全球化的到来，市场环境变得更加复杂，机遇到来的同时威胁也随之而来。为了适应更加复杂的环境，一个能够对于组织未来给出令人信服的蓝图、具有前瞻性的使命陈述对于企业长期发展来说非常有必要（Eisenberg 等，2010）。因此，关于使命陈述的研究课题一直以来在管理学领域都颇受关注。

近二十年来，管理学领域相关学者致力使命陈述的研究，也获得了丰富的研究成果。部分学者还尝试从特定角度对文献进行分析总结，如 Desmidt 等（2011）曾就研究使命陈述对于企业绩效影响的文献进行过分析梳理，Khalifa（2011）也从绩效的角度对相关文献进行过分析研究，这些研究无疑对相关学术领域的发展贡献颇多。然而，这些研究视角却缺乏全面性，也不够系统，无法展现管理学领域使命陈述研究现状的全貌，因此本文希望通过对相关文献成果进行系统全面的梳理分析，进一步明确目前研究现状中存在的问题和未来的研究方向。

综上，本文试图从使命陈述构念、研究内容以及研究设计三个方面对目前国内外使命陈述研究成果进行系统梳理分析。首先，对文献检索的期刊标准、关键词及数据库选择等搜集文献的基本步骤予以阐述；其次，通过研读、分析及梳理文献，从使命陈述构念、研究内容以及研究设计三个方面对目前的研究现状进行系统性概括，并基于文献中的使命陈述研究内容提出了整合性框架；最后，本文就目前相关研究凸显的问题以及未来发展方向进行了系统梳理和探讨，希望能为以后该领域的学术研究做出一点贡献。

---

* 林泉，汕头大学商学院教授，博士，研究领域为人力资源管理、组织行为学等。

# 二、文献搜集

本文通过适当选取关键词以及数据库，同时对于期刊范围也给出一定标准，以保证文献质量。在此基础上，进行相关文献的搜索，并根据文献相关性对初步文献搜索结果仔细研读筛选从而最终确定文献。

## （一）期刊标准

为避免罗列太多质量较差的文献，本文仅将优质期刊作为文献搜索对象。同时考虑到使命陈述涉及学科较广，为保证检索的全面性，文章对国外以及国内研究文献分别以 2013 年 Australian Business Deans Council（ABDC）Journal Quality List 和 2012~2013 年 CSSCI 中文社会科学引文索引来源期刊（含扩展版）为期刊标准，且不包括专著和会议论文集等。

## （二）关键词及数据库选择

关键词的选择是确定文献搜索结果的基础，也是重中之重，因此本文在搜索之初，结合已有文献选择了最恰当的关键词，最大程度保证文献搜索结果在管理学领域的全面性和密切相关性。国外研究文献检索选择 mission、mission statement、vision 以及 value statement 等作为关键词，在 Elsevier ScienceDirect 数据库（全球最权威的多学科全文期刊数据库）和 Emerald（世界上出版管理学刊物最多的出版社之一）全文期刊库（管理学、工程学）中进行文献检索；国内研究则用“使命陈述”、“使命宣言”、“使命”以及“企业宗旨”等作为关键词在 CNKI 中国学术期刊网络出版总库中搜索。检索的同时通过研读文献标题、关键词以及摘要剔除完全不相关文献，最终获得管理学领域使命陈述相关文献 65 篇。

## （三）文献基本情况

经过对 65 篇文献全文仔细研读，针对文献相关性进行审慎筛选后，本文获得 42 篇文献，主要集中在 Long Range Planning、Management Decision 等杂志上。国内外期刊管理学领域有关使命陈述的文献基本分布情况如表 1 所示。

**表 1　国内外文献统计**

| 期刊 | 数量 | 期刊 | 数量 |
| --- | --- | --- | --- |
| Long Range Planning | 7 | Management Decision | 5 |
| European Management Journal | 3 | Journal of Business Ethics | 2 |
| Business Horizons | 2 | Journal of Management Development | 1 |
| International Journal of Organizational Analysis | 1 | Nonprofit Management and Leadership | 2 |
| Journal of Small Business Management | 1 | Journal of Management Studies | 1 |
| Journal of Strategy and Management | 2 | Journal of Intellectual Capital | 2 |
| Corporate Ownership and Control | 1 | Industrial Marketing Management | 1 |
| Strategy & Leadership | 1 | The Journal of High Technology Management Research | 1 |
| Corporate Governance: The international journal of business in society | 1 | | |
| 管理世界 | 1 | 南开管理评论 | 1 |

| 期刊 | 数量 | 期刊 | 数量 |
|------|------|------|------|
| 经济问题探索 | 1 | 统计与决策 | 2 |
| 现代管理科学 | 1 | 经济研究导刊 | 1 |
| 辽宁大学学报（哲学社会科学版） | 1 | | |

# 三、使命与使命陈述的构念

现代管理之父彼得·德鲁克在 1973 年首次提出了使命陈述的内涵："企业并非是由它的名称、规定或章程来界定的，而是由它之所以存在的使命来确立的。只有企业拥有一个清晰的使命和诉求才能够建立清晰合理的战略目标。"他还指出这些企业如果要制定关于自身清晰的使命和诉求，就必须要弄清楚三个问题，首先其自身目前是怎样的企业，其次它应当成为一个怎样的企业，最后它希望将来成为一个怎样的企业（Drucker，1973）。

使命陈述的构念现今不仅体现在组织对于社会的首要作用或其存在的原因方面，同时也包括组织自身的愿景、价值观、经营范围、公众形象以及其他方面。使命声明的定义，基本可以从两个方面理解。

一方面，很多研究者从战略性方面的特性出发，认为使命陈述主要是为了阐述企业的市场范围和经营目标。它是本组织不同于其他企业的一个长期合理地对于组织目标及存在原因的阐述（David，1989）。使命的清晰界定对于组织有效地建立其宗旨、形成战略、设定目标都是必不可少的。正如彼得·德鲁克在《管理：任务、责任、实践》一书中提到的："只有对组织的使命和诉求进行清晰的界定，才能够制定出清晰合理的组织目标。企业使命是制定一切战略、计划和工作安排的基础，也是管理工作以及管理结构设计的起点。"

另一方面，还有部分学者从观念性方面对使命陈述进行界定，他们认为使命陈述可以被看成是一种"文化胶"，使命陈述的存在是为了体现组织的价值观和道德行为准则，它在组织的企业文化方面发挥着重要的作用。他们认为对使命进行具体阐述能够建立组织自身的价值观和信念，并对管理者和员工产生作用，使其能够凝聚在一起来追求组织目标的完成（Campbell 和 Yeung，1991）。

总结以上观点我们可以看出，现有文献对于使命陈述缺乏一个统一的界定并存在着不一致的观点。这两种观点都有其依据所在，也有其自身的优点和缺点。每个观点代表着对于使命陈述的一个特定理解方向。因此，今后还需要对于使命陈述以更清晰合理的方式做出更明确聚焦的界定（Khalifa，2011）。

借鉴前人的研究成果，使命陈述可以说是企业对自身存在价值、追求目标以及实现目标方式的表述，是企业对自身生存和发展过程中根本问题的回答。

# 四、使命陈述研究设计：样本、方法

## （一）样本选择

由于制定使命陈述的多为大型公司，因此大多数研究者在选取研究样本时更倾向于选取本国或全球排名靠前的大型公司或上市公司为研究样本，以保证样本选取具有研究使命陈述的可能，例如美国商业周刊排名前 1000（David，1989），或全球 500 强（Bartkus 等，2004）等；后期开始有少数学者也选取中小型公司（Analoui 和 Karami，2002，2009）、非营利组织（Brown 和 Yoshioka，2003；Kirk 和 Nolan，2010）等作为被调查者。从已有研究来看，目前对于中小型企业的研究仍然较为缺乏。具体详细情况如表 2 所示。

表 2　研究样本统计情况

| 文献 | 样本数 | 样本总体 | 地理位置 |
| --- | --- | --- | --- |
| Analoui 和 Karami（2002） | 508 | 电子与电器行业中小型公司 | 英国 |
| Analoui 和 Karami（2009） | 150 | 科技园区中小型公司 | 英国 |
| Atrill 等（2005） | 143 | 英国上市公司 | 英国 |
| Baetz 和 Bart（1996） | 135 | 加拿大 500 强 | 加拿大 |
| Bart 和 Baetz（1998） | 136 | 工业公司 500 强企业高管 | 加拿大 |
| Bart（1996） | 75 | 高科技与低科技工业企业 | 加拿大 |
| Bart（1997） | 88 | 工业公司 | 北美 |
| Bart（2001） | 559 | — | |
| Bart 等（2001） | 83 | 大型企业 | 加拿大；美国 |
| Bart 和 Bontis（2003） | 339 | 全球 500 强和金融邮政 500 强 | 北美 |
| Bartkus 等（2004） | 90 | 全球 500 强（前 30） | 日本；欧洲；美国 |
| Bartkus 等（2006） | 90 | 全球 500 强（前 30） | 日本；欧洲；美国 |
| Bartkus 和 Glassman（2008） | 68 | 全球 100 强 | — |
| Biloslavo 和 Lynn（2007） | 35 | 斯洛文尼亚 100 强企业 | 斯洛文尼亚 |
| Brown 和 Yoshioka（2003） | 991 | 某一青年娱乐服务组织 16 个地区的员工 | — |
| David（1989） | 75 | 美国商业周刊前 1000 | 美国 |
| Davies 和 Glaister（1997） | 31 | 商学院 | 英国 |
| Davis 等（2007） | 762 | 16 所大学大四学生 | — |
| Hirota 等（2010） | 128 | 大型公司 | 日本 |
| Van Nimwegen 等（2008） | 490 | — | 英国；美国；日本；加拿大；意大利；法国；瑞士 |
| Kirk 和 Nolan（2010） | 138 | 女性权益非营利组织 | — |
| Klemm 等（1991） | 59 | 时代周刊前 1000 企业 | 英国 |
| Leuthesser 和 Kohli（1997） | 393 | 商业周刊前 1000 内美国企业 1988~1994 年年报 | 美国 |
| Morris（1996） | 141 | 500 强企业 | — |
| Mullane（2002） | 2 | — | — |
| O'Gorman 和 Doran（1999） | 115 | 中小型企业 | 爱尔兰 |
| Sidhu（2003） | 38 | 不同领域多媒体企业 | 荷兰 |
| 博斌（2007） | 52 | 保险公司 | |

| 文献 | 样本数 | 样本总体 | 地理位置 |
|---|---|---|---|
| 邓路和符正平（2007） | 344 | 全球500强 | — |
| 林泉等（2010） | 75 | 37家国营企业和38家民营企业 | 中国 |
| 饶远立和邵冲（2005） | 46 | 知名企业和上市公司 | 中国 |
| 邵剑兵等（2008） | 42 | 汽车制造业上市公司；福布斯2004年中国机械50强 | 中国 |
| 郇金宝（2010b） | 110 | 制造行业上市公司 | 中国 |
| 郇金宝（2010a） | 110 | 制造行业上市公司 | 中国 |

根据研究内容，对比样本也是使命陈述研究领域常用的样本形式，多用于使命陈述内容及影响的对比分析研究。例如，Bart（1996）对比分析了一组高科技公司与低科技公司之间使命陈述对绩效的影响。Biloslavo 和 Lynn（2007）选取了35家斯洛文尼亚100强企业，分析探索了不同制度下使命陈述的构成。并且，随着研究的深入，研究者不仅局限于在某一领域内的对比分析，开始拓展到不同国家间的差异，体现出多元化的特征。研究样本来自欧洲、加拿大、北美、美国、日本、斯洛文尼亚、中国等。

## （二）研究方法

在使命陈述的研究中，质性研究的文献较少，在43篇文献中仅有数篇，但都是使命陈述研究的奠基之作。比如 Campell 和 Yeung（1991）基于使命陈述的"战略性"和"观念性"发展出使命陈述的四要素框架，且从文化的角度剖析了使命陈述的构念。大部分文献仍为实证研究，而且鉴于使命陈述多为文字性表述的特性，研究多采用内容分析法。同时，问卷调查法在使命陈述研究领域的应用也较为广泛。Analoui 和 Karami（2002）曾结合内容分析法和问卷调查法来探索 CEO 们对于使命陈述的存在和内容的感知与企业绩效之间的关系。Brown 和 Yoshioka（2003）则通过问卷调查法分析研究员工对于使命陈述的态度影响。此外，还有部分学者通过对二手文献数据进行分析研究，探索问题存在的深层次原因。例如，Khalifa（2011）使用文献回顾的方法来探索使命陈述无法对绩效产生显著影响的深层次原因。

# 五、使命陈述研究主题剖析

## （一）内容质量标准

使命陈述的内容质量对于企业以后对其贯彻实施以及进行战略规划有着奠基性的作用。截至目前，已经有很多文献对于使命陈述的内容涵盖以及其内容质量标准提出了其观点。本文通过梳理概括，认为关于使命陈述内容要素的研究成果主要集中于特定目标标准、利益相关者标准和要素标准三种。

1. 特定目标标准

特定目标标准认为，企业的发展取决于目标是否明确。只有对目标做出精心选择后，企业才能生存、发展和繁荣。而使命陈述又可以说是企业对其自身存在价值、追求目标以及实现目标方式的表述。所以持有该种观点的学者认为，使命陈述中应当涉及企业应该达到的目标或者使命陈述应当发挥的作用，也就是特定目标标准。

组织使命的存在就是为了对自身相对于其他组织而言所特有的形式、产品和服务进行表述。它所代表的是一个基本的目标（Pearce 和 Robinson，1991），不仅向各利益相关者传递组织相关的信息，同时还能够帮助组织进行内部的调控，进行决策的制定以及对员工产生激励（Bartkus 等，2004）。部分学者还通过总结前人经常提到的使命陈述的内容，如具体的目标、成功的定义、行为标准等（Bart，1996）来表述这一观点。

2. 利益相关者标准

支持利益相关者标准的学者则认为使命陈述应当是一个对组织诉求的简单陈述，目的是使其作为一个针对与组织相关的各利益相关者的市场营销或者公众关系的工具（Drucker，1973），向利益相关者传达组织的特有信息（Leuthesser 和 Kohli，1997），同时也向外部投资方以一种公众披露的方式阐明自身对于各利益相关者的承诺。相关的研究文献不仅强调了从利益相关者角度阐述的重要性，同时还建议应当将其作为一种内容质量标准。支持这一观点的学者认为与组织相关的各利益相关者，如员工、客户等对于组织今后进一步的生存发展都起着至关重要的作用，因此使命陈述的制定过程必须要考虑到这些利益相关者。

实证研究表明，很多组织的使命陈述都会涉及一些重要的利益相关者（Bart，1997；Leuthesser 和 Kohli，1997）。Mitchell 等（1997）发现使命陈述中常常会提议到一些主要的利益相关者，这些利益相关者通常都同时具有权利和合法性，特别是能够直接或间接控制组织所需资源的利益相关者，会对于组织的长期生存发展起到一个举足轻重的作用。组织管理者为了获得这些利益相关者所控制的稀缺资源，就必须要考虑到他们的利益问题（Pfeffer 和 Salancik，2003）。

3. 要素标准

要素标准受到学者们更多的认同。他们认为使命陈述的内容中应当要包含一些特定的因素，这些要素并不是只局限于针对那些特定目标或者组织的利益相关者而言的，而是能够对于组织主要的战略决策以及其他主要的行为活动起到重要作用的要素。即，使命陈述的质量高低取决于特定要素的存在。然而对于组织使命陈述的内容中应该包含哪些特定要素以及每种要素所占的权重这些问题，不同的学者有不同的观点，具体如表 3 所示。

**表 3　使命陈述内容要素统计**

| 文献 | 内容要素 | 达成共识的关键要素 |
| --- | --- | --- |
| David（1989） | 目标用户和市场；产品或服务；位置；技术；关注生存；经营哲学；自我认知；关注公众形象；关心员工 | 价值观和经营哲学 |
| Campbell 和 Yeung（1991） | 目的；战略；行为标准；价值观 | 组织目的和存在理由 |
| Klemm（1991） | 目的；战略目标；量化计划；业务定义 | 目标用户和市场 |
| Baetz（1996） | 财务目标；非财务目标；价值观、信仰、哲学；成功的定义；头等大事；特定产品定义；特定市场定义；竞争基础；利益相关者数目；识别的利益相关者 | 提供的产品和服务 |
| Bart（1997） | 组织目的；价值观和经营哲学；独特竞争力；竞争地位；竞争战略；识别的利益相关者；行为标准；总体、长远目标；财务、非财务目标；业务范围；目标市场；产品或服务；自我概念；期望的公众形象；地理范围；核心技术；关注企业长期生存能力；关注顾客、员工、供货商、社会、股东利益；愿景描述 | 自我认知 |
| Sidhu（2003） | 愿景；能力；价值观 | 独特竞争力或优势 |
| 邓路和符正平（2007） | 在九要素的标准上增加了目标、战略、行为准则、关心股东、关心供应商、关心质量 | 关心员工 |

Fred David（1989）选取了美国商业周刊中根据市值所做出的服务业以及制造业的前 1000 家企业排名中的 75 家作为样本，对其制定的使命陈述的内容进行概括总结，最终提出了九要素标准，其中包括客户、产品或服务、位置、技术、关心生存、哲学、自我概念、关心公众形象、关

心员工。具体解释如下：①客户（Customers）：企业的客户是谁？②产品或服务（Products or services）：企业主要的产品和服务是什么？③位置（Location）：企业在哪里展开竞争？④技术（Technology）：企业基本的技术是什么？⑤关心生存（Concern for survival）：企业所承诺的经济目标是什么？⑥哲学（Philosophy）：企业的基本信仰、价值观、愿景以及哲学重点是什么？⑦自我概念（Self-concept）：企业主要的优点和竞争优势是什么？⑧关心公众形象（Concern for public image）：企业的公众责任是什么？期望获得怎样的公众形象？⑨关心员工（Concern for employees）：公司对于其员工的态度是怎样的？

其后又有多位学者对使命陈述的内容要素构成展开了研究。Campbell 和 Yeung（1991）通过研究表明，对使命进行更清晰的定义能够使得管理变得更加有效，同时他们还开发了一个包含四个要素（目的、战略、行为标准以及价值观）的使命陈述内容模型，认为若这四个使命的特定要素能够紧密联系在一起，产生共鸣并相互促进，就能诞生一个强大的使命陈述。

Baetz（1996）则以问卷调查的方式对 1992 年加拿大工业企业 500 强中的 135 家企业的使命陈述进行了研究与分析，并构建了一个 10 要素的使命陈述内容框架，在前人的基础上引入了财务目标、非财务目标、成功的定义和头等大事等特定的要素。

Bart（1997）为了建立一个能够包含更广泛内容的指标体系，通过文献回顾的方法综合了在此之前所有文献的研究结论，并建立了一个涵盖 25 个要素的使命陈述内容框架。这个框架几乎包括了在使命陈述内容中所有可能的要素，并且提出了一个系统全面的分析框架。

国内学者则有邓路和符正平（2007）在九要素的标准上进一步分析，该研究在九要素基础上还涵盖了目标、战略、行为准则、关心股东、关心供应商、关心质量等因素。

就目前的文献来看，学者们更多的是采用九要素标准来进行有关组织使命陈述的研究。David 构建的九要素标准为使命陈述内容要素构成提供了基本的分析模型，但是这一模型并不适用于所有状况。在九要素标准之外使命陈述可能还包含着很多我们所忽略掉的因素，这些因素对于组织的行为活动及发展是否具有价值、价值几何都尚未可知，这就为后续研究者继续探讨使命陈述内容要素提供了方向。

## （二）内容要素分析与对比

随着研究的深入，学者开始探索分析不同国家、制度、地区、行业的使命陈述内容要素。例如，Sidhu（2003）对荷兰不同领域的 38 家多媒体企业的使命陈述进行了对比分析。Bartkus 等（2004）曾对欧洲、美国和日本三地的企业的使命陈述进行分析对比，就股东、客户、员工、股东和社区五者而言，欧洲和美国的企业更加关注于股东与员工，日本企业则更加关注于社区和供应商。Biloslavo 和 Lynn（2007）选取了 35 家斯洛文尼亚 100 强企业研究不同制度下的使命陈述。

国内则有饶远立和邵冲（2005）根据九要素标准对国内 64 家企业的使命陈述进行了实证分析和评价，结果发现国内企业最关注的要素是产品或服务、观念，其次是市场、关心员工、技术和自我认知等要素，而最不关注的是对公众形象的关切要素和顾客要素。

鉴于中国的特有情况，林泉等（2010）对国内企业做出了进一步的细分对比，并根据九要素标准运用文本分析法对中国 37 家国有企业和 38 家民营企业的使命陈述进行了比较研究。结果显示企业最为关注的是公司哲学、对公众形象的关切和产品或服务，国内企业的使命陈述所涵盖的要素基本可以分为行为、利益相关者和竞争三种导向，而且国有和民营企业都比较重视公司哲学和公众形象。但是，国有企业较重视产品，民营企业较重视客户，在技术和对生存、增长和盈利的关切这两个要素上的关注也存在显著的差异。

### （三）使命陈述的重要作用

随着世界经济和时代的发展，使命陈述已经开始获得越来越多的来自学术界以及企业的关注。很多文献都对使命陈述在组织制定目标战略、宣扬组织文化以及提升组织绩效等方面的重要作用进行了阐述。

首先，企业必须明确自身进行商业活动的真实目的和发展方向，从而制定和实施下一步更具体的任务。而使命陈述最基本的作用之一就是它为组织提供了一个进行战略制定的框架（Hill 和 Jones，2008）。只有通过对组织的使命和目的的清晰定义，使企业明白其目前是一个怎样的状态，将来又希望成为一个怎样的企业，才能制订出清晰和真实的商业目标（Drucker，1973）。Hirota 等（2010）选取 128 个日企进行的对于使命陈述与企业政策之间关系的探索也表明，拥有明确使命陈述的公司更倾向于采取相应政策。

其次，多数学者还认为使命陈述在宣扬组织文化方面发挥着重要的作用，这不仅表现在组织内部，同样也对外部环境有着一定的作用。使命陈述作为阐明有关于组织诉求及社会责任的管理信仰、信念、观点和方法的重要工具（Hirota 等，2010），能够帮助组织管理者更好地考虑到组织的文化、对社会的承诺等，能够帮助审视和衡量企业的基本行为（Yilmaz 和 Ergun，2008）。它是一种公司文化的象征（Campbell，1997），这种象征不仅是针对企业内部组织，同时也是针对外部环境的。一方面，这种组织文化的宣扬使得组织内部更加理解企业的核心价值观，促使员工间形成更强的凝聚力，为实现企业使命而做出努力（Brown 和 Yoshilka，2003）。另一方面，这种效果也会促使企业内部能够围绕着使命，融合形成强大的凝聚力，从而推动企业在各种组织行为活动中保持思想统一，步调一致，最终向目标迈进，使命也就实现了它的意义。通常情况下，一个企业的核心文化是很难被外界正确完整地感知的，而使命陈述对于组织文化、核心价值观的诠释使这成为了可能。

对于以上这些作用，多数研究者达成了共识。然而，以使命陈述对绩效影响作为企业制定使命陈述行动的理论依据，其合理性一直没有得到明确的实证研究支持。例如，Alavi 和 Karami（2009）通过对于中小企业的企业绩效和使命陈述之间关系的探索发现，使命陈述的存在对于企业绩效有显著的正向影响。O'Gorman 和 Doran（1999）以及 Bartkus 等（2006）都得到二者关系不显著的结论，Bart 和 Baetz（1998）的研究甚至表明使命陈述与企业绩效之间呈现负相关关系。Atrill 等（2005）的研究则表明不同导向的使命陈述与不同绩效目标之间的关系形态并不相同。该研究发现，在服务部门中，如果用资产回报率作为绩效目标，不同导向的使命陈述与企业绩效之间并不存在显著的相关性。但是用股票收益率作为绩效指标，情况会有所不同。如果企业制定了股东型使命陈述，则使命陈述与绩效之间存在显著的相关关系。而在非服务部门，用股票收益率作绩效指标，市场型的使命陈述与绩效之间存在着显著的相关性。不论是在服务部门还是非服务部门，顾客型使命陈述都与企业绩效之间缺少明显的相关关系。

通过对相关文献的梳理总结可以发现，目前使命陈述与企业绩效之间还没有得出一个具有普遍适用性的关系模型。鉴于早期研究没有考虑到使命陈述与组织环境之间相互依存，特别是使命陈述的制定以及传递使得不同层次的员工以及企业外部其他利益相关者之间存在相互影响（Bart 和 Bontis，2003），学者们开始探索使命陈述与企业绩效之间存在中介变量、调节变量的可能性。

例如，Bart（1996）选取了一组高科技公司与低科技公司，并就其使命陈述对绩效的影响进行对比分析，研究表明对于高科技公司来说，使命陈述与财务业绩的关系不显著。低科技公司的某些使命陈述要素与公司绩效有一定的显著性，且与组织成员行为的关系更为显著。Bart 等（2001）从使命陈述设计的合理性出发，探索使命陈述的内容（结果和方法）通过个人的承诺和行为对于企业绩效的影响，研究表明使命陈述会通过个人行为对企业绩效产生显著的正向影响，即个人行为是中介变量。

上述研究成果都表明了使命陈述与企业绩效之间存在着过程机制（潜在中介变量、调节变量）的可能性，这是未来研究应该关注的方面，应当受到重视。此外，有关于使命陈述在组织层面上结果变量的实证研究始终十分缺乏，未来可以进一步拓展相关方面的研究。有关使命研究内容的整合性框架如图1所示。

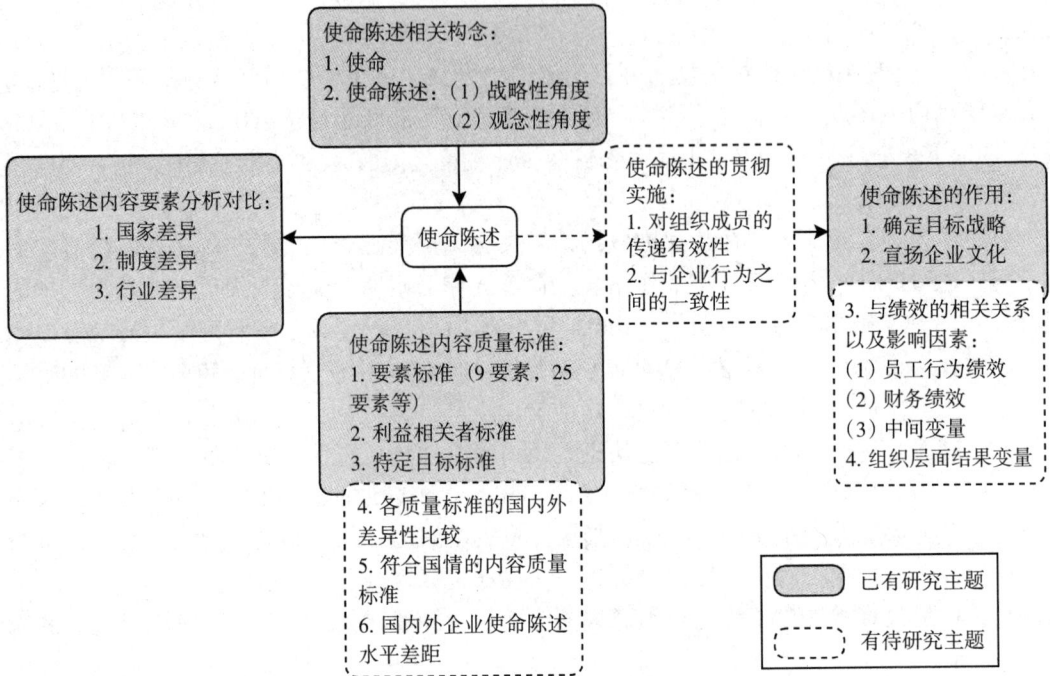

**图1 使命陈述研究内容：整合性框架**

# 六、现有研究的不足与未来方向

自从使命陈述的思想出现之后，学者们对于使命陈述的构念界定、内容质量标准，以及其对于组织的重要作用等方面进行了深入的探索与研究，并取得了一些重要的研究成果。但是从现有文献来看，该领域的研究还存在一些空间。

## （一）使命陈述内容质量标准

正如前文所提出的，后续多数学者在对企业使命陈述进行研究和分析时采用的都是 David（1989）提出的九要素标准，此标准现已被广泛使用。然而由于东西方文化的差异，对于企业使命要素构成的认识可能存在差异。因此，这种内容质量标准是否完全适合当前的中国企业仍然需要进一步验证，特别是在具体的要素内容以及要素的相对重要性方面。我们需要更深入地研究去得出适合中国国情的企业使命陈述标准，进一步了解国内外企业使命陈述的差异性，从而为使命陈述的更好发展提供一点帮助。这一点急需得到重视，也是未来相关研究的一个重要方向。

## （二）使命陈述的贯彻实施

从以上所分析的现有文献来看，使命陈述对企业来说是不可或缺的，而且目前的研究更多的是聚焦于衡量使命陈述的内容质量标准以及它对于组织的重要作用，而很少关注于使命陈述在组织中具体的贯彻实施。至少可以这样说，关于使命陈述如何从理论转变为实际这一过程，即如何进行贯彻实施依然是个"黑匣子"。但事实上，使命陈述的有效性正是取决于它是否能够很好地在组织层级间得到传递以及使命陈述与企业行为之间的一致性程度上。如果组织希望将使命陈述中所传达的价值观、信仰转化成为组织的精神和文化并相应地反映在各层级实际的工作行为中，就必须对其具体的实施进行科学合理的规划与设计。本文认为今后的研究可以朝此方向深入，研究企业使命陈述对组织成员的传递有效性以及与企业行为之间的一致性，进一步地，还可以继续探讨哪些因素会对它们造成显著影响。

## （三）与企业绩效的关系

到目前为止，对企业使命陈述与绩效相关关系的研究仍然存在着很大的争议。不同研究者所选取研究样本的行业差异、研究中采用的内容质量衡量标准与运用的研究方法的不同以及绩效测量角度的多样等原因致使最终所得出的研究结果并不相同，从而导致到目前为止还无法对于使命陈述与绩效之间是否存在一个具有普遍适用性的关系模型给出明确的答案。因此今后在这方面还需要进一步地深入研究。此外，现有研究主要是针对使命陈述与企业绩效间单一的变动相关性，但是，二者之间的相关关系是否受到其他中介变量或调节变量的影响也应当受到后续研究的重视。

## （四）组织层面上结果变量的实证研究

以文献梳理结果来看，多数研究都从理论角度阐述了使命陈述对于组织的重要价值，却甚少有实证研究对于使命陈述在组织层面上的结果变量进行探索研究。实证研究是使命陈述相关领域研究的主要方法，理论研究也需要实证结果予以支撑。因此，本文认为未来学术界还应当拓展关于使命陈述在组织层面上结果变量的实证研究。

**参考文献**

［1］Alavi M. T., Karami A.. Managers of Small and Medium Enterprises: Mission Statement and Enhanced Organisational Performance ［J］. Journal of Management Development，2009，28（6）.

［2］Analoui F., Karami A.. CEOs and Development of the Meaningful Mission Sstatement ［J］. Corporate Governance，2002，2（3）.

［3］Atrill P., Omran M., Pointon J.. Company Mission Statements and Financial Performance ［J］. Corporate Ownership and Control，2005，2（3）.

［4］Baetz M. C., Bart C. K.. Developing Mission Statements which Work ［J］. Long Range Planning，1996，29（4）.

［5］Bart C. K., Bontis N.. Distinguishing between the Board and Management in Company Mission: Implications for Corporate Governance ［J］. Journal of Intellectual Capital，2003，4（3）.

［6］Bart C. K., Baetz M. C.. The Relationship Between Mission Statements and Firm Performance: An Exploratory Study ［J］. Journal of Management Studies，1998，35（6）.

［7］Bart C. K.. Exploring the Application of Mission Statements on the World Wide Web ［J］. Internet Research，2001，11（4）.

［8］Bart C. K.. Hightech Firms: Does Mission Matter? ［J］. The Journal of High Technology Management Research，1996，7（2）.

［9］Bart C. K.. Sex, Lies and Mission Statements ［J］. Business Horizons, 1997.

［10］Bartkus B. R., Glassman M., McAfee R. B.. A Comparison of the Quality of European, Japanese and US Mission Statements: A Content Analysis ［J］. European Management Journal, 2004, 22（4）.

［11］Bartkus B. R., Glassman M.. Do Firms Practice what They Preach? The Relationship between Mission Statements and Stakeholder Management ［J］. Journal of Business Ethics, 2008, 83（2）.

［12］Bartkus B., Glassman M., McAfee B.. Mission Statement Quality and Financial Performance ［J］. European Management Journal, 2006, 24（1）.

［13］Biloslavo R., Lynn M.. Mission Statements in Slovene Enterprises: Institutional Pressures and Contextual Adaptation ［J］. Management Decision, 2007, 45（4）.

［14］Brown W. A., Yoshioka C. F.. Mission Attachment and Satisfaction as Factors in Employee Retention ［J］. Nonprofit Management and Leadership, 2003, 14（1）.

［15］Campbell A., Yeung S.. Creating a Sense of Mission ［J］. Long Range Planning, 1991, 24（4）.

［16］David F. R.. How Companies Define Their Mission ［J］. Long Range Planning, 1989, 22（1）.

［17］Davies S. W., Glaister K. W.. Business School Mission Statements—the Bland Leading the Bland? ［J］. Long Range Planning, 1997, 30（4）.

［18］Davis J. H., Ruhe J. A., Lee M. et al.. Mission Possible: Do School Mission Statements Work? ［J］. Journal of Business Ethics, 2007, 70（1）.

［19］Desmidt S., Prinzie A., Decramer A.. Looking for the Value of Mission Statements: A Meta-analysis of 20 Years of Research ［J］. Management Decision, 2011, 49（3）.

［20］Drucker P. F.. Management: Task, Responsibilities, Practices ［J］. Management: Tasks Responsibilities Practices, 1973.

［21］Eisenberg E. M., Goodall H. L., Trethewey A.. Organizational Communication: Balancing Creativity and Constraint ［M］. Boston: Bedford/St. Martin's, 2010.

［22］Hill C., Jones G.. Strategic Management, Houghton Mifflin Company ［M］. New York, NY, 2008.

［23］Hirota S., Kubo K., Miyajima H. et al.. Corporate Mission, Corporate Policies and Business Outcomes: Evidence from Japan ［J］. Management Decision, 2010, 48（7）.

［24］Khalifa A. S.. Three Fs for the Mission Statement: What's Next? ［J］. Journal of Strategy and Management, 2011, 4（1）.

［25］Kirk G., Beth Nolan S.. Nonprofit Mission Statement Focus and Financial Performance ［J］. Nonprofit Management and Leadership, 2010, 20（4）.

［26］Klemm M., Sanderson S., Luffman G.. Mission Statements: Selling Corporate Values to Employees ［J］. Long Range Planning, 1991, 24（3）.

［27］Leuthesser L., Kohli C.. Corporate Identity: the Role of Mission Statements ［J］. Business Horizons, 1997, 40（3）.

［28］Mitchell R. K., Agle B. R., Wood D. J.. Toward a Theory of Stakeholder Identification and Salience: Defining the Principle of Who and What Really Counts ［J］. Academy of Management Review, 1997, 22（4）.

［29］Morris R. J.. Developing a Mission for a Diversified Company ［J］. Long Range Planning, 1996, 29（1）.

［30］Mullane J. V.. The Mission Statement is a Strategic Tool: When Used Properly ［J］. Management Decision, 2002, 40（5）.

［31］O'Gorman C., Doran R.. Mission Statements in Small and Medium-sized Businesses ［J］. Journal of Small Business Management, 1999（37）.

［32］Pearce J. A., Robinson R. B.. Formulation, Implementation, and Control of Competitive Strategy ［M］. Irwin, 1991.

［33］Pfeffer J., Salancik G. R.. The External Control of Organizations: A Resource Dependence Perspective ［M］. Stanford University Press, 2003.

[34] Sidhu J.. Mission Statements: Is it Time to Shelve Them? [J]. European Management Journal, 2003, 21 (4).

[35] Van Nimwegen G., Bollen L., Hassink H. et al.. A Stakeholder Perspective on Mission Statements: An International Empirical Study [J]. International Journal of Organizational Analysis, 2008, 16 (1/2).

[36] Yilmaz C., Ergun E.. Organizational Culture and Firm Effectiveness: An Examination of Relative Effects of Culture Traits and the Balanced Culture Hypothesis in an Emerging Economy [J]. Journal of World Business, 2008, 43 (3).

[37] 博斌. 我国保险企业使命陈述的实证研究 [J]. 经济问题探索, 2007 (7).

[38] 邓路, 符正平. 全球 500 强企业使命宣言的实证研究 [J]. 现代管理科学, 2007 (6).

[39] 林泉, 邓朝晖, 朱彩荣. 国有与民营企业使命陈述的对比研究 [J]. 管理世界, 2010 (9).

[40] 饶远立, 邵冲. 46 家国内企业使命陈述的实证分析 [J]. 南开管理评论, 2005, 8 (1).

[41] 邵剑兵, 刘力钢, 王晓辉. 中国汽车制造业企业发展战略问题研究——企业战略使命陈述实证性分析 [J]. 辽宁大学学报（哲学社会科学版）, 2008, 36 (5).

[42] 郇金宝. 企业使命陈述质量评价指标体系的构建 [J]. 统计与决策, 2010 (11).

[43] 郇金宝. 使命陈述质量对公司财务绩效影响的实证 [J]. 统计与决策, 2010 (8).

# 企业成长的认知合法性战略研究：
# 以伊利公司为例

张晗　周长辉[*]

[摘要] 随着战略的制度基础观被学者认可，合法性已经成为企业的成长战略选择中必然要考虑的一个因素，但企业追求合法性的战略是实用性的还是道德性的，会对企业的战略结果产生重要影响。本文以伊利公司成长过程作为典型案例进行深入分析，发现将合法性内化为企业自身的责任而非工具更能使企业获得可持续的成长。

[关键词] 认知合法性；企业成长战略；工具；责任

# 一、引言

制度理论认为，较之企业存在的利益目标，企业的合法性目标更为重要。社会生活的合法性概念强调企业目标与社会功能的一致性。Suchman 对合法性的定义获得了学界的普遍认可，他认为："合法性是指在一个由社会建构的规范、价值、信仰或定义的体制中，一个实体的行为被认为是可取的、恰当的、合适的、一般性的感知和假定。"因此，合法性不是企业自身所具有的属性，而是由利益相关者授予或者加于企业的。Parsons 就曾建议使用"合法性"评价企业的目标，认为企业的价值系统的焦点"必须放在为达到高级系统功能重要性目标的合法性上"。制度理论认为，企业的结构和形成过程独立于它们的生产效率，企业存在于更精细的制度环境中，并因为在同构化的环境中采取合法性的行为，获得生存所需资源而获得成功。即组织之所以获得支持和合法性，是因为组织符合了"恰当"地建立组织的当代规范——这些规范由职业权威和科学权威确立。组织如此强大，以至于符合这些信念的组织即便在没有特殊技术优势的情况下，仍能得到公众的支持和信任。

在各种合法性的维度中，作为文化形式的意识形态、价值观、习俗和习惯等非正式规则，表现为一种共同的文化价值模式。在这种价值模式下，组织对外在制度安排框架中所规定的各种社会角色及其功能、权利、责任和义务形成了一种共享的价值认同，并由此产生了共同的行为预期。这使得组织能够在价值模式的内在约束下自觉地按照各自所扮演的角色及功能要求采取有序的行为与互动。

文化认知合法性概念对企业的影响作用在于，使企业采取某些行动的动机由最初的反映企业各种专业需要和利益，转为文化压力的要求，行为逻辑由工具性转到了适当性。采取改变行动的组织会获得利益，不这样做的组织会被认为是偏离主流、边缘的或是过时的，也会导致合法性的

* 张晗（1979-），女，河北省保定人，首都经济贸易大学工商管理学院，副教授，管理学博士，研究领域为战略管理；周长辉，北京大学光华管理学院。

丧失甚至物质资源的不可得。本文正是基于以上认识，试图通过对伊利公司成长案例的分析发现企业的成长战略选择如何受到文化认知因素的影响。

# 二、文献综述

对于企业战略研究者来说，对制度的关注由来已久。特别是新制度主义社会学的视角与分析框架，更是将制度从战略管理传统的外部限制条件之一的地位上升到了"战略管理的第三个支柱"的高度。如表1所示，企业战略学者借鉴的社会学制度理论主要来自组织社会学，其对企业战略研究的贡献主要来自三个方面：明确划分制度的三个支柱、解释同构化现象、提出合法性概念。依据制度理论，较之企业存在的利益目标，企业的合法性目标更为重要。

**表1　制度和资源依赖角度的比较**

| 解释性因素 | 假设 | 分歧 | |
|---|---|---|---|
| | | 制度角度 | 资源依赖角度 |
| 组织行为的背景 | 组织的选择受到多元外部压力的限制 | 制度环境<br>非选择的行为 | 任务环境<br>积极选择行为 |
| | 组织环境是集体的和相互联系的 | 符合集体道德和信仰<br>无形压力 | 与互相依赖作斗争<br>有形压力 |
| | 组织的生存依赖于对外界要求和期望的反应 | 同构化<br>遵守规则和道德 | 稀缺资源的适应性管理 |
| 组织行为的动机 | 组织寻找稳定性和可预测性 | 组织持续<br>习惯和习俗 | 减少不确定性<br>权力和影响力 |
| | 组织寻找合法性 | 社会价值<br>符合外部标准 | 动员资源<br>控制外部标准 |
| | 组织是利益驱动的 | 对制度感兴趣<br>服从自利 | 对政治和精打细算感兴趣<br>不服从<br>自利 |

资料来源：Oliver Christine. Strategic Responses to Institutional Processes [J]. Academy of Management Review, 1991, 16 (1).

基于 Oliver 的观点，合法性是一种可操纵的资源，组织服从合法性的要求是由利益驱动的，具有浓厚的工具主义色彩。合法性的组织在结构设计、产品生产、市场进入以及要素选择方面拥有更大的自主权，并且组织可以凭借合法性的地位享有长期生存的权利。

一些学者认为，基于战略的组织合法性是可以管理的，并强调组织可以有目的地操控可激发人们想象的象征系统以获取社会的支持。Delmar 和 Shane 认为，谋求合法性的活动有助于企业的资源整合及其他组织活动，获得合法性能够使新企业更容易取得获取资源的途径、吸引客户/缓和竞争压力，从而提高企业创新的可能性，构成了影响新事业成功的关键因素。而且，组织所获取的合法性以及赋予合法性的主体都是动态变化的，这为处于文化环境中的组织管理者获取合法性创造了机会。因此有学者认为，在制度约束下，企业战略取决于决策者对于制度压力足够重视并采取了相应的合法化行动。

在获得合法性的行动中，很重要的一方面就是获得社会认知的认可。组织为与特定的情境相联系而采用正统的身份和结构，其实质是通过认知一致性而获取合法性，即对社会中的参与者、其需要体现出的结构特征，以及其行为允许包含的含义等会形成的统一的规则。

然而，也有学者们指出，认知合法性并不仅仅是组织获得成功的某种实用性的工具，也包括道德层面的合法性。道德合法性涉及社会公众对组织及其行为的评价，与实用合法性不同，道德合法性的评价标准不是基于组织是否对于评价者有利，而是依据组织的行为是否是"对的"来做出评价。实用合法性反映了社会公众对组织是否"正确地做事"的判断，而道德合法性反映的是社会公众对组织是否"做正确的事"的判断。这种判断是根据组织的行为是否有利于提高整个社会的福利，是否符合广为接受的社会价值观来进行的。此时的合法性，就由"工具方法"转变为"适当责任"。

因此，依据战略的制度基础观，本文认为，企业的成长过程就是对合法性的追求过程。在这个过程中，可能最初是从追求"正确地做事"开始，试图通过战略手段来控制影响社会认知一致性的因素，从而获得合法性地位，但随着企业的成长壮大，道德合法性会内化为企业的适当性行为，最终回归到"做正确的事"上来。

# 三、研究方法

本文运用基于深入访谈的案例研究方法，试图从一个单一案例中侧面揭示中国企业成长过程中企业的战略选择如何与所在环境的文化认知合法性互动，探讨制度因素对企业成长战略的影响作用。

单案例研究方法适合探索时序性、过程性和演变性的研究问题。本研究所聚焦的案例企业是内蒙古伊利实业集团股份有限公司，该公司从一个名不见经传的呼和浩特市的街道小厂，发展到品牌价值超过 205 亿元的行业领导者，只用了不到 20 年的时间。我们认为，该案例提供了一个透视中国企业成长追求合法性的过程中，由简单的利用认知一致性到追求道德合法性的转变的窗口。本研究聚焦于伊利的成长过程，梳理和总结了伊利的几个发展阶段，识别了每个阶段的认知合法性特征，分析了在此过程中的企业成长战略与合法性的互动关系。

本案例的研究主要基于第一手的访谈资料。访谈时间历时近两个月，访谈对象涉及伊利品牌建设及管理的各阶层及各阶段的相关人员 14 人。访谈对象包括公司高层领导、中层管理人员以及基层员工，上到伊利品牌管理的最高负责人——伊利集团品牌管理部经理，下到具体实施各子品牌推广的品牌经理，包括伊利最早的品牌管理部的负责人和现任品牌管理部经理，如表 2 所示。为保护个人隐私，在文中隐去被访谈者的姓名。

**表 2　访谈人员列表**

| 现任职务 | 曾担任职务 | 访谈主要内容 | 访谈时间 |
|---|---|---|---|
| 伊利集团总裁助理 | 品牌管理部经理 | 伊利的发展历史、伊利品牌部门的建设过程 | 172 分钟 |
| 集团品牌管理部经理 | | 伊利现阶段的品牌发展的主要内容 | 94 分钟 |
| 液态奶事业部营销副总 | 奶粉事业部营销副总 | 液态奶及奶粉的发展过程 | 165 分钟 |
| 酸奶事业部营销副总 | | 酸奶的发展过程 | 143 分钟 |
| 冷饮事业部营销副总 | | 冷饮的发展过程 | 102 分钟 |
| 奶粉事业部营销副总 | | 奶粉的发展过程 | 162 分钟 |
| 集团品牌管理部品牌经理 | | 品牌管理部的主要工作、奥运营销与世博营销案例 | 120 分钟 |
| 奶粉事业部市场总监 | | 奶粉管理的主要工作 | 108 分钟 |
| 酸奶事业部市场总监 | | 伊利"大果粒"营销案例 | 147 分钟 |
| 品牌管理副总监 | | | |
| 品牌经理 | | | |
| 集团党工团办公室副总监 | | 伊利品牌发展过程、相应的组织人员变化 | 186 分钟 |
| 集团人力资源部商学院院长 | | 企业成长与人力资源支持 | 128 分钟 |

我们还搜集和参阅了大量的公开资料，包括伊利的年度报告、财务报表、内部的管理制度，以及乳业行业的行业杂志、网络文章及相关书籍等资料。

# 四、案例分析

## （一）伊利的发展过程

伊利的前身是位于呼和浩特的一家街道小厂，名为"回民奶制品厂"。1983年，回民奶制品厂有了自己的商标——伊利。从那时起"伊利"这个名字伴随着这个厂子从街道小厂发展成为国内乳制品企业的老大。

在1997年之前，伊利还不清楚自己真正要做什么、核心优势在什么地方。因此，各个产品之间的联系度很低，各为政。直到1997年，经过新的战略调整，伊利决定聚焦于乳品行业。从那时到现在，伊利的成长大致经历了四个阶段，表3给出了伊利四个成长阶段的关键成长要素的变化。

表3　伊利成长要素变化表

| 企业战略 | | 杂乱的低成本 | 低成本 | 地域差异化 | 产品差异化 | 品牌差异化 |
|---|---|---|---|---|---|---|
| 时间阶段 | | 1997年之前 | 1997~2002年 | 2003~2005年 | 2006~2010年 | 2010年之后 |
| 企业特质 | | | 牛奶 | 草原牛奶 | 伊利牛奶 | 不仅仅是牛奶 |
| 企业成长方式 | | 外力驱动 | | | | 内部成长 |
| 企业成长要素 | 产品线 | 单一 | 多元化 | 多元产品 | | |
| | 地理属性 | 呼和浩特 | 内蒙古 | 全国 | | |
| | 价格 | 低 | | | 高中低 | |
| | 主要营销方式 | 促销活动 | 促销活动、宣告式广告 | | 价值型广告 | |
| | 目标消费群 | 全体消费者 | | | 目标群体 | |
| | 沟通 | 单向 | | | 双向 | 全方位 |
| | CIS[①] | 不统一 | 统一 | | | |
| | 产品属性 | 牛奶制品 | | 高品质乳产品 | | |
| | 非产品属性 | | | 大草原、天然[②] | 营养、健康 | 营养、专业、快乐 |
| | 利益 | 消暑、美味 | 补钙、营养 | 好品质、好味道 | 高营养、好品质、民族自豪感 | 好品质、高营养、美好的体验、快乐 |
| | 差异化 | | | 弱 | 较强 | 强 |

---

① 1999年，伊利公司已经开始聚焦乳业，并实施乳业的相关多元化战略，但伊利发现，企业的多个事业部独立运作多于整合经营，犹如一盘散沙，不能形成合力。以产品包装为例，同为伊利的产品，各事业部对伊利商标的设计却千姿百态、形象各异，使消费者对伊利的认识就变得非常混乱，很难将这些产品统一联想到"伊利"上。直到2002年，品牌管理部在伊利各个事业部内推动了一场统一标识系统（CIS）的运动。通过这次运动，伊利统一了标识，统一了伊利员工的行为识别系统，保证了伊利各部门在战略行为上的高度一致性。

② 为了更好地与其他乳制品企业区分，伊利尝试地实施基于地理特色的差异化战略。将"蓝天、白云、青青的牧场"等大草原的美好概念注入到伊利的内涵中。在经过大量的广告促销等营销方式，培养了消费者对"草原牛奶是好牛奶"的认知一致性后，差异化战略首战告捷，但很快遇到了与其极其相似的蒙牛的正面竞争。

续表

| 企业战略 | | 杂乱的低成本 | 低成本 | 地域差异化 | 产品差异化 | 品牌差异化 |
|---|---|---|---|---|---|---|
| 企业成长要素 | 品牌联想 | | | 草原 | 奥运/世博品质[①]、放心 | 滋养生命活力 |
| | 价值 | 共同价值 | | | 群体价值 | 个体价值 |
| | 个性 | | | | 低 | 较高 |
| | 文化 | | | | | 有 |
| 合法性管理的宗旨 | | 合法性是手段 | | | 合法性是目的 | 合法性是责任 |
| 满足需求对象 | | 满足企业的需求 | | | | 满足消费者需求 |

从牛奶，到草原牛奶、与奥运和世博会的联盟，这一系列战略选择使伊利的差异化逐渐鲜明而突出。然而，伊利发现，随着奥运会的远去、消费者的逐渐成熟，消费需求不断提升，简单的在基本的产品属性和利益属性上进行差异化认知，已经不能满足消费者需求了。2008 年的三聚氰胺事件就给伊利造成了沉重的打击。

三聚氰胺事件之所以波及到所有的乳品企业，主要是消费者还不能很清晰地区分不同的乳品企业之间的差异。虽然伊利已经具备了较高的差异度，但消费者对伊利的品牌联想仅是由"卖牛奶"的企业变成了"卖伊利牛奶"的企业。在消费者眼中，能生产高品质乳品的企业不止伊利一家，这些企业之间的差异并不显著。

要想解决这个问题，还需要回到管理最本质的问题，"企业要满足的究竟是企业自身的需求，还是消费者的需求？"

在前三个阶段，伊利战略的成功应该主要源自对目标消费者的不断细分。先是按产品属性需求将消费者细分为"喝牛奶的人"和"不喝牛奶的人"，再进一步将"喝牛奶的人"细分为"喝好牛奶的人"和"喝一般牛奶的人"。之后，伊利发现消费者有不同的利益需求，于是开始针对更为细分的消费者开发不同的产品。然而，这种需求的开发更多地局限于乳制品之中，伊利通过不断地挖掘乳制品本身的属性和利益，开发多元化的产品，满足不同消费者对产品消费的需求。但是，这些行为归根结底还是为了更好地销售产品，获得企业的利益最大化。但事实证明，这些战略都不足以形成企业无法替代的核心能力。因此，伊利开始尝试性地发掘新的认知内核。例如，在世博营销中推广"伊利"品牌时，伊利不再强调自己乳品赞助商的身份，转而强调"款待世界各国来宾"的主人翁身份，强调与各国来宾分享伊利的快乐，使消费者对伊利的认知联想转变为"分享快乐"。伊利努力让消费者认识到，当消费者需要享受分享带来的快乐时，伊利可以满足这种需要。

我们可以看到，此时的伊利要满足的不再是向特定消费者推销某种特定产品，而是提供了满足对某种生活方式的渴望。此时，伊利的品牌内涵正式转变成"滋养生命活力"。伊利不仅仅是为消费者提供好产品、提供营养、提供快乐休闲等单一的价值附加，而是提供给消费者享受生命活力的生活方式。消费者忠诚的不再是特定产品或者企业，而是伊利提供的生活方式。这种转变可以帮助伊利跳出乳品行业这个狭窄的、竞争激烈的红海，进入到一个更广阔的蓝海中。伊利能做的也不再局限于乳制品，而是所有可以"滋养生命活力"的产品和服务。

由此可以看出，要想获得消费者的忠诚度，形成差异化，不在于消费者认可企业的产品和企业，而在于企业能为消费者提供什么样的价值体验，在于把产品和服务融入消费者的生活之中，

---

[①] 借助于"奥运唯一乳制品赞助商"的身份，伊利强调"唯一乳制品赞助商"提供的产品的质量保证，从而产生了"伊利牛奶是高品质牛奶"的认知联想效果，伊利的差异化战略完全形成，国内没有任何一家企业可以和伊利提供完全一样的产品。到 2008 年，伊利的品牌价值已达 201.35 亿元，并且连续 4 次位居乳品行业首位。

成为文化的一部分。至此，伊利开始走向一个新的战略发展阶段，即文化认知阶段。

到了这个时候，"伊利"这个名字才不仅仅是一个企业的组织标识，而是"可以为消费者提供某种价值服务"的文化代表。过去的伊利以消费品的身份走入消费者的生活，现在，伊利要成为消费者某种生活方式的标识。伊利要做的将不再是生产乳制品，抑或生产和提供高品质的乳制品。伊利真正要做的是创造"滋养生命活力"的品牌文化，乳制品只是伊利文化的一个载体而已。换言之，伊利卖的，不再是产品，而是一种生活方式。消费者认可的也不是伊利的产品，而是伊利的生活方式。

## （二）伊利的战略成长驱动因素分析

伊利差异化战略的成功实施，归根结底，在于伊利及时实现了成长驱动力量的转变。在前两个阶段中，伊利不断地培养消费者对乳制品的认知程度，努力通过营销促成某种消费者认可的形成，例如"草原牛奶"的概念。这种培养消费者认可的行为，获得了消费者的支持，使企业得以快速发展。

到了第三阶段，虽然企业开始有意识地努力将自身转变成消费者认可的企业和产品，去"正确地做事"，但此时的战略行为还是依赖于外界的驱动，对伊利的认可还是附着在别的事件和事物上实现的。这种追求合法性的驱动方式，虽然可以使企业借助外力迅速获得消费者的认知和认可，但消费者对企业的认知是间接的，是借助其他事件获得的。一旦这种外力消失或者环境发生恶化，例如三聚氰胺这样的全行业的危机爆发，企业将无从幸免。

要转变这种现状，实现企业的持续发展，企业就必须重新思考如何差异化，差异化成长战略就必须由外力驱动型转变为内生增长型。内生增长则更关注带给消费者什么样的价值体验，这种体验是唯一专属的，其他企业无法提供，由此可形成真正的差异。

至此，伊利开始真正挖掘消费者的深意诉求，从消费者的需求导向出发，从内在的价值提升出发，树立企业的品牌形象。伊利现在追求的不再是提供给特定消费者特定的产品，或是特定的价值，而是提供给消费者一种伊利式的消费观念和消费文化。这是差异化的更高层次的追求，因为这种差异化战略行为不再是将合法性作为企业为了成功被迫装扮成的一种形象，而是将合法性变成企业本来的面目，成为企业自身成长的责任——做正确的事，如图1所示。

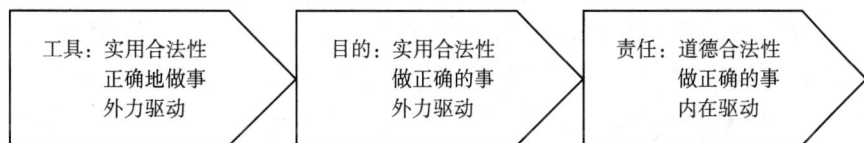

**图1 伊利成长战略的驱动因素转变图**

## （三）伊利成长驱动力的影响因素分析

企业追求合法性的维度和内容发生了转变，直接提升了伊利品牌，促进了伊利的企业成长。然而，这种转变的顺利实现，还依赖于社会认知工具和认知主体特点的变化。

1. 认知工具的变化——信息化

（1）互联网的出现，改变了传统的销售方式。

乳品行业传统的销售渠道，主要依赖于经销商。随着酸奶等冷链产品的开发与推广，以及现代销售渠道——超市的不断完善，乳业企业开始选择直营方式。

但无论哪一种渠道，消费者都是通过企业宣传获得产品以及企业的各类信息。在第一、第二阶段，消费者对乳业产品的认知度还很低，消费习惯还没有养成，消费者获得的信息仅来源于对伊利产品的消费感受，对产品的利益需求更多的来自于被动的接受。这时，企业只需选择合适的告知方式，就可以很好地与消费者进行沟通，并控制消费者对企业的认知程度。甚至，企业还可以通过营销手段，创造某种特定的消费认知。UHT 奶的成功就是一个很好的例子。1997 年前，消费者消费的牛奶都为巴式消毒奶。1997 年，随着利乐包装被引入中国，UHT 奶开始出现。此时，伊利、蒙牛等使用利乐生产线的企业，开始大力推广这种牛奶。在当时，消费者刚刚开始将牛奶作为日常消费品，对牛奶还知之甚少。通过企业的宣传引导，消费者迅速接受了 UHT 奶，UHT 奶已经逐渐成为中国纯牛奶的主导产品。

然而，互联网的普及使得消费者获得信息的渠道发生了改变。消费者不再是通过企业告知获得产品信息，而是借助互联网庞大的信息资源自行获得消费者希望获得的几乎一切信息。此外，互联网也使得信息的传播速度迅速膨胀，无论好事还是坏事，都会以极快的速度以几何级数式地传播。例如，以前的乳品行业事件是通过传统媒体曝光的，信息源是单一的，企业有可能通过操纵媒体，改变消费者对该企业的认知。互联网的信息传播方式，使得企业的任何问题都有可能曝光甚至放大后呈现在消费者面前。在这种新的条件下，企业凭借单方面的推销甚至公关已经无法左右消费者的需求导向。企业不再是唯一的信息源，企业自己也成为信息的被动接受者。企业能做的只能是转换角色，由信息的发布者变为信息的接收者，真正认真地关注消费者的真实需求并满足它们。

（2）销售渠道的改变。

互联网改变了消费者的消费习惯。同时，由于在互联网上的电子商务的顺利实现，新的销售渠道出现了，进而带动着企业去改变营销方式。例如，在传统的渠道中，一个抢眼的海报就可能使伊利比竞争对手销售更多的产品。而在互联网的网商时代，这种促销的效果会大大降低。这同样使得企业必须真正抓住消费者的真实需要，才可以获得消费者的认可。

2. 认知主体的变化——消费者分化

（1）消费者结构发生变化。

随着"80 后"人群的成长，它们已经成为一个很重要的消费群体。与更早的"70 后"、"60 后"不同，"80 后"的人群几乎没有经历过物资匮乏的时代，在他们的生活中，几乎不存在"有无"的问题，而更多的是"喜欢不喜欢"的选择问题。由此造就了他们更多的是从个人的好恶角度选择商品，而非从勤俭节约的角度选择物美价廉的产品。他们对价格不十分敏感，更追求个性、追求自我。在这一代人面前，传统的促销手段的效果不再显著，[①] 企业必须创新营销手段，发掘更符合他们需求的营销方式。面对这样的消费群体，伊利只有通过不断丰富和完善自己的品牌内涵，形成自己独特的品牌文化，才能吸引这群消费者的关注和建立品牌忠诚。

（2）消费者的诉求也在发生变化。

此外，随着消费者成熟度的不断提升，消费者对乳制品的产品属性和非产品属性的诉求开始出现差异化。消费者对需求满足的满意度结构也随之发生变化，由原来的"价格"、"价格+品质"，开始转变为"品质+特殊需求"。而这个特殊需求可以是对不同的营养品质的需求，也可以是对不同的个性彰显的诉求。例如，消费者在关注牛奶的基本营养功能之外，会有更多的利益要求，包括：更好吸收；在消费酸奶的时候要更享受快乐；在选择婴幼儿奶粉时要更专业的、更符合中国宝宝需要的。不同的利益需求导致乳制品的消费人群开始出现差异化。在这种情况下，借助统一的销售策略面向全体消费者营销产品的方式，效果会大幅减弱。

---

① 传统的促销手段主要为降价、赠品等方式，目的是满足消费者追求更为廉价产品的诉求。

（3）消费者脆弱忠诚。

近几年乳品行业接二连三地出现了各种不良事件，对于整个乳品行业在消费者心中的形象都是重创，使得消费者对于产品品质的要求变得十分苛刻而敏感，稍有疑惑就会选择替代品。在这种环境下，企业与消费者之间的联系就变得十分脆弱。这也迫使伊利花费更多的精力维持消费者对伊利的差别认知，以巩固消费者的忠诚。

综上所述，无论是信息化方面还是消费者方面，对乳制品及其行业的认知变化都迫使伊利必须回到战略选择的本质，深度分析目标客户群的需求，重新审视自己究竟应带给目标客户群什么，才能获得他们的忠诚。而这个过程也正好是企业从"将合法性作为工具"转变为"将合法性作为责任"的过程（如图 2 所示）。伊利选择的方法是建立文化品牌，挖掘伊利带给消费者的最根本的精神内涵和情感内涵，构建伊利式的生活方式——滋养生命活力。

**表 4　认知合法性要素在伊利成长各阶段的主要内容**

| 阶段 | | 第一阶段 | 第二阶段 | 第三阶段 | 第四阶段 |
|---|---|---|---|---|---|
| 战略 | | 低成本 | 地域差异化 | 产品差异化 | 品牌差异化 |
| 时间 | | 1997~2002 年 | 2003~2005 年 | 2006~2010 年 | 2010 年之后 |
| 消费者分化 | 消费者的质量压力 | | 2004 年，产品质量要求 | | 2008 年，全行业的产品质量要求、网络压力 |
| | 消费者结构变化 | | | "80 后"成为重要的消费群体 | |
| | 消费者诉求变化 | 喝牛奶 | 喝高品质牛奶 | 好品质，并满足我的需要 | 全方位的体验 |
| 信息化 | 信息获取方式 | 企业告知 | | 自己收集 | |
| | 营销渠道 | 经销、直营 | 淘宝网等 C2C 电子商务模式出现 | | |
| | 全球化 | | 2004 年，洋品牌奶粉占据高端市场 | 2008 年，洋品牌奶粉全线扩张 | |

# 五、结论和讨论

## （一）结论

纵观伊利 10 多年的企业成长路程，我们可以发现，伊利的成长过程中，呈现了一种战略驱动因素由外转内的过程，而这一过程的实现是和外部环境中消费者的认知水平与信息化所呈现的认知合法性因素的转变分不开的。

关注认知合法性的理论家们认为，在许多环境中服从认知要求的行为的产生是因为其他类型的行为是不可想象的，跟随常规是因为常规被想当然地认为是"做事情的方法"（Scott，2001）。伊利的成长过程正是认知合法性影响企业战略选择的过程，如图 2 所示。

从图 2 中可以发现，企业的外部环境中的认知制度因素形成的合法性要求会影响到企业的战略选择，而且，企业也可以积极地影响这种合法性要求的形成，使其向着有利于企业的方向发展。从伊利案例中可以看到，企业的发展，最初是反映企业最直接的生存需要，只要可以获利的事情就可以做，追求合法性的行为完全是企业获得更好效益的工具。随着企业的发展，特别是消费者的认知水平的提高，企业追求的虽然仍是企业获利，但成长方式要随消费者的认知而变化。企业被迫接受认知合法性的压力要求，选择合法性认可的行为，因此，企业成长仍是外力驱动的。这种驱动虽然提供了企业成为成功企业的可能性，以及获得良好知名度和美誉度的可能性，但这种

消费者的认知水平

|  | 低 | 高 |
|---|---|---|
| 外力驱动 | **工具**<br>控制——直接向消费者传递认知信息，用大量的广告宣传控制社会对乳制品的认知合法性 | **目的**<br>接受——展现企业的自身特点，尽可能将自身转变成与社会对乳制品企业的认知合法性一致的企业形象 |
| 内在驱动 | | **责任**<br>责任——企业追求的是满足消费者的需求，自觉地将自己的行为与消费者的要求融为一体 |

企业成长战略驱动因素

单一　　　　　　　多样

信息传递方式

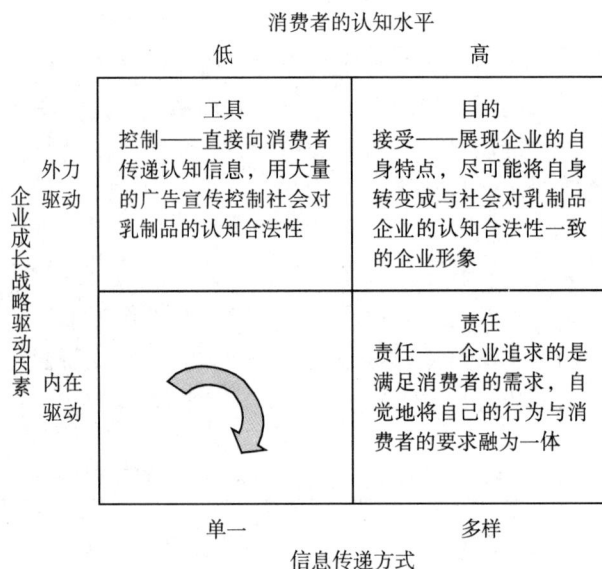

**图 2　认知合法性压力下的伊利的成长战略选择**

"成功"是容易被竞争对手模仿的，是易受外界环境因素干扰的。企业要想可持续地发展，获得可持续的竞争优势，成为一家基业长青的企业，就需要改变这种外力驱动的成长模式，由追求满足自己的需要转变为满足消费者的需要，将合法性内化为自身的责任，不再因为企业的收益而调整自己的合法化行为，而是将这种合法化行为内化为企业自身的特质。这种转变，关键的影响因素在于社会的认知因素对企业的影响。

## （二）讨论

通过对伊利案例的分析，我们可以发现，企业追求合法性的行为无论最初是否源于功利性的目的，将合法性作为工具去获得企业的经济利益，随着社会认知环境的成熟，企业的这种功利性的行为必须相应转变。仅将合法性要求作为企业获得经济利益的工具，是不可能支持企业获得可持续成长的。只有将合法性真正变成企业自身责任的一部分，才能持久地获得认知一致性，并获得合法性的可持续的支持。

**参考文献**

［1］Weber，Max. Economy and Society：An Interpretive Sociology ［M］. Edited by Guenther Roth and Claus Wittich，New Youk：Bedminister Press，1968.

［2］Suchman，Mark C.. Managing Legitimacy：Strategic and Institutional App roaches ［J］. The Academy of Management Review，1995，20（3）.

［3］Perrow C.. Organizational Analysis：A Sociological View ［M］. Belmont，CA：Wordsworth，1970.

［4］Parsons，Talcott. A Sociological Approach to the Theory of Organizations ［A］. In Structure and Process in Modern Societies ［M］. Edited by Talcott Parsons. Glencoe，IL：Free Press，1960.

［5］Meyer，John W.，Brian Rowan. Institutionalized Organizations：Formal Structure as Myth and Ceremony ［J］. American Journal of Sociology，1977（83）.

［6］Scott，W.. Richard Institutions and Organizations ［M］. CA：Sage Publications，Inc.，2001.

［7］Peng，Mike W.. Institutional Transitions and Strategic Choices ［J］. Academy of Management Review，2003，28（2）.

［8］吕源，徐二明. 制度理论与企业战略研究 ［J］. 战略管理，2009，1（1）.

［9］Oliver Christine. Strategic Responses to Institutional Processes ［J］. Academy of Management Review，

1991, 16 (1).

[10] Delmar F., Shane S. A.. Legitimating First: Organizing Activities and the Survival of New Ventures [J]. Journal of Business Venturing, 2004 (19).

[11] Zimmerman M. A., Zeitz G. J.. Beyond Survival: Achieving New Venture Growth by Building Legitimacy [J]. Academy of Management Review, 2002, 27 (3).

[12] 陈怀超, 陈安, 范建红. 组织合法性研究脉络梳理与未来展望 [J]. 中央财经大学学报, 2014 (4).

[13] Ruef M., Scott W. R.. A Multidimensional Model of Organizational Legitimacy: Hospital Survival in Changing Institutional Environments [J]. Administrative Science Quarterly, 1998, 43 (4).

[14] Burgelman R. A.. Fading Memories: A Process Theory of Business Exit in Dynamic Environments [J]. Administrative Science Quarterly, 1994, 39 (1).

[15] Eisenhardt K. M.. Building Theories from Case Study Research [J]. Academy of Management Review, 1989, 14 (4).

[16] Yin C. M.. Case Study Research: Design and Methods [M]. Beverly Hills, CA: Sage, 1989.

# 企业创新方式的演进脉络及匹配性选择

张建宇　张雅娟　张英华[*]

[摘要] 选择合适的创新方式对于企业提高资源利用率、取得竞争优势、进行可持续发展具有重要作用，但经济社会技术的不断发展推动了创新方式的多样化，进而使得创新方式的选择问题成为制约企业发展的关键问题。本文基于时间脉络、技术发展，结合经济发展现状，从知识扩散、企业发展及创新角色三个层面对创新方式的演进过程进行了系统归纳与梳理，研究发现：在企业家主体的引导下，创新方式进行螺旋式上升演进，并形成累积关系。本文为企业在实践中从知识管理层面系统认识创新方式并从中选出自己的最优方式提供了指导意义。

[关键词] 创新方式；知识扩散；生命周期；创新主体

# 一、引言

创新是企业战略必不可少的重要内容，几乎所有企业都将其视为获取竞争优势的根本。为了维持和创造竞争力，诸多企业在实践中呈现出多样化的创新内容，学术界的总结归纳和实务界的移植借鉴使企业创新方式精彩纷呈。随着社会经济和信息通信技术的发展，企业的创新方式呈现出多样化的趋势，尤其在大数据时代、3D 打印技术革新的形势之下，创新进一步呈现出分权化、民主化、网络化、平台化的发展态势（Von Hippel 和 Katz，2002）。

众多学者在创新领域做了很大贡献，但大多基于某个视角，对创新方式的把握和对企业实践的指导往往难以呈现立体式指导。线性化思维可能在理论上和思想上极具价值，但在实践操作上往往会让问题过于理论化而陷入难以执行的困境，所以系统全面地认识创新方式的选择就显得尤为重要。基于此，本文从知识扩散方式、企业生命周期和创新主体三个角度对创新方式的演进过程进行梳理，研究结论对企业有重要的实践启示。

# 二、知识扩散方式与企业创新方式演变

知识现已成为驱动经济社会生活的重要基础。时代的发展促使企业的知识扩散方式不断发

---

* 张建宇（1979-），男，江苏如皋人，天津财经大学商学院企业管理系副教授，管理学博士，应用经济学博士后，硕士生导师，主要从事组织创新管理方面的研究；张雅娟（1989-），女，河北邯郸人，天津财经大学企业管理系硕士研究生；张英华（1950-），男，天津市人，天津财经大学商学院企业管理系教授，博士生导师，主要研究方向为组织创新与运营管理。

生变化，随着内部知识的开放度逐渐增大，知识总是通过传播、扩散进而影响不同的知识主体采取创新行动。技术和社会经济的发展使知识的扩散途径、呈现方式以不同的形式表现出来，进而影响到企业创新方式的选择。自然经济受制于传播工具，知识呈现的是自我创造、耳提面授和家族传播；市场经济则逐渐转变为集体生产、集中传授和媒介传播。知识扩散方式助推企业创新方式的演进。

### （一）知识节点与创新方式选择

在"收益独占"（Thoma 和 Bizer，2013）主导下，企业为了防止知识、技术等专有内容的外泄，将倾向于以自我知识节点为中心展开创新，在经济体系中表现为离散的独立主体形式，呈现出封闭式创新状态（Almirall 和 Casadesus-Masanel，2010）。企业选择基于知识节点的封闭式创新方式源于自身极强的技术能力（优秀的互补性资产）、完备的独占机制以及领先的主导性设计（Teece，1986），这三者中独占机制是企业选择基于知识节点创新方式的重要表现，优秀的互补性资产和领先的主导设计是企业实施独占战略的前提条件。通常企业实施独占战略的手段包括增加产品复杂性和进行专利保护，其根本目的是防止知识溢出。当企业不具备互补性资产和良好的主导设计时，无论采用何种独占机制，知识溢出都在所难免。一般来说，当企业产品结构相对简单而企业创新所依托的知识属于企业的隐性知识时（Goffin Koners，2011），基于知识节点的创新方式往往有利于企业独享创新收益。另外，在某些状况下，若企业掌握具有竞争力的核心技术或产品，只要其组织结构合理、生产有序，仅依靠其内部人员的知识技能就能满足产品生产对知识的需求，无须与外界合作分享收益。知识节点创新方式是典型的私人投资模型，企业自主研发、封闭知识、独享收益，是一种避免知识向外扩散被他人窃取成果而进行的封闭式创新，也最符合企业收益最大化目标。

然而作为企业创新来源的知识往往不具备独占性（Arrow，1962），易于传播的显性知识更是如此。知识不会因为主观封锁而处于静止状态，同时经济发展推动产品结构趋于复杂，企业开始渴求知识的多样性，基于知识节点进行创新的企业受制于自身稀缺的知识资源，必须突破自身知识储量的限制，在分享自有知识的同时借鉴吸收外部新知识，扩充知识存量以满足企业的创新需求（Laursena 和 Salter，2013）。开放边界后企业合作的初始阶段大多是基于供产销的纵向链条企业间合作，协作的交流使得知识在企业的线性链条上开始初始扩散，知识节点的封闭创新、独立创新和开发创新也随之趋向于开放创新、协作创新和探索创新。

### （二）知识链与创新方式选择

基于知识垄断的节点企业单靠自己的知识储备无法快速响应市场瞬息万变及产品复杂化的需求，于是拥有不同知识片段的企业通过信任机制紧密关联构建知识链条进行协作创新，通过知识分工与共享创造递增报酬。企业的知识链（Shin，Holden 和 Schmidt，2000）是通过知识的获取、选择、生成、内化和外化，并辅之以领导、合作、控制和测量活动，进而形成企业竞争力的过程。基于知识链的各企业相互学习、创造、传递知识以实现专业能力优势互补，并提升企业核心竞争力，而企业间彼此信任是整个知识链条有效运作的重要条件。完善的信任机制和激励机制能保障链条成员间相互合作，有效防范成员的机会主义倾向并协调个体目标及专用性资产投资问题，进而建立利益一体化、风险共担机制，降低知识链总成本，提高链条总体绩效。基于知识共享的知识链创新方式降低了企业学习成本，促进了企业间知识的良性流动与创新，并能扩充企业知识存量，增强企业竞争力。丰田式生产是知识链创新方式的典型范例，丰田公司构建的完备、协调的供应链体系使其能够依照市场需求制造、供应适时适量的高品质、低成本与多样化的汽车产品，充分缩短了从产品设计研发、制造到销售的时间，进而建立起多方面差异化竞争优势。

但线性的链条式合作囊括的企业数量相对较少，且企业从彼此合作中获取的知识流量也受到限制。消费需求多样化使产品更新换代速率加快、结构越发复杂，而知识链已难以满足复杂产品工程对知识存量的要求，迫切需要更高级的知识整合。于是知识链交互纵横形成网络，创新方式的开放度、合作性及探索性进一步加强。

### （三）知识网络与创新方式选择

经济发展要求企业不断增强竞争力，而产品复杂性程度映射企业竞争力，并影响企业绩效。产品复杂性越强意味着企业的技术能力越强，对知识多样化需求也越高。在社会分工不断深化和技术不断进步的背景下，离散的知识节点及线性的知识链提供的知识丰富化程度不足，为了获取异质性资源、配置分散的知识，企业必须与供应商、客户、科研院校等外部知识源合作，将其纳入创新生态群落（Escribano 等，2009；Pedersen 等，2011）形成知识网络（Beckmann，1995）驱动创新。网络的参与者通过知识的转移与扩散且整合多样化知识，加快学习过程并创造交叉知识，可以取得协作经济效益，分散创新风险，赢得复杂产品和系统的挑战，从而达到为顾客提供最大价值的产品或服务的目的。创新方式从链条过渡到网络，源于知识的开放度增加、企业间的合作加强；源于产品的复杂程度加大、信息的获取成本降低。

知识网络中各企业逐渐摒弃"收益独占"的思想束缚，主动扩散知识，乐于分享知识，进一步加强与其他利益相关者的沟通与交流，共谋发展。近年来，一些咨询公司开始发起不同类型的产业知识大讨论，促进企业间知识交流与共享，以期达到知识碰撞、知识融合、知识创造的目的，是典型的知识网络创新。例如从 2003 年开始举办的中国制造业管理国际论坛，享有"中国制造业的达沃斯"的美誉，来自多个国家的众多精英一起论道中国制造业的管理之路。Keylogic（凯洛格）企业大学白皮书的颁布亦如此，自 2007 年以来凯洛格每年发布《中国企业大学白皮书》，该系列白皮书的发布活动已经成为了组织学习领域的年度盛会，通过知识分享助力企业基业长青。

### （四）无边界知识与创新方式选择

一般情况下，企业要想加入一个网络参与知识分享必须满足一定条件，即该网络存在无形的边界，知识网络创新类似于一种"准公共产品"或"俱乐部产品"。但随着信息通信技术的融合与发展，知识网络的泛在性日益突出，无处不在的网络推动了知识的传递与共享，成为知识社会形成和发展的重要基础。知识社会的社会形态越来越呈现出复杂多变的流体特性，传统的社会组织及其活动边界正在"融化"。知识社会的流体特性推动了创新民主化，基于知识分享和创新涌现的大众创新、开放创新对社会福利具有积极的推动效应。此时的企业更为开放，创新变得自然呈现，甚至很多创新主体都不是获益者，创新的民主化、网络化和平台化让企业成为平台的提供者、创新的激发者和背后的操盘手，企业间的竞争也逐渐演化为平台间的竞争。《维基百科》这本各国人民协同创新自愿参与编写的百科全书就是知识涌现的真实写照。

经济发展条件的改变迫使企业转变知识扩散方式，进而采取不同的创新方式。伴随着"点线面"的知识扩散演变，企业自有知识的开放由被动到主动；如今无边界知识下创新系统整体呈现出涌现性。企业知识扩散方式与创新方式选择关系如表1所示。工业化早期，企业彼此独立进行简单标准化生产以满足市场需求，主观封闭知识进行私人个体投资；待生活质量提升推动产品需求日益丰富化后，单个企业的知识储量无法满足生产需要，于是小范围集体合作形成关系密切的供应链，为知识扩散开辟路径；信息通信技术的迅猛发展影响了人们的消费习惯及产品生命周期，使收益独占的思想进一步瓦解、知识开放度加大，形成网络式协作创新；快速崛起的互联网增强了知识分享传递的便捷性，引领人们逐渐走向主动贡献知识的开放式创新，使得知识涌现、创新

表 1　知识扩散方式与创新方式选择关系

| 知识扩散方式 | 封闭知识 | 初始扩散 | 主动扩散 | 知识涌现 |
|---|---|---|---|---|
| 创新方式 | 知识节点 | 知识链 | 知识网络 | 无边界知识 |
| 主体特征 | 离散特征 | 集群特征 | 网络特征 | 平台特征 |
| 交易特点 | 私人个体性投资 | 小集体合作 | 大范围合作 | 主动贡献 |
| 典型案例 | 福特 T 型车流水线生产 | 丰田生产方式 | 中国制造业管理国际论坛 | 维基百科 |

民主化。企业创新方式归根结底要随着外部环境的变化而改变，选择约束条件下的最优方式，使创新收益最大化。

图 1 形象地说明了基于知识扩散角度，企业在创新方式的演进过程中表现出的主体特征。在封闭式创新的私人投资模型中，离散的企业节点彼此缺乏沟通与合作；经济市场环境的变化驱使企业联合并扩散知识，少数企业以特定产品的供产销为内在逻辑构成纵向链条；竞争加剧迫使企业增强合作、拓宽联合领域并主动扩散知识，纵横交错的链条形成网状式分布；在知识涌现阶段，创新是基于特定平台实现的，每个企业在平台上主动贡献自己的知识，形成开放式创新。从起初的节点式，经链条式和网状式发展，再到如今的平台式，创新不断演进，使得创新方式不断丰富。

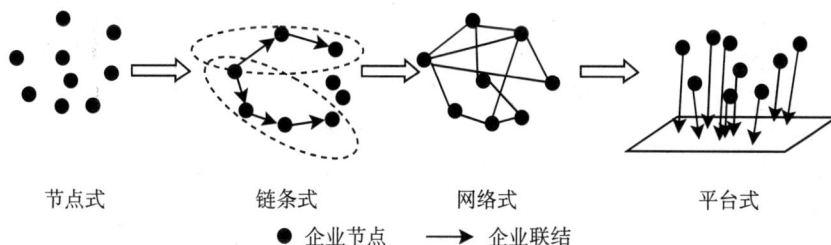

节点式　　　链条式　　　网络式　　　平台式

● 企业节点　　⟶ 企业联结

图 1　不同创新方式下的主体特征演变

企业在变换的外部环境中不断成长，初创的独立个体总显得势单力薄，当外界竞争加剧时，抱团取暖好于单枪匹马；但随着形势越来越严峻，小团队作战显示出劣势，必须扩大合作范围才能在激烈竞争中取胜。企业在不同的生命发展阶段，要随外部环境的改变及时调整创新方式，才能求得长期良性发展。

# 三、企业生命周期与创新方式的变革

在创新方式选择问题上，企业生命周期（Greiner，1972）所处的阶段决定了其在创新方式上的判断。一般来说，大部分初创期的企业往往属于生存型就业状态，通过模仿复制获取收益是最常见的一种方式。而对于衰退期的企业而言，则需要表现出背水一战的勇气和决心去进行未知领域的探索，这是该阶段企业常见的创新方式。

## （一）形式复制模仿

初创期的企业一般规模小、资金少、技术水平有限、经验匮乏、研发投资风险高，故众多缺乏原创技术或创新源匮乏的企业选择形式复制模仿，生产"山寨产品"。小本经营的企业没有额外资金建立科学的管理体制及高效的管理团队，形式复制模仿是该类新兴企业最佳的创新实践方法。

该方式开发成本低且产品价格低廉，能满足低收入阶层的消费需求。模仿的成本通常较低，不仅能为以后发展积累资本，还可以获得人力、工厂投资、能源供应或材料等方面的低成本优势。模仿者无须在研究开发、人力培训及技术服务上投入大量资金，这使得企业可在已有产品开发和市场努力的基础上，通过改进产品得以发展。在 Golder 和 Tellis 研究的 50 个产品种类中，市场开拓者能够持续保持其市场份额优势的产品仅有 4 个；市场开拓者的平均市场份额为 10%，失败率为 47%，而市场跟随者的平均市场份额为 28%，失败率仅为 8%。从纯粹复制到创造性模仿，不同的产品模仿程度对企业绩效的影响各异。Shankar 等运用美国医药业中 13 个品牌的历史数据研究发现，创造性模仿者能够阻碍创新领先者的市场扩散并超越领先者，而非只能拥有较小的市场份额。

## （二）产品逆向工程

复制模仿不是企业发展的长久之计，且其只能带来短期、微薄的利益，甚至出现假冒伪劣商品，导致法律风险。因此纯粹的外形模仿有可能导致企业"夭折"，企业要获得长足发展必须破译领先技术、提升产品质量，这就驱动企业实施产品逆向工程。经过初期的仿制，企业的行业知识、资本得以积累，技术水平有所提高，此时企业通过实施技术监视、反汇编、分解等逆向工程手段，逐渐打开先导企业的技术"黑箱"，将其中的"模糊知识"转化为"明晰知识"，从而破译并掌握领先技术，增强企业竞争力，为进一步创新奠定基础。为顺利实施逆向工程，企业需要搜集大量有效信息并对其加工处理，促使高度模糊、内隐的知识逐渐显现出来；企业还可寻求合作伙伴协作创新，降低模仿先进技术的学习难度与"知识距离"，增强企业的消化吸收能力。日韩企业发展的初期就运用了大量类似逆向工程的方法，索尼公司早期就是将国外的产品买回来解剖研究，然后消化其核心技术，在此基础上进行各种组合创新，继而向市场推出比原版性能更强的产品。

基于技术创新的可逆性，逆向工程有三种基本模式，即逆向仿制、逆向改进、逆向创新。逆向仿制是指制造原型产品的克隆版，其利润空间和发展潜力有限；逆向改进从产品功能、成本、效率、外观等方面进行局部创新，实现产品升级；逆向创新会带来产品设计的思想变革。具体企业或机构可以根据自身的技术水平、条件和发展战略在不同时期采取恰当模式。

## （三）模块创新设计

科技的发展使得技术和产品的系统性与复杂性不断提高，专业化分工不断加深，产业组织呈现模块化趋势（Baldwin 和 Clark，2000）。依靠"看得见的设计规则"与"隐藏的参数"共同作用形成的模块化创新变革，可以重构原有产业架构，通过产品生产和知识的分工与整合，使产品价值链实现价值增值，为顾客提供高性能产品。当行业形成标准化技术界面时，企业借助嵌入协调机制参与到模块化系统中，增强了应对动态竞争环境下的战略灵活性。大众汽车制定了全新的生产战略——模块化横向矩阵，通过标准化某些部件的参数，比如发动机的挂载点，德国的汽车制造商就能够在同一条生产线上生产所有型号的汽车。

但是企业过分依赖某个特定的产品架构及其界面标准可能会陷入"模块化陷阱"，故模块化并不总是企业创新的灵丹妙药，企业应该通过内部学习等方式提高技术敏感性，力求进行跨越式发展的突破性创新。

## （四）突破性创新

模块化创新不是一劳永逸的，在模块化系统中，技术演化驱动模块化分工的演变，使得产品架构微调、原有模块被吞并、相关厂商被排挤出模块化分工网。譬如 Win8 操作系统自带的杀毒功能将击退一度作为独立软件模块的杀毒软件，卡巴斯基、金山等厂商面临重创。引以为戒，企业为了避免衰亡并获得新生，在保证正常运营的同时，必须加强对高技术产品（服务）或工艺的研究和开发力度，实施突破性创新（Freeman，1977），推动主导设计进化升级，成功过渡到蜕变期，实现企业转型。突破性创新可以更好地满足现有顾客和潜在的市场需求，并能带来产业的重新洗牌和广泛的社会经济影响（Vadin Kotelnikov，2001）。

因此，企业在不同的发展阶段应该采取相应的创新方式助力企业发展壮大。但并非每个企业在成长过程中均要逐一经历上述四个创新阶段。有的企业可能在初期简单的形式模仿阶段便因管理不善等问题而"夭折"；有的可能在尝试产品逆向工程阶段，由于技术、财力等问题无法持续进行，从而退回初期的复制模仿阶段；当然也有企业出现跨越式发展，譬如采取复制模仿的企业借助外界资源从而跳过逆向工程，直接实施模块化创新。每个企业都有其自身的独特之处，使得并非所有企业的成长过程如出一辙。究竟采取何种创新方式，取决于企业发展所处的阶段以及产业的成熟度。表2总结了企业不同阶段创新方式的选择问题。

**表2　企业不同发展阶段与创新方式选择之间的关系**

| 企业发展阶段 | 初创期 | 成长期 | 成熟期 | 衰退期 |
|---|---|---|---|---|
| 影响创新选择因素 | 规模小、资金少、技术水平有限 | 研发及技术水平提升 | 产业主导设计形成、资金雄厚 | 突破主导设计才能赢得竞争 |
| 创新方式演进 | 形式复制模仿 | 产品逆向工程 | 模块化创新 | 突破性创新 |
| 创新特点 | 有创新意识，缺乏专职研发部门及明确的创新计划，限于简单模仿，缺乏独创性 | 开始有了专职的研发岗位和较为明确的探索目标，创新体系初现雏形 | 已建立相对完善的研发机构，开始着手产品局部独创性设计 | 有明确的基于企业可持续发展的使命愿景等，有健全的创新体系、独立的产品研发能力 |

然而企业在成长过程中，不论实施何种创新方式，都要有与其匹配的创新主体，才能更好地发挥创新优势并赢得效益。

# 四、创新主体的角色演变

创新主体随创新发展不断演变。最初企业是单一独立个体，靠企业家精神驱动创新活动；随后企业限于能力开始与供应商、客户等缔结关系密切的联盟以实施创新。生产组织方式的变迁伴随着生产技术的变迁而发生，创新主体又随着生产组织方式的变化而演变。

## （一）单一独立主体

工业化发展早期，产品结构及工艺流程相对简单，社会处于短缺经济时代，鉴于对生产成本及投资风险的考虑，企业创新较少，少量创新也限于生产工具的改进，从而效率大幅度提升、市场订单不断。此时大规模流水线生产标准化产品便能满足客户需求，故企业不与他人合作，单枪匹马即可驰骋商界，人们各自独立进行特定产品的所有生产销售环节，很少相互联合与协作，分工较少，社会呈现出一种自给自足的经济生活状态。这一历史时期，人们的公民意识缺乏，利己主义盛行，小农意识支配人们的思想与行为。社会生产分工不足、技术落后、自给自足的心理等主客观因素导致企业以单一独立主体进行创新活动。单一独立主体通过自主研发及企业家精神驱动，促进创新实践并独占创新收益，是简单产品生产时期企业的最佳选择。

## （二）紧密联盟主体

经济发展使得产品需求多样化、产品结构复杂化，企业越来越意识到单打独斗难以在激烈的竞争中站稳脚跟。工业化的发展促使生产专业化分工，单个企业所拥有的知识无法满足产品生产的需求，迫使企业与供应商、客户等组织结成联盟，实现资源共享、风险共担，通过彼此协作创新赢得市场。联盟内各个企业所拥有的知识不同，通过优势互补，共同完成复杂产品的设计、生产、销售等一系列环节。

受前期单一独立主体独占收益的心理影响，企业分享自有知识限于彼此为强连接关系的情形（Granovetter，1973）。因此，企业与供应商、顾客等组织建立一种紧密联盟进行合作创新，这种主体形式在外部环境较为稳定的情况下，可以大大增强单个企业的竞争实力。复杂产品的供产销将一些企业紧密联系起来，联盟成员彼此信任、互动频繁，建立了一种基于情感联系的亲密关系。这种强联结的社会嵌入关系对于这一发展阶段的企业增强自身实力、赢得市场竞争尤为重要。通过知识在组织间的流动、吸收、创造，可以增加联盟的知识储量。丰田式生产就是紧密联盟协作创新的典范。

## （三）松散联盟主体

经济与互联网及通信技术的迅猛发展，助推产品与服务快速升级换代，其中所需的知识随之不断膨胀，获得多样化资源成为每个企业把握新的市场机遇并赢得挑战的一把利剑。相对于知识爆炸型社会，基于情感关系的紧密联盟主体经过高频率互动，强化了原本认知观点而降低了与其他观点的融合，知识的同质化程度越来越高，知识的丰富化程度逐渐不足，但又无法增加紧密联盟中的合作伙伴数量，因为维护与合作者的密切关系需要较高的经济与时间成本。于是企业突破固有情感的束缚，为获取多样化资源而拓宽合作领域、搭建弱关系联盟（Granovetter，1974），弱联结的社会嵌入关系使得企业联合其他网络位置的人来减低社会结构限制并取得结构利益，是外部环境不确定情况下进行创新的有效组织形式。在松散型联盟中，企业重视的是自身在联盟结构中的位置，较好的结构洞（Burt 1992）位置可以帮助企业获得更多的多样化资源，从而增强企业的竞争实力。

## （四）自愿平台主体

网络社会的兴起催生了多样化社交工具，使我们的分享、合作等能力大大增强，但这些能力的提高源于企业搭建的自愿平台。在该平台下，"我创新我收益"的私人投资心理被瓦解，创新的目的不再是为了赚取经济利益，而是为了"挣眼球"、获取世人的注意力。在信息通信技术与互联网技术高速发展的时代下，人们只有分享自己的创新设计、创新思想、创新知识，才能获得更高的收益，自己的社会价值才能得以更好地实现，同时企业通过用户的参与可以缩短从技术研发到应用需求的链条。例如维基百科就是在自愿平台上大众创新的凝结，再如 Youtube、Linux 操作系统等，都是通过大规模集体协作，运用集体的智慧和财产，与顾客、合作伙伴共同实现价值的创造，从而顺利构建起 21 世纪的商业平台。

自愿平台主体取得经济利益的方式不是通过创新，而是通过分享知识、创意等获得人们的注意力，进而打出自己的知名度，由此作为赚取商业利益的途径。现在流行的"创客"一词，就是指这种主体，他们自主创新、免费创新、创新产品公共化。创客们不以盈利为目标，而是努力把各种创意转变为现实；他们热衷于创意、设计、制造，坚守创新、持续实践、乐于分享。开放创新平台通过多主体、多要素互动、双螺旋驱动形成了有利于创新涌现的创新生态。

创新主体随经济技术的发展不断演进，但无论创新环境如何变化，企业家始终是创新的主体。由于企业家精神具有通过探索新的商业领域寻找各种企业成长机会的独特价值，因而其能驱动创新的不断产生，并成为突破现有模式的企业成长导向。企业家精神能够通过对市场机会识别、促进新技术产生及应用而推动企业创新升级。表3说明了不同主体创新的内在商业逻辑。

**表3　不同创新主体的商业逻辑**

| 商业逻辑 | 私人投资模型 | 知识需求增加迫使结盟，同时受私人投资心理影响 | 追求知识丰富化 | 免费经济、赢得注意力 |
|---|---|---|---|---|
| 创新主体 | 单一独立主体 | 紧密联盟主体 | 松散联盟主体 | 自愿平台主体 |
| 企业间关系 | 独立 | 强联结 | 弱联结 | 共享平台 |

# 五、结论

本文通过对创新相关文献的梳理与对现实的观察，以时间为脉络，系统认识企业在创新过程中，其基本方式的基本演进和发展历程，从中得出以下四点结论：

## （一）创新方式彼此不是替代关系，而是累积关系

在创新方式的演进过程中，其随外部环境变化不断升级，但不代表新的方式可以取代或替代旧有方式，它们彼此不是替代关系或互补关系，而是在原有基础上发展的关系。比如对丰田、IBM来说，以私人投资为主的知识产权保护依然发挥着重要作用，并没有因为免费的商业模式或开放性创新的出现使原有的私人投资模型不再发挥作用。知识在环境变革时，企业不能再单独依赖某种特定的创新方式，需要进行的是创新方式的融合与整合。随着经济与技术的发展，可供选择的创新方式逐渐增多。外部环境发展阶段与创新方式的关系如图2所示：

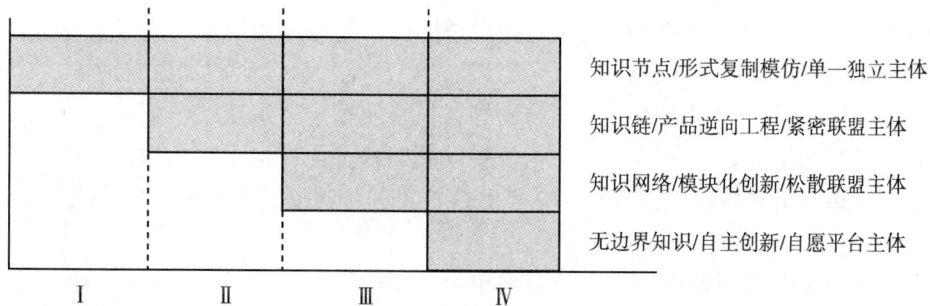

知识节点/形式复制模仿/单一独立主体

知识链/产品逆向工程/紧密联盟主体

知识网络/模块化创新/松散联盟主体

无边界知识/自主创新/自愿平台主体

Ⅰ　　Ⅱ　　Ⅲ　　Ⅳ

**图2　外部环境发展阶段与创新方式种类**

## （二）企业家永远是创新主体

企业家的创新精神是推动资本主义经济发展的主要力量（熊彼特，1931）。企业家精神的本质是速度、创新、把握机会的能力、变革、超越自我等，是在不确定的环境中探寻机会和创新，重点在于打破现状，寻求发展。没有企业家，螺旋式上升的自我循环无法实现；没有企业家提供创新平台，单个主体的创意无法获得社会价值。只有在企业家的领导下，其他主体才能更好地将创新转化为有价值的社会产品或设计。所以企业家永远是创新的主体（如图3所示），其他人以次主体的形式发挥作用。

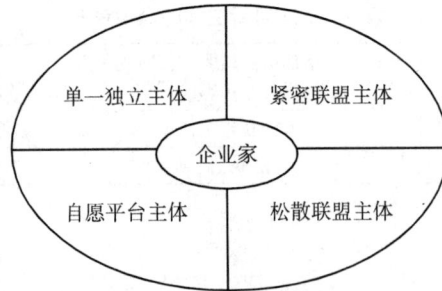

**图3　创新主体构成**

### （三）创新方式的演进过程是螺旋式上升

创新方式由工业化早期的知识节点创新开始萌芽，知识经济发展又催生出知识链、知识网络创新方式。互联网和信息通信技术升级推动无边界知识创新走入人们的视野。随着社会的高速发展，人们已步入第三次工业革命时期，大数据时代的到来以及3D打印技术的革新，使得人们的生产和生活方式日新月异。在科技和产业革命的新经济时代，生产方式像轮子一样兜了一圈又回到了原点，从大规模生产方式又转到了更加个性化的生产方式。企业创新方式也在经历了知识链、知识网络、无边界知识之后，又回到了知识节点创新。但现在的知识节点绝对不是在原来的节点上，两者只不过状态类似，但水平有很大差别，现在是在更高水平上的节点创新，已经摒弃了最初节点创新所利用的私人投资模型。创新方式的演进过程是一种自我循环，其特征为螺旋式上升。

### （四）企业不同发展阶段选择创新方式，既要避免"裹足不前"，也要切忌"拔苗助长"

在创新方式的选择上，企业不要单纯地去看某种创新方式的好与坏。企业进行形式复制模仿，并不代表选择一定是错的，企业可能处于初始发展阶段，复制模仿创新方式可能是经济及技术条件约束下最好的选择。如果企业选择产品逆向工程或模块化创新，实施"拔苗助长"，可能由于缺乏创新所需的技术条件、知识储备、组织结构等，将企业置于危险境地。例如，顺驰集团急速膨胀、多地扩张下的溃败就是深刻教训。处于发展成熟期的企业，由于担忧研发风险及成本因素而"裹足不前"，不敢大力投资研发进行模块化创新或自主创新，依旧选择复制模仿或产品逆向工程，则可能影响企业未来的可持续发展及竞争优势。

企业在进行创新方式选择时，要充分考虑企业所处的生命周期阶段，根据阶段特征及企业面临的资源约束条件，做出最优化选择。既要避免"裹足不前"，也要切忌"拔苗助长"。

**参考文献**

[1] Von Hippel E., R. Katz.. Shifting Innovation to Users via Toolkits [J]. Management Science, 2002, 48 (7).

[2] Thoma J., Bizer K.. To Protect or not to Protect? Modes of Appropriability in the Small Enterprise Sector [J]. Research Policy, 2013, 42 (1).

[3] Almirall E., Casadesus-Masanell R.. Open Versus Closed Innovation: A Model of Discovery and Divergence [J]. Academy of Management Review, 2010 (35).

[4] Teece D.. Profiting from Technological Innovation: Implications for Integration, Collaboration, Licensing and Public Policy [J]. Research Policy, 1986, 15 (6).

[5] Goffin, Koners U.. Tacit Knowledge, Lessons Learnt, and New Product Development [J]. Journal of Product Innovation Management, 2011 (28).

　　［6］Arrow K.. Economic Welfare and the Allocation of Resources for Invention ［M］. Princeton：Princeton University Press，1962.

　　［7］Laursena K.，Salter A. J.. The Paradox of Openness：Appropriability，External Search and Collaboration ［J］. Research Policy，Available Online，2013.

　　［8］王发明. 创意产业集群化：基于知识的结构性整合视角 ［J］. 软科学，2009，23（3）.

　　［9］Steinle C.，Schiele H.. When do Industries Cluster？A Proposal on how to Assess an Industry's Propensity to Concentrate at a Single Region or Nation ［J］. Research Policy，2002（31）.

　　［10］陆杉. 农产品供应链成员信任机制的建立与完善——基于博弈理论的分析 ［J］. 管理世界（月刊），2012（7）.

　　［11］穆林娟，崔学刚. 信任与激励：价值链成本治理机制的实验研究 ［J］. 南开管理评论，2011，14（5）.

　　［12］Escribano A.，Fosfuri A.，Trib J.A.. Managing External Knowledge Flows：The Moderating Role of Absorptive Capacity ［J］. Research Policy，2009，38（1）.

　　［13］Foss N.J.，Laursen K.，Pedersen T.. Linking Customer Interaction and Innovation：The Mediating Role of New Organizational Practices ［J］. Organization Science，2011，22（4）.

　　［14］Zhang L.M.，Lam W.，Hu H.. Complex Product and System，Catch-up，and Sectoral System of Innovation：A Case Study of Leading Medical Device Companies in China ［J］. International Journal of Technological Learning，Innovation and Development，2013，6（3）.

　　［15］Song G.，Cornford T.. Mobile Government：Towards A Service Paradigm ［C］. in Proceedings of the 2nd International Conference on E-Government，University of Pittsburgh，USA，2006.

　　［16］Hippel E.. Democratizing Innovation ［M］. Cambridge，MA，MIT Press，2005.

　　［17］Lieberman M.B.，Asaba S.. Why do Firms Imitate Each Other？［J］. Academy of Management Review，2006，31（2）.

　　［18］N. Harabi. Innovation Versus Imitation：Empirical Evidence from Swiss Firms ［R］. Economics Department，University of Zurich，Working Paper，1991.

　　［19］V. Shankar，G.S. Carpenter，L. Krishnamurthi. Late Mover Advantage：How Innovative Late Entrants Outsell Pioneers ［J］. Journal of Marketing Research，1998，35（1）.

　　［20］Ethiraj S.K.，Zhu D.H.. Performance Effects of Imitative Entry ［J］. Strategic Management Journal，2008，29（8）.

　　［21］彭灿. 基于模仿创新的企业技术跨越 ［J］. 科学学与科学技术管理，2002（12）.

　　［22］马少林，徐萍. 技术创新的可逆性与逆向工程基本模式研究［J］. 科学学与科学技术管理，2006.

　　［23］郝斌，冯增田. 模块化如何推动企业创新——基于文献回顾与理论构建研究 ［J］. 科学学与科学技术管理，2011，32（2）.

　　［24］Sanchez R.. Strategic Flexibility in Product Competition ［J］. Strategic Management Journal，1995，16（5）.

　　［25］Sabel C.F.，Zeitlin J.. Neither Modularity nor Relational Contracting：Inter-Firm Collaboration in the New Economy ［J］. Enterprise & Society，2004，5（3）.

　　［26］沈于，安同良. 再集成：一种"模块化陷阱"——基于演化视角的分析 ［J］. 中国工业经济，2012（2）.

　　［27］秦辉，傅梅烂. 渐进性创新与突破性创新：科技型中小企业的选择策略［J］. 软科学，2005（19）.

　　［28］眭纪刚，连燕华，曲婉. 企业的内部基础研究与突破性创新［J］. 科学学研究，2013（31）.

　　［29］Granovetter M.S.. The Strength of Weak Ties ［J］. American Journal of Sociology，1973（78）.

　　［30］Granovetter M.. The Strength of Weak Ties：A Network Theory Revisited ［J］. American Sociological Association，1983（1）.

　　［31］刘衡，李垣，李西垚，肖婷. 关系资本、组织间沟通和创新绩效的关系研究 ［J］. 科学学研究，2010（28）.

［32］刘斌，李磊. 寻职中的社交网络"强连接"、"弱连接"与劳动者工资水平［J］. 管理世界，2012（8）.

［33］RS. Burt. Structural Holes［M］. Contemporary Sociological Theory，1992.

［34］罗珉，高强. 中国网络组织：网络封闭和结构洞的悖论［J］. 中国工业经济，2011（11）.

［35］邓旭东，杨召. 无组织管理［J］. 企业管理，2012（10）.

［36］宋刚，张楠. 创新2.0知识社会环境下的创新民主化［J］. 中国软科学，2009（10）.

［37］张玉利. 创业与企业家精神：管理者的思维模式和行为准则［J］. 南开学报（哲学社会科学版），2004（1）.

# 分布式创新网络中节点间知识流动研究的理论框架

杨坤　胡斌*

[**摘要**] 本文在回顾及梳理相关文献的基础上，进一步界定了分布式创新网络中节点间知识流动问题的研究对象、假设及范围，进而对分布式创新网络中节点间的多种关系机制展开讨论，并在相关理论支撑下分析了节点间知识分布与流动的特征及其转化机制，最后，对未来相关研究进行了展望。

[**关键词**] 分布式创新；创新网络；知识流动；知识共享

# 一、引言

为应对全球化和知识经济的挑战，越来越多的企业纷纷实施分布式创新（Distributed Innovation）活动或加入、构建分布式创新网络，以在全球范围内实现资源共享（尤其是知识资源共享）和优势互补、降低研发成本及风险。因此，进一步优化分布式创新网络中知识资源的配置及创新效率是现代企业发展的迫切需求，而以提高创新效率、促进知识交流与创造的出发点来研究分布式网络中节点间的知识流动问题则是对这一需求的直接响应。回顾已有文献，国内外诸多学者从不同的角度分别对分布式创新、知识共享及知识管理的相关机理及问题进行了有益探讨，亦成为本文的重要借鉴，但对分布式创新中节点间的知识流动问题的研究少之又少，尤其是缺乏系统性的理论梳理与研究框架构建，使得进一步的深化研究理论支撑薄弱。在参考大量理论研究的基础上，本文进一步界定研究对象的内涵、范围以及研究假设，进而探析分布式创新网络中节点间的多种关系机制，并分析讨论节点间知识分布与流动的特征及其转化机制，以期探索形成分布式创新网络中节点间知识流动研究的一个理论框架，供后续理论及实证研究参考。

---

* 杨坤（1987-），女，河南商丘人，讲师，管理学博士，研究方向为技术创新及创新网络管理、知识管理；胡斌（1976-），男，江西临川人，副教授，管理学博士，研究方向为战略管理、技术创新管理。

# 二、研究对象、研究假设及研究范围

## （一）研究对象的内涵及特征

### 1. 分布式创新网络

近年来，国内外学者对分布式创新这一新型技术创新模式的研究日益增多。刘国新等经过比较和分析国内外文献，相对完善地界定了分布式创新的内涵，即企业内和具有合作关系（上下游）的企业之间在资源共享的基础上，在不同地域，依据共同的网络平台进行的创新活动，与集中式创新活动相比，具有资源共享、地域分布性、同时性、协同性及合作性的特点。创新网络的概念最早由 Imai 和 Baba 提出，即"为应付系统性创新的一系列制度安排"；沈必扬提出其具有开放性，即可实现与外部环境发生资源、知识和信息的持续交换；吴贵生等则强调以其中创新主体间的合作关系为代表的网络性特征。

基于此，本文认为：分布式创新网络（Distributed Innovation Network）是建立在同一资源共享基础上进行分布式创新活动的创新主体间所形成的应付分布式创新特点的协同合作、互利互动的各种制度安排，分布式创新网络中的每个创新主体都是网络的一个节点。这种制度安排以节点间知识、信息的交流及创新为核心，体现为相对独立、平等的契约关系，目标为达成创新的协同效应。对于分布式创新网络而言，"硬件"部分由地域、领域、性质交叉各异的节点实体及技术工具构成，而"软件"部分则由契约、规章、制度、信任等社会资本组成，"软件"与"硬件"结合，是分布式创新网络和谐高效运转的重要机制。

分布式创新网络是一个大系统，可划分为企业内分布式创新网络系统和组织间分布式创新网络系统。企业内分布式创新网络系统由企业总部研发机构和分布于不同区域的分支研发机构相互联系构成，有效的企业内分布式创新网络有赖于内部创新流程管理，各研发机构之间有效的知识流动和跨地域、跨文化的有效沟通等因素。组织间分布式创新网络系统由企业组织外的合作创新企业、科研院所、客户、供应商等联结而成。企业间各网络节点与企业之间以合作创新项目、知识获取等方式相联系。Hall 等认为组织间关系有三种模式（如图1所示）：二元组织间关系、组织间小集团和组织间网络，分别代表组织间最简单的两两成对关系、需要核心企业联结的小范围或小团体组织集合关系，以及任一组织间联系均将影响其他关系的较大范围的组织间关系。基于这种划分，分布式创新网络中节点间的关系属于组织间网络模式。

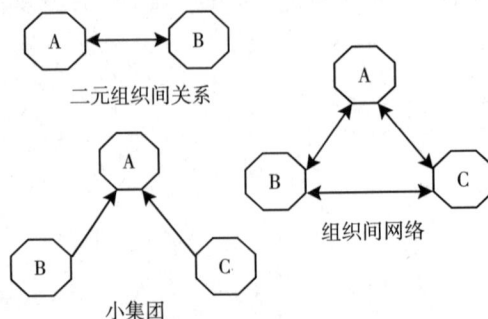

**图1 三种不同的组织间关系**

分布式创新网络系统主要包括各网络节点以及节点间的联结构成。其中，网络节点包括企业内分布式创新网络节点与组织间分布式创新网络节点。节点间的联结则表现为企业内各研发机构之间的知识流动，企业从客户、供应商处获得创新源，企业与合作创新企业间开展合作创新项目等。分布式创新网络中的节点作为谋求创新协同效应的主体单位，有着独立的系统特性且能够进行资源（尤其是知识资源）的输入、输出及保存，具体可以是企业、大学、政府、科研机构、顾客及其他的参与者。综合企业内和企业间分布式创新网络，企业分布式创新网络的系统结构如图 2 所示。

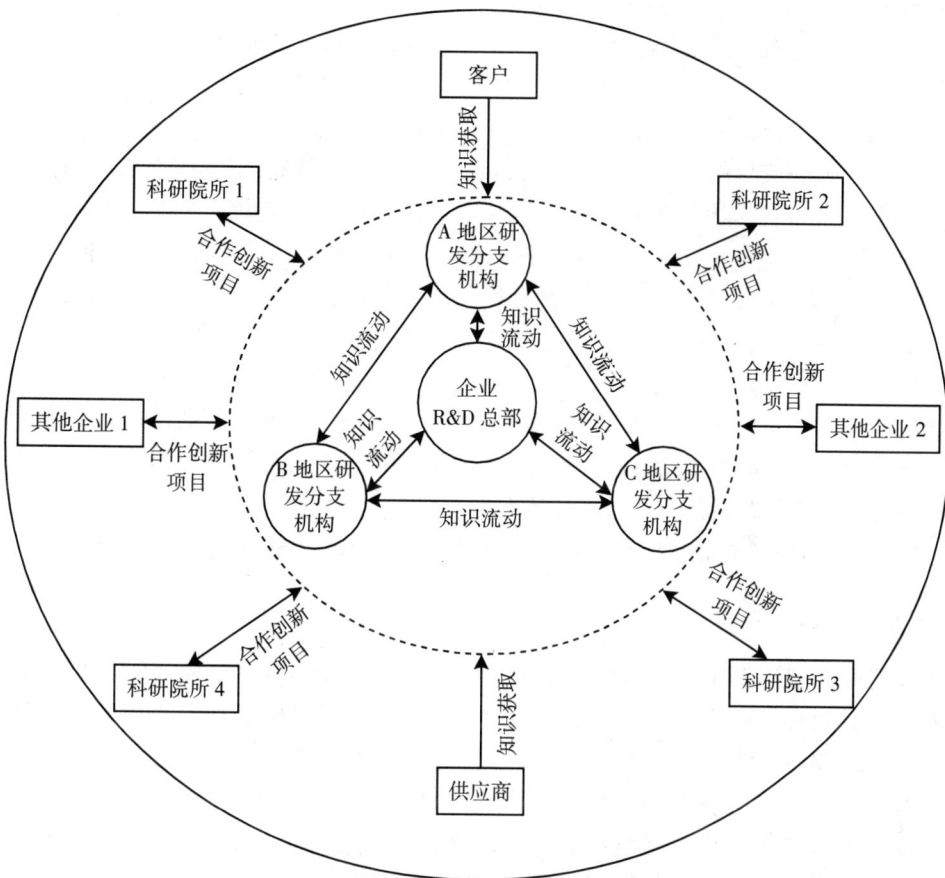

**图 2　分布式创新网络的系统结构**

#### 2. 分布式创新网络中的节点

"节点"在很多领域得以应用，如电力学中若干部件的汇合点，网络拓扑学中任何支路的终端、网络中多个支路的互连公共点等，这些看似迥异的"节点"，却有一些共同的属性：①系统中一个小的单位；②每个节点都是一个属性组；③有输入、输出、保存的属性。因此，为研究节点间知识流动的问题，本文将基于共同的分布式创新网络、参与分布式创新活动的独立创新主体组织称为该分布式创新网络中的一个节点，其具体形式可以是企业、独立研发中心、高校、科研机构等。因此，在这种节点概念下，分布式创新网络中的每个节点不一定是法律意义上具有独立法人资格的组织，节点间也可以存在产权关系，如母公司与子公司，总公司与研发中心，在同一分布式创新网络中，是独立的两个节点。

分布式创新网络节点主要包括企业内分布式创新网络节点和组织间分布式创新网络节点。企业内分布式创新网络节点主要指分布于不同地域的研发分支机构和企业总部研发机构，其典型特征是存在产权关系，但又符合分布式创新的资源共享、动态性、开放性、地域性、网络性、数字化协同性等特征。组织间分布式创新网络节点主要包括合作创新企业、大学或科研院所、客户、供应商等。一是合作创新企业，竞争企业间可以通过合作形成横向联盟，有利于资源和知识的共享、行业标准的制定及企业整体创新能力的提升，因此是参与创新并实现创新增值的最直接行为主体；二是大学或科研院所，其作为分布式创新网络的外部知识供给机构，在提供创新所需的各种新知识、新思想和新技术之外，还可通过教育、培训、成果转化等方式参与到企业创新活动中；三是客户，重要客户对于企业获得市场信息与创新构思、降低创新市场风险具有重要意义；四是供应商，作为企业供应链中的上流组织，供应商所掌握的信息和产品技术知识常常是重要的创新源。

Coombs、Metcalfe、黄国群等学者都主张及认同分布式创新具有通常由大型企业或科研组织担当的主导公司，以选定、分配创新任务并对研发、创新成果进行集成。本文亦认同这一观点，将在分布式创新网络中承担这一主导角色的节点或节点集合称为主导节点，主导节点通常由跨国公司总部、主要研发中心或科研机构的科研管理部门担任，由于分布式创新网络中的任意节点都可能参与或处于多个分布式创新网络中，因此，主导节点是特定分布式创新网络范围的重要界定标志。亦有研究表明，在分布式创新网络的演化过程中，节点有进入、退出、核心化、边缘化等行为机制，亦存在嵌入性、网络地位、讨价还价能力多维度属性特征，技术创新网络演化到一定阶段会出现核心节点。

本文认为，主导节点与核心节点并非在同一维度上的概念划分，其关系也并非对等：主导节点是管理层面的概念，强调在分布式创新网络中起到的方向主导、过程管理的作用，是分布式创新及分布式创新网络形成的推动力量以及运行的主导主体；而核心节点是网络层面的概念，强调其在关系或知识网络中的核心位置，是知识权利在技术创新网络中非均衡配置条件下自然演化的结果。通常，对任一分布式创新网络而言，主导节点一般也是核心节点，但核心节点并非一定是主导节点。

## （二）研究假设

为给相关研究界定一个统一的价值衡量标准，避免由于标准模糊而导致的泛泛而谈，以进行更加深入和具有针对性的研究。本文认为，关于分布式创新网络中节点间活动机制的研究可假设网络中的节点为"理性经济节点"，即：在分布式创新网络中，节点的行为决策依据是经济效益最大化的理性思考与衡量。在实践中，虽然经济效益并非企业或其他组织对价值判断的唯一标准，但绝对是市场经济体制下的主要标准。同时，"理性经济节点"的假设也为今后从经济学的角度对分布式创新网络中节点间知识流动的机理及效应提供了思路与途径。

## （三）研究范围界定

### 1. 节点的研究范围界定

在分布式网络中节点间的知识流动机制中，无论是主导节点、核心节点还是普通节点，都将体现作为普通参与节点的本质特性，因此，本文主张选取分布式创新网络中任意节点间的知识流动过程作为研究对象，将所有节点作为标准平均化的"理性经济"节点对待，以期揭示更具一般性的规律。此外，本文关于分布式创新网络中节点间的知识流动的探讨是基于普遍规律与一般意义上的研究，而组织间分布式创新网络与组织内分布式创新网络的最大区别在于节点间产权关系的存在与否，这一区别将通过信任、利益等其他机制对节点间的知识流动产生间接影响而非直接影响。因此，本文主张在探讨一般意义上的节点间知识流动问题时，忽略对组织内与组织间节点的这一差别的直接探讨。

### 2. 知识的研究范围界定——保留型知识和流动型知识

分布式创新网络虽然是建立在资源共享的基础之上，但节点间的信息或资源并非完全开放与共享，基于经济节点的假设，节点对是否进行知识共享的决策建立在对经济效果的衡量基础之上，完全的共享与完全的保护都是不经济的。基于"理性经济节点"的假设，分布式创新网络中的节点对于能够共享和不能共享的知识有着绝对理性的经济层面的判断：①基于节点理性经济层面的判断，不应在分布式创新网络范围内或特定节点间共享的知识，本文将其定义为分布式创新网络中的保留型知识，如需要保护的核心技术与专利等；②除保留型知识外，基于节点理性经济层面的判断，有意向在分布式创新网络范围内或特定节点间共享和流动的知识，本文将其定义为分布式创新网络中的流动型知识。因此，分布式创新网络中节点间知识流动问题的研究对象应为流动型知识在节点间流动的过程、机理、效应及其管理等方面。

# 三、分布式创新网络中节点间的关系机制

分布式创新网络作为一种灵活、动态的网络合作中间体组织，节点间是一种复杂且典型的组织间关系，主要是基于优势互补、风险共担、追求准超额利润的目的存在，合作与竞争并存。Coombs 等提出在分布式创新模式下，存在五种主要关系形式：①以市场为中介的关系，如创新外包等；②应用导向的合作研发；③技术导向的多公司合作开发；④合资公司合作开发；⑤战略联盟。综合来看，与这五种关系形式相对应，节点间的关系类型有三种：委托代理关系、嵌入关系和竞合关系。

## （一）委托代理关系

分布式创新网络中的节点类型各异，基于不同的组织目标和特征，其对合作关系的选择与偏好也不同。郭小川调研发现，大学、科研院所倾向于通过委托研究模式来获取有利信息地位和降低风险，而企业更为偏好契约型合作创新关系以进行最大限度的交流和增加自身信息占有，因此，以契约为约束和保证的委托代理关系在分布式创新网络中较为普遍。委托代理关系模式下，有效的静态和动态激励机制是研究的重点，因为委托人在信息不完全的情况下，总希望通过激励机制来引导代理人的活动方向（如图 3 所示），在这种情况下，基于共同目的的合作和良好的个人关系是重要的内在激励途径：一方面，委托方和代理方可以建立广泛的信任，通过激励代理方与委托方整体目标一致来实现双赢；另一方面，委托方和代理方可以推行一定程度的交叉团队协作和任务推行活动以增进沟通并促进双方成员的忠诚度提高。

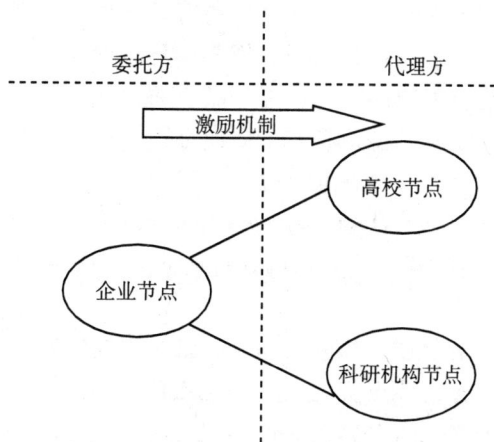

**图 3 分布式创新网络中节点间的委托代理关系**

## （二）嵌入关系

经济史学家卡尔·波兰尼首次提出了嵌入性（Embedness）的概念，Granovetter又进一步区分了关系性嵌入关系和结构性嵌入关系：前者指个体行为根植于个人关系之中，后者则指群体行为根植于更为广阔的社会关系网络之中。

在分布式创新网络中，除了主导节点及其内部研发机构，还存在一系列其他节点，如相关供应商、科研院所、金融机构、服务中介等，这些节点间及其与主导节点的交流沟通以及对网络情境及本土化的适应，对其知识流动过程有着重要影响，且节点的这种嵌入关系很大程度上依赖于其在分布式创新网络中对该项关系的控制机制与程度。因此，在分布式创新网络中，嵌入关系是节点间最为普遍和核心的关系类型，往往伴随着委托代理关系和竞合关系共同存在。基于理性经济节点的假设，节点及节点间的行为符合经济行为的一般规律。因此，分布式创新网络中节点对网络的嵌入关系可以分为三种类型：关系嵌入、结构嵌入和文化嵌入（如图4所示）。

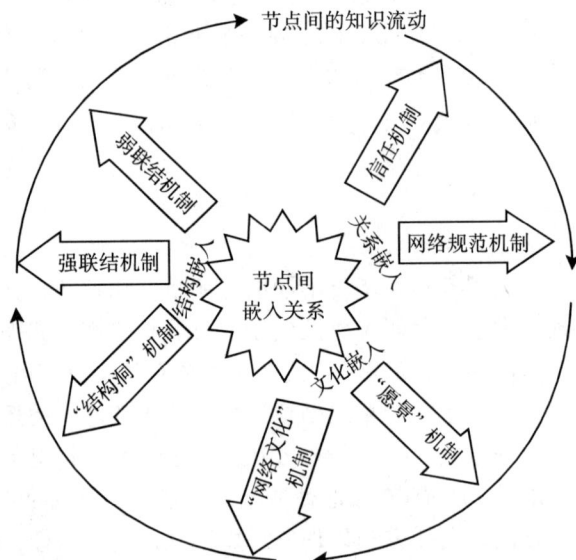

**图4　分布式创新网络中节点间的嵌入关系及其作用机制**

1. 关系嵌入

构成网络节点的各创新主体依赖长期的、直接的情感互动和相互合作所建立的关系是形成企业社会资本的基础，这种关系通常体现为信任、规范等具体形式。首先，节点间的信任是在长期社会互动和合作基础上对其他组织的诚信和能力等做出的判断，表现为对其他节点能力的确信及对与其进行知识流动及合作创新的意愿，有利于促使合作节点更加关注共同愿景，减少合作节点对知识外溢的担心和控制，因而能够更好地促进节点间知识，尤其是隐性知识的流动与创新。其次，网络规范能有效保障网络中节点社会化行为的成熟与发展，并能在一定程度上制约节点的机会主义行为及降低节点间的道德风险与合作风险，进而减少知识在节点间流动过程中的障碍。

2. 结构嵌入

在分布式创新网络中，网络节点结构嵌入的弱联结、强联结以及"结构洞"通常成为影响节点间知识流动的重要因素。首先，节点间的弱联结意味着节点间更大的活动区域与社会网络，以及更多异质的信息源，有利于知识（尤其是显性知识）流动范围的提高。国外学者研究表明，弱联结关系意味着偶然、疏远、多样但低强度的联系，相对于过于频繁的联系而产生大量冗余信息，更有利于节点间与更多不同的节点建立沟通联系及获取全新、独特、多样化的信息，并有利于扩展信息来源的范围，加快信息处理过程，进而减少有限理性及改善决策制定过程。其次，节点间的"强联结"可以降低隐性知识学习及关键技术获取的风险。因为节点间的强联结关系能保证节点间的信任，并有利于树立长期的互惠观，从而提升节点间关键技术信息流动的意愿。最后，稀疏网络意味着更加开放的网络形态及更少的冗余信息，因而有利于节点间的知识流动。罗纳德提出"结构洞"位置是异质信息流动的"桥梁"及节点获取关键知识与信息的关键通道，相对稀疏的网络中，更多的节点通过间接联结建立关系，有更多的企业因位于"结构洞"而获取控制优势，利用"结构洞"的位置掌握和控制重要信息，因而更有利于节点间知识与信息的流动及创新效率的提升。

3. 文化嵌入

节点间的文化嵌入意味着更加一致的共同愿景及网络文化。首先，节点间的共同愿景可被认为是嵌入分布式创新网络的多个节点愿景的交集与升华，能够减少节点的沟通误解、增加节点间对彼此行为的理解、认同及交换构思与资源的机会，从而影响节点间知识（尤其是隐性知识）的交流、学习与合作过程的顺利实现与优化。其次，网络文化所能够提供的共同的社会环境、价值信念、语言符号、行为规范及经验等，有利于节点间知识分享机会的增加、知识流通过程的顺利进行、行为规范及预期的统一、投机行为的减少，从而提供节点间知识流动的良好前提。

## （三）竞合关系

威廉姆森认为，经济治理形式有市场、科层组织与中间体组织三种形式，而这三种形式所对应的三种关系分别是竞争、合作与竞合。显然，分布式创新网络中节点间的关系既非市场中的纯粹竞争，也并非科层组织间的完全合作，而是一种竞合关系。节点间的合作可能发生于技术、运营、组织与财务等方面，而节点间的竞争则可能发生于资源、市场地位、市场扩张等方面，这种在竞争中求生存、在合作中求发展的新局面决定了分布式创新网络中的节点必须在自主性和融合性之间进行平衡。结合分布式创新网络及其中节点的特点，参考 Yadong Luo 对跨国公司子公司竞合关系的研究，笔者整理出分布式创新网络中节点间竞合关系模型及节点间的竞合关系分布，如图 5、图 6 所示。在竞合关系模式下，节点间处于互相作用及影响的网络环境，有助于各个节点对信息、资源、市场和技术的获取及进行组织学习，进而获取规模经济和范围经济的优势，这种

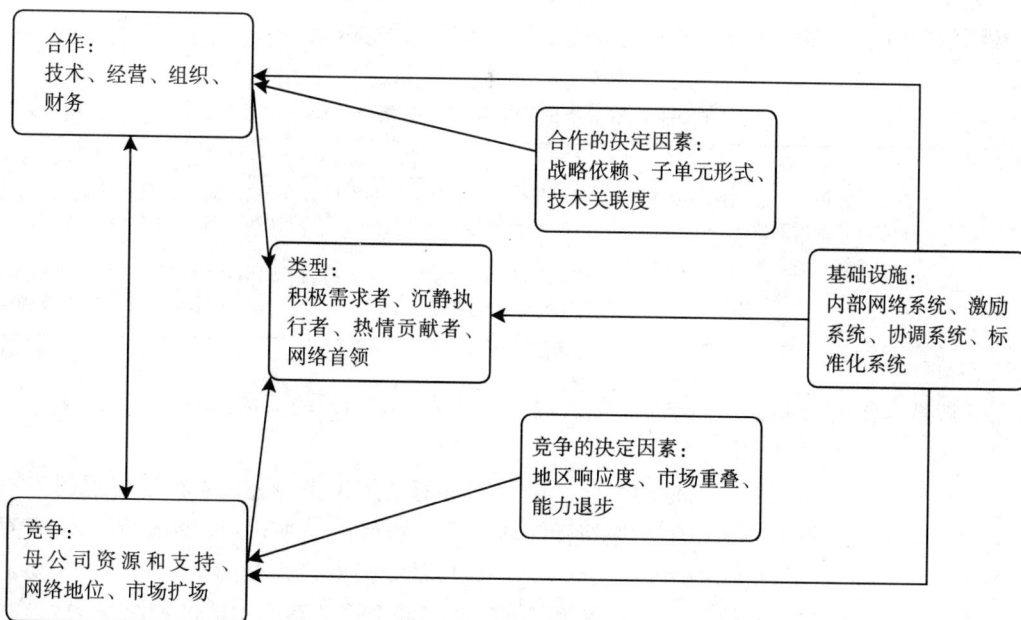

图 5 分布式创新网络中节点间的竞合关系模型

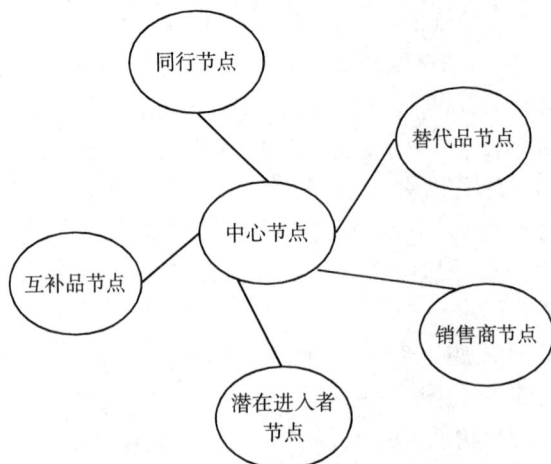

**图 6　分布式创新网络中节点间的竞合关系分布**

竞合关系模式可以体现及存在于企业与合作者、供应商、顾客、销售商、生产商、竞争者等多种关系的其他组织间的合作。

# 四、分布式创新网络中节点间的知识流动机制

## （一）分布式创新网络中节点间知识的分布及流动特征

知识的分类方法有很多，如可分为显性知识与隐性知识、个人知识与公有知识等，Von Krogh和 Venzin 将管理与组织理论中的知识分为 7 类：隐含知识、蕴含知识、编码知识、抽象知识、潜入知识、实践知识、流程知识。基于知识所处价值链环节的集群分类，如表 1 所示。

基于上文对分布式创新网络的制度、构成及其节点的理论分析，结合知识流动理论，在分布式创新网络的环境下，知识在节点间的分布与流动的结构关系如图 7 所示。

**表 1　基于知识所处价值链环节的集群分类**

| 知识节点类别 | 生产型 | 技术型 | 市场型 |
| --- | --- | --- | --- |
| 价值链环节 | 设备、原材料、零配件等中间产品和最终产品的制造 | 新产品创新、制造，产品设计，核心技术研发等 | 顾客需求信息及质量信息的反馈，产品和服务的终端销售等 |
| 优势及特征 | 成本要素低廉，强调创新与生产相结合，注重过程创新，具有低成本、短周期的特点 | 是高新技术人才的集聚地，有利于隐性知识的传播与扩散 | 国际化城市和通信上的枢纽位置，信息更新快、周期短、准确性高 |

基于一般性合作契约关系，在分布式创新网络中，节点间知识的流动过程具有以下特点：

1. 分布与流动模式多样性

分布式创新网络中的知识并不是均匀分布的，其价值也是在流动过程中得以体现的。知识本身具有多种流动模式，可粗略地归纳为层级流、辐射流、循环流、平行流、传染流、网络流等模式（见图 8）。分布式创新网络是多组织、多主体所构成的复杂网络，该网络中的知识流动是一种跨组织的网络流，这种网络流的运行直接依赖于基于节点间合作关系所构成的网络结构。

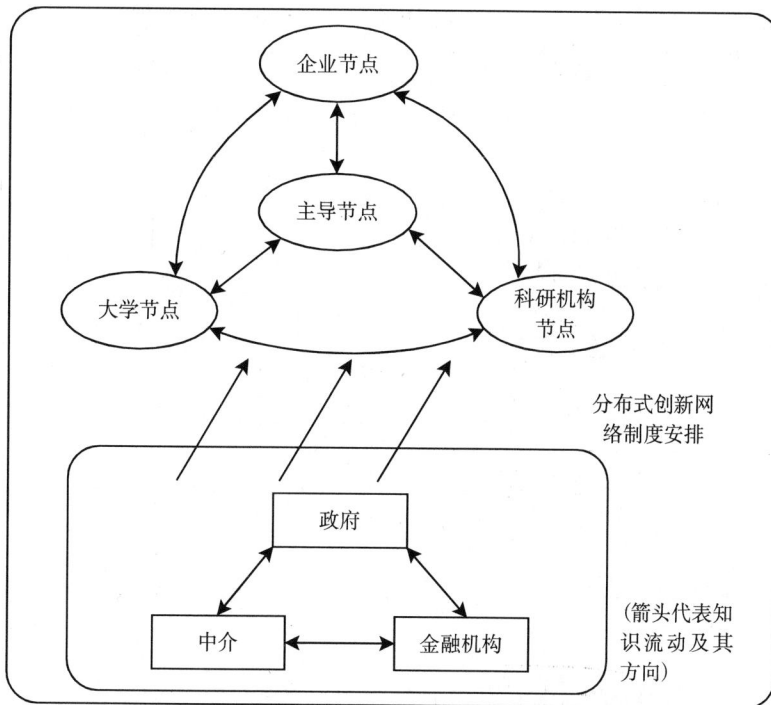

图7 分布式创新网络中节点间知识分布与流动的总体结构

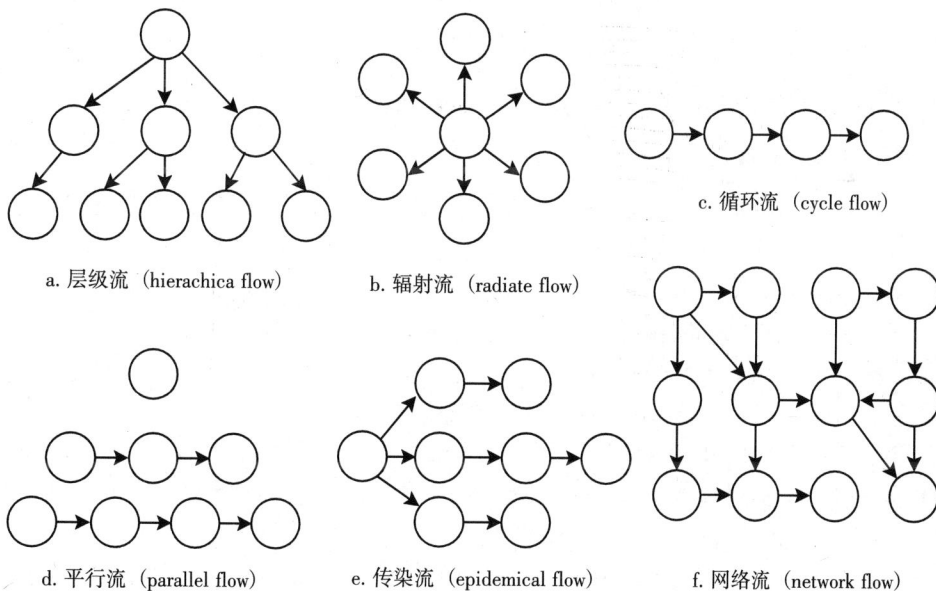

a. 层级流 (hierachica flow)　　b. 辐射流 (radiate flow)

c. 循环流 (cycle flow)

d. 平行流 (parallel flow)　　e. 传染流 (epidemical flow)　　f. 网络流 (network flow)

图8 知识流动的模式

**2. 综合流动方向及整体趋势呈双向**

这是由分布式创新及分布式创新网络的资源共享（而非资源输出或接收）的性质及节点组织的实际诉求所决定的，但不排除在范围及时间上，片面化、小范围或阶段性的单方向流动现象（如图9所示）。

**3. 具体流动的过程有两种形式**

单过程单向，这种形式通常体现于资料或信息的单向供给、调研、培训等过程中；单过程双向，这种形式通常体现于视频会议、研讨、虚拟实践社群活动等过程中。

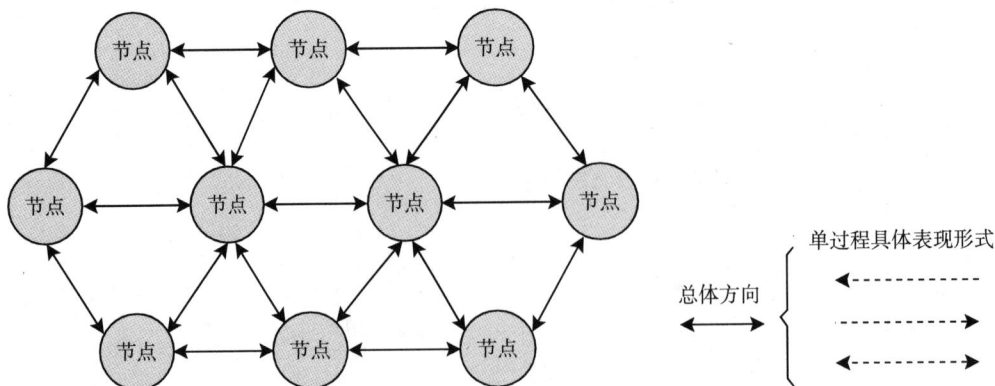

**图9 分布式创新网络中节点间知识流动的方向**

**4. 多过程参与性**

分布式创新网络中的节点可同时展开与网络内其他多个节点间的知识流动过程。

## (二) 分布式创新网络中节点间知识流动的转化机制

**1. 分布式创新网络中节点间知识流动的一般转化机制**

从知识管理的角度,黄国群和李佩磷将分布式创新过程定义为包括了知识转移、知识整合、知识创造过程的知识流循环,其中主导性公司拥有系统性知识,而参与单位创新范围被限定在模块化任务上,并根据 Buckley 和 Carter 对知识互补的分类,相应地将分布式创新按知识整合模式特点分为模块式 (并行式)、序列式 (串行式) 及复杂式。1995 年日本学者野中提出著名的企业的 SECI 模型,认为企业隐性知识和显性知识的转化有四种基本模式:社会化、外在化、组合化和内在化。焦运力将上述 SECI 模型应用于信息共享空间,提出了知识螺旋的多维开放转动的概念,描述了多维开放转动的知识螺旋的过程,"多维" 即共享空间内的不同层次的隐性知识和显性知识也可以螺旋互动,"开放" 即共享空间不断和其他共享空间进行着知识的转化和互动。

由于分布式创新网络本身就是为了实现知识和技术的创新而组织起来的一个知识共享和转化的网络,在这一层面上,分布式创新网络便相当于一个知识共享空间,网络内的各个节点间及空间与外部空间之间都不断进行着知识螺旋的多维开放转动。基于此,在整个分布式创新网络中及节点间知识流动的转化体系中,知识的转化分为三个层次进行:第一,节点内知识螺旋的一维开放转动,即节点内的个体之间及个体与节点组织之间的知识转化;第二,节点间知识螺旋的一维开放转动,即节点组织之间及节点与网络共享空间之间的知识转化;第三,网络空间知识螺旋的一维开放转动,即网络空间与外部空间的知识转化。每一层次的知识转化过程也都遵循知识转化的四个模式 (如图 10 所示)。

以上三个层次的知识螺旋的一维开放转动,便形成了整个分布式创新网络体系的知识螺旋的多维开放转动。第一,社会化阶段,即创造出来的隐性知识在不同主体间的互动与共享。社会化不仅在节点内的个体之间、个体和节点组织之间、个体和网络空间之间、节点组织和网络空间之间存在知识转化,同时也发生在个体和其他外空间之间、节点组织和其他外空间之间以及网络空间和其他外空间之间,如图 10 中节点 1 通过网络空间学习其他节点组织的组织文化、精神风貌等。第二,外在化阶段,即被分享了的隐性知识,通过语言、图像、模型、概念等显性知识的形式得到表达及在成员之间传递。在此阶段,隐性知识由于被概念性地表述而更加快速和有效地在成员间交流与互动,进而形成了越来越清晰的概念,如图 10 中节点 1 的员工可以向来访的节点 2 的代表谈自己的工作设想。第三,组合化阶段,即组织知识的创新过程,一方面是个体的隐性知识转化为显性知识,另一方面则是分布于不同节点的显性知识通过知识网络发生交换和整合,最

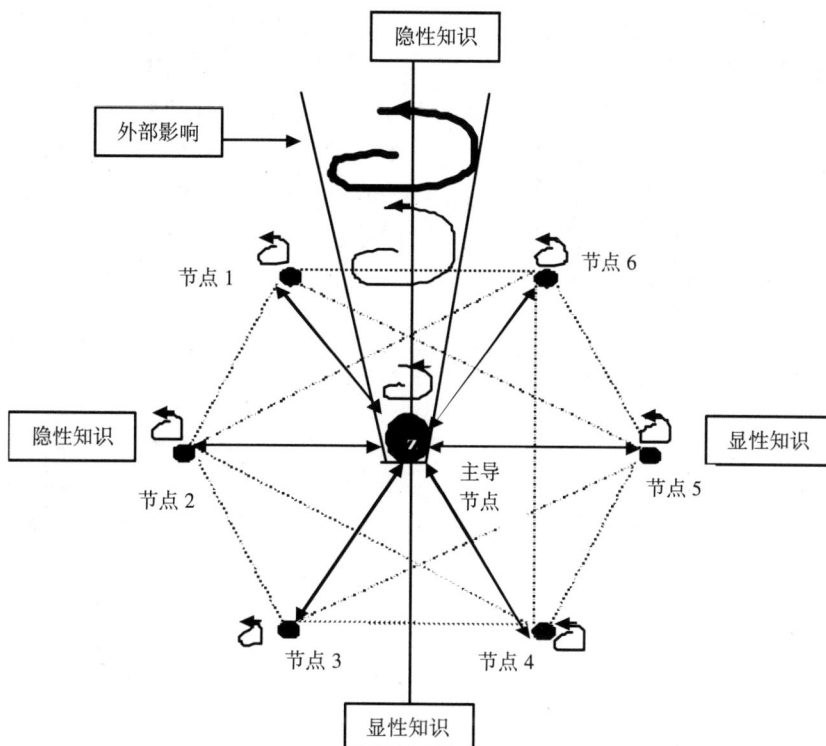

**图 10　分布式创新网络中节点间知识流动的转化机制**

终形成网络的知识体系。组合化不仅包括网络空间内的节点组织之间的知识互动，还包括网络空间的节点组织和外空间进行的个体显性知识向组织显性知识的融合转化。第四，内在化阶段，即将显性知识转化为隐性知识，将经过社会化、外在化、组合化而形成的知识转化为个体的经验与心得体会。除了在网络空间内的节点间的知识互动外，还包括与网络外空间进行的组织的显性知识向个体隐性知识的转化。

2. 不同知识整合模式下节点间的知识转化机制

以上对分布式创新网络中节点间知识转化机制的研究是常态的、共性的，鉴于分布式创新实践的多样性，尤其是创新过程中知识整合模式的多样性，本文将对三种分布式创新知识整合模式下的知识转化机制分别进行讨论。

（1）模块型模式下节点间知识流动的转化机制。这种知识整合模式的特征是节点 2 拥有专有知识结构，或已具相对明确的创新发展方向和初步创新成果，节点 1 作为一个模块参与到创新过程中。这种分布模式的分布式创新过程在各个参与单位间可以同时进行，具有并行式特点（如图 11 所示）。

**图 11　分布式创新的模块型知识整合模式**

根据知识螺旋理论，隐性知识可以分为刚内化来的和已经过社会化的隐性知识两种，显性知识可以分为刚经过外在化的显性知识和已经过组合化的显性知识两种。由于模块式模式下，节点 2 往往拥有专有知识结构或已具有相对明确的创新发展方向和初步创新成果，因此，在模块式分布式创新中我们所讨论的隐性知识指已在原组织里得到普遍意会，即已完成社会化阶段的隐性知识；而显性知识则指已在原组织完成外在化而尚未进行组合化的显性知识。基于模块式分布式创新开始时，节点间知识的显隐类型不同，下面对其知识转化过程分别进行讨论。

1）k1 和 k2 均属于隐性知识情况。假设 k1 和 k2 为均已完成在各自组织里的社会化阶段的隐性知识。根据知识螺旋和知识创新理论，在进入分布式创新知识转化初期，k1 和 k2 均属于外化阶段（如图 12 所示）。因此，这种情况下，k1 和 k2 各自的外化和组合过程与创新成果 k1+k2 的内化过程是同步进行的，而最基本的阶段则是 k1 与 k2 的外化阶段，如节点间关于工作设想的交流与沟通。

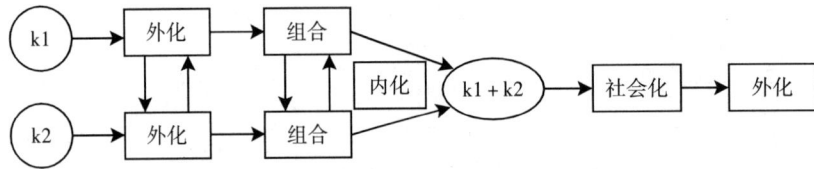

**图 12　模块型模式下节点间的知识转化过程之一**

2）k1 和 k2 分属显性知识和隐性知识的情况。假设 k1 为已在节点 1 完成外在化的显性知识，k2 为已在节点 2 完成社会化的隐性知识，节点间合作创新的过程开始于 k1 的组合阶段和 k2 的外化阶段（如图 13 所示）。在这种情况下，显性知识 k1 的组合，隐性知识 k2 的外化和组合，以及 k1+k2 的内化并行而进，且交互影响。

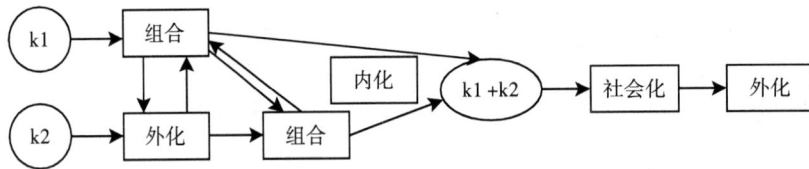

**图 13　模块型模式下节点间的知识转化过程之二**

3）k1 和 k2 分属隐性知识和显性知识的情况。这种情况与上种情况较为相似（如图 14 所示）。

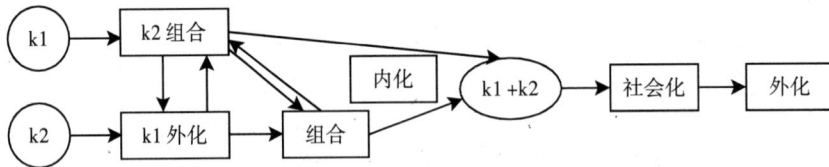

**图 14　模块型模式下节点间的知识转化过程之三**

4）k1 和 k2 均属显性知识的情况。此种情形之下，模块型的知识转化过程开始于 k1 和 k2 的各自融合及交互影响下 k1+k2 的内化阶段（如图 15 所示）。

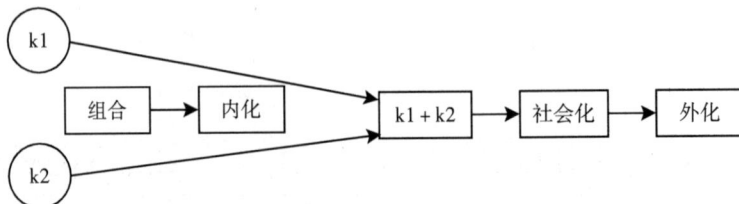

**图 15　模块型模式下节点间的知识转化过程之四**

（2）序列型模式下节点间知识流动的知识转化机制。该分布式创新知识整合模式的特点是按照严格顺序和标准在不同的创新源间进行分布，即后一个创新必须在前一个创新成功的基础上进行，因而具有串行性的特点（如图16所示）。此种模式下又可以根据节点2接手k1时其知识类型的不同分为两种不同的情况进行分析。

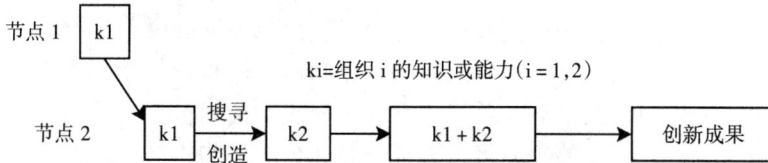

**图16 分布式创新的序列型知识整合模式**

1）k1为隐性知识的情况。当k1处于隐性知识的状态进入分布式创新的过程中时，首先要经历一个社会化的过程，使k1在节点间得到转移和共享，同时，节点2要有目的、有方向地去搜寻和创造k2，即开始k2的内化阶段，继而便是将内外部显性知识逐渐内化为新的隐性知识k1+k2（如图17所示）。因此，在序列型模式中的这种情况下，在k1的社会化即隐性知识的共享阶段，关键因素在于经验或某种共同的经历，因此，非正式实践活动以及亲密、和谐、相互关心的组织氛围和文化，都是保证个体间隐性知识社会化的有效途径，"干中学"也是内在化的重要途径。

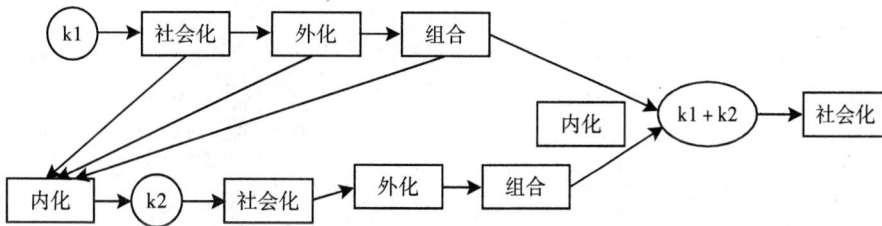

**图17 序列型模式下节点间的知识转化过程之一**

2）k1为显性知识的情况。当k1处于显性知识的状态进入分布式创新的过程中时，首先要经历k1在节点间的组合阶段，以及同时进行的搜寻创造k2的阶段，即k2的内化阶段（如图18所示）。

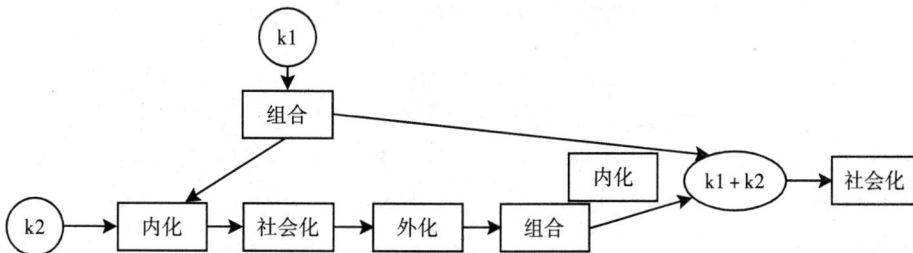

**图18 序列型模式下节点间的知识转化过程之二**

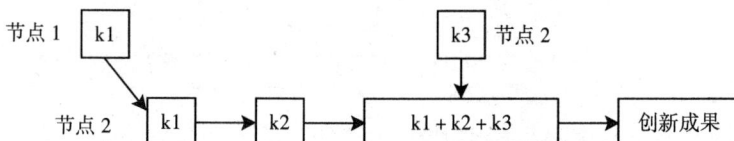

**图19 分布式创新的复杂型知识整合模式**

# 五、结语

本文在对国内外大量关于分布式创新、创新网络、知识流动的文献进行交叉、联系、比较研究的基础上，探析了分布式创新网络中节点间知识流动研究的理论框架，以期为相关研究提供理论参考。纵观国内外研究现状及趋势，关于节点间知识流动的研究仍是今后关于分布式创新及创新网络研究的重要课题，进一步的研究可以围绕分布式创新网络中节点间知识流动的动态过程模型与机理、因素系统及影响机制、效应评价、管理机制与对策、案例探究等路径展开，或进行交互探讨。

**参考文献**

［1］Cowan R., Jonard N., Zimmermann J. B.. Bilateral Collaboration and the Emergence of Innovation Networks ［J］. Management Science，2007，53（7）.

［2］刘国新. 企业分布式创新的机理及效应 ［M］. 北京：科学出版社，2011.

［3］Imai K., Baba Y.. Systemic Innovation and Cross-border Networks：Transcending Markets and Hierarchies to Create a New Techno-economic System ［J］. Technology and Productivity：The Challenge for Economic Policy，1991.

［4］沈必扬，池仁勇. 企业创新网络：企业技术创新研究的一个新范式 ［J］. 科研管理，2005（5）.

［5］吴贵生，李纪珍，孙议政. 技术创新网络和技术外包 ［J］. 科研管理，2000（4）.

［6］刘国新，杨坤. 分布式创新网络中的知识粘滞度探讨——基于四维粘滞情境的视角 ［J］. 科学学研究，2012，30（9）.

［7］高洁，糜仲春，魏久檗等. 企业技术创新网络的形成模式、结构及交互关系研究 ［J］. 价值工程，2007（8）.

［8］Hall R. H., Clark J. P., Giordano P. C., et al. Patterns of Inter-organizational Relationships ［J］. Administrative Science Quarterly，1977（22）.

［9］刘凤朝，姜滨滨. 联盟网络核心节点形成及其影响因素研究 ［J］. 管理学报，2013，10（5）.

［10］Lavied. The Evolution and Strategy of Inter Connected Firms：A Study of the Unisys Alliance Network ［C］. Academy of Management Best Paper Proceedings of the 2004 Annual Conference，2004.

［11］Oliver C.. Determinants of Interorganizational Relationships：Integration and Future Directions ［J］. Academy of Management Review，1990，15（2）.

［12］Coombs R., Metcalfe J. S.. Organizing for Innovation：Co-ordinating Distributed Innovation Capabilities ［J］. Competence，Governance，and Entrepreneurship，2002.

［13］郑永彪，张磊. 基于委托代理模型的企业创新管理研究 ［J］. 科研管理，2013，34（9）.

［14］Osterloh M., Frey B. S.. Motivation，Knowledge Transfer，and Organizational Forms ［J］. Organization Science，2000，11（5）.

［15］Meyer K. E., Mudambi R., Narula R.. Multinational Enterprises and Local Contexts：The Opportunities and Challenges of Multiple Embeddedness ［J］. Journal of Management Studies，2011，48（2）.

［16］周小虎. 企业社会资本与战略管理——基于网络结构观点的研究 ［M］. 北京：人民出版社，2006.

［17］Granovetter M.. Ecnomics Action and Social Structure：The Problemof Embeddedness ［J］. American Journal of Sociology，1985，91（3）.

［18］刘斌. 信任问题研究述评 ［J］. 理论前沿，2004（4）.

［19］肖冬平，顾新，彭雪红. 基于嵌入视角下知识网络中的知识流动研究［J］. 情报杂志，2009，28（8）.

［20］ Uzzi B.. The Sources and Consequences of Embeddedness for the Economic Performance of Organizations： The Network Effect ［J］. American Sociological Review，1996 （61）.

［21］ Dyer J. H.，Nonaka K.. Creating and Managing a High-performance Knowledge Sharing Network： The Toyota Case ［J］. Strategic Managemeat Joumal，2000.

［22］ Burr, Ronald S.. Structural Holes： The Sodal Structure of Compctitioa ［M］. Cambridge： Harvard University Press，1992.

［23］ Wmpln T.，Smmsntra G.. Social Capital and Value Creatim： The Role of Intrafinn Networks ［J］. Academy of Msnsgement Journal，1998，41 （4）.

［24］ 杨坤. "S-A-C" 视角下分布式创新及其知识共享的理论探析［J］. 科学学研究，2013，31 （5）.

［25］ Yadong L.. Toward Cooperation within a Multinational Enterprise： A Perspective from Foreign Subsidiaries ［J］. Journal of World Business，2005，40 （1）.

［26］ 任胜钢. 基于跨国公司视角的集群研究新进展 ［J］. 外国经济与管理，2004，26 （1）.

［27］ 盖文启. 创新网络——区域经济发展新思维 ［M］. 北京： 北京大学出版社，2002.

［28］ 张玲玲，罗红明. 知识密集型企业中粘滞知识转移的一个模型 ［J］. 经济管理，2006 （11）.

［29］ 李佩磷，黄国群. 跨国公司分布式创新探析 ［J］. 经济纵横，2007 （12）.

［30］ 焦运立. 信息共享空间的知识螺旋和知识创新机理分析 ［J］. 图书馆学研究，2009 （11）.

# 网络嵌入性与知识获取及企业创新能力
# 关系研究

刘雪锋　徐芳宁　揭上锋[*]

[摘要]　网络为企业提供了有形的、无形的资源利益，进而将影响企业的创新能力。对于企业来说，如何在企业网络中，通过网络嵌入性获取更多的知识、能力，提升企业的创新能力，显得更为重要。本研究在现有网络嵌入性、不同属性知识、创新能力等相关理论与文献的研究基础上，从网络嵌入性的四个维度：网络关系强度、网络关系稳定性、网络中心性和网络居间性，分析了网络嵌入性对企业创新能力产生影响的假设，全面地研究了它们对企业创新能力的影响过程，为企业提高创新能力提供了有价值的参考。

[关键词]　网络嵌入性；知识获取；企业创新能力

# 一、引言

企业拥有的有价值的不可模仿与复制的资源往往隐含在企业的关系网络中（Barney，1991）。而影响企业成长和发展所需的资源最主要的来源途径有两条，一是企业自身通过长时期的积累所形成的自有资源，二是企业通过其所嵌入的社会网络获取的资源。企业的资源既包括资本、厂房、设备等有形的资源，也包括知识、技术、品牌等无形的资源。对于企业而言，知识是一种重要的无形资源，知识的多寡尤其是有价值的隐性知识的多少对制造企业的创新能力提高至关重要。企业网络为网络中的成员提供了各种收益机会，知识的转移和获取则成为居于优势地位的网络成员的溢出收益。同时，网络成员本身也是一种资源，网络成员背景和经验的多样性为企业提供了多种知识（Burt，1992），网络成员拥有的知识越多，网络中的企业就越有机会获取知识。网络结构也是一种资源，比如强关系与弱关系，这些关系都会影响知识获取的类型与程度，不同的关系对显性知识与隐性知识的获取程度与能力存在差别。一般认为，企业在网络中所处的位置越接近中心，拥有的结构洞越多，就越容易获取知识。由于企业的这种关系与结构特征会影响企业在网络中接触与利用知识的类型、数量与质量，从而必然会影响企业创新能力的形成（Dyer和Singh，1998；Mc Evily和Zaheer，1999）。本文将对网络嵌入性与知识获取以及企业创新能力的关系进行研究。

---

* 刘雪锋（1978-），男，四川南充人，厦门大学管理学院，副教授，研究方向为技术创新、企业战略管理；徐芳宁（1990-），女，福建福州人，厦门大学管理学院，硕士研究生，研究方向为技术创新、企业战略管理。

# 二、理论与假设

## （一）关系嵌入性与知识获取关系

关系嵌入使得行为主体可以通过企业网络获取有用的信息、知识以及更一般意义上的资源，并且了解如何利用这些信息与知识（Burt，1992）。具体而言，本研究认为企业可以通过与网络中其他个人或者组织之间的交流和接触而产生嵌入性关系，这种嵌入性关系是一种实际存在的纽带联系，这种纽带联系的强度可以从联系频繁程度、联系密切程度、联系信任程度和互惠程度四个维度衡量（Granovetter，1985）。由于显性知识的获取取决于交易双方之间的相互信任和信息共享程度，所以网络组织中企业与其他组织之间联系越频繁、关系越密切、信任和互惠程度越高，往往就意味着它们之间的信任和信赖及信息共享程度越高，从而就越有利于显性知识的获取。因此，本研究假设联系频繁程度、联系密切程度、联系信任程度、互惠程度与隐性知识获取正相关。

**假设 1**：关系嵌入性的联系频繁程度、密切程度、互惠程度、信任程度和持久程度与显性知识获取正相关。

在企业网络中，嵌入于网络中的企业从中获取编码化知识，包括产品说明、企业规章制度、产品设计标准、生产工作标准说明、政策和流程文本资料等，并将从网络中获取的这些新知识通过理解、学习后外化为自身可用的，可以用语言、公式等方式表达的显性知识。在这个阶段中，企业与网络组织中其他企业的交流越频繁、联系越密切，就越容易从其他组织中获取诸如产品说明、产品设计、规章制度等各种显性知识。因为，通过网络组织这种形式，企业间往往会通过与其他企业的合作关系建立新的学习联盟和知识网络，网络成员之间通过相互沟通、交流和学习，使得成员所拥有的知识在网络各个节点之间进行传播、溢出和共享。在这个过程中，显性知识的获取表现得更为显著，企业通过对显性知识的吸收、消化，最终形成自身的隐性知识。这个过程即是外部形成内生化的过程，表现为正式的显性知识转化为非正式的隐性知识（Nonaka，1991）。企业新知识的获取，在本质上就是把显性知识以合适的方式转化为程序化的有价值的隐性知识的过程。企业的网络嵌入，有利于成员获取隐性知识。因此，本研究假设，关系嵌入性与隐性知识获取正相关。

**假设 2**：关系嵌入性的联系频繁程度、密切程度、互惠程度、信任程度和持久程度与隐性知识获取正相关。

## （二）结构嵌入性与知识获取关系

结构嵌入关注网络成员之间相互联系的总体结构，强调网络密度、网络位置对企业的创新行为和绩效带来的影响（Uzzi，1997；Rowley 等，2000）。Burt（1992）指出了一种网络位置利益：当一个企业 A 所联结的另外两个企业（假设为企业 B 与企业 C）相互没有直接联结时，企业 A 就处于所谓的结构洞的位置。这也就意味着企业 A 有机会接触到两种异质的信息流，在企业 B 与企业 C 相互交流、沟通与学习的过程中，各种属性的知识流通过企业 A 传递，则企业 A 更容易捕获这种知识，从而形成相对于企业 B 与企业 C 的信息优势。随着网络的扩大，一个企业所占据的结构洞的位置越多，就越容易控制网络中的知识流动，从而形成相对控制优势。本文用接近中心性与居间中心性描述这种网络位置利益，用接近中心性描述企业不受制于网络成员的程度，用居间中心性描述企业在网络中位置的重要程度。本研究假设结构嵌入性的接近中心性和居间中心性与企业显性知识和隐性知识获取正相关。

**假设3**：结构嵌入性的居间中心性和接近中心性与显性知识获取正相关。

**假设4**：结构嵌入性的接近中心性和接近中心性与隐性知识获取正相关。

## （三）知识获取与企业创新能力关系

在当前企业网络越来越广泛深入的今天，激烈的全球竞争态势迫使企业超越组织边界以获取最前沿的知识，从而达到迅速提高自身创新能力的目的。持续的创新是企业在竞争中保持优势的重要方式，而影响企业创新的因素很多，其中包括企业的专业化知识。相关研究表明，如果企业能够从外部环境中获取有效的知识，往往有利于企业创新能力的提高（Cohen 和 Levinthal，1990）。另外，对于企业而言，不同的发展阶段所需要的知识也会有所不同。而从过程创新的观点来看，创新由不同类型的学习组成，每个学习阶段，企业都需要大量的适合该阶段的知识，这些知识不仅来源于企业内部，也有可能是跨越企业边界的外部知识（Kogut 和 Zander，2000）。通过嵌入在企业外部网络中，企业可以获取、整合各种资源与能力（Lavie，2008），获取更多的有用信息和知识，从而增强企业的创新能力，促进企业创新（Zaheer 和 Bell，2005）。

**假设5**：显性知识获取与企业创新能力正相关。

**假设6**：隐性知识获取与企业创新能力正相关。

## （四）知识获取的中介作用

企业的网络嵌入性是影响企业创新能力的重要来源，这种网络嵌入不但影响到企业内部自有资源的形成与分布，还会影响到企业对未来所需资源的获取与控制能力，进而影响到企业的网络竞争格局与创新能力。通过嵌入于各种网络，企业从中获取所需的资源和能力，比如多样化的知识、共享的资源和合作的机会等（Uzzi，1996），由此形成并掌握一定的规律，即事实知识和原理知识等显性知识，从而更有效、有规律地提高企业的创新能力。

同时，企业间的相互信任有利于隐性知识与技术诀窍的共享，从而有利于嵌入性企业进行创新。如 Helper（1990）发现汽车产业中制造商与供应商的关系非常紧密，它们的创新能力就得到加强。Zaheer 和 Bell（2005）认为创新的来源包括两个方面，一方面是企业的内在增长，比如较强的研发团队、良好的沟通渠道与企业文化；另一方面是从嵌入性网络视角来看，如果企业在网络中占据了有利的位置，它就能比竞争对手更好地获得信息与知识，从而提高创新能力。

**假设7**：显性知识在网络嵌入性影响企业创新能力关系上起中介作用。

**假设8**：隐性知识在网络嵌入性影响企业创新能力关系上起中介作用。

根据理论回顾与假设，本文构建如图1所示的细化后的概念模型。由于网络嵌入性包括结构嵌入和关系嵌入，它们都能使企业产生信息收益（Gulati，1998），从而加强企业的创新能力，因而本文将从关系与结构两个方面对网络嵌入性与企业知识的关系、企业知识获取与企业创新能力的关系，以及知识获取在网络嵌入性影响企业创新能力关系上的中介作用三个方面进行研究。在此概念模型中，本研究将网络嵌入性划分为关系嵌入和结构嵌入两个维度，并且依据前人的研究，从联系次数更多、感情更深、互惠更高、信任更好、关系更稳定五个维度描述关系嵌入，从居间中心性和接近中心性两个维度描述结构嵌入。根据文献综述等相关研究，本研究把知识属性划分为显性知识和隐性知识。

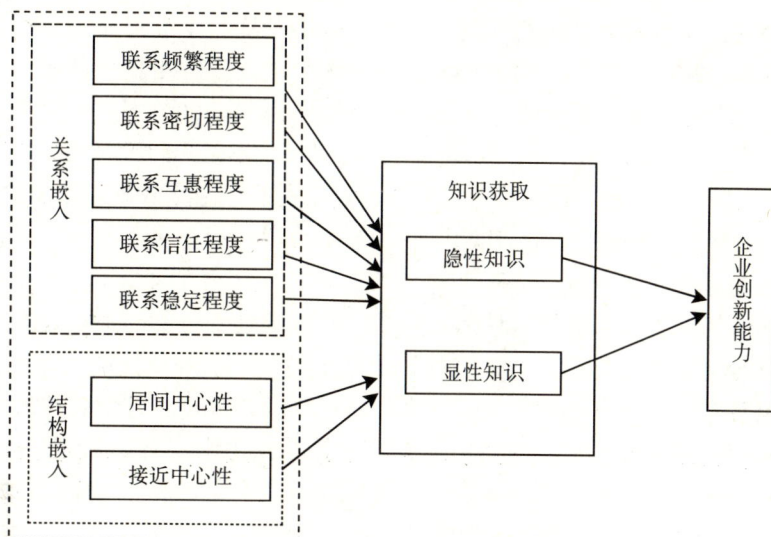

**图1 网络嵌入性与企业创新能力关系模型**

资料来源：理论回顾与假设归纳。

# 三、研究方法论

## （一）数据收集

本研究采用实地问卷发放和网络问卷发放两种形式。调查对象为制造业企业的员工与管理人员。问卷的发放与回收主要采用本人发放与回收及他人发放与回收的方式进行。其中，本人发放与回收是指本人通过好友联系在企业工作的人员或在企业工作一年以上的学弟学妹填写问卷，同时还到厦门大学管理学院课堂请EDP、MBA、IMBA学员填写问卷，这些学员都有过企业中层或高层管理经历或正在担任企业中层或高层管理人员，工作年限都在3年以上。问卷的发放与回收具体情况如表1所示。

**表1 问卷发放与回收情况**

| 问卷发放与回收方式 | | 问卷发放 | 问卷回收（回收率） | 有效问卷（有效率） |
|---|---|---|---|---|
| 本人发放与回收 | 企业现场 | 37 | 36（97.2%） | 33（89.2%） |
| | EDP、MBA、IMBA课堂 | 225 | 110（48.9%） | 86（78.2%） |
| | 问卷 | | 72 | 37（51.3%） |
| 他人发放与回收 | | 120 | 40（33.3%） | 13（32.5%） |
| 合计 | | | | 169 |

## （二）变量测度

本节将对模型中所涉及的变量测度进行说明，即具体说明用哪些题项来测度各个变量，这些变量包括企业创新能力、显性知识与隐性知识获取、网络嵌入性以及相关的控制变量。

1. 创新能力的测度

曹崇延和王淮学（1998），赵文彦和曾月明（2011）等都采用了多指标来表示企业创新能力。

借鉴上述学者的研究，基于对企业进行实地访谈时，应答者从商业机密及回答意愿来看，更愿意对满意度而不是具体数据进行回答，因此我们只进行主观方面的测量。具体测量题项分别是：①与同类企业相比，公司的创新投入能力（资金与人力投入等）；②与同类企业相比，公司的研究开发能力（新品研发率及成员学历等）；③与同类企业相比，公司的创新生产能力（工人技术与设备水平等）；④与同类企业相比，公司的创新产出能力（发明、专利数及新产品收益率）；⑤与同类企业相比，公司的创新营销能力（品牌知名度、市场占有率等）。

### 2. 知识获取的测度

Polanyi 认为显性知识就是那些以显性形式存在，并可以进行编码的知识，比如可以用书面的文字、图表或数学公式表达出来的知识，这种知识易于储存、学习和传播，因此，本研究采用 4 个题项来测量可能对企业创新有影响的显性知识的获取程度，分别是"贵企业从网络中其他组织获取很多企业规章制度等文件资料"、"贵公司从网络中其他组织获取很多工艺制造手册等编码信息"、"贵公司从网络中其他组织获取很多生产工作标准"、"贵公司从网络中其他组织获取很多业务管理标准"。隐性知识是那些难以编码的知识，是从"干中学"中获取的，这种知识具有很强的路径依赖性，难以复制，也不能通过外部公开市场交易获取。本研究也采用 4 个题项来测量对企业创新可能有影响的隐性知识的获取程度，分别是"贵公司从网络中其他组织获取很多市场经验"、"贵公司从网络中其他组织获取很多技术诀窍"、"贵公司从网络中其他组织获取很多管理经验"、"贵公司从网络中其他组织获取很多信仰文化"。

### 3. 网络嵌入性的测度

本研究的解释变量是网络嵌入性，包括关系嵌入性与结构嵌入性两个维度，关系嵌入性分为关系强度（联系频繁程度、联系密切程度、信任程度、互惠程度）和关系稳定性；结构嵌入性包括接近中心性和居间中心性。问卷中对以上变量的测度题项主要以已有的理论为基础，然后从"完全不同意"到"完全同意"按程度由低到高打分，分别由 1、2、3、4、5 表示。由于个别题项是分数越低表示程度越高，本研究为了整个问卷风格的统一，同时也为了便于分析，将涉及的题项在录入时均做了逆置化处理。

关系强度主要用以下四类分指标来衡量，分别是："与同类企业相比，公司与供应商/中间商/地方政府、行业协会/顾客/同行的联系次数更多"（互动的频繁程度）、"与同类企业相比，公司与供应商/中间商/地方政府、行业协会/顾客/同行的感情更深"（联系密切程度）、"与同类企业相比，公司与供应商/中间商/地方政府、行业协会/顾客/同行的互惠更高"（联系互惠程度）、"与同类企业相比，公司与供应商/中间商/地方政府、行业协会/顾客/同行的信任更高"（联系信任程度）。

本研究将企业网络中的伙伴主要分为五类，因而嵌入性网络关系的稳定性用"与同类企业相比，公司与供应商的关系更持久"、"与同类企业相比，公司与中间商的关系更持久"、"与同类企业相比，公司与地方政府、行业协会的关系更持久"、"与同类企业相比，公司与顾客的关系更持久"、"与同类企业相比，公司与同行的关系更持久"5 个题项来衡量。

根据 Freeman（1979）的"接近中心性越高就越不依赖他人"的看法，本研究用"与同类企业相比，公司创新能力对供应商更依赖"、"与同类企业相比，公司创新能力对其他研发机构更依赖"、"与同类企业相比，公司创新能力对顾客更依赖"、"与同类企业相比，公司创新能力对同行更依赖"这四个问题来衡量企业的接近中心性。按照表述内容从完全不同意到完全同意的程度从 1 到 5 打分，分数越高表示中心性越低。因此，为了保持分数与中心性正相关，在后面的实证分析中将对得分进行逆置处理。

根据林佳丽（2006）、李志刚等（2007）的研究，居间中心性以"与同类企业相比，与公司往来的各组织间若要相互联系，需要贵公司牵头的比较多"、"与同类企业相比，与公司往来的企业组织或者个人的数目有很多"这两个题项来测量。按照表述内容从完全不同意到完全同意的程度从1到5打分，分数越高表示居间中心性越高。

本文还将对企业知识获取与企业创新能力影响较大的几个变量进行控制，这些变量分别是企业年龄、企业规模、企业所在行业和企业性质。虽然这些变量不是本文的研究焦点，但其对企业知识获取与创新能力可能产生影响，因而有必要在模型中进行相应的控制。

4. 信度、效度检验

本研究的变量测度均来自以往的研究，这在一定程度上保证了测度的信度和效度。为了检验测度的信度，我们计算了每一个变量测度题项的Cronbach's α值，其值都大于0.7，表明本研究测度有较高的信度；接着，我们进行了验证性因子分析（结果这里没有报告），测度模型结果较好，各测度题项都与其试图测度的潜变量显著相关，显示了较好的汇聚效度。

# 四、结果

## （一）关系嵌入、结构嵌入与显性知识获取

根据研究需要，本文采用多元线性回归分析方法来验证关系嵌入、结构嵌入与显性知识获取的关系，显性知识为因变量。表2给出了多元回归分析的结果，共估计了6个模型。

假设1认为关系嵌入性的5个维度均与显性知识获取正相关。如表2中模型2、模型3所示，关系嵌入性的感情深度系数为负且不显著，而联系次数、互惠程度、持久程度为正且显著异于零（$P<0.01$），信任程度为正且显著异于零（$P<0.05$），并且模型2、模型3在统计上是显著的（F2=6.722，P2<0.01，F3=6.049，P3<0.01），说明关系嵌入性的联系次数、互惠程度、信任程度与持久程度等与显性知识的获取正相关，而感情深度与显性知识的正向关系没有得到结果的支持，因此，假设1得到部分支持。

在模型4、模型5中，结构嵌入的居间中心性和接近中心性均为正且显著异于零（$P<0.01$），并且模型4、模型5在统计上是显著的（F4=7.770，P4<0.01，F5=11.70，P5<0.01），说明假设3通过验证。另外，在包括了控制变量、关系嵌入性与结构嵌入性等所有变量的模型6中，上述变量各系数的符号和数值并没有太大的变化，而且模型6在统计上是显著的（F6=7.873，P5<0.01），这说明上述结果具有一定的稳定性。

表2　关系嵌入、结构嵌入与显性知识获取

| 变量 | 模型1 | 模型2 | 模型3 | 模型4 | 模型5 | 模型6 |
| --- | --- | --- | --- | --- | --- | --- |
| 常数项 | 3.305*** | 1.231*** | 1.235*** | 2.284*** | 1.024*** | 0.412 |
| 控制变量 | | | | | | |
| 企业创立 | −0.055 | −0.071 | −0.074 | −0.158*** | −0.144*** | −0.058 |
| 国有企业 | 0.211 | 0.210 | 0.218 | 0.144 | 0.195 | 0.219 |
| 民营企业 | 0.383** | 0.445*** | 0.440** | 0.391** | 0.365** | 0.364** |
| 所处行业 | 0.045 | 0.053 | 0.056 | 0.010 | 0.113 | 0.092 |
| 企业规模 | −0.117** | −0.135*** | −0.137*** | 0.121** | 0.143** | −0.146*** |
| 关系嵌入性 | | | | | | |
| 联系次数 | | 0.257*** | 0.244*** | | | 0.158*** |
| 感情深度 | | −0.160 | −0.180 | | | −0.289 |
| 互惠程度 | | 0.227*** | 0.210*** | | | 0.199*** |

| 变量 | 模型1 | 模型2 | 模型3 | 模型4 | 模型5 | 模型6 |
|---|---|---|---|---|---|---|
| 信任程度 | | 0.276*** | 0.192** | | | 0.191*** |
| 持久程度 | | | 0.236*** | | | 0.056 |
| 结构嵌入性 | | | | | | |
| 居间中心性 | | | | 0.322*** | 0.220*** | 0.173** |
| 接近中心性 | | | | | 0.456*** | 0.377*** |
| Adjusted R-squared | 0.09 | 0.23 | 0.23 | 0.17 | 0.28 | 0.33 |
| $R^2$ | 0.116 | 0.276 | 0.277 | 0.192 | 0.302 | 0.377 |
| F | 4.268*** | 6.722*** | 6.049*** | 7.770*** | 11.70*** | 7.873*** |

注：被解释变量为显性知识；N=169；*** $P<0.01$，** $P<0.05$，* $P<0.1$。

在表2中，控制变量中的民营企业在各个模型中均显示为正且显著（$P<0.01$），说明民营企业对显性知识的获取影响要大一些，而企业规模在模型1、模型2、模型3、模型6中均显示为负且显著（$P<0.01$ 或者 $P<0.05$），说明企业规模总体上对显性知识获取的影响要低一些。

## （二）关系嵌入、结构嵌入与隐性知识获取

仍用多元线性回归分析方法来验证关系嵌入、结构嵌入与隐性知识获取关系，隐性知识为因变量。表3给出了多元回归分析的结果，共估计了6个模型。

**表3 关系嵌入、结构嵌入与隐性知识获取**

| 变量 | 模型1 | 模型2 | 模型3 | 模型4 | 模型5 | 模型6 |
|---|---|---|---|---|---|---|
| 常数项 | 3.116*** | 1.021** | 1.024** | 2.248*** | 0.702* | 0.035 |
| 控制变量 | | | | | | |
| 企业创立 | −0.051 | −0.064 | −0.066 | −0.105** | −0.088* | −0.044 |
| 国有企业 | 0.179 | 0.177 | 0.183 | 0.122 | 0.184 | 0.210 |
| 民营企业 | 0.293 | 0.367** | 0.362** | 0.271 | 0.240 | 0.288* |
| 所处行业 | 0.115 | 0.118 | 0.121 | 0.077 | 0.203* | 0.188 |
| 企业规模 | −0.045 | −0.060 | −0.065 | −0.058 | −0.063 | −0.067 |
| 关系嵌入性 | | | | | | |
| 联系次数 | | 0.456*** | 0.346*** | | | 0.374*** |
| 感情深度 | | −0.292 | −0.308 | | | −0.433* |
| 互惠程度 | | 0.436*** | 0.423*** | | | 0.554*** |
| 信任程度 | | 0.397*** | 0.331*** | | | 0.294 |
| 持久程度 | | | 0.107 | | | 0.005 |
| 结构嵌入性 | | | | | | |
| 居间中心性 | | | | 0.290*** | 0.164** | 0.183** |
| 接近中心性 | | | | | 0.560*** | 0.491*** |
| Adjusted R-squared | 0.02 | 0.17 | 0.16 | 0.10 | 0.27 | 0.30 |
| $R^2$ | 0.151 | 0.212 | 0.213 | 0.128 | 0.297 | 0.348 |
| F | 7.478*** | 7.362*** | 6.193*** | 8.388*** | 11.561*** | 8.769*** |

注：被解释变量为隐性知识；N=169；*** $P<0.01$，** $P<0.05$，* $P<0.1$。

假设3认为关系嵌入性的5个维度均与隐性知识获取正相关。如表3中模型2、模型3所示，关系嵌入性的感情深度系数为负且不显著，持久程度虽然为正但不显著，而联系次数、互惠程度、

信任为正且显著异于零（P<0.01），并且模型2、模型3在统计上是显著的（F2=7.362，P2<0.01，F3=6.193，P3<0.01），说明关系嵌入性的联系次数、互惠程度、信任程度等与隐性知识的获取正相关，而感情深度、持久程度与隐性知识获取的正向关系没有得到结果的支持，因此，假设2得到部分支持。在模型4、模型5中，结构嵌入的居间中心性和接近中心性均为正且显著异于零（P<0.01），并且模型4、模型5在统计上是显著的（F4=8.388，P4<0.01，F5=11.561，P5<0.01），因此假设4得到完全支持。

另外，在包括了控制变量、关系嵌入性与结构嵌入性等所有变量的模型6中，上述变量各系数的符号与显著性均没有太大的变化，而且模型6在统计上是显著的（F6=8.769，P5<0.01），这说明上述结果具有一定的稳定性。同时在表3中，企业创立时间、民营企业在部分模型中均有一定程度的显著性，表明企业创立时间长短与企业性质对企业隐性知识获取有一定影响，这与预期结果基本相符合。

### （三）显性知识、隐性知识与企业创新能力

仍用多元线性回归分析方法来验证显性知识、隐性知识与企业创新能力的关系，其中企业创新能力为因变量。表4给出了多元回归分析的结果，共估计了4个模型。

假设5认为显性知识与企业创新能力正相关，如表4所示，模型2显示显性知识与企业创新能力正相关且异于零（P<0.1），并且模型2在统计上是显著的，因此假设5通过验证。假设6认为隐性知识与企业创新能力正相关，模型3显示隐性知识与企业创新能力正相关且显著异于零（P<0.01），并且模型3在统计上是显著的，因此假设6通过验证。注意到无论是P的显著性水平还是F的显著性水平，隐性知识与企业创新能力的相关系数都远远高于显性知识与企业创新能力的相关系数，因此，可以说明隐性知识对企业创新能力的影响要大于显性知识。同时，在模型4中，当所有变量在一起考虑时，上述变量的符号、大小及显著性都没有太大变化，说明上述结果具有一定的稳定性。

表4　显性知识、隐性知识与企业创新能力关系回归分析

| 变量 | 模型1 | 模型2 | 模型3 | 模型4 |
|---|---|---|---|---|
| 常数项 | 3.347*** | 2.941*** | 3.012*** | 2.924*** |
| 控制变量 | | | | |
| 企业创立 | 0.412 | 0.376 | 0.337 | 0.215 |
| 国有企业 | −0.296* | −0.322* | −0.315* | −0.322* |
| 民营企业 | −0.157 | −0.204 | −0.188 | −0.203 |
| 所处行业 | 0.016 | 0.022 | 0.029 | 0.025 |
| 企业规模 | 0.153*** | 0.167*** | 0.158*** | 0.166*** |
| 知识获取 | | | | |
| 显性知识 | | 0.123* | | 0.195*** |
| 隐性知识 | | | 0.208*** | 0.224*** |
| Adjusted R-squared | 0.16 | 0.27 | 0.14 | 0.12 |
| $R^2$ | 0.835 | 0.990 | 1.164 | 1.996 |
| F | 4.927*** | 4.968*** | 7.867*** | 8.543*** |

注：被解释变量为企业创新能力；N=169；*** P<0.01，** P<0.05，* P<0.1。

如表4所示，国有企业在4个模型中均为负且显著（P<0.1），表明对国有企业来说，其创新能力相对低一些。企业规模在4个模型中均为正且显著（P<0.01），表明企业规模对企业创新能力

有正的影响。这再次证明了熊彼特关于企业规模与企业创新能力的假说。

## （四）显性知识中介作用

仍用多元线性回归分析方法来验证显性知识在网络嵌入性影响企业创新能力关系中起到的中介作用，其中企业创新能力为因变量。表5给出了多元回归分析的结果，共估计了7个模型。其中模型1的解释变量只有控制变量，分别是企业创立时间、企业性质、核心业务所处行业以及企业规模，目的是验证控制变量对企业创新能力的影响。模型2在控制变量的基础上加入了关系嵌入性的5个变量，模型3在模型2的基础上加入了显性知识，目的是验证显性知识在关系嵌入与企业创新能力关系中的中介作用。模型4在控制变量的基础上加入了结构嵌入性的两个变量，模型5在模型4的基础上加入了显性知识，目的是验证显性知识在结构嵌入与企业创新能力关系中的中介作用。模型6在模型1的基础上同时加入了关系嵌入性的5个维度和结构嵌入性的2个维度，目的是验证网络嵌入性与企业创新能力的关系。模型7加入了控制变量、关系嵌入、结构嵌入、显性知识等上述所有变量，目的是验证显性知识在网络嵌入性影响企业创新能力关系中起的中介作用。

表5　显性知识中介作用回归分析

| 变量 | 模型1 | 模型2 | 模型3 | 模型4 | 模型5 | 模型6 | 模型7 |
|---|---|---|---|---|---|---|---|
| 常数项 | 3.347*** | 1.655*** | 1.702*** | 2.140*** | 2.177*** | 1.512*** | 1.552*** |
| 控制变量 | | | | | | | |
| 企业创立 | 0.012 | 0.023 | 0.026 | 0.019 | 0.021 | 0.025 | 0.031 |
| 国有企业 | −0.296* | −0.315* | −0.307* | −0.337** | −0.330* | −0.360** | −0.339** |
| 民营企业 | −0.157 | −0.129 | −0.112 | −0.219 | −0.209 | −0.171 | −0.136 |
| 所处行业 | −0.016 | 0.022 | 0.024 | −0.033 | −0.030 | −0.013 | −0.005 |
| 企业规模 | 0.153*** | 0.122** | 0.117** | 0.129*** | 0.124** | 0.113** | 0.099** |
| 关系嵌入性 | | | | | | | |
| 联系次数 | | 0.355 | 0.376 | | | 0.424* | 0.469* |
| 感情深度 | | 0.464 | 0.457 | | | 0.437*** | 0.499*** |
| 互惠程度 | | 0.337** | 0.345** | | | 0.257 | 0.477 |
| 信任程度 | | 0.337** | 0.345** | | | 0.398*** | 0.417*** |
| 持久程度 | | −0.158 | −0.153 | | | −0.163 | −0.157 |
| 结构嵌入性 | | | | | | | |
| 居间中心性 | | | | 0.270*** | 0.278*** | 0.193*** | 0.210*** |
| 接近中心性 | | | | 0.234 | 0.250 | 0.121 | 0.237 |
| 显性知识 | | | 0.338 | | 0.434 | | 0.497 |
| Adjusted R-squared | 0.06 | 0.22 | 0.21 | 0.16 | 0.16 | 0.24 | 0.25 |
| R² | 0.835 | 0.364 | 0.365 | 0.295 | 0.296 | 0.398 | 0.405 |
| F | 5.969*** | 8.664*** | 8.149*** | 8.589*** | 7.888*** | 8.513*** | 8.222*** |

注：被解释变量为企业创新能力；N=169；*** P<0.01，** P<0.05，* P<0.1。

假设7认为显性知识在网络嵌入性影响企业创新能力关系中起到中介作用。从模型中我们发现，在F统计量显著的情况下，显性知识无论是在关系嵌入与企业创新能力中（模型3）还是在结构嵌入与企业创新能力中（模型5），其相关系数虽然均为正但都不显著，而且在模型7中，当所有变量都被加入后，网络嵌入的相关系数无论是显著还是不显著的情况，相关系数都有增加，说明网络嵌入性的部分维度与企业创新能力在加入中介变量显性知识后并没有受到显著影响，显性知识并没有很好地起到中介作用，因此假设 7 没有通过验证。

## （五）隐性知识中介作用

仍用多元线性回归分析方法来验证隐性知识会在网络嵌入性影响企业创新能力关系中起到中介作用，其中企业创新能力为因变量。表 6 给出了多元回归分析的结果，共估计了 7 个模型。

**表 6 隐性知识中介作用回归分析**

| 变量 | 模型 1 | 模型 2 | 模型 3 | 模型 4 | 模型 5 | 模型 6 | 模型 7 |
|---|---|---|---|---|---|---|---|
| 常数项 | 3.347*** | 1.655*** | 1.702*** | 2.140*** | 2.168*** | 1.512*** | 1.515*** |
| 控制变量 | | | | | | | |
| 企业创立 | 0.012 | 0.023 | 0.026 | 0.019 | 0.021 | 0.025 | 0.018 |
| 国有企业 | −0.296* | −0.315* | −0.307* | −0.337** | −0.330* | −0.360** | −0.327** |
| 民营企业 | −0.157 | −0.129 | −0.112 | −0.219 | −0.203 | −0.171 | −0.164 |
| 所处行业 | −0.016 | 0.022 | 0.025 | −0.033 | −0.021 | −0.013 | 0.014 |
| 企业规模 | 0.153*** | 0.122** | 0.124** | 0.129*** | 0.133** | 0.113** | 0.108** |
| 关系嵌入性 | | | | | | | |
| 联系次数 | | 0.355 | 0.344*** | | | 0.454* | 0.428* |
| 感情深度 | | 0.464 | 0.450*** | | | 0.437*** | 0.396*** |
| 互惠程度 | | 0.337** | 0.347*** | | | 0.457 | 0.441*** |
| 信任程度 | | 0.367** | 0.352*** | | | 0.498*** | 0.426*** |
| 持久程度 | | −0.158 | −0.153 | | | −0.163 | −0.162 |
| 结构嵌入性 | | | | | | | |
| 居间中心性 | | | | 0.277*** | 0.261*** | 0.193*** | 0.204*** |
| 接近中心性 | | | | 0.234 | 0.213*** | 0.261*** | 0.247*** |
| 隐性知识 | | | 0.445*** | | 0.439*** | | 0423*** |
| Adjusted R-squared | 0.06 | 0.22 | 0.21 | 0.16 | 0.16 | 0.24 | 0.25 |
| $R^2$ | 0.835 | 0.364 | 0.317 | 0.295 | 0.216 | 0.398 | 0.395 |
| F | 5.969*** | 8.664*** | 8.165*** | 8.589*** | 7.897*** | 8.513*** | 8.218*** |

注：被解释变量为企业创新能力；N=169；*** $P<0.01$，** $P<0.05$，* $P<0.1$。

隐性知识中介作用的模型构建原理与显性知识中介作用构建原理完全相同，此处不再赘述。对隐性知识中介作用分析如下：模型 3 是在模型 2 的基础上加入隐性知识，此时关系嵌入性的联系次数、感情深度、互惠程度、信任程度的相关系数变小（模型 3），而且统计显著（F3=8.165，P3<0.01），说明关系嵌入的大部分维度与创新能力相关关系在加入隐性知识的中介变量后受到了一定的影响，这说明隐性知识在关系嵌入性影响企业创新能力上起中介作用（温忠麟、侯杰泰和张雷，2005）；模型 5 是在模型 4 的基础上加入隐性知识，此时结构嵌入性的两个维度均变得更小，即加入中介变量隐性知识后结构嵌入性与企业创新能力关系受到影响，原先不显著的接近中心性也变得显著，而模型 5 是统计显著的（F5=7.897，P5<0.01），说明隐性知识在结构嵌入性影响企业创新能力上起中介作用。在模型 6 中，关系嵌入性的联系次数、感情深度、信任程度与结构嵌入性的居间中心性在它们与企业创新能力的关系上比较显著，而模型 6 是统计显著的（F5=8.513，P5<0.01），说明网络嵌入性总体上而言与企业创新能力正相关。在模型 7 中不难发现，除了关系嵌入性的持久程度以外，关系嵌入与结构嵌入的所有变量相对于加入隐性知识前的模型 6 而言，都变得显著（在模型 6 中互惠程度并不显著），关系嵌入性的四个维度和结构嵌入性的两个维度均变得更小，且模型 7 统计显著（F7=8.218，P7<0.01），说明网络嵌入性与企业创

新能力相关关系在加入隐性知识的中介变量后，受到一定影响，隐性知识确实起中介作用，假设 8 通过验证。

# 五、结论与讨论

本文是以企业网络嵌入性为切入点，提出从网络嵌入性角度对知识获取和创新能力进行研究，构建了网络嵌入性—知识获取—企业创新能力之间的关系模型。数据分析显示，网络嵌入性与知识获取及企业创新能力有重要关系。

第一，网络嵌入性的不同嵌入性机制对知识获取产生不同作用。在前人研究的基础上，本研究将企业之间的网络嵌入性联系划分为关系嵌入性联系与结构嵌入性联系（Granovetter，1985）。研究结果表明，关系嵌入性与结构嵌入性都与知识获取有一定的相关性，关系嵌入性的联系频繁程度、互惠程度、信任程度以及持久程度，结构嵌入性的居间中心性与接近中心性使网络中的企业可以更好更广泛地深入沟通、交流，这证明了国外学者的相关研究是正确的（Dyer 和 Singh，1998；Mc Evily 和 Zaheer，1999）。但关系嵌入性的密切程度与显性知识并不相关或者相关度不显著，这与 Dyer（1998）等人关于强联系对知识获取更有利的结论有所不同，根据本研究结论，强联系不一定都对知识获取有利，网络嵌入性的方式不同，其对知识获取的能力也会存在差别，即嵌入性机制对知识获取的程度有差别。可能是因为在中国企业中，显性知识的获取由于它本身易编码的性质而容易传播，加之国内对知识产权的保护并不是很有效，使得很多产品在低层次层面上被大量模仿、复制，而这与企业间联系密切与否无关。

第二，关系嵌入的密切程度与稳定程度与隐性知识获取不相关或者相关性不显著。实证研究发现，关系嵌入性并不都与隐性知识获取正相关，至少关系嵌入的密切程度和稳定程度与其不相关或者相关性不显著。这与 Burt（1992）认为关系嵌入可以使行为主体通过企业网络获取有用的信息并知道如何利用这些信息与知识的观点不同。在中国制造业企业中，很多中国企业与外资合作，目的是通过与外资建立密切而稳定的关系获取对方先进的管理知识、核心技术专利等，即"市场换技术"，但是若干年过去后，中国企业往往并没有从这种关系中获取核心知识，因为在这种合作过程中，无论双方的关系有多密切与稳定，合资企业的外方始终将最核心的知识牢牢控制在手中，以保持自己的知识垄断地位。本研究从实证研究角度证明了"市场换技术"等观点并不可取，中国制造业要提高自己的创新能力，不能把希望寄托在对方身上，而应通过双方的互惠、信任等取得创新能力上的突破，这是本研究的创新之处。

第三，虽然很多学者将知识获取作为企业创新能力的中介变量，但是对不同属性知识对企业创新能力的中介作用并没有深入探讨。知识获取在网络嵌入性影响企业创新能力的机制上得到实证分析的支持（吴晓波等，2007），但是本研究发现，起中介作用的实际上是隐性知识而非所有知识。可能的解释是，虽然显性知识也可能会对企业创新能力产生影响，但是对于制造业企业而言，市场经验、技术诀窍、信仰文化等与创新能力的提高更为相关（Nonaka I.，1991）。

综上所述，本文通过一系列的理论推导与实证研究得出了一些重要的结论，可以为中国制造业企业嵌入企业网络中时，如何获取知识尤其是隐性知识，从而提高企业创新能力提供一定的参考意见。

**参考文献**

［1］Barney J.B.. Firm Resource and Sustained Competitive Advantage[J]. Journal of Management，1991，17（1）.

[2] Burt R. S.. Structural Holes：The Social Structure of Competition [M]. Cambridge，MA：Harvard University Press，1992.

[3] Cohen W. D.，Levinthal D. A.. Absorptive Capacity：A New Perspective on Learning and Innovation [J]. Administrative Science Quarterly，1990，35（1）.

[4] Dyer J. H.，Singh H.. The Relational View：Cooperative Strategy and Sources of Interorganizational Competitive Advantage [J]. Academy of Management Review，1998，23（4）.

[5] Freeman L.. Centrality in Social Networks Conceptual ClariFication[J]. Social Networks，1979（1）.

[6] Granovetter M.. Economic Action and Social Structure：The Problem of Embeddedness [J]. American Journal of Sociology，1985，91（3）.

[7] Kogut B.，Zander U.. Knowledge of the Firm，Combinative Capabilities，and the Replication of Technology [J]. Organization Science，1992，3（3）.

[8] Lavie D.. New York Resources：Toward a New Social Network Perspective [J]. Academy of Management Review，2008，33（2）.

[9] McEvily B.，Zaheer A.. Bridging Ties：A Source of Firm Heterogeneity in Competitive Capabilities [J]. Strategic Management Journal，1999（20）.

[10] Nonaka I.. The Knowledge Creating Company [J]. Harvard Business Review，1991（11-12）.

[11] Rowley T.，Behrens D .，Krachardt D.. Redundant Governance Structures：An Analysis of Structural and Relational Embeddedness in the Steel and Semiconductor Industries[J]. Strategic Management Journal，2000（21）.

[12] Uzzi B.. Social Structure and Competition in Interfirm Network：The Paradox of Embeddedness [J]. Administrative Science Quarterly，1997，42（1）.

[13] Zaheer A.，Bell G. G.. Benefiting from Network Position：Firm Capabilities，Structural Holes，and Performance [J]. Strategic Management Journal，2005（26）.

[14] 曹崇延，王淮学. 企业技术创新能力评价指标体系研究 [J]. 预测，1998（2）.

[15] 李志刚，汤书昆，梁晓艳，赵林捷. 产业集群网络结构与企业创新绩效关系研究 [J]. 科学学研究，2007.

[16] 林佳丽. 企业网络与企业竞争力——对汕头包装印刷行业的实证研究 [D]. 汕头大学硕士学位论文，2006.

[17] 赵文彦，曾月明. 创新型企业创新能力评价指标体系的构建与设计 [J]. 科技管理研究，2011（1）.

# 政府补贴对于企业技术创新的影响：
# 促进还是抑制？

林汉川　林洲钰　邓兴华[*]

[摘要] 已有研究主要关注政府补贴对于企业技术创新的直接影响，却忽视了政府补贴强度的变化以及企业异质性特征可能起到的作用。本文基于国家知识产权局提供的902959家企业专利数据，考察了政府补贴对于企业技术创新活动的影响。研究发现：①政府补贴与企业技术创新呈现出显著的倒"U"形曲线关系。当政府补贴低于某一临界值时，政府补贴显著促进了企业技术创新。当政府补贴超过临界值时，政府补贴对企业技术创新的抑制效应开始显现。②基于异质性的视角发现，政府补贴对中小企业、民营企业和装备制造业企业技术创新的影响更为明显。③基于制度环境的考察发现，在法制环境水平较高的地区，政府补贴在促进企业技术创新方面发挥了更大的作用。本文从补贴强度、企业特征与制度环境三个方面拓展了政府补贴与企业技术创新研究的理论框架，对于理解政府补贴在建设国家创新体系中的作用、制定创新政策等具有重要价值。

[关键词] 政府补贴；专利技术；技术创新；转型升级

# 一、引言

随着"十二五"期间中国经济增长方式从粗放型向集约型转变，企业作为创新主体，在推动国家技术进步中扮演着重要角色。在经济转型的过程中，政府补贴作为一种政策工具，通过对企业经济补偿等形式，可被政府用来实现多种政策目标，在引导产业升级等方面发挥着越来越重要的作用，并逐渐成为我国经济结构转型的重要推手。然而，与此形成鲜明对比的是，理论界对于政府补贴与企业技术创新之间的关系存在巨大的争议。对于政府补贴持"正面效应"的观点认为，政府补贴有利于弥补创新过程中的市场失灵（Patel & Pavitt，1994），带动了企业层面的创新投入（Hu，2001），促进了企业技术创新活动（Dundas & Roper，2009）。对于政府补贴持"负面效应"的观点认为，政府选择性的补贴政策对企业的创新投入产生了挤出效应（Wallsten，2000），降低了激励效果（Rodrik，2004），企业所释放的虚假信号很可能达到欺骗政策制定者的目的（安同良等，2009）。由此可见，现有文献对于政府补贴与企业技术创新之间的关系尚未取得一致结论，存在着巨大争议，依然是一个有待检验的重要问题，有必要深入研究下去。更为引人关注的是，这种争议也引发了对于政府补贴及其相关政策合理性的诸多疑问。

本文研究发现：①政府补贴与企业技术创新呈现出倒"U"形关系。当政府补贴低于某一临界

---

* 林汉川，教授，博士，博导，研究领域为现代企业理论与企业制度、国有资产管理、企业管理等。

值时，政府补贴显著地促进了企业技术创新。当政府补贴超过临界值时，政府补贴对企业技术创新的抑制效应开始显现。②基于企业特征的考察发现，政府补贴对企业技术创新的影响存在显著的产权、规模和行业差异。③结合制度环境的考察发现，在法制环境水平较高的地区，政府补贴在促进企业技术创新方面发挥出了更大的作用。

我们的研究可能在以下三个方面丰富了已有文献：①以往文献主要研究了政府补贴与企业创新投入之间的关系，但很少有研究涉及政府补贴与企业创新产出之间的关系，特别是以中国企业为样本的研究非常少见。本文的样本企业的产值在中国经济中占有很大比重，无论是从数量还是从经济影响力来看，都具有很强的代表性。本文基于国家知识产权局公布的 902959 家企业专利数量数据，考察了政府补贴与企业技术创新之间存在的非线性关系，这丰富和加深了我们对于企业技术创新过程的认识。②本文基于企业特征的考察发现，政府补贴对企业技术创新的影响存在显著的产权、规模和行业差异。这些发现对于理解政府补贴在技术创新领域的不同作用提供了一个独特的微观视角。③本文的研究不仅直接反映了政府的治理行为，也为相关政策的制定和改革提供了理论和经验依据，因而对于政府制定创新政策、完善国家创新体系、评估现有政策的经济后果具有重要的价值。

# 二、理论分析与研究假说

现代经济增长理论表明，技术进步和知识积累是决定经济增长的重要推动因素。由于技术创新活动具有明显的外溢性，其容易受到来自外部环境因素的影响。Romer（1986）认为，政府对于创新活动的适度干预和引导，有利于引导生产要素和资源流向研究开发等创新部门。Nadiri（1993）提出，政府出面纠正创新外部性，是完全必要的和正当的，因为短期内研发投资的私人回报率通常低于社会平均收益率。Cropper 和 Oates（1992）认为，政府可以通过公共支出、产权保护体系和技术规制等方式，为创新活动提供基础平台。Patel 和 Pavitt（1994）进一步指出政府可以通过多种手段来干预企业的创新活动，如加强基础教育和研究、保护创新产生的超额收益等手段，有利于弥补创新过程中的市场失灵，改善创新环境。Leyden 和 Link（1991）利用美国宏观经济数据证明，政府补贴是私人企业研发投资的重要参考因素。Hu（2001）研究发现，政府补贴对私人 R&D 有显著的正向作用。Dundas 和 Roper（2009）等发现，政府资助促进了企业研发活动和重大新产品的开发。庄子银（2007）总结出，要提高经济中的研发投入水平，就必须通过政治、经济、法律和文化制度创新，促使企业家更多地从事生产性的创新活动。在最近的研究中，王俊（2010）和熊维勤（2011）利用行业数据发现 R&D 补贴对企业 R&D 投入的激励效应都是显著存在的。

对于政府补贴在企业创新中的作用，学术界不是没有争议的。还有一种观点认为，政府补贴政策对企业的创新投入存在"挤出效应"，不仅未能促使企业增加创新投入，反而减少了它的投入，结果本该由企业或市场承担的开支变成了由政府承担。Rodrik（2004）的研究表明，政府不可能拥有关于产业的完全信息，来甄别出哪些产业可能从创新活动中产生最大的知识产出，政府现有的选择性创新补贴政策降低了对企业创新的激励效果。另一部分学者就政府在创新扶持的遴选机制方面提出了质疑。Wallsten（2000）指出，政府出于对财政资金负责的考虑，在扶持对象遴选方面，更倾向于风险小、回报率高、市场前景好的项目，这样的选择机制忽视了一大批对长期社会发展有益但短期回报较低的项目。Wallsten（2000）认为，以盈利为导向的补贴政策更容易对企业的创新投入产生挤出效应。Lach（2000）的研究发现，当申请项目在没有获得政府扶持的情况下，企业通常的反应是会选择减小投入规模或者直接撤销项目。在国内研究中，安同良等（2009）

发现，企业可以通过释放将要进行原始创新的虚假信号来获取政府在创新政策方面的扶持，从而严重削弱政府补贴的激励效应。

由此可见，政府的补贴政策对企业技术创新的影响存在两种相反的可能：一种为"互补效应"，即政府补贴政策促进了企业的创新活动；另一种为"挤出效应"，即政府补贴抑制了企业的创新活动。

# 三、数据来源与数据描述

## （一）研究样本与数据来源

本文中的政府补贴和企业财务指标来自国家统计局的全国工业企业数据库。企业层面的专利申请数据来自 2007~2009 年国家知识产权局出版的《中国专利数据库》。最终我们获得 902959 家企业观测样本。法制环境数据来自樊纲、王小鲁和朱恒鹏（2011）编制的各地区市场化进程指数。

表 1 列出了工业企业样本的专利数量、研发投入比例、营业收入、职工人数、地域分布和企业所有制的基本特征。从专利数量来看，年专利产出少于 10 个的企业占样本总数的 99.66%；而年专利产出超过 10 个的企业所占比例不足 1%，这反映出我国企业总体的专利产出比较少。从研发投入比例来看，研发投入比例超过 1% 的企业占样本总数的 10% 左右；而研发投入比例低于 1% 的企业占样本总数的 90.25%，这反映出我国企业总体研发投入水平仍处于较低水平。根据我国大中小型企业的划分标准，从业人员在 1000 人以下或营业收入 40000 万元以下的为中小微型企业。本文样本中绝大多数企业都属于中小企业，大型企业不足 4%。从地区分布来看，样本企业主要分布于东南、环渤海和中部地区，各占样本总数的 49.61%、17.90% 和 13.40%，其他地区企业所占比例约为 19.09%。从企业所有制类型来看，民营企业最多，占样本总数的 49.67%，外资和港澳台企业分别约占样本的 10.56% 和 9.79%，国有和集体企业分别约占样本的 4.28% 和 4.75%。

表 1 制造业样本企业的基本特征

| 特征 | 分类 | 数量（个） | 占比（%） | 特征 | 分类 | 数量（个） | 占比（%） |
|---|---|---|---|---|---|---|---|
| 专利数量（个） | <10 | 899891 | 99.66 | 研发投入比例（%） | <1 | 814881 | 90.25 |
| | ≥10~<100 | 2879 | 0.32 | | ≥1~<10 | 17212 | 1.91 |
| | ≥100 | 189 | 0.02 | | ≥10 | 70866 | 7.85 |
| 营业收入（万元） | <2000 | 412395 | 45.67 | 职工人数（人） | <300 | 756362 | 83.76 |
| | ≥2000~<40000 | 459286 | 50.87 | | ≥300~<1000 | 115876 | 12.83 |
| | ≥40000 | 31278 | 3.46 | | ≥1000 | 30721 | 3.40 |
| 地域分布 | 东北 | 61247 | 6.79 | 企业所有制 | 国有 | 38668 | 4.28 |
| | 环渤海 | 161662 | 17.90 | | 集体 | 42810 | 4.75 |
| | 东南 | 447918 | 49.61 | | 民营 | 448542 | 49.67 |
| | 中部 | 121032 | 13.40 | | 外资 | 95367 | 10.56 |
| | 西南 | 65928 | 7.30 | | 港澳台 | 88396 | 9.79 |
| | 西北 | 45172 | 5.00 | | 其他 | 189176 | 20.95 |

注：样本数量为 902959。东北包括黑龙江、吉林和辽宁，环渤海包括北京、天津、河北和山东，东南包括上海、江苏、浙江、福建和广东，中部包括河南、湖北、湖南、安徽和江西，西南包括重庆、四川、云南、海南、贵州和广西，西北包括山西、陕西、甘肃、宁夏、内蒙古、新疆、青海和西藏。研发投入比例为研发投入占销售额的比重。根据财政部发布的《关于印发中小企业划型标准规定的通知》规定，从业人员在 1000 人以下或营业收入 40000 万元以下的为中小微型企业。

### （二）变量定义与研究模型

本文用政府补贴占销售额的比重来衡量政府补贴强度。企业技术创新一般指以获取自主知识产权、掌握核心技术为宗旨进行的创新活动（OECD，2005）。专利作为企业创新活动的主要产出和成果代表，是企业自主知识产权的集中体现。本文以企业专利申请数作为企业技术创新的代理变量。

在控制变量方面，我们选择了研发投入、人力资本、出口、全要素生产率、规模、负债水平、盈利水平、年龄、多元化和产业集中度，具体变量定义如表 2 所示。模型中 $\gamma_i$、$\gamma_j$、$\gamma_k$、$\gamma_t$ 分别表示省份、行业、产权和年份，$\varepsilon$ 为随机扰动项。为了控制可能存在的内生性问题，所有解释变量都滞后一期。为了避免异常值对模型分析的影响，本文按照 1% 与 99% 的水平对变量进行了Winsorize 处理。因为被解释变量是以 0 为下限的拖尾变量（Censored Variable），应采用 Tobit 模型进行估计。模型如下：

$$\ln(Patent + 1) = \alpha_0 + \alpha_1 Subs + \gamma_2 Firmcontrol + \gamma_i + \gamma_j + \gamma_k + \gamma_t + \varepsilon$$

**表 2　变量定义**

| 变量名 | 中文简称 | 计算方法 |
|---|---|---|
| 因变量 | | |
| $Patent_0$ | 专利总产出 | ln（下一年的专利申请总数+1） |
| $Patent_1$ | 发明专利数 | ln（下一年的发明专利申请数+1） |
| $Patent_2$ | 新型专利数 | ln（下一年的新型专利申请数+1） |
| $Patent_3$ | 外观专利数 | ln（下一年的外观专利申请数+1） |
| 解释变量 | | |
| Subs | 政府补贴 | 补贴收入除以销售额 |
| 公司控制变量 | | |
| R&D | 研发投入 | 研发投资除以销售额 |
| Hum | 人力资本 | 大专学历以上员工人数/员工规模 |
| Export | 出口 | 出口企业标记为 1，非出口企业标记为 0 |
| TFP | 全要素生产率 | 本文采用 LP 法来计算全要素生产率（Levinsohn & Petrin，2003） |
| Size | 规模 | 资产/员工总数 |
| Lev | 负债水平 | 负债/总资产 |
| Roa | 盈利水平 | 利润/总资产 |
| Age | 年龄 | 企业成立年数 |
| Dive | 多元化 | 用企业经营的产业单位数量来表示 |
| Hhi | 产业集中度 | 产业中销售额最大的 10 家企业占全行业销售额比重的平方和 |

### （三）描述性统计

我们对研究样本的主要变量进行了描述性统计，具体结果如表 3 所示。在创新指标上，由于考虑了没有进行专利活动企业的影响，样本企业的平均专利总产出为 0.213 个，最小值为 0 个，最大值为 6095 个，标准差为 12.270。发明专利、新型专利和外观专利的均值分别为 0.076、0.067 和 0.070，标准差分别为 10.810、1.929 和 2.185。这表明我国企业总体的专利产出水平较低，不同企业间的差异和波动很大。研发投入的均值为 0.001，表明我国企业的研发投资强度总体上处于较低水平。研发投入的标准差为 0.006，表明企业创新投入水平较低，并且差异较大。

**表 3　主要变量的描述统计**

| 主要变量 | 均值 | 标准差 | 最小值 | 中位数 | 最大值 |
|---|---|---|---|---|---|
| 专利总产出 | 0.213 | 12.270 | 0 | 0 | 6095 |
| 发明专利数 | 0.076 | 10.810 | 0 | 0 | 5731 |
| 新型专利数 | 0.067 | 1.929 | 0 | 0 | 658 |
| 外观专利数 | 0.070 | 2.185 | 0 | 0 | 555 |
| 政府补贴 | 0.002 | 0.0109 | 0 | 0 | 0.083 |
| 研发投入 | 0.001 | 0.006 | 0 | 0 | 0.045 |
| 人力资本 | 0.099 | 0.164 | 0 | 0.026 | 1 |
| 出口 | 0.259 | 0.438 | 0 | 0 | 1 |
| 全要素生产率 | 7.334 | 1.024 | −0.308 | 7.286 | 9.862 |
| 规模 | 0.298 | 0.410 | 0.008 | 0.162 | 2.572 |
| 负债水平 | 0.559 | 0.286 | 0.007 | 0.571 | 1.543 |
| 盈利水平 | 0.096 | 0.179 | −0.230 | 0.040 | 0.909 |
| 年龄 | 8.458 | 9.175 | 0 | 6 | 52 |
| 多元化 | 0.721 | 0.192 | 0 | 0.693 | 6.360 |
| 产业集中度 | 0.126 | 0.266 | 0.003 | 0.050 | 10 |

注：样本量为 902959。

# 四、估计结果与分析

## （一）政府补贴与企业技术创新

表 4 报告了政府补贴对于企业技术创新的影响。观察第 1 列，政府补贴对于专利总产出的回归系数为 0.084，在 1% 的水平上显著。这表明政府补贴促进了企业技术创新。第 2 列中加入了政府补贴额的平方项，系数为−0.039，在 1% 的水平上显著。这表明政府补贴与企业技术创新呈现出倒 "U" 形关系。平均而言，拐点位于 5% 左右的水平。[①] 这意味着，当政府补贴低于某一临界值时，政府补贴显著促进了企业技术创新。当政府补贴超过临界值时，政府补贴对企业技术创新的抑制效应开始显现。第 3~5 列的回归结果显示了政府补贴不同类型专利活动的影响情况。结果显示，政府补贴对于发明专利、新型专利和外观专利的影响系数分别为 0.351、0.290 和 0.292，都在 1% 的水平上显著。同时，政府补贴的平方项对于三种专利的影响系数也都在 1% 的水平上显著。

以上结果表明，政府补贴与企业创新活动之间呈现出倒 "U" 形曲线关系。补贴政策通过降低创新成本等途径提升企业技术创新水平，但补贴政策在其他情况下也有可能对企业技术创新活动产生负面影响，并且这些不利影响都是在补贴强度较低或者过高的情况下有可能发生的。当补贴强度较低时，补贴政策对于企业技术创新的激励作用就十分有限，而随着补贴强度的增加，补贴政策对于企业技术创新的正面作用也呈现出递增趋势。另外，技术领域信息的不透明为企业的 "寻扶持" 行为提供了便利，当获得扶持收益很高时，企业更有兴趣通过释放将要进行原始创新的虚假信号进行 "寻扶持" 投资，而不是将自身资源用于提高技术水平，从而严重扭曲了财政补贴

---

① 计算公式为（−2 × 0.346/ − 0.039）= 0.0564。

资源的配置。过高的补贴激励可能导致创新的低效率，表现为当企业可以通过补贴就获得稳定的外部收入时，将助长企业对于补贴的依赖，企业高管将缺乏足够动力从事较高风险的技术研发活动。因此，过低和过高的补贴激励都不利于推动企业技术创新活动，补贴激励政策对企业技术创新的影响效果就会与企业获得激励强度的高低密切相关。这意味着当补贴强度低于某一临界值时，补贴政策显著促进了企业技术创新；当补贴激励强度超过临界值时，补贴政策对企业技术创新的抑制效应开始显现。

**表4　政府补贴对于企业技术创新的回归结果**

| 被解释变量 | 专利总产出（1） | 专利总产出（2） | 发明专利数（3） | 新型专利数（4） | 外观专利数（5） |
|---|---|---|---|---|---|
| 政府补贴 | 0.084*** | 0.346*** | 0.351*** | 0.290*** | 0.292*** |
| | (0.008) | (0.025) | (0.026) | (0.026) | (0.048) |
| 政府补贴的平方 | | −0.039*** | −0.036*** | −0.035*** | −0.037*** |
| | | (0.004) | (0.004) | (0.004) | (0.008) |
| 研发投入 | 0.679*** | 0.672*** | 0.574*** | 0.534*** | 0.625*** |
| | (0.009) | (0.009) | (0.010) | (0.009) | (0.016) |
| 人力资本 | 0.200*** | 0.200*** | 0.157*** | 0.165*** | 0.189*** |
| | (0.005) | (0.005) | (0.006) | (0.006) | (0.010) |
| 出口 | 0.693*** | 0.690*** | 0.529*** | 0.591*** | 0.959*** |
| | (0.025) | (0.025) | (0.028) | (0.026) | (0.044) |
| 全要素生产率 | 0.677*** | 0.671*** | 0.595*** | 0.586*** | 0.852*** |
| | (0.013) | (0.013) | (0.016) | (0.013) | (0.024) |
| 规模 | 0.192*** | 0.189*** | 0.423*** | 0.110*** | −0.235*** |
| | (0.024) | (0.024) | (0.024) | (0.025) | (0.048) |
| 负债水平 | −0.335*** | −0.328*** | −0.498*** | −0.243*** | −0.224*** |
| | (0.038) | (0.038) | (0.044) | (0.040) | (0.070) |
| 盈利水平 | −1.861*** | −1.842*** | −1.247*** | −1.495*** | −2.535*** |
| | (0.073) | (0.074) | (0.082) | (0.078) | (0.140) |
| 年龄 | 0.020*** | 0.020*** | 0.014*** | 0.018*** | 0.020*** |
| | (0.001) | (0.001) | (0.001) | (0.001) | (0.002) |
| 多元化 | 0.439*** | 0.430*** | 0.373*** | 0.352*** | 0.440*** |
| | (0.045) | (0.045) | (0.045) | (0.048) | (0.075) |
| 产业集中度 | 0.450*** | 0.451*** | 0.271*** | 0.368*** | 0.579*** |
| | (0.025) | (0.025) | (0.031) | (0.025) | (0.037) |
| 常数项 | −13.215*** | −13.167*** | −11.849*** | −11.803*** | −20.065*** |
| | (0.165) | (0.165) | (0.203) | (0.168) | (0.464) |
| Pseudo-$R^2$ | 0.142 | 0.142 | 0.182 | 0.166 | 0.116 |
| F | 701.134 | 679.842 | 297.362 | 457.815 | 224.032 |
| N | 902959 | 902959 | 902959 | 902959 | 902959 |

注：***、**、*分别代表在1%、5%和10%水平上显著，括号内是标准误差，其按企业聚类和异方差调整。产业、区域、产权、年份效应已控制。

## （二）政府补贴与企业技术创新：规模、行业和制度环境的差异

表5报告了政府补贴对于不同规模、行业和制度环境类型的企业技术创新的影响。观察第1列，政府补贴对于中小企业专利总产出的回归系数为0.085，在1%的水平上显著。观察第2列，政府补贴对于大型企业专利总产出的回归系数为0.032，但不显著。这表明政府补贴对于中小企业技术创新活动的作用更加显著。相对于大型企业，中小企业有限的融资渠道决定了中小企业在技术创新活动中往往面临着更大的资金压力和约束。政府补贴对于中小企业的政策扶持有利于缓解

中小企业面临的融资约束，发挥出促进中小企业技术创新的作用。

观察第 3 列，政府补贴对于装备制造业① 企业专利总产出的回归系数为 0.124，在 1% 的水平上显著，观察第 4 列，政府补贴对于其他行业企业专利总产出的回归系数为 0.081，在 1% 的水平上显著，这表明政府对于装备制造业企业技术创新的作用更加显著。装备制造业承担着为国民经济各行业和国防建设提供装备的重任。装备制造业企业的技术创新能力在推动经济增长方式转变和产业结构升级过程中发挥着重要作用。一方面，装备制造业属于资金密集型产业，其特征是单位劳动占用资金较多、投资大、容纳劳动力相对较少、资金周转慢、取得投资效果慢。另一方面，装备制造业属于技术密集型产业，其特征是在投入的劳动与资本两要素中凝结了高度的技术，工艺过程复杂，在其产品中体现了大量的 R&D 活动。与发达国家相比，中国装备制造业发展严重落后，存在的主要问题表现为产业集中度低、技术创新能力弱、管理水平落后以及经济效益差等问题。因此，相对于其他行业，中国装备制造业的转型升级面临着更大的资金需求。相对于其他行业，政府对于装备制造业企业的补贴能够对企业技术创新活动发挥出更显著的作用。

为了进一步考察在不同制度环境下政府补贴对于企业技术创新的作用，我们以法制环境的高低把样本分为两组（把高于均值的样本归为法制环境较好的样本组，把低于均值的样本归为法制环境较差的样本组）。观察第 5 列，在高法制环境地区，政府补贴对于企业专利总产出的回归系数为 0.120，在 1% 的水平上显著。观察第 6 列，在低法制环境地区，政府补贴对于企业专利总产出的回归系数为 0.027，在 5% 的水平上显著。这表明在高法制环境地区，政府对于企业技术创新活动的作用更加显著。这意味着，良好的法制环境提升了政府补贴对于企业技术创新的作用。

**表 5    政府补贴对于企业技术创新的影响：基于规模、行业和制度环境的考察**

| 被解释变量 | 专利总产出 | | | | | |
| --- | --- | --- | --- | --- | --- | --- |
| | 中小企业（1） | 大型企业（2） | 装备制造业（3） | 其他行业（4） | 高法制环境（5） | 低法制环境（6） |
| 政府补贴 | 0.085*** | 0.032 | 0.124*** | 0.081*** | 0.120*** | 0.027** |
| | (0.008) | (0.028) | (0.011) | (0.011) | (0.010) | (0.012) |
| 其他变量 | 已控制 | 已控制 | 已控制 | 已控制 | 已控制 | 已控制 |
| 常数项 | −12.565*** | −13.118*** | −10.277*** | −14.130*** | −13.543*** | −11.587*** |
| | (0.197) | (0.606) | (0.170) | (0.220) | (0.233) | (0.236) |
| Pseudo-$R^2$ | 0.125 | 0.108 | 0.150 | 0.094 | 0.133 | 0.166 |
| F | 664.451 | 68.408 | 641.227 | 92.651 | 562.802 | 220.983 |
| N | 872818 | 30141 | 748876 | 154083 | 621177 | 281782 |

注：***、**、* 分别代表在 1%、5% 和 10% 水平上显著，括号内是标准误差，其按企业聚类和异方差调整。产业、区域、年份效应已控制。其他变量包括人力资本、研发投入、出口、全要素生产率、规模、负债水平、盈利水平、年龄、多元化、产业集中度。中小企业的划分标准根据财政部发布的《关于印发中小企业划型标准规定的通知》规定，从业人员在 1000 人以下或营业收入 40000 万元以下的为中小微型企业。

## （三）政府补贴与企业技术创新：产权因素的作用

表 6 报告了在考虑不同产权因素情况下，政府补贴对于企业技术创新的影响。对于内资企业而言，观察第 1~3 列，政府补贴对于国有企业专利总产出的影响系数为 0.063，在 1% 的水平上显著；政府补贴对于集体企业专利总产出的影响系数为 0.077，在 5% 的水平上显著；政府补贴对于民营企业专利总产出的影响系数为 0.095，在 1% 的水平上显著。这表明，在内资企业部分，政府

---

① 在参照国家统计局的行业分类标准基础（GB/T4754）上，本文将以下行业归入装备制造业：通用设备制造业，专用设备制造业，交通运输设备制造业，电气机械及器材制造业，通信设备、计算机及其他电子设备制造业，仪器仪表及文化、办公用机械制造业。

补贴对于民营企业技术创新活动发挥了更大的作用，观察第 4~5 列，政府补贴对于外资企业和港澳台企业专利总产出的影响系数分别为 0.235 和 0.185，都在 1% 的水平上显著。这表明，政府补贴发挥了对外资企业和港澳台企业技术创新活动的促进作用。基于以上分析，政府补贴对企业技术创新的影响程度存在显著的产权差异。

**表 6　政府补贴对于企业技术创新的影响：产权因素的作用**

| 被解释变量 | 专利总产出 | | | | |
|---|---|---|---|---|---|
| | 国有企业（1） | 集体企业（2） | 民营企业（3） | 外资企业（4） | 港澳台企业（5） |
| 政府补贴 | 0.063*** | 0.077** | 0.095*** | 0.235*** | 0.185*** |
| | (0.020) | (0.035) | (0.014) | (0.027) | (0.032) |
| 其他变量 | 已控制 | 已控制 | 已控制 | 已控制 | 已控制 |
| 常数项 | −11.806*** | −12.463*** | −14.133*** | −14.987*** | −14.827*** |
| | (0.453) | (0.849) | (0.383) | (0.840) | (0.811) |
| Pseudo−$R^2$ | 0.242 | 0.131 | 0.129 | 0.091 | 0.090 |
| F | 70.857 | 16.216 | 358.053 | 73.674 | 60.793 |
| N | 38668 | 42810 | 448542 | 95367 | 88396 |

注：***、**、* 分别代表在 1%、5% 和 10% 水平上显著，括号内是标准误差，其按企业聚类和异方差调整。产业、区域、年份效应已控制。其他变量包括人力资本、研发投入、出口、全要素生产率、规模、负债水平、盈利水平、年龄、多元化、产业集中度。

# 五、结论与政策建议

## （一）结论

国务院颁布的《工业转型升级规划（2011~2015 年）》提出，把加强企业技术创新和技术进步作为转型升级的关键环节。基于这一重要议题，本文基于国家知识产权局提供的 902959 家企业专利数据，实证检验了政府补贴对于企业技术创新活动的影响。研究表明：①政府补贴与企业技术创新呈现出倒"U"形关系。当政府补贴低于某一临界值时，政府补贴显著促进了企业技术创新。当政府补贴超过临界值时，政府补贴对企业技术创新的抑制效应开始显现。②基于企业特征的考察发现，政府补贴对企业技术创新的影响存在显著的产权、规模和行业差异。③结合制度环境的考察发现，在法制环境水平较高的地区，政府补贴在促进企业技术创新方面发挥了更大的作用。本文的研究对于理解政府补贴在建设国家创新体系中的作用、制定创新政策等方面具有重要价值。

## （二）政策建议

1. 提升补贴政策制定的科学性和政策执行的有效性

首先，政府补贴是企业技术创新的推动因素。这意味着在经济转型时期，应进一步完善对企业技术创新活动的补贴体系，发挥政府补贴对于企业技术创新的引导作用。其次，政府补贴与企业技术创新呈倒"U"形关系。这意味着政府应当科学制定补贴政策，避免出现企业由于对补贴政策的依赖而出现"错补"、"滥补"等现象，提升补贴政策执行的有效性。

2. 细化补贴配套措施，提升补贴政策制定的针对性和协调性

首先，在补贴内容方面，应当通过补贴配套政策鼓励企业加大在创新方面的投入，促进企业

间的技术交流与合作，推动当地资本、技术和人才等创新资源的优化配置。其次，根据企业的具体情况给予不同比例的浮动补贴，加大对重点行业企业的创新补贴幅度。鼓励企业对资源节约型和环境友好型的新产品、新技术、新工艺的开发和引进。最后，应进一步完善面向中小企业的补贴体系。通过财政拨款、研发投资税收抵扣和贷款贴息等方式扶持中小企业的技术创新活动。适度增加支持中小企业技术创新的基金种类，形成支持中小企业创新的基金体系。

3. 强化外部监督，将企业补贴纳入制度化建设轨道

首先，应当完善补贴申请和发放规则，增强补贴政策执行层面的制度约束。完善科技评估和评审体制，加强对企业补贴政策评审的外部监督。其次，在法律层面将企业补贴纳入制度化建设轨道。抑制补贴政策中的逆向选择行为，使对企业技术创新的支持和资助有法可依，提升补贴政策在促进企业创新中的执行效率。

**参考文献**

[1] Patel P., Pavitt K. National Innovation Systems: Why They Are Important, and How They Might be Measured and Compared [J]. Economics of Innovation and New Technology, 1994, 3 (1).

[2] Guangzhou Hu, A. Ownership, Government R&D, Private R&D, and Productivity in Chinese Industry [J]. Journal of Comparative Economics, 2001, 29 (1).

[3] Hewitt-Dundas N., Roper S. Output Additionality of Public Support for Innovation: Evidence for Irish Manufacturing Plants [J]. European Planning Studies, 2009, 50 (1).

[4] Wallsten S. J. The Effects of Government-industry R&D Programs on Private R&D: The Case of the Small Business Innovation Research Program [J]. RAND Journal of Economics, 2000, 31 (1).

[5] Rodrik D. Industrial Policy for the 21st Century [Z]. Working Paper, 2004.

[6] Romer P. M. Increasing Returns and long-run Growth [J]. The Journal of Political Economy, 1986, 94 (5).

[7] Nadiri M. I. Innovations and Technological Spillovers: National Bureau of Economic Research [Z]. Working Paper, 1993.

[8] Cropper M. L., Oates W. E. Environmental Economics: A Survey [J]. Journal of Economic Literature, 1992, 30 (2).

[9] Leyden D. P., Link A. N. Why are Governmental R&D and Private R&D Complements? [J]. Applied Economics, 1991, 23 (10).

[10] Lach S. Do R&D Subsidies Stimulate or Displace Private R&D? Evidence from Israel [Z]. Working Paper, 2000.

[11] OECD. Oslo Manual: Guidelines for Collecting and Interpreting Innovation Data' 3rd Edition [Z]. OECD Publishing, 2005.

[12] Levinsohn J., Petrin A. Estimating Production Functions Using Inputs to Control for Unobservables [J]. Review of Economic Studies, 2003, 70 (2).

[13] 安同良，周绍东，皮建才. R&D 补贴对中国企业自主创新的激励效应 [J]. 经济研究，2009 (10).

[14] 樊纲，王小鲁，张立文，朱恒鹏. 中国各地区市场化相对进程报告 [M]. 北京：经济科学出版社，2011.

[15] 庄子银. 创新、企业家活动配置与长期经济增长 [J]. 经济研究，2007 (8).

[16] 王俊. R&D 补贴对企业 R&D 投入及创新产出影响的实证研究 [J]. 科学学研究，2010 (9).

[17] 熊维勤. 税收和补贴政策对 R&D 效率和规模的影响——理论与实证研究 [J]. 科学学研究，2011，29 (5).

# 第六篇　组织与人力资源管理创新

# 薪酬管制与上市公司高管腐败研究

范合君　吕雨露[*]

[**摘要**] 上市公司高管腐败目前已经引起了社会各界的广泛关注，本文选用沪深 A 股上市公司 2008~2013 年的数据为样本，以公司治理理论为基础，从薪酬管制的视角出发，利用多元统计分析方法，实证研究了薪酬管制对上市公司高管腐败的影响。研究结果表明，薪酬管制是高管腐败的重要诱因，另外，在薪酬管制下，高管兼职有利于抑制高管腐败行为的发生，同时，担任执行董事也有利于抑制高管腐败行为的发生。这对于国有企业管理高管问题、提高国家资源利用率具有重要的现实意义。

[**关键词**] 高管腐败；薪酬管制；高管兼职；回归分析

# 一、提出问题

英国广播公司报道，国际反腐组织"透明国际"调查统计了 2013 年全球腐败指数，表示自 2008 年金融危机以来，全球腐败问题日益恶化。腐败最早是用于官僚体系，是指运用公共权力谋取私人利益。国外学者 Shleifer 和 Vishny（1993），Adit（2009）这样定义腐败：腐败被认为主要是一个政治学概念，一般被解释为"公务员不正当地利用公权力为自己谋取私利的行为"。然而，腐败已经从传统的官僚体系延伸到经济体系。近年来，企业高管因为利用自己的权力和自己掌控的企业资源为自己谋取利益的事例并不少见。因此，高管腐败成为市场经济中的高频词。国际反腐组织"透明国际"2008 年的高管腐败定义：高管腐败是企业高管滥用权力获取控制权私利的现象，包括收受贿赂、接受回扣、挪用资金或转移资产等。

近几年，中国高管腐败事件的曝光逐步增多：网易财经报告，2012 年企业家犯罪暴增 50%；人民网报道，深圳南山检察院 3 年查办职务犯罪案件 41 件，高管是犯罪主体；中国青年报报道，贪污受贿稳居国企高管"落马"首因，最高占八成。在上市公司中，高管腐败的现象逐步被关注。仅 2013 年，就有 20 多位上市公司高管被报道参与腐败：锡业股份董事长雷毅受贿 1500 万元人民币，85 万港元；金螳螂董事朱兴良政商勾结；中国移动、中石油、中石化都被曝出有高管人员参与腐败。高管腐败的现象日益严重，不得不引起深思。

改革开放以来，中国的企业得到迅猛的发展，特别是国有企业发展更为迅速，因掌握了我国经济动脉，其高管薪酬也随之水涨船高。但是，2002 年，政府提出薪酬管制制度，要求国有企业

---

* 范合君（1978-），男，山东省泰安市人，首都经济贸易大学工商管理学院副教授，经济学博士，院长助理；吕雨露（1991-），女，湖南省怀化市人，首都经济贸易大学工商管理学院硕士研究生。

高管薪酬不得超过行业平均水平的 12 倍。李延青 (2013) 提到："薪酬管制"是与完全劳动力市场的自发裁定薪酬相对应的,其实是指国家政府依靠其政治权力对国有企业高层管理人员的薪酬实施的直接干预。现代公司治理理论提出薪酬激励制度,认为薪酬等奖励是高管人员努力工作的动因。在薪酬管制与薪酬激励的双重作用下,国有企业高管的薪酬成为尴尬的存在。刘银国、张劲松、朱龙 (2009) 指出,由于薪酬管制的存在,在职消费和腐败现象的滋生,企业代理成本的增加最终影响企业的绩效。那么,薪酬管制制度是否与高管腐败具有相关性?本文将利用上市公司数据,研究上市公司的高管腐败与薪酬之间的联系。先提出两个问题:

**问题 1:** 薪酬管制对上市公司高管腐败是否有影响,是抑制作用还是推动作用?

**问题 2:** 在薪酬管制下,还有哪些因素对高管腐败产生影响?

# 二、文献综述

## (一) 薪酬管制的存在研究

薪酬管制是一个抽象的制度,中国政府有过明确的规定和条文,2000 年中国劳动和社会保障部规定,国有上市公司的薪酬安排要满足两个条件,即"工资总额增长幅度低于本企业经济效益增长幅度,职工实际平均工资增长幅度低于本企业劳动生产率增长幅度"。这一规定直接表现为政府对国有上市公司高管薪酬进行的管制。很多学者也通过具体的数据和案例对此进行了实证,例如,陈信元、陈冬华、万华林、梁上坤 (2009) 在研究薪酬管制与高管腐败时,用描述性的方法对数据进行分析,得出了薪酬管制存在的证据。他们提出,在通过对比国有企业高管薪酬和员工薪酬后得出相对薪酬,与非国有企业的相对薪酬来比较,国有企业的相对薪酬要明显低于非国有企业,因此,国有企业中薪酬管制是存在的。并且,通过考察国有企业高管薪酬的变异度,他们发现国有企业高管的薪酬变化不大,也得出国有企业高管薪酬受到管制的结论。刘银国、张劲松、朱龙 (2009) 在研究薪酬管制的有效性研究中,利用实证研究的方法,证明了政府对于国有企业高管的薪酬管制正在加强。从以上可以看出,相对于民营企业而言,国有企业高管中确实存在薪酬管制的现象。

很多学者从不同的角度、利用不同的方法对国有企业高管的薪酬管制现象进行论证。本文在采纳他们观点的同时,在下文中提出自己的描述性证据,证明国有企业高管薪酬管制的存在。

## (二) 薪酬管制与高管腐败之间的相关性

改革开放以来,经济繁荣发展,面对国有企业高管人员的薪酬诉求,中国国有企业出现了天价薪酬,但是天价薪酬并没有带来优异的企业绩效。面对舆论的压力,政府对国有企业高管进行薪酬管制,使得国有企业的高管们转向了隐性薪酬,甚至参与腐败。

从开始关注高管腐败以来,薪酬管制与高管腐败之间的相关性有了各个方面的研究。

最初,很多学者观察到高薪的现象,把高薪作为一种激励手段来研究,并且做了很多关于高薪激励方面的实证研究。辛清泉、林斌、王彦超 (2007) 实证研究得出结论:有时候薪酬契约无法对经理的工作努力和经营才能做出补偿和激励,地方政府控制的上市公司会因薪酬契约失效而过度投资。随后有学者发现,高薪并不能给高管带来激励效果,导致企业的绩效并不能上升,所以转而研究高薪与企业绩效的相关性。刘银国、张劲松、朱龙 (2009) 利用数据分析了高管薪酬与企业绩效的相关性,结果证明高管薪酬与企业绩效之间呈现不相关或弱相关关系。高薪与企业绩效之间的相关关系,并不能靠简单的回归分析研究或相关关系研究就得出,这其中包含了很多的中间变量，有很多的控制因素和调节因素，并且随着时代和经济的发展变化，数据产生的背景也有了变化。基于这些，近几年来，很多学者开始研究薪酬直接导致的经济后果，就是天价薪酬。天价薪酬并不能带来对应的激励效果。王克敏、王志超（2007）指出，高管更倾向于选择高薪酬，而不是选择与未来业绩相关的盈余管理。由于社会大众认为企业高管不干活就可以得到天价薪酬是不公平的，社会反响强烈。因此，对于国有企业上市公司高管，政府就采取了薪酬管制，如前所述。同时，在薪酬管制的背后，在职消费和腐败也就相应而生。

在研究薪酬管制与高管腐败的相关关系时，很多学者从不同角度出发。赵璨、朱锦余、曹伟（2013）以产权性质为视角，研究了国有企业高管和非国有企业高管的薪酬对于腐败现象的表现。结论得出，在非国有企业中，薪酬与高管腐败是负相关的，前者对后者有较好的抑制作用，而在国有企业中，抑制作用明显低于非国有企业；并且，在国有企业中，薪酬与高管的隐形腐败具有更加显著的相关关系。陈信元、陈冬华、万华林、梁上坤（2009）以地区差异为视角，研究了国有企业薪酬管制与高管腐败，通过对数据的分析，验证了薪酬管制受到地区差异的影响，也验证了薪酬管制确实会诱发高管腐败；通过回归分析，证实薪酬管制的存在与高管腐败发生的概率正相关。徐细雄、刘星（2013）从权力寻租的视角，研究了薪酬管制与高管腐败，验证了CEO的权力越大，越容易发生腐败，高管越有可能产生腐败行为；政府的薪酬管制恶化了国有企业高管腐败，并且发现企业高管腐败对企业业绩产生了消极影响。以上是学者对薪酬管制和高管腐败的相关性研究分析，大多数利用上市公司数据，根据理论，提出自己的假设，然后实证分析验证假设。在分析和验证的过程中，都是以薪酬管制为制度背景，以不同的方面为视角来研究高管腐败。本文则直接以薪酬管制为视角，研究薪酬管制与高管腐败之间的关系。希望通过有效的数据分析和计量模型，得出可靠的结论，给相关部门提供建议。

# 三、理论假设

## （一）薪酬管制对高管腐败的假设

薪酬作为一个激励方式存在于国有企业高管中，但是薪酬管制也同样存在于国有企业中。刘银国等（2009）在国有企业高管薪酬管制有效性的研究中提到，薪酬管制导致了在职消费和腐败现象的滋生。根据薪酬激励理论，薪酬是可以促进高管努力工作、创造公司业绩的；而薪酬管制则是抑制薪酬的，那么就可以假设薪酬没有达到想要的激励效果。作为国有企业高管，实际薪酬与理想薪酬之间存在一定的落差，需要通过其他的方式和路径来弥补这个落差，因此可能就会参与腐败。由此，本文提出假设1：

**假设1：**薪酬管制是高管腐败的重要诱因。薪酬管制的强度越大，高管腐败越严重。

## （二）执行董事和高管兼职对高管腐败的假设

薪酬管制是中国政府对国有企业高管的制度性要求，执行董事和高管兼职在国有企业中的作用都是为了创造公司绩效。因此，国有企业中由政府引导的执行董事和高管兼职也必须在薪酬管制的制度下存在。方军雄（2009）提出，在薪酬管制存在的条件下，中国上市公司的高管薪酬是与业绩挂钩的，而且特征也越来越明显。执行董事和高管兼职都会为企业带来业绩，因此，执行董事和高管兼职会有更多的薪酬来源。在薪酬管制时，作为执行董事的高管和兼职的高管相对要比其他高管在薪酬方面的灵活性要高很多，会得到更多的弥补。基于以上分析，提出假设2和假设3：

**假设 2**：作为执行董事的高管要比非执行董事的高管更不容易腐败，非执行董事的高管更容易发生腐败行为。

**假设 3**：在其他公司兼职的高管比没有兼职的高管更不容易腐败，不兼职的高管发生腐败行为的可能性更大。

# 四、变量定义

## （一）样本描述

本文选取 2008~2013 年的样本。选取样本的步骤如下：①利用国泰安数据库搜索上市公司资料，找到 2008~2011 年的高管个人违规信息样本；利用百度搜索"高管腐败"、"上市公司腐败"、"高管犯罪"、"高管贪污"等高频词，查找 2012~2013 年高管违规样本。②利用国泰安数据对以上样本进行完善，去掉不合理和不完善信息的样本。③剩下信息完善的样本，进行匹配，在上市公司中找到没有发生腐败的高管信息进行对比。④对样本进行最后的整理，进行变量定义。

挑选这 5 年作为样本有如下原因：①2008 年全球经济转折较大，并且之后经济处于一个发展时期。②中国股市在 2008 年后开始下滑，且后来一直处于低谷波动的状态。③之前的研究选取的都是较早的数据，这 5 年属于近期，具有研究价值。

样本总共有 320 个，其中腐败样本 181 个，腐败的界定主要是通过国泰安数据库中上市公司高管违规的个人信息，其中，凡是引起罚款，市场禁入的都界定为腐败，而其他则是将通过网络查询出的高管被调查、双规、罢免等界定为腐败。不腐败的数据则是根据腐败公司的证券代码，找到与之行业相同且证券代码相近的公司，选取这些公司的高管作为不腐败的数据。最后再对数据进行完善和整理。数据主要来自国泰安数据库和新浪财经公司高管数据，涉及的公司有 200 多家，行业有 30 多个。所有数据经过筛选，整个过程由手工整理、记录。

## （二）变量选取及定义

根据研究假设，薪酬、执行董事、职务兼任等因素对高管腐败具有相关性。同时，年龄、学历、在职年限等因素对高管腐败行为都会有影响，所以设置为自变量。

本文参考徐细雄、刘星（2013）提出的计量模型，设置腐败为二元哑变量，通过多元回归模型，对其进行实证研究。

在变量中，高管有腐败行为发生赋值为 1，高管没有发生腐败行为赋值为 0。

本文将独立董事比例、财务杠杆系数、营业收入、净利润、资产负债率设置为控制变量，具体如表 1 所示。

表 1 相关变量的界定与测度

| 变量 | | 含义 | 赋值 |
|---|---|---|---|
| 因变量 | 腐败（Corruption） | 上市公司高管是否发生腐败行为 | 发生腐败为 1，没有发生腐败为 0 |
| 自变量 | 薪酬（Salary） | 高管领取的最终薪酬 | 数值 |
| | 年龄（Age） | 高管犯罪当年的年龄 | 数值 |
| | 学历（Degree） | 高管犯罪时的学历 | 中专为 1，大专为 2，本科为 3，研究生为 4，博士为 5 |
| | 在职年限（Tenure） | 高管在该公司任职时间 | 数值 |

续表

| | 变量 | 含义 | 赋值 |
|---|---|---|---|
| 自变量 | 兼职（Concurrence） | 高管在其他公司是否有任职 | 兼职为1，没有兼职为2 |
| | 执行董事（Execution） | 高管在该公司管理层中，也在该公司董事会中 | 执行董事为1，不是执行董事为2 |
| 控制变量 | 独立董事比例 | 董事会中独立董事的比例 | 数值 |
| | 财务杠杆系数 | 公司的财务杠杆系数 | 数值 |
| | 营业收入 | 以当年公司的注册资本作为代表 | 数值 |
| | 净利润 | 公司当年的调整前净利润 | 数值 |
| | 资产负债率 | 公司当年的资产负债率 | 数值 |

## （三）计量模型的构建

为了研究以上假设，根据徐细雄、刘星（2013）的方法，建立 logistic 计量模型：

$$\log\left[Corruption/1|Corruption\right] = \beta + \beta_1 Salary + \beta_2 Age + \beta_3 Degree + \beta_4 Execution + \beta_5 Concurrence + \beta_6 Tenure \tag{1}$$

其中，Corruption 为因变量，是指高官腐败，为二元哑变量。解释变量：Salary 为薪酬，根据假设，薪酬的系数预测为负数；Execution 为是否担任执行董事，根据假设，是否担任执行董事的系数预测为正数；Concurrent 为是否在另一公司拥有兼职，根据假设预测系数为正数。其余变量解释如表1所示。

计量模型中的控制变量包括营业收入、独立董事数量、财务杠杆系数、资产负债率、净利润。

# 五、实证分析与机理分析

## （一）实证分析

通过 SPSS 软件对所有有效样本进行 logistic 回归分析，如表2所示。

表2　logistic 回归分析

| 变量 | Model1 | Model2 | Model3 | Model4 | Model5 |
|---|---|---|---|---|---|
| Salary | −1.25E−06*** | −1.11E−06*** | −1.13E−06*** | −7.88E−07*** | −7.69E−07*** |
| Degree | | −0.392 | −0.454 | −0.463** | −0.441*** |
| Age | | 0.024* | 0.002 | 0 | 0.008 |
| Tenure | | | 0.286*** | 0.322*** | 0.329*** |
| Concurrence | | | | | 0.547** |
| Execution | | | | 1.357*** | 1.39*** |
| 常量 | −1.65* | −1.851 | −1.324 | −4.194*** | −5.587*** |
| 独立董事比例 | 5.663* | 6.092 | 5.934 | 7.214 | 7.208 |
| 财务杠杆系数 | −0.051 | −0.035 | −0.063 | −0.097 | −0.098 |
| 营业收入 | 0 | 0 | 0 | 0 | 0 |
| 净利润 | 0 | 0 | 0 | 0 | 0 |
| 资产负债率 | −1.65 | 1.13 | 1.157 | 1.21 | 1.284 |

注：***、**、*代表的显著性水平分别为1%、5%、10%。

1. 薪酬管制与高管腐败负相关

从表2中可以看出，薪酬与腐败的相关性一直在1%的显著性水平内，系数符号为负。也就是说，高管薪酬与高管腐败具有相关关系，且呈现负相关，即薪酬越高，发生腐败的可能性越小，而薪酬越低则发生腐败的可能性越大，即在存在薪酬管制的情况下，是容易发生腐败的。所以，薪酬管制与高管腐败呈现正相关关系。基于此，假设1得到验证。理论上来说，当高管面临低的薪酬时，就很容易采取其他方式来得到更多的报酬。所以在职消费使高管可以光明正大地获取很多利益，如果在职消费受到限制或者弥补不了高管所认为的自己应该得到的利益，那就会出现贪污等腐败行为。

2. 执行董事可以抑制高管腐败

从表2中可以看出，执行董事与高管腐败表现为显著相关，显著性水平为1%，系数符号为正，系数为1.39。根据变量定义，执行董事与腐败呈现显著的相关关系，且为正相关，即高管既在董事会又在管理层发生腐败的可能性要小于高管只是董事会成员或者只是管理层人员发生腐败的可能性。

在公司治理结构中，董事会对公司的战略、章程、重大事项进行讨论、决策，董事会只对股东会负责，管理层只对董事会负责。在中国的上市公司中，股东大会、董事会和管理层有可能是多人同时担任。这种行为让代理成本更少且代理信用更高，管理层人员会为了自己所在的董事会和股东会更加尽职尽责；而单独任职的高管则会有更多的委托—代理关系，也会产生更多的委托—代理问题。袁春生、祝建军（2007）也指出，经理人在选取不当的情况下，公司会发生财务腐败现象。因此，高管是执行董事的腐败概率就会比高管不是执行董事的腐败概率小。

从员工满意度和企业忠诚度来说，执行董事的高管相对比不是执行董事的高管有更高的满意度，也对企业有更高的企业忠诚度，会对企业拥有更多的归属感。

在薪酬管制的情况下，基于以上原因，在同等情况下，虽然面对着低价的薪酬，但是执行董事得到了职务方面的激励，所以腐败的概率就小。

基于以上分析，假设2得以验证。

3. 兼职可以抑制高管腐败

从表2中可以看出，高管兼职与高管腐败显著相关，显著性水平为5%，系数符号为正，系数为0.547，即没有在其他公司兼职的高管比在其他公司兼职的高管更容易腐败。首先，兼职就意味着有更高的薪酬。在面对薪酬管制的情况下，兼职的高管明显因为有更多的薪酬而减少发生腐败的可能性。其次，无法兼职的高管是处于公司高管层的权力集中层和公司的管理层，由于职位特殊是不允许兼职的。一般地，在衡量机会成本下，公司对于这些无法兼职的高管会给予薪酬补偿，但是，由于薪酬管制的存在，无法兼职的高管会考虑从别的渠道来获取更高的薪酬补偿，所以就很容易发生腐败行为。

基于以上分析，假设3得以验证。

## （二）机理分析

通过以上实证分析证实，薪酬管制对高管腐败具有推动的作用，有兼职的高管比没有兼职的高管发生腐败的可能性更小，而担任执行董事的高管比担任非执行董事的高管或管理层高管更不容易腐败。这与很多学者的研究相符。

根据公司治理理论，高管个人腐败不仅是个人的原因，也有制度和监督的因素。高管作为公司治理的主要决策人员，是以利益相关者的利益最大化为目标，但是中国国有企业高管的多元目标削减了公司治理结构带来的作用。

只有进行机理分析后，才能更好地进行有效的监督，来防止腐败。吴春雷、马林梅（2011）得出结论：薪酬管制与高管腐败的关系是由监督机制来确定的，只有在监督机制发挥作用的情况下，薪酬管制才有效，而当监督机制失去作用，薪酬管制就会诱发高管腐败。

高管随着个人背景的不同会对高管腐败行为有不同的动机和影响，如图 1 所示。

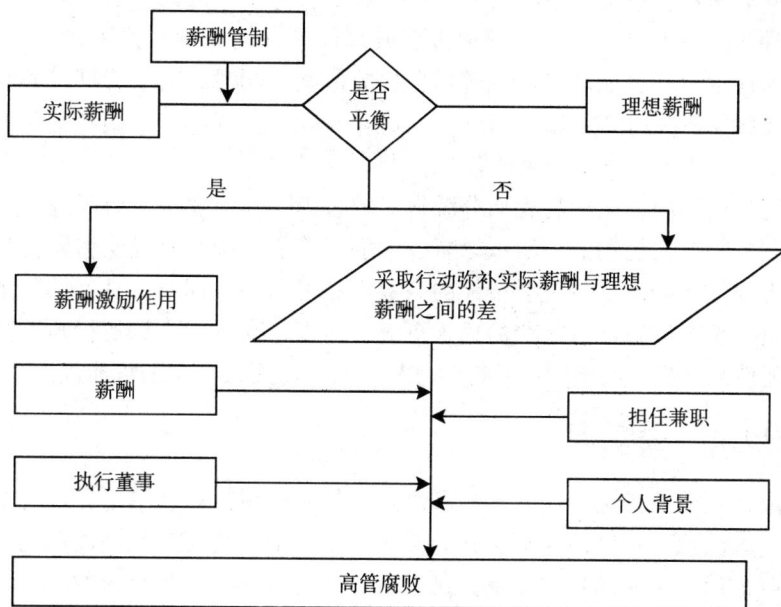

**图1　薪酬管制对高管腐败的影响机理**

# 六、研究结论与政策建议

## （一）研究结论

本文以公司治理理论为基础，以薪酬管制为视角，参考了国内外文献，通过搜集数据进行实证分析，得出结论：薪酬管制对上市公司高管腐败具有推动作用；在薪酬管制下，企业高管兼职和担任执行董事可以抑制高管腐败的发生。

## （二）政策建议

根据以上研究，本文提出了以下政策建议：

1. 采取福利补助方式缓解薪酬管制导致的高管薪酬差

在薪酬管制的国企应该采取合适的对策来缓解薪酬管制对高管们带来的负面效果，满足高管的薪酬诉求。有学者研究发现，相对于其他福利补贴，高管更倾向于现金或者实物，所以，在面对现金或者实物诱惑时，没有足够的薪酬来约束高管，就容易发生腐败行为。所以，薪酬管制应该确定一个具体的度，不仅要针对行业进行管制，而应该针对企业和高管个人，争取让薪酬与高管的业绩对应。

2. 允许高管兼职，抑制高管腐败行为的发生

尽可能多地允许高管兼职，除了特殊职位以外，通过兼职来缓解高管腐败行为的发生。允许高管兼职不仅是在薪酬管制上对高管的薪酬进行补贴，同时也是对高管的职业发展提供了更多的选择空间，从正面提高高管发生腐败的成本，以达到减少高管腐败行为的效果。

3. 给予补助以提高特殊高管的忠诚度

对于只担任董事或者管理层人员的高管，给予适当的补助，以提高他们的忠诚度，减少他们发生腐败的可能性。在一个公司只担任董事或者管理层人员的高管，薪酬管制是一个推动因素，所以要给予适当的补给，减少他们对职位或者企业的抱怨。同时，对于管理财务的高管人员多采用内部人员，降低财务造假的可能性。

4. 实行轮岗制，减少高管分派抱团的行为

对于高管们实行轮岗制，减少高管们分派抱团的行为。在企业中，由于股权关系，企业有时候的决策会损害到一部分人的利益，所以，企业中的高管们就很容易发生抱团行为。抱团行为降低了企业决策的有效性，降低了董事会决策的有效性和可靠性，同时，高管的分派抱团行为容易导致腐败，而且是一群人腐败，对企业的危害更大。所以，高管们应该实行轮岗制，减少高管发生抱团行为的可能性从而提高决策的有效性和可靠性，降低腐败发生的可能性。

## （三）研究展望

由于时间有限，本文的研究存在着不足和局限。首先，样本存在不足，没有报道的或者报道影响力不够大的，无法通过百度高频词搜索。其次，由于上市公司信息披露不完全，所以无法搜集所有腐败信息。最后，本文的控制变量只挑选了 5 个，没有考虑到企业的声望、名誉等无形信息。对于以上不足和局限，本文作者将会通过以后的学习和研究努力改进，致力于追求更好的学术创作。

**参考文献**

[1] 刘银国，张劲松，朱龙. 国有企业高管薪酬管制有效性研究 [J]. 经济管理，2009（10）.

[2] 权小锋，吴世农，文芳. 管理层权利、私有收益与薪酬操纵 [J]. 经济研究，2010（11）.

[3] 李延青. 薪酬管制下国有上市公司的高管薪酬粘性研究 [D]. 首都经济贸易大学硕士学位论文，2013.

[4] 辛清泉，林斌，王彦超. 政府控制——经理薪酬与资本投资 [J]. 经济研究，2007（8）.

[5] 徐细雄，刘星. 放权改革、薪酬管制与企业高管腐败 [J]. 管理世界，2013（3）.

[6] 陈信元，陈冬华，万华林，梁上坤. 地区差异、薪酬管制与高管腐败[J]. 管理世界，2009（11）.

[7] 王克敏，王志超. 高管控制权、报酬与盈余管理 [J]. 管理世界，2007（7）.

[8] 赵璨，朱锦余，曹伟. 产权性质、高管薪酬与高管腐败 [J]. 会计与经济研究，2013（5）.

[9] Aidt T.. Corruption, Institutions and Economic Development [J]. Oxford Review of Economic Policy, 2009, 25.

[10] Jain A.K.. Corruption: AReview [J]. Journal of Economic Surveys, 2001, 15.

[11] Shleifer A., Vishny R.. Corruption [J]. Quarterly Journal of Economics, 1993, 108.

[12] 袁春生，祝建军. 经理人市场竞争、经理人竞争与上市公司财务舞弊的关系 [J]. 财会月刊，2007（7）.

[13] 吴春雷，马林梅. 国企高管薪酬管制的有效性：一个理论分析[J]. 经济问题探索，2011（7）.

[14] 李维安，邱艾超，古志辉. 双重公司治理环境、政治联系偏好与公司绩效 [J]. 中国工业经济，2010（6）.

[15] 张维迎. 产权·激励与公司治理 [M]. 北京：经济科学出版社，2005.

[16] 张维迎. 什么改变中国——中国改革的全景和路径 [M]. 北京：中信出版社，2012.

[17] 方军雄. 我国上市公司高管的薪酬存在粘性吗？[J]. 经济研究，2009（3）.

[18] 徐细雄. 企业高管腐败案例前沿探析 [J]. 外国经济与管理，2012（4）.

# 破坏性领导的危害：情感承诺与
# 离职意愿的作用

高日光[*]

[摘要] 以社会交换理论和权力依赖理论为基础，探讨情感承诺和离职意愿在破坏性领导与下属组织公民行为和组织越轨行为关系中的中介及调节作用。实证研究发现：①下属对组织的情感承诺在破坏性领导与组织越轨行为和组织公民行为之间起中介作用，破坏性领导通过降低下属对组织的情感承诺，继而减少下属的组织公民行为和增加下属的组织越轨行为。②下属的离职意愿在破坏性领导与下属的组织公民行为和组织越轨行为之间起调节作用，当员工离职意愿高时，破坏性领导显著增加其组织越轨行为；当员工离职意愿低时，破坏性领导显著减少其组织公民行为。文章最后对研究结果的理论价值和实践作用进行了讨论，并指出了未来的研究方向。

[关键词] 破坏性领导；组织公民行为；组织越轨行为；情感承诺；离职意愿

# 一、引言

领导，一直是管理学领域的热门研究课题。长期以来，该领域的研究主要聚焦在有效的领导行为及其对员工和组织的积极影响上（Yukl，1998），即仅注意到领导的阳光面（Bright Side of Leadership）。西方最近的研究发现，领导阴暗面（Dark Side of Leadership）的消极作用不容忽视，尤其是破坏性领导（Destructive Leadership）的危害更应引起理论界的高度关注（Schilling & Schyns，2013）。

在我国，破坏性领导行为所产生的严重后果已经不得不引起人们对该种领导行为的关注。《中国青年报讯》[①]曾报道（记者林霞虹，通讯员萝检宣、陈雅）：2010年2月26日18时许，广州萝岗区乐丞朗化工公司门口发生一起打斗事件，现场有一名30多岁的男子倒地不起，血流满地，另一名20多岁的男子则呆站在不远处。当晚，受伤男子不治身亡。据调查，死去的男子姓白，是该化工公司的厂长。年轻男子名叫李闻，毕业于东北一所重点院校的应用数学专业，在该公司生产车间做生产工。出现上述血案的原因在于，案发前白厂长曾对李闻进行了"批评教育"。白某说："你有什么本事？你一个大学生还不是一个普通生产工，我虽然没上大学，还不是年薪几十万！"李闻不堪厂长的言语侮辱，于是上演了上文中血腥的一幕。类似的实践案例很多，表明破坏性领导所产生的负面影响非同寻常，值得学术界特别关注。

从文化特征来看，我国文化具有高权力距离与集体主义的特性（Hofstede，1980），相比西方

---

* 高日光，江西财经大学工商管理学院副教授，博士。
① 资料来源：《中国青年报》，有删改。

组织情境更易滋生破坏性领导行为。不仅如此，在人际交互中，负面事件的消极影响远大于积极事件的正面影响（Baumeister，Bratlavsky & Vohs，2001），懂得并阻止破坏性领导比懂得并提升领导的积极性方面更为重要。然而，自 2007 年领导学顶级期刊《领导季刊》（Leadership Quarterly）呼吁学界加强破坏性领导研究以来，有关破坏性领导的危害研究仍不多见。① 为了响应 《领导季刊》的号召，本研究率先在中国组织情境下开展破坏性领导行为研究。鉴于篇幅限制，本文将主要关注以下三个方面：首先，本研究探讨破坏性领导对下属组织公民行为（Organizational Citizenship Behavior，OCB）和组织越轨行为（Organizational Deviant Behavior，ODB）的影响；其次，以社会交换理论为基础，探讨情感承诺（Affective Commitment）在链接破坏性领导与组织公民行为和组织越轨行为的关系中所起的中介作用，力求揭开破坏性领导发挥作用的"黑箱"（Black Box）；最后，基于权力依赖理论分析离职意愿在破坏性领导与下属组织公民行为和组织越轨行为的关系中所起的权变效应，以更好地诠释中国组织情境下破坏性领导的作用边界。

# 二、理论述评与研究假设

## （一）破坏性领导与组织公民行为、组织越轨行为的关系

破坏性领导是指领导者持续表现出来的侵害组织的正当利益（Legitimate Interest）的系统化行为，这些行为既包括侵害组织目标、妨碍组织任务达成、损害组织资源、降低组织效能的行为，也包括破坏下属的工作动机、降低下属的工作满意度和幸福感的行为（Einarsen，Aasland & Skogstad，2007）。学术界对于破坏性领导行为的界定遵循四个原则：①典型性。破坏性领导行为是系统性和反复性的行为，非典型的破坏性领导行为，如偶尔受到不公正对待后的情绪爆发，被排除在定义之外。②意图性。破坏性领导行为并非一定包含意图成分，对于那些未有明显意图的行为，只要对下属造成伤害也应纳入破坏性领导行为之中。③严重性。破坏性领导行为的后果是组织和下属均受到伤害，特别是下属感知到的破坏性领导行为一定对下属造成了伤害。对于那些轻度的不文明行为，由于未给下属造成较大侵害，不被界定为破坏性领导行为。④情境性。被感知到的破坏性领导行为的破坏性，还与特定时间、特定社会有着密切的关系，即破坏性领导行为的内容与当时的法律、历史和文化背景紧密相连。

Katz 和 Kahn（1966）指出，组织有效运行依赖员工在组织中表现的三种行为：①必须参与并留在组织中；②必须完成角色所要求的工作任务；③主动完成组织行为规范要求之外的活动。前两种行为属于员工的角色内行为，第三种行为属于员工的角色外行为。虽然第三种行为是超越组织角色要求之外的，但组织如果缺乏这种行为，会变得非常脆弱。Organ（1988）正式将组织公民行为定义为，不能直接或明确地被组织正式的报酬体系所确认，但整体上有利于组织有效运作的行为总和。

Robinson 和 Bennett（1995）将工作场所越轨行为定义为一种自发的行为，这种行为明显违反组织规范，且对组织及其成员的利益构成威胁，主要包括人际越轨（如背后说某人坏话）和组织越轨（如蓄意破坏、偷窃）两种类型。Harper（1990）指出，在全体员工中，33%~75%的员工都从事过诸如偷窃、盗用财务、蓄意破坏、旷工等越轨行为，并且由此每年给组织造成 60 亿~2000

---

① 部分学者将辱虐管理（Abusive Supervision）看作破坏性领导。真正意义上的破坏性领导与辱虐管理有本质差异，辱虐管理仅是破坏性领导行为的内容之一。

亿美元的损失（Murphy，1993）。

以往关于破坏性领导与组织公民行为和组织越轨行为的关系研究很少见（Schilling & Schyns，2013），然而，依据社会交换理论（Blau，1964），领导者对下属的破坏性行为很可能引发下属的报复行为。例如，西方的实证研究发现，直接上司的不文明行为会诱发下属的不文明行为，即"你对我不仁，我也对你不义（Tit for Tat）"（Anderson & Pearson，1999）。中国管理实践也发现，员工的负面回报更有可能采取的是替代性回报，即你对我不仁，我会在其他方面对你不义，甚至更甚。这主要是因为，员工在组织中处于弱势，并且被主管攻击的下属均是"软柿子"（Mitchell & Ambrose，2007），受到攻击的下属不但没有机会和能力对主管实施直接报复，而且由于提薪、晋升等资源掌握在主管手中，担心报复会引发主管更大的攻击。在这种情况下，下属的直接报复行为必然受到抑制从而转移攻击对象。抗拒理论（Reactance Theory）指出，当个体某种行为被强烈禁止时，他们会以更叛逆的行为来反抗（Brehm & Brehm，1981）。基于以上分析，本研究认为，员工在感知到上司针对自己的破坏性领导行为之后，其直接针对主管的报复行为很可能受到压抑，转而针对组织采取更强的报复行为，即减少组织公民行为和增加组织越轨行为。因此，本研究提出假设 1 和假设 2：

H1：破坏性领导对下属的组织公民行为有显著的负向影响。

H2：破坏性领导对下属的组织越轨行为有显著的正向影响。

## （二）情感承诺的中介作用

Tepper（2000）指出，如果下属长期感受到破坏性领导的侵害，他们必然会认为：这是由于组织没有遵循无偏性、一致性和道德伦理等原则去惩罚破坏性领导或者有意保护这些破坏性领导。例如，组织可能为了保护业绩较高的主管，而不对其破坏性行为加以惩罚。因此，在遭受破坏性领导行为的下属看来，组织不关心他们的幸福感，因而他们将无法认同或者不愿意发展与组织的依恋关系，即相比没有遭受破坏性领导行为的下属而言，他们将会产生更低的情感承诺。基于社会交换理论可知，员工对组织的情感承诺越高，其越会做出有利于组织的行为，反之，员工对组织的情感承诺越低，越有可能做出有损组织的行为（Blau，1964）。正如 Cropanzano 和 Mitchell（2005）所指出的，对组织的情感承诺可以看作员工与组织之间高质量的社会交换关系的重要态度指标之一。因此，本研究提出假设 3 和假设 4：

H3：情感承诺在破坏性领导与下属的组织公民行为之间起中介作用，破坏性领导会降低员工对组织的情感承诺，继而减少下属的组织公民行为。

H4：情感承诺在破坏性领导与下属的组织越轨行为之间起中介作用，破坏性领导会降低员工对组织的情感承诺，继而增加下属的组织越轨行为。

## （三）离职意愿的调节作用

中国文化是一种高权力距离文化（Hofstede，1980），中国组织中的管理者往往主宰下属的职场生活，尤其是，在当前职场供求关系紧张的环境下，主管的权力和威力越发凸显。因此，员工为了保住职位或避免被"穿小鞋"，不得不容忍主管的破坏性领导行为。这一观点也得到实证研究的支持，例如，研究发现，处于较低权力位置的受害者往往抑制报复行为（Aquino，Tripp & Bies，2006）。

然而，权力与依赖呈负相关关系：员工对组织或者主管越有依赖，其权力越小，越不敢采取报复行为；相反，员工对组织或者主管依赖越小，其权力也就越大，越敢于报复（Emerson，1962）。当下属有着强烈的离开组织的愿望时，他们将不再依赖主管或者组织给其升职或提薪等。因此，在遭受来自上司的破坏性领导行为之后，相比离职意愿较低的员工而言，高离职意愿的员工会采取更多的反击行为（Molm，1997），即通过减少组织公民行为和增加组织越轨行为来报复主管或者组织。基于此，本研究提出假设 5 和假设 6：

H5：下属的离职意愿在破坏性领导与下属的组织公民行为关系之间起调节作用，当下属的离职意愿较高时，破坏性领导与下属的组织公民行为之间的关系越强。

H6：下属的离职意愿在破坏性领导与下属的组织越轨行为关系之间起调节作用，当下属的离职意愿较高时，破坏性领导与下属的组织越轨行为之间的关系越强。

# 三、研究设计

## （一）样本与程序

调查分三个时间段进行，即时间点 1、时间点 2 和时间点 3，时间点 1 与时间点 2 的间隔时间为 2 个月，时间点 2 与时间点 3 的间隔时间为 3 个月。

在时间点 1，由下属评价其直接上司的破坏性领导行为，采用 5 点计分法，从"1"（非常不符合）到"5"（非常符合）。在时间点 2，由下属自评其对组织的情感承诺程度和离职意愿程度，采用 5 点计分法，从"1"（非常不符合）到"5"（非常符合）。同时，下属自评负向情感特质，采用 4 点计分法，从"1"（从无此感觉）到"4"（有强烈的感觉）。在时间点 3，由同事评价调查对象在近 5 个月的组织公民行为和组织越轨行为的表现情况，采用 5 点计分法，从"1"（一点也不相符）到"5"（极其相符）。

本研究的调查样本主要来自北京、广州两地的企业员工。共发放调查问卷 450 份，回收有效问卷 302 份，回收的有效率为 67.11%。具体情况如表 1 所示。

表 1　本研究的人口学分布情况

| 变量 | 类别 | 人数 | 百分比（%） | 变量 | 类别 | 人数 | 百分比（%） |
|---|---|---|---|---|---|---|---|
| 性别 | 男 | 69 | 22.8 | 职位级别 | 非管理人员 | 224 | 74.2 |
| | 女 | 225 | 74.5 | | 基层管理人员 | 50 | 16.6 |
| | 缺失值 | 8 | 2.7 | | 中高层管理人员 | 23 | 7.6 |
| 婚姻状况 | 未婚 | 242 | 80.1 | | 缺失值 | 5 | 1.6 |
| | 已婚 | 51 | 16.9 | 工龄（年） | ≤1 | 66 | 21.9 |
| | 缺失值 | 9 | 3.0 | | >1≤2 | 67 | 22.2 |
| 年龄（岁） | ≤23 | 96 | 31.8 | | >2≤3 | 46 | 15.2 |
| | >23≤26 | 108 | 35.8 | | >3≤5 | 53 | 17.5 |
| | >26≤29 | 65 | 21.5 | | >5≤8 | 42 | 13.9 |
| | >29 | 29 | 9.6 | | >8 | 28 | 9.3 |
| | 缺失值 | 4 | 1.3 | 共事时间（年） | ≤0.5 | 67 | 22.2 |
| 最高学历 | 高中及以下 | 30 | 9.9 | | >0.5≤1 | 91 | 30.1 |
| | 大学专科 | 213 | 70.6 | | >1≤2 | 70 | 23.2 |
| | 本科及以上 | 57 | 18.8 | | >2≤3 | 41 | 13.6 |
| | 缺失值 | 2 | 0.7 | | >3 | 33 | 10.9 |

注：样本量为 302。

## （二）测量

（1）破坏性领导。采用高日光（2014）在中国组织情境下开发的破坏性领导测量工具，共4个维度，分别是阴险毒辣（如挑唆下属间的关系）、自私自利（如出现工作过失，将责任推卸给下属）、辱虐管理（如当众贬低下属）和情绪不定（如因为其他原因生气拿下属出气）。每个维度有4个条目，总计16个条目，各分量表在本研究中的Cronbach α系数在0.796~0.900之间，总量表的Cronbach α系数为0.921，满足心理测量学的要求。该量表在时间点1（Time1）进行测量。

（2）情感承诺。采用Chen和Francesco（2003）在中国文化背景下修订的情感承诺量表测量员工对组织的情感承诺程度（例如，我很乐意在该公司长期工作，直至退休；我觉得该公司所面临的问题就是我自己所面临的问题），共6个条目。该问卷在本研究中的Cronbach α系数为0.903，满足心理测量学的要求。该量表在时间点2（Time2）进行测量。

（3）离职意愿。采用Chen和Francesco（2000）编制的员工离职意愿问卷测量员工的离职意愿程度，共4个条目。典型条目如"我很可能明年会离职到其他公司工作"、"我不打算留在这家公司发展自己的事业"。该问卷在本研究中的Cronbach α系数为0.915，满足心理测量学的要求。该量表在时间点2（Time2）进行测量。

（4）组织公民行为。采用Lee和Allen（2002）开发的OCB量表，该量表有两个维度（指向组织的OCBO和指向员工的OCBI），每个维度8个条目。其中，OCBI的典型条目如"该同事心甘情愿花时间帮助其他遇到工作问题的员工"、"该同事调整自己的工作安排来满足其他员工的休假要求"；OCBO的典型条目如"该同事出席公司没有要求但有益于公司形象的集会"、"在其他员工指责公司时，该同事替公司辩护"。该量表的两个维度在本研究中的Cronbach α系数分别为0.816和0.873，总量表的Cronbach α系数为0.887，满足心理测量学的要求。本研究参照Walumbwa，Hartnell和Oke（2010）的做法，将OCBI与OCBO整合起来，测量总体的OCB情况。该量表在时间点3（Time3）进行测量。

（5）组织越轨行为。采用Tepper，Carr，Breaux，Geider，Hu和Hua（2009）修订的组织越轨行为测量工具，共8个条目。典型条目如"延长工间休息或午餐时间"、"未经允许把公司的物品拿回家"。该量表在本研究中的Cronbach α系数为0.720，达到了心理测量学的要求。该量表在时间点3（Time3）进行测量。

（6）负向情感特质（Negative Affectivity）。采用Watson，Clark和Tellegen（1988）开发的10个条目的量表，典型条目如"心烦的"、"受惊吓的"、"易怒的"、"紧张的"。该量表在本研究中的Cronbach α系数为0.889，满足心理测量学的要求。由于负向情感特质可能会影响员工对破坏性领导的评价，本研究将负向情感特质作为控制变量，更好地控制误差的影响。该量表在时间点2（Time2）进行测量。

在正式统计分析之前，我们首先对变量进行区别效度的检验。本研究借鉴以往学者的做法，将变量测量条目进行条目组合（Item Parceling），采用验证性因素分析方法检验构念之间的区别效度（Ferris，Brown & Heller，2009），结果见表2。由表2可知，5因素模型数据拟合非常好（NNFI = 0.920；RMSEA = 0.068；CFI = 0.943）。然后，本研究将测量模型与四个竞争模型进行比较：两个4因素模型［一是将组织越轨行为与组织公民行为合为一个因素，即角色外行为，与其他变量组成4因素模型（4a）；二是将情感承诺与离职意愿合为一个因素，即忠诚因素，与其他变量组成4因素模型（4b）］、3因素模型（分别将组织越轨行为与组织公民行为合为一个因素，情感承诺与离职意愿合为另一个因素，与其他变量组成3因素模型）和1因素模型（将所有因素组合在一起）。统计结果表明，除测量模型之外，其他竞争模型的拟合指数（NNFI、CFI、RMSEA）都没有达到最基本的拟合要求。另外，基准模型与竞争模型的差异检验也表明，5因素的测量模型与嵌套的 4a 因素模型（$\Delta\chi^2(4) = 168.127$，$p < 0.001$）、4b 因素模型（$\Delta\chi^2(4) = 338.809$，$p < 0.001$）、3 因素模型（$\Delta\chi^2(7) = 459.493$，$p < 0.001$）、1 因素模型（$\Delta\chi^2(10) = 1073.779$，$p < 0.001$）差异显著，即测量模型优于竞争模型（Schumacker & Lomax，1996）。另外，通过对 AIC 值（所得值越小越好）的比较可知，测量模型也优于竞争模型（Akaike，1987）。综上所述，本研究所采用的测量工具是可靠有效的。

**表 2　变量测量工具的验证性因素分析结果**

| 模型 | $\chi^2$ | df | $\Delta\chi^2$ | $\Delta$df | NNFI | CFI | RMSEA | AIC |
|---|---|---|---|---|---|---|---|---|
| 5 因素模型 | 260.829 | 109 | — | — | 0.920 | 0.943 | 0.068 | 382.829 |
| 4a 因素模型 | 428.956 | 113 | 168.127 | 4 | 0.839 | 0.881 | 0.096 | 542.956 |
| 4b 因素模型 | 599.638 | 113 | 338.809 | 4 | 0.751 | 0.816 | 0.120 | 713.638 |
| 3 因素模型 | 720.322 | 116 | 459.493 | 7 | 0.699 | 0.772 | 0.132 | 828.322 |
| 1 因素模型 | 1334.608 | 119 | 1073.779 | 10 | 0.410 | 0.541 | 0.184 | 1436.608 |

注：5 因素模型为基准模型，是由破坏性领导、组织公民行为、组织越轨行为、离职意愿和情感承诺 5 因素组成。样本量为 302。

# 四、研究结果

## （一）描述统计与相关分析

表 3 是变量间的描述统计与相关分析结果。由表 3 可知，破坏性领导与下属的离职意愿（$r = 0.210$，$p < 0.001$）、情感承诺（$r = -0.306$，$p < 0.001$）、组织越轨行为（$r = 0.207$，$p < 0.001$）、组织公民行为（$r = -0.188$，$p < 0.1$）、负向情感（$r = 0.155$，$p < 0.01$）呈显著的正相关或负相关。中介变量（下属的情感承诺）和调节变量（下属的离职意愿）与负向情感、组织越轨行为和组织公民行为之间的相关系数在 0.148~0.449 之间（不考虑方向，只考虑大小），它们之间呈中等程度的相关。另外，本研究发现，组织越轨行为与组织公民行为之间的相关系数为-0.223（$p < 0.001$），这说明两者并不是同一构念的两极，它们具有较大的区别度。

**表 3　变量的描述统计与相关矩阵分析**

| 变量 | Mean | SD | 1 | 2 | 3 | 4 | 5 |
|---|---|---|---|---|---|---|---|
| 破坏性领导（T1） | 1.876 | 0.658 | | | | | |
| 离职意愿（T2） | 3.024 | 1.111 | 0.210*** | | | | |
| 情感承诺（T2） | 2.830 | 0.908 | −0.306*** | −0.625*** | | | |
| ODB（T3） | 1.734 | 0.413 | 0.207*** | 0.232*** | −0.263*** | | |
| OCB（T3） | 5.075 | 0.760 | −0.188** | −0.182** | 0.449*** | −0.223*** | |
| 消极情感（T2） | 1.841 | 0.441 | 0.155** | 0.196** | −0.148* | 0.071 | 0.013 |

注：* 表示 $p < 0.05$，** 表示 $p < 0.01$，*** 表示 $p < 0.001$（双尾检验）。OCB = Organizational Citizenship Behavior；ODB = Organizational Deviant Behavior。

## （二）中介作用的检验结果

本研究将两个嵌套模型——完全中介模型（破坏性领导通过下属的情感承诺间接影响下属的

组织公民行为和组织越轨行为）和部分中介模型（破坏性领导既直接影响下属的组织公民行为和组织越轨行为，还通过下属的情感承诺间接影响下属的组织公民行为和组织越轨行为）进行比较，最终确定一个数据拟合最好且相对简约的获胜模型。模型比较的各项拟合指数如表4所示。

**表4　完全中介模型与部分中介模型的比较**

| 模型 | $\chi^2$ | df | $\Delta\chi^2$ | $\Delta$df | NNFI | CFI | RMSEA | AIC |
| --- | --- | --- | --- | --- | --- | --- | --- | --- |
| 完全中介模型 | 138.207 | 62 | — | — | 0.930 | 0.952 | 0.064 | 222.207 |
| 部分中介模型 | 133.030 | 60 | 5.177 | 2 | 0.931 | 0.954 | 0.064 | 221.030 |

注：样本量为302。

由表4可知，完全中介模型的各项拟合指数为：$\chi^2(62) = 138.207$，NNFI = 0.930，CFI = 0.952，RMSEA = 0.064。部分中介模型的各项拟合指数为：$\chi^2(60) = 133.030$，NNFI = 0.931，CFI = 0.954，RMSEA = 0.064。从拟合指数来看，$\Delta$CFI 的绝对值 = 0.002（<0.01）、$\Delta$NNFI 的绝对值 = 0.001（<0.01）。依据 Cheung 和 Rensvold（2002）的观点，$\Delta$CFI、$\Delta$NNFI 的绝对值小于 0.01，即可认为两模型差异不显著。AIC 虽然是用来比较非嵌套模型的数据拟合状态的（Akaike，1987），但本研究亦发现完全中介模型的 AIC（222.207）与部分中介模型的 AIC（221.030）几乎没有差异，这进一步说明两模型之间不存在显著的差异。两模型 $\Delta\chi^2(2) = 5.177（p > 0.05）$，差异也不显著。基于此，当两模型在拟合指数上没有显著差异，本研究选择相对简约的完全中介模型作为最佳模型（候杰泰、温忠麟、成子娟，2004；Aryee，Chen，Sun & Debrah，2007）。

另外，经检验，部分中介模型的直接路径系数（破坏性领导对下属的组织公民行为与组织越轨行为的直接效应分别为 0.129 和-0.086，$p > 0.05$）不显著，根据结构方程模型理论的观点，不显著的路径应删除，并再次与数据进行拟合。删除这两条不显著的路径之后，结果与完全中介模型一致，从而佐证了完全中介模型为本研究的最佳模型。

基于上述分析，本研究的假设3（H3）和假设4（H4）得到了验证。完全中介路径模型如图1所示。由图1可知，破坏性领导对下属的情感承诺的直接效应为-0.335，下属情感承诺对组织公民行为的直接效应为 0.593，下属情感承诺对组织越轨行为的直接效应为-0.299。因此，破坏性领导对下属的组织公民行为的间接效应为-0.335 × 0.593 = -0.199，破坏性领导对组织越轨行为的间接效应为-0.335 × (-0.299) = 0.100。

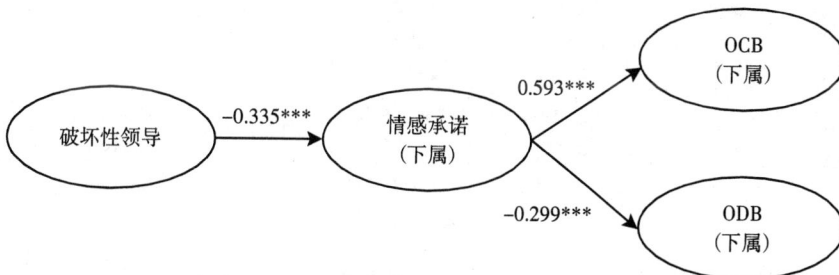

**图1　情感承诺中介破坏性领导与下属角色外行为的路径**

注：*** 代表 p<0.001（双尾检验）。

## （三）调节作用检验

本研究采用逐步回归法检验离职意愿在破坏性领导与下属组织公民行为和组织越轨行为之间的调节作用。在进行正式统计之前，本研究对破坏性领导、离职意愿、组织公民行为和组织越轨行为进行了中心化处理，即标准化。回归分析结果如表5所示。

由表 5 可知，第一步控制变量解释了下属组织公民行为的 6.6% 的变异量（$F_{(8, 261)} = 2.313$，$p < 0.05$），职位级别对下属组织公民行为有显著的正向影响（$\beta = 0.202$，$p < 0.01$），这表明职级越高，员工越会做出更多的组织公民行为。第二步的主效应检验发现，破坏性领导与下属离职意愿解释了下属组织公民行为的 7.0% 的变异（$F_{(10, 259)} = 4.074$，$p < 0.001$），并且，破坏性领导和离职意愿对组织公民行为的回归系数均显著（$\beta = -0.197$，$p < 0.01$；$\beta = -0.153$，$p < 0.05$）。这表明破坏性领导与下属的离职意愿对组织公民行为均有显著的负向影响，假设 1（H1）得到验证。第三步的交互项（破坏性领导×离职意愿）解释了下属组织公民行为的 1.2% 的变异量（$F_{(11, 258)} = 4.085$，$p < 0.001$），并且，交互项对组织公民行为的回归系数（$\beta = 0.114$，$p < 0.05$）显著，其交互影响效果如图 2 所示。由图 2 可知，当下属有较低的离职意愿时，破坏性领导与下属组织公民行为之间的关系比下属有较高离职意愿时要强。因此，假设 5（H5）得到了部分验证。

**表 5　对组织公民行为的逐步回归分析结果**

| 变量 | 下属组织公民行为 | | | 下属组织越轨行为 | | |
|---|---|---|---|---|---|---|
| | M1 | M2 | M3 | M4 | M5 | M6 |
| 第一步：控制变量 | | | | | | |
| 性别 | 0.066 | 0.043 | 0.030 | −0.121* | −0.099 | −0.115 |
| 年龄 | −0.126 | −0.106 | −0.111 | −0.102 | −0.132 | −0.141 |
| 婚姻状况 | 0.061 | 0.040 | 0.051 | 0.081 | 0.105 | 0.120 |
| 最高学历 | 0.020 | 0.016 | 0.022 | 0.089 | 0.092 | 0.099 |
| 职位级别 | 0.202** | 0.161* | 0.158* | −0.054 | −0.008 | −0.015 |
| 工龄 | 0.099 | 0.131 | 0.136 | 0.077 | 0.060 | 0.066 |
| 与上司共事时间 | 0.065 | 0.049 | 0.034 | −0.028 | −0.024 | −0.039 |
| 消极情感 | 0.050 | 0.105 | 0.094 | 0.042 | −0.014 | −0.025 |
| 第二步：主效应 | | | | | | |
| 破坏性领导 | | −0.197** | −0.190** | | 0.138* | 0.146* |
| 离职意愿 | | −0.153* | −0.149* | | 0.218** | 0.222** |
| 第三步：交互效应 | | | | | | |
| 破坏性领导×离职意愿 | | | 0.114* | | | 0.133* |
| $R^2$ | 0.066 | 0.136 | 0.148 | 0.028 | 0.102 | 0.119 |
| $\Delta R^2$ | 0.066* | 0.070*** | 0.012* | 0.028 | 0.074*** | 0.017* |
| 调整后 $R^2$ | 0.038 | 0.103 | 0.112 | −0.002 | 0.067 | 0.081 |
| $\Delta F$ | 2.313* | 10.451*** | 3.762* | 0.931 | 10.701*** | 4.948* |
| F | $F_{(8,261)} =$ 2.313* | $F_{(10,259)} =$ 4.074*** | $F_{(11,258)} =$ 4.085*** | $F_{(8,261)} = 0.931$ | $F_{(10,259)} =$ 2.940** | $F_{(11,258)} =$ 3.163*** |

注：* 表示 $p < 0.05$，** 表示 $p < 0.01$，*** 表示 $p < 0.001$（双尾检验），表格中的数据为标准化回归系数。

由表 5 可知，第一步控制变量虽然对下属组织越轨行为的变异量没有显著增加（$F_{(8, 261)} = 0.931$，$p > 0.05$），但性别对组织越轨行为的影响在 0.05 的水平上显著，即男性相对于女性而言，会更多地表现出组织越轨行为。第二步的主效应检验发现，破坏性领导与下属离职意愿解释了下属组织越轨行为 7.4% 的变异量（$F_{(10, 259)} = 2.940$，$p < 0.01$），并且，破坏性领导和离职意愿对组织越轨行为的回归系数显著（$\beta = 0.138$，$p < 0.05$；$\beta = 0.218$，$p < 0.01$）。这表明，破坏性领导与离职意愿对组织越轨行为有显著的正向影响，假设 2（H2）得到验证。第三步的交互项（破坏性领导×离职意愿）解释了下属组织越轨行为 1.7% 的变异量（$F_{(11, 258)} = 3.163$，$p < 0.001$），并且，交互项对下属组织越轨行为的回归系数显著（$\beta = 0.133$，$p < 0.05$），其交互效果见图 3。

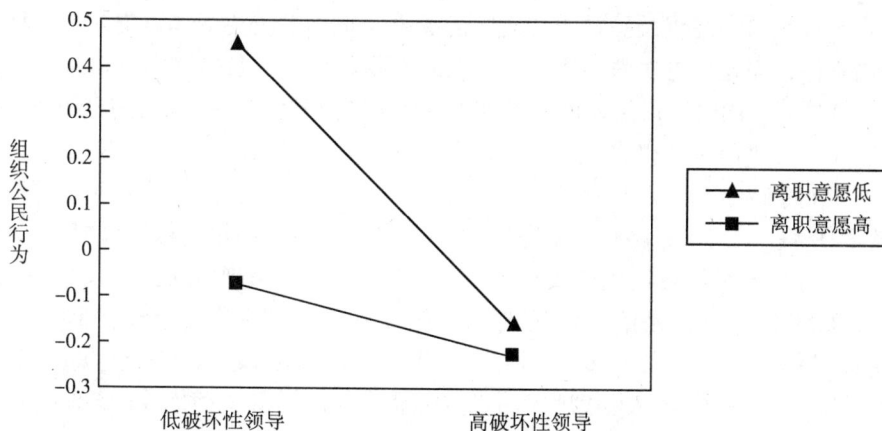

**图 2　离职意愿与破坏性领导对组织公民行为的交互影响**

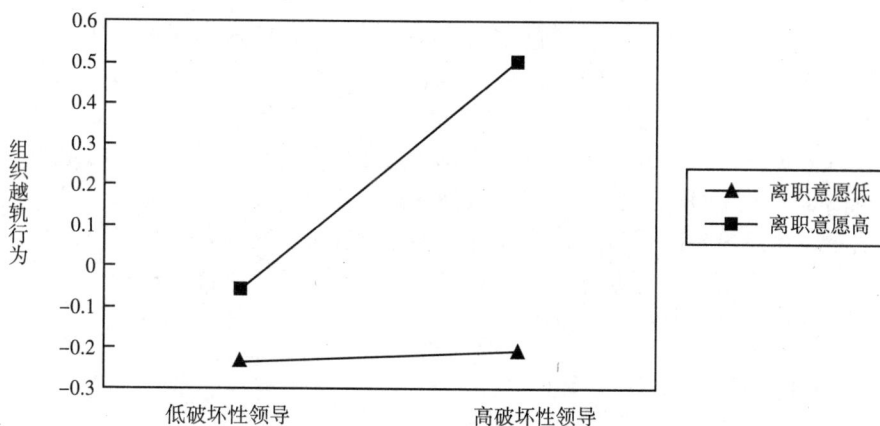

**图 3　离职意愿与破坏性领导对组织越轨行为的交互影响**

由图 3 可知，当下属有较高离职意愿时，破坏性领导与下属的组织越轨行为之间的关系更强。因此，假设 6（H6）得到了验证，即离职意愿在破坏性领导与下属组织越轨行为之间起调节作用。

# 五、讨论与启示

## （一）理论贡献

领导的阴暗面是近年来一个新兴的研究主题，并因其产生严重的消极后果而备受学者的关注（Schilling & Schyns，2013；Tepper，2000）。从已有的文献来看，目前学术研究主要局限于辱虐管理（Abusive Supervision）的前因及后果（Tepper，2007），鲜有研究探讨破坏性领导的危害及其对后果变量的作用机制。本研究采用实证研究方法，探讨了破坏性领导的危害性及其作用机制。其理论意义有以下三个方面：

首先，本研究证实了破坏性领导对下属的情感承诺、组织公民行为和组织越轨行为有重要影响，并且下属的情感承诺在破坏性领导与组织公民行为和组织越轨行为关系中起着重要的中介作用。这一研究结果是对以往研究的有力拓展——以往研究专注于单一破坏性领导行为（如辱虐管理）和单一的员工行为（如组织公民行为）之间的关系，很不系统，而本研究不仅全面考察了破坏性领导行为的整体，而且还首次将组织公民行为和组织越轨行为放在一起同时加以探讨，使研究更加完整、更有价值。同时，该结果证实了本研究的主题：破坏性领导具有极强的破坏性。

其次，由于我国文化拥有高权力距离特征，尤其在当前"人治"背景下，员工在组织中属于"弱势群体"，下属在遭受上司的破坏性领导行为之后，往往不敢与上司针锋相对，而是转而采用"当面忍让，背后使坏"的应对策略。本研究发现，下属在遭受破坏性领导行为之后，对组织的情感承诺显著降低，有利于组织的组织公民行为显著减少，有损于组织的组织越轨行为显著增加。这主要是因为，员工认为主管是组织的代表，主管的一言一行代表了组织的看法（Rousseau，1995），组织中管理者破坏性领导行为的大量存在，代表了组织有意纵容这种行为。因此，这项研究成果一方面回应了管理者是组织的代理人的观点，另一方面丰富了替代攻击理论，即转移报复对象。

最后，本研究发现，破坏性领导对下属组织公民行为和组织越轨行为的影响效果与所处情境有很大的关系，离职意愿在破坏性领导与组织公民行为和组织越轨行为之间起调节作用。虽然社会交换理论可以用来解释破坏性领导与下属态度和行为的关系，但其重要缺陷在于，它无法告诉我们两者的关系在什么时候更强或更弱。因此，这项研究在确定社会交换理论的边界上迈出了重要的一步，具有重要的理论价值。同时，本研究还有一个意外的发现：离职意愿较低时，下属在遭受破坏性领导行为之后，组织公民行为显著降低，而离职意愿较高时，下属的组织公民行为变化程度很小（见图2）。这表明，一旦员工具有较高的离职意愿，不管上司是否为破坏性领导，员工均不会增加或者减少组织公民行为；相反，离职意愿较低时，破坏性领导对组织公民行为有显著的负面影响。这种现象表明，破坏性领导对继续留任的员工的组织行为产生极大的负面影响，进一步证实了破坏性领导的危害性。

## （二）对管理的启示

本研究对管理实践也具有重要启示。首先，由于中国具有高权力距离、集体主义和上尊下卑的文化，破坏性领导在组织中根深蒂固，是一种常态，不仅如此，破坏性领导的危害性非常严重，不仅降低员工的情感承诺，还会显著增加员工的组织越轨行为和减少员工的组织公民行为。因此，组织需要加大力度，尽量防止有破坏性领导倾向的人员进入管理层，并采用匿名举报、满意度调查等方式，适时监测组织中的破坏性领导行为现象，将最大程度降低破坏性领导的负面影响。

其次，不要不把基层主管当干部，基层主管的破坏性影响更严重。基层主管是组织治理毛细血管的最末端，面对的是一线员工。对于一线员工，基层主管代表组织（Liden，Bauer，Erdogan & Wayne，2004）与他们进行社会交换，他们的一言一行均代表组织的态度。基层主管的职级虽然不高，但他们所发出的负能量依然惊人（Tepper，2000）。因此，组织应更加重视基层主管的选拔和言行，尤其重视基层管理者的行为塑造和道德甄别工作。

最后，情感承诺和离职意愿在破坏性领导的危害性中均发生重要作用，二者分别具有缓冲效应和调节效应。对于组织而言，适时监测员工的情感承诺，及时发现员工的离职倾向是一项长期的工作，不可忽视，要努力将破坏性领导的危害性减至最低。

## （三）本研究的优势和局限

相对于其他领导阴暗面的研究，本研究的重要优势体现在研究主题和研究设计两方面：①以往关于领导阴暗面的研究主要聚焦在辱虐管理上，虽然《领导季刊》在2007年以专刊形式呼吁加强破坏性领导研究，但至今鲜有研究探索该主题。本研究采用实证研究方法，在中国组织情境中开展破坏性领导的危害性及其作用机制研究，并有新的发现，这不仅回应了在《领导季刊》的呼呼，也为破坏性领导理论贡献了新的知识。②在研究设计上，本研究严格控制了同源误差和社会赞许效应。我们从三个不同时间点分别测量上司的破坏性领导行为（自变量）、下属的情感承诺和离职意愿（中介变量与调节变量），以及组织公民行为和组织越轨行为（因变量），并且，组织公民行为和组织越轨行为还采用了他评的方式，令我们的研究结论更具有可信性。除上述设计的严谨外，本研究还将组织公民行为和组织越轨行为放在一起考察，从而有力地论证了两者具有较大的区别度。

任何研究都可能存在一定的缺憾，本研究的不足主要表现为：①作为探讨破坏性领导的危害性，本研究仅探索了破坏性领导对下属的组织公民行为和组织越轨行为的影响，未考察对任务绩效、创新行为的影响，这无疑为本领域提供了进一步探索的空间。②虽然本研究采取间隔时间段和配对样本来克服同源误差和自我偏向等影响，但是由于经费、资源等条件的限制，不可能做到完全随机抽样。未来研究可以抽取跨地区、跨文化样本来验证本研究结果的稳定性和正确性。③本研究的测量工具都是从西方文化背景下所开发的量表中直接借用的。由于文化背景的差异，我国企业员工的组织公民行为和组织越轨行为的表现形式和表现程度会有较大差异，这使得这些测量工具可能没有充分地测量到员工的组织公民行为和组织越轨行为等。因此，未来研究应尽量采用中国文化背景下开发的组织公民行为和组织越轨行为量表进行测量。

**参考文献**

［1］Akaike H. Factor Analysis and AIC［J］. Psychometrica，1987（52）.

［2］Andersson L. M.，& Pearson C. Tit for Tat：The Spiraling Effect of Incivility in the Workplace［J］. Academy of Management Review，1999（24）.

［3］Aquino K.，Tripp T. M.，& Bies R. J. Getting Even or Moving on？Power，Procedural Justice，and Types of Offense as Predictors of Revenge，Forgiveness，Reconciliation，and Avoidance in Organizations［J］. Journal of Applied Psychology，2006（91）.

［4］Aryee S.，Chen Z. X.，Sun L.，& Debrah Y. A. Antecedents and Outcomes of Abusive Supervision：Test of a Trickle-down Model［J］. Journal of Applied Psychology，2007（92）.

［5］Baumeister R. F.，Bratslavsky E.，Finkenauer C.，& Vohs K. E. Bad is Stronger than Good［J］. Review of General Psychology，2001，5（4）.

［6］Blau P. M. Exchange and Power in Social Life［M］. New York：John Wiley & Sons，1964.

［7］Brehm S. S.，& Brehm J. W. Psychological Reactance：A Theory of Freedom and Control［M］. Academic Press，1981.

［8］Chen Z. X.，& Francesco A. M. The Relationship between the Three Components of Commitment and Employee Performance in China［J］. Journal of Vocational Behavior，2003（62）.

［9］Chen Z.X.，& Francesco A.M. Employee Demography，Organizational Commitment，and Turnover Intentions in China：Do Cultural Differences Matter？［J］. Human Relations，2000，53（6）.

［10］Cheung G. W.，& Rensvold R. B. Evaluating Goodness-of-Fit Indices for Testing Measurement Invariance［J］. Structural Equation Modeling Journal，2002，9（2）.

［11］Cropanzano R.，& Mitchell M. S. Social Exchange Theory：An Interdisciplinary Review［J］. Journal of Management，2005（31）.

［12］Einarsen S.，Aasland M. S.，& Skogstad A. Destructive Leadership Behaviour：A Definition and Conceptual Model［J］. Leadership Quarterly，2007（18）.

［13］Emerson R. M. Power-dependence Relations［J］. American Sociological Review，1962，27（1）.

［14］Ferris D. L.，Brown D. J.，& Heller D. Organizational Supports and Workplace Deviance：The Mediating Role of Organization-based Self-esteem［J］. Organizational Behavior and Human Decision Processes，2009（108）.

［15］Harper D. Spotlight Abuse-Save Profits［J］. Industrial Distribution，1990（79）.

［16］ Hofstede G. Culture's Consequences：International Differences in Work-Related Values ［M］. Beverly Hills，CA：Sage，1980.

［17］ Katz D.，& Kahn R. L. The Social Psychology of Organizations ［M］. New York：Wiley，1966.

［18］ Lee K.，& Allen N. J. Organizational Citizenship Behavior and Workplace Deviance：The Role of Affect and Cognitions ［J］. Journal of Applied Psychology，2002（87）.

［19］ Liden R. C.，Bauer T. N.，Erdogan B.，& Wayne S. J. An Examination of the Role of Personality in Socialization. In Symposium：Newcomers in Action：The Role of Proactive Behavior in Socialization ［Z］. Annual Meeting of Society for Industrial and Organizational Psychology，Chicago，IL，2004.

［20］ Mitchell M. S.，& Ambrose M. L. Abusive Supervision and Workplace Deviance and the Moderating Effects of Negative Reciprocity Beliefs ［J］. Journal of Applied Psychology，2007（92）.

［21］ Molm L. D. Risk and Power use：Constraints on the use of Coercion in Exchange ［J］. American Sociological Review，1997（62）.

［22］ Murphy K. R. Honesty in the Workplace ［M］. Belmont，CA：Brooks/Cole，1993.

［23］ Organ D. W. Organizational Citizenship Behavior：The Good Soldier Syndrome ［M］. Lexington，MA：Lexington Books，1988.

［24］ Robinson S. L.，& Bennett R. J. A Typology of Deviant Workplace Behaviors：A Multidimensional Scaling Study ［J］. Academy of Management Journal，1995（38）.

［25］ Rousseau D.M. Psychological Contracts in Organizations. Understanding Written and Unwritten Agreements ［M］. Thousand Oaks：Sage，1995.

［26］ Schumacker R. E.，& Lomax R. G. A beginner's Guide to Structural Equation Modeling ［M］. Mahwah，NJ：Lawrence Erlbaum Associates，1996.

［27］ Schyns B.，& Schilling J. How Bad are the Effects of Bad Leaders？A Meta-analysis of Destructive Leadership and its Outcomes ［J］. The Leadership Quarterly，2013，24（1）.

［28］ Tepper B. J. Consequences of Abusive Supervision［J］. Academy of Management Journal，2000（43）.

［29］ Walumbwa F.O.，Hartnell C. A.，& Oke A. Servant Leadership，Procedural Justice Climate，Service Climate，Employee Attitudes，and Organizational Citizenship Behavior：A Cross-Level Investigation ［J］. Journal of Applied Psychology，2010，95（3）.

［30］ Watson D.，Clark L. A.，& Tellegen A. Development and Validation of Brief Measures of Positive and Negative Affect：The PANAS Scales ［J］. Journal of Personality and Social Psychology，1988（54）.

［31］ Yukl G. A. Leadership in Organizations（4th ed.）［M］. Englewood Cliffs，NJ：Prentice Hall，1998.

［32］ 高日光. 中国组织情境中的破坏性领导行为研究 ［M］. 上海：复旦大学出版社，2014.

［33］ 候杰泰，温忠麟，成子娟. 结构方程模型及其应用 ［M］. 北京：教育科学出版社，2004.

# 共享领导对团队创造力的影响：一个被调节中介模型的构建与检验

石冠峰　杨兴全　韩宏稳[*]

[摘要] 本文以 25 家本土化企业 128 个团队共 510 名团队成员为研究对象，运用分层回归模型和结构方程模型分析方法，探索了共享领导对团队创造力的作用机制。研究结果表明，共享领导和边界跨越对团队创造力均有显著的正向影响，同时共享领导对边界跨越也具有显著的正向影响；边界跨越在共享领导与团队创造力关系间起着部分中介作用。心理安全不仅调节边界跨越与团队创造力间的关系，还调节了边界跨越对共享领导与团队创造力间关系的中介作用，即在高心理安全氛围下，团队创造力水平明显高于低心理安全氛围团队的创造力水平，但边界跨越对团队创造力的直接影响和共享领导对团队创造力的间接影响较弱；在团队心理安全氛围低时，边界跨越对团队创造力的直接影响和共享领导对团队创造力的间接影响较强，但此时团队创造力水平明显低于高心理安全氛围团队。

[关键词] 共享领导；边界跨越；心理安全；团队创造力

## 一、引言

在以全球一体化和知识经济为主要特征的新时代背景下，企业面临着日趋激烈的市场竞争和不断提高的客户需求。为应对动态复杂的外部环境，组织日益采用团队工作模式，并依靠团队去解决复杂灵活的工作任务（Ancana & Caldwell，2007）。在管理实践中，团队创造力是企业实现突破式发展并持续进行创新的关键性要素，创造力的提升不仅有助于企业对外部环境做出敏捷响应，满足客户的需求，更是组织获得持续竞争优势的重要途径（Lee et al.，2013）。因此，如何有效激发和提升团队创造力越来越受到理论界与实践界的重视。

团队领导作为团队的中枢，其领导行为是激发团队成员创新潜质、提升团队创造力的关键因素（Burke et al.，2006）。近年来，研究者开始关注领导行为对团队成员创造力的影响。Kahai 等（2003）通过对 39 组学生团队进行实验研究，结果表明交易型领导能够激发团队成员提出新思路与方法解决问题，促使团队整体创造力水平的提升。Wang（2010）、Pieterse（2010）和蔡亚华（2013）等研究者探讨变革型领导对员工创造力和团队创造力的影响作用，得出了较为一致的结论，即变革型领导有助于激发下属员工的创造热情与实践行为，继而提高团队整体的创造力水平。

---

* 石冠峰（1969–），男，汉族，河南偃师县人，石河子大学经济与管理学院工商管理系副主任，副教授，硕士研究生导师，管理学博士，研究方向为组织理论和团队建设。

此外，还有些研究者实证研究了家长式领导和魅力型领导对创造力提升的作用机制（张银和李燕萍，2011；Zhang，2010；罗瑾琏等，2014）。然而，这些研究受传统领导理论的影响，关注于组织或团队中个体领导者的效能，即基于组织正式权力的单个个体对下属施以影响作用，这在很大程度上忽视了团队成员提供领导效能的可能性，限制了团队创造力往更高层次突破。事实上，面对复杂多变的环境，管理决策面临更大的不确定性，管理者越来越难以通过命令和控制对下属进行严格的管理；另外，面对动态的竞争，管理决策必须迅速而又灵活，而管理者面对纷繁复杂的大量信息常常难以单凭一己之力迅速做出高效的决策。李洁芳（2008）指出，共享领导能够应对复杂多变的动态环境，是优化组织决策、促进员工参与管理的有效领导模式。石冠峰和韩宏稳（2014）通过实证研究分析得出，共享领导对团队创造力的预测效果显著优于传统的交易型领导和变革型领导。但遗憾的是，共享领导对团队创造力的具体作用机制并没有得到充分的诠释。

依据资源依赖理论，团队仅依靠内部知识和资源不足以应对复杂多变的动态环境，如何从团队外部获取稀缺资源与支持已成为团队提升创造力所面临的重大挑战（Stock，2006）。在这样的背景下，团队跨界行为的重要性日益凸显。已有研究表明，跨界行为不仅是团队良性运作的重要保障，更是激发团队创新潜能、提升团队竞争优势的重要途径（Tortoriello & Krackhardt，2010；Marrone et al.，2007）。Joshi 等（2009）通过梳理近 20 年来关于团队边界研究的文献，构建了团队跨界行为的多层次动因模型，并指出团队边界跨越活动可能会受到团队领导行为的影响。此外，Edmonson（1999）、Faraj 和 Yan（2009）等学者的研究表明，团队内部的动态性（心理安全）会影响跨界行为对团队输出的结果。基于这些国内外学者的理论研究成果，本文试图在我国文化和组织情境下将共享领导、团队边界跨越、心理安全和团队创造力纳入同一框架下，构建一个被调节的中介模型，探索共享领导对团队创造力的影响作用机制，以期为我国企业在管理实践中提升团队创造力提供支持。

# 二、理论基础与研究假设

## （一）共享领导与团队创造力

共享领导的概念早期由 Gibb（1951）在其《参与式群体的动态》一书中提出，但直到今天，社会竞争加剧，组织环境的不确定性与任务的复杂性日益增加，共享领导理论才得到了越来越多团队研究者的青睐与关注。共享领导（Shared Leadership）是一个动态的、交互的群体影响过程。在此过程中，团队依据外部情境和内部任务特征动态更替领导角色，由具备相应专长的成员履行领导职能以实现团队目标。赵国祥和赵鹏娟（2012）在 Mayo，Pearce 和 Avolio 等学者研究的基础上提出了共享领导的四因素结构模型，分别为团队期望、权责共享、团队协作和团队进取。其中，团队期望是指团队成员聚焦于共同的绩效任务，严格要求自己，在工作中讲求效率与质量，不断寻求新方法来提高绩效；权责共享指团队所有成员共担领导权力与责任，在任务不同阶段的情境下由不同的团队成员来履行领导职能；团队协作指团队成员在展开团队活动过程中既分工明确，又彼此间相互合作、信任与交互影响；团队进取指团队成员把工作过程当作一个学习过程，通过学习获取新的知识与技能，以维系成员知识更新和增强自身能力。

共享领导通过团队期望、权责共享和团队进取来调动团队成员工作的积极性。为完成共同的团队目标，成员会主动发挥各自的知识技能和经验优势，并通过不断学习提出新方法解决团队面临的问题。另外，分布式领导还通过营造团队内部相互合作与信任的氛围，形成一个高凝聚团队，使成员在遇到外界不利因素时能够有意识地规避，并创造性地完成团队任务。Bligh 等（2006）指出，创造性工作需要充分发挥具有不同专长技能和不同思维方式团队成员的作用。共享领导通过动态更替领导角色，实现领导者与被领导者共同管理团队，这有利于增强团队成员的责任意识与工作主动性，进而有助于整合与利用团队互补性知识优势，提升团队创造力。此外，有学者认为，传统集权式领导行为可能会引起领导者权力滥用、下属对领导者过度依赖等负面效应，从而限制团队潜能最大限度地发挥；而分布式领导则以充分分权、广泛参与和相互协作为内在特征，主张团队权责共享、共同管理团队，通过知识互补、汲取集体智慧以弥补传统领导的缺陷和最优化团队效能。Carson 等（2007）指出，共享领导依据情境变化、任务阶段与团队成员专业特长匹配度而动态更替领导角色，促进成员间交互影响，提高团队创新绩效。因此，在团队工作中采用共享领导能有效地提升团队的创造力（Lee et al.，2013）。据此，本研究提出假设 1：

H1：共享领导对团队创造力有显著的正向影响。

## （二）共享领导、边界跨越与团队创造力

伴随无边界组织的演变，研究者和实践者逐渐意识到团队与所属组织内外部环境的紧密联结关系，并开始关注团队与其外部环境的互动效应。在此过程中，研究者们由以往关注团队内部活动转而聚焦外向边界跨越活动。团队边界跨越（Team Boundary Spanning）指的是团队为了实现任务目标，采取与外部行为主体建立互动关系，旨在获取关键资源与支持的一系列活动（Choi，2002；Joshi et al.，2009）。边界跨越活动是相对于团队内部过程活动而言。团队内部活动是指团队边界以内的活动，如团队身份认同与形象的塑造和强化，团队内部资源的整合利用等；而边界跨越是对团队内部活动向边界外的拓展，更侧重于对外部行为主体关系的管理，包括一系列的外部导向活动，如团队成员投身于外部环境搜寻关键信息与资源，影响组织管理者和关键客户等重要外部相关者，并与其建立工作和情感联系等。团队跨界活动并不遵循团队内部规范，这是团队边界跨越成为独立构念的重要基础，也是有别于团队边界内部活动的逻辑起点（薛慧娟，2010）。

团队通过边界跨越活动与外部行为主体建立联结关系，并展开积极的良性互动，这有助于提升团队创造力，实现团队总体任务目标。具体来看，边界跨越与团队创造力两者间的作用机理可以归结为以下两方面：第一，由于资源的稀缺性，组织对团队的支持与承诺被视为团队的关键资源。尤其当团队内部缺乏创新所需要的资源时，团队必须开展与外部重要相关方（如高阶团队和组织高层管理者等）的跨界活动，强化彼此间工作和情感上的沟通交流，为团队创造活动谋求有价值的资源与支持。Ancona（1992）和 Marrone 等（2007）的研究发现，高水平的边界跨越活动能够为团队带来更多现实或潜在的支持（如资源投入和项目协调等），避免不必要的干扰，为团队创造活动提供良好的条件，促进团队整体创造力的提升。第二，边界跨越可以从外部关系中得到关于改进产品或者服务的信息反馈（Ancona，1990；石冠峰和林志扬，2010），以及搜集外部技术和市场信息（Marrone，2010），并将其加工处理，运用到团队创新活动中，可为团队带来更新颖的解决方案（McFadyen et al.，2009），从而提升团队创造力。此外，有效的团队边界跨越活动还可以激发团队成员的自豪感和效能感（Edmonson，1999），使其更加全身心地投入团队创造活动中，提出利于产品、服务和管理流程的新观点，这些都有益于团队创造力的提升。据此，本研究提出假设 2：

H2：边界跨越对团队创造力有显著的正向影响。

边界跨越着眼于团队与其外部环境的互动，旨在获取团队所必要的关键性资源与支持。团队中采用共享领导，有助于加强团队边界跨越活动的实施。具体来看，共享领导强调团队责任分享和充分授权，弱化领导与成员的边界关系，重视团队成员的价值与贡献，实现团队所有成员共同管理团队（朱瑜等，2014）。这就意味着，每个成员都有可能在团队某个阶段担负起领导的职责，领导角色的动态更替有利于强化成员的团队责任意识，站在团队整体利益视角进行思考，主动与

团队外部行为主体建立各种联系关系，搜寻团队创造性活动所缺少的资源，保证团队任务目标顺利完成。另外，共享领导通过团队高绩效期望，使得团队成员心智聚焦于团队任务目标，强调成员在工作中严格要求自己、注重工作的效率和质量，并不断寻求工作的新方法与思路。团队的绩效期望能有效地促使和激发团队成员深入团队外部情境，寻找团队创造活动所必要的信息资源与支持，以实现团队的高绩效预期。此外，共享领导还重视团队内部的人际沟通和人际互动，强调建立和营造相互信任和开放进取的团队文化氛围，一方面确保团队成员既分工明确，又彼此间相互信任与协作，减轻团队成员的多重角色负担，避免受到外界不必要的干扰，为团队边界跨越活动创造良好的内部环境条件，进而利于团队成员顺利完成任务，提高团队的绩效输出和生存能力；另一方面鼓励和支持团队成员持续学习和积极进取，增强成员建立和维护与外部行为主体关系的能力，并有效管理团队发展的机会和障碍。反过来，团队成员边界跨越能力得到提升，有助于团队收集、传递、整合和利用外部环境中多元化的信息与知识（Tortoriello & Krackhardt，2010），并产生新的创意。据此，本研究提出假设3：

H3：共享领导对边界跨越有显著的正向影响。

基于上述分析，共享领导不仅能够有效提升团队创造力，还通过促进团队实施边界跨越活动，进而提高团队整体创造力水平。据此，本研究提出假设4：

H4：边界跨越在共享领导与团队创造力关系间起中介作用。

## （三）边界跨越、心理安全与团队创造力

尽管前文已经指出边界跨越活动能够对团队创造力产生积极的影响，但是团队内部一些情境因素可能会增强或弱化团队边界跨越的作用。Joshi等（2009）认为，团队跨界效果是内部过程与外部情境因素的函数。Baer和Frese（2003）的研究发现，团队心理安全作为团队重要的情境氛围，在团队创新过程中扮演着不可忽视的作用（唐翌，2005）。与之相呼应，Bradley等（2012）以117个项目团队为研究对象的实证研究结果表明，心理安全氛围能够显著强化任务冲突对团队绩效的影响效果。鉴于此，本研究认为，团队心理安全在边界跨越与团队创造力关系中起着调节作用。

团队心理安全（Psychological Safety）指的是团队成员共同持有的一种信念，即相信在团队内人际冒险是安全的（Edmondson，1999，2002；董临萍，2013）。事实上，团队成员在工作过程中都会面临着各种人际风险，如主动提出问题可能被看作无知，寻求组织的帮助与支持可能被视为无能，进行自我批评与反思可能被视为消极，寻求信息反馈可能被看作干扰等。West（2002）指出，心理安全高的团队会形成一个开放和建设性的群体讨论氛围，团队成员勇于提出建设性意见以及新的工作思路与方法，敢于大胆进行创新、实验新方法和技术，因为高心理安全在很大程度上降低了团队内部的人际风险，削弱他们面临可能失败的恐惧，以及消除失败给他们在团队中地位和声誉带来消极结果的顾虑，而团队成员这些行为又与团队创造力紧密相关。这就意味着，心理安全高的情境氛围下，团队成员彼此间信任度和合作氛围良好，参与创新工作的意愿强（Kark & Carmeli，2009），自然使团队整体创造力处于较高水平。实际上，边界跨越活动与团队心理安全是相互匹配，并通过交互作用共同影响团队创造力的，高心理安全氛围是团队实施边界跨越活动、提升团队创造力的最佳状态。然而，由于心理安全氛围高的团队的创造力本就处于较高水平，边界跨越活动的实施虽然能提升团队创造力，但增加幅度会比较小。

相反，心理安全氛围低时，团队内部人际关系紧张，成员彼此间信任不足，他们会认为表达观点、沟通交流、分享信息和经验是存在风险的，这些都不利于团队创造力的提升。在此情境下，团队实施边界跨越活动，通过与团队外部相关方互动并建立联系，协调和整合团队内外部工作，获取更多有价值的信息、知识与外部支持等资源，为团队创造过程提供更为有利的条件，弥补心

理安全的不足，可有效激发团队创造力。也就是说，在团队心理安全低时，随着边界跨越活动的增加，团队创造力提升速度比较快，增加幅度程度比较明显。但是团队整体心理安全的不足会使成员间不够坦诚，团队成员仍会为人际关系等工作之外的事情耗费精力，团队创造力水平并不能达到最优。即在团队心理安全低的情境下，边界跨越活动会显著提升团队创造力，但较之高心理安全氛围下实施同样的边界跨越活动的整体创造力水平依然欠缺。据此，本研究提出假设5：

H5：心理安全负向调节边界跨越与团队创造力的关系，即心理安全氛围低时，边界跨越对团队创造力的影响更强，但团队创造力水平低于高心理安全氛围下的团队创造力。

### （四）共享领导、边界跨越、心理安全与团队创造力

综合前文中介作用和调节作用的理论推演，边界跨越解释了共享领导对团队创造力影响的中介作用机制，并且在高团队心理安全氛围下，边界跨越对团队创造力的影响作用弱于低心理安全氛围下边界跨越对团队创造力的影响作用。在此基础上，本文进一步认为，团队心理安全氛围不仅调节边界跨越与团队创造力之间的关系，还调节共享领导与团队创造力之间关系的中介作用，即在团队心理安全氛围低时，共享领导通过边界跨越对团队创造力的影响作用更强。据此，本研究提出假设6：

H6：团队心理安全氛围负向调节共享领导对团队创造力影响的间接关系，即当团队心理安全氛围低时，共享领导通过边界跨越对团队创造力产生的间接影响更强。

基于以上假设，本研究构建的模型框架如图1所示。

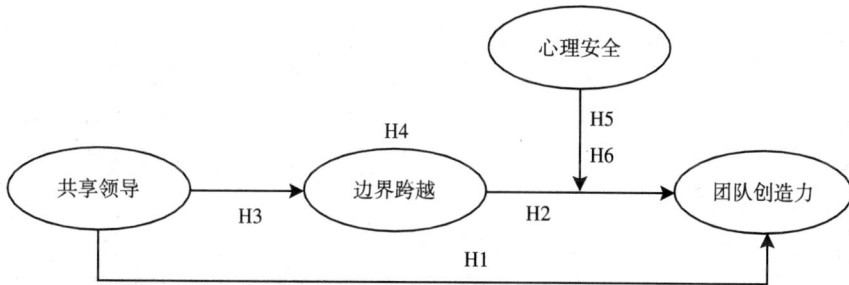

**图1　假设模型**

# 三、研究方法

## （一）研究程序与样本

本研究选取新疆、安徽、江苏等地区25家企业的130个团队进行调查，样本企业涉及通信、金融、机械制造、电力等领域。问卷采用现场匿名填写，由课题组成员或团队领导负责收集的方式。此次调查发放650份团队成员问卷，收回593份，回收率为91.2%，剔除回答不完整和不认真填写（如多个选项均为同一评分数值）等无效问卷后，收集到128个团队的510份有效成员问卷，有效率为86.0%。在这128个团队中，成员最少的为3人，最多的为8人，平均团队成员数量是4个。团队中男性占54.6%，女性占45.4%；团队成员年龄介于21~30岁的占60.7%；大专及以下学历成员占35.5%，本科占56.9%，硕士以上学历占7.6%；团队成员在公司任职超过1年以上的占89.1%。

### （二）研究工具

（1）共享领导。采用赵国祥和赵鹏娟（2012）开发的共享领导行为测量工具，包括团队期望、权责共享、团队协作和团队进取四个维度，共 17 个题项，如"我们小组成员在团队中有施展领导才能的机会"、"我们团队成员既分工明确又能相互合作"。考虑到共享领导各维度的高度相关性，本文运用所获得的数据对其二阶单因素结构，即四个维度测量的是另一个高阶的维度进行验证。验证性因子分析结果表明（CMIN = 367.37，DF = 113，CMIN/DF = 3.25，RMSEA = 0.067，GFI = 0.93，NFI = 0.93，IFI = 0.95，CFI = 0.95），共享领导二阶单因素模型的拟合指标均达到要求标准，故可采用该二阶单因素模型进行数据分析。该量表的内部一致性信度系数为 0.93。

（2）团队边界跨越。采用 Faraj 和 Yan（2009）的研究成果中较为成熟的边界跨越测量工具，参考石冠峰等（2013）在我国情境下对其进行的修订，共 4 个题项，如"团队鼓励成员从团队外部获得各种信息资源"。验证性因子分析结果表明（CMIN = 1.01，DF = 1，CMIN/DF = 1.01，RMSEA = 0.004，GFI = 0.99，NFI = 0.99，IFI = 1.0，CFI = 1.0），该测量工具具有良好的结构效度。该量表的内部一致性信度系数为 0.76。

（3）团队心理安全。采用 Edmonson（1999）研究成果中较为成熟的心理安全测量工具，共 7 个题项，其中含 4 个反向题项。本研究分析发现，可能由于被试者惯性的答题习惯和思维方式，反向题项测量效果不好，在删除 2 个反向题项后，验证性因子分析结果表明（CMIN = 18.45，DF = 4，CMIN/DF = 4.61，RMSEA = 0.084，GFI = 0.99，NFI = 0.96，IFI = 0.96，CFI = 0.97），该测量工具具有良好的结构效度。该量表的内部一致性信度系数为 0.64。

（4）团队创造力。采用 Amabile 的研究成果中较为成熟的团队创造力测量工具，参考李树祥等在中国情境下对其进行的修订，共 8 个题项，如"团队经常提出新点子"、"团队运用新的方式完成任务"。验证性因子分析结果表明（CMIN = 69.51，DF = 18，CMIN/DF = 3.86，RMSEA = 0.075，GFI = 0.97，NFI = 0.98，IFI = 0.98，CFI = 0.98），该测量工具具有良好的结构效度。该量表的内部一致性信度系数为 0.94。

以上变量的测量均采用李克特（Likert）5 点量表，"1"至"5"分别表示"很不符合"、"不太符合"、"不确定"、"基本符合"和"非常符合"。此外，依据相关研究文献，本研究选取团队成员性别、年龄、学历和工龄作为控制变量。

# 四、研究结果

### （一）团队层面数据聚合检验

由于本文聚焦于团队层面进行分析，而研究所涉及的主要变量（共享领导、边界跨越、心理安全和团队创造力）均是由多个团队成员个体进行评价的，因此需要将个体层面的数据聚合到团队层面。在进行数据聚合前，需要对个体层面数据的可聚合性进行检验。根据 James 等学者的建议，本研究采用团队组内一致性系数 $R_{wg}$ 来检验本研究数据是否可聚合到团队层面。团队数据聚合检验结果显示，共享领导、边界跨越、心理安全和团队创造力的 $R_{wg}$ 值分别为 0.84、0.79、0.71 和 0.77，均超过 0.7 的可接受水平。据此，本文认为可以将个体层面的共享领导、边界跨越、心理安全和团队创造力数据进行加总平均，聚合到团队层面进行统计分析。

## （二）描述性统计结果

研究所涉及的主要变量的均值、标准差和相关性描述统计结果如表 1 所示。从表中可得出，共享领导与团队创造力（r = 0.64，p < 0.01）显著正相关；共享领导与边界跨越（r = 0.40，p < 0.01）显著正相关；边界跨越与团队创造力（r = 0.35，p < 0.01）显著正相关；共享领导与心理安全（r = 0.5，p < 0.01）显著正相关；心理安全与团队创造力（r = 0.24，p < 0.01）显著正相关。

**表 1　各主要变量的均值、标准差、相关性系数**

| 变量 | 均值 | 标准差 | 1 | 2 | 3 | 4 |
|---|---|---|---|---|---|---|
| 共享领导 | 4.10 | 0.37 | (0.93) | | | |
| 边界跨越 | 3.90 | 0.51 | 0.40** | (0.76) | | |
| 心理安全 | 3.24 | 0.32 | 0.35** | 0.01 | (0.64) | |
| 团队创造力 | 3.81 | 0.64 | 0.64** | 0.35** | 0.24** | (0.94) |

注：* 表示 p<0.05，** 表示 p<0.01；括号内数字为 α 信度系数。

## （三）假设检验

为验证共享领导、边界跨越和团队创造力间的直接作用关系，即研究假设 H1 至 H3，本文采用 SPSS20.0 进行回归分析，回归结果如表 2 所示。表 2 中的模型 3 结果显示，控制团队成员的性别、年龄、学历和工龄后，共享领导对团队创造力有显著的正向影响（β = 0.65，p < 0.001），即假设 1 得到支持。模型 4 结果显示，控制团队成员的性别、年龄、学历和工龄后，边界跨越对团队创造力有显著的正向影响（β = 0.37，p < 0.001），即假设 2 得到支持；模型 2 结果显示，控制团队成员的性别、年龄、学历和工龄后，共享领导对边界跨越有显著的正向影响（β = 0.40，p < 0.001），即假设 3 得到支持。

**表 2　研究假设的分层回归结果**

| 变量名称 | 边界跨越 | | 团队创造力 | | | | | | |
|---|---|---|---|---|---|---|---|---|---|
| | 模型 1a | 模型 2 | 模型 1b | 模型 3 | 模型 4 | 模型 5 | 模型 6 | 模型 7 | 模型 8 |
| 性别 | −0.02 | −0.01 | −0.02 | 0.01 | −0.01 | −0.02 | −0.03 | 0.01 | 0.0 |
| 年龄 | −0.08 | −0.07 | 0.11 | 0.12** | 0.14* | 0.14** | 0.13** | 0.13** | 0.12** |
| 学历 | 0.11* | 0.12** | −0.05 | −0.03 | −0.09* | −0.12** | −0.11** | −0.05 | −0.05 |
| 工龄 | 0.11* | 0.10 | −0.12* | −0.14** | −0.16** | −0.13* | −0.12** | −0.15** | −0.14** |
| 共享领导 | | 0.40*** | | 0.65*** | | | | 0.58*** | 0.55*** |
| 边界跨越 | | | | | 0.37*** | 0.37*** | 0.39*** | 0.13** | 0.15** |
| 心理安全 | | | | | | 0.25*** | 0.26*** | 0.03 | 0.05 |
| 跨越×安全 | | | | | | | −0.21*** | | −0.12*** |
| R² | 0.02 | 0.18 | 0.01 | 0.43 | 0.15 | 0.21 | 0.25 | 0.44 | 0.46 |
| F | 2.44* | 22.25*** | 1.63 | 75.65*** | 17.35*** | 21.81*** | 23.8*** | 56.97*** | 52.55*** |
| ΔR² | 0.02 | 0.16*** | 0.01 | 0.42*** | 0.14*** | 0.20*** | 0.04*** | 0.43*** | 0.02*** |

注：* 表示 p<0.05，** 表示 p<0.01，*** 表示 p<0.001。

为验证边界跨越在共享领导与团队创造力间的中介作用，本研究依据中介效应的检验程序，采用结构方程模型技术，所构建的共享领导、边界跨越和团队创造力的结构模型如图 2 所示。据统计分析结果，该模型的整体拟合指标为：CMIN/DF 为 2.46、RMSEA 为 0.054、GFI 为 0.89、CFI

为 0.94、NFI 为 0.91 和 IFI 为 0.94，这些指标结果表明模型与调查数据的拟合情况好，其结果具有参考价值。

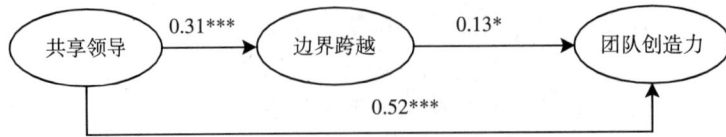

**图 2　边界跨越的中介作用模型及路径系数**

在中介作用模型（见图 2）中，共享领导与边界跨越（β = 0.31，p < 0.001）、边界跨越与团队创造力（β = 0.13，p < 0.05）间的路径系数均显著，同时共享领导还会对团队创造力产生显著的正向影响（β = 0.52，p < 0.001）。这就说明，边界跨越在共享领导对团队创造力间起着部分中介作用，即假设 4 得到支持。

为验证心理安全在边界跨越与团队创造力间的调节作用，本研究采用分层回归方法，将边界跨越、心理安全及边界跨越与心理安全的交互项纳入回归方程，对团队创造力进行预测，结果如表 2 所示。表 2 中的模型 4 和模型 5 的结果显示，边界跨越和心理安全对团队创造力均具有显著的正向影响。模型 6 的结果显示，边界跨越与心理安全的交互项系数显著（β = −0.21，p < 0.001），且 $\Delta R^2$ = 0.04（p < 0.001），表明心理安全负向调节边界跨越与团队创造力间的关系，即假设 5 得到支持。

图 3 更直观地揭示了心理安全在边界跨越对团队创造力影响作用中的调节效应。由图 3 可以观察出，心理安全负向调节边界跨越与团队创造力间的关系，即心理安全越低，边界跨越对团队创造力的影响作用越强，但心理安全氛围高的团队的整体创造力水平明显高于心理安全氛围低的团队。

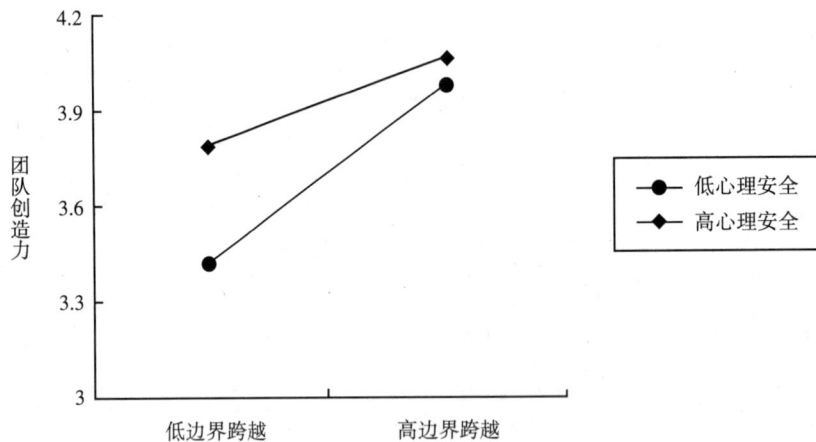

**图 3　心理安全的调节作用示意**

为进一步验证心理安全是否调节边界跨越在共享领导与团队创造力间的中介作用，本文采用温忠麟等学者建议的被调节中介模型检验方法，将共享领导、边界跨越、心理安全及边界跨越与心理安全的交互项纳入回归方程，检测它们对团队创造力的影响作用，结果如表 2 所示。表 2 中的模型 7 和模型 8 结果表明，边界跨越以及心理安全与边界跨越交互项对团队创造力的回归系数显著（$\beta_1$ = 0.13，$p_1$ < 0.001；$\beta_2$ = −0.12，$p_1$ < 0.001），这就表明在共享领导、边界跨越和心理安全对团队创造力的影响中，边界跨越是一个被调节的中介变量，即假设 6 得到支持。

# 五、结论与展望

## （一）研究结论

　　领导行为被视为提升团队创造力的关键要素，本文集中探讨了共享领导行为对团队创造力的影响作用，并深入分析了边界跨越和心理安全在两者间的不同作用。本文的实证分析发现，共享领导和边界跨越均对团队创造力有显著的正向影响，同时共享领导也显著影响团队边界跨越活动。通过中介效应检验得出，边界跨越在共享领导与团队创造力关系间起着部分中介作用，也就是说，共享领导不仅直接影响团队创造力，还通过促进团队边界活动的展开，来间接提升团队的创造力。本文还发现，团队心理安全氛围调节边界跨越对团队创造力的影响作用，即在高团队心理安全氛围下，团队创造力水平明显高于低心理安全氛围团队的创造力水平，但该情境下边界跨越对团队创造力的影响较弱，同时心理安全氛围还负向调节边界跨越对共享领导与团队创造力关系的中介作用。

## （二）理论贡献

　　本文的理论贡献在于以下三方面：第一，研究揭示了共享领导对团队创造力的积极影响。共享领导作为现代领导理论的一种新思想，从研究现状来看，国外学者已经开始对共享领导进行了探索性研究，而国内的相关实证研究并不多见。本文通过问卷调查发现，我国组织团队已初现共享领导现象，实证分析表明，共享领导对提升团队创造力有显著的影响，这与 Lee 等（2013）的研究结论相符，弥补了我国在该方面的研究不足。共享领导将权力与责任在团队内部分享，使得每个成员都参与到团队的管理中，并站在团队整体角度思考，为有效地把握与应对外部需求变化而提升团队创造能力。同时，共享领导通过营造成员间互助协作、信任与学习的氛围，充分挖掘每个成员的创造才能，并使其对团队其他成员提供有效的指导与影响，从而确保团队创造能力持续发展。第二，基于团队外向边界视角，揭示边界跨越在共享领导与团队创造力关系间具有重要的中介作用。依据资源依赖理论，团队并不是在自闭真空的环境中工作，需要与团队外部相关主体建立各种联系，并不断互动，以获取团队所缺乏的信息知识和支持等资源，保证团队创新创造活动顺利完成。同时，在团队中采用共享领导模式，通过充分授权强化团队成员的责任意识，促进团队边界活动的展开。本文摆脱过去关注团队内部活动研究的惯性，聚焦于团队外向边界活动，探讨与厘清了边界跨越对共享领导与团队创造间的中介作用，为后续研究共享领导作用机制提供了新的思路。第三，研究揭示了团队心理安全具有重要的调节作用。过去关于团队心理安全的研究成果中，多将团队心理安全视为中介变量进行研究。近年来，已有研究者发现，心理安全作为团队重要氛围，可以调节前因变量与创新行为间的关系，而本文揭示心理安全的调节效应主要聚焦于边界跨越与团队创造力间的边界条件。这意味着我们需要认识这样一个事实：如果团队内部人际冒险是安全的，团队成员敢于提出建设性意见与新颖的想法或方案，益于团队创造力的提升，此时团队实施边界跨越活动，对团队创造力提升幅度较弱；相反，团队心理安全氛围低时，边界跨越对团队创造力的影响作用更明显，并强化共享领导对团队创造力的间接作用。

## （三）管理启示

　　本文的结论对管理实践具有一定的指导价值：首先，转变传统领导行为，采用共享领导模式，提升团队创造力。过去传统交易型领导和变革型领导是组织集权模式下的领导行为，强调由组织正式指派的单个个体担当领导角色，而共享领导则主张在团队内共享领导角色，由多个个体共同产生作用来履行领导职能。目前我国正处于经济转型时期，组织面临着动态、变化的环境。在这样复杂、不确定的环境下，组织团队仅依靠传统意义上的单个领导者不能最有效地发挥领导效能，需要拓展领导力的载体。共享领导与交易型领导、变革型领导相比，关注团队内领导力的多重来源，因此能更有效地促使团队成员愿意承担责任并从事具有创新性的活动，从而提升团队的创造力。从领导行为的作用过程来看，交易型领导和变革型领导是自上而下的控制过程，通过团队单个固定领导者来影响与指导团队活动，实现提升团队创造力的目的；而共享领导强调水平影响过程，通过领导者与被领导者共同管理团队，汲取团队每个人的智慧，更能发挥团队知识协同效应和组合优势，提高团队整体创造力水平。为此，组织或团队应该重视共享领导模式的应用，并积极向每个团队成员提供培训机会，促使其成为负责任和具有建设性的领导者，担负起领导的职责。其次，重视边界跨越的中介作用，为提升团队创造力搭建桥梁。一方面，组织领导应该鼓励团队展开边界跨越活动，给予及时的技术资源支持，并通过强化组织内各团队间的联结关系，营造良好的团队间信任和协作的氛围，消除团队间给跨界行为带来的不必要干扰；另一方面，团队管理者在日常的工作中应该多引进专业技能互补和职能部门的团队成员，优化团队整体结构，同时加强团队内向边界管理，塑造成员对团队目标的认可程度，促使团队成员积极参与跨界活动和承担跨界角色。另外，团队还需要建立与企业外部行为主体的互动机制，加强他们对团队项目的认同，以获取信息反馈和资源支持。最后，密切关注团队心理安全氛围，实现边界跨越与团队心理安全相协调匹配，优化团队创造力。组织和团队一方面需要积极支持团队边界跨越活动的开展，大幅度驱动团队创造力的提高，另一方面要修补和增进成员间彼此的信任、尊重和关心，加强团队内部沟通交流，营造良好的团队心理安全氛围，与边界跨越活动相协调，共同提升团队创造力。

### （四）研究局限与展望

本文在我国文化和组织情境下验证了提出的所有假设，但仍然存在一定的局限性。首先，由于条件的限制，本文仅选取横截面数据进行实证分析，不能完全揭示变量间的因果关系，且共享领导行为对团队创造力的影响作用是一个长期动态过程，在今后的研究中可以采用横向和纵向相结合的方法进一步验证本文得出的结论。其次，由于研究变量的测量均采用团队成员报告的形式，所获数据存在同源误差的可能性，变量间的关系可能被潜在地放大。今后的研究可以考虑扩展数据源主体以及加入一些定量指标，尽可能避免数据同源误差问题。最后，尽管本文的数据来源于多个企业，但分析层次仅集中于团队层面，没有考虑检验组织层面的差异，未来的研究可以尝试进行组织层面或跨层次研究，以揭示高层面和不同层面变量间的作用机制。

**参考文献**

［1］Amabile T. M. Motivation Creativity in Organizations：On Doing What you Love and Loving What You Do［J］. California Management Review，1997，40（1）.

［2］Ancana D. G.，Caldwell D. F. Improving the Performance of New Product Teams［J］. Research Technology Management，2007，50（5）.

［3］Ancona D. G.，Caldwell D. F. Bridging the Boundary：External Activity and Performance in Organizational Teams［J］. Administrative Science Quarterly，1992，37（4）.

［4］Ancona D. G. Outward Bound：Strategies for Team Survival in Organizations［J］. Academy of Management Journal，1990，33（2）.

［5］Baer M.，Frese M. Innovation is not Enough：Climates for Initiative and Psychological Safety，Process Innovations，and Firm Performance［J］. Journal of Organizational Behavior，2003，24（1）.

［6］Bligh M. C., Pearce C. L., Kholes G. C. The Importance of Self-and Shared Leadership in Team Based Knowledge Work: A Meso-level Model of Leadership Dynamics ［J］. Journal of Managerial Psychology, 2006, 21 （4）.

［7］Burke C., Stagl K., Klein C., et al. What Type of Leadership Behaviors are Functional in Teams? A Meta-Analysis ［J］. The Leadership Quarterly, 2006, 17 （3）.

［8］Carson J. B., Tesluk P. E., Marrone J. A. Shared Leadership in Teams: An Investigation of Antecedent Conditions and Performance ［J］. Academy of Management Journal, 2007, 50 （5）.

［9］Choi J. M. External Activities and Team Effectiveness: Review and Theoretical Development ［J］. Small Group Research, 2002, 33 （2）.

［10］Edmondson A. C. The Local and Variegated Nature of Learning in Organizations: A Group-level Perspective ［J］. Organization Science, 2002, 13 （2）.

［11］Edmondson A.C. Psychological Safety and Learning Behavior in Work Teams ［J］. Administrative Science Quarterly, 1999, 44 （2）.

［12］Faraj S., Yan A. Boundary Work in Knowledge Teams ［J］. Journal of Applied Psychology, 2009, 94 （3）.

［13］James L. R. Aggregation Bias in Estimate of Perpetual Agreement ［J］. Journal of Applied Psychology, 1982, 67 （2）.

［14］Joshi A., Pandey N., Han G. H. Bracketing Team Boundary Spanning: An Examination of Task-based, Team-level, and Contextual Antecedents ［J］. Journal of Organizational Behavior, 2009, 30 （6）.

［15］Judge T. A., Piccolo R. F. Transformational and Transactional Leadership: A Meta-analytic Test of Their Relative Validity ［J］. Journal of Applied Psychology, 2004, 89 （5）.

［16］Kahai S. S., Sosik J. J., Avolio B. J. Effects of Leadership Style, Anonymity, and Rewards on Creativity-Relevant Processes and Outcomes in an Electronic Meeting System Context ［J］. The Leadership Quarterly, 2003, 14 （4）.

［17］Kark R., Carmeli A. Alive and Creating: The Mediating Role of Vitality and Aliveness in the Relationship between Psychological Safety and Creative Work Involvement［J］. Journal of Organizational Behavior, 2009 （30）.

［18］Kark R., Shamir B., Chen G. The Two Faces of Transformational Leadership: Empowerment and Dependency ［J］. Journal of Applied Psychology, 2003, 88 （2）.

［19］Lee D. S., et al. An Analysis of Shared Leadership, Diversity, and Team Creativity in an E-learning Environment ［J］. Computers in Human Behavior, 2013, 10 （5）.

［20］Marrone J. A., Tesluk P. E., Carson J. B. A Multilevel Investigation of Antecedents and Consequences of Team Member Boundary-spanning Behavior ［J］. Academy of Management Journal, 2007, 50 （6）.

［21］Marrone J. A. Team Boundary Spanning: A Multilevel Review of Past Research and Proposals for the Future ［J］. Journal of Management, 2010, 36 （4）.

［22］McFadyen M. A., Semadeni M., Cannella A. A. Value of Strong Ties to Disconnected Others: Examining Knowledge Creation in Biomedicine ［J］. Organization Science, 2009 （20）.

［23］Pieterse A. N., Van K. D., Schippers M., et al. Transformational and Transactional Leadership and Innovative Behavior: The Moderating Role of Psychological Empowerment ［J］. Journal of Organizational Behavior, 2010, 31 （4）.

［24］Stock R. M. Inter-organizational Teams as Boundary Spanners between Supplier and Customer Companies ［J］. Journal of the Academy of Marketing Science, 2006, 34 （4）.

［25］Tortoriello M., Krackhardt D. Activating Cross-boundary Knowledge: The Role of Simmelian Ties in the Generation of Innovation ［J］. Academy of Management Journal, 2010, 53 （1）.

［26］Wang P., Rode J. C. Transformational Leadership and Follower Creativity: The Moderating Effects of Identification with Leader and Organizational Climate ［J］. Human Relations, 2010, 63 （8）.

［27］ West M. A. Sparkling Fountains or Stagnant Ponds：An Integrative Model of Creativity and Innovation Implementation in Work Groups ［J］. Applied Psychology：An International Review，2002，51（3）.

［28］ Zhang X. M.，Bartol K. M. Linking Empowering Leadership and Employee Creativity：The Influence of Psychological Empowerment，Intrinsic Motivation and Creative Process Engagement ［J］. Academy of Management Journal，2010，53（1）.

［29］ 蔡亚华，贾良定，尤树洋等. 差异化变革型领导对知识分享与团队创造力的影响：社会网络机制的解释［J］. 心理学报，2013（5）.

［30］ 李洁芳. 分布式领导概念内涵、角色关系辨析与未来研究展望［J］. 外国经济与管理，2008（8）.

［31］ 李树祥，梁巧转，孟瑶. 团队多样性氛围、团队凝聚力和团队创造能力的关系研究［J］. 软科学，2012（7）.

［32］ 罗瑾琏，门成昊，钟竞. 动态环境下领导行为对团队创造力的影响研究［J］. 科学学与科学技术管理，2014（5）.

［33］ 石冠峰，韩宏稳. 领导行为对团队创造力的影响：兼比较分析研究［J］. 科技管理研究，2014（19）.

［34］ 石冠峰，林志扬. 团队建设研究的新思路：边界管理的视角［J］. 中国工业经济，2010（1）.

［35］ 石冠峰，薛坪，唐杰. 团队边界管理、凝聚力和绩效间关系研究［J］. 科技进步与对策，2013（12）.

［36］ 唐翌. 团队心理安全、组织公民行为和团队创新——一个中介传导模型的实证分析［J］. 南开管理评论，2005（6）.

［37］ 温忠麟，侯杰泰，张雷. 调节效应与中介效应的比较和应用［J］. 心理学报，2005（2）.

［38］ 薛会娟. 国外团队跨界行为研究回顾与展望［J］. 外国经济与管理，2010（9）.

［39］ 张银，李燕萍. 领导风格、心理授权与员工创造力：基于中国电力行业的实证研究［J］. 科技进步与对策，2011（21）.

［40］ 赵国祥，赵鹏娟. 知识型员工共享领导内容结构［J］. 心理科学，2012（5）.

［41］ 朱瑜，黄丽君，曾程程. 分布式领导是员工主动行为的驱动因素吗？——一个基于多重中介效应模型的检验［J］. 外国经济与管理，2014（9）.

# 员工建言在何种情况下更容易被上级接受？

## ——上下级关系、员工绩效的调节作用

成瑾　刘丹　陈蕾[*]

[摘要]　员工建言能有效地促进组织创新。很多企业积极推进员工建言，但建言行为对员工自身产生的不确定后果极大地抑制了员工建言的积极性。本文主要检验建言行为与上级对建言采纳度之间的关系以及上下级关系、员工绩效对此种关系的调节作用。本文通过两轮数据收集，获得有效配对数据303份。层次回归的结果表明：①员工建言行为与上级对建言的采纳度正相关，其中，上级对抑制性建言的采纳度要高于促进性建言；②上下级关系对促进性建言和上级采纳度之间的关系具有正向调节作用，而对抑制性建言和上级采纳度之间关系的调节并不显著；③员工的关系绩效（包括人际促进和工作奉献）对促进性建言和采纳度之间的关系具有正向调节作用，而员工的任务绩效所发挥的调节作用并不显著。本文为员工主动的建言行为提供了理论支持和策略指导，同时也启示管理者要关注不确定性回避、情感偏好以及晕轮效应可能带来的对建言的认知偏差。

[关键词]　建言；上级采纳度；上下级关系；员工绩效

# 一、引言

员工建言是员工对组织问题的关切、想法以及建设性意见的表达，能有效地促进组织创新（Van Dyne & Botero，2003）、推动组织变革、预防组织危机（Schwartz & Wald，2003）。同时，员工建言还可以帮助员工获得额外资源，加速工作表现，提升个人声誉，满足其"保持并发展出众自我"的根本需求。但不可否认，员工的建言行为也可能会引起上级的情感疏离和负面评价，甚至会引起上级对员工的故意冷遇和隐性惩罚。考虑到建言可能带来的不确定后果，员工对建言的态度非常谨慎。即使员工建言的内容事关组织发展的关键，而这些内容落在员工的知识域和信息域，员工也往往倾向于隐瞒自己的真实想法。这样，员工的创新想法不能顺畅提出，组织存在的风险不能及时发现，组织问题也不能及时纠正，极大地影响企业竞争力；同时，员工对于建言的保守策略也使得个人失去知识分享、观点激荡、自我学习以及建立个人声誉和社会资本的机会，抑制员工的自我成长。

员工建言究竟会给员工带来什么样的影响？是积极的还是消极的？积极影响是在何种因素推动下出现的？鉴于上级领导在员工职业评价和职业成就中的关键作用，上级对员工建言的采纳是对员

* 成瑾（1980-），山西兴县人，副教授，管理学博士，研究领域为组织行为学；刘丹（1991-），山东临沂人，管理学院企业管理系硕士研究生，研究领域为人力资源管理；陈蕾（1989-），山东潍坊人，管理学院企业管理系硕士研究生，研究领域为人力资源管理。

工建言最充分的认可。本文聚焦于以下两个问题：第一，员工建言行为与上级领导对员工建言的采纳度之间是什么关系？第二，哪些因素能够影响员工建言与上级对员工建言采纳之间的关系？

# 二、文献回顾与研究假设的提出

## （一）建言的定义以及相关研究

Hirschman（1970）首次提出建言概念，他认为建言与"退出"、"忠诚"一样，是员工或顾客对组织表达不满时的一种反应。此后 Rusbult 和 Farrell（1988）等延续了 Hirschman 的研究，仍然认为建言是员工情绪发泄的被动行为。此后，学者们突破从被动视角理解员工建言行为的惯性，认为员工建言的动因更可能是出于对组织利益的关心，具有更多利他成分，是员工的一种积极的组织公民行为。例如，Van Dyne 和 LePine（1998）提出，建言是以改善环境为目的、以变化为导向、富有建设性的言语行为。但这种合作性的行为，也存在潜在的风险，可能会挑战当局者的权威和既定规范（Detert & Burris，2007）。

鉴于建言的多面性，学者们对建言做了不同的分类。根据建言方式不同，Hagedoorn 等（1999）把建言分为考虑他人感受和利益的体贴型建言（Considerate Voice）以及只考虑个人利益的强硬型建言（Aggressive Voice）。根据建言动机不同，Van Dyne，Ang 和 Botero（2003）把建言分为基于顺从的默许性建言（Acquiescent Voice）、基于恐惧的防御性建言（Defensive Voice）和基于合作的亲社会建言（Pro-social Voice）。但近年来，Liang 和 Farh（2008）在中国文化背景下，把建言分成促进性建言（Promotive Voice）和抑制性建言（Prohibitive Voice），其中促进性建言是指个体主动提出改善组织运作的创新性想法或建议；抑制性建言则是指个体大胆地指出工作实践中存在的问题。段锦云等（2011）在研究中提出了更符合中国语境的顾全大局式建言和自我冒进式建言。

学者们也开始深入探讨员工建言行为发生的前因变量及其内在机理。通过文献回顾，发现个体因素、组织因素、领导因素及心理因素（Tangirala & Ramanujam，2008）是建言行为的主要前因。在个体层次上，对建言有影响的因素是人口统计学变量（Farrell & Rusbult，1985；段锦云等，2007）和性格特质（LePine & Van Dyne，2001）（如主动性人格）。个体层面建言发生的机理往往是通过个体的自我认知以及个体内隐的建言信念（Detert & Edmondson，2011）发生作用，如个体感知的建言自我效能感（段锦云和魏秋江，2012）。在组织层次上，影响建言行为的因素包括组织氛围（如强愿景、创新氛围、支持性领导行为）（Choi，2007）和组织官僚化程度等。领导因素是目前研究最多的影响员工建言的前因变量，变革型领导风格、授权行为、伦理型领导、德行领导、真诚领导、领导开放性、领导—成员交换等均被证明与员工建言有正向关系。组织和领导层面的变量往往通过员工感知的心理安全感、高层次自尊、组织支持感、内部人身份认知等心理变量作用于建言行为，而心理安全感、心理分离、领导感知等因素是目前研究较多的调节变量。

关于建言结果的研究，建言对组织的影响结论相对一致，认为员工建言有利于提高组织决策的科学性，提升企业绩效（Schwartz & Wald，2003），有利于组织变革能力的提升及其在多元化社会中的发展（Morrison & Milliken，2000）。在员工层面，员工建言机会与员工主动离职呈负相关关系，对员工的程序公平感知产生重要影响（Landau，2009），但建言行为与上级对员工绩效评价的关系却出现截然相反的结论。有学者认为，员工建言可以提升上级对员工的绩效评价（Whiting et al.，2008），而另外一些学者则认为，员工建言不利于上级对其进行的绩效评价（Hung et al.，2012）。Burris（2012）研究指出，员工的建言方式（挑战性的建言方式或支持性的建言方式）是导致不一致影响的因素，而 Hung 等（2012）的研究从员工角度出发，得出员工政治技能对员工建言与绩效评价的关系具有调节作用。

由文献可知，目前对建言的前因变量以及建言行为的发生机理研究较多，对结果变量的研究较少，而且在员工层面的研究还未形成清晰、一致的结论。探求员工建言与建言结果的关系以及寻找调节此种关系的关键因素，为我们的研究提供了契机。

## （二）员工建言与上级对建言采纳度的关系

上级对建言的采纳是指上级对员工建言的认可、接受和传播。在有利润要求、绩效要求的企业组织中，当员工表现出合作性的建言行为时，上级对建言通常会积极回应、采纳并实施建言。只有极少数上级会对建言置若罔闻甚至故意冷冻、推后建言采纳。这主要基于以下三方面原因：第一，在动态环境下，组织为了生存必须快速适应和改变，员工为上级提供有价值的建议或者直接指出组织中存在的问题，能够提高组织有效性，帮助上级获得更大的成功。上级作为理性经济人，会对员工建言抱有积极态度（Hung，2012）。第二，上级对员工建言的积极回应能大大增强员工被尊重、被认可的感觉，提高员工的工作满意度（邓亚男，2011）和组织忠诚感，同时建言采纳也大大提高了员工感知的组织公平、对上级以及组织的信任，激发员工为组织贡献力量的热情。因此，具有领导意识的上级，会对员工建言积极回应和采纳，把其作为激励员工的一种有效工具。第三，当员工提出关于组织发展的建言时，员工总是作为组织英雄而存在，上级领导想要建构其理想的组织形象，就需要对员工建言积极反馈，因为对"英雄"的欣赏总是能带来组织人群或者更高层领导的正面评价。

尽管出于理性视角，上级会接纳员工建言，但从感性视角出发，上级对不同类型的建言感受不同。我们引用 Liang 和 Farch（2008）的分类，把建言分为促进性建言和抑制性建言。在建言的这两种类型中，促进性建言是个体提出组织改进的创新想法，上级很容易把促进性建言理解为建设性、合作性的行为，带给上级积极的、正面的感受；而抑制性建言是员工直接指出组织存在的问题，上级很容易把抑制性建言与攻击性的、挑战性的行为相联系，而带给上级消极的、负面的感受。由此，与抑制性建言相比，上级更容易接受员工的促进性建言。我们所提的这一假设与 Burris（2012）的研究结论相似，其研究指出，上级不会对不同类型的建言持同一种态度，并以实证研究证明了上级更愿意接受支持性的而不是挑战性的建言。LePine 和 Van Dyne（1998）以及 Stamper 和 Van Dyne（2003）也指出，上级并不太热衷那些会破坏组织人际关系的建议。由此，本文提出假设 1：

H1：与抑制性建言相比，上级更愿意接纳员工的促进性建言。

## （三）上下级关系的调节作用

关系是中国文化语境下的一个独有概念，关系取向是中国社会人际交往的主要特征（杨国枢，1993）。在组织的各类关系中，最重要和最吸引人的是上下级之间的关系。上下级关系是组织中上级与下级之间或基于工具性的利益交换（Law，2000），或基于工作内外的感情交流而建立的（Law et al.，2001）。与西方不同，在素以"关系取向"和"权威取向"著称的东方社会，上下级关系相较于西方更为敏感。中国员工普遍重视与领导建立并维持良好的私人关系，处理并维护好与下属的关系也是管理者有效管理下属的关键要素（Law & Wong，2000）。

通过文献搜索与回顾发现，学者的现有研究多认为上下级关系是预测员工建言的关键变量（Detert & Burris，2007；汪林等，2010）。本文认为，上下级关系调节上级对员工建言的接受程度，即当上下级关系比较亲密、上下级互动比较多时，上级会更容易接受员工建言。一方面，这与个体认知特征有关，个体在对事物进行认知时，往往受自我情感的影响。对于自己所喜欢或信任的人，往往更倾向于接受此人的行为，认同此人的观点，忽略其行为中冒犯的一面以及观点中不恰当的部分。当上下级关系较好时，上级情感上更喜欢下级，对下级提出的工作建言往往会进行积极的归因，认为下级的建言行为是出于对组织利益的关心，对自我工作的支持，上级也往往更倾向于接受下级的观点。在已有文献中，Farh 等（1998）指出，当员工与上级关系较好时，若这些雇员提出合理化建议，上级会更加肯定其观点的正确性，接受度也更高。郑伯埙（1995）也提出了类似观点，在华人家族企业中，领导者倾向于接受关系亲近的部属对决策的意见。另一方面，当上下级关系较为密切时，与上级关系亲近的下属也扮演了其他重要的角色，如倾诉对象、知心朋友（郑伯埙，1995）等。这些非正式身份使得下级对上级的喜好及需求更加了解，因此在建言时能够找到更合适的时机，以上级更接受的方式建言。由此，上级的采纳度也会更高。据此，本文提出假设 2：

H2：上下级关系能够正向调节员工建言与上级采纳度之间的关系，即当上下级关系较密切时，上级更容易采纳员工建言。

H2a：上下级关系能够正向调节员工的促进性建言与上级采纳度之间的关系。

H2b：上下级关系能够正向调节员工的抑制性建言与上级采纳度之间的关系。

## （四）员工绩效的调节作用

员工绩效是衡量员工组织成果的一个综合变量，既包括员工的任务绩效（即员工的工作成果、达成的目标等），也包括员工的关系绩效（即员工的社会、心理等有助于任务绩效的行为）（Borman & Motoweidlo，1993）。Van Scotter 和 Motowidlo（1994）又将关系绩效细分为人际促进和工作奉献。员工个人绩效的高低是组织有效性的基础，是组织非常重视的一个结果变量，但员工绩效同时又可以成为员工建言被接受的重要调节变量，本文认为，上级更容易接受高绩效员工提出的建言。我们分别从员工绩效的任务绩效和关系绩效两方面来论述。员工的任务绩效往往是员工动机、知识和能力的函数。当员工表现出高的任务绩效时，上级会认为员工是任务专家，同时会关联到员工努力、敬业、主动性强等正面的个人特征，这些特征形成晕轮效应，为员工建言的合理性、证据坚实性、可行性等建言质量背书，这会增强上级对员工建言的接受程度。当员工表现出较高的关系绩效时，员工在工作中往往是友善、公平、善于沟通、乐于合作、勇于奉献的，这样的员工形象也会形成晕轮效应，能为员工建言的动机进行积极归因。由此，上级更容易接受高绩效员工提出的建言。

所以，本文提出假设 3：

H3：员工绩效能够正向调节员工建言与上级采纳度之间的关系，即当员工绩效增高时，员工建言与上级采纳度之间的正向关系增强。

H3a：员工的个人绩效能够正向调节员工的促进性建言与上级采纳度之间的关系。

H3b：员工的个人绩效能够正向调节员工的抑制性建言与上级采纳度之间的关系。

基于以上研究基础和研究假设，本文建立如下概念模型（见图 1）：

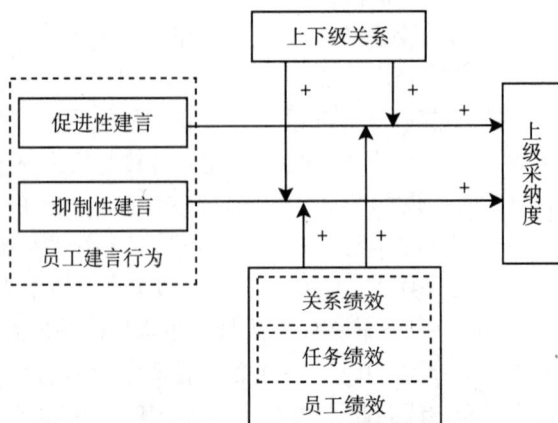

**图 1　员工建言行为与上级采纳度的关系模型**

# 三、研究方法

## （一）研究过程和研究被试对象

本研究采用问卷调查的方式，分为预研究和正式研究。预研究的目的是对问卷测量工具进行调整。本文通过问卷星编辑将建言行为量表、上级采纳度量表、上下级关系量表和员工个人绩效量表四部分问卷在济南、青岛、上海、厦门、广州等地发放，共收到 111 份问卷，其中有效问卷 95 份，有效问卷回收率为 85.6%。

完成预研究后，把调整后的问卷分两次发放给济南、青岛、上海、厦门、广州和北京的 10 家企业进行调查。第一次调查变量为建言行为和人口统计变量，第二次调查变量为上下级关系、员工绩效和上级采纳程度。第一次调查发放问卷 490 份，回收 444 份（有 4 份为不合格问卷）；第二次再向 440 人发放问卷，收回问卷 332 份。前后两次调查间隔是 4~6 周。经过剔除不合格问卷，保留有效问卷 303 份。

有效样本中男性为 182 人，占 60%，女性为 121 人，占 40%；被试者中普通员工 170 人，占有效样本的 56%，基层、中层和高层管理者占比分别为 30.5%、11.6%、1.1%；被试者所在单位为国企、民企和外企的比例分别为 14.7%、60%、5.3%；被试者为本科学历的有 220 人，占有效样本的 72.6%；被试者年龄在 40 岁以下的有 297 人，占比 97.9%。

## （二）测量

研究工具为预测试后修订的正式测试问卷，主要包括以下四个量表及被试者个人的基本信息。量表各问题采用李克特式五点量表尺度进行测量，用"1"到"5"表示"非常不同意"到"非常同意"。

### 1. 建言行为量表

本文对建言行为的定义是借鉴 Liang 的二维定义，因此，采用 Liang（2007）的测量量表。该量表包括 11 个题项，其中前 5 个题项用以测量雇员的促进性建言行为，如"我积极提出了能使团队获得收益的新方案"、"我提出了可以改善团队运作的建设性意见"等；后 6 个题项用以测量雇员的抑制性建言行为，如"我积极向团队领导反映工作中出现的不协调问题"等。该量表已经得到了国内多篇研究的采用（李锐等，2009；梁建和唐京，2009；严丹，2012），均显示出较高的信度与效度。

### 2. 上级对建言的采纳度量表

本文采用 Burris（2012）的量表测量上级对建言的采纳度。虽然该量表是发表在国外权威期刊上的研究成果，但是国内学者并没有采用并对其进行汉化。为了确保量表的中文版与英文版意义基本相同，本文根据 Brislin（1980）的建议，首先请 2 名英语专业的硕士将该量表翻译成中文，然后再请另外 2 名英语专业的硕士将翻译的中文回译成英文。最后请这 4 名学生对原问卷和回译的问卷进行比较并不断修改，直到没有差异为止。该量表包括"团队领导认为我的观点是有价值的"、"团队领导认为我的建议应该被实施"等 5 个题项。

### 3. 上下级关系量表

本文采用 Law 等（2000）所发展的量表来测量上下级关系。根据 Chen（2009）的观点，该量表的测量项目混合了工具性成分和情感性成分，包括"我主动与团队领导分享想法、需求及情感等"、"当面临冲突性的问题时,我会和团队领导在同一条战线"等6个题项。因此,与我们的定义相吻合。同时,该量表已经得到国内学者(汪林等,2010)的使用,已被验证具备很好的信度和效度。

### 4. 员工绩效量表

工作绩效的测量在理论界较为成熟,学者们开发了不同的工作绩效量表。本文采用 Van Scotter 和 Motowidlo(1996)编制的工作绩效量表,并对原有题项进行了适当的修订,分别从关系绩效和任务绩效两个构念进行测量,关系绩效又分为人际促进、工作奉献两个维度。该量表共 16 道题,其中,1~6 题用以测量人际促进维度,如"当同事取得成功时,我总是会予以称赞";7~12 题用以测量工作奉献维度,如"我会牺牲休息时间以保证工作按时完成";13~16 题用以测量任务绩效维度,如"我的工作质量保持很高水准,且很少犯错误"。

### 5. 控制变量

为了验证各变量在个人背景特征上是否存在显著差异,本文分别进行了性别的独立样本 t 检验,以及性别、年龄、教育水平、职位层次、企业类型的方差分析,并进行 Scheffe 法及 Tamhane 法的事后比较。结果表明,建言行为、上级对建言的采纳度、上下级关系、工作绩效及这些变量的各个维度在部分个人背景特征(包括年龄、性别、职位层次、工作年限、企业性质)上存在显著差异。因此,本文将年龄、性别、职位层次、工作年限、企业性质作为控制变量。

# 四、研究结果分析

本文利用 SPSS 和 AMOS 对正式问卷进行了分析,研究结果如下:

## (一)信度和效度分析

我们通过因子分析提纯和检验了构念的测量。探索性因子分析的结果表明,各题项的因子负荷系数大多都大于 0.6;员工建言、上级采纳度、上下级关系以及员工绩效量表的 alpha 系数分别为 0.867、0.816、0.805、0.921,均大于 0.7;且建言行为与员工绩效各分量表的 alpha 系数都大于 0.6,所以量表具有较好的信度。我们也使用 AMOS 进行了验证性因子分析。七因素模型(抑制性建言、促进性建言、上级对建言的采纳度、上下级关系、任务绩效、人际促进、工作奉献)具有较好的拟合度,其中 RMSEA = 0.076,小于临界值 0.08;CMIN/df = 2.743,小于临界值 3;IFI = 0.823、CFI = 0.820 均大于 0.8;NFI = 0.747 也在可接受的范围之内。

## (二)描述性统计分析

各变量的均值、标准差和相关系数如表 1 所示。促进性建言、抑制性建言与上级采纳度均呈显著的正相关关系($r = 0.382$,$p < 0.01$;$r = 0.493$,$p < 0.01$)。上下级关系与采纳度之间存在显著性关系,相关系数为 0.571($p < 0.01$)。员工个人绩效的各维度——人际促进、工作奉献、任务绩效与上级采纳度都存在显著关系,相关系数分别为 0.506、0.468、0.479。员工的建言方式与工作绩效各维度存在显著关系:促进性建言与工作绩效各维度(人际促进、工作奉献、任务绩效)之间关系的相关系数为 0.352、0.343、0.324;抑制性建言与工作绩效各维度(人际促进、工作奉献、任务绩效)之间关系的相关系数为 0.440、0.382、0.404。这些都为我们的假设提供了初步支持。

**表1　变量的均值、标准差、相关系数**

| 变量 | 均值 | 标准差 | 1 | 2 | 3 | 4 | 5 | 6 | 7 | 8 | 9 | 10 | 11 | 12 |
|---|---|---|---|---|---|---|---|---|---|---|---|---|---|---|
| 性别 | 1.52 | 0.500 | | | | | | | | | | | | |
| 年龄 | 2.02 | 0.874 | 0.040 | | | | | | | | | | | |
| 教育背景 | 2.46 | 0.848 | −0.250** | −0.135* | | | | | | | | | | |
| 职位 | 1.69 | 0.912 | −0.127* | 0.358** | 0.231** | | | | | | | | | |
| 工龄 | 2.07 | 0.909 | −0.072 | 0.456** | 0.014 | 0.546** | | | | | | | | |
| 企业性质 | 2.62 | 1.273 | −0.013 | 0.097 | 0.069 | 0.059 | 0.072 | | | | | | | |
| 促进性建言 | 3.07 | 0.632 | −0.128* | 0.027 | 0.192** | 0.144* | 0.110 | −0.087 | | | | | | |
| 抑制性建言 | 3.37 | 0.789 | −0.007 | 0.112 | 0.019 | 0.221** | 0.224** | −0.034 | 0.535** | | | | | |
| 上下级关系 | 3.23 | 0.690 | −0.039 | 0.122* | 0.069 | 0.155** | 0.128* | −0.089 | 0.341** | 0.381** | | | | |
| 人际促进 | 3.48 | 0.677 | 0.005 | 0.101 | 0.071 | 0.152** | 0.127* | −0.057 | 0.352** | 0.440** | 0.661** | | | |
| 工作奉献 | 3.68 | 0.707 | −0.005 | 0.049 | 0.008 | 0.012 | 0.051 | −0.051 | 0.343** | 0.382** | 0.517** | 0.692** | | |
| 任务绩效 | 3.66 | 0.784 | −0.088 | 0.053 | 0.127* | 0.158** | 0.103 | −0.031 | 0.324** | 0.404** | 0.486** | 0.616** | 0.704** | |
| 上级采纳 | 3.60 | 0.801 | −0.018 | 0.163** | 0.022 | 0.192** | 0.128* | −0.027 | 0.382** | 0.493** | 0.571** | 0.506** | 0.468** | 0.479** |

注：*** 表示在 0.001 水平上显著相关，** 表示在 0.01 水平上显著相关，* 表示在 0.05 水平上显著相关。下同。

## （三）假设检验

本文通过逐层回归方法，对主效应、交互效应进行了检验。具体结果（见表2）如下。

**表2　层次回归结果（结果变量为采纳度）**

| | M1 | M2 | M3 | M4 | M5 | M6 | M7 | M8 | M9 | M10 |
|---|---|---|---|---|---|---|---|---|---|---|
| 控制变量 | | | | | | | | | | |
| 性别 | −0.003 | 0.002 | 0.004 | 0.016 | 0.017 | 0.022 | −0.001 | 0.005 | −0.012 | −0.002 |
| 年龄 | 0.116 | 0.117* | 0.078 | 0.087 | 0.111 | 0.110* | 0.102 | 0.101 | 0.097 | 0.085 |
| 教育背景 | 0.004 | −0.020 | −0.037 | −0.022 | −0.046 | −0.026 | −0.019 | −0.003 | −0.037 | −0.022 |
| 职位 | 0.156* | 0.088 | 0.072 | 0.052 | 0.072 | 0.057 | 0.117 | 0.102 | 0.077 | 0.067 |
| 工龄 | −0.007 | −0.078 | −0.074 | −0.052 | −0.070 | −0.053 | −0.076 | −0.053 | −0.076 | −0.048 |
| 组织性质 | −0.047 | −0.008 | 0.025 | 0.036 | −0.003 | 0.014 | −0.001 | 0.010 | 0.006 | 0.024 |
| 自变量 | | | | | | | | | | |
| 促进性建言 | | 0.171** | 0.095 | 0.102 | 0.133* | 0.132* | 0.108 | 0.109 | 0.119* | 0.134* |
| 抑制性建言 | | 0.386*** | 0.272*** | 0.280*** | 0.281*** | 0.269*** | 0.294*** | 0.282*** | 0.271*** | 0.257*** |
| 上下级关系 | | | 0.429*** | 0.424*** | | | | | | |
| 任务绩效 | | | | | 0.320*** | 0.336*** | | | | |
| 人际促进 | | | | | | | | | 0.336*** | 0.357*** |
| 工作奉献 | | | | | | | 0.317*** | 0.328*** | | |
| 交互项 | | | | | | | | | | |
| 抑制性建言 * 上下级关系 | | | | 0.037 | | | | | | |
| 促进性建言 * 上下级关系 | | | | 0.164** | | | | | | |
| 促进性建言 * 任务绩效 | | | | | | 0.075 | | | | |
| 抑制性建言 * 任务绩效 | | | | | | 0.075 | | | | |
| 促进性建言 * 工作奉献 | | | | | | | | 0.112* | | |

续表

| | M1 | M2 | M3 | M4 | M5 | M6 | M7 | M8 | M9 | M10 |
|---|---|---|---|---|---|---|---|---|---|---|
| 抑制性建言 * 工作奉献 | | | | | | | | 0.033 | | |
| 促进性建言 * 人际促进 | | | | | | | | | | 0.152** |
| 抑制性建言 * 人际促进 | | | | | | | | | | 0.036 |
| $R^2$ | 0.049 | 0.261 | 0.413 | 0.444 | 0.345 | 0.356 | 0.344 | 0.357 | 0.35 | 0.375 |
| $\Delta R^2$ | 0.049 | 0.232 | 0.149 | 0.034 | 0.083 | 0.015 | 0.082 | 0.017 | 0.088 | 0.028 |
| $\Delta F$ | 2.561* | 47.467*** | 76.950*** | 9.204*** | 38.082*** | 3.631* | 37.762*** | 3.919* | 40.911*** | 6.745*** |

### 1. 主效应检验

为了检验主效应，本文做了以下回归分析：首先将上级采纳度设为因变量，其次加入控制变量，最后加入自变量。我们分别将两种类型的建言（促进性建言和抑制性建言）作为自变量放入模型中（M2），得出促进性建言和抑制性建言都对上级采纳度有显著正影响，回归系数分别为0.171（$p < 0.01$）、0.386（$p < 0.001$），假设1没有得到支持。

### 2. 交互效应

为了检验上下级关系的调节作用，我们首先将上级采纳度设为因变量，其次依次引入控制变量、自变量（员工建言）和调节变量，最后加入调节变量和调节变量的乘积项。我们画出了相应的调节效应图，如图2、图3、图4所示。

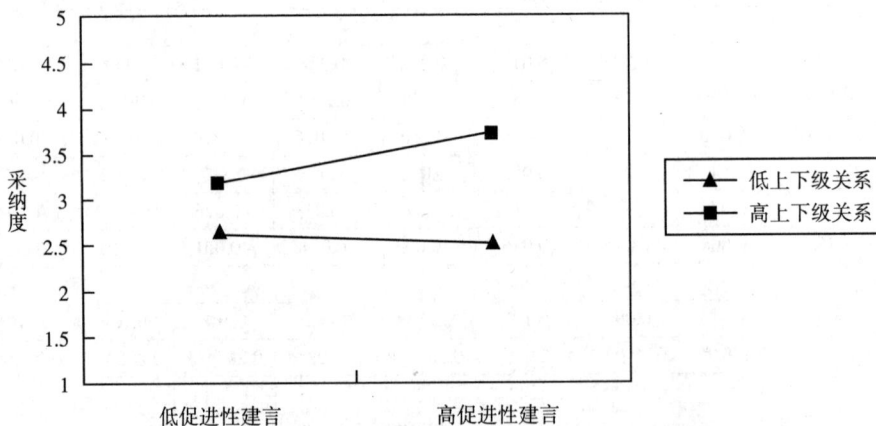

**图2　上下级关系对促进性建言和上级采纳度之间的调节作用**

在表2中，检验上下级关系调节作用的模型为M1、M2、M3、M4。促进性建言与上下级关系交互对采纳度具有显著的正向影响（M4，$\beta = 0.164$，$p < 0.01$），这说明上下级关系越亲密，促进性建言行为与采纳度之间的正向关系就越强。所以，假设2a得到支持。抑制性建言与上下级关系交互对采纳度的影响不显著（M4，$\beta = 0.037$，$p > 0.05$），假设2b没有得到支持。

检验员工任务绩效调节作用的模型为M1、M2、M5、M6；检验员工工作奉献调节作用的模型为M1、M2、M7、M8；检验员工人际促进调节作用的模型为M1、M2、M9、M10。回归结果显示，促进性建言与工作奉献交互对上级采纳度具有显著的正向影响（M8，$\beta = 0.112$，$p < 0.05$）；抑制性建言与工作奉献交互对采纳度的影响不显著（M8，$\beta = 0.033$，$p > 0.05$）。促进性建言与人际促进交互对采纳度具有正向影响（M10，$\beta = 0.152$，$p < 0.01$）；抑制性建言与人际促进交互对采纳度的

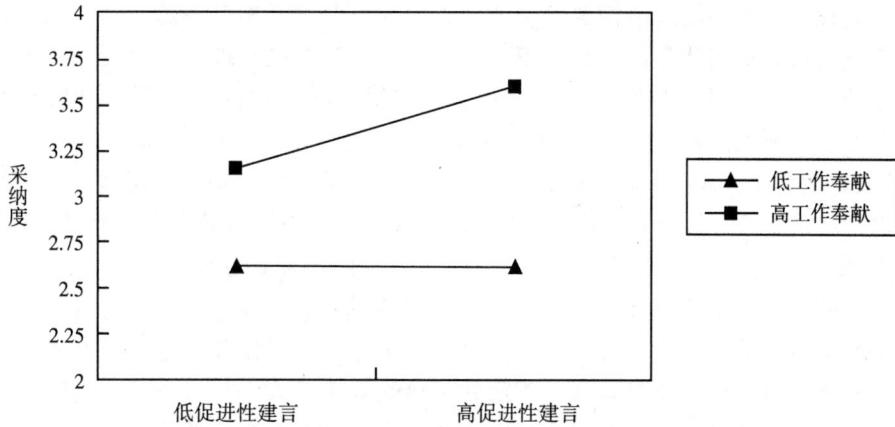

**图3 工作奉献对促进性建言和上级采纳度之间的调节作用**

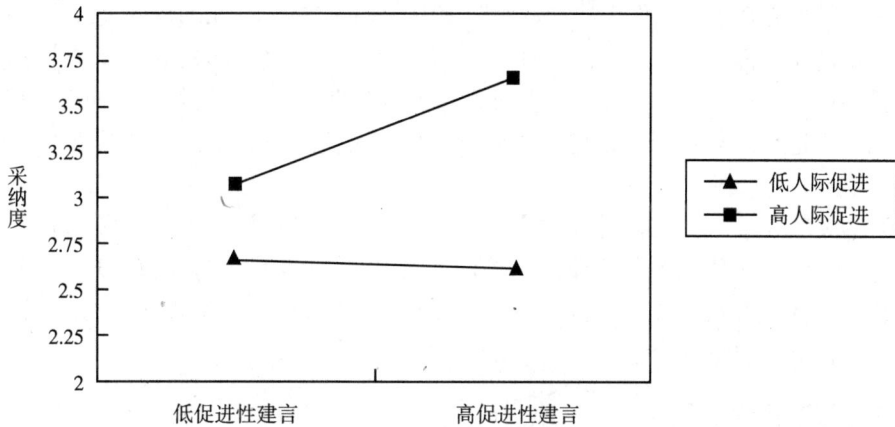

**图4 人际促进对促进性建言和上级采纳度之间的调节作用**

影响不显著（M10，$\beta = 0.036$，$p > 0.05$）。任务绩效与员工建言的两个交互项均不显著（见 M6）。

# 五、讨论及结论

## （一）研究结果讨论

本研究的主要目的是探讨员工建言与上级采纳度之间的关系以及上级更容易接受何种建言，在何种情况下更容易接受建言。研究表明：

（1）员工建言行为与上级对员工建言的采纳度显著正相关，这为员工建言行为提供了积极的心理支持。组织发展与个人发展息息相关，当员工对组织发展有自己的建议、想法时，需要打破预设心理壁垒，突破想象的人际难堪，勇敢提出自己的建议，为上级采纳创造条件，最终完成组织变革，实现组织与个人的双赢。

但与本研究预测相反的是，研究结果表明，上级对抑制性建言的采纳度要大于促进性建言。出现该结果的原因如下：第一，抑制性建言主要是直接提出组织现存问题，员工作为最熟悉组织运作的主体，对组织问题最有发言权，所以，员工所提出的抑制性建言相比促进性建言，信息更独特，证据更坚实，因而也更有质量。相反，促进性建言是员工改善组织运作的创新性想法或建议，员工的全局视野、组织改进所需要的必要信息以及备选方案相对不足，这些会影响员工建言质量，因而影响上级对员工建言的采纳。第二，抑制性建言着眼于现实，因其与现实之间的强烈冲突更具有紧迫性，更会引起上级的特别关注；而促进性建言是面对未来的，建言带来的改进是否出现具有一定的不确定性，因而抑制了上级对促进性建言的采纳。这有些类似于"保健"与"治疗"的关系。对治疗，病人非常积极，因为不治疗的结果相对确定；对保健，一般人的动力较差，因为保健的结果并不立竿见影。但对组织领导层来说，抑制性建言与促进性建言都不能偏废，在一定意义上甚至可以说，促进性建言牵引组织未来，对组织发展更为重要。

（2）上下级关系在员工建言和上级采纳度的关系中起正向调节作用，即上下级关系越密切，上级就越容易采纳员工建议。这一方面启示上级和员工在日常工作和生活中注意建立良性、和顺的上下级关系，这对员工的畅所欲言和组织的知识接纳意义重大；另一方面也启示上级在看待员工建言时，要有意识地注意自己可能存在的对于关系亲密的下级存在的认知偏差，主动调整此种偏差，提高决策质量。

但同时，上下级关系的调节作用在抑制性建言（$\beta = 0.037$，$p > 0.05$）和上级采纳度的关系中不显著，而在促进性建言（$\beta = 0.164$，$p < 0.01$）和上级采纳度之间起到的调节作用显著。原因可能是上级对抑制性建言本身比较重视，上下级关系在其中的润滑作用比较小；而对于促进性建言，因其面对未来，紧迫性相对较低，密切的上下级关系在建言提醒、建言质量保证等方面具有较为显著的作用。

员工个人的关系绩效对员工促进性建言和上级采纳度之间的关系起正向调节作用，即员工个人人际促进水平越高，上级越容易接受员工的促进性建言（$\beta = 0.152$，$p < 0.01$）；员工个人工作奉献水平越高，上级越容易接受员工的促进性建言（$\beta = 0.112$，$p < 0.05$）。这也说明了关系绩效高的员工可以承担更多的角色外建言任务，为组织发展做出更大贡献。

## （二）管理启示与局限

本文的实证结果支持了员工建言与上级对员工建言接受度之间的正向相关关系，这对于员工建言具有积极意义，是对集体主义、权力距离大、注重和谐、强调权威的中国文化背景下员工建言行为的支持。组织的发展在于组织与员工的积极互动。组织需要为员工提供适当的诱因，激发员工充分贡献自己的心力。员工个人作为积极能动的主体，也需要主动为组织建言献策，这能够切实带来建言的被纳和组织状态的改变，由此也带来个人状态的升华。同时，本文也启发员工在建言时根据自身的经验、知识、信息，对组织目前关切的问题多提意见，对自己的信息、见解缺乏的领域慎提意见，以提高建言被采纳的概率。此外，个人关系绩效越高、与上级关系越密切的员工，越有便利条件进行建言，这些员工可以更主动地发挥个人优势，为组织发展建言献策。从管理层角度看，管理层需要警惕建言接受中的晕轮效应、情感偏好以及不确定性回避心理，调整认知偏差，针对建言本身认真审视，提高建言接受的正确程度。

本文的局限性在于调查问卷的填写，尽管我们分两个时点对几个变量进行了数据采集，在一定程度上避免了同源方差的产生，但这种自评式的填写方法仍然可能存在主观偏差。未来研究可扩大样本数量，将自评与他评问卷结合起来，并且深入研究上级接受员工建言的内在机理。

**参考文献**

[1] Baumeister R. F., Vohs K. D., DeWall C. N., & Zhang L. Q. How Emotion Shapes Behavior: Feedback, Anticipation, and Reflection, Rather than Direct Causation [J]. Personality and Social Psychology Review, 2007, 11 (2).

[2] Bernarding H. J., Kane J. S., Ross S., Spina J. D., & Johnson D. L. Performance Appraisal Design,

Development, and Implementation [J]. Handbook of Human Resource Management Cambridge, 1995.

[3] Brumbrach G. B. Performance Management [M]. London: The Cronwell Press, 1988.

[4] Campell J.P., Mccloy R. A., Oppler S. H., & Sager C. E. A Theory of Performance [J]. Personnel Selection in Organizations, 1993.

[5] Chen Y., Friedman R., & Yu E., et al. Supervisor-Subordinate Guanxi: Developing a Three-Dimensional Model and Scale [J]. Management and Organization Review, 2009, 5 (3).

[6] Spencer D. G. Employee Voice and Employee Retention [J]. Academy of Management Journal, 1986, 29 (3).

[7] Detert J. R., & Burris E. R. Leadership Behavior and Employee Voice: Is the Door Really Open [J]. Academy of Management Journal, 2007, 50 (4).

[8] Burris E. R., Detert J. R., & Chiaburu D. S. Quitting Before Leaving: The Mediating Effects of Psychological Attachment and Detachment on Voice [J]. Journal of Applied Psychology, 2008, 93 (4).

[9] Farh J. L., Tsui A. S., & Xin K. The Influence of Relational Demography and Guanxi: The Chinese Case [J]. Organization Science, 1998, 9 (4).

[10] Frese M., Kring W., Soose A., & Zempel J. Personal Initiative at Work: Differences between East and West Germany [J]. Academy of Management Journal, 1996, 39 (1).

[11] Gino F., & Schweitzer M. E. Blinded by Anger or Feeling the Love: How Emotions Influence Advice Taking [J]. Journal of Applied Psychology, 2008, 93 (5).

[12] Hung H. K., Yeh R.S., & Shih H.Y. Voice Behavior and Performance Ratings: The Role of Political Skill [J]. International Journal of Hospitality Management, 2012, 31 (2).

[13] Hareli S., & Rafaeli A. Emotion Cycles: On the Social Influence of Emotion in Organizations [J]. Research in Organizational Behavior, 2008, 28.

[14] Hirschman A. O. Exit, Voice, and Loyalty: Responses to Decline in Firms, Organizations and States [M]. Harvard University Press, 1970.

[15] Zhou J., & George J. M. When Job Dissatisfaction Leads to Creativity: Encouraging the Expression of Voice [J]. Academy of Management Journal, 2001, 44 (4).

[16] Liang J., Farh C. I.C., & Farh J. L. Psychological Antecedents of Promotive and Prohibitive Voice: A Two-Wave Examination [J]. Academy of Management Journal, 2012, 55 (1).

[17] Law K. S., Wong C. S., & Wang D. Effect of Supervisor-subordinate Guanxi on Supervisory Decisions in China: An Empirical Investigation[J]. International Journal of Human Resource Management, 2000, 11 (4).

[18] LePine J. A., & Van Dyne L. Predicting Voice Behavior in Work Group [J]. Journal of Applied Psychology, 1998, 83 (6).

[19] Morrison E. W., & Milliken F. J. Speaking up, Remaining Silent: The Dynamics of Voice and Silence in Organizations [J]. Journal of Management Studies, 2003, 40 (6).

[20] Premeaux S. F., & Bedeian A. G. Breaking the Silence: The Moderating Effects of Self-monitoring [J]. Journal of Management Studies, 2003, 40 (6).

[21] Spangenberg H. H., & Theron C. C. Developing a Performance Management Audit Questionnaire [J]. South African Journal of Psychology, 1997, 27 (3).

[22] Stamper C. L., & Van Dyne L. Organizational Citizenship: A Comparison between Part-time and Full-time Service Employees [J]. The Cornell Hotel and Restaurant Administration Quarterly, 2003, 44 (1).

[23] Stamper C. L., & Van Dyne L. Work Status and Organizational Citizenship Behavior: A Field Study of Restaurant Employees [J]. Journal of Organizational Behavior, 2001, 22 (5).

[24] Tangirala S., & Ramanujam R. Exploring Nonlinearity in Employee Voice: The Effects of Personal Control and Organizational Identification [J]. Academy of Management Journal, 2008, 51 (6).

[25] Thomas W. H., & Feldman D. C. Employee Voice Behavior: A Meta-analytic Test of the Conservation

of Resources Framework [J]. Journal of Organizational Behavior, 2012, 33 (2).

[26] Van Dyne L., & Le Pine J. A. Helping and Voice Extra-role Behaviors: Evidence of Construct and Predictive Validity [J]. Academy of Management Journal, 1998, 41 (1).

[27] Van Scoter J. R., Motowidlo S. J., & Cross, T. C. Interpersonal Facilitation and Job Dedication as Separate Facets of Contextual Performance [J]. Journal of Applied Psychology, 1996, 81.

[28] Weiss H. M., & Cropanzano R. Affective Events Theory: A Theoretical Discussion of the Structure, Causes and Consequences of Affective Experiences at Work[J]. Research in Organizational Behavior, 1996, 18.

[29] Whiting S.W., Podsakoff P. M., & Pierce J. R. Effects of Task Performance, Helping, Voice, and Organizational Loyalty on Performance Appraisal Ratings [J]. Journal of Applied Psychology, 2008, 93.

[30] 曹评. 归因视角下组织内成员间冲突与个人绩效关系的实证研究 [D]. 浙江大学硕士学位论文, 2010.

[31] 段锦云, 凌斌. 中国背景下员工建言行为结构及中庸思维对其的影响 [J]. 心理学报, 2011, 43 (10).

[32] 段锦云, 钟建安. 组织中的进谏行为 [J]. 心理科学, 2005, 28 (1).

[33] 郭晓薇. 中国情境中的上下级关系构念研究述评——兼论领导—成员交换理论的本土贴切性 [J]. 南开管理评论, 2011, 14 (2).

[34] 李增懿. 组织政治知觉、组织信任和员工个人绩效关系的实证研究 [D]. 厦门大学硕士学位论文, 2009.

[35] 李锐, 凌文辁, 柳士顺. 上司不当督导对下属建言行为的影响及其作用机制 [J]. 心理学报, 2009, 41 (12).

[36] 廖丹凤. 工作场所感知、组织犬儒主义与组织效果的关系研究 [D]. 厦门大学硕士学位论文, 2009.

[37] 刘军, 宋继文, 吴隆增. 政治与关系视角的员工职业发展影响因素探讨 [J]. 心理学报, 2008, 40.

[38] 梁建, 唐京. 员工合理化建议的多层次分析: 来自本土连锁超市的证据 [J]. 南开管理评论, 2009, 12 (3).

[39] 汪林, 储小平, 黄嘉欣, 陈戈. 与高层领导的关系对经理人"谏言"的影响机制——来自本土家族企业的经验证据 [J]. 管理世界, 2010.

[40] 严丹等. 辱虐管理对建言行为影响及机制 [J]. 管理工程学报, 2012, 4 (26).

[41] 郑伯埙. 差序格局与华人组织行为 [J]. 本土心理学研究, 1995, 3.

# 新生代员工绩效反馈对反生产行为的影响机制
## ——基于反馈效价视角的理论模型与案例研究

刘文彬　唐杰　林志扬[*]

**[摘要]** 本文选择新生代员工作为研究对象，基于反馈效价的视角，采用二维四分图法将反馈内容和反馈目的进行有机整合，构建了一个放任型、耗散型、协整型和激发型四种绩效反馈影响新生代员工 CWB 的机制模型，即分析了员工自我效能感和考核公平感在不同类型的绩效反馈影响新生代员工 CWB 过程中的中介效应并提出了相应的理论假设。通过纵向的实验型案例研究发现：放任型和激发型反馈分别会对新生代员工的自我效能感产生负向和正向影响，耗散型和协整型反馈分别会对新生代员工的考核公平感产生负向和正向影响，进而分别促进和抑制其 CWB。论文还基于研究结论对中国企业的绩效反馈实践和相应的理论研究提出了具体建议。

**[关键词]** 新生代员工；绩效反馈；反生产行为；反馈效价

# 一、问题提出

绩效考核（Performance Appraisal）作为最重要的人力资源管理实践，是企业普遍采用的激励员工的重要手段之一（Boswell & Boudreau，2002）。由于现代企业组织的员工工作绩效内容越来越复杂，所以为了提高考核的有效性，国内外学者对考核精度（Appraisal Accuracy）以及考核偏差（Appraisal Error）等工具性问题进行了大量研究，并发现如果考核强度过高、考核指标设置存在偏差或考核中有政治性考量就会引发员工的恐惧和焦虑情绪，挫伤员工工作积极性，从而导致员工出现造假数据、拒绝合作、封锁信息、过度竞争、不做与考核无关的事情等消极行为（Eddleston，Kidder & Litzky，2002；Levy & Williams，2004；Barsky，2008；Gundersun & Capozzoli，2008；赵君、廖建桥和张永军，2011；赵君，2013）。然而，除了考核精度与考核偏差可能会对员工态度和行为产生负面影响，考核反馈（即绩效反馈，Performance Feedback）也可能会对员工态度和行为产生负面影响。例如，Geddes（1993）以及 Kluger 和 DeNisi（1996）就曾指出，如果考核结果不能通过科学的方式反馈给员工，绩效考核的有效性就丧失了实现的基础，甚至会引发员工的各种消极行为。

事实上，随着员工的反生产行为（Counterproductive Work Behavior，CWB）近十年来被作为一种典型的消极角色外行为被纳入周边绩效的研究视野中，并越来越受到学术界的重视（Spector & Fox，2010），探索绩效反馈对 CWB 的影响机制问题具有重要的理论价值（O'Leary-Kelly &

---

\* 刘文彬（1982-），男，浙江衢州人，讲师，博士，研究方向为组织行为与人力资源理；唐杰（1981-），男，福建福州人，副教授，博士，研究方向为组织理论；林志扬（1956-），男，福建泉州人，教授，博士，研究方向为组织理论、组织结构设计与变革。

Newman，2003；Belschak & Den Hartog，2009）。这一方面为绩效反馈产生效果的行为学原理提供了理论解释，为现有研究强调通过提高考核精度与降低考核偏差等工具性手段来解决绩效考核的有效性问题提供了一种新的研究视角；另一方面也为我们全面认知 CWB 的影响因素和控制办法提供了相应的理论基础。当然，由于绩效反馈的接受者在工作价值观和个体特征上的差异会对反馈效果产生重要影响，所以很有必要基于不同的反馈接受者进行特定研究（Smither et al.，2005）。出生于 20 世纪 80 年代后的新生代员工在越来越多的行业中占据了重要位置，在他们的工作价值观中，重视平等、蔑视权威，崇尚自主性和高度成就导向，并且追求工作与生活的有机平衡（Twenge，2010；李燕萍和侯烜方，2012）。因此，他们在 CWB 的表现内容上可能会有别于其他类型的员工，也势必更加倾向于基于绩效反馈与组织进行更多的沟通和互动。所以，本文期望以新生代员工为研究对象，基于反馈效价的视角对绩效反馈进行整合性分类，从而探索不同类型的绩效反馈对 CWB 的影响机制，并在建构理论模型的基础上通过实验型案例研究初步检验模型建构的合理性。

# 二、文献综述：概念与边界

## （一）新生代员工 CWB 的概念与边界

近年来，员工 CWB 是一种逐渐被学者们广泛关注的典型的消极角色外行为，它被定义为：员工有意做出的违反或对抗正式或非正式组织规范，从而在客观上给组织或者组织成员的财产或利益造成损害的行为（Rotundo & Sackett，2002）。据国外的调查资料显示：75% 的西方员工至少曾有过一次将公司财物据为己有的经历；63.5% 的被调查者在过去四周内曾经受到过同事或者上级的语言或身体攻击；而 NIOSH 则估计全美每周都有 18000 名雇员在工作中受到来自同事或上级故意的心理和身体伤害，诸如此类的行为其实都属于 CWB。Rotundo 和 Sackett（2002）认为，CWB 和 OCB 应该一起作为周边绩效，与任务绩效共同构建起一个完整的、多维的工作绩效结构。虽然目前理论界尚未出现针对新生代员工展开的有关其 CWB 结构维度的专门性研究，我们只能初步认定新生代员工的 CWB 与移动互联网的广泛使用及其工作和生活价值观紧密相关。但是，根据 Bennett 和 Robinson（2000）的研究成果，从行为对象的角度来看，新生代员工的 CWB 应该也大致可以划分为针对组织的 CWB 和针对同事的 CWB 这两个基本维度。其中针对组织的 CWB 可能包括："工作时间浏览大量与工作无关的网站或收发私人邮件"，"利用公司的各种资源满足私人需要、达成私人之便"，"对自己职责范围内的工作应付了事、得过且过"，"抵制与公司各项改革有关的新制度或新安排"；而针对同事的 CWB 可能包括："为某些利益而和同事进行恶性竞争"，"不重视、不理睬同事所提出的合理化意见和建议"，"私下里议论、嘲笑同事或上级领导"，"以各种方式建立派系和有特殊目的的小圈子"。需要说明的是，由于本文尚未采用定量研究的方法探索新生代员工 CWB 的结构维度这一重要问题，因此仅基于文献分析和感性认知对 CWB 的研究边界做出相应的界定。

## （二）基于反馈效价视角的绩效反馈的概念与边界

从现有文献来看，直接研究绩效反馈与 CWB 间关系的理论成果非常有限，选择新生代员工作为研究对象的更是凤毛麟角。但是，与该主题相关的研究概括起来大致有如下几类：①基于反馈源（上级、同事、组织）分析其可信度或某些具体特征（如上级的权威性和魅力型领导风格）对员工态度、行为以及绩效的影响（O'Leary-Kelly & Newman，2003；Bracken & Rose，2011）。②基于反馈内容（积极或消极反馈）分析员工情绪、动机和态度变化对其行为与绩效的影响（Geddes &

Baron，1996；Belschak & Den Hartog，2009；Chory & Westerman，2009；Van Dijk & Kluger，2011；Kuhnen & Tymula，2012）。③基于反馈渠道（公开或私下反馈）分析员工的认知评价过程及其对员工态度、行为和绩效的影响（Fong，2006；Belschak & Den Hartog，2009）。④基于反馈对象分析反馈倾向性以及文化价值观对员工态度、行为和绩效的影响（Alvero et al.，2001；London & Smither，2002；Poortvliet et al.，2009）。这些研究虽然为我们理解绩效反馈与新生代员工 CWB 之间的关系提供了一定基础，但我们也发现了两个非常重要的问题。

第一，现有研究对绩效反馈的分类过于简单化，除了部分研究将反馈内容和反馈渠道进行整合性研究外（如公开的消极或积极反馈、私下的消极或积极反馈），绝大多数研究往往只采用单一要素（如反馈源、反馈内容）对反馈进行分类。但是在现实中，这些分类要素显然是交织在一起的（如在组织中有上级的消极或积极反馈，也有同事的消极或积极反馈等）。更重要的是，在以单一要素作为绩效反馈分类标准的现有研究中，反馈源、反馈内容和反馈渠道对个体态度、行为以及绩效的影响究竟是怎样的，理论界还尚未获得比较可靠且一致的研究结论。例如，究竟哪种反馈源最容易获得员工的"信任"？反馈源和反馈对象之间的信任机制又究竟是如何建立的？在什么情况下积极反馈优于消极反馈，而在什么情况下消极反馈优于积极反馈？对于这些问题，至今仍没有可靠的答案。第二，现有研究很少基于绩效反馈的目的对其进行分类和研究。Van Dijk 和 Kluger（2011）却认为，只有当我们对反馈目的这个本质问题有深刻认识时，我们才能从根本上提升绩效反馈的有效性。事实上，Meyer 等（1965）很早就提出了绩效考核的"双重本质"（Dual Nature），即双重目的；而 Jingzhou（1999）也发现绩效反馈在信息提供的方式上有信息型（Informational）和控制型（Controlling）的区分，但是却没有将信息提供的方式与目的性问题放在一个层面上思考。我们认为，与麦克纳和比奇（1997）对绩效考核的双重目的所做出的界定类似，绩效反馈的目的应该也可以被分为评估型（Evaluation）或发展型（Development）两种。其中，评估型反馈聚焦于对反馈对象当期的工作表现做出判断，因此只将评估结果机械化地提供给反馈对象（它类似于信息型反馈）；而发展型反馈聚焦于反馈对象未来工作潜能的开发，因此会对其可以改进的知识和技能提供人性化的指导与承诺（它有别于控制型反馈）。

事实上，我们认为现有研究对绩效反馈与员工态度和行为之间的关系无法取得比较可靠且一致的研究结论，其主要原因之一就是我们对绩效反馈的分类采用了过于单一的标准。换言之，对绩效反馈的分类还不够细致和科学是现有研究存在的重要问题。为了解决这一问题，本文以上司或组织作为反馈源，基于反馈效价的视角，采用二维四分图法将反馈内容和反馈目的进行有机整合（见图1），进而探索四种不同类型的绩效反馈对新生代员工 CWB 的影响机制。需要说明的是，本文中所指的反馈效价指的是员工对某种特定反馈结果的期望满意程度，期望满意程度越高，相应的反馈效价也就越高。虽然 Jinzhou（1999）、龙君伟（2003a，2003b）也曾提出过反馈效价（Feedback Value）的概念，但是他们在界定反馈效价时只关注反馈内容本身是积极的或消极的，而我们认为，反馈效价不仅要考虑反馈内容，更要考虑其目的性问题。尤其是对于新生代员工而言，由于他们关注个人发展，因此只有反馈目的有助于实现个人目标与组织目标的有机统一并为其职业发展提供帮助时，才具有真正意义上的"效价"。实际上，在同一个价值分析框架体系内，任何"效用或效价"都应该是一个"统合"的概念（盛庆琜，2006），所以我们将反馈内容和反馈目的整合在一起来研究反馈效价问题的合理性。

如图1所示：①放任型反馈指的是上司或组织仅对员工的工作做出消极评价，既不对做出消极评价的原因进行合理的解释和说明，也不对员工提供具体的改进指导。放任型反馈使员工认为绩效考核流于形式，甚至感到无所适从。②协整型反馈指的是上司或组织虽然对员工的工作做出消极评价，但是会对做出消极评价的原因进行合理的解释和说明，而且还会帮助员工分析存在的问题和需要提升的知识和技能。协整型反馈使员工与组织之间的良性互动以及社会交换得以加强，

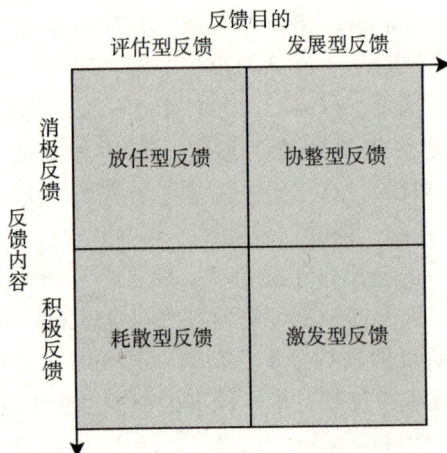

图 1　基于反馈目的和反馈内容的绩效反馈分类

当然，员工也会认为组织对其做出的培训与发展承诺是可靠的。③耗散型反馈指的是虽然员工获得了上司或组织对其工作做出的积极评价，但是评价结果只会提升员工对其与组织之间的契约关系的感知，却无法给员工提供新的动力。因为除了可能获得的基于积极绩效评价的奖金和报酬以外，他们不确定这种积极评价究竟意味着什么，以及究竟这些反馈与自己未来的工作任务有什么相关性。④激发型反馈指的是上司或组织在对员工的工作做出积极评价的同时，帮助其分析获得积极评价的原因是什么，并试图通过为员工设置更高的目标来有效地激发其工作潜能。由于激发型反馈往往伴随着组织或上司对员工完成更高水平工作绩效后的奖励承诺，因此它既能使员工感知到绩效考核的科学性与合理性，又能使员工在后续的工作中表现出更强的信心、更多的合作与更高的承诺。我们认为，从反馈效价的角度来看，激发型反馈和协整型反馈的效价应该高于放任型反馈和耗散型反馈。实际上，任何组织在进行绩效反馈实践时都不可能完全采用上述某种单一类型的反馈模式，有可能是有意识地交替使用，也有可能是不自主地把不同类型的反馈模式"迭代"起来。但为了研究的便利性，我们在后文中还是独立地分析不同类型的绩效反馈对新生代员工 CWB 的影响机制。

# 三、理论模型与基本假设

## （一）不同类型绩效反馈对新生代员工 CWB 的直接影响

绩效反馈会对员工在组织中的自我定位产生重要影响，有些员工甚至还会通过主动寻求反馈来证实其在组织中的地位或强化自尊（Levy & Williams，2004）。由于放任型和耗散型反馈的效价较低，所以很容易使员工产生偏离定位，即认为自己不再被组织需要或在组织阶层中处于底层位置。例如，当员工获得消极反馈却没有得到任何解释与说明，并且员工也不知道自己究竟该如何进行有效的绩效改进时，他们会觉得组织或上司已经"放弃"或"厌烦"他们，从而产生紧张与焦虑情绪；而当员工获得积极反馈却并没有得到任何基于积极反馈的发展承诺与行动激励时，他们会觉得组织或上司"不够重视"或"不愿重用"他们，从而产生无奈与愤怒情绪。因此，根据 Merton（1938）的结构紧张理论（Structure Strain Theory），当个体对自己在社会（或组织）系统中做出处于较低层级的偏离性定位时，会因为自身无法以社会（或组织）认可的方式达成目标而产生一系列的消极情绪，甚至迫使他们远离社会（或组织）常轨而表现出一些"越轨行为"。事实上，Spector 和 Fox（2005）基于挫败—攻击假说与归因理论提出的"压力—情绪模型"是解释 CWB 形成机制的主要理论模型。基于该理论，放任型反馈和耗散型反馈是一种典型的压力源，它们会使员工产生消极情绪，进而促发各种类型的 CWB；而协整型反馈为员工减轻了基于消极反馈的内在压力，激发型反馈则为员工提供了基于积极反馈的外在驱动力，因此可能对 CWB 产生有效的抑制作用。

更重要的是，由于新生代员工的职业生涯尚处在起步或上升阶段，所以他们非常关注自身的工作能力是否有提升与发展的空间。当然，由于新生代员工也非常在意别人对他们的关注、认可和尊重程度，所以他们更倾向于基于反馈来进行自我定位和强化自尊。除此之外，新生代员工的成长和生活环境又使得他们往往更加敏感，抗逆能力和自我约束能力也普遍较差。因此，放任型反馈和耗散型反馈对于新生代员工而言是非常严重的压力源，很有可能使新生代员工在组织中产生偏离定位，并出现紧张、焦虑、无奈和愤怒等消极情绪，从而表现出各种针对组织或同事的CWB。除此之外，对于新生代员工而言，由于他们对积极绩效反馈所带来的"收益"有更高的个人期望，所以耗散型反馈比放任型反馈更加难以接受，带来的负面情绪也可能更严重。综上所述，我们针对不同类型的绩效反馈对新生代员工 CWB 的直接影响提出如下基本假设：

假设 1.1：放任型反馈和耗散型反馈对新生代员工 CWB 具有正向影响，而协整型反馈和激发型反馈对新生代员工 CWB 具有负向影响。

假设 1.2：与其他三类绩效反馈相比，新生代员工在耗散型反馈下表现出的 CWB 最多。

## （二）不同类型绩效反馈影响新生代员工 CWB 的中介机制

认知评价理论认为能力感（Perceived）和自主感（Self-Determination）是影响个体内部动机，进而对个体行为产生影响的关键因素。因此，在过去的研究中，自我效能感是绩效反馈影响工作绩效的主要中介变量（Kuhnen & Tymula，2012）。例如，Sansoe（1986）就发现能力反馈要优于任务反馈，因为能力反馈为员工提供了其在特定群体中能力高低的信息，提升了其自我效能感，所以对个体绩效有积极影响。Jingzhou（1999）则发现，采用信息型的方式提供积极反馈（只对员工绩效做出积极评价，但不对以后的工作提出要求），能够彰显员工个人能力并提高其内部控制感（自主感），因此对绩效有积极影响；而采用控制型的方式提供消极反馈（不仅对员工绩效做出消极评价，还对以后的工作提出必须达到的要求），传递了对个体能力持有怀疑的信息并对个体提出了具体的控制要求，损害了个体的自我效能感，因此对个体绩效有消极影响。但需要说明的是，本研究中所指的发展型反馈与控制型反馈有根本性区别，它的重点不在于"对以后的工作提出必须达到的具体要求"，而在于"为员工的能力提升和职业发展做出指导与承诺"，因此，发展型的消极反馈（协整型反馈）可能并不像控制型的消极反馈那样一定对员工自我效能感产生负面影响。除此之外，由于本文中所指的评估型反馈与信息型反馈在内涵上虽有重叠，但其重点在于强调"并未对员工的能力提升和职业发展做出指导与承诺"，因此，评估型的积极反馈（耗散型反馈）也可能并不像信息型的积极反馈那样一定对员工自我效能感产生积极影响。换言之，在本研究框架下，耗散型反馈和协整型反馈对员工自我效能感的影响可能是非常复杂且不明确的。事实上，对于新生代员工而言，崇尚自由和不愿意循规蹈矩固然是其核心的工作价值观，但不能忽视的是，他们也更渴望获得别人的肯定与尊重，更需要得到有关能力提升的指导与职业发展的承诺。基于此，我们提出如下假设：

假设 2.1：放任型反馈对新生代员工的自我效能感有负向影响，激发型反馈对新生代员工的自我效能感有正向影响；耗散型反馈和协整型反馈对新生代员工自我效能感的影响不明确。

与此同时，Hobfol（1989）开创的资源保护（Conservation of Resource，COR）理论可以基于工具性动机的视角，对自我效能感与 CWB 行为之间的关系提供合理的理论解释。COR 理论认为：员工在组织中会尽力去保护他们重视的各种实物、身份、能源和领地资源，如果这些重要资源面临匮乏或损失，他们会主动采取各种行为或策略实现资源补偿，从而有效地应对可能由此而导致的各种心理压力。但是，如果资源匮乏或资源损失无法获得有效补偿，那么员工就会产生心理压力从而导致行为扭曲。由此可见，如果员工的自我效能感较低，他们对自身保护重要资源和进行有效资源补偿的能力也会产生怀疑，因此会产生心理压力从而导致行为扭曲的可能性也大大提升。例如，面对新同事的挑战和竞争，自我效能感较高的员工可能会更加努力的工作，从而有效地保护自己在组织或团队中的身份和领地资源；但自我效能感较低的员工可能因为不相信自己能够有效应对，因此会产生严重的身份和领地危机感，并试图通过表现出诸如"给同事制造工作障碍"、"面对不好的结果时推卸本属于自己应承担的责任"等针对组织或同事的 CWB。更重要的是，新生代员工的领地意识和自尊心更强，抗逆能力和自我约束能力又普遍较差。因此，自我效能感较低的员工面对资源匮乏或损失时，就更有可能产生心理压力从而导致行为扭曲。基于此，我们提出如下基本假设：

假设 2.2：新生代员工的自我效能感对其 CWB 具有负向影响，并且自我效能感在放任型反馈和激发型反馈影响新生代员工 CWB 的过程中起到相应的中介作用。

在绩效反馈中为反馈对象提供清晰和全面的信息与证据是影响员工考核公平感的重要因素（Erdogan，Kraimer & Liden，2001）。如果反馈主体在绩效反馈的过程中只关注员工当前工作任务的完成情况，而忽视了为员工未来的发展提供相应的指导和建议，那么员工就会对绩效考核过程中的程序公平性产生质疑，因为他们不相信考核者在考核过程中收集到了全面而准确的信息（Fedor，Buckley & Eder，1990）。事实上，解释员工在绩效反馈过程中产生考核不公平感的核心理论是期望落差理论（Met Expectation），该理论认为个体在工作过程中遇到的正面或负面经历与期望之间有较大差异时，就容易产生不公平感，进而出现负面态度与行为（Porter & Steers，1973）。换言之，无论员工获得消极反馈还是积极反馈，也无论员工获得评估型反馈还是发展型反馈，只有当其对反馈效价的感知与期望之间有较大差异时，才会产生相应的考核不公平感。由此可见，放任型反馈和激发型反馈可能并未给员工带来较大的期望落差，所以它们对考核公平感的影响也难以明确。但是，对于新生代员工而言，由于他们工作经验普遍不够丰富，对工作环境的认识也比较主观，并且对自己的工作往往有过高的预期。所以，如果新生代员工获得评估型的积极反馈（耗散型反馈），他们很有可能怀疑反馈主体存在政治性考量或考核过程被某些主观因素所影响，因此会引发其考核不公平感；但如果新生代员工获得发展型的消极反馈（协整型反馈），他们会倾向于认为组织已经为其改进工作绩效找到了有效的方法，因此会抑制其考核不公平感。基于此，我们提出如下基本假设：

假设 3.1：耗散型反馈对新生代员工的考核公平感有负向影响，协整型反馈对新生代员工的考核公平感有正向影响；放任型反馈和激发型反馈对新生代员工考核公平感的影响不明确。

员工之所以从事 CWB，在很大程度上是因为受到组织内某一事件的刺激，而组织公平感便是其中最常见、最重要的一种。事实上，根据社会交换理论，员工与组织之间在本质上是一种交换关系，组织公平感能够对员工的工作态度和行为产生显著影响（Colquitt，2001）。当受到组织公平公正的对待时，出于积极的互惠原则，员工会通过积极的工作态度和行为进行回报，如 OCB；当受到组织不公正的对待时，员工也会采取消极的态度和行为予以报复，如 CWB（Devonish & Greenidge，2010）。由此可见，考核不公平感作为组织内的某种刺激性事件，会对员工的 CWB 产生正向影响。尤其是对于新生代员工而言，由于他们崇尚自由和平等，因此对公平和公正往往有更强烈的需求，加之他们通常处事不够冷静，所以在面对考核不公平感时，很容易表现出诸如"影响或破坏办公室（区）内的工作环境"、"与同事互相推诿可能产生任务交叉和职责重叠的工作"等针对组织或同事的 CWB。于此，我们提出如下基本假设：

假设 3.2：新生代员工的考核公平感对其 CWB 具有负向影响，并且考核公平感在耗散型反馈和协整型反馈影响新生代员工 CWB 的过程中起到相应的中介作用。

### （三）理论模型

如图 2 所示，本文基于反馈效价的视角，将反馈内容和反馈目的进行有机整合作为绩效反馈分类的标准，进而探索了放任型、激发型、耗散型和协整型四种不同类型的绩效反馈对新生代员工 CWB 的影响机制：首先，我们利用结构紧张理论和压力—情绪模型解释了绩效反馈对新生代员工反生产行为的直接影响；其次，我们利用认知评价理论解释了放任型反馈和激发型反馈对自我效能感的影响，用资源保护理论解释了自我效能感对反生产行为的影响，从而分析了放任型反馈和激发型反馈通过自我效能感影响新生代员工 CWB 的中介机制；最后，我们利用期望落差理论解释了耗散型反馈和协整型反馈对考核公平感的影响，用社会交换理论解释了考核公平感对反生产行为的影响，从而分析了耗散型反馈和协整型反馈通过考核公平感影响新生代员工 CWB 的中介机制。

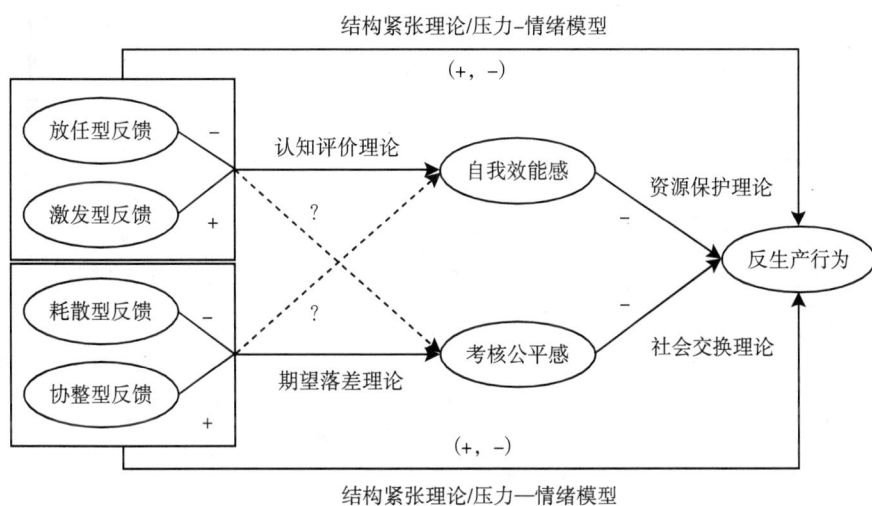

**图 2 本研究的基本理论模型**

# 四、基于理论模型的实验型案例研究

为了对上述理论模型建构的合理性进行初步检验，我们在 2014 年 3~10 月对四川仟坤建设集团有限责任公司（以下简称"仟坤建设"）的绩效管理体系进行了纵向的实验型案例研究。仟坤建设是一家按照现代企业制度运营的民营工程建设和房地产开发企业。从组织结构上来看，该公司由市场开发部、项目管理部、财务部和人力资源部等多个职能部门，以及市政建设事业部、工程咨询事业部、房地产开发事业部和机械制造事业部等多个实体业务部门构成。其中，市政建设事业部和工程咨询事业部是公司的核心业务部门，员工的平均年龄分别为 28.6 岁和 30.2 岁，新生代员工比例均超过 70%。

近年来，为了公平、客观地衡量员工的工作表现，促进员工工作绩效的改进，提升员工的工作胜任能力，从而实现企业的可持续发展目标。该公司人力资源部在经过大量调研和论证的基础上，于 2011 年 5~6 月，先后制定了《仟坤建设员工绩效管理办法》和《仟坤建设员工绩效考核实施细则》。截至 2014 年 2 月，上述两项绩效管理制度已经实施了两年多时间，公司人力资源部先后组织了三次针对公司全体员工的年度（2011 年、2012 年和 2013 年）绩效考核，以及三次针对市政建设和工程咨询等核心业务部门的年中绩效考核。为了对该企业的绩效反馈过程进行深入分析，我们在调阅公司绩效管理相关文件的基础上，于 2014 年 3~5 月对该公司人力资源部以及市政建设和工程咨询事业部进行了多次访谈。① 访谈对象包括公司人力资源部部长 1 人、副部长 1 人、员工 4 人；市政建设事业部部长 1 人、副部长 2 人、员工 16 人；工程咨询事业部部长 1 人、副部长 3 人、员工 19 人。

如表 1 所示，根据《仟坤建设员工绩效考核实施细则》，该公司将市政建设和工程咨询事业部的 35 名员工按照"技术人员"的标准，在每个年度中期（通常为当年的 6 月 20 日）和年度末期（通常为当年的 12 月 20 日），按不同权重从"工作业绩"、"工作能力"、"工作态度"、"突出表现"、"未来绩效"以及"严重失误"六个维度进行"员工自评"与"主管复评"。自评与复评结果分别按 0.2 和 0.8 的权重加权后计算最终的绩效考核得分，员工绩效考核得分作为评定员工绩效考核等级的重要依据之一。与此同时，为了使部门与员工的利益实现有效的捆绑，引导员工关注部门整体绩效的实现和绩效水平的提高，从而提高部门员工的向心力和凝聚力，公司还将部门绩效考核等级与员工绩效考核等级进行强制挂钩。具体而言，公司设有由全体经营班子和管理者代表构成的绩效考核领导小组，该小组在年中和年末会对各部门进行部门绩效考核，并以考核结果对部门绩效做出优秀、良好、合格、需要改进以及不合格这五个不同等级的评定，部门绩效考核等级直接决定该部门员工绩效考核等级的具体分布（见表 2）。因此，员工绩效考核等级实际上由员工绩效考核得分在部门内的排序以及部门绩效等级这两个因素共同决定，而员工绩效考核等级又与其年中或年度追加岗位津贴以及绩效奖金的发放比例和发放额度直接挂钩（见表 3）。

**表 1 "技术人员"绩效考核各个维度的指标数量和分值分布**

| | 绩效考核各个维度的指标数量 | | | | | |
|---|---|---|---|---|---|---|
| 技术人员 | 工作业绩 | 工作能力 | 工作态度 | 突出表现 | 未来绩效 | 严重错误 |
| | 6 个 | 7 个 | 6 个 | 1 个 | 5 个 | 1 个 |
| | 绩效考核各个维度的分值分布 | | | | | |
| | 工作业绩 | 工作能力 | 工作态度 | 突出表现 | 未来绩效 | 严重错误 |
| | 0~30 分 | 0~35 分 | 0~30 分 | 0~5 分 | 0~25 分 | −5~0 分 |

**表 2 部门绩效考核等级对员工绩效考核等级分布的影响**

| | | 员工考核等级分布 | | | | |
|---|---|---|---|---|---|---|
| | | 优秀 | 良好 | 合格 | 需要改进 | 不合格 |
| 部门考核结果 | 优秀 | 20%~24% | 31%~35% | 40% | ≤5% | ≤5% |
| | 良好 | 15%~19% | 26%~30% | 45% | 5%~10% | ≤5% |
| | 合格 | 10%~14% | 21%~25% | 50% | 10%~15% | ≤5% |
| | 需要改进 | 合议确定 | 16%~20% | 55% | 10%~20% | 5%~15% |
| | 不合格 | 合议确定 | 10%~15% | 60% | 10%~15% | 10%~15% |

---

① 之所以选择市政建设和工程咨询事业部，一方面是因为这两个部门的绩效考核和绩效反馈的历史数据比较全面，便于我们基于这些历史数据做出经验性分析；另一方面也是因为这两个部门的新生代员工数量较多（均超过 70%），这与我们在理论研究过程中界定的研究对象具有高度的一致性。

**表3 员工绩效考核等级对应的追加岗位津贴和绩效奖金**

|  | 优秀 | 良好 | 合格 | 需要改进 | 不合格 |
|---|---|---|---|---|---|
| 追加岗位津贴 | 1.2 | 1.1 | 1.0 | 0.8 | 0.6 |
| 年中绩效奖金 | 1.2 | 1.1 | 0.8 | 0.5 | 0 |
| 年度绩效奖金 | 1.4 | 1.2 | 1.0 | 0.8 | 0.5 |

注：①追加岗位津贴是指将员工每个月岗位津贴的20%暂时扣留，在年中绩效考核和年度绩效考核结束后根据员工的考核结果来决定其发放比例。追加岗位津贴在年中和年末各核发一次，满额追加岗位津贴等于员工单月岗位津贴的1.2倍。

②年中和年度绩效奖金由各部门在年初根据本部门当年营业收入的具体计划核算后纳入部门预算并经公司经营班子审核。

据公司人力资源部介绍，无论是年中考核还是年度考核的结果都由人力资源部的绩效考核专员负责统计与汇总，并经人力资源部部长审核，在考核结束后的两周内以内部文件和电子邮件的形式反馈给部门主管；而部门主管在获得人力资源部的绩效反馈后，一般会通过电子邮件将考核结果反馈给员工本人（见表4）。

**表4 不同反馈源的反馈对象、内容和渠道**

| 反馈源 | 反馈对象 | 反馈内容 | 反馈渠道 |
|---|---|---|---|
| 考核专员 | 部门主管 | (1) 公司绩效考核领导小组对本部门绩效考核的评分与评级结果；<br>(2) 本部门全体员工的绩效考核评分结果（除部门副职领导以外）；<br>(3) 基于本部门绩效考核等级核定的本部门所有员工的绩效考核等级；<br>(4) 基于员工绩效考核等级核定的本部门所有员工的追加岗位津贴与绩效奖金的发放比例和发放额度；<br>(5) 如果公司绩效考核领导小组对本部门的绩效考核做出"需要改进"或"不合格"的等级评定，那么部门主管还会获得经绩效考核领导小组合议后决定的，本部门在当期绩效考核中被评定为优秀这一考核等级的员工的具体比例 | 内部文件和电子邮件（私下） |
| 部门主管 | 部门员工 | (1) 员工当期绩效考核的各考核指标得分和最终得分；<br>(2) 员工当期绩效考核最终得分在本部门的排序；<br>(3) 公司绩效考核领导小组对本部门绩效考核的评分与评级结果；<br>(4) 基于员工当期的绩效考核等级核算的年中或年度追加岗位津贴以及绩效奖金的发放比例和发放额度；<br>(5) 如果公司绩效考核领导小组对本部门的绩效考核做出"需要改进"或"不合格"的等级评定，那么员工还会获得经绩效考核领导小组合议后决定的，本部门在当期绩效考核中被评定为优秀这一考核等级的员工的具体比例 | 电子邮件（私下） |

通常情况下，除了按照上述"模式"反馈考核结果外，市政建设和工程咨询事业部的主管不会对绩效考核的结果做出具体的说明或解释（无论消极或积极），不会基于绩效考核的结果对员工需要提升的工作能力和改进的工作方法做出相应的指导，也不会为员工设置所谓的新的工作目标，更不会对员工未来的职业发展与奖励做出所谓的"承诺"。因为他们认为：①员工的绩效考核结果是经过比较科学的绩效评估过程获得的，没有必要也很难向员工做出所谓的说明或解释。②公司绩效考核领导小组对部门绩效等级做出的评定，各个部门只能服从，因此也无法向员工做出更多的说明或解释。③每个部门的工作任务和工作目标以及具体到每个项目团队和员工的工作任务和工作目标都在部门生产和经营的过程中，通过内部会议的形式反复调整并明确，基于绩效考核来调整或重新为员工设置所谓的工作任务和工作目标，显得不切实际。④现有绩效反馈的内容中包含了部门主管对员工各项绩效指标的具体评价，员工本身具有较高的专业素质和职业精神，相信他们自身能够根据部门主管反馈的消极评价做出有效的自我调整，也能够根据部门主管反馈的积极评价保持其工作方法。⑤绩效考核是相对比较敏感的问题，员工本身可能也不愿意与主管进行这方面的交流，以免造成双方不必要的尴尬。⑥公司绩效管理的相关文件并没有赋予部门主管对员工做出所谓的说明、解释、指导和承诺的权责。

事实上，由于部门主管在向员工进行绩效反馈的过程中，基本上只针对员工的绩效考核结果做出评估型的积极或消极反馈,即采用放任型反馈和耗散型反馈作为主要的绩效反馈模式。因此,在这种绩效反馈模式下,我们听到员工(尤其是新生代员工)普遍存在这样的抱怨:①公司现行的绩效考核体系不健全,尤其是工作能力的考核指标设计对老员工更有利,基本上不能体现和激发本部门青年员工的工作创造性。②部门主管每次考核结束后都只通过电子邮件将结果反馈给员工,从来不安排面对面的沟通,这说明他们本身可能不重视绩效考核,因此也很有可能在对员工进行具体考核的过程中并没有全面而准确地收集相关信息。③每次收到部门主管的绩效反馈邮件后,员工除了知道自己能拿到多少追加岗位津贴和绩效奖金以外,基本上没有什么其他有用的信息。④与那些绩效考核等级较低的部门同事相比,考核等级较高无非就是多拿点钱,而且这些钱还是员工应得的。所以,公司并没有真正关心员工需要什么,尤其是没有真正为青年员工考虑未来的职业发展问题。⑤即使获得较高的考核等级,也很难让人兴奋起来,因为公司的内部晋升机制并不公平,青年员工也不了解考核结果和晋升究竟有什么关系。⑥无论公司对部门做出消极评价,还是部门主管对员工做出消极评价,都不会说明具体原因(更不允许员工解释),也不会告诉或指导员工究竟应该如何在公司既定的制度框架和管理体系下改进工作方法或争取工作资源,这让人感到很没有方向感,也很无力。⑦获得消极评价和积极评价的员工之间的关系往往比较微妙或尴尬。⑧员工在获得绩效反馈前对自己的工作能力可能有比较准确的自我认知,但是绩效反馈反倒让员工不再相信自己,因为部门主管对员工的工作做出了消极的评价,但却并不告诉你他评价的标准是什么。于是,在每次绩效反馈后,有些员工都需要花很长的时间来重新找回自信。⑨公司过分看重绩效考核与评估的形式,却忽视了绩效沟通和反馈的内容,这使得员工不得不做些"面子工程"或者"想办法来实现一些利益补偿"。事实上,在访谈过程中我们了解到,公司新生代员工普遍认为:绩效沟通和反馈存在的不公正和不科学,是导致本企业近3年的员工离职率始终超过同行业内规模相当的其他企业的重要原因。

至此,在本案例中,我们虽然没有从新生代员工那里了解到更多有关其CWB的相关信息,但基于上述发生在这两个部门的相关事件,我们可以基本确定:放任型绩效反馈会对新生代员工的自我效能感产生负向影响,进而促进其CWB;而耗散型绩效反馈会对新生代员工的考核公平感产生负向影响,进而促进其CWB。接下来,为了进一步检验协整型反馈和激发型反馈的作用,我们在进行本案例研究的过程中设计了一个"准实验",具体而言:在经过仟坤建设高层管理者同意和批准的前提下,我们在2014年6月初对该公司市政建设和工程咨询事业部的所有部门主管(7人)进行了两次有关绩效反馈的培训,培训内容主要涉及绩效反馈的具体类型和相关方法。与此同时,我们说服了公司领导在2014年年中绩效考核结束后对市政建设和工程咨询事业部试行"分级式绩效反馈",其中人力资源部主要为员工提供绩效考核的基本数据,而部门主管则采用协整型反馈和激发型反馈与员工进行绩效反馈面谈(见表5)。事实上,在本次绩效考核中,市政建设和工程咨询事业部分别获得了"优秀"和"良好"的部门考核等级,从而形成了表6所示的部门员工考核等级分布。但是每位员工在收到人力资源部考核专员发送的有关考核结果的邮件后,都至少在部门主管的主动邀约下与主管进行了不少于60分钟的绩效反馈面谈。在本次绩效反馈结束后,我们请部门主管特别留意员工在2014年7~9月这个阶段的工作态度和工作行为,并且我们在2014年10月完成了针对这两个部门所有员工的第二次深度访谈。

从第二次深度访谈的结果来看,在采用激发型反馈和协整型反馈模式对2014年年中绩效考核的结果进行有效反馈后:首先,获得优秀、良好与合格考核等级的30名员工(尤其是新生代员工)普遍表示:①通过绩效反馈既获得了工作能力上的肯定,也获得了更明确的工作目标;②在"为什么取到积极绩效评价"的问题上与部门主管达成了比较一致的认识,也逐渐清楚部门主管对员工进行绩效评价的基本原则;③部门主管对员工在工作过程中需要进一步完善和提高的地方所做的分析是比较准确和中肯的;④公司开始关注青年员工的职业成长,并做出了相应的承诺;

**表5　分级式绩效反馈的核心内容设计**

| | | 反馈对象与核心内容 | |
| --- | --- | --- | --- |
| | | 考核等级为优秀、良好与合格的员工 | 考核等级为需要改进与不合格的员工 |
| 反馈源 | 考核专员 | (1) 员工绩效考核各项指标和最终得分<br>(2) 员工高于本部门平均分的各项考核指标<br>(3) 本部门绩效考核的评分与评级结果<br>(4) 员工当期绩效考核的等级评定<br>(5) 员工追加岗位津贴和绩效奖金的发放比例和额度 | (1) 员工绩效考核各项指标和最终得分<br>(2) 低于本部门平均分的各项考核指标<br>(3) 本部门绩效考核的评分与评级结果<br>(4) 员工当期绩效考核最终得分在本部门中的排序以及等级评定结果<br>(5) 员工追加岗位津贴和绩效奖金的发放比例和额度<br>(6) 申请绩效考核复议的渠道和流程 |
| | 部门主管 | (1) 在对考核结果做出积极的正面评价的同时充分肯定员工付出的努力<br>(2) 与员工共同分析本次考核获得积极评价的工作过程和具体原因<br>(3) 与员工共同分析可以进一步做出努力或改进的工作内容<br>(4) 与员工共同研讨在接下来的工作中可以达成的新的或更高的工作目标<br>(5) 向员工做出实现新的工作或更高的工作目标后的意向性或具体化的奖励承诺<br>(6) 形成绩效反馈面谈记录,用于后续追踪和检查 | (1) 在对考核结果做出消极的负面评价的同时并不完全否定员工付出的努力<br>(2) 向员工解释和说明其考核获得消极评价的判断标准和具体原因<br>(3) 帮助员工分析工作技能和工作态度上存在的问题<br>(4) 指导员工如何提升工作技能和调整工作态度<br>(5) 向员工做出必要的、帮助其提升工作技能和调整工作态度的培训承诺<br>(6) 与员工设置新的、更符合实际的工作目标<br>(7) 向员工做出实现新的、更符合实际的工作目标后的意向性或具体化的奖励承诺<br>(8) 形成绩效反馈面谈记录,用于后续追踪和检查 |

**表6　2014 年年中员工绩效考核等级分布情况**

单位：人

| | 员工考核等级分布 | | | | |
| --- | --- | --- | --- | --- | --- |
| | 优秀 | 良好 | 合格 | 需要改进 | 不合格 |
| 市政建设事业部 | 3 | 4 | 7 | 1 | 1 |
| 工程咨询事业部 | 3 | 5 | 8 | 2 | 1 |

⑤员工更加相信自己可以在现行的绩效考核体系下获得令人满意的评价。其次，即使是获得需要改进与不合格考核等级的 5 名员工也表示：①部门主管对待绩效考核的态度发生了令人可喜（或满意）的变化；②员工从反馈中明白了部门主管评价员工工作绩效的基本原则；③部门主管对员工在工作中存在的问题做出了比较准确和中肯的分析，有效地帮助员工分析了原因，找到了办法；④部门主管在收集绩效考核信息的过程中应该是比较认真负责并且公平公正的，否则他们无法令人信服地指出员工在工作中存在的问题；⑤部门主管让员工相信，经过必要的自身努力和公司培训，是能够克服各种困难的，他们会在这个过程中提供有效的指导和帮助。最后，两个部门的共计 7 名主管则针对员工在 7~9 月的工作态度和行为表示：①员工在面谈式反馈后，没有任何人提出申诉，也基本没有人在面谈的过程中或后续的工作中抱怨或发牢骚；②员工对待工作更加积极主动，干劲更足；③员工在工作中显得信心十足，并且更愿意接受主管的指导；④员工普遍认为部门主管对其做出的考核是公平公正的；⑤获得消极评价的员工不会恶意针对那些获得积极评价的员工；⑥获得消极评价的员工不会与同事推诿可能产生任务交叉和职责重叠的工作，也不会面对不好的工作结果时推卸本属于自己应承担的责任；⑦获得积极评价的员工更愿意在工作中主动帮助其他同事，也不会为了获取利益而与其他同事进行恶性竞争。基于上述采用激发型反馈和协整型反馈后发生在市政建设和工程咨询事业部的相关事件，我们可以基本确定：激发型反馈会对新生代员工的自我效能感产生正向影响，进而有效抑制其 CWB；而协整型反馈会对新生代员工的考核公平感产生正向影响，进而有效抑制其 CWB。

# 五、管理启示与建议

基于纵向的实验型案例研究，我们对理论模型的建构进行了经验性的初步检验，并发现：放任型绩效反馈会对新生代员工的自我效能感产生负向影响，进而促进其CWB；耗散型绩效反馈会对新生代员工的考核公平感产生负向影响，进而促进其CWB；激发型绩效反馈会对新生代员工的自我效能感产生正向影响，进而有效抑制其CWB；协整型绩效反馈会对新生代员工的考核公平感产生正向影响，进而有效抑制其CWB。

## （一）管理启示

随着越来越多的新生代求职者步入职场，很多企业中的员工年龄结构也悄然发生着改变。据前程无忧近期发布的《2013年离职与调薪调研报告》称，如果企业中"85后"员工的比例越高，其平均离职率也会越高；而如果企业中"85后"员工所占比例达到70%以上，员工的离职率更是会达到惊人的21.9%。虽然雇主和社会大众普遍认为新生代员工更注重自我实现、职业观念复杂多变、对企业的忠诚度较低是造成这类员工稳定性相对较差、离职率相对较高的原因。但是，从《2013年离职与调薪调研报告》发布的统计数据来看，"对薪酬福利不满意"、"绩效考核体系缺乏公平公正性"以及"难以获得技能提升和良好的职业发展空间"才是导致新生代员工主动离职的最重要的三个原因。由此可见，为了创建一支相对稳定的新生代员工队伍，提高绩效考核的公平与公正性是一个不可或缺的因素。然而，现在很多企业虽然重视绩效考核，但是却把精力过分地放在了如何提高考核精度与降低考核偏差这两个问题上，却忽视了对绩效考核进行科学有效的绩效反馈。事实上，这种"重考核形式、轻反馈实质"的绩效管理体系，直接导致了员工对考核公平感的认知差，也很难基于考核获得技能提升和职业发展的空间。所以，本文一个重要的管理启示就是，只有考核与反馈两手都要抓，并且两手都过硬的企业，才能真正为新生代员工创造一个科学的绩效管理体系。

当然，现在有关绩效反馈的很多理论与实证研究还是基于西方的文化情境展开的，考虑到员工的思想观念以及企业内部的管理体制等差异，在将西方的研究运用到中国企业的过程中，必须考虑文化的适应性问题。例如，"中庸之道"和"仁义礼信"在中国传统文化中占据了极其重要的地位，但是Ralston等（1999）以年龄为自变量考察中国新生代员工的个人主义倾向以及儒家思想时却发现，新生代员工更加独立、敢于冒险，有较强的个人主义倾向，集体主义和儒家思想则相对淡薄。事实上，过去的中国企业往往基于中国人的"传统性"将绩效反馈看成一件很敏感、很困难的事情，因此往往采用过分谨慎甚至是回避问题的态度来对待它。实际上，新生代员工本身对"传统性"就提出了挑战，他们渴望从绩效反馈中得到更多有用的信息，以帮助自己实现理想和创造成就。目标设置理论和控制论都强调了绩效的改进需要具体的目标和具体的反馈，这意味着仅向员工提供考核的结果是远远不够的，绩效改进依赖于管理者使用反馈去设置绩效改进的目标，并监督他们在趋近这些目标进展等方面的程度。因此，企业应该在绩效反馈的过程中尽可能地为员工提供有助于他们提高工作技能和促进职业发展的知识与信息。

然而，为了提高绩效反馈的信息量和所谓的公平性，现在有一些企业在绩效反馈的过程中基于360度考核建立起了所谓的360度反馈体系。但是，360度反馈的核心不在于反馈源究竟有多少的问题，而在于反馈过程中反馈源与反馈对象之间的交互作用。换言之，反馈源如何与反馈对象之间建立起相应的信任机制，使反馈对象相信并接受反馈信息，从而达到有效激发反馈对象的积极态度与行为，控制反馈对象的消极态度与行为，才是 360 度反馈体系建构要解决的核心问题。从本研究的相关理论和案例研究成果来看，如果反馈源是上司或组织本身，那么只有反馈源以帮助反馈对象实现有效发展（包括技能提升和职业发展）为目的，采用激发型绩效反馈或协整型绩效反馈，才可能获得反馈对象的"信任"，从而有效控制其出现各种消极的态度和行为。尤其是对于新生代员工而言，由于他们的工作和生活价值观中有更多的追求公平、自主、独立以及成就的基因，以及相应的领地意识和自尊心，但往往又缺乏抗逆和自我约束的能力，因此，从有效控制新生代员工 CWB 的角度来看，上司或组织应该尽量少采用以评估为目的的放任型绩效反馈和耗散型绩效反馈，从而避免员工因自我效能感与考核公平感的降低而表现出 CWB。

## （二）未来研究的建议

首先，本研究虽然建构了一个新生代员工绩效反馈对 CWB 的影响机制模型，并采用实验型案例研究的方法对该模型进行了经验性的检验，但是这还远远不能保证该模型建构的科学性和有效性。因此，后续研究可以基于该理论模型一方面进行模型的不断修正和完善，另一方面采用实证研究的方法来进一步检验该模型。当然，这两方面的工作可能是交叉在一起的。

其次，本研究并没有对放任型反馈和激发型反馈对新生代员工考核公平感的影响以及耗散型反馈和协整型反馈对新生代员工自我效能感的影响做出明确且可靠的理论解释。因此，后续的研究可以寻找其他的理论视角，对上述问题进行更为有效和准确的界定。

最后，本研究尚未考虑绩效反馈影响 CWB 的调节机制问题。事实上，根据社会认知理论中"个体—情境互动论"的观点，不同类型的绩效反馈作为一种特定组织情境对个体行为的影响会受到个体特征的显著影响。基于此，个体成就目标定向、个体反馈倾向等个体特征对绩效反馈影响新生代员工 CWB 的调节机制应该在后续的研究中得到相应的关注。

**参考文献**

［1］Alvero A. M., Bucklin B. R., Austion J. An Objective Review of the Effectiveness and Essential Characteristics of Performance Feedback in Organizational Settings（1985-1998）［J］. Journal of Behavior Management，2001（1）.

［2］Barsky A. Understanding the Ethical Cost of Organizational Goal-Setting: A Review and Theory Development ［J］. Journal of Business Ethics，2008（1）.

［3］Belschak F. D., Den Hartog D.N. Consequences of Positive and Negative Feedback: The Impact on Emotions and Extra-role Behaviors［J］. Applied Psychology，2009（2）.

［4］Bennett R. J., Robinson S.L. Development AMeasure of Workplace Deviance ［J］. Journal of Applied Psychology，2000（3）.

［5］Boswell W. R., Boudreau J. W. Separating the Developmental and Evaluative Performance Appraisal Uses ［J］. Journal of Business and Psychology，2002（3）.

［6］Bracken D. W., Rose D. S. When Does 360-degree Feedback Create Behavior Change? And How Would We KnowIt When It Does?［J］. Journal of Business Psychology，2011（1）.

［7］Chory R. M., Westerman C. Y. K. Feedback and Fairness: The Relationship between Negative Performance Feedback and Organizational Justice［J］. Western Journal of Communication，2009（2）.

［8］Colquitt J. A., Conlon D. E., Wesson M. J., Porter C. O., Yee N. K. Justice at TheMillennium: A Meta-analytic Review of 25 Years of Organizational Justice Research［J］. Journal ofApplied Psychology，2001（4）.

［9］Devonish D., Greenidge D. The Effect of Organizational Justice on Contextual Performance, Counterproductive Work Behaviors, and Task Performance: Investigating the Moderating Role of Ability-based Emotional Intelligence ［J］. International Journal of Selection and Assessment，2010（1）.

[10] Eddleston K. A., Kidder D. L., Litzky B. E. Who's the Boss? Contending with Competing Expectation from Customers and Management [J]. Academy of Management Executive, 2002 (4).

[11] Erdogan B., Kraimer M. L., Liden R. C. Procedural Justice as a Two-dimensional Construct: An Examination in the Performance Appraisal Context [J]. The Journal of Applied Behavioral Science, 2001 (3).

[12] Fedor D. B., Buckley M. R., Eder R. W. Measuring Subordinate Perceptions of Supervisor Feedback Intentions: Some Unsettling Results [J]. Educational and Psychological Measurement, 1990 (1).

[13] Geddes D., Baron R. A. Workplace Aggression as a Consequence of Negative Performance Feedback [J]. Communication Quarterly, 1996 (2).

[14] Gundersun D. E., Capozzoli E. A., Rajamma R. K. Learned Ethical Behavior: An Academic Perspective [J]. Journal of Education forBusiness, 2008 (6).

[15] Hobfoll S. E. Conservation of Resources: A New Attempt at Conceptualizing Stress [J]. American Psychologist, 1989 (3).

[16] Jing Zhou. Feedback Value, Feedback Style, Task Autonomy, and Achievement Orientation: Interaction Effects on Creativity Performace [J]. Journal of Applied Psychology, 1998 (2).

[17] Kluger A. N., DeNisi A. The Effects of Feedback Interventions on Performance: A Historical Review, AMeta-analysis, and APreliminary Feedback Intervention Theory [J]. Psychological Bulletin, 1996 (3).

[18] Kuhnen C. M., Tymula A. Feedback, Self-esteem, and Performance in Organization [J]. Management Science, 2012 (1).

[19] Levy P. E., Williams J. R. The Social Context of PerformanceAppraisal: Review and Framework for the Future [J]. Journal of management, 2004 (6).

[20] London M., Smither J. W. Feedback Orientation, Feedback Culture, and the Longitudinal Performance Management Process [J]. Human Resource Management Review, 2002 (1).

[21] Merton R. K. Social Structure and Anomie [J]. American Sociological Review, 1938 (5).

[22] Meyer H. H., Kay E., French J. R. P. Split Roles in Performance Appraisal [J]. Harvard Business Review, 1965 (2).

[23] Nease A. A., Mudgett B. O., Quifiones M. A. Relationships among Feedback Sign, Self-efficacy, and Acceptance of Performance Feedback [J]. Journal of Applied Psychology, 1999 (5).

[24] O'Leary-Kelly A. M., Newman A. M. The Implications of Performance Feedback Research for Understanding Antisocial Work Behavior [J]. Human Resource Management Review, 2003 (4).

[25] Poortvliet P. M. The Joint Impact of Achievement Goals and Performance Feedback on Information Giving [J]. Basic and Applied Social Psychology, 2009 (2).

[26] Porter L. W., Steers R. M. Organizational, Work and Personal Factor in Employee Turnover and Absenteeism[J]. Psychological Bulletin, 1973 (2).

[27] Rotundo M., Sackett P. R. The Relative Importance of Task, Citizenship, and Counterproductive Performance to Global Ratings of Job Performance: A Policy-capturing Approach [J]. Journal of Applied Psychology, 2002 (3).

[28] Sansone C. Competence Feedback, Task Feedback and Intrinsic Interest: An Examination of Process and Context [J]. Journal of Experimental Social Psychology, 1989 (3).

[29] Smither J. W., London M., Reilly R. R. Does Performance Improve Following Multisource Feedback? A Theoretical Model, Meta-analysis, and Review of Empirical Findings [J]. Personnel Psychology, 2005 (1).

[30] Spector P. E., Fox S. The Stressor-emotion Model of Counterproductive Work Behavior [A]//P.E. Spector and S. Fox. Counterproductive Work Behavior: Investigations of Actors and Targets [C]. Washington, DC: American Psychological Association, 2005.

[31] Spector P. E., Fox S. Counterproductive Work Behavior and Organizational Citizenship Behavior: Are They Opposite Forms of Active Behavior? [J]. Applied Psychology, 2010 (1).

［32］Van Dijk D., Kluger A. N. Task Type as A moderator of Positive/Negative Feedback Effects on Motivation and Performance：A Regulatory Focus Perspective［J］. Journal of Organizational Behavior，2011（8）.

［33］李燕萍，侯烜方. 新生代员工工作价值观结构及其对工作行为的影响机理［J］. 经济管理，2012（5）.

［34］龙君伟. 绩效反馈对员工创造性的影响［J］. 人类工效学，2003（1）.

［35］龙君伟. 反馈干预对绩效的影响研究［J］. 心理科学，2003（4）.

［36］盛庆琜. 统合效用主义与公平分配［M］. 杭州：浙江大学出版社，2006.

［37］王永丽，时堪. 绩效反馈研究的回顾与展望［J］. 心理科学进展，2004（2）.

［38］尤金·麦克纳等. 人力资源管理简明教程［M］. 北京：中国人民大学出版社，2005.

［39］赵君，廖建桥，张永军. 绩效考核对员工反伦理行为的影响：研究综述与未来展望［J］. 管理评论，2011（1）.

［40］赵君. 基于绩效考核视角下职场偏差行为的治理策略［J］. 人力资源管理，2013（5）.

# 中国企业员工反生产行为的组织控制策略
## ——基于社会认知视角的跨层次研究

汪亚明　刘文彬　唐杰*

[摘要] 由于过去对员工反生产行为（CWB）影响因素的研究往往将焦点放在包括人格特质在内的个体差异上，却忽视了影响个体认知过程的群体与组织特征，所以并没有为 CWB 的组织控制提供太多的理论指导。本文基于社会认知的视角，采用跨层次分析的方法，对中国企业的员工人格特质、组织伦理气氛、组织公正与 CWB 之间的关系进行了理论与实证研究。结果发现：中国企业员工的人格特质对其 CWB 有显著的影响，管理者可以利用资源保护理论来科学治理 CWB。与此同时，中国企业的组织伦理气氛和组织公正不仅能够直接影响 CWB，而且还能够对员工人格特质与其 CWB 之间的关系起到相应的调节作用，所以，管理者还可以通过培育组织伦理气氛和创造组织公正环境等策略来有效控制 CWB。

[关键词] 反生产行为；组织控制；员工人格特质；组织伦理气氛；组织公正

# 一、问题提出

全球化和 IT 技术革命使中国企业不仅面临着巨大的外部竞争压力，而且还要应对和处理各种复杂的内部人力资源管理问题。据香港中文大学发布的一项针对在港企业的员工调查显示：在参与调查前的三个月内，8% 的被调查者经常在上班时间处理私人事务，22% 的被调查者经常在工作中向同事做出不负责任的承诺，12% 的被调查者曾在公款中报销私人消费单据，而 5% 的被调查者曾将公司财物据为己有。实际上，诸如此类的行为都属于员工在工作过程中有意而为之的反生产行为（Counterproductive Work Behavior，CWB），这些行为会给组织或组织成员的合法性利益造成直接损害，或者虽暂时未造成损害但存在潜在危害（Rotundo & Sackett，2002）。由于 CWB 在网络和知识经济时代具有自内向外扩散的"涟漪效应"，因此如何治理员工的 CWB 已经成为国内外企业在人力资源管理实践中不得不面对的一项严峻挑战（刘玉新等，2011）。但是，目前针对 CWB 所取得的理论和实证研究成果主要集中在西方学术界，国内学术界的相关探索还处于刚刚起步的阶段（彭正龙等，2011），很多与中国传统文化和转型经济背景有关的问题都有待在大量本土化的研究中被逐步澄清。基于此，以中国企业员工为对象进行 CWB 的组织控制策略研究具有非常重要的现实意义。

---

* 汪亚明（1978-），男，安徽桐城人，电子科技大学经济与管理学院博士研究生，研究方向为技术创新、组织变革；刘文彬（1982-），男，浙江衢州人，电子科技大学经济与管理学院讲师，博士；唐杰（1980-），男，福建福州人，福建师范大学经济学院副教授，博士。

然而，在思考究竟应该从什么角度来探索中国企业员工 CWB 的组织控制策略的过程中，我们发现：由于人格特质的五因素模型（Five Factor Model，FFM）能够有效地将各种较低层次的个体特质整合成较高层次的人格维度，从而体现出个体行为的某些倾向性。所以，在过去研究 CWB 影响因素的文献中，个体的人格特质受到了非常广泛的关注，并基本验证了尽责感和神经质这两种最重要的人格特质对 CWB 的影响作用（Spector，2011；Berry et al.，2007；Salgado，2002）。可是按照 Martinko 等（2002）的观点：CWB 是由个体特征和组织情境之间的复杂交互作用通过认知过程而引起的（见图 1）。因此，在探索 CWB 的影响因素和发生机制的过程中，分析包括人格特质在内的个体特征固然重要，但不能因此而忽视了对影响个体认知过程的群体与组织特征的研究，否则就很有可能会限制我们从组织情境这个更容易进行管理设计的层面去探索 CWB 的组织控制策略（Jensen et al.，2010）。

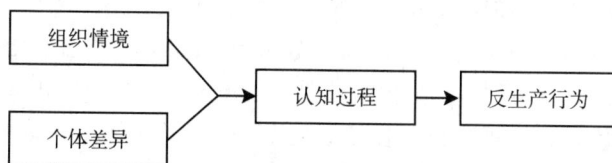

**图 1 反生产行为的发生机制模型**

事实上，社会认知理论一直以来都非常强调个体与环境之间的交互作用，该理论认为，个体的行为是由个体的内在特质与外在环境共同决定的。尤其是个体的人格特质，它能够体现个体行为的倾向性，并通过与环境的交互作用实现对个体行为的影响（Mischel，1973）。根据这种个体—环境互动论的观点，Henle（2005）曾指出：无论是组织情境还是个体特征都无法单独对 CWB 的产生提供全面的解释，它们的交互作用对 CWB 的预测应该更加有效。因此，我们认为：组织情境不仅能够对个体的认知过程产生直接影响，而且还能够通过与个体人格特质的交互作用对个体的认知过程产生间接影响，从而对 CWB 产生综合性影响。尤其是对于中国企业的员工而言，由于受到儒家思想中仁、义、礼、忠的深刻影响，特别强调人与环境之间的和谐性，所以在中国企业内部，组织情境对人格特质和 CWB 间关系的调节作用可能会更加突出。考虑到在影响 CWB 的组织情境中，组织公正和组织伦理气氛无疑是两个非常值得关注的组织情境问题。所以，本文将基于社会认知的视角，从组织伦理气氛和组织公正与人格特质的交互作用的角度来探索中国企业员工 CWB 的组织控制策略，这对中国企业有效治理员工 CWB 显得十分重要。

# 二、理论分析与研究假设

## （一）人格特质对 CWB 的影响

虽然大量实证研究都证明了员工的尽责感和神经质人格特质对其 CWB 的影响作用，但这些研究基本上都认为 CWB 是员工基于消极事件或消极情绪所做出的针对组织或组织成员的报复，由于不同的人格特质体现了员工在"报复倾向"上的差异，所以能够对 CWB 产生相应的影响（Penney et al.，2011）。但是，按照 Neuman 和 Baron（2005）的观点：CWB 既可能是由报复性动机所引起的，也可能是由工具性动机所驱动的，其区别在于前者是一种应对行为（Reactive），而后者却是一种主动行为（Proactive）。我们发现：如果将 CWB 看成是一种主动行为，那么 Hobfoll（1989）开创的资源保护（Conservation of Resource，COR）理论恰好可以基于工具性动机的视角，对人格特质与 CWB 行为之间的关系提供合理的理论解释。

COR 理论最早用于解释个体由心理压力而导致的各种心理扭曲，该理论认为：员工在组织中会尽力保护他们重视的各种实物、身份、个人和能源资源，并利用这些资源进一步获取帮助其实现工作目标的其他资源。当员工在组织中遭遇资源匮乏或资源损失时，他们会主动采取各种行为或策略实现资源补偿，从而有效地应对可能由此而导致的各种心理压力。但是，如果资源不足或资源损失无法获得有效补偿，那么员工就会产生心理压力甚至导致各种心理扭曲（Hobfoll，1989，2001）。Krischer 等（2010）认为，COR 理论不仅可以用于解释个体的心理扭曲，而且可以用于解释包括 CWB 在内的各种行为扭曲，因为心理扭曲往往是行为扭曲的前兆。他们发现：当员工在企业中遭遇分配不公时，很容易主动表现出降低工作效率、迟到早退或进行不必要加班等 CWB 来实现资源补偿并降低自己的消极情绪。这些行为的出现，与其说是一种报复，还不如说是一种基于资源保护策略而做出的理性决策。实际上，近年来已经有一些学者开始利用 COR 理论来解释人格特质对个体行为的影响作用（Zeller，2006；Halbesleben et al.，2009）。以这些研究为基础，我们对尽责感和神经质这两种最重要的人格特质对 CWB 的影响做出如下理论分析。

首先，尽责感通常体现在员工对待工作的态度与方式上，高尽责感的员工遵守规则、认真负责、有组织性、值得信赖。Zeller 等（2006）认为，勤勉、专注和遵守规则通常被那些具有高尽责感特质的员工看成是完成工作目标的重要个人资源。因为他们往往认为，只有在工作中表现出勤勉、专注和遵守规则，才更容易赢得主管和同事的信赖，并以此为基础获得主管或同事提供的帮助其实现工作目标的各种支持。所以，为了保护（或者说持续获得）由尽责感特质所带来的各种资源，他们通常不会把时间和精力放到偷奸耍滑、降低工作效率以及与他人发生冲突等各种可能损害其尽责感特征的 CWB 上去。换言之，高尽责感的员工往往缺乏表现出 CWB 的工具性动机（Penney et al.，2011）。与之相反，低尽责感的员工因为在工作中不积极、不主动、不专注，所以无法赢得主管和同事的信赖，也就很难获得主管或同事提供的帮助其实现工作目标的各种支持。因此，他们往往会有很强的通过主动表现出 CWB 进行资源补偿的工具性动机，而如果无法获得资源补偿，他们就会进一步产生心理压力和心理扭曲，从而表现出各种基于报复性动机的 CWB。

其次，神经质通常体现在员工的情绪稳定性和相应的调节能力上，高神经质的员工易怒、情绪化、缺乏耐心、没有安全感。Halbesleben 等（2009）认为，高神经质的员工需要消耗大量的时间和精力以及其他资源来处理和应对他们的消极情绪和心理压力，这使得他们在完成工作目标的过程中本身就处于一种相对的资源劣势。此外，在工作中表现出的易怒和情绪化等特征，还导致其可能无法获得主管和同事的认可与信赖，也就不会有人为他们提供帮助其实现工作目标的各种支持，这使得高神经质的员工在工作中进一步处于资源匮乏的状态。因此，他们往往会通过延长工休时间、侵占公司资产、取笑或私下议论主管、不与同事共享信息等 CWB 来主动实现资源补偿，从而降低自己的消极情绪和心理压力。换言之，高神经质的员工往往有较强的表现出 CWB 的工具性动机（Penney et al.，2011）。并且，如果之前表现出的 CWB 无法帮助其实现资源补偿，他们就会产生心理压力和心理扭曲，从而进一步表现出各种基于报复性动机的 CWB。

基于此，本研究提出如下理论假设：

假设 1a：员工的尽责感人格特质对其反生产行为具有显著的负向影响。

假设 1b：员工的神经质人格特质对其反生产行为具有显著的正向影响。

## （二）组织伦理气氛与人格特质的交互作用对 CWB 的影响

### 1. 组织伦理气氛对 CWB 的直接影响

社会规范理论是社会认知理论的重要分支，Hollinger 和 Clark（1982）基于社会规范理论对组织控制策略的研究发现，个体在组织中的行为会受到两种规范的影响：一方面，员工会自觉地把其在社会生活中的各种规范部分的内化（Internalization）用以约束和检点自己的行为，从而形成相应的内部控制机制；另一方面，员工的行为也需要通过各种外部规范加以调整和修正，即依靠所谓的外部机制进行相应的控制。对于正式组织而言，管理者要解决的主要问题就是外部控制机制的建立及其实施问题。从外部控制的形式来看，主要有正式控制（Formal Control）和非正式控制（Informal Control）两种：正式控制也就是韦伯所说的科层控制或制度控制，它是以管理者的权威为基础，通过解雇、降职、停职、罚款等硬性的规章制度和管理规范来对组织成员的行为进行控制；而非正式控制也就是我们所说的"软控制"，它以特定组织内的组织成员间的相互影响和共同认知为基础，通过人们在某一行为上的具体反应所产生的交互作用来对组织成员的行为进行控制。Hollinger 和 Clark（1982）认为，毋庸置疑，正式控制（规章制度）对于减少员工的 CWB 固然重要，但是非正式控制更是意义重大。事实上，根据 Barker（1993）的协和控制（Concertive Control）理论，组织伦理气氛就是一种典型的针对 CWB 的非正式控制机制。Victor 和 Cullen（1988）认为，组织伦理气氛既体现了组织在处理伦理问题上的特征，也反映了组织成员在什么是符合伦理的行为和应该如何处理伦理问题上的相互影响与共同认知。所以，组织伦理气氛可以让组织成员通过社会规范的学习，在自行决定通过什么方式处理伦理问题才能更好地实现自我和组织目标的过程中，逐渐形成某种处理伦理问题的共识和默契，然后依靠这种共识和默契来实现对 CWB 的非正式控制（刘文彬、井润田，2010）。尤其是对于中国企业的员工而言，他们在处理人际关系时通常秉持着"以和为贵"的思想，并且普遍非常重视别人对自己的看法，因此更加不会贸然违反大家共同遵守的伦理规范，所以组织伦理气氛对中国企业员工 CWB 的非正式控制作用可能会更加明显。

需要说明的是，虽然 Victor 和 Cullen（1988）根据伦理标准与分析取向两个维度从理论上得到了九种组织伦理气氛，并通过他们开发的组织伦理气氛问卷，用因素分析的方法证实了组织中存在五种特定的伦理气氛，即自利导向、关怀导向、独立导向、规则导向、法律与法规导向的组织伦理气氛。但是，后续的实证研究所得到的关于组织伦理气氛的类型却并不稳定，只有自利导向、关怀导向和规则导向的组织伦理气氛得到了充分验证。例如，Vardi（2001）就发现，在关怀导向和规则导向的组织伦理气氛下，员工的道德认知水平明显较高，产生各种 CWB 的可能性较低；而在自立导向的组织伦理气氛下，员工的道德认知水平明显较低，产生各种 CWB 的可能性较高。基于此，我们提出如下理论假设：

假设 2a：自利导向的组织伦理气氛对员工的反生产行为具有显著的正向影响。

假设 2b：关怀导向的组织伦理气氛对员工的反生产行为具有显著的负向影响。

假设 2c：规则导向的组织伦理气氛对员工的反生产行为具有显著的负向影响。

2. 组织伦理气氛和人格特质的交互作用

组织伦理气氛作为一种重要的组织情境，虽然无法对员工对待工作的态度与方式以及情绪的稳定性程度和相应的调节能力产生本质影响，但它可以对人格特质与 CWB 之间的关系产生相应的调节作用。具体而言，对于高尽责感的员工，其行为往往由外部动机驱使（Yang & Diefendorff，2009），他们非常注重自身与他人和环境间关系的和谐性，并且愿意通过认真负责地对待自己的工作而获得主管和同事的肯定。如果他们在具有较强规则和关怀导向伦理气氛的组织中，主管和同事的关怀以及大家都按规则办事的工作方式可以证明其动机和行为的"合理性"，进而增强其外部动机对 CWB 的抑制作用；但如果在具有较强自利导向伦理气氛的组织中，其待人处世的方式会与组织成员互不关心且大家为达目的不择手段的工作方式格格不入，因此在怀疑自己动机和行为"合理性"的过程中，其外部动机对 CWB 的抑制作用就会被削弱。对于高神经质的员工，其行为往往由内部动机驱使（Yang & Diefendorff，2009），他们的情绪稳定性和自我调节能力都比较差。如果他们在具有较强规则和关怀导向伦理气氛的组织中，主管和同事的关怀以及大家都按规则办事的工作习惯能够在一定程度上抑制其不稳定情绪，进而有效降低其出现 CWB 的可能性；但如果在具有较强自利导向伦理气氛的组织中，组织成员互不关心且大家为达目的不择手段的工作方式对其原本就不稳定的情绪势必产生进一步冲击，从而增强其表现出 CWB 的可能性。基于此，我们提出如下假设：

假设 3a：自利导向的组织伦理气氛可以调节人格特质与 CWB 之间的关系。自利导向的组织伦理气氛越强，尽责感与 CWB 的负向关系越弱，神经质与 CWB 的正向关系越强。

假设 3b：关怀导向的组织伦理气氛可以调节人格特质与 CWB 之间的关系。关怀导向的组织伦理气氛越强，尽责感与 CWB 的负向关系越强，神经质与 CWB 的正向关系越弱。

假设 3c：规则导向的组织伦理气氛可以调节人格特质与 CWB 之间的关系。规则导向的组织伦理气氛越强，尽责感与 CWB 的负向关系越强，神经质与 CWB 的正向关系越弱。

## （三）组织公正与人格特质的交互作用对 CWB 的影响

### 1. 组织公正对 CWB 的直接影响

公平理论（又称社会比较理论）也是社会认知理论的重要分支，该理论认为，人们往往借助社会比较来进行自我评价，从而确认自己的属性。如果个体在社会比较的过程中能获得肯定性情感满足，就会产生积极的情感和行为；但是，如果个体在社会比较的过程中不能获得肯定性情感满足，就会产生消极的情感和行为（Goethals，1986）。基于此，早期的很多研究都认为，员工在工作场所中的各种消极行为都是对其基于社会比较后感知到的不公正所做出的一种报复（Greenberg & Scott，1996；Skarlicki & Folger，1997）。于是，Spector 和 Fox（2002）在挫折—攻击假说和归因理论的基础上提出了 CWB 的压力—情绪模型，他们认为 CWB 的发生过程由三个环节组成：首先，个体在工作场所中感知压力，产生受挫感；其次，受挫感引发个体负向情绪的出现；最后，负向情绪将引发各种 CWB。Martinko 等（2002）则在对前人的研究成果进行整合分析的基础上开创了因果推理模型，他们认为，如果员工在工作场所感知到不平衡，并且对这种不平衡感做出内部/稳定性归因时（如自己能力差），将导致其出现矿工、消沉、"磨洋工"等 CWB；如果员工在工作场所感知到不平衡，并且对这种不平衡感进行外部/稳定性归因时，将导致其出现人身攻击、恶意报复等 CWB。由此可见，员工在工作过程中对组织不公正的感知是引发其受挫感与不平衡感进而导致其 CWB 的一个重要因素。

需要说明的是，虽然现有的关于组织公正的研究大多将其划分为分配公正、程序公正和互动公正三个维度，其中互动公正又可以被分解成人际公正（反映了程序执行过程中的人际对待，尤其是权威或上司对待下属的态度、尊重程度等）和信息公正（反映了给予当事人的信息和提供解释的充分性）（Greenberg，1987）。但是，有关组织公正和 CWB 间关系的实证研究结果显示：第一，大多数极端的 CWB 都是因为员工感知到了强烈的人际不公正或信息不公正，而不是分配不公正所导致的（Giacalone & Greenberg，1997；Greenberg & Alge，1998）；第二，相对于分配公正和程序公正而言，互动公正（包括人际公正和信息公正）能够更好地预测各种组织指向和人际指向的 CWB（Aquino，1999；Colquitt，2001）；第三，对于中国企业而言，高权力距离的文化属性使得员工往往尊重权威、服从领导，因此互动公正在中国企业内部主要体现在员工和主管之间，换言之，主管对待下属的态度和尊重程度（即领导公正）以及主管给予下属信息和提供解释的充分性（即信息公正）无疑会对下属的行为产生至关重要的影响。所以，我们在本研究中只关注领导公正和信息公正对 CWB 的影响，并提出如下理论假设：

假设 4a：领导公正对员工的反生产行为具有显著的负向影响。

假设 4b：信息公正对员工的反生产行为具有显著的负向影响。

### 2. 组织公正和人格特质的交互作用

过去已有研究证明了组织公正和人格特质的交互作用对 CWB 的影响，只不过是将人格特质作为调节变量。例如，Aquino 等（1999）以美国政府和造纸企业的员工为对象所做的研究发现：在分配公正、过程公正和交互公正影响 CWB 的过程中，员工的情感特质都会起到相应的调节作用。对于具有较高消极情感特质的员工，分配公正、过程公正和交互公正与 CWB 之间的负相关关系会被削弱，而对于具有较高积极情感特质的员工，分配公正、过程公正和交互公正与 CWB 之间的负相关关系会被增强。我们认为，组织公正作为一种重要的组织情境特征，虽然无法对员工对待工作的态度与方式以及情绪的稳定性程度和相应的调节能力产生本质上的影响，但它仍然可以对人格特质与 CWB 之间的关系产生相应的调节作用。具体而言：如果主管能够在充分尊重下属的基础上，采用积极的态度为下属提供与工作相关的信息和资源，并向下属对其各种管理决策做出合理而充分的解释和说明，换言之，如果主管能够让下属在组织中感知到较高的领导公正和信息公正，那么无疑能够增强具有尽责感特质的员工抑制其 CWB 的外部动机，并削弱具有神经质特质的员工产生 CWB 的内部动机。反之，如果主管在工作过程中不尊重下属，非但不采用积极的态度为下属提供与工作相关的信息和资源，而且还不向下属解释和说明其各项管理决策的目的与意义，换言之，如果主管让下属在组织中感知到较高的领导不公正和信息不公正，那么无疑会削弱具有尽责感特质的员工抑制其 CWB 的外部动机，并增强具有神经质特质的员工产生 CWB 的内部动机。基于此，我们提出如下理论假设：

假设 5a：领导公正可以调节人格特质与 CWB 之间的关系。组织中领导公正的水平越高，尽责感与 CWB 的负向关系越强，神经质与 CWB 的正向关系越弱。

假设 5b：信息公正可以调节人格特质与 CWB 之间的关系。组织中信息公正的水平越高，尽责感与 CWB 的负向关系越强，神经质与 CWB 的正向关系越弱。

# 三、理论模型与研究方法

## （一）理论模型

检验变量间关系是否在不同层次上具有跨层次（Cross-Level）模型建构的效果，是组织管理学研究的重要发展方向。本研究采用跨层次分析的方法，基于上文所述的研究假设，建构了如图 2 所示的理论模型。该模型反映了作为个体层次的员工人格特质与作为团队层次的组织伦理气氛和组织公正对 CWB 的直接影响，以及组织伦理气氛与组织公正对人格特质和 CWB 行为间关系的跨层次调节作用。

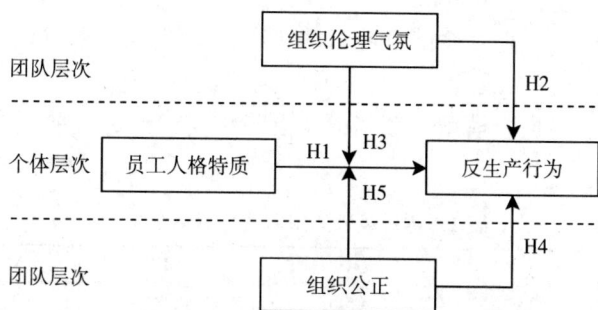

图 2　本研究的跨层次理论模型

需要说明的是，如果将组织伦理气氛和组织公正作为组织层次的变量进行跨层次分析，那么对参与调查的企业的数量就有较高的要求。所以本研究将组织伦理气氛和组织公正作为团队层次的变量进行研究，通过测量员工对其所在团队的组织伦理气氛和组织公正的感知，进行数据聚合得到相应的团队层次的研究数据。当然，以部门或团队作为分析组织伦理气氛和组织公正的基本单元也是具有科学性的，因为即使是在同一个组织中，不同部门和团队的组织伦理气氛与组织公正的水平也可能是完全不一样的（Vardi，2001）。

## （二）研究样本

2012 年 5~11 月，我们通过各种关系渠道在成都、厦门与中山的 36 家企业中针对 83 个团队发放了 650 份问卷，收回 502 份，剔除 26 份填答不完整问卷后，总计收回有效问卷 476 份。但考虑到本研究要通过汇聚个体变量形成团队变量，因此又进一步剔除了 50 份团队成员有效问卷占团队成员总数的比例不到 50% 的问卷。最终保留了来自 27 家企业的 65 个团队的总计 426 份有效问卷，有效问卷回收率为 65.54%。

个体样本（N=426）的统计特征如下：性别：男性 61.3%，女性 38.7%；年龄：20~25 岁占 13.8%，26~30 岁占 28.4%，31~35 岁占 33.6%，36~40 岁占 18.3%，40 岁以上占 5.9%；婚姻状况：已婚 63.8%，未婚 36.2%；受教育程度：大专及以下占 20.6%，大学本科占 56.6%，研究生及以上占 22.8%；工作部门：研发设计占 26.5%，生产制造占 17.6%，市场营销占 25.6%，人力行政占 21.4%，其他占 8.9%。团队样本（N=65）的统计特征如下：团队成立时间：24~30 个月占 18.5%，31~36 个月占 33.8%，36 个月以上占 47.7%；团队规模：5 人及以下占 32.3%，6~10 人占 41.5%，10 上以上占 26.2%；团队职能：生产和服务占 58.5%，研发和技术占 29.2%，其他占 12.3%。

## （三）测量量表和信效度分析

本研究对变量的测量工具主要包括：第一，对个体人格特质的测量直接采用 John 等（1991）开发的 BFI（Big Fiv Inventory）量表，其中尽责感 9 个题项，神经质 8 个题项，各分量表的 Cronbach's Alpha 系数分别为 0.815 和 0.776。第二，对组织伦理气氛的测量量表是在 Victor 和 Cullen（1988）的研究基础上通过小范围预试后改编的，其中自利导向 6 个题项，关怀导向 5 个题项，规则导向 4 个题项，各分量表的 Cronbach's Alpha 系数分别为 0.832、0.829 和 0.861。第三，对组织公正的测量直接采用刘亚（2002）编制的"组织公平感量表"中的两个分量表，其中领导公平 6 个题项，信息公平 4 个题项，各分量表的 Cronbach's Alpha 系数分别为 0.861 和 0.855。第四，对员工反生产行为的测量量表是在 Yang 和 Diefendorff（2009）基于中国组织情境开发的 CWB 量表的基础上通过小范围预试后改编的，其中人际指向的 CWB 有 8 个题项，组织指向的 CWB 有 10 个题项，各分量表的 Cronbach's Alpha 系数分别为 0.865 和 0.892。测量量表中的所有题项均采用 Likert 7 分值法通过被试自我报告的方式做出相应的回答，"1"到"7"分表示"完全不同意"到"完全同意"或者"从来没有"到"经常发生"。如表 1 所示，验证性因子分析的结果显示，本研究中各构念模型对数据的拟合指标均较好，说明了本研究所采用的测量工作具有较好的效度。

表 1　测量量表的拟合优度指标分析

| | $\chi^2/df$ | RMSEA | GFI | CFI | NNFI |
|---|---|---|---|---|---|
| 人格特质两因素模型 | 2.927 | 0.052 | 0.927 | 0.921 | 0.928 |
| 组织伦理气氛三因素模型 | 3.112 | 0.068 | 0.876 | 0.872 | 0.878 |
| 组织公正两因素模型 | 3.328 | 0.079 | 0.819 | 0.813 | 0.821 |
| 反生产行为两因素模型 | 2.801 | 0.036 | 0.936 | 0.932 | 0.937 |

# 四、数据分析与假设检验

由于本研究涉及多个变量，并且这些变量均来自同一被试填写的问卷，因此可能存在同源方差（Common Method Variance）的问题。所以在进行数据分析前，应首先采用 Harman 单因子检验来判断同源方差是否严重。我们将所有题项放在一起做因子分析，结果显示：在未旋转时得到的第一个主成分占到的载荷量为 22.172%，并未达到多数，因此可以判断不存在较严重的同源方差问题。表 2 是所有个体层次变量的描述性统计分析和相关系数矩阵，简单相关系数为本研究的假设 1a、假设 1b，假设 2a、假设 2b、假设 2c，假设 4a、假设 4b 提供了初步验证。

**表 2　各变量的描述性统计和相关系数矩阵**

| 变量 | 1 | 2 | 3 | 4 | 5 | 6 | 7 | 8 | 9 |
|------|------|------|------|------|------|------|------|------|------|
| 尽责感 | (0.815) | | | | | | | | |
| 神经质 | −0.21 | (0.776) | | | | | | | |
| 自利导向 | 0.32 | 0.18* | (0.832) | | | | | | |
| 关怀导向 | 0.289 | −0.21 | −0.15** | (0.829) | | | | | |
| 规则导向 | 0.22* | −0.16 | −0.09* | 0.16** | (0.861) | | | | |
| 领导公正 | 0.21 | 0.20 | −0.18 | 0.22 | 0.21 | (0.861) | | | |
| 信息公正 | 0.18 | 0.17 | −0.20 | 0.25 | 0.18 | 0.16** | (0.855) | | |
| 组织指向 CWB | −0.24** | 0.29* | 0.16** | −0.19** | −0.22** | −0.25** | −0.23** | (0.865) | |
| 人际指向 CWB | −0.20** | 0.27** | 0.21** | −0.23** | −0.17** | −0.16** | −0.18** | 0.22** | (0.892) |
| 均值 | 5.72 | 4.76 | 4.65 | 5.81 | 5.42 | 4.86 | 4.93 | 4.26 | 4.08 |
| 标准差 | 0.77 | 0.73 | 0.82 | 0.85 | 0.72 | 0.91 | 0.76 | 0.76 | 0.82 |

注：* 表示 P<0.05，** 表示 P<0.01，*** 表示 P<0.001；括号内为各变量的 Cronbach's α 信度系数。
样本量为 426。

本研究将组织伦理气氛和组织公正视为团队层次变量，但是这两个变量的数据是通过测量员工对其所在团队的组织伦理气氛和组织公正的感知而获得的，所以需要将个体层次的数据汇聚为团队层次的数据才能进行分析。在进行数据汇聚前，首先必须检验测量值是否具有组内一致性，所以我们计算了各变量的 $R_{wg}$ 值来检验组内一致性（参照均匀分布计算），并通过 $ICC = \tau_{00}/(\tau_{00} + \sigma^2)$ 来检验组间差异性。如表 3 所示，所有变量 $R_{wg}$ 值的平均值都大于 0.7、ICC 值都大于 0.05 的标准，这说明个体水平的组织伦理气氛和组织公平数据可以汇聚到团队层次进行统计分析。

**表 3　各变量的 $R_{wg}$ 值和 ICC 值**

| | $R_{wg}$ 平均值 | ICC 值 |
|------|------|------|
| 自利导向 | 0.876 | 0.102 |
| 关怀导向 | 0.912 | 0.083 |
| 规则导向 | 0.835 | 0.091 |
| 领导公正 | 0.927 | 0.126 |
| 信息公正 | 0.932 | 0.115 |

接下来，我们运用多层线性模型分析软件 HLM6.0 分别构建组织指向和人际指向 CWB 的跨层次回归模型。在每个模型中，分四步纳入变量来检验本研究的理论假设。

（1）运行不含任何个体和团队层次变量的零模型，用以检验因变量在组内和组间方差的成分，这是进行多层线性模型分析的基础。经计算：组织指向 CWB 在组内方差的第一层残差方差 $\sigma^2 = 0.434$，组间方差的随机截距方差 $\tau_{00} = 0.112（P < 0.01）$，故 $ICC(1) = \tau_{00}/(\tau_{00} + \sigma^2) = 0.205$，这说明组织指向 CWB 的总体变异中有 20.5% 是由团队差异造成的。此外，人际指向 CWB 在组内方差的第一层残差方差 $\sigma^2 = 0.283$，组间方差的随机截距方差 $\tau_{00} = 0.167（P < 0.01）$，故 $ICC(1) = \tau_{00}/(\tau_{00} + \sigma^2) = 0.371$，这说明人际指向 CWB 的总体变异中有 37.1% 是由团队差异造成的。因此，有必要对组织指向和人际指向的 CWB 进行跨层次分析。

**表 4　多层线性模型的回归分析结果**

| | 组织指向 CWB | | | | 人际指向 CWB | | | |
|---|---|---|---|---|---|---|---|---|
| | (1) | (2) | (3) | (4) | (1) | (2) | (3) | (4) |
| 截距项（$\gamma_{00}$） | 4.36** | 4.49** | 4.54** | 4.56** | 4.52** | 4.64** | 4.67** | 4.69** |
| 团队层自变量 | | | | | | | | |
| 自利导向（$\gamma_{01}$） | | 0.18** | 0.17** | 0.17** | | 0.21** | 0.20** | 0.20** |
| 关怀导向（$\gamma_{02}$） | | −0.16 | −0.16 | −0.13 | | −0.26 | −0.25 | −0.26 |
| 规则导向（$\gamma_{03}$） | | −0.22** | −0.16** | −0.15** | | −0.15* | −0.15* | −0.13* |
| 领导公正（$\gamma_{04}$） | | −0.31** | −0.31** | −0.28** | | −0.19** | −0.19** | −0.18** |
| 信息公正（$\gamma_{05}$） | | −0.28* | −0.26* | −0.25* | | −0.23 | −0.22 | −0.22 |
| 个体层自变量 | | | | | | | | |
| 尽责感（$\gamma_{10}$） | | | −0.19** | −0.18** | | | −0.17** | −0.15** |
| 神经质（$\gamma_{20}$） | | | 0.16* | 0.17* | | | 0.24** | 0.21** |
| 交互作用 | | | | | | | | |
| 尽责感×自利导向（$\gamma_{11}$） | | | | −0.21* | | | | −0.15 |
| 尽责感×关怀导向（$\gamma_{12}$） | | | | 0.19 | | | | 0.21 |
| 尽责感×规则导向（$\gamma_{13}$） | | | | 0.15 | | | | 0.17 |
| 尽责感×领导公正（$\gamma_{14}$） | | | | 0.23** | | | | 0.16** |
| 尽责感×信息公正（$\gamma_{15}$） | | | | 0.17 | | | | 0.22 |
| 神经质×自利导向（$\gamma_{21}$） | | | | 0.22** | | | | 0.25** |
| 神经质×关怀导向（$\gamma_{22}$） | | | | −0.23 | | | | −0.22** |
| 神经质×规则导向（$\gamma_{23}$） | | | | −0.17** | | | | −0.23 |
| 神经质×领导公正（$\gamma_{24}$） | | | | −0.22 | | | | −0.18** |
| 神经质×信息公正（$\gamma_{25}$） | | | | −0.18 | | | | −0.15** |
| $R^2$ | | 0.201 | 0.277 | 0.289 | | 0.192 | 0.263 | 0.276 |
| $\Delta R^2$ | | 0.201 | 0.077 | 0.012 | | 0.192 | 0.071 | 0.013 |

注：* 表示 P<0.05，** 表示 P<0.01，*** 表示 P<0.001。
样本量为 426。

（2）将团队层次的变量纳入空模型，用以检验组织伦理气氛和组织公正对 CWB 的影响。经检验，如表 4 所示，当团队层变量进入回归模型后，$R^2 = 0.201(0.192)$，说明团队层次变量对组织指向和人际指向 CWB 的方差变异分别提供了 20.1% 和 19.2% 的解释。具体而言：①自利导向的组织伦理气氛与组织指向 CWB 显著正相关（$\gamma_{01} = 0.18$，$P < 0.01$），与人际指向 CWB 显著正相关（$\gamma_{01} = 0.21$，$P < 0.01$），因此假设 2a 得到验证。②关怀导向的组织伦理气氛与组织指向 CWB（$\gamma_{02} = -0.16$，n.s.）和人际指向 CWB（$\gamma_{02} = -0.26$，n.s.）的相关性都不显著，因此假设 2b 没有得到验证。③规则导向的组织伦理气氛与组织指向的 CWB 显著负相关（$\gamma_{03} = -0.22$，$P < 0.01$），与人际指向的 CWB 也显著负相关（$\gamma_{03} = -0.15$，$P < 0.05$），因此假设 2c 得到验证。④领导公正与组织指向的 CWB 显著负相关（$\gamma_{04} = -0.31$，$P < 0.01$），与人际指向的 CWB 也显著负相关（$\gamma_{04} = -0.19$，$P < 0.01$），因

此假设 4a 得到验证。⑤信息公正与组织指向的 CWB 显著负相关（$\gamma_{05} = -0.28$，$P < 0.05$），但与人际指向 CWB 的相关性不显著（$\gamma_{05} = -0.23$，n.s.），因此假设 4b 只得到部分验证。

（3）将个体层次的变量纳入模型，用以检验人格特质对 CWB 的影响。经检验，如表 4 所示，当人格特质进入回归模型后，$\Delta R^2 = 0.077(0.071)$，说明人格特质对组织指向和人际指向 CWB 的方差变异分别提供了 7.7% 和 7.1% 的新解释。具体而言：①尽责感与组织指向的 CWB 显著负相关（$\gamma_{10} = -0.19$，$P < 0.01$），与人际指向的 CWB 也显著负相关（$\gamma_{10} = -0.17$，$P < 0.01$），因此假设 1a 得到验证。②神经质与组织指向的 CWB 显著正相关（$\gamma_{20} = 0.16$，$P < 0.05$），与人际指向的 CWB 也显著正相关（$\gamma_{20} = 0.24$，$P < 0.01$），因此假设 1b 得到验证。

（4）将所有自变量和交互项组成完整模型，用以检验组织伦理气氛和组织公正的调节效应。需要说明的是，是否进行第四步的分析需要根据第三步中个体层主效应的回归系数是否在团队层有显著差异来决定。换言之，如果在第三步中发现尽责感或神经质对 CWB 的回归系数（$\gamma_{10}$ 和 $\gamma_{20}$）的随机效应方差不显著，则说明尽责感或神经质与 CWB 的关系在团队间无显著差异，那么也就没有必要进一步验证团队层变量的调节效应了。经计算：尽责感与组织指向 CWB 的回归系数的随机效应方差显著（$\tau_{11} = 0.132$，$\chi^2 = 127.61$），尽责感与人际指向 CWB 的回归系数的随机效应方差也显著（$\tau_{11} = 0.146$，$\chi^2 = 62.83$）；神经质与组织指向 CWB 的回归系数的随机效应方差显著（$\tau_{22} = 0.169$，$\chi^2 = 118.82$），神经质与人际指向 CWB 的回归系数的随机效应方差也显著（$\tau_{22} = 0.158$，$\chi^2 = 122.51$）。因此，有必要进一步验证团队层变量的调节效应。经检验，如表 4 所示，当交互项进入回归模型后，$\Delta R^2 = 0.012(0.013)$，说明交互项对组织指向和人际指向 CWB 的方差变异分别提供了 1.2% 和 1.3% 的新解释。具体而言：①自利导向的组织伦理气氛对"尽责感→组织指向 CWB"有显著的调节作用（$\gamma_{11} = -0.21$，$P < 0.05$），对"神经质→组织指向 CWB"有显著的调节作用（$\gamma_{21} = 0.22$，$P < 0.01$），对"神经质→人际指向 CWB"有显著的调节作用（$\gamma_{21} = 0.25$，$P < 0.01$），但是对"尽责感→人际指向 CWB"的调节作用不显著，因此假设 2a 得到部分验证。②关怀导向的组织伦理气氛只对"神经质→人际指向 CWB"有显著的调节作用（$\gamma_{22} = -0.22$，$P < 0.01$），因此假设 2b 只得到部分验证。③规则导向的组织伦理气氛只对"神经质→组织指向 CWB"有显著的调节作用（$\gamma_{23} = -0.17$，$P < 0.01$），因此假设 2c 只得到部分验证。④领导公正对"尽责感→组织指向 CWB"有显著的调节作用（$\gamma_{14} = 0.23$，$P < 0.01$），对"尽责感→人际指向 CWB"有显著的调节作用（$\gamma_{14} = 0.16$，$P < 0.01$），对"神经质→人际指向 CWB"有显著的调节作用（$\gamma_{24} = -0.18$，$P < 0.01$），但是对"神经质→组织指向 CWB"的调节作用不显著，因此假设 5a 得到部分验证。⑤信息公正只对"神经质→人际指向 CWB"有显著的调节作用（$\gamma_{25} = -0.15$，$P < 0.01$），因此假设 5b 只得到部分验证。

# 五、讨论与建议

## （一）相关讨论

### 1. 人格特质对 CWB 的直接影响

本文基于 COR 理论，对员工的尽责感和神经质与 CWB 之间的关系进行了理论分析和实证检验，结果发现，员工的尽责感对组织指向与人际指向的 CWB 具有显著的负向影响，而员工的神经质对组织指向与人际指向的 CWB 具有显著的正向影响。虽然这一研究结果与过去的相关研究所获得的结论是一致的，但是由于本研究采用了 COR 理论，基于"工具性动机"的视角对人格特质和

CWB 之间的关系进行了分析，因此其研究结论的管理内涵是完全不一样的。具体而言：如果按照过去的绝大多数研究来认识人格特质与 CWB 之间的关系，那么在进行 CWB 的预防和控制时，企业至多只能从人事甄选的角度入手，通过各种入职前心理测验的方法，将那些尽责感特质较低和神经质特质较高的个体尽量排除在企业的雇用名单之外。然而这样做可能导致的一个问题是：企业不能（或不愿、不敢）雇用那些虽然条件优秀、能力突出，但人格特质可能会导致其表现出 CWB 的某些潜在雇员。如果基于 COR 理论，从工具性动机驱动 CWB 的视角来理解人格特质与 CWB 之间的关系，那么尽责感和神经质实际上可以被看成是一种重要的，影响员工获取其他与工作相关资源的个体特征，它们可以在一定程度上被管理者通过适当的方式进行有效的控制。例如，管理者可以通过适时适当地为具有神经质人格特质的员工提供资源补偿（包括工作和情感支持、工作稳定性等）来降低其在工作中的资源匮乏感，以及由此产生的心理和行为扭曲，从而达到有效控制其 CWB 的管理目标；也可以通过适时适当地为具有尽责感人格特质的员工提供额外资源（包括信息披露、提供工作多样性和复杂性、加薪或晋升等）来强化其对这种个人资源进行保护的动机，从而达到有效控制其 CWB 的管理目标。

2. 组织伦理气氛和人格特质的交互作用

过去已有研究证实了组织伦理气氛与员工不道德行为之间存在显著的相关性（Wimbush et al.，1997；Fritzsche，1997），而本文则将组织伦理气氛与员工不道德行为间关系的研究扩展到了 CWB 的层面上来，这种扩展为在组织情境层面探索 CWB 的影响因素提供了一个全新的视角和有效的途径。我们基于社会认知的视角，采用社会规范理论分析了组织伦理气氛对 CWB 的直接影响，结果发现：自利导向的组织伦理气氛对 CWB 有显著的正向影响，规则导向的组织伦理气氛对 CWB 有显著的负向影响。但是，关怀导向的组织伦理气氛却并未对 CWB 产生显著影响，这与我们的理论假设存在较大差异。对此，我们认为可能的解释是：从人性的角度来看，个体总是渴望能够从他人那里得到关爱和帮助，因此如果在特定的组织中无法得到同事和领导的关爱与帮助，个体就会有受挫感并产生相应的不满情绪从而导致 CWB；然而，一旦个体从组织中持续获得了同事和领导的关爱与帮助后，又有可能会觉得获得他人的关爱和帮助是一件理所当然的事情，因此也就会对此不以为然了。于是我们发现，关怀导向的组织伦理气氛和自利导向、规则导向的组织伦理气氛所存在的最大不同之处可能在于，它和 CWB 之间的关系并不是简单的此消彼长的线性关系——当它处于一定水平之下时，它与 CWB 之间可能存在显著的负相关关系；但是当它达到一定水平之后，它与 CWB 之间的关系就会变得不再显著或者说无关了。从本文的实证数据来看，关怀导向的组织伦理气氛的样本均值达到了 5.81，这表明从总体上来看，本次研究所调查的被试者对组织中关怀导向的伦理气氛有相对比较好的感知。所以对于这些样本而言，可能组织伦理气氛与 CWB 之间的相关性会变得不再显著。与此同时，本研究还发现：①自利导向的组织伦理气氛对"尽责感→组织指向 CWB"具有显著的调节作用，自利导向的组织伦理气氛越弱，尽责感和组织指向 CWB 之间的负向关系越强。②自利导向的组织伦理气氛对"神经质→组织指向 CWB"具有显著的调节作用，自利导向的组织伦理气氛越强，神经质和组织指向 CWB 之间的正向关系越强。③自利导向的组织伦理气氛对"神经质→人际指向 CWB"具有显著的调节作用，自利导向的组织伦理气氛越强，神经质和人际指向 CWB 之间的正向关系越强。④关怀导向的组织伦理气氛对"神经质→人际指向 CWB"具有显著的调节作用，关怀导向的组织伦理气氛越强，神经质和人际指向 CWB 之间的正向关系越弱。⑤规则导向的组织伦理气氛对"神经质→组织指向 CWB"具有显著的调节作用，规则导向的组织伦理气氛越强，神经质和组织指向 CWB 之间的正向关系越弱。这些研究结论说明：组织伦理气氛对人格特质和 CWB 间关系的调节作用是非常复杂的，甚至有可能是不稳定的，因此需要更多的实证研究来做更为深入的检验。当然，导致该结果的原因还可能是由于我们采用的是横截面数据（Cross-Sectional Data），以及所有调查都是基于被试者的自我报告所引起的。

### 3. 组织公正和人格特质的交互作用

本文基于社会认知的视角，采用社会比较理论分析了组织公正和 CWB 之间的关系，并提出：员工在工作过程中对组织不公正的感知是引发其受挫感与不平衡感进而导致其 CWB 的一个重要因素。相关实证研究的结果显示：领导公正对组织指向和人际指向的 CWB 都具有显著的负向影响，而信息公正只对组织指向的 CWB 具有显著的负向影响。由此可见，领导者作为组织代言人与员工进行人际互动的过程中所体现出的公正水平在很大程度上决定了员工与组织进行社会交换的组织环境是否良好，如果领导者能够通过提升其对待员工的尊重程度而营造一个良好的社会交换环境，那么员工产生受挫感和心理压力的可能性就会大大降低，从而能有效地控制各种 CWB 的发生。然而，信息公正之所以对人际指向的 CWB 没有显著影响作用的原因可能是：信息公正的"供给者"主要是组织本身或领导者，而不是组织内的其他成员，所以基于代理者—系统模型（Agent-System Model），当员工在组织中感知到信息不公正时最有可能进行报复的对象应该是组织而不是其他组织成员。与此同时，本研究还发现：①领导公正对"尽责感→组织指向与人际指向 CWB"具有显著的调节作用，领导公正越强，尽责感和组织指向与人际指向 CWB 之间的负向关系越强。②领导公正对"神经质→人际指向 CWB"具有显著的调节作用，领导公正越强，神经质和人际指向 CWB 之间的正向关系越弱。③信息公正对"神经质→人际指向 CWB"具有显著的调节作用，信息公正越强，神经质和人际指向 CWB 之间的正向关系越弱。这说明，领导者在与员工进行人际互动的过程中所体现出的公正水平，能够对高神经质的员工产生有效的抑制作用、对高尽责感的员工产生积极的促进作用，并且领导公正的调节作用要比信息的调节作用更强。

## （二）政策建议

### 1. 审慎采用人格测试，关注员工心理需求

近年来，越来越多的中国企业开始在人力资源招聘的过程中采用各种心理测验对应聘者进行甄选。这其中，人格倾向测试已经成为几乎绝大多数企业都要求应聘者必须完成的一项基础性心理测试。不可否认，人格倾向测试可以对个体的人格进行分析与评估，从而为企业的人才甄选与录用工作提供科学的依据。但是，我们认为，即使是在大量理论和实证研究都证明了人格特质是影响员工 CWB 的重要因素的背景下，企业也不应该把人格测试作为决定一名潜在雇员去留的决定性指标，除非企业所招聘的工作岗位对员工的人格倾向有明确而具体的要求。换言之，企业不能简单地因为人格特质与 CWB 之间的某种关系而凭借人格测试的结果进行人才甄选，否则很有可能会在招聘环节就失去大量优秀的人才。因为根据 COR 理论对人格特质与 CWB 间关系的解释，企业只要关注员工在工作过程中的各种心理需求，及时发现其是否资源匮乏并为其进行资源补偿，即使是具有消极人格特质的员工，也能够将其在工作中的 CWB 控制在最低水平；但如果企业无视员工在工作过程中的各种心理需求，无法为员工实现工作目标提供必要的资源支持，即使是具有积极人格特质的员工，也可能无法控制其 CWB 的出现。所以，企业不仅要审慎地采用人格测试的方法从人事甄选的角度来预防由人格特质可能引起的各种 CWB，更应该以人格测试的结果为基础，从员工资源保护的角度来控制由人格特质可能引起的各种 CWB，从而在企业内部建立起一个 CWB 的控制体系。尤其是对于中国企业的员工而言，由于"知恩图报"是中国人所具有的传统的重要特征之一，因此如果企业能够关注员工的心理需求，适时适当地帮助具有消极人格特质的员工降低资源匮乏感，这些员工就会在工作过程中将抑制 CWB 作为对企业的回报；而如果企业能够适时适当地为具有积极人格特质的员工提供各种形式的与工作任务相关的资源支持，这些员工也会在工作过程中将进一步控制 CWB 作为对企业的回报。

### 2. 切实维护组织和谐，重视伦理气氛培育

如果企业对 CWB 的发生机制缺乏科学的认识，不从问题的源头入手，而只是一味地强调通过

规章制度进行监督和处罚，那么就很有可能会因为"水压效应"而导致员工产生逆反心理（刘善仕，2004）。基于此，我们认为，企业除了要从规章制度完善的角度考虑如何进行 CWB 的正式控制，更应该从组织伦理气氛等软环境建设的角度考虑如何进行 CWB 的非正式控制。对于中国企业而言，在环境变化如此迅速的今天，包括组织伦理气氛在内的各种非正式控制往往比规章制度具有更强的适应性和更好的控制效果。这是因为：首先，中国自古以来就有根植于儒家思想的"德治"传统，道德规范对中国人的行为约束往往比规章制度甚至是法律本身的约束性还要强，所以在中国企业内部依靠类似"德治"的非正式控制来进行 CWB 的治理可能会有更好的效果。其次，当今中国企业员工的受教育程度越来越高，也越来越追求自主性，所以依靠规章制度进行强制化约束显得越来越不合时宜。最后，组织伦理气氛作为一种组织文化，有着高弹性和无处不在的特点，这使得员工能够自主并自发地参与到解决自身和企业所面临的伦理问题中去，从而避免了正式的制度控制的后摄性和回应性缺陷。换言之，对于中国企业而言，依靠规章制度建设来治理 CWB 固然重要，但是让员工在什么是符合伦理的行为和应该如何处理伦理问题上产生共同认知，进而将这种共同认知作为组织内的社会规范来约束和检点自己的行为，往往显得更加有效。为此，中国企业应该以基层单位（部门或团队）为平台和载体，加快进行组织伦理气氛培育与建设的步伐，让员工对"在本部门或团队内究竟怎样的行为才符合伦理规范"的认识达成一致和共识，才能够真正有效地控制 CWB 并维护组织和谐。

3. 科学转变组织观念，提升组织公正水平

Hirshchi（1969）认为，当员工在组织内的社会关系网络非常薄弱甚至破裂时，员工就会表现出对组织内各种规范的不顺从，只有当员工在组织内建立起良好的社会联结（Social Bonds）时，他们才会遵守组织规范。对于中国企业而言，由于高权力距离的文化属性非常明显，员工对领导权威往往表现出较大的顺从，而与领导之间的社会联结往往是员工在企业内最重视的一种人际互动和人际关系。因此，领导公正水平对员工在组织内是否能够与领导者建立良好的社会联结具有非常重要的影响。与此同时，由于中国传统文化非常强调中庸之道，所以中国企业的员工普遍有"不患寡，而患不均"的意识，这一点在信息公正上的具体表现就是：人们在内心深处对那些"知道我不知道的事情的同事"的友善程度和容忍程度往往都比较低。因此，信息公正水平对员工在组织内是否能够与同事建立良好的社会联结具有非常重要的影响。由此可见，只有当企业表现出较高水平的领导公正和信息公正时，员工才能在组织内建立起良好的社会联结，从而对组织规范表现出相应的顺从。基于此，我们认为，中国企业应该努力营造和建立开放、透明的决策环境，并在人力资源管理的过程中充分体现领导对下属的重视和尊重，从而有效地提高企业的领导公正和信息公正水平。具体而言：一方面，领导者应该密切关注企业内各种重大和关键事件（如工资提升、奖金分配、职位晋升、岗位调动、惩戒处罚、机构重组等）对员工的心理影响，主动开辟多种正式和非正式渠道，向员工披露和说明各项管理决策的具体目标和预期效果，避免给员工造成信息不公正的不良感知。另一方面，领导者应该努力实现从裁判员向教练员的角色转变，在充分尊重员工的基础上鼓励员工以适合自己的方式完成具体工作；彻底摒弃官本位意识，多理解、多支持、少命令、少指责，以平等、互利的心态处理上下级关系。

**参考文献**

［1］Aquino K., Lewis M.U., and Bradfield M. Justice Constructs, Negative Affectivity, and Employee Deviance: A Proposed Model and Empirical Test ［J］. Journal of Organizational Behavior, 1999, 20（7）.

［2］Barker J.R. Tightening the Iron Cage: Concertive Control in Self-managing Teams ［J］. Administrative Science Quarterly, 1993, 38（3）.

［3］Berry C.M., Ones D.S., and Sackett P.R. Interpersonal Deviance, Organizational Deviance, and Their

Common Correlates: A Review and Meta-analysis [J]. The Journal of Applied Psychology, 2007, 92 (2).

[4] Colquitt J.A., Conlon D.E., Wesson M.J., et al. Justice at the Millennium: A Metaoanalytic Review of 25 Years of Organizational Justice Research [J]. Journal of Applied Psychology, 2001, 86 (3).

[5] Fritzsche D. J. Ethical Climates and the Ethical Dimension of Decision-making [J]. Journal of Business Ethics, 1997, 24 (2).

[6] Giacalone R.A., and Greenberg J. Antisocial Behavior in Organization [M]. Thousand Oaks, CA: Sage, 1997.

[7] Goethais G.R. Social Comparison Theory: Psychology from the Lost and Found [J]. Personality and Social Psychology Bulletin, 1986, 12 (3).

[8] Greenberg J. A Taxonomy of Organizational Justice Theories [J]. The Academy of Management Review, 1987, 12 (1): 9-12.

[9] Greenberg J., and Alge B.J. Aggressive Reactions to Workplace Injustice [A]// R.W. Griffin, A. O'Leary-Kelly and J. Cillins. Dysfunctional Behavior in Organization: Violent Behaviors in Organizations [C]. Greenwich, CT: JAI, 1998.

[10] Greenberg J., Scott K.S. Why Do Workers Bite the Hands that Feed Them? Employee Theft as A Social Exchange Process [J]. Research in Organizational behavior, 1996, 18 (2).

[11] Halbesleben J.R., Harvey J., and Bolino M.C. Too Engaged? A Conservation of Resources View of the Relationship between Work Engagement and Work Interference with Family [J]. Journal of Applied Psychology, 2009, 94 (6).

[12] Henle C.A. Predicting Workplace Deviance From the Interaction Between Organizational Justice and Personality [J]. Journal of Management Issues, 2005, 17 (2).

[13] Hischi T. Causes of Delinquency [M]. Berkly, CA: University of California Press, 1969.

[14] Hobfoll S.E. Conservation of Resources: A New Attempt at Conceptualizing Stress [J]. The American Psychologist, 1989, 44 (3).

[15] Hobfoll S.E. The Influence of Culture, Community, and the Nested Self in the Stress Process: Advancing Conservation of Resources Theory [J]. Applied Psychology, 2001, 50 (3).

[16] Hollinger R.C., and Clark J.P. Formal and Informal Social Controls of Employee Deviance [J]. Sociological Quarterly, 1982, 23 (3).

[17] Jensen J.M., Opland R.A., and Ryan A.M. Psychological Contracts and Counterproductive Work Behaviors: Emlpoyee Responses to Transactional and Relational Breach [J]. Journal of Business Psychology, 2010, 25 (4).

[18] John O.P., Donahue E.M., and Kentle R.L. The Big Five Inventory-Versions 4a and 54 [M]. CA: University of California, Berkeley, Institute of Personality and Social Research, 1991.

[19] Krischer M.M., Penney L.M., and Hunter E.M. Can Counterproductive Work Behaviors be Productive? CWB As Emotion-focused Coping [J]. Journal of Occupational Health Psychology, 2010, 15 (1).

[20] Martinko M. J., Gundlach M. J., and Douglas S. C. Toward and Integrative Theory of Counterproductive Workplace Behavior: A Causal Reasoning Perspective [J]. International Journal of Selection and Assessment, 2002, 10 (1).

[21] Mischel W. Toward a Cognitive Social Learning Reconceptualization of Personality [J]. Psychological Review, 1973, 80 (4).

[22] Neuman J.H., and Baron R.A. Aggression in the Workplace: A Social-psychological Perspective [A] // P.E. Spector and S. Fox. Counterproductive Work Behavior: Investigations of Actors and Targets [C]. Washington, DC: American Psychological Association, 2005.

[23] Penney L.M., Hunter E.M., and Perry S.J. Personality and Counterproductive Work Behaviour: Using Conservation of Resources Theory to Narrow the Profile of Deviant Employees [J]. Journal of Occupational and

Organizational Psychology, 2011, 84 (1).

［24］Rotundo M., and Sackett P. R. The Relative Importance of Task, Citizenship, and Counterproductive Performance to Global Ratings of Job Performance: A Policy-capturing Approach ［J］. The Journal of Applied Psychology, 2002, 87 (1).

［25］Salgado J.F. The Big Five Personality Dimensions and Counterproductive Behavior ［J］. International Journal of Selection and Assessment, 2002, 10 (1).

［26］Skarlicki D.P., Folger R., and Tesluk P. Personality as A Moderator in the Relationship between Fairness and Retaliation ［J］. Academy of Management Journal, 1999, 42 (1).

［27］Spector P.E. The Relationship of Personality to Counterproductive Work Behavior: An Integration of Perspectives ［J］. Human Resource Management Review, 2011, 21 (4).

［28］Spector P.E., and Fox S. The Stressor-emotion Model of Counterproductive Work Behavior ［A］// P.E. Spector and S. Fox . Counterproductive Work Behavior: Investigations of Actors and Targets ［C］. Washington, DC: American Psychological Association, 2005.

［29］Vardi Y. The Effect of Organizational and Ethical Climates on Misconduct at Work ［J］. Journal of Business Ethics, 2001, 29 (4).

［30］Victor B., and Cullen J.B. The Organizational Bases of Ethical Work Climates ［J］. Administrative Science Quarterly, 1988, 33 (1).

［31］Wimbush J. C., Shepard J. M., and Markham S. E. An Empirical Examination of The Relationship between Ethical Climate and Ethical Behavior From Multiple Levels of Analysis ［J］. Journal of Business Ethics, 1997, 16 (16).

［32］Yang J.X., and Diefendorff J.M. The Relations of Daily Counterproductive Workplace Behavior with Emotions, Situational Antecedents, and Personality Moderators: A Diary Study in Hong Kong ［J］. Personnel Psychology, 2009, 62 (2).

［33］Zellars K.L., Perrewe P.L., Hochwarter W.A., and Anderson K. S. The Interactive Effects of Positive Affect and Conscientiousness on Strain ［J］. Journal of Occupational Health Psychology, 2006, 11 (3).

［34］刘善仕. 企业员工越轨行为的组织控制策略研究 ［J］. 华南师范大学学报（社会科学版）, 2004 (6).

［35］刘文彬, 井润田. 组织文化影响员工反生产行为的实证研究——基于组织伦理气氛的视角 ［J］. 中国软科学, 2010 (9).

［36］刘亚. 组织公平感的结构及其与组织效果变量的关系 ［D］. 华中师范大学硕士学位论文, 2002.

［37］刘玉新, 张建卫, 黄国华. 组织公正对反生产行为的影响机制: 自我决定理论视角 ［J］. 科学学与科学技术管理, 2011 (8).

［38］彭正龙, 赵红丹, 梁东. 中国情境下领导—部署交换与反生产行为的作用机制研究 ［J］. 管理工程学报, 2011 (2).

# 附 录

## "光辉的足迹"
### ——中国企业管理研究会大事记

**1. 1981 年**　在著名经济学家马洪、蒋一苇倡议下，中国工业企业管理教育研究会在京成立。同年，中国工业企业管理教育研究会就组织编写出版了高等学校文科教材《工业企业管理》（上、下两册）。该教材 1986 年修订再版，分为三册。以上两版由中国财政经济出版社出版，仅 1986 年版发行量达 22.6 万套。1998 年中国企业管理研究会对该书进行了再次修订。

**2. 1995 年 3 月**　经民政部批准，中国工业企业管理教育研究会更名为中国企业管理研究会，成为全国性的、企业管理专业学术研究的社团组织。

**3. 1999 年 10 月 23~25 日**　中国企业管理研究会在京举办了"跨世纪中国企业改革与发展暨中国企业管理研究 1999 年年会"，近 200 名与会代表围绕中共中央十五届四中全会关于国有企业改革与发展若干重大问题的决议，对国有企业改革与发展的重大问题进行了研讨，并选举了第二届中国企业管理研究会理事会。

**4. 2000 年 9 月**　中国企业管理研究会编辑、经济管理出版社出版了《跨世纪中国企业改革、管理与发展》一书。

**5. 2000 年 10 月**　中国企业管理研究会与兖州矿务集团公司在山东省兖州市共同举办了"网络经济与企业管理创新暨中国企业管理研究会 2000 年年会"，100 多名与会代表对网络经济、知识管理等问题进行了探讨。

**6. 2001 年年初**　在中国企业管理研究会倡议和协办下，《经济管理》由月刊改为半月刊，其中下半月刊为《经济管理·新管理》，定位为全国性的纯管理学术性杂志。中国企业管理研究会也有了自己的会刊。

**7. 2001 年 11 月 17~18 日**　中国企业管理研究会与中国小商品城集团公司在浙江省义乌市共同举办了"中国中小企业改革与发展暨中国企业管理研究会 2001 年年会"，100 多名与会代表围绕中小企业改革、管理与发展问题进行了研讨。

**8. 2002 年 4 月**　由中国企业管理研究会和首都经贸大学联合举办了企业管理学科建设研讨会，全国各大高校管理学科的带头人都参加了这次研讨会，对我国未来企业管理学科发展的若干重大问题进行了探讨。

**9. 2002 年 10 月**　第一本中国企业管理研究会年度报告《中国中小企业改革与发展》由中国财政经济出版社出版。

**10. 2002 年 11 月 30 日~12 月 2 日**　中国企业管理研究会与苏州创元集团在江苏省苏州市共同召开了"核心竞争力与企业管理创新暨中国企业管理研究会 2002 年年会"，100 多名与会代表就企业核心竞争力的界定、评价、培育等一系列问题进行了研讨。

**11. 2003 年 2 月**　在企业会员单位支持下，中国企业管理研究会设立了五个招标课题，向全体会员单位招标，到 2003 年 10 月，各个招标课题都被高质量地完成。

12. 2003 年 8 月　　第二本中国企业管理研究会年度报告《企业核心竞争力问题研究》由中国财政经济出版社出版。

13. 2003 年 11 月 30 日~12 月 1 日　　中国企业管理研究会与东胜精攻石油开发股份有限公司在山东省东营市共同举办了"中国能源企业的改革与发展暨中国企业管理研究会 2003 年年会"，100 多名与会代表围绕能源企业发展战略、企业改革和管理创新等问题进行了全面的探讨。

14. 2004 年 9 月　　第三本中国企业管理研究会年度报告《中国能源企业的战略选择与管理创新》由中国财政经济出版社出版。

15. 2004 年 9 月 18~19 日　　中国企业管理研究会与辽宁大学工商管理学院在辽宁省沈阳市共同举办了"东北老工业基地振兴与管理现代化暨中国企业管理研究会 2004 年年会"，近 200 名与会代表围绕东北老工业基地振兴与管理现代化问题进行了研讨，并选举了中国企业管理研究会第三届理事会和领导人员。

16. 2005 年 4 月　　第四本中国企业管理研究会年度报告《东北老工业基地振兴与管理现代化》由中国财政经济出版社出版。

17. 2005 年 9 月 23~24 日　　中国企业管理研究会与厦门大学管理学院在福建省厦门市共同举办了"管理学发展及其方法论问题"学术研讨会，近百名与会代表围绕管理学方法论、管理学科学化、中国式企业管理、管理学学科建设等问题进行了全面、深入的探讨。

18. 2005 年 12 月　　中国企业管理研究会、中国社会科学院管理科学研究中心、中国社会科学院企业管理重点学科共同主编的"管理学发展及其方法论问题"学术研讨会会议论文集《管理学发展及其方法论研究》，由中国财政经济出版社出版。

19. 2005 年 12 月 18~19 日　　中国企业管理研究会与国联集团在江苏省无锡市共同举办了"中国企业社会责任暨中国企业管理研究会 2005 年年会"，近 200 名与会代表围绕企业社会责任理论、中国企业社会责任实践、国外企业社会责任实践的经验和教训等方面的问题进行了研讨。

20. 2006 年 5 月　　第五本中国企业管理研究会年度报告《中国企业社会责任报告》由中国财政经济出版社出版。

21. 2006 年 11 月 25~26 日　　中国企业管理研究会、江西财经大学、中国社会科学院管理科学研究中心在江西省南昌市共同举办了"中国企业自主创新与品牌建设暨中国企业管理研究会 2006 年年会"，近 200 名与会代表围绕中国企业自主创新和品牌建设的理论与实践问题进行了研讨。

22. 2007 年 8 月　　第六本中国企业管理研究会年度报告《中国企业自主创新与品牌建设报告》由中国财政经济出版社出版。

23. 2007 年 9 月 22~24 日　　中国企业管理研究会、山西财经大学工商管理学院、中国社会科学院管理科学研究中心在山西省太原市共同举办了"中国企业持续成长问题学术研讨会暨中国企业管理研究会 2007 年年会"，近 200 名与会代表围绕中国企业持续成长的理论与实践问题进行了研讨。

24. 2008 年 5 月　　第七本中国企业管理研究会年度报告《中国企业持续成长研究报告》由中国财政经济出版社出版。

25. 2008 年 9 月 2 日　　中国企业管理研究会与中国社会科学院工业经济研究所共同举办了"中国企业管理论坛——宏观经济调控与企业发展"。

26. 2008 年 9 月 6~8 日　　中国企业管理研究会、重庆工商大学、中国社会科学院管理科学研究中心在重庆市共同举办了"中国企业改革发展三十年理论与实践研讨会暨中国企业管理研究会 2008 年年会"，近 200 名与会代表围绕中国企业改革发展的理论与实践问题进行了研讨。

27. 2008 年 12 月　　第八本中国企业管理研究会年度报告《中国企业改革发展三十年》由中国财政经济出版社出版。

**28. 2009 年 10 月 12~13 日**　中国企业管理研究会、东华大学、中国社会科学院管理科学研究中心在上海市共同举办了"国际金融危机与中国企业发展学术研讨会暨中国企业管理研究会 2009 年年会"。来自中国社会科学院、中国人民大学、清华大学、东华大学、国家电网、招商局集团等院校、企业的近 200 名管理学专家，就国际金融危机背景下中国企业的自主创新、兼并重组、品牌建设和战略转型等专题进行了深入研讨。

**29. 2010 年 4 月 24 日**　中国企业管理研究会、中国社会科学院管理科学研究中心、湖南农业大学商学院、湖南农业大学涉农企业研究所在湖南省长沙市共同举办了"新时期公司治理"专题研讨会，立足于后金融危机的大背景，深入探讨新时期公司治理理论与实践。与会代表就公司治理的一般问题、国有企业公司治理、民营企业公司治理、公司治理绩效的实证等专题展开研讨。

**30. 2010 年 4 月 17 日**　由中国比较管理研究会筹委会、蒋一苇企业改革与发展学术基金会、经济管理出版社、《比较管理》编辑部主办，南京工业大学经济管理学院承办，上海外国语大学跨文化管理研究中心、首都经济贸易大学工商管理学院协办的第二届全国比较管理研讨会在南京召开。

**31. 2010 年 10 月 23 日**　由中国企业管理研究会、首都经济贸易大学、经济管理出版社、《中国工业经济》杂志社、《比较管理》编辑部、《战略管理》编辑部主办，中国社会科学院管理科学与创新发展研究中心和首都企业改革与发展研究会协办，首都经济贸易大学工商管理学院承办的第三届全国比较管理研讨会在北京会议中心举行。此次研讨会主题为：比较管理的演化理论、方法及其案例分析。

**32. 2010 年 11 月**　第九本中国企业管理研究会年度报告《国际金融危机与中国企业发展》由中国财政经济出版社正式出版。

**33. 2010 年 12 月 3~5 日**　由中国企业管理研究会、蒋一苇企业改革与发展学术基金会、汕头大学、中国社会科学院管理科学与创新发展研究中心联合主办，汕头大学商学院承办的"经济发展方式转变与中国企业发展学术研讨会暨中国企业管理研究会 2010 年年会"在汕头大学举行。全国人大常委、中国社会科学院学部团代主席、经济学部主任、中国企业管理研究会会长陈佳贵参加了研讨会并作主题发言。出席会议的有来自中国社会科学院、北京大学、清华大学、中国人民大学、复旦大学、南京大学等高校及科研机构和企业界的 100 余名专家学者，与会代表围绕"经济发展方式转变与中国企业发展"这一主题展开了深入交流。

**34. 2011 年 9 月 17~18 日**　由中国企业管理研究会、经济管理出版社、《中国工业经济》杂志社、《比较管理》、《战略管理》及《人力资源管理评论》编辑部主办，山东大学管理学院承办，中国社会科学院管理科学与创新发展研究中心、首都经济贸易大学工商管理学院协办的"情境化、本土化理论与比较管理研究第四届全国比较管理研讨会"在泉城济南市举行。

**35. 2011 年 11 月 25~27 日**　由中国企业管理研究会、蒋一苇企业改革与发展学术基金会、广西大学、中国社会科学院管理科学与创新发展研究中心联合主办，广西大学商学院承办的"中国管理思想与实践学术研讨会暨中国企业管理研究会 2011 年年会"在广西大学举行。全国人大常委、中国社会科学院学部团代主席、经济学部主任、中国企业管理研究会会长陈佳贵参加了研究会并作主题发言。出席会议的有来自中国社会科学院、中国人民大学、厦门大学、复旦大学、暨南大学等高校及科研机构和企业界的 100 余名专家学者，与会代表围绕"中国管理思想与实践"这一主题展开了深入交流。

**36. 2011 年 12 月**　第十本中国企业管理研究会年度报告《经济发展方式转变与中国企业发展》由中国财政经济出版社正式出版。

**37. 2012 年 9 月 14~16 日**　由中国企业管理研究会、蒋一苇企业改革与发展学术基金会、河南大学、中国社会科学院管理科学与创新发展研究中心联合主办，河南大学工商管理学院承办的

"管理学百年与中国管理学创新学术研讨会暨中国企业管理研究会2012年年会"在河南省开封市召开。来自北京大学、中国人民大学、厦门大学、同济大学、北京工业大学、中央财经大学、东北财经大学、重庆工商大学、辽宁大学、西安理工大学、江西财经大学等高等院校与中国社会科学院以及来自《经济管理》和《中国工业经济》杂志社的专家学者，来自国内外著名企业的商界人士，共计300余位代表参加了本次会议，会议共收到学术论文200余篇，其中8篇获得年会优秀论文奖。

**38. 2012年10月26~27日** 由中国企业管理研究会、蒋一苇企业改革与发展学术基金会主办，香港卫生经济学会、香港理工大学专业与持续教育学院、首都经济贸易大学工商管理学院、经济管理出版社等单位联合承办的第五届全国比较管理研讨会"中国管理实践与比较管理理论创新"在香港召开。

**39. 2012年10月28~29日** 由中国企业管理研究会、中国社会科学院工业经济研究所、中国社会科学院管理科学与创新发展研究中心联合主办，北京师范大学珠海分校（商学部及管理学院）承办的"珠港澳经济合作与企业发展"学术研讨会在珠海召开。

**40. 2013年11月8~10日** 由中国企业管理研究会、蒋一苇企业改革发展学术基金、景德镇陶瓷学院、中国社会科学院管理科学与创新发展研究中心联合主办，景德镇陶瓷学院工商学院、中国陶瓷产业发展研究中心、江西陶瓷产业经济与发展软科学研究基地承办的"文化发展与管理创新学术研讨会暨中国企业管理研究会2013年年会"在江西省景德镇市召开。来自国内外企业的商界人士，北京大学、中国人民大学、江西财经大学、厦门大学、同济大学、北京工业大学、中央财经大学、东北财经大学、重庆工商大学、辽宁大学、西安理工大学等高等院校与中国社会科学院以及来自《经济管理》和《中国工业经济》杂志社的专家、学者，共计200余位代表参加了本次会议，会议共收到学术论文100余篇，其中8篇获得本年会优秀论文奖。

**41. 2013年11月9日** 第五届蒋一苇企业改革与发展学术基金评选出优秀专著奖2名、优秀论文奖8名并颁奖。

**42. 2014年11月22日** 中国企业管理研究会、中国管理现代化研究会公司治理专业委员会、中国社会科学院管理科学与创新研究中心、安徽财经大学、北京工商大学国有资产管理协同创新中心、首都经济贸易大学在北京亮马河饭店联合举办"第三届中国国有企业改革与治理学术研讨会"。

**43. 2014年12月1日** 由中国企业管理研究会、中国社会科学院工业经济研究所、陈佳贵经济管理青年学术基金在中国社会科学院学术报告厅共同举办了纪念陈佳贵先生诞辰70周年学术研讨会暨陈佳贵经济管理学术菁英奖学金颁奖仪式。

**44. 2014年12月6~7日** 由中国企业管理研究会、厦门大学管理学院、蒋一苇企业改革与发展学术基金、中国社会科学院管理科学与创新发展研究中心联合主办，由厦门大学管理学院承办的"全面深化改革与企业管理创新学术研讨会暨中国企业管理研究会2014年年会"在福建省厦门市厦门大学召开。本次年会还进行了中国企业管理研究会换届选举。